中国社会科学年鉴

中国边疆学年鉴

2019-2020

CHINESE BORDERLAND STUDIES YEARBOOK

邢广程　主编
孙宏年　副主编

中国社会科学出版社

图书在版编目（CIP）数据

中国边疆学年鉴．2019—2020／邢广程主编．—北京：中国社会科学出版社，2021.7
ISBN 978-7-5203-8128-4

Ⅰ.①中… Ⅱ.①邢… Ⅲ.①疆界—中国—2019-2020—年鉴 Ⅳ.①K928.1-54

中国版本图书馆 CIP 数据核字(2021)第 100179 号

出 版 人　赵剑英
责任编辑　彭莎莉
责任校对　高　俐
责任印制　张雪娇

出　　版　中国社会科学出版社
社　　址　北京鼓楼西大街甲 158 号
邮　　编　100720
网　　址　http://www.csspw.cn
发 行 部　010-84083685
门 市 部　010-84029450
经　　销　新华书店及其他书店

印刷装订　三河市东方印刷有限公司
版　　次　2021 年 7 月第 1 版
印　　次　2021 年 7 月第 1 次印刷

开　　本　787×1092　1/16
印　　张　34
插　　页　2
字　　数　844 千字
定　　价　288.00 元

《中国边疆学年鉴·2019—2020》
编 委 会

《中国边疆学年鉴·2019—2020》
编 辑 部

目　录

第一篇　特载

第二篇　2018—2019年中国边疆研究综述

第三篇　学术活动

第四篇　新书选介

第五篇　论文撷英

第六篇　学术机构

第七篇　2018—2019年中国边疆研究大事记

附　录

第一篇

特载

新世纪中国边疆学的构建路径与展望
——兼论中国边疆理论的三个来源

吕文利*

引　言

近20年来，构建“中国边疆学”已俨然成为显学。据统计，自1992年第一篇题名中含有“边疆学”的文章发表以来，见诸中国知网的论文有105篇①，此外还有众多有关边疆学的著作问世②。最近几年来，因为学科体系、学术体系和话语体系发展的需要，有关中国边疆学构建以及边疆理论的评述文章多了起来，有学者力图指出边疆学学科构建的困境③，还有学者专门对边疆研究的前沿问题进行述评④，甚至还有综述性质的专著出版⑤。事实上，正如很多学者指出的，对“中国边疆学”构建的研究虽然热闹非凡，但是在基本的概念定义以及学科内涵上，还远未达成共识。本文在前人研究的基础上，试图对20年来（1998—2018）中国边疆学的构建和边疆理论的发展做一评述，以求教于方家。

从历史的角度来看，中国有关边疆的研究有三次高潮：第一次在19世纪，“这次高潮酝酿于康雍乾时期，形成于嘉道咸时期”⑥；第二次是在20世纪前半叶。前两次研究高潮形成的主要背景都是在国家面临危机之时，形成了有关边疆研究的群体和著作。20世纪80年代以来，由于改革开放以及国家需要，形成了第三次边疆研究高潮。这三次研究高潮主要由马大正先生阐发其义⑦，其观点亦为学术界所认可。这三次研究高

---

* 吕文利：中国社会科学院中国边疆研究所研究员。

① 李大龙：《新时代边疆学研究的热点与前沿问题》，《云南师范大学学报》2019年第1期。

② 按照时间顺序，专著主要有吴楚克的《中国边疆政治学》（中央民族大学出版社2005年版）、罗崇敏的《中国边政学新论》（人民出版社2016年版）、郑汕的《中国边疆学概论》（云南人民出版社2012年版）、张世明的《法律、资源与时空建构（1644—1945年的中国）》第二卷《边疆民族》（广东人民出版社2012年版）、周平主编的《中国边疆政治学》（中央编译出版社2015年版）等。

③ 孙勇、王春焕、朱金春：《边疆学学科构建的困境及其指向》，《云南师范大学学报》2016年第2期。

④ 王鹏辉：《再观“边疆中国”：近年国内边疆研究的前言述评》，《学术月刊》2017年第12期；李大龙：《新时代边疆学研究的热点与前沿问题》，《云南师范大学学报》2019年第1期。

⑤ 马大正：《当代中国边疆研究（1949—2014）》，中国社会科学出版社2016年版。

⑥ 同上书，第54页。

⑦ 同上书，第52—126页。

潮，背景虽然不同，但在学术理路上殊途同归，即都有三个来源：古代传统、西方理论及现实实践。王国维在概括有清一代三百年的学术演进时说："国初之学大，乾嘉之学精，道咸以降之学新"①，虽然他的评论来源于清末西北舆地学之代表人物张穆对清代先儒的评论②，但"道咸以降之学新"还是基本概括了当时学术的取向，而这个"新"，就在于立足于中国传统学术，而又力图经世致用，学习西学，希冀解决现实问题，这是第一次边疆研究学人们的集体写照。第二次研究高潮亦是在出现民族危机之时，只不过此时随着列强入侵的深入，尤其是一些留学归来学者的推介，一些西方理论随之而来。而这些西方理论遇到了中国传统，曾一度水土不服，中国学人们也一度陷入挣扎，最后还是在现实实践中试图结合中国传统与西方理论，解决现实问题，突出表现在顾颉刚由疑古转向"中华民族是一个"理论的提出③。

截至目前，第三次研究高潮方兴未艾，概括起来，我认为第三次研究高潮研究的主要问题是"中国边疆学构建问题"，所以不妨称第三次研究高潮为"中国边疆学构建时代"。

"中国边疆学构建问题"需要解决的问题主要有三个：一是学科的边界和内涵问题；二是学科的内容问题；三是学科的理论创新问题。20年来，学者们围绕这三个问题发表了众多成果，并有一些理论创新，诸如"大一统"理论、"夷夏观"的多角度阐发，"中华民族"以及"多元一体"理论的深化，多民族国家疆域形成和发展以及"朝贡体系""藩属体系"的进一步研究，等等。

一 "中国边疆学"研究的两大"阵营"

早在1992年，邢玉林先生就发表了第一篇带有"中国边疆学"概念的文章④，初步探讨了中国边疆学的定义、功能、学科内容等。1997年，在前期研究的基础上，马大正先生提出，"创立一门以探求中国边疆历史和现实发展规律为目的的新兴边缘学科——中国边疆学，这就是肩负继承和开拓重任的中国边疆研究工作者的历史使命！"⑤可以说，"中国边疆学"命题正是边疆研究老一辈学人上承清末西北边疆史地学及民国"边政学"的余绪，下启构建具有中国边疆学自身特质的学科体系、学术体系、话语体系的需要而提出来的。多年来，马大正先生一直对如何构建中国边疆学进行思考，关于中国边疆学的学科定位，他认为："中国边疆学既是一门探究中国疆域形成和发展规律、中国边疆治理理论和实践的综合性专门学科；又是一门考察中国边疆历史发展轨迹，探求当代中国边疆可持续发展与长治久安现实和未来极具中国特色的战略性专门学

① 王国维：《沈乙庵先生七十寿序》，《观堂集林》，河北教育出版社2001年版，第720页。

② 张穆曾云："国朝儒学，亭林之大，潜丘之精，皆无与伦比。"参见吕文利：《〈皇朝藩部要略〉研究》，黑龙江教育出版社2013年版，第61页。

③ 李大龙：《对中华民族（国民）凝聚轨迹的理论解读——从梁启超、顾颉刚到费孝通》，《思想战线》2017年第3期。

④ 邢玉林：《中国边疆学及其研究的若干问题》，《中国边疆史地研究》1992年第1期。

⑤ 马大正、刘逖：《二十世纪的中国边疆研究——一门发展中的边缘学科的演进历程》，黑龙江教育出版社1997年版，第278页。

科。中国边疆学是社会科学的一个分支，应定位于社会科学学科分类的一级学科。”[①]周伟洲先生认为：“中国边疆学是研究中国历史及现实中国边疆（包括陆疆和海疆）的一门综合、交叉的学科。”[②] 上述定义发端于深厚的中国边疆史地研究传统，大体代表了历史学者的思考，但在其他学科出身的学者看来，中国边疆学的学科属性或学科定义显然并非如此。多年来值得瞩目的是吴楚克、周平等学者所力图构建的中国边疆政治学，很多学者误解为他们所力图构建的“边疆政治学”与所谓“边疆经济学”“边疆民族学”“边疆社会学”等一样，是从属于“中国边疆学”的分支，这或许是个美丽的误会。在吴楚克看来，“‘边疆学’自身是否存在和如何发展并不制约‘边疆政治学’”“边疆政治学是一门交叉边缘学科，成长于历史上的‘边政学’，发展于当今的民族学和政治学的复合之中”[③]。在周平看来，“边疆政治学”是一门学问、一个学科、一门科学[④]。从研究内容上看，中国边疆政治学与中国边疆学研究的内容几乎一模一样。虽然在学科属性上他们一致认为，中国边疆政治学应该属于“政治学”下的分支学科[⑤]，但在学术雄心上，他们其实是另辟蹊径，力图建立与中国边疆学齐头并进的中国边疆政治学。实际上，国家社会科学基金 2017 年设立的名为“中国边疆学原理”的研究项目，也反映了与主要构建在历史学科上的“中国边疆学”大异其趣的学术路径与学术雄心。

据笔者观察，现在中国边疆学的构建研究方面，似乎分成两个“阵营”，一个是由历史学出身的学者组成的，如马大正、李国强、邢广程、周伟洲、方铁、李大龙等，主要以历史学的方法来进行研究，立足于中国传统，同时关照西方理论与现实实践；另一个是由政治学学者或者研究政治学的学者组成的，以周平、吴楚克、罗中枢、孙勇、杨明洪等人为代表，主要关注西方理论与中国现实实践的适应性问题。当然，这两类学者并未形成有明显区别的学术共同体，只是笔者为方便研究而做的大体分类。近几年来，正当构建中国边疆学久攻不下的时候，以政治学研究为志向的学者开始质疑以历史学为方法的学者，认为应该摒弃以历史学为基本方法来构建中国边疆学的研究理路，认为“当代中国边疆理论状况是丢掉了传统思维的优势，踉踉跄跄跟在西方国家一些学者和理论的后面，我们做不到当代哲学的同时代人，也没有真实地理解中国现实的本质”。所以应该构建一个全新的研究体系，把研究思路上升为“原理”高度，“从哲学理性的角度重新研究中国边疆学学科构建的可能性是必要的和紧迫的”[⑥]。实际上，“边疆史地学科不能完全覆盖新形势下的边疆问题研究”[⑦] 已成为学界共识，但这不是非此即彼的关系，不需要摒弃一种学科方法而用另一种学科方法加以解决。邢广程指出：“研究中国边疆学问题应在研究方法方面寻求突破，应运用多学科来解决中国边疆安全、稳定

---

① 马大正：《当代中国边疆研究（1949—2014）》，中国社会科学出版社 2016 年版，第 596—597 页。

② 周伟洲：《关于构建中国边疆学的几点思考》，《中国边疆史地研究》2014 年第 1 期。

③ 吴楚克：《中国边疆政治学》，中央民族大学出版社 2005 年版，第 2 页。

④ 周平主编：《中国边疆政治学》，中央编译出版社 2015 年版。

⑤ 参见吴楚克：《中国边疆政治学》，中央民族大学出版社 2005 年版，第 27—34 页；周平主编：《中国边疆政治学》，中央编译出版社 2015 年版，第 18 页。

⑥ 吴楚克、徐姗姗：《现时代理性认识的特点与中国边疆学建构》，《中央民族大学学报》2018 年第 4 期。

⑦ 邢广程：《中国边疆学研究的几个问题》，《中国边疆史地研究》2013 年第 4 期。

和发展与周边国际环境之间的关系问题。拓宽领域，完善理论，注重研究内容的综合性和研究方法的创新性。着力解决历史上的疑点问题、现实中的热点问题、理论上的难点问题。在充分吸收国内外已有成果的基础上，努力推进相关领域的研究。因此，要善于把历史与现实、基础研究与应用研究有机结合起来，运用人文科学、社会科学多种学科的理论、方法，深化中国边疆研究的学科发展。”①

这两年，还产生了以周平为代表的“边疆建构论”与以杨明洪为代表的“边疆实在论”的争论。杨明洪认为周平等人所说的“边疆是建构的产物”是值得商榷的，国家从“王朝国家”转为“民族国家”后，边疆就变为一种客观存在，而不是国家建构的结果②。周平目前并未对此观点进行回应，但方盛举③以及朱碧波、李朝辉④已发表两篇商榷文章，就这个问题进一步探讨。对这两种观点的争论，李大龙认为“二者和‘文化边疆’概念提出的视角一样，着眼点在‘中国边疆’呈现的不同样态，不能简单以对错进行区分，因为只有整合从这些不同视角审视下的‘中国边疆’认识，我们对‘中国边疆’的诠释才有可能更加系统和客观，更有助于我们构建符合中国实际的中国边疆话语体系”⑤。孙勇、王春焕从西方哲学的角度分析“建构论”与“实在论”，认为：“边疆本体既包含了建构也有着实在，这两者之间并没有从实践到理论的鸿沟。”⑥

在有关“中国边疆学”的概念问题上，两个“阵营”也没有达成共识。在孙勇和杨明洪等学者看来，以“中国”限定“边疆学”，实际上就限制了学科的发展，他们主张构建“一般边疆学”⑦。然而，在以历史学为方法的李大龙看来，“边疆”概念的确定才是构建“中国边疆学”的基础，他认为，政治属性是“边疆”得以形成的第一要件，或称之为决定性因素；“主权国家”理论较“民族国家”理论更适合阐述多民族中国尤其是“中国边疆”的形成与发展；“边疆”是动态的，会随着国家实力的强弱和国际环境的变化而改变；“陆疆”和“海疆”是构成今天“中国边疆”的两大基本要素；“边疆”具有地缘优势，既是军事防御的前沿，也是连接两个乃至多个国家的纽带；“边疆”不能脱离“疆域”而存在，将其泛化也不利于对“中国边疆”的研究⑧。这是基于前人研究基础上对“边疆”概念的进一步认识。但有些学者却有意无意地忽视了

---

① 邢广程：《开拓中国边疆学研究的新局面》，《中国边疆史地研究》2016 年第 2 期。

② 杨明洪：《反“边疆建构论”：一个关于“边疆实在论”的理论解说》，《新疆师范大学学报》2018 年第 1 期。

③ 方盛举：《新边疆观——政治学的视角》，《新疆师范大学学报》2018 年第 2 期。

④ 朱碧波、李朝辉：《“边疆建构论”与“边疆实在论”：对立抑或共生——兼与杨明洪教授商榷》，《新疆师范大学学报》2018 年第 2 期。

⑤ 李大龙：《新时代边疆学研究的热点与前沿问题》，《云南师范大学学报》2019 年第 1 期。

⑥ 孙勇、王春焕：《时空统一下国家边疆现象的发生及其认识——兼议“边疆建构论”与“边疆实在论”争鸣》，《理论与改革》2018 年第 5 期。

⑦ 孙勇、王春焕、朱金春：《边疆学学科构建的困境及其指向》，《云南师范大学学报》2016 年第 2 期；杨明洪：《关于“边疆学”学科构建的几个基本问题》，《北方民族大学学报》2018 年第 6 期。

⑧ 李大龙：《“中国边疆”的内涵及其特征》，《中国边疆史地研究》2018 年第 3 期。

历史学界的长期研究，认为“边疆学”研究的逻辑起点应该是“民族国家”①，这种观点既未立足于中国传统，也未评估来自西方的“民族国家”理论的危害。实际上，早有学者指出，在清朝中期，就有传统“夷夏观”的转向，乾隆时期以文化加行政版图为单位的“中华民族”已成为整体基调，而且，“来自清朝外部的压力越大，中华民族的整体意识就越强，以至英法等欧洲列强打着‘民族国家’幌子来插手新疆、西藏事务时，欧洲那一套理念和做法并没能收到其预期的效果”②。需要注意的是，因为“民族国家”理论具有狭隘种族主义的危险性，李大龙为解决这一问题提供了一个重要的方案。他在观照中国传统和中国现实实践的基础上，批判性借鉴西方理论，认为应该用“主权国家”理论来代替“民族国家”理论，用以阐述多民族中国尤其是“中国边疆”的形成与发展问题，因为“‘主权国家’是当今世界的基本单位，但世界上的绝大多数国家和地区并不是‘民族国家’理论主张的‘民族国家’，而是‘多民族国家’”③。

关于中国边疆学学科的属性问题，目前在研究生招生等实践层面，边疆学都被放在了历史学学科中。有学者提出反对意见，认为中国边疆学应该属于法学学科④。李国强长期思考和研究中国边疆学的构建问题，他在最近的一篇文章中认为“中国边疆学并不是一个包罗万象的学科，也不是边疆+某个学科的简单公式。中国边疆学既然是一个学科，就一定有它的学术定义，有它的学术边界，而边疆政治学、边疆经济学、边疆安全学等都很难称得上是真正意义上的‘中国边疆学’”⑤。他在总结前人研究的基础上，对“中国边疆学”重新定义：“何谓‘中国边疆学’？简单说，中国边疆学是哲学社会科学中一门以中国边疆为研究对象的独立知识体系。其所包含的第一个要素即为‘中国边疆’：‘中国边疆学’把中国陆地边疆和海洋边疆作为整体进行全面考察，研究边疆起源、演进的规律以及国家治理边疆的全过程。其所包含的第二个要素即为‘独立知识体系’：边疆研究的理论（或知识）基础，决定了中国边疆学所具有的独立性，它包含了中国边疆从无疆无界，到有疆无界，到有疆有界发生、发展的全部历史。在空间格局上，以陆地边疆和海洋边疆为主体，涵盖我国所有边疆地区；在时间脉络上，遵循历史发展轨迹，覆盖中国边疆由古至今的全时段；在研究内容上，通过对边疆历史和边疆现实多层次、宽领域的学术考察，诠释国家历史疆域与国家领土的形成与演进、边疆治理与边疆发展的嬗变与精髓。”⑥ 这是目前笔者所见到的有关“中国边疆学”的最新定义，这个定义是依据科学性、实用性、简明性、兼容性、扩延性、唯一性六原则而提炼出来的。目前，中国社会科学院中国边疆研究所正在完成有关“中国边疆学构建”的“登峰计划”，这是集体项目。李国强“中国边疆学”的定义具有科学性、权威性和导向性意义，对“中国边疆学构建”的“登峰计划”具有指导作用。

---

① 杨明洪：《关于“边疆学”学科构建的几个基本问题》，《北方民族大学学报》2018 年第 6 期。

② 韩东育：《清朝对“非汉世界”的“大中华”表达》，《中国边疆史地研究》2014 年第 4 期。

③ 李大龙：《“中国边疆”的内涵及其特征》，《中国边疆史地研究》2018 年第 3 期。也可参见李大龙《从“天下”到“中国”：多民族国家疆域理论解构》，人民出版社 2015 年版。

④ 崔明德：《关于中国边疆学学科建设的几点看法》，《中国边疆史地研究》2018 年第 3 期。

⑤ 李国强：《开启中国边疆学学科建设新征程》，《中国边疆史地研究》2018 年第 1 期。

⑥ 同上。

总体而言，主要以历史学为方法的学者主要立足于中国传统并兼顾现实实践，努力构建“中国边疆学”，但对西方理论的了解较为欠缺；以政治学为方法的学者理论来源主要是西方，与中国实践结合，考虑理论的本土化问题，努力构建“中国边疆政治学”或“一般边疆学”，考虑中国边疆“原理”和本源问题，但对中国传统研究得不够。习近平主席提出“历史研究是一切社会科学的基础”，这实际上不但强调历史研究的重要性，更强调中国传统为现时实践提供思想资源的必要性。所以构建“中国边疆学”，需要借鉴多学科的方法，立足于中国传统，借鉴西方理论，在现实实践中用中国传统理论与西方理论不断对话并进行修正，才有可能构建完成有中国特色的“中国边疆学”①。

二　“大一统”理论与“夷夏观”的多角度阐发

“大一统”一直是中国重要的自发性理论，也是边疆理论的重要议题之一，多年来受到学者的重视。与“大一统”理论相关的是“夷夏观”，两千年来争论不休。李大龙多年来在边疆理论方面用力颇勤，在夷夏观方面，他认为可把中国古代历史分为两个时期，由远古到唐为第一个时期，这一时期“在中国疆域形成过程中发挥主导作用的是华夏族，或由华夏族发展而来的汉族”；五代到清为第二个时期，这一时期“对中国疆域形成起着主导作用的则是‘夷’，而非‘夏’”②。这一分期法很有启发性。李大龙又对“夷夏观”进行了详细研究，认为在先秦其实就已经有两种“夷夏观”了。他在分析《礼记》之《王制》篇③后认为，《礼记》划分“夷”“蛮”“戎”“狄”的依据是以物质文化、分布区域不同来区分的，这对后世产生了广泛的影响，最主要的就是“内诸夏而外夷狄”的思想，但在先秦，还有一种开放包容的“用夏变夷”的思想，即可以通过文化的传播达到化“夷”为“夏”的目的。与“夷夏观”相伴而生的，则是先秦以“王”为中心构筑的“大一统”理论体系④。吕文利认为，如果把中国古代的“天下观”比喻为一枚硬币的话，则“大一统”和“夷夏观”为硬币之两面，它们构成了“天下观”的全部认知，缺一不可。这种“一体两面的认知随着儒学成为官方的

---

① 关于西方边疆理论的介绍与研究，国内已有很多成果，如于沛、孙宏年、章永俊、董欣洁《全球化境遇中的西方边疆理论研究》，中国社会科学出版社 2008 年版；张世明、王济东、牛咄咄主编《空间、法律与学术话语：西方边疆理论经典文献》，黑龙江教育出版社 2014 年版；黄达远、袁剑主编《拉铁摩尔与边疆中国》，生活·读书·新知三联书店 2017 年版；等等。

② 李大龙：《传统夷夏观与中国疆域的形成——中国疆域形成理论探讨之一》，《中国边疆史地研究》2004 年第 1 期。另参见李大龙《从“天下”到“中国”：多民族国家疆域理论解构》，人民出版社 2015 年版，第 300 页。

③ 《礼记·王制》篇云：“中国戎夷，五方之民，皆有性也，不可推移。东方曰夷，被发文身，有不火食者矣。南方曰蛮，雕题交趾，有不火食者矣。西方曰戎，被发衣皮，有不粒食者矣。北方曰狄，衣羽毛穴居，有不粒食者矣。中国、夷、蛮、戎、狄，皆有安居、合味、宜服、备器，五方之民，言语不通，嗜欲不同。”

④ 李大龙：《传统夷夏观与中国疆域的形成——中国疆域形成理论探讨之一》，《中国边疆史地研究》2004 年第 1 期。另参见李大龙《从“天下”到“中国”：多民族国家疆域理论解构》，人民出版社 2015 年版，第 301—308 页。

正统思想而被意识形态化。”[①] 李大龙、吕文利的观点是在前人研究基础上的进一步深化，韩东育则在先秦这个时代进一步用“放大镜”发掘这两种“夷夏观”，因为中国传统文化源远流长，古代中还有古代，传统中还有传统，每一个时代都有每一个时代的问题，都有自己的当代性，春秋与战国也不例外。如果我们把镜头拉回到先秦，详细扫描这两种“夷夏观”的话，会发现与《礼记》成书年代相近的《论语》中，记录了生活在春秋时期的孔子对“夷夏观”的看法。处在礼崩乐坏、传统尽无而又“夷狄”环伺的时代，孔子发出了“周监于二代，郁郁乎文哉，吾从周”[②] 的感慨，并说“夷狄之有君，不如诸夏之亡也”[③]“管仲相桓公，霸诸侯，一匡天下，民到于今受其赐。微管仲，吾其被发左衽矣”[④]，在对管仲有很高评价的同时，对“被发左衽”的“夷狄”显示出鄙夷的态度，这就是以生产方式和文明程度区别“华夷”。因为儒家的正统地位，孔子的思想对后世产生了很大影响。韩东育认为，除了“将孔子‘攘夷’思想推向极致的严毅苛刻的‘华夷观（经）’外，还有着不乏变通精神和包容气度的另外一种‘华夷观（权）’。这一观念的提出和弘扬者，是孟子及其后学”[⑤]。到了战国时期，世易时移，“春秋时期的内部夷狄已逐渐消失，人们的意识当中，夷狄已成为七国以外乃至更遥远的存在”，所以孟子提出了天下“定于一”思想，“天下一体”原则，使孟子“超越了以往‘严夷夏之防’的逼仄视野，为‘夷夏融合’的同质化运动，赋予了无限的空间”。孔子和孟子的这两种夷夏观，在后世不断被用来作为理论来源，每个时代、每个人都根据现实实践而进行选择，从而争论不休，直到清朝雍正皇帝与曾静的争辩，作了一次系统总结和彻底清算[⑥]。

三　有关“中华民族”形成以及“多元一体”问题的讨论和深化

清朝皇帝以“大一统”成功消解掉了曾静等读书人的狭隘“夷夏观”，但并未一劳永逸。随着清王朝行将就木，“驱除鞑虏，恢复中华”又成为革命的正当性口号。但此时与中国古代大不同的是，中国面临几千年来未有之大变局，即民族危机日渐加深，中国迫切地需要“一”：政治一统、思想一统、民族一统。当时的知识人也有这方面的集体焦虑。但所有的解决方案，竟由《清帝逊位诏书》提出，即“合满、汉、蒙、回、藏五族完全领土，为一大中华民国。”[⑦] 郭成康对此有极高评价，认为这一提法是“逻辑严谨、内涵明确的‘大中华’、‘大中国’的概念”，他认为：“清朝不仅留给今天中国人民国家版图与统一的多民族国家的物质财富，而且留下了界定中国与中华民族内涵

---

① 吕文利：《中国古代天下观的意识形态建构及其制度实践》，《中国边疆史地研究》2013 年第 3 期。

② 《论语·八佾》。

③ 同上。

④ 《论语·宪问》。

⑤ 韩东育：《清朝对“非汉世界”的“大中华”表达》，《中国边疆史地研究》2014 年第 4 期。

⑥ 同上。

⑦ 《宣统政纪》卷 70，宣统三年十二月下。

与外延的弥足珍贵的精神财富。"[①] 韩东育则发掘了《清帝逊位诏书》重要的文本意义，认为《清帝逊位诏书》的提法"以足够巨大的力量把伊始疾驰于'民族革命'途路上的孙中山扳回到'五族共和'的轨道上来"[②]。这成为此后梁启超、顾颉刚、费孝通等人的思想来源。李大龙在前人研究的基础上，独辟蹊径，认为应该抛开民族国家视域，以从传统王朝到主权国家转变过程中"国民"凝聚的视角来审视梁启超、顾颉刚、费孝通先生的观点。正是梁启超、顾颉刚、费孝通等学人前后相继的对话，才使得费孝通"中华民族多元一体格局"理论得以提出[③]。李大龙进一步指出："中华大地上主体族群的凝聚融合是推动多民族国家中国建构的主要动力。近代以前，对这些族群凝聚融合的记述是按照古代中国传统的族群话语体系书写的。而后从西方传入'民族国家'理论体系，它能否解释中华大地上族群凝聚的历史，它为多民族国家的稳定和发展带来的是威胁还是机遇，仍有疑问。从20世纪直至今日，有关'中华民族'的研究依然停留在对名词的重复阐述基础之上，依然受困于'民族国家'理论体系之中。需要构建有中国特色，更适应阐述中国边疆发展历史的边疆理论话语体系，对多民族国家疆域的形成和发展给出一个科学合理且有中国特色的理论阐述。"[④] 在此基础上，他提出了"中华民族自然凝聚"论，认为"自然凝聚"是多民族国家疆域和国民（中华民族）形成轨迹的突出特点[⑤]。

王铭铭在与前人对话的基础上，提出了"超社会体系"（supra – societal systems）理论。他认为，存在着凌驾于我们通常所说的"社会"之上的体系，如果说社会、民族、地区、国家等概念昭示着某种断裂的话，那么"超社会体系"则志在揭示"断裂"的延续性[⑥]。汪晖又通过与王铭铭的这一理论对话，提出了"跨体系社会"理论。他试图用"跨体系社会"这个概念解释何为中国的问题，认为"跨体系社会"是指"包含着不同文明、宗教、族群和其他体系的人类共同体，或者说，是指包含着不同文明、族群、宗教、语言和其他体系的社会网络。它可以是一个家庭，一个村庄，一个区域或一个国家"[⑦]。在对区域主义研究方法的观察基础上，汪晖提出了"横向时间"概念[⑧]。王铭铭和汪晖的洞见在于，他们都试图超越民族国家、社会、区域等既定的认识和分析框架，强调各社会、区域、体系之间的"超"性或"跨"性，即各体系相互渗透并构成网络的特征。汪晖对"横向时间"的强调，其主要意义也在于提醒人们注意各区域、社会、体系之间的互动性。

---

① 郭成康：《清朝皇帝的中国观》，《清史研究》2005年第4期。

② 韩东育：《清朝对"非汉世界"的"大中华"表达》，《中国边疆史地研究》2014年第4期。

③ 李大龙：《对中华民族（国民）凝聚轨迹的理论解读——从梁启超、顾颉刚到费孝通》，《思想战线》2017年第3期；并参见马戎《如何认识"民族"和"中华民族"——回顾1939年关于"中华民族是一个"的讨论》，《中南民族大学学报》2012年第5期。

④ 李大龙：《阐述中华民族形成和发展的视角、理论与方法》，《中央社会主义学院学报》2017年第5期。

⑤ 李大龙：《自然凝聚：多民族中国形成轨迹的理论解读》，《西北师范大学学报》2017年第3期。

⑥ 汪晖：《东西之间的"西藏问题"》，生活·读书·新知三联书店2014年版，第1148页注。

⑦ 同上书，第147—148页。

⑧ 同上书，第194页。

吕文利在与上述理论对话的基础上，提出了“嵌入式互动”理论。认为历史是由多种力量合力而成的结果，也是所有民众互动的实践综合。在中华民族形成的过程中，各种族群、集团、部落、宗教、文化、社会、区域等形成了嵌入式互动格局。嵌入式互动是以战争、和亲、通婚、贸易、和平、互助等为表达手段的一种横向的历史互动。清代蒙藏意识形态联盟和满蒙军事—政治联盟的轴心是蒙古，满蒙军事—政治联盟和“满汉一体”政策的轴心是满洲，彼此之间形成了嵌入式互动的格局。正是这种嵌入式互动格局，改写了满、蒙、藏、汉等各个族群的历史，也改写了中国的大历史。在这个过程中，彼此的文化已经深深嵌入了对方的骨髓，形成了“你中有我，我中有你”的格局，共同构成了中华文化的一部分，所以处于非儒家或汉字文化圈的蒙古、新疆、西藏才能够被纳入中国的版图。而相反的是，处于儒家或汉字文化圈之内的朝鲜、日本和越南等国并未被纳入中国的版图。土尔扈特部东归正是这种嵌入式互动的最好诠释，土尔扈特部或许对于中原文化没有认同，但正是因为信仰藏传佛教，促使他们不远万里由伏尔加河流域向东迁徙，梦想回到信仰的中心。正是这种嵌入式互动才使现代民族国家意义上的“中国”得以形成，也是理解多元一体中华民族格局形成的关键①。

四　多民族国家疆域形成和发展研究的新动向

疆域理论不但研究人，还要研究人所赖以生存的疆域。“中国疆域”的含义和指称范围，新中国成立之后有很大争论。对此，马大正有过详细总结，认为概括起来大致有五种意见：“一是以鸦片战争以前清朝的版图作为历史上中国疆域的范围；二是以今天的中国版图作为历史上中国疆域的范围；三是以历史上不同时期形成的统一多民族国家的疆域作为历史上中国疆域的范围；四是以接受了汉族文化或儒家文化的地区作为中原王朝的疆域，即以文化标准来判断疆域的范围；五是以汉族建立的王朝的版图作为历史上中国疆域的范围。”② 对于这几种观点，马大正③、李大龙④、刘清涛⑤等学者均有过详细评述，本文不做重复，仅对近年来有关中国疆域研究的新动向作一评述。

近年来有关中国疆域范围的文章，主要用历史分期法来说明中国疆域的形成过程。马大正把中国疆域形成分为四个阶段，即秦汉时期的中国疆域是形成阶段；隋唐至元时期的中国疆域是发展阶段；清代的中国疆域是奠定阶段；清中叶以来至民国时期的中国疆域是变迁阶段⑥。杨建新认为，一个中心、两种途径是中国疆域形成的主要模式。一

① 吕文利：《嵌入式互动：清代蒙古入藏熬茶研究》，内蒙古大学出版社 2017 年版。

② 马大正：《当代中国边疆研究（1949—2014）》，中国社会科学出版社 2016 年版，第 167—168 页。

③ 同上书，第 162—179 页。

④ 李大龙：《从“天下”到“中国”：多民族国家疆域理论解构》，人民出版社 2015 年版，第 33—36 页；李大龙、刘清涛：《统一多民族国家的疆域问题研究》，达力扎布主编：《中国民族史研究 60 年》，中央民族大学出版社 2010 年版，第 37—46 页。

⑤ 刘清涛：《60 年来中国历史疆域问题研究》，《中国边疆史地研究》2009 年第 3 期。

⑥ 马大正：《中国疆域的形成与发展》，《中国边疆史地研究》2004 年第 3 期。

个中心是指中国的中原地区；两种途径是指开拓式和嵌入式①。周伟洲认为马大正所划分的历史分期是“基于古代中国疆域以现今中国疆域或清初疆域为准的主流观点，回避了古代中国疆域在各个历史时期是否存在，及其具体发展、变化的情况”②。他认为：“对于中国疆域发展阶段，应主要分为古代疆域和近现代疆域两个大的发展阶段。中国古代疆域又可分为古代疆域的初步形成期（夏商周至春秋战国时期），形成期（统一的秦汉时期），发展期（从分裂到再统一的魏晋南北朝至隋唐时期），巩固期（由分裂的五代经宋、辽、金、西夏局部统一直到元代大统一时期），最终定型期（明至清初），也即是向近代疆域的转化时期。中国近现代疆域又可分为列强侵略下疆域变化时期（1840 年至 1949 年）及现代疆域时期（1949 年至今）。”③ 李大龙多年来就这个问题发表了一系列文章，提出了中国疆域“自然凝聚，碰撞底定”论，他以康熙二十八年（1689）《尼布楚条约》的签订到 1840 年鸦片战争爆发期间清王朝的疆域作为“中国疆域”的参照系，把中国疆域的形成划分为四个时期：一是自然凝聚时期：从中华大地人类文明的出现，到康熙二十八年（1689）《尼布楚条约》的签订；二是疆域明晰时期：从康熙二十八年（1689）《尼布楚条约》的签订到 1840 年鸦片战争爆发；三是列强的蚕食鲸吞时期：从鸦片战争爆发到中华人民共和国成立；四是现代疆域巩固时期：中华人民共和国成立后为维护疆域完整而做的种种努力④。这个分期是很有启发性的，是在整个东亚这个更大的区域范围内，结合王朝国家和主权国家不同的性质而做的分期。

五 “朝贡体系”“藩属体系”研究的不断深入

与上述问题相关，“朝贡”“藩属”体系，是中国古代中央王朝为处理与边疆少数民族关系以及藩属国和贸易国之间的关系而形成的制度，是古代“夷夏观”的制度化表达。

有关“朝贡体系”的研究，美国学者费正清开创于前，日本学者滨下武志承继于后，都对“朝贡体系”的研究起到了推动作用。费正清将朝贡制度纳入中西冲突的背景中去考察，提出了“冲击—反应模式”。这种方法论有一个内在的倾向，即把任何在 19 世纪中国发生的变迁，都和西方冲击扯上关系，从而否定了中国内在变迁的可能性。自 20 世纪 70 年代，越来越多的学者质疑西方中心观，比较有代表的学者是日本的滨下武志。他试图打破西方中心观，具体就是：“要从体现着历史纽带的亚洲区域内的国际

---

① 杨建新：《“中国”一词和中国疆域形成再探讨》，《中国边疆史地研究》2006 年第 2 期。所谓开拓模式，就是以中原为基础，以中原地区的政权为核心，主动以政治、经济、文化等和平手段为主，不断扩大中原政治、经济、文化的影响力，经过多年的经营和开拓，使边疆地区与中原建立不可分割的联系，最终成为统一的中国疆域；所谓嵌入模式，即在中国疆域形成过程中，不断有新的民族和政权主动嵌入正在形成和发展的中国版图之中，并与中国其他民族和地区形成密切的政治、经济、文化和族体方面的联系。

② 周伟洲：《关于中国古代疆域理论若干问题的再探索》，《中国边疆史地研究》2011 年第 3 期。

③ 同上。

④ 李大龙：《从“天下”到“中国”：多民族国家疆域理论解构》，人民出版社 2015 年版，第 41—53 页。

秩序和国际贸易关系的总体的内在变化之中，去把握作为亚洲史的延续形态的亚洲的近代。并且只有从亚洲的近代中去探求中国的位置及其变化，才是考察中国近代道路的方法。”[①] 在他看来，与欧洲国家体系不同，东亚长期以中国为中心形成了朝贡体系。他认为这种“朝贡”关系更多是一种贸易关系，即“朝贡的根本特征，在于它是以商业贸易行为进行的活动”[②]。而把朝贡关系看成是贸易关系一直是滨下武志的研究特色，在这里，他显示了和费正清对朝贡关系的看法完全迥异的研究取向。但是，滨下武志的研究只是把东亚的朝贡关系看作是贸易关系，而忽略了或有意忽略了其中的礼仪的和政治的意义。这是从日本的角度来看西方和中国的，在抵消了西方中心主义的同时，也把中国中心主义相对化了，暗含了经济中心主义和日本中心主义。

费正清和滨下武志以中国古代的“朝贡体系”作为思想资源，观照现实，取得了有世界级影响力的成就，这不但说明学术无国界，也说明西方理论与中国传统在现实实践中的契合性。在他们之后，形成了研究朝贡体系、藩属体系的热潮。近 20 年来，中国学者在与他们的对话中，取得了很大的成就[③]。

李云泉多年来一直研究朝贡制度，他系统研究了朝贡制度的起源和发展、朝贡制度的理论基础和礼仪原则等，认为在文化上，朝贡制度是“用夏变夷”的途径[④]。在对待西方理论上，他认为，“西方中心论的破除并不意味着中国中心观的建立，反之亦然。或许，从中心与周边互动的视角，通过对不同历史时期朝贡制度、朝贡关系差异性及其与通商体制、条约体制内在关联的阐释，方能揭示朝贡制度之历史实像和中国传统对外关系的多重面相”[⑤]。

实际上，除了朝贡体系，很多学者还用“宗藩体系”“藩属体系”“藩部体系”“册封—朝贡体系”等概念来研究相关问题，虽然各有侧重，但相关概念混用的情况也很多。刘志扬、李大龙在分析前人研究以及历史上对“藩属”“宗藩”一词的用法后，认为“历代王朝和边疆民族乃至邻国的关系是一种‘藩属’关系而非‘宗藩’关系”[⑥]。李大龙进一步研究清代的“藩属”关系后认为，清代的“藩属”关系已经出现了界限明晰的两个组成部分，即藩部和属国。至清末，一方面朝鲜、琉球、越南、缅甸等清王朝的“属国”纷纷沦为殖民地，最终与中国的关系发展成为了现代的国际关系；

---

① 滨下武志：《近代中国的国际契机》，中国社会科学出版社 1999 年版，第 9 页。

② 同上书，第 38 页。

③ 仅著作就有多种，如黄枝连：《天朝礼治秩序研究（上、中、下）》，中国人民大学出版社 1992、1994、1995 年版；李大龙：《汉唐藩属体制研究》，中国社会科学出版社 2006 年版；李云泉：《万邦来朝：朝贡制度史论》，新华出版社 2014 年版；陈尚胜：《闭关与开放——中国封建晚期对外关系研究》，山东人民出版社 1993 年版，以及《中国传统对外关系研究》，中华书局 2015 年版；万明：《中国融入世界的步履——明与清前期海外政策比较研究》，社会科学文献出版社 2000 年版；黄松筠：《中国古代藩属制度研究》，吉林人民出版社 2008 年版；黄纯艳：《宋代朝贡体系研究》，商务印书馆 2014 年版；付百臣主编：《中朝历代朝贡制度研究》，吉林人民出版社 2008 年版；骆昭东：《朝贡贸易与仗剑经商：全球经济视角下的明清外贸政策》，社会科学文献出版社 2016 年版；等等。

④ 李云泉：《万邦来朝：朝贡制度史论》，新华出版社 2014 年版。

⑤ 李云泉：《万邦来朝：朝贡制度史论》之《修订版后记》，新华出版社 2014 年版，第 276 页。

⑥ 刘志扬、李大龙：《“藩属”与“宗藩”辨析——中国古代疆域形成理论研究之四》，《中国边疆史地研究》2006 年第 3 期。

另一方面“虽然大片的藩部领土被蚕食鲸吞，但由于长期和历朝各代保持着密切的藩属关系，内蒙古、新疆、西藏等藩部地区已经和内地融为了一体，最终成为中国疆域不可分割的组成部分”①。关于“宗藩关系”一词的使用，刘清涛从“宗主权”一词中文翻译的出现过程入手，指出该词是伴随着日本国际法著述的引入，出现于清末，进而认为中国传统藩属体系与近代西方国际法宗主国—属国关系体制不同，后者代表了当时国际社会强势规则，清朝传统藩属体系在进入国际社会时，不得不受其挑战而进行调适。在这一过程中，由于清朝对“宗主权”认识迟钝、国力衰弱、列强侵占等因素，无法最终依据当时西方国际法规范对与越南、朝鲜等国的传统藩属关系进行重新确立，而传统藩属体系逐渐被解体。当“宗主权”“宗主国”等词语进入中文成为固定的术语时，后世学人开始用这些词语重新书写历史，由此产生了“宗藩关系”等词语②。

结语　中国边疆理论的展望

综上所述，近20年是“中国边疆学构建时代”，涌现了数量众多的著作和学者，甚至分为两个群体：一个是以历史学为主要研究方法的群体，努力构建“中国边疆学”；一个是以政治学为主要研究方法的群体，努力构建“中国边疆政治学”或“一般边疆学”。正是这些学者轮番上阵，构成了“中国边疆学”研究领域“百花齐放，百家争鸣”的局面，促进有关讨论日渐成熟。

在边疆理论领域，笔者关注了一些重大的理论问题，诸如“大一统”“夷夏观”“中华民族”“多元一体理论”“多民族国家疆域的形成和发展”“朝贡体系”“藩属体系”等，这些理论既立足于中国传统，又借鉴西方理论，并观照中国现实，取得了很大的成绩。笔者认为，理论是否有用，衡量的标准就是实践③。当然，笔者这里所说的实践不仅具有当代性，还具有历史性。因为每个时代都有每个时代的困境，每个时代都需要理论来解决自己的现实问题。之所以要从边疆史地研究跨越到中国边疆学，重要原因之一就是要解决现实问题，要依赖经验证据和现实实践不断对理论进行检验，从而创新适合于实践的理论，这是中国边疆学构建以及边疆理论不断发展的不二法门。只要我们的理论和学科做到逻辑上自洽，现实中有用，习近平主席所提出“推进学科体系、学术体系、话语体系建设和创新”④ 的希望就会实现，我们所着力构建的“中国边疆学”学科体系也会早日实现。

（原载《中国边疆史地研究》2019年第2期）

---

① 李大龙：《从“天下”到“中国”：多民族国家疆域理论解构》，人民出版社2015年版，第240—244页。

② 刘清涛：《“宗主权”与传统藩属体系的解体——从“宗藩关系”一词的来源谈起》，《中国边疆史地研究》2017年第1期。

③ 吕文利：《构建中国边疆学需要理论与实践的结合》，《中国边疆史地研究》2016年第3期。

④ 人民网：《习近平：在哲学社会科学工作座谈会上的讲话（全文）》，网址：http://politics.people.com.cn/n1/2016/0518/c1024-28361421-3.html，访问时间：2019年3月2日。

新时代北部边疆研究的回顾与展望

阿拉腾奥其尔*

20 世纪 90 年代以来，随着国内学术界构筑中国边疆学的呼声越来越高，我国边疆研究，特别是北部边疆研究取得了许多重大成果，主要表现在以下三个方面：一是国家社科基金特别项目“北疆项目”获准立项和实施；二是大量质量上乘的学术著作和学术论文出版和发表；三是一批学有所成的中青年学者加入北部边疆研究的队伍，并且成为我国北部边疆研究的中坚力量。

一　“北疆项目”的实施助推中国北部边疆研究的繁荣发展

20 世纪 90 年代以来的中国边疆研究，对中国边疆研究第三次高潮的延续，发挥了不可替代的推动作用。由中国边疆史地研究中心（现中国边疆研究所，以下简称“边疆中心”）主编并与黑龙江教育出版社合作自 1991 至 2009 年出版的“边疆史地丛书”，一方面是中国边疆研究第三次高潮的成果，另一方面是中国边疆研究第三次高潮的助推器。该丛书共出版学术专著、专题性学术论文集、资料和译著共 59 种 63 册。其中，有关北部边疆或涉及北部边疆的书籍有 21 种 25 册，既有像吕一燃《中国北部边疆史研究》（1991 年版）、李大龙《唐朝和边疆民族使者往来研究》（2001 年版）、马大正和刘逖著《二十世纪的中国边疆研究——一门发展中的边缘科学的演进历程》（1997 年版）、张永江《清代藩部研究——以政治变迁为中心》（2001 年版）、林荣贵主编《中国古代疆域史》（3 卷 4 册）（2007 年版）、吕文利《历史书写与藩部政治——〈皇朝藩部要略〉研究》（2009 年版）、赵云田《清末新政研究——20 世纪初的中国边疆》（2004 年版）等有关北部边疆研究的论著；也有诸如卢明辉主编《清代北部边疆民族经济发展史》（1994 年版）、杨茂盛《中国北疆古代民族政权形成研究》（2004 年版）、周伟洲《边疆民族历史与文物考论》（2000 年版）、孟广耀《北部边疆民族史研究》（全 2 册，2002 年版）等属于我国古代北方民族史研究范畴的论著。这一方面反映了这个时期我国北部边疆研究与北方民族史研究的界限尚不清晰，另一方面也折射出边疆中心初创时期为打开局面所做的努力。但不可否认的是，这套丛书的出版对于推动边疆史地研究的深化以及在聚集研究人才方面发挥了重要作用，得到学界的普遍认可和赞誉，也产生了良好的效果。《人民日报》刊发的一篇记者报道对此给予了高度评价，称“边疆史地丛书”的出版，“力图把以往分散的、封闭的研究引入集中的、开放性的轨道”，“随着以此为代表的一系列研究成果的问世，一门新兴边缘、交叉学科——中国边疆学

* 阿拉腾奥其尔：中国社会科学院中国边疆研究所研究员。

正在形成”[①]。2000 年，“边疆史地丛书精选辑”获得第十二届中国图书奖。

由边疆中心和内蒙古自治区社会科学院共同主持的“北部边疆历史与现状综合研究”（以下简称“北疆项目”）于 2010 年 1 月获全国哲学社会科学规划办正式批准立项，并列为社科基金特别项目，开展为期 5 年的项目研究。作为中国边疆系列研究之一，“北疆项目”既是因应边疆研究的现实需求，也顺应学科发展的要求。

“北疆项目”当年立项的课题共 172 项，分为基础研究、应用研究、文献翻译整理三大系列。目前，已有 154 项通过审核，完成结项，已作为“北疆项目”系列科研成果被列入“北部边疆历史与现状研究文库”，由内蒙古大学出版社开始陆续出版。在已结项的 154 项课题中，有 44 项涉及北部边疆历史的研究。从已出版的部分成果看，其中不乏优秀之作，如李大龙、李元晖《游牧行国体制与王朝藩属互动研究》（内蒙古大学出版社 2018 年版），吕文利《嵌入式互动：清代蒙古入藏熬茶研究》（内蒙古大学出版社 2017 年版）等。前者认为，尽管新中国成立 70 年来我们习惯于用“中国自古就是多民族统一国家”来描述多民族国家构建的历史，但对于多民族国家的历史却一直难以摆脱“王朝国家”的束缚，没有构建起一套成熟的关于多民族国家形成和发展的理论，也正因如此，一方面国外学者的理论在国内大肆流行（诸如费正清、滨下武志的理论在国内有着重要影响），另一方面这种状况又导致了我国多民族国家观教育的弱化乃至缺失，对现阶段我国多民族国家的稳定和发展形成了负面影响。基于这样的认识，作者在《游牧行国体制与王朝藩属互动研究》中，从多民族国家构建的视角，试图将游牧行国和王朝藩属之间的互动作为一个研究整体，从中探究多民族国家构建的历程，并对两个不同族群在其中的贡献进行评述，以推动多民族国家疆域形成和发展的理论研究。后者则通过从边疆看中原的视角，详细考察了 16—17 世纪蒙古诸部信仰藏传佛教、构建“政教二道”中心的实践过程，认为熬茶布施为构建“政教二道”中心的途径。作者在与前人对话的基础上提出了“嵌入式互动”的理论，认为清代蒙藏意识形态联盟和满蒙军事—政治联盟的轴心是蒙古，满蒙军事—政治联盟和“满汉一体”政策的轴心是满洲，彼此之间形成了嵌入式互动的格局，正是这种嵌入式互动格局，改写了满、蒙、藏、汉等各个族群的历史，也改写了中国的大历史。贸易和宗教构成“嵌入式互动”格局的主要内容，无论是蒙古诸部因为入藏熬茶而与清朝进行贸易，还是蒙藏意识形态上的联盟，以及清廷试图利用藏传佛教控制蒙古，都反映了蒙古诸部、西藏藏传佛教和清朝皇帝之间，蒙古地区、新疆地区、西藏地区与中原地区之间的互动性、嵌入性特征。

“北疆项目”的立项和实施，无疑是对我国北部边疆研究的一次大检阅，也势必将对我国北部边疆研究深入和发展起到重要的推动作用。

二　北部边疆研究的前沿问题

（一）关于北部边疆疆域的形成和发展的通史性专著

历史上的中国疆域，历来为我国史学工作者所关注和研究。回顾和总结前人的相关

---

① 卢新宁：《圈点千山江山——写在〈边疆史地丛书〉再版之际》，《人民日报》1999 年 4 月 6 日第 11 版。

研究，不难发现，学者们讨论的焦点主要集中在“中国”和“疆域”的概念以及“历史上的中国”的疆域范围。

马大正担任总主编的“中国边疆通史丛书”，由中州古籍出版社于2000—2003年陆续出版，分为《中国边疆经略史》《东北通史》《北疆通史》《西域通史》《西藏通史》《西南通史》《中国海疆通史》。该丛书是按地区阐释多民族国家历史疆域发展过程的系列通史著作，“避免了以朝代为序的疆域史著作对边疆地区的忽略”，为中国疆域史研究提供了新的范式①。其中，赵云田主编的《北疆通史》（2003年版），按断代史写法，从秦汉一直写到清，从内容看，涉及北狄、胡、匈奴、鲜卑、柔然、敕勒、突厥、薛延陀、回鹘、契丹、女真、蒙古、满洲等古代部落、部族和民族。这是一部总汇前人研究成果，在创新上有所建树的学术专著。其重要意义在于，《北疆通史》拓展了中国边疆史研究的视野，深化了我国北部边疆史的研究内容，为北部边疆史研究的进一步发展奠定了基础。

前面提及的林荣贵主编的《中国古代疆域史》共计161万字，是目前我国容量最大、内容最为翔实的疆域史著作。整体而言，其特色和创新之处在于，该书以边疆为首要关注对象，打破了以往“疆域史类同王朝沿革地理的局限”；重视疆域构成的不同层次，并将边疆民族纳入历代疆域范围之内，“打破了大汉族主义的藩篱”。当然，该书还从现代国家领土观念出发，首次将中国海疆史纳入了疆域史研究的视野②。从细节而言，该书基本涵盖了相关领域的研究成果，同时在某些领域的研究又有所突破。例如该书元代部分首先厘清蒙古汗国与元朝的关系，作者指出：元朝只是蒙古汗国分裂以后建立的一个政权，这个政权继承了一部分原蒙古汗国的疆域，又通过兼并南宋，构筑了元帝国；更正了蒙元混称带来的断代概念混乱，并由此界定了元朝疆域范围，即元朝疆域不等同蒙古汗国。该书元朝疆域四至及变化的考述是国内同类研究中比较准确的结论。应该说，这部疆域史研究巨著的出版，体现了边疆研究中心长期以来为探索中国疆域形成、发展的规律，为中国边疆学的构建所做的努力和追求。

（二）关于北部边疆治理的研究

进入新世纪以来，随着中国边疆研究“第三次高潮”的持续发展，我国边疆史的研究也不断深入，其范围不断拓展，内涵越来越丰富。尤其是“边疆治理”的概念一经提出，越来越受到学者的重视和关注，相关成果不断涌现。根据近年国内有关边疆治理研究的总体情况看，“边疆治理”的内涵大体包括以下几项内容：（1）历代王朝对边疆地区的经营管辖和开发治理；（2）历代王朝的边疆管理机构；（3）历代王朝的治边思想及相关政策、治边举措等。

1. 历代王朝对北部边疆地区的经营管辖和开发治理

这方面的研究一直是学界研究的重点，论著颇多，值得关注的论著主要有：宝音朝克图的《中国北部边疆的治理》（湖南人民出版社2015年版），系马大正主编的“中国边疆治理丛书”之一。全书以中国历史发展脉络为主线，梳理了秦汉、隋唐、元明、清、民国、中华人民共和国时期的北疆开拓、北疆治理和开发，从不同层面、多个角度

---

① 马大正：《当代中国边疆研究（1949—2014）》，中国社会科学出版社2016年版，第176页。

② 同上书，第177页。

深入剖析和阐述历代中央政权开拓和治理北疆政策及措施的利弊或得失。该书每个章节均涵盖统治者对北疆的开发、民族政策、治理机构以及治边思想等内容，是目前为止最全面地专论我国北部边疆治理的学术专著。成崇德《清代边疆民族研究》一书是专论清代疆域及边疆治理的一部力作。该书分“清朝疆域形成”“清朝边疆民族政策”“清朝边疆开发”三编，以独特的视角考察了清朝疆域的形成及清朝对边疆的统一，并从管理方式、立法及制度层面深入分析和探讨了清朝对北部边疆的政策。此外，该书还观照到清代蒙古地区的社会经济和生态环境的变迁，提出了许多创新性学术观点。比如，关于清朝疆域的形成，作者考察了边疆地区民族政权的“局部统一”与清朝实现中国全面统一的关系，提出了“边疆地区所形成的‘小统一’为清朝的‘大一统’创造了有利条件”“清朝的功绩在于，顺应了历史发展的趋势，使边疆地区由分裂状态走向统一，比较明确地划定了中国疆域版图范围，对边疆地区实行了有效的主权管辖，对各民族实施了多种多样的管理制度”等诸多新论①。程妮娜《中国历代边疆治理研究》（经济科学出版社2017年版），是一部全面论述历代边疆治理的综论性学术专著，也涉及历代北疆治理。

近年来清代的卡伦制度与驿传制度，也颇受学者们的关注。如马长泉《清代卡伦制度研究》（哈尔滨出版社2005年版）和宝音朝克图《清代北部边疆卡伦研究》（中国人民大学出版社2005年版）都是这方面的代表性作品。前者对清代卡伦做了全方位的详尽考述；后者则以清代北部边疆卡伦（包括东北、西北边疆卡伦）为主要研究对象，并就其分布、设置等做了全面、细致、深入的考察，内容还涉及清代卡伦的职能以及与卡伦相关的基础设施、清政府对卡伦的监督、守卡官兵的拣选及其生计、坐卡等诸多方面，是一部多个角度考察清代卡伦管理制度的学术著作。刘文鹏《清代驿传及其与疆域形成关系之研究》（中国人民大学出版社2004年版），全面探讨了清代驿传在地域范围上的变化，分析了清代驿传管理制度中的物质供给、信息传递、交通运输等方面的变革内容及其背景，也涉及在中国走向近代化背景下清代驿传的近代转型，以及传统驿传系统被电报、近代邮政逐步取代最终退出历史舞台的过程。

此外，有关历代边疆治理的学术论文也不在少数，其中较有代表性的有王邵东《汉文帝处理与匈奴关系的思想探析》②，岳东《唐初北陲都护府几则问题辨析》③，李治安《元巩昌汪总帅府二十四城考》④，刘春玲《元代阴山地区的行政建制述论》⑤，默书民《政治中心的地理变迁对交通运输的影响——以元代为中心的讨论》⑥《元代两都之间及以北地区的站道研究》⑦《辽阳行省的站道研究》⑧，晓克《略论北元时期蒙古的

---

① 成崇德：《清代边疆民族研究》，故宫出版社2015年版，第43页。

② 王邵东：《汉文帝处理与匈奴关系的思想探析》，《青海民族大学学报》2014年第4期。

③ 岳东：《唐初北陲都护府几则问题辨析》，《阴山学刊》2014年第1期。

④ 李治安：《元巩昌汪总帅府二十四城考》，《南开学报》2010年第2期。

⑤ 刘春玲：《元代阴山地区的行政建制述论》，《前沿》2010年第17期。

⑥ 默书民：《政治中心的地理变迁对交通运输的影响——以元代为中心的讨论》，载中国元史研究会编《元史论丛》第十三辑，天津古籍出版社2010年版。

⑦ 默书民：《元代两都之间及以北地区的站道研究》，《元史论丛》第十二辑，内蒙古教育出版社2010年版。

⑧ 默书民：《辽阳行省的站道研究》，《中国社会科学院历史研究所学刊》第6集。

会盟》[①]，刘丁勇《朱元璋对蒙古民族的怀柔政策探微》[②]，陈武强《明洪武朝对蒙战争的时空分布》[③]，范传南、姜彬《明代北部边防战略思想变迁刍议》[④]，王元林、梁姗姗《明代北方边疆防御中“智防”策略的应用》[⑤]，孙丽华《康熙帝对蒙古地区的治理》[⑥]，张双智《清朝外藩体制内的朝觐年班与朝贡制度》[⑦]，黑龙《1688—1690 年康熙救助南下蒙古喀尔喀之新史料》[⑧]，红霞《清代喀尔喀蒙古王公的朝觐制度述略》[⑨]，周乌云《试论清代蒙古地区喇嘛洞礼年班制度》[⑩]，杨耀田《康熙朝对内蒙古地区汉族移民的政策浅析》[⑪]，吴斯芹《论清代初期对漠南东部蒙古的管理——以实施盟旗为例》等[⑫]。可以看出，有关历代北部边疆的治理研究多集中在汉唐元明清几个朝代。

清代北部边疆治理研究，由于研究队伍较为庞大，力量较强，加之相关文献资料较为丰富，相关研究成果较多，是不能忽视的重要一环。需要指出的是，一支掌握满文、蒙古文，又有深厚汉文功底的少数民族学者队伍已经成长起来并成为北部边疆研究的中坚力量，因此利用多语种档案、文献资料进行研究，成为新时期清代北部边疆研究的一大特色。

2. 民国时期北部边疆治理的研究

近年来，民国时期的北部边疆治理也引起学者们的关注。但需要指出的是，关于南京国民政府边疆治理的研究多为综论性著述，而具体到北部边疆的治理，相关研究则主要集中在北洋政府时期。比如，《南京国民政府的边政》是青年学者段金生有关南京国民政府的边疆治理研究的一部力著，被认为是“目前学术界明确以南京国民政府的边政问题为研究对象的首部较系统的学术专著”[⑬]。段金生还发表了《试论南京国民政府边政研究的内容和方法》（与董继梅合作）[⑭]、《南京国民政府的边疆观念及民族认识》[⑮]等文章，并提出，“九一八”事变之前，南京国民政府的边疆认识以蒙、藏、新为重

① 晓克：《略论北元时期蒙古的会盟》，《西蒙古论坛》2011 年第 4 期。

② 刘丁勇：《朱元璋对蒙古民族的怀柔政策探微》，《大连民族学院学报》2013 年第 4 期。

③ 陈武强：《明洪武朝对蒙战争的时空分布》，《北方论丛》2014 年第 6 期。

④ 范传南、姜彬：《明代北部边防战略思想变迁刍议》，《东北史地》2014 年第 4 期。

⑤ 王元林、梁姗姗：《明代北方边疆防御中“智防”策略的应用》，《甘肃社会科学》2014 年第 5 期。

⑥ 孙丽华：《康熙帝对蒙古地区的治理》，《白城师范学院学报》2011 年第 6 期。

⑦ 张双智：《清朝外藩体制内的朝觐年班与朝贡制度》，《清史研究》2010 年第 3 期。

⑧ 黑龙：《1688—1690 年康熙救助南下蒙古喀尔喀之新史料》，《中国边疆史地研究》2011 年第 2 期。

⑨ 红霞：《清代喀尔喀蒙古王公的朝觐制度述略》，《内蒙古民族大学学报》2010 年第 2 期。

⑩ 周乌云：《试论清代蒙古地区喇嘛洞礼年班制度》，《内蒙古民族大学学报》2010 年第 4 期。

⑪ 杨耀田：《康熙朝对内蒙古地区汉族移民的政策浅析》，《内蒙古民族大学学报》2011 年第 2 期。

⑫ 吴斯芹：《论清代初期对漠南东部蒙古的管理——以实施盟旗为例》，《内蒙古民族大学学报》2013 年第 3 期。

⑬ 段金生：《南京国民政府的边政》，民族出版社 2012 年版，第 2 页。

⑭ 段金生：《试论南京国民政府边政研究的内容和方法》，《云南师范大学学报》2010 年第 1 期。

⑮ 段金生：《南京国民政府的边疆观念及民族认识》，《云南民族大学学报》2009 年第 6 期。

心，将边疆问题与民族问题等同，边疆区域范围的界定较模糊；事变后西北、西南边疆在其视野中地位开始提升，边疆区域范围的界定才相对明确。这对学者们把握南京国民政府的边疆观念及民族认识前后变化，具有重要的启示意义。此外，杨作山《民国时期边疆民族政策刍议》①、周竞红《南京国民政府初期十年边疆民族事务管理机制与政策》②、马玉华《国民政府的边疆民族政策初探》③、张双志《南京国民政府时期的民族思想和民族政策——以蒙藏问题为中心》④ 等就国民政府边疆民族政策、边政机构与边疆观念做了探讨并阐述各自的观点。孙懿《抗战时期民国政府的边疆教育政策》⑤ 则以抗战时期为一个时段，围绕国民政府"边疆教育"概念的提出、边疆教育政策的内容及其实施等问题对抗战时期南京国民政府的边疆教育政策做了较为详细的考述。李国栋《民国时期的民族问题与民国政府的民族政策研究》（民族出版社 2007 年版）也是一部有关南京国民政府边疆治理的专著。该书对国民政府民族政策的发展过程、民族事务管理机构与制度、少数民族政治政策与对边疆民族地区的治理、边疆民族经济政策以及西北开发、边疆民族教育政策与少数民族宗教政策等做了全面考察和总结，认为国民政府的民族政策虽有整体系统性，其基本内容亦以法律的形式得到规范，民族平等虽凸显历史进步，但流于形式，具有欺骗性与虚伪性。

20 世纪 20 年代，民国政府先后在蒙古地区设置蒙疆经略使、热察绥巡阅使两个地区性的临时军政职位。张建军就上述问题发表《民国北京政府时期察哈尔、热河境内镇守使沿革述论》⑥《从蒙疆经略使到热察绥巡阅使——民国北京政府后期奉直两系对蒙古地区的争夺》⑦ 两篇文章。前文指出，《镇守使署暂行条例》对军事兼管民政等事务的规定为镇守使的日后地方割据提供了某种契机。察哈尔、热河地区各镇守使长官基本由中央任命，但在袁世凯身前死后有着明显不同。军阀混战年代，军事力量的强弱取代了中央政令应有的权威，镇守使任期常依赖于手中掌握的军队。后文则对地方军阀控制蒙古地区作了揭示，认为学术界虽然对此有些研究，但只有将蒙疆经略使、热察绥巡阅使的先后置废联系起来进行分析，才能更清楚地认识北京政府地方军政制度的运作。两个军政职位使蒙古地区与全国军政联系更趋紧密，但实质上是北京政府对实权军系既有及潜在地盘的认可。其先后置废，自然成为奉直两大军阀集团在蒙古地区实力消长的重要标志。有关民国时期北部边疆研究的论文还有，鲍海燕《北洋政府对呼伦贝尔

① 杨作山：《民国时期边疆民族政策刍议》，《固原师专学报》2000 年第 5 期。

② 周竞红：《南京国民政府初期十年边疆民族事务管理机制与政策》，《中国边疆史地研究》2005 年第 3 期。

③ 马玉华：《国民政府的边疆民族政策初探》，《贵州民族研究》2007 年第 5 期。

④ 张双志：《南京国民政府时期的民族思想和民族政策——以蒙藏问题为中心》，《中国藏学》2003 年第 4 期。

⑤ 孙懿：《抗战时期民国政府的边疆教育政策》，《中国边疆史地研究》2005 年第 4 期。

⑥ 张建军：《民国北京政府时期察哈尔、热河境内镇守使沿革述论》，《内蒙古社会科学》2011 年第 1 期。

⑦ 张建军：《从蒙疆经略使到热察绥巡阅使——民国北京政府后期奉直两系对蒙古地区的争夺》，《内蒙古师范大学学报》2011 年第 1 期。

“独立”事件应对举措新探》[①] 一文，作者以北洋政府视角对 1912 年呼伦贝尔地区宣布的“独立”事件进行重新审视，认为该事件是当时国内外多种因素综合作用的产物。北洋政府对呼伦贝尔地区的叛乱采取的应对举措，反映出北洋政府自身两大基本特点：新政权的不稳定性及局限性；肩负承上启下的历史任务。这两个特点决定了北洋政府所采取的政策在制定、实施过程中的局限性。但就相关政策制定目的和成效而言，其对稳定呼伦贝尔地区的动荡局势、恢复中央政府在该地区主权，仍起到十分重要的作用。乌力吉陶格套《清至民国时期蒙古法制研究——以中央政府对蒙古的立法及其演变为线索》（内蒙古大学出版社 2007 年版）是一部以民国中央政府对蒙古的立法及其演变为线索专门探讨清至民国时期蒙古法制演变问题的力作。

（三）关于历史上的和亲与满蒙联姻问题的研究

历史上的和亲和清代的满蒙联姻，在边疆研究领域通常是作为中原王朝或中央王朝的治边政策来研究的，被视作“中国古代边疆政策中的一项重要内容”。和亲现象作为在中国古代封建社会普遍存在的一种现象向来受到中国古代史、民族史以及边疆史研究者们的重视和关注，100 年来相关研究成果颇多。而满蒙联姻作为清朝立足的一项根本国策，也受到国内清史学界及清代蒙古史学界的青睐，相关著述也不少。无论是历史上的和亲，还是清代满蒙联姻，都已成为中国边疆研究学科中十分重要的专门研究领域。因此，本文将其从边疆治理研究一节中划出，单列一节，予以专门评述。

1. 关于历史上的和亲问题的研究

新时期，有关中国历史上的和亲问题的研究，不仅有多部学术专著出版，而且发表的相关学术论文数量之多，已在百篇之上。从研究的深度和广度上看，亦有所突破，不仅有理论上的创新，而且研究的视野不断扩大，研究内容更加丰富。在研究和亲问题的众多学者当中，崔明德的名字不能不提。自 1990 年出版《汉唐和亲研究》（青岛海洋大学出版社 1990 年版）一书后，他又陆续出版了《汉唐和亲史稿》（青岛海洋大学出版社 1991 年版）、《先秦政治婚姻史》（山东大学出版社 2004 年版）、《中国古代和亲史》（人民出版社 2005 年版）、《中国古代和亲通史》（人民出版社 2007 年版）等多部重要著作，成为国内和亲研究领域当中的领军者。其《中国古代和亲通史》还于 2007 年位列《国家社科基金成果文库》第二批优秀著作十大优秀成果之首，是国内第一部有关和亲问题研究的通史性著作，也是国内有关中国古代和亲问题研究的集大成之作。

早在 20 世纪二三十年代，有关中国古代和亲问题的研究就已展开，而且成果颇丰，但以往的研究，多为就事论事的个案研究，从理论上进行宏观研究的较少，大多限于对某个和亲事件或某个历史人物的和亲的评议。而崔明德有关中国古代和亲研究的著作，特别是《中国古代和亲史》及在其基础上进行部分内容调整而成的《中国古代和亲通史》则利用民族学、历史学、民俗学以及考古学等多学科的理论和方法，对和亲问题进行宏观的、长时段、跨学科、多层面的研究，构建起一套全面、系统的和亲研究理论框架，这对中国古代和亲问题的研究意义重大。《中国古代和亲史》《中国古代和亲通

---

① 鲍海燕：《北洋政府对呼伦贝尔“独立”事件应对举措新探》，《黑龙江史志》2014 年第 13 期。

史》摆脱了以往和亲研究只讲中原王朝与少数民族政权和亲的局限，增加了历史上各少数民族政权之间相互和亲的内容，体现了和亲问题的多样性和同一性，并提出了“和亲文化”的概念。作者认为，和亲文化是在和亲过程以及与之相关的活动中积淀而成的一种独特文化，它既由多民族的有关成分汇聚而成，又对各个民族具有一定的黏合及联结功能。这种研究大大丰富了和亲研究内容，拓展了和亲研究范围，对国内和亲研究起到了示范和引领的作用。

我国台湾学者林恩显的《中国古代和亲研究》（黑龙江教育出版社 2012 年版）是这个研究领域不能不提的一部重要著作，该书在建构和亲理论体系方面颇有建树。

新时期以来，探讨历史上少数民族政权之间相互和亲的研究逐渐多了起来。如张书艳《匈奴和亲政策初探》[①]、彭向前《辽蕃和亲初探》[②]、崔明德《辽朝和亲初探》[③]、闫德华《突厥政权和亲史述略》[④] 等。可以说，新时期中国和亲问题的研究越来越深入，既有对整体的把握，又有对和亲个案的具体分析。

回顾这个时期国内和亲问题的研究，其讨论的主题主要集中在以下三个方面：一是和亲的原因和目的，二是和亲的影响，三是和亲公主。

在探讨和亲原因及目的方面代表性论文有曹国宁《解读和亲的政治智慧》[⑤]，范香立、张金铣《唐与回鹘和亲原因解析》[⑥]，崔晓莉《突厥与中原王朝联姻政策探析》[⑦]，蒋之敏《西夏与辽和亲的原因及影响》[⑧] 等。有意思的是，学者们不仅对产生和维持和亲的原因、目的有兴趣，而且对中国古代历史上并没有和亲现象的王朝也产生了浓厚的兴趣。姜春晖在《宋人拒绝和亲之原因分析》一文中认为，宋人反对和亲政策的原因是多方面的，其与宋人强烈的民族偏见、文化上的优越感、高度发达的社会经济和“守内虚外”的既定国策是分不开的[⑨]。宋超在《和亲史话》（社会科学文献出版社 2012 年版）一书中也对宋、明两代无和亲的原因进行了分析。

关于和亲影响的研究有，朱桂香《西汉初期与匈奴和亲政策评述》[⑩]、曹国宁《中国古代和亲的历史作用略论》[⑪] 等。虽然有关古代和亲影响或历史作用的研究视角不同，结论各异，但大多都归结在以下几个方面：一是避免或延缓了武力冲突，有利于社会的稳定和发展；二是和亲双方政治上的友好合作，为增进相互间经济文化的交流提供了条件；三是密切了各方的经济文化交流，促进了各民族之间的融合与同化等。总之，对和亲的评价普遍侧重积极的方面，较少论及消极方面的影响，尤其是和亲对少数民族地区产生的影响论及更少。

---

① 张书艳：《匈奴和亲政策初探》，《烟台大学学报》2010 年第 1 期。
② 彭向前：《辽蕃和亲初探》，《青海民族学院学报》2008 年第 3 期。
③ 崔明德：《辽朝和亲初探》，《民族研究》2004 年第 4 期。
④ 闫德华：《突厥政权和亲史述略》，《内蒙古民族大学学报》2010 年第 4 期。
⑤ 曹国宁：《解读和亲的政治智慧》，《甘肃高师学报》2008 年第 4 期。
⑥ 范香立、张金铣：《唐与回鹘和亲原因解析》，《青海民族学院学报》2014 年第 2 期。
⑦ 崔晓莉：《突厥与中原王朝联姻政策探析》，《安顺学院学报》2011 年第 4 期。
⑧ 蒋之敏：《西夏与辽和亲的原因及影响》，《天府新论》2008 年第 12 期。
⑨ 姜春晖：《宋人拒绝和亲之原因分析》，《湖北师范学院学报》2009 年第 2 期。
⑩ 朱桂香：《西汉初期与匈奴和亲政策评述》，《商》2015 年第 12 期。
⑪ 曹国宁：《中国古代和亲的历史作用略论》，《甘肃高师学报》2005 年第 1 期。

至于和亲公主问题，目前学界有关和亲公主的研究多集中于昭君、解忧公主、文成公主等知名度较高的公主身上，如陈宁波《汉唐和亲公主形象比较研究》[①]《唐朝和亲公主的悲剧性研究》[②]、汪莹《汉唐公主婚姻比较研究》等。相信随着崔明德《中国古代和亲通史》一书的出版和其他诸多和亲公主的发现，一定会有大量有关古代和亲公主的文论出现。

2. 关于满蒙联姻的研究

满蒙联姻的研究一直是学界关注的热点问题之一。20 世纪 90 年代以来，满蒙联姻的研究不断深入，参与研究的学者队伍不断壮大。从研究的整体情况看，这一时期有关满蒙联姻研究，既有总论式的综合性研究，也有对某个联姻进行探讨的个案研究。但无论是综合性研究，还是对某个联姻进行探讨的个案研究，都有一个共同的特点，那就是特别重视利用清代档案文献资料。如定宜庄《满族的妇女生活与婚姻制度研究》[③] 中的《一代国策：与蒙古的政治联姻》、刘潞《清太祖太宗时满蒙婚姻考》[④] 及《对清太祖太宗时期满蒙联姻的再认识》[⑤] 等，尤其是刘潞充分利用《玉牒》《满文老档》《清初内国史院满文档案译编》《清实录》《清史稿》《钦定蒙古王公表传》等基本资料，详细考察了清太祖、太宗时期蒙古 16 部与后金皇室 137 人次的满蒙联姻关系。

进入 21 世纪后，清代满蒙联姻研究又有了较大的进展，杜家骥的《清朝满蒙联姻研究》（人民出版社 2003 年版）就是其中最具代表性的著作。这是国内迄今为止关于清代满蒙联姻研究最全面的论著，被学界称作“几十年来清代满蒙联姻研究的集大成之学术著作”[⑥]。全书分为上、中、下三编，近 65 万字，是作者积 20 年之功而成的煌煌巨著。上编为蒙古各部与清廷联姻史事，以时间顺序逐一考订蒙古各部与清廷的联姻史事；中编详述与满蒙联姻有关的各种制度，包括指婚制、婚礼、陪嫁、额驸及其后代封号、生活配给、省亲、丧葬等，同时考察了有清一代满蒙联姻的阶段性变化、特点及其原因；下编探讨满蒙联姻的作用与影响。该书内容宏达，资料丰富翔实，不仅参考了大量文献史料，而且还有一些口述史料、实物资料，最重要的是充分利用档案史料，使得该书立论扎实，言之有据。其次在大量史实的基础上进行了严密的史料分析与史实考证，做到论从史出，避免了主题先行、以论带史的弊端。学界对杜家冀的《清朝满蒙联姻研究》给予了很高的评价，认为这是一部高水平、高质量的学术专著。其研究的深度、广度，以及发掘、运用史料的翔实程度，都突破了此前的研究，达到一个新的高度，是近年史学研究中为数不多的一项重要成果[⑦]。

---

① 陈宁波：《汉唐和亲公主形象比较研究》，《四川职业技术学院学报》2016 年第 4 期。

② 陈宁波：《唐朝和亲公主的悲剧性研究》，《哈尔滨学院学报》2016 年第 4 期。

③ 定宜庄：《满族的妇女生活与婚姻制度研究》，北京大学出版社 1999 年版，第 284—319 页。

④ 刘潞：《清太祖太宗时满蒙婚姻考》，《故宫博物院院刊》1995 年第 3 期。

⑤ 刘潞：《对清太祖太宗时期满蒙联姻的再认识》，《清史研究》1995 年第 3 期。

⑥ 马大正：《民国边政史料汇编》，国家图书馆出版社 2009 年版，第 282 页。

⑦ 孟昭信：《满蒙联姻的最新研究成果——读杜家骥著〈清朝满蒙联姻研究〉》，《史学集刊》2004 年第 3 期。

这一时期国内满蒙联姻研究的特点是，既有全面系统考察满蒙联姻发展过程的总论式的综合性研究，也有详细探讨具体婚姻事例的个案研究；既有关于与满蒙联姻相关的制度的研究，也有关于与满蒙联姻有关的婚俗的研究。

关于满蒙联姻发展过程的研究，相关成果颇多，代表的论文有王静芳《清代满蒙联姻的三个阶段及其特点》①、牛海桢《简论清王朝的满蒙联姻政策》②、刘玉萍《浅析满蒙联姻的发展过程和作用》③、陈京《试论清朝满蒙联姻的特点及其积极影响》④、李国亮《清初满蒙联姻缘起小议》⑤、李铁《清朝入关前后满蒙联姻及满族婚俗新变化》⑥、赵之恒《满蒙联姻》⑦、钱占元《清代“满蒙联姻”》⑧ 等。尽管上述论文的研究角度不同，各有侧重，但对清代满蒙联姻发展阶段的认识大体一致：努尔哈赤时代（包括建元天命以前）为满蒙联姻的第一阶段，即发生阶段，这个时期满蒙之间的通婚活动主要在蒙古科尔沁和内喀尔喀五部中进行。皇太极至福临初为第二阶段，即发展阶段，这个时期特点是，联姻人数多，联姻范围由蒙古科尔沁部扩展至漠南蒙古各部。康熙至乾隆为第三阶段，即完善阶段，这一时期满蒙联姻的范围进一步扩展，覆盖了漠南、漠北、漠西蒙古诸部，满蒙联姻因此形成一套旨在维护两族上层特殊姻亲关系的规定，显示出制度化的趋向。嘉庆以后至清末为第四阶段，即因循保持阶段，这一时期由于清朝中央集权高度加强，武备需要相对减少，各部蒙古与中央政权的联系进一步密切，满蒙联姻没有更多的发展。清代与满蒙联姻相关的制度主要有备指额驸制度、俸禄俸缎制度、入京朝觐制度、赐恤致祭制度、回京省亲制度等等。这些制度在清代的法律文书中都有明文规定，相关研究分歧不大。目前，学界在备指额驸制度产生时间及其原因上稍有分歧。以往认为，备指额驸制度产生于道光初年；产生的原因是由于清朝统治者在蒙古地区已建立比较稳固的统治，蒙古王公的作用日益下降，联姻范围逐渐缩小，只选定科尔沁、巴林、喀喇沁、奈曼、翁牛特、土默特、敖汉等七部十三旗为备指额驸的范围⑨。杜家骥以大量档案材料为依据指出，备指额驸制度的产生，缘于嘉庆前期以后满蒙联姻中出现的新问题——漠南蒙古与清廷联姻部落已显著减少。他认为，清廷为了维持与蒙古联姻的祖制，保持与漠南蒙古联姻部落的广泛性和持续性，而针对漠南蒙古各部制定了一种指令性措施，这就是“备指额驸制度”及其由来⑩。郭美兰《恪靖公

---

① 王静芳：《清代满蒙联姻的三个阶段及其特点》，《内蒙古大学学报》2000 年增刊。

② 牛海桢：《简论清王朝的满蒙联姻政策》，《甘肃联合大学学报》2007 年第 3 期。

③ 刘玉萍：《浅析满蒙联姻的发展过程和作用》，《黑龙江教育学院学报》2007 年第 9 期。

④ 陈京：《试论清朝满蒙联姻的特点及其积极影响》，《白城师范学院学报》2008 年第 1 期。

⑤ 李国亮：《清初满蒙联姻缘起小议》，《承德民族师专学报》2008 年第 3 期。

⑥ 李铁：《清朝入关前后满蒙联姻及满族婚俗新变化》，《商丘职业技术学院学报》2005 年第 4 期。

⑦ 赵之恒：《满蒙联姻》，《广播电视大学学报》2006 年第 1 期。

⑧ 钱占元：《清代“满蒙联姻”》，《思想工作》2006 年第 6 期。

⑨ 赵云田：《清代的“备指额驸”制度》，《故宫博物院院刊》1984 年第 4 期。

⑩ 杜家骥：《清朝满蒙联姻研究》，人民出版社 2003 年版，第 249—255 页。

主远嫁喀尔喀蒙古土谢图汗部述略》[①]、李岭《康熙恪靖公主若干问题发微》[②]、胡哲《清廷对漠北土谢图汗部蒙古政策探析——以喀尔喀恪靖公主府属人地亩案为中心》[③]、杜晓黎《恪靖公主品级·封号·金册考释》[④] 等则是关于清代满蒙联姻具体婚姻事例的个案研究。

另外，关于如何评价清代满蒙联姻，也是学者们关注的问题之一。除杜家骥在其相关专著中专门论述外，孙宏年《清朝前期政治联姻的多种形态及影响浅析》[⑤]、闫芙蓉及李博《论清代满蒙联姻对喀喇沁地区的影响》[⑥]、香莲《清代满蒙联姻关系及对蒙古的经济援助》[⑦]、孙铭研《满蒙联姻政策的特点及其历史作用探析》[⑧]、高娃《论满蒙联姻关系的形成、影响和内蒙古满族语言文化特点——以兴安盟科尔沁右翼前旗满族屯满族乡为中心》[⑨]、姜珊《清朝满蒙联姻的民族政策对当今民族工作的若干启示》[⑩] 都对清代满蒙联姻的评价做了探讨，并阐述了自己的看法，但大都归结于曹国宁在《试论满蒙联姻的特点及其历史作用》一文中所总结的如下几个方面：一是满蒙联姻对当时统一多民族封建国家的进一步巩固和发展发挥了积极作用；二是满蒙联姻促进了蒙古地区的开发和双方经济上的交流；三是满蒙联姻推动了满、蒙、汉各民族在文化上的交流；四是满蒙联姻有助于促进民族的融合和民族之间的团结[⑪]。但赵之恒在《满蒙联姻》[⑫] 一文中的论述——“作为清代奉行不替的基本国策，联姻蒙古在清建立全国统治和巩固统治方面起了重要作用。清入关前，满蒙联姻用血缘纽带使蒙古王公成为清进取中原的牢固同盟。入关后，满蒙联姻虽然成为君臣间的联姻，但这种血亲关系把双方结成休戚相关、荣辱与共的利益一致的整体”[⑬]。——似乎触及了问题的实质。

清代满蒙联姻的研究虽然已经久远，相关成果丰富，但仍有很多问题亟待探讨，如以往研究大多从中央政府治边政策的角度来探讨清代满蒙联姻，而从蒙古族方面研究或认识的比较少。蒙古族怎么看满蒙联姻？蒙古族怎么看清朝的统治？仍需进行研究。另

---

① 郭美兰：《恪靖公主远嫁喀尔喀蒙古土谢图汗部述略》，《中国边疆史地研究》2009 年第 4 期。

② 李岭：《康熙恪靖公主若干问题发微》，《内蒙古社会科学》2011 年第 3 期。

③ 胡哲：《清廷对漠北土谢图汗部蒙古政策探析——以喀尔喀恪靖公主府属人地亩案为中心》，《西部蒙古论坛》2018 年第 1 期。

④ 杜晓黎：《恪靖公主品级·封号·金册考释》，《内蒙古文物考古》2004 年第 2 期。

⑤ 孙宏年：《清朝前期政治联姻的多种形态及影响浅析》，《中国边疆学》第 2 辑，社会科学文献出版社 2015 年版。

⑥ 闫芙蓉、李博：《论清代满蒙联姻对喀喇沁地区的影响》，《赤峰学院学报》2012 年第 9 期。

⑦ 香莲：《清代满蒙联姻关系及对蒙古的经济援助》，《赤峰学院学报》2014 年第 6 期。

⑧ 孙铭研：《满蒙联姻政策的特点及其历史作用探析》，《学理论》2016 年第 11 期。

⑨ 高娃：《论满蒙联姻关系的形成、影响和内蒙古满族语言文化特点——以兴安盟科尔沁右翼前旗满族屯满族乡为中心》，《内蒙古民族大学学报》2017 年第 6 期。

⑩ 姜珊：《清朝满蒙联姻的民族政策对当今民族工作的若干启示》，《辽宁省社会主义学院学报》2016 年第 1 期。

⑪ 曹国宁：《试论满蒙联姻的特点及其历史作用》，《陇东学院学报》2012 年第 2 期。

⑫ 赵之恒：《满蒙联姻》，《广播电视大学学报》2006 年第 1 期。

⑬ 同上。

外，清乾隆以后，很多蒙古额驸、姻亲长期居留京城，参与清廷的军政事务，协助清帝处理蒙藏事务，其中有很多人还担任宫中侍卫、御前大臣等。有学者提出，这些长期居留京城的“蒙古额驸”“姻亲”固然发挥了特殊作用，但他们人数越来越多，其中绝大多数世代留京，不愿再返回草原牧区，是否有不利的影响，可以探讨①。笔者对此十分认同。

（四）关于近代边疆危机与北部边界的研究

一直以来，近代边疆危机和近代中国边界沿革史是中国边疆史地研究领域的前沿性问题。20 世纪 50—70 年代，随着帝国主义侵华史和中国近代史研究的深入，近代中国的边患与边界问题的研究取得丰硕成果。由中国社会科学院近代史研究所的学者们撰写的《帝国主义侵华史》（2 卷）、《沙俄侵华史》（4 卷）、《日本侵华七十年史》等就是这个时期的重要成果。20 世纪 80 年代，在中国边疆史地研究中心在其成立之初提出的三大系列研究中，近代中国边界沿革史的研究就占据十分重要的位置。当年为方便学者们发表成果，边疆中心还专门创办了《中国边疆史地研究报告》内部刊物，刊发有关中国近代边界研究的论文，为推动我国近代边界沿革研究发挥了重要作用。近 20 年来，国内学界在该领域的研究也取得了不小的进步和发展，出版的专著及相关学术论文数量可观。择其要者有吕一燃主编的《中国近代边界史》（四川人民出版社 2007 年版）、刘恩恕和刘惠恕合著的《中国近现代疆域问题研究》（世界知识出版 2009 年版）、聂宏毅《鼎定国疆：新中国成立 60 年中国边界问题研究》（法律出版社 2011 年版）等多部有关边界问题的学术著作。其中，吕一燃主编的《中国近代边界史》分上、下两卷，近 120 万字，是由国内 10 余位著名学者参与撰写，历时十余年完成的煌煌巨著。该书上起 1840 年鸦片战争，下至 1949 年中华人民共和国成立，全面叙述中国边界变迁的历史。全书分 19 章，前 15 章为陆路边界部分，叙述中朝边界、中俄（苏）边界、中蒙边界、中阿（富汗）边界，中印边界、中巴边界、中尼边界，中国与锡金和不丹的边界、中缅边界、中老边界、中越边界，后 4 章为海疆部分。其中，第二章“中国与俄国的边界（上）”第一节的第四部分“划定中俄中段边界的《布连斯奇条约》和《恰克图条约》”，第六节的第一部分“俄人越界侵疆与清政府要求勘界”、第二部分“中俄勘界委员满洲里会议与会勘水陆边界”和第三部分“中俄齐齐哈尔勘界会议与《满洲里界约》的签订”以及第五章“唐努乌梁海问题”、第六章“中国与蒙古国的边界”为北部边疆研究的范围。该书的出版受到国内学界的高度关注和好评，被认为是自 1931 年葛绥成《中国近代边疆沿革考》出版 70 余年以来，“首部全面阐论中国近代边界变迁历史的学术专著”②。该书的出版“在中国近代边界史研究中也具有里程碑意义，它标志着这一领域研究的重要进展”③。

樊明方自 1992 年出版关于中国近代边疆危机的专著《个中原委——中国边疆诸问

---

① 孟昭信：《满蒙联姻的最新研究成果——读杜家骥著〈清朝满蒙联姻研究〉》，《史学集刊》2004 年第 3 期。

② 马大正：《当代中国边疆研究（1949—2014）》，中国社会科学出版社 2016 年版，第 305 页。

③ 周伟洲：《中国近代边界史研究的重要进展——评吕一燃主编〈中国近代边界史〉》，《西域研究》2008 年第 2 期。

题》（陕西人民教育出版社 1992 年版）之后，先后出版了《唐努乌梁海》（台湾“蒙藏委员会”1996 年版）、《唐努乌梁海历史资料汇编》（西北大学出版社 1999 年版）、《唐努乌梁海历史研究》（中国社会科学出版社 2004 年版）、《中国北部边疆史若干问题研究》（西北工业大学出版社 2012 年版）等多部有关中国近代边疆危机，特别是中国北部边疆疆域与边界沿革方面的著作。其《唐努乌梁海历史研究》被学术同行称作“解决了国内外学术界没有深入研究的一些学术难题”，“对于中国边疆史和中俄关系研究是一项填补空白的建树”①。《中国北部边疆史若干问题研究》被认为是“具有较高学术价值、反映该领域前沿研究状况的”学术著作②。有关近代我国北部边疆危机的重要著作还有樊明方的《1911—1921 年的外蒙古》（西北工业大学出版社 2015 年版）以及我国台湾学者刘学铫的《泛蒙运动与内蒙古独立（1919—2010）》（台湾唐山出版社 2017 年版）。

在 1911 年辛亥革命的同时，喀尔喀蒙古亦宣布脱离清朝。由于中蒙历史关系研究领域长期以来被视为“敏感”，旧说多从沙俄侵华史角度谈“蒙古问题”，陈陈相因，鲜有新观点、新进展。毕奥南在《中俄关系与蒙古问题（1911—1924）》《1920 年代中国朝野对“蒙古问题”的反响》③ 两篇长文中，利用苏俄档案，对 20 世纪 20 年代中俄蒙历史关系做了深入细致的论述与辨析，运用新史料对以往的一些说法做了诸多更正，其研究也因此获得学界同行的关注和肯定。相关研究还有王英维《1911 年外蒙古独立过程中的黄教因素》④、冯建勇《“政治博弈”与“国家构建”——辛亥革命场域的外蒙古问题》⑤、邵鹏《试析外蒙早期独立问题》⑥、赵尔阳《论 20 世纪初外蒙古自中国的分离（1902—1915）》⑦、杨荣《恰克图会议与〈中俄蒙协约〉》⑧、陈国忠等《徐树铮与外蒙撤治》⑨、杨亚男《陈毅与徐树铮办理外蒙撤治之比较》⑩、吴春娟和彭传勇《20 世纪 30 年代斯大林对外蒙古政治的干预及其影响》⑪ 等。

但是，近年来的相关研究成果，也暴露了我们在该领域研究中存在的不足之处。由于受到语言的限制，我们不能利用俄罗斯及蒙古方面的档案材料，不能参考英美日等西方国家同行的相关研究成果，使我们的研究出现明显欠缺。这个领域亟待培养具有国际视野，掌握俄语、英语、蒙古语以及日语的高素质专业人才。

---

① 转引自李军《〈唐努乌梁海历史研究〉简评》，《西域研究》2008 年第 2 期。

② 吕卓民：《评〈中国北部边疆史若干问题研究〉》，《西部蒙古论坛》2013 年第 2 期。

③ 载徐曰彪主编《中苏历史悬案的终结》，中共党史出版社 2010 年 9 月。毕文长达 8 万余字。

④ 王英维：《1911 年外蒙古独立过程中的黄教因素》，《阴山学刊》2011 年第 1 期。

⑤ 冯建勇：《“政治博弈”与“国家构建”——辛亥革命场域的外蒙古问题》，《青海民族研究》2014 年第 2 期。

⑥ 邵鹏：《试析外蒙早期独立问题》，兰州大学硕士学位论文，2012 年。

⑦ 赵尔阳：《论 20 世纪初外蒙古自中国的分离（1902—1915）》，《临沧师范高等专科学校学报》2013 年第 4 期。

⑧ 杨荣：《恰克图会议与〈中俄蒙协约〉》，《内蒙古大学学报》2012 年第 3 期。

⑨ 陈国忠、吴翔：《徐树铮与外蒙撤治》，《湖北第二师范学院学报》2013 年第 3 期。

⑩ 杨亚男：《陈毅与徐树铮办理外蒙撤治之比较》，《乐山师范学院学报》2014 年第 4 期。

⑪ 吴春娟、彭传勇：《20 世纪 30 年代斯大林对外蒙古政治的干预及其影响》，《西伯利亚研究》2014 年第 3 期。

三 北部边疆研究的前瞻

回顾20年来的北部边疆研究，像“北疆项目”“内蒙古文化工程”等大项目的立项和实施，诸如“边疆史地丛书”“中国边疆研究文库”“北部边疆历史与现状研究文库”等大型丛书的出版，为我国北部边疆的研究搭建了平台，为北部边疆研究学科的繁荣与发展创造了有利条件。总结20年来我国北部边疆研究的特点，成果数量可观，研究领域不断拓展，新理论方法的尝试亦令人欣喜。这个时期，既有像《北疆通史》、《内蒙古通史》（8卷）等通史著作出版，也有像《中国北部边疆的治理》之类专论某一方面的专著出版，这在以往任何时期都是不曾有过的。即便如此，我国北部边疆研究仍存在如选题重复，观点缺乏新意以及对国外同行研究动态缺乏了解等诸多问题。鉴于此，未来北部边疆研究应在以下几个方面努力。

（一）加大资料搜集整理的力度

资料的发掘和积累是一切研究的基础和前提条件。在这方面，边疆研究中心做了大量的工作，并树立了很好的榜样。例如，边疆中心曾以收集、整理出版中国边疆史地古籍中罕见的稿本、抄本和刻本为目的，组织出版了一套“中国边疆史地资料丛刊”丛书，自1988年到1995年，共出版6卷9种10册，其中涉及蒙古地区的重要文献有成崇德、申晓婷译编《清代蒙古高僧传译辑》，吴丰培编《清末蒙古史地资料荟萃》《蒙古律例 回疆则例》，赵云田编《清代理藩院资料辑录》《清代西迁新疆察哈尔蒙古满文档案译编》等。这些档案文献资料的整理出版对当时北部边疆研究领域的拓展和深入，曾发挥无可替代的作用。薄音湖、王雄等整理出版的《明代蒙古汉籍史料汇编》已有10余辑。此外，蒙古文《清内阁蒙古堂档》（22卷）、《清内阁秘书院蒙古文档案汇编》（7卷）、《清代阿拉善和硕特旗蒙古文档案选编》（5册）、《清代阿拉善和硕特旗满文档案选编》（10册）等清代档案文献的出版，对于深化和拓展清代北部边疆研究领域的作用也已显现。因此，未来应继续加大资料搜集整理的力度，发掘新的档案文献、口述史料以及前人成果，特别是20世纪20—40年代的报刊资料。加快整理出版内蒙古各盟市旗县的档案资料，特别是少数民族文字的档案；加强对档案文献（包括少数民族文字档案文献）的研究，将对北部边疆史研究的深化和繁荣发挥重要的推动作用。《明清档案与蒙古史研究》《满蒙档案与蒙古史研究》等成果的出版就是很好的范例。

（二）拓宽研究的新视野，加强宏观研究与微观研究相结合

清代是内蒙古近几个世纪以来农耕文化首次出现并不断发展的转折点，也是现代内蒙古农牧交错发展的起始点。自清代开始的草原垦殖，使内蒙古的社会、经济逐次改变为以牧为主的半牧半农、以农为主的半农半牧，直至部分地区成为纯粹的农耕区。历代北部边疆治理研究取得了许多令人瞩目的成就，因此，在加强和深化北部边疆治理研究的同时，把宏观研究与微观研究相结合，不断深化对清以后包括近现代北部边疆社会变迁，特别是北部边疆与内地的政治经济一体化、文化的交融以及北疆地区各民族国家认同的研究，是北部边疆研究未来努力的方向。

（三）培养人才，出精品成果

近年来虽然有一批中青年学者加入北部边疆研究队伍，壮大了北部边疆的研究力量，但通晓满文、蒙古文等少数民族语言文字，能够阅读和利用满文、蒙古文档案及文献资料，又掌握英语、日语或俄语等外语，了解国外相关研究动态，能够阅读、参考国外同行研究成果的通才，非常少见。这是我们与外国同行之间的最大差距，也暴露出我们在该领域研究中存在的明显不足和短处。由于受到语言的限制，我们不能利用俄罗斯及蒙古方面的档案材料，不能参考英美日等西方国家同行的相关研究成果。因此，培养具有国际视野，掌握俄语、英语、蒙古语以及日语的高素质专业人才，培养能够利用满文、蒙古文档案文献的中青年专家，是充实北部边疆研究专业队伍，加强学科建设，出成果、出精品的必由之路。

（原载《中国边疆史地研究》2019 年第 2 期）

新时期中国学界东北边疆史研究的回顾与展望

范恩实*

新时期是中国东北边疆史研究真正走向繁荣的时代，百花齐放、百家争鸣，在各个学术方向上均取得了前所未有的学术成果。本文主旨在于对相关研究成果进行梳理，择其要端加以评述。通过回顾与展望，总结经验、把握规律、开拓创新。需要说明的是，基于上述主旨，对相关研究成果并未面面俱到，也难免挂一漏万，不足之处，敬请方家谅解为盼。

一 通史编撰与理论探索

尽管早在20世纪30年代，随着两部东北通史著作的编撰，东北边疆史研究已经有了一个良好的开端，但是其后即陷入长期的低潮。直到20世纪80年代以后才再次出现通史类著作的编撰。1998年，佟冬主编《中国东北史》（吉林文史出版社1998年版）六卷本出齐，共计420多万字，在目前已出版的东北通史类著作中内容最为丰富，具有划时代的标志意义。其后又有宁梦辰著《东北地方史》（辽宁大学出版社1999年版）、程妮娜主编《东北史》（吉林大学出版社1999年版）、李治亭主编《东北通史》（中州古籍出版社2003年版）等。其中李治亭主编的《东北通史》被列入“中国边疆通史丛书”，是第一部以边疆通史命题的东北通史。这些通史类著作虽然“多偏重历史过程及事件的叙述，较少史地考证”①，但却涉及东北边疆史的研究范围、历史分期、东北本土族群历史地位等基础性、理论性问题，因而对于同时代的研究具有规范和引领作用，由之亦可通览同时代东北边疆史研究的整体面貌。

（一）东北边疆史的研究范围

如何确定东北边疆史的研究范围，实际上关系到中国历史疆域问题。上述通史类著作基本上是以各时期皇朝统治范围或者历史上各族人民曾活动过的地区为标准，由此形成的东北边疆历史疆域范围大致是：“以今日之辽宁、吉林、黑龙江三省为中心，最大范围包括有西起河北省东北部、内蒙古东部及贝加尔湖地区，东至库页岛及日本海西海岸之间的广大区域；但在各个具体历史时期中，视当时疆域管辖、机构设置、民族居地及文化分布等情况，所涉及的地理区域也相应有所变化。”②

---

* 范恩实：中国社会科学院中国边疆研究所研究员。

① 李治亭：《东北地方史研究的回顾与展望》，《中国边疆史地研究》2001年第4期。

② 佟冬主编：《中国东北史》，吉林文史出版社1998年版，第3页。

（二）东北边疆史的历史分期

从历史分期看，各部通史都有自己不同的出发点。例如佟冬主编《中国东北史》延续以中央王朝为主线的传统，同时考虑到东北地区社会形态发展的特点，进行如下分期：夏代以前为原始社会；商代中前期开始进入奴隶社会；燕后期至秦开始进入封建社会；自汉迄清为封建社会，其下又分三个小段，汉至南北朝为初期，隋唐迄辽金为中期，元明清为后期。而程妮娜主编《东北史》则试图打破以中央王朝的更替为东北古史分期依据的传统模式，从东北史自身发展的阶段性和特点出发，进行新的分期，即蒙昧与文明的开端时期、东北民族政权分立迭起的时期、隋唐王朝羁縻统治时期、辽金北方王朝统治时期、元明清中央王朝统治时期。

（三）东北本土族群在中华民族多元一体和统一多民族国家历史发展过程中的作用

古代东北地区族群众多①，有著作指出："各民族的变革、生灭兴衰，构成了东北历史的一大特色。"特别是，"在东北地区有这么多的少数民族，虽说文化落后于汉族，却屡屡成为中国或半个中国的主宰"②。有的著作进一步指出：东北古族群进入中原，"不同程度地为中国历史发展带来了勃勃生气，为中华民族族体之熔铸注入了新的血液，为缔造祖国的文明谱写了独特的篇章"③。

总的来看，目前东北边疆通史的撰写，还是延续二十世纪五六十年代以来形成的边疆史理论，随着研究的深入，特别是国际学术交流的开展，一些理论框架及由之生发的话语体系有待修正。孙进己就东北史的研究范围、特点、分区、种族和语言、民族和民族共同体、政权建置、经济类型、社会性质、考古文化、关系、分期等 12 个理论问题展开讨论，大多提出了新的思考④。李鸿宾就东北诸族南向拓展原因做理论概括，认为，从结构上讲是中原文明对东北政治体的强烈吸收力和影响力，东北内陆自身实力超出区域限度的发展与中原王朝结构性伸缩的拉力是内外动因⑤。

二 专题研究

（一）历代中原王朝东北边疆治理研究

程妮娜著《古代中国东北民族地区建置史》（中华书局 2011 年版）和《中国历代边疆治理研究》（经济科学出版社 2017 年版）是这一领域历时性、贯通式的专题研究。前者侧重东北地区中央政府和区域性政权的各种行政机构的建立，总结统治政策、机构职能及其建置特点。后者较前者内容更为丰富，包括历史治边思想、边疆民族地区建置、人口迁移与边疆治理、边疆治理与民族关系、边疆经济开发、边疆民族文教举措等

---

① 上述通史著作均使用民族一词，本文除引文外，均使用族群一词。

② 李治亭：《东北通史》，中州古籍出版社 2003 年版，第 5 页。

③ 佟冬：《中国东北史》，吉林文史出版社 2006 年版，第 4 页。

④ 孙进己：《东北史研究中的若干理论问题》（上、下），《东北史地》2012 年第 5、6 期。

⑤ 李鸿宾：《逐鹿中原：东北诸族南向拓展的秘密》，《中国社会科学报》2015 年 1 月 28 日第 6 版。

六个方面。

除了贯通式著作以外，更多学者着眼于某一朝代，或者某一朝代的某一特征。

1. 燕秦汉时期

这一时期最具有典型意义的特征是中原王朝开始在东北地区设立郡县，开创中原王朝东北边疆直接统治的先河，值得关注的是以下研究。

关于郡县建置及相关史事研究。自燕昭王以来，即在东北地区设置辽西、辽东两郡。由于年代久远、史料不足，一些都尉、县的城址还没有定论。本时期相关研究的重要突破是考古资料的发现与应用。例如，随着沈抚地区考古工作的深入，学界对于分布于这一带的秦汉辽东郡中部都尉治候城的方位也进行了新的讨论。王绵厚《沈抚交界处"青桩子"古城的新发现及考古学意义——兼论秦汉辽东郡"中部都尉"与"候城县"的关系》一文，指出燕秦汉魏时期辽东郡"中部都尉""候城县""玄菟郡"等重要城市建置，其故址应分别在今东陵区上伯官屯东"青桩地"、沈河区"宫后里"和上伯官屯古城[①]。该文既注重考古新发现，又从文献上对候城、候城县、中部都尉治、内迁而来的玄菟郡加以区分，对于燕秦汉东北郡县城址的探索具有标杆意义。值得提及的是，辽宁省文物考古研究所编著的《永陵南城址发掘报告》（文物出版社 2017 年版），对于深入研究第二玄菟郡，甚至是整个西汉东北边疆统治体系都具有重要价值。可惜到目前为止的相关研究还局限于考古学。这一领域另一个重要进展是在史地考证的基础上，对制度建构、历史发展演变等更深层面的探索。例如范恩实对西汉时期东北边疆统治的制度建构，即由郡县制、分部都尉制和册封制共同构成的统治体系的讨论[②]。苗威《乐浪研究》（高等教育出版社 2016 年版）对乐浪郡设立的背景、地理位置、历史变迁、统治机构、民族构成，以及经济、文化、周边关系等问题进行全面考察。特别是对乐浪郡在中国历史上的地位做出准确评价，具有较为重要的学术意义。这方面的专著还有赵红梅出版的《汉四郡研究》（香港亚洲出版社 2008 年版）、《夫余与玄菟郡关系研究》（香港亚洲出版社 2009 年版）。

关于燕秦汉长城研究。有关燕秦汉东北长城的研究，在二十世纪七八十年代曾有一次高潮，并在 90 年代初形成了基本结论[③]。近年来，又有一些学者进行了新的野外调查，特别是 2006 年国家文物局启动"长城保护工程"，其中一项重要工作就是长城资源调查，先后出版了《内蒙古自治区长城资源调查报告（东南部战国秦汉长城卷）》[④]《吉林省长城资源调查报告》[⑤]《辽宁省燕秦汉长城资源调查报告》[⑥]。从研究结论看，有三种观点，一是延续传统研究思路，结合最新考古调查，进一步厘清燕秦汉长城辽东

---

① 王绵厚：《沈抚交界处"青桩子"古城的新发现及考古学意义——兼论秦汉辽东郡"中部都尉"与"候城县"的关系》，《东北史地》2014 年第 1 期。

② 范恩实：《论西汉东北东部边疆统治的制度建构》，《社会科学战线》2016 年第 6 期。

③ 李健才、刘素云主编：《东北地区燕秦汉长城和郡县城的调查研究》，吉林文史出版社 1997 年版。

④ 内蒙古自治区文化厅（文物局）、内蒙古自治区文物考古研究所编著：《内蒙古自治区长城资源调查报告（东南部战国秦汉长城卷）》，文物出版社 2014 年版。

⑤ 吉林省文物局编著：《吉林省长城资源调查报告》，文物出版社 2015 年版。

⑥ 辽宁省文物局编著：《辽宁省燕秦汉长城资源调查报告》，文物出版社 2017 年版。

段的走向，缺乏考古学上明确的“长城”证据——墙体是这类研究最大的弱点[①]；二是扩大视野，使燕秦汉长城的范围大为拓展，但是相关研究所依靠的个人野外调查证据尚未得到考古学界的确认[②]；三是改变思路，从“长城”“障塞”等概念入手，结合文献记载和考古发现证据，判定辽东地区发现的燕秦汉时代的障塞烽燧遗址并非燕秦汉长城的东北段，而是相关势力进入东北地区后构建的军事镇戍体系[③]。

2. 魏晋南北朝时期

这一时期的典型特征是中原地区陷入分裂割据，东北土著族群政治势力登上历史舞台，与中原王朝间的政治、经济、文化和军事互动成为时代主题。讨论最多的是以册封为基础，以朝贡为手段所形成的藩属体制。较早介入这一领域的是李大龙[④]，其后黄松筠[⑤]、付百臣[⑥]接续并扩大了研究范围。近年来，程妮娜又从东北（或者东北亚）的视角进行了专题研究[⑦]。目前的问题是，如何把握朝贡册封所构建的中原王朝与东北边疆土著政治势力之间的关系，是政治、文化、贸易还是外交，其中政治关系如何界定，传统研究中内臣、外臣，内蕃、外蕃，或者说作为边疆统治的朝贡制度和作为外交关系的朝贡制度如何区分，还需要进一步探索。特别需要与国际学术界加强对话与交流，共同探索东亚古代中心与边缘关系的恰当表述。

3. 隋唐五代时期

对这一时段，学界主要关注唐代东北边疆统治的军政体制，即营州都督府、安东都护府和平卢节度使。宋卿发表了多篇有关营州都督府的论文，对营州研究学术史，唐营州统治范围的变化，军事设置情况等进行系统研究[⑧]。关于安东都护府，李大龙《都护

---

① 王绵厚：《燕秦汉“辽东故塞”诸问题考论——从对〈史记〉一段文字的释读谈起》，《社会科学战线》2014 年第 7 期；冯永谦：《东北燕秦汉长城的考古调查与研究》，辽宁省文物考古研究所编：《辽宁考古文集（二）》，科学出版社 2010 年版。

② 李树林、李妍：《吉林省燕秦汉辽东长城考古调查概述》，《社会科学战线》2011 年第 10 期；李树林、贾云章：《燕秦汉辽东长城形制考古调查研究》，吉林大学边疆考古研究中心编：《边疆考古研究》第 16 辑，科学出版社 2014 年版。

③ 范恩实：《燕秦汉东北“长城”考论——障塞烽燧线性质再分析》，《中国边疆史地研究》2015 年第 3 期；范恩实：《再论燕秦汉东北障塞烽燧线不是长城——对李树林先生商榷文的回应》，《中国边疆史地研究》2018 年第 1 期。

④ 李大龙：《唐朝和边疆民族使者往来研究》，黑龙江教育出版社 2001 年版；《汉唐藩属体制研究》，中国社会科学出版社 2006 年版。

⑤ 黄松筠：《中国古代藩属制度研究》，吉林人民出版社 2008 年版。

⑥ 付百臣：《中国历代朝贡制度研究》，吉林人民出版社 2008 年版。

⑦ 程妮娜：《汉唐东北亚封贡体制》，中国社会科学出版社 2014 年版；《古代东北民族朝贡制度史》，中华书局 2016 年版。

⑧ 宋卿：《唐代营州研究综述》，《东北史地》2013 年第 4 期；《试述唐代东北边疆重镇营州的权力伸缩》，《史学集刊》2014 年第 3 期；《唐代营州军事设置探究》，《中国边疆史地研究》2015 年第 3 期；《唐代营州都督略论》，杜文玉主编：《唐史论丛》第二十二辑，三秦出版社 2016 年版；《试论营州在唐代东北边疆的地位与作用》，《东北师范大学学报（哲学社会科学版）》2011 年第 2 期；《唐代营州府行政职能略论》，《东北史地》2009 年第 5 期。宋卿、程妮娜：《唐代营州都督府相关问题探赜》，《求是学刊》2016 年第 4 期。

制度研究》有专章述及“安东都护府及其相关问题研究”[①]，其后程妮娜[②]、赵智斌[③]、辛时代[④]也都有相关论文发表。关于平卢节度使，相关研究主要关注了早期的职官制度及任使人选[⑤]，以及与平卢节度使（后期为淄青平卢节度使）相关联的押蕃使问题[⑥]。总的来说，相关研究已经取得了较为重要的进展，未来的主攻方向，应放在对唐代制度的深入理解，以及墓志等新材料的应用上。

4. 辽金元时期

辽、金、元为北族王朝，重视军事统治，因此这一时期的东北边疆治理，要义在于军政机构建设及对属国、属部的管理，例如吴树国对辽代东北部统军司和金代蒲与路的研究[⑦]。但是从成果数量来看并不多，也客观反映了相关学科目前的低潮局面。就研究本身而言，主要依靠文献史料，对考古资料重视不足。实际上，考古工作在东北地区已经发现大量辽金时期的历史遗迹，特别是城址。例如刘晓溪等《延边州辽金时期城址及其分布情况概述》[⑧] 记录了延边州境内的 57 座辽金时期城址。但是这些城址与文献记载的地方统治制度有何关系，目前还没有深入的研究。

5. 明代

明代在东北地区主要推行军事驻防与羁縻统治相结合的都司卫所制度。张士尊《明代辽东边疆研究》（吉林人民出版社 2002 年版）概括影响辽东边疆建设的四大因素并分别展开专题研究，即明朝经营辽东的战略、辽东军食的供给问题、辽东民族政策和民族关系、明朝与朝鲜半岛封建政权的关系。与以往学界的研究有所不同，该书提出了一些新的论断，例如奴儿干都司几乎不存在地方管理职能；又如东北女真卫所最高指挥官既是卫所长官，也是部落酋长，剥开卫所制的外衣，仍然是传统的女真部落组织，和明朝内地的编户齐民组织差别巨大。

6. 清代

清代东北边疆治理由初期的八旗驻防，到后期的开禁、移民，再到清末建省。新时期研究的重点在移民与清末新政。

关于清代东北移民。张士尊《清代东北移民与社会变迁：1644—1911》（吉林人民出版社 2003 年版），全面剖析了清代东北移民政策及其实施过程，并把东北移民与整个东北边疆地区社会变迁联系起来。此外，定宜庄、刘小萌、刁书仁等均从八旗驻防的旗

---

① 李大龙：《都护制度研究》，黑龙江教育出版社 2003 年版，2012 年修订再版。

② 程妮娜：《唐代安东都护府研究》，《社会科学辑刊》2005 年第 6 期。

③ 赵智斌：《安东都护府初建时行政建置考略——兼论高句丽末期政区与安东都护府行政建置的关系》，《东北史地》2014 年第 1 期。

④ 辛时代：《唐代安东都护府行政级别与废置时间问题探析》，《学问》2010 年第 1 期。

⑤ 宋卿：《唐代平卢节度使略论》，《中国边疆史地研究》2010 年第 2 期；《试述唐前期平卢节度使的职官兼任》，《西南大学学报（社会科学版）》2011 年第 1 期。

⑥ 姜清波：《试论唐代的押新罗渤海两蕃使》，《暨南学报（人文科学与社会科学版）》2005 年第 1 期；马一虹：《渤海与唐朝押蕃使关系述考》，《欧亚学刊》第四辑，中华书局 2004 年版。

⑦ 王雪萍、吴树国：《辽代东北路统军司考论》，《中国边疆史地研究》2014 年第 1 期；吴树国：《金代蒲与路军事问题探析》，《北方文物》2013 年第 2 期。

⑧ 刘晓溪、姜铭、史宝琳：《延边州辽金时期城址及其分布情况概述》，《东北史地》2015 年第 2 期。

人与汉人移民的民人之间的冲突、融合入手，探讨清代东北地区满汉关系变化、文化发展与社会变迁①。

关于清末东北新政。高月《清末东北新政研究》（黑龙江教育出版社 2012 年版）从疆域统合着眼，探讨清末旗制萎缩以后，清政府从行省制以及相应的财政、教育等改革入手，意图实现疆域的均质化，达到重新统合疆域的目的。其他相关研究则分别从地方统治机构设置、官制以及文化、教育、军事、司法制度等方面讨论东北新政的推行与历史作用②。

（二）东北边疆本土族群的发展及政治演生

为了与王朝史、民族史研究相区别，本文所关注的研究范围，主要限定在东北边疆史上发挥了重要作用、对理解东北疆域形成历程具有重要意义的族群。至于那些建立了入主中原的王朝国家，或者历史作用不甚明显的则不再涉及，例如契丹、女真、满洲、肃慎、沃沮等。同时，限于篇幅，在对某一族群的具体研究方面，也只选取研究较多、讨论有所突破的议题。

1. 新的族群理论下的东北古代族群史研究

20 世纪五六十年代，国际人类学、民族社会学学界对民族、族群等概念的内涵进行了深入讨论，在传统客观论的基础上，提出了主观论、族群象征主义论等新的理论和观点。20 世纪 90 年代以后，这些新的理论思考传入中国史学术界，引发了对传统族系族源研究局限性的深刻反思。例如王明珂《华夏边缘》（社会科学文献出版社 2006 年版）、姚大力《“满洲”如何演变为民族——论清中叶前“满洲”认同的历史变迁》③ 等。

近年来，东北民族史学界也开始思考，在新的理论背景下传统研究结论是否反映了历史族群发展的真实面貌。有关肃慎—靺鞨系诸族群“族系源流”问题的研究，代表了这一新的学术思潮。范恩实《靺鞨兴嬗史研究——以族群发展、演化为中心》（黑龙江教育出版社 2014 年版）借助英国民族社会学家安东尼·史密斯提出的古代族群演化的三阶段理论：“族类”（ethnic）、“族群网络”（ethnic network）、“族团”（ethnic community），结合文献记载与考古发现材料，重新审视肃慎—挹娄—勿吉—靺鞨间的族群演化线索，重在辨析族群兴嬗背后人群构成的差异性及认同形成、发展、演变的过程。这方面的主要问题在于，如何从文献记载和考古材料中，发现族群主观认同形成、发展和嬗变的证据；如何在新的理论框架下，摆脱族群客观论的影响，反对一面强调认同，一面在确定族群边界时又回归到客观论的轨道；如何更为科学地将文献记载与考古发现

---

① 定宜庄等：《辽东移民中的旗人社会》，上海社会科学院出版社 2004 年版；刘小萌：《清代东北流民与满汉关系》，《清史研究》2015 年第 4 期；刁书仁：《清代八旗驻防与东北社会变迁》，科学出版社 2018 年版。

② 王景泽、丛佳慧：《试论清末东三省道的设置与作用》，《东北史地》2014 年第 5 期；张士尊：《清代盛京移民与二元行政管理体制的变迁》，《东北师范大学学报》2004 年第 4 期；李秀莲：《清末徐世昌改革东北地方官制述评》，《北方论丛》1998 年第 3 期；赵云田：《清末新政期间东北边疆的政治改革》，《中国边疆史地研究》2002 年第 3 期；赵云田：《清末新政期间东北边疆的军事改革》，《社会科学辑刊》2003 年第 4 期；齐春晓：《试述清末黑龙江官制改革》，《北方文物》2008 年第 3 期；孟繁勇：《清代盛京将军与陪都机构权力关系的演变》，《社会科学辑刊》2009 年第 3 期。

③ 姚大力：《北方民族史十论》，广西师范大学出版社 2007 年版。

材料相结合，以更好发挥考古材料的作用。

2. 古朝鲜史

历史上在东北亚曾经存在箕氏朝鲜、卫氏朝鲜，而半岛史书中则有檀君朝鲜传说，中朝韩学者认识存在分歧，一度成为研究热点。李宗勋《近二十年来中外学界对古朝鲜的研究与课题》，对中、朝、韩三国学者的古朝鲜研究情况、主要学术观点进行了系统梳理，并对未来推动相关研究提出思考。作者认为：中国学界的古朝鲜史研究，主要学术热点在于朝鲜王朝的统治中心所在，有迁移说和平壤中心说。另一个争议问题是古朝鲜的统治范围是否向西越过鸭绿江。在其他一些问题上，中国学者大体意见一致，如认为不存在所谓檀君朝鲜国，箕子东迁造成殷商文化对古朝鲜产生直接或决定性影响，古朝鲜是中国中原政权的侯国或臣国①。

总的来说，相关研究仍主要依靠文献史料，对考古材料应用不多，未来随着更多考古材料的发现或许能够提供新的突破口。此外，王明珂②、孙卫国③等的研究，借助社会科学理论与方法，以新视角引发新思考新认识。

3. 夫余史研究

近年来，夫余史研究尽管成果数量不多，但是也取得了一定的进展。主要是出版了3部夫余史专著，即李东《夫余国研究》（吉林人民出版社2005年版）、杨军《夫余史研究》（兰州大学出版社2011年版）、范恩实《夫余兴亡史》（社会科学文献出版社2013年版）以及刘信君主持整理出版了《夫余历史研究文献汇编》（黑龙江人民出版社2015年版）。其中《夫余史研究》主要从文献史料入手，对一系列争议问题，例如多夫余说与一夫余说、北夫余与东夫余、北夫余与橐离国、豆莫娄等问题进行了讨论，同时涉及了夫余的国王、社会结构、官制、经济、遗民流向等问题。《夫余兴亡史》一书，在文献史料之外，充分利用碑刻、考古材料，对夫余的兴起、建国历程，与两汉政权的关系、政治结构特征，以及其灭亡对地区历史发展进程的影响等问题展开深入探讨。总的来说，由于史料不足征，一些争议性问题还难有定论，未来夫余研究的学术进步唯有赖于考古工作的不断深入、考古材料的不断涌现。当然，研究视角和选题的改变也能创造获取新认识的机会。

4. 高句丽史研究

20世纪八九十年代，是高句丽史研究开始拨乱反正，并逐渐走上正轨的时期④。自90年代末以来，国内学界高句丽研究取得显著进步，耿铁华《中国高句丽史》（吉林人民出版社2002年）是在国内出版的第一部高句丽通史，在高句丽研究史上具有划时代的意义。其后，马大正等《古代中国高句丽历史丛论》⑤《古代中国高句丽历史续

---

① 李宗勋：《近二十年来中外学界对古朝鲜的研究与课题》，《延边大学学报》2016年第3期。

② 王明珂：《英雄祖先与弟兄民族》，中华书局2009年版。

③ 孙卫国：《传世、历史与认同：檀君朝鲜与箕子朝鲜历史之塑造与演变》，《复旦学报》2008年第5期。

④ 马大正：《中国学者高句骊历史研究的百年历程》，《中国边疆史地研究》2000年第1期。

⑤ 马大正、杨保隆、李大龙、权赫秀：《古代中国高句丽历史丛论》，黑龙江教育出版社2001年版。

论》[①] 等先后出版，高句丽研究全面展开，在多个方面取得突破性进展，主要体现在以下方面。

一是在史料搜集、辨析、利用方面取得一定突破。传世史料方面，李大龙《〈三国史记·高句丽本纪〉研究》（黑龙江教育出版社 2013 年版）一书对《三国史记·高句丽本纪》进行了史源学分析；张芳《〈魏书·高句丽传〉研究》（黑龙江大学出版社 2015 年版）对《魏书·高句丽传》的史料来源、内容、价值进行了系统分析。石刻史料方面，主要有四个研究重点，好太王碑拓本的著录与研究，冉牟墓志的新释读与研究，集安麻线高句丽碑的发现、释读与研究，高句丽遗民墓志材料的释读与研究，由于成果数量较多，不一一列举。李乐营、耿铁华主编《高句丽碑刻资料汇编》（东北师范大学出版社 2018 年版）对国内外发现的高句丽碑刻资料进行了汇集和整理。考古资料方面，出版了一批重要的考古报告和考古资料集。例如吉林省文物考古研究所等编《国内城》（文物出版社 2004 年版）、辽宁省文物考古研究所编著《五女山城：1996—1999、2003 年桓仁五女山城调查发掘报告》（文物出版社 2004 年版）等。石刻史料和考古资料是目前高句丽研究的主要学术增长点，特别是考古资料已经对以往根据文献史料构建的高句丽历史体系提出了一定的挑战，例如高句丽早期遗存与夫余的关系，五女山城发掘未能提供高句丽早期都城的证据，国内城始建年代较晚等，但是史学界对此的回应却不多。

二是多角度、多方法的族群兴起与国家建立研究。这一时期，此一方向主要学术进展是开始对高句丽始祖神话（建国神话）的史料价值展开辨析。对始祖传说从信古到疑古[②]，再到新视角、新理论、新材料（考古材料）下的再认识[③]。未来应该综合运用历史学、考古学、民族社会学、文化人类学、民族社会学等学科理论方法，充分利用考古材料，深入辨析文献记载，形成更具合理性和说服力的观点。但是目前很多研究仍囿于文献记载，不敢于借助考古材料得出突破性的结论，甚或削考古材料之足适文献记载之履。

三是政治制度史研究形成阶段性成果。高句丽政治制度史研究是这一时期高句丽研究的重点领域，出版了几部有分量的高句丽官制研究专著[④]。讨论的热点问题包括五部制度、品位制、中央管制、地方统治制度等。但是相关著作存在一定的重复现象，视角

---

① 马大正、李大龙、耿铁华、权赫秀：《古代中国高句丽历史续论》，中国社会科学出版社 2003 年版。

② 李新全：《高句丽建国传说史料辨析》，《东北史地》2010 年第 5 期；王卓、刘成新著《高句丽王族的族源神话建构及其历史影响》，《东北史地》2015 年第 2 期。

③ 姜维公：《好太王碑及其“始祖传说”模式的意义——以高句丽早期王系为中心》，《东北史地》2016 年第 1 期；范恩实：《高句丽祖先记忆解析》，《东北史地》2013 年第 5 期；祝立业：《简析高句丽始祖传说的建构与夫余衰亡之关系》，《东北史地》2015 年第 5 期；刘炬：《关于高句丽早期历史研究体系的几点看法》，《东北史地》2010 年第 6 期；李大龙：《黄龙与高句丽早期历史——以〈好太王碑〉所载邹牟、儒留王事迹为中心》，《青海民族大学学报（社会科学版）》2015 年第 1 期；王绵厚：《高夷、濊貊与高句丽——再论高句丽族源主体为先秦之“高夷”即辽东“二江”流域“貊”部说》，《社会科学战线》2002 年第 5 期；王绵厚：《试论桓仁“望江楼积石墓”与“卒本夫余”——兼论高句丽起源和早期文化的内涵与分布》，《东北史地》2009 年第 6 期。

④ 姜维东主编：《东北亚研究论丛（8）：高句丽官制研究》，东北师范大学出版社 2014 年版。

缺乏突破，在利用历史社会学、政治学原理提升认识方面也有所欠缺。

四是遗民（移民）研究成果丰硕。有关高句丽遗民（移民）问题的研究，由于墓志材料的不断涌现，成为这一时期高句丽问题研究的热点之一，主要成果有苗威《高句丽移民研究》（吉林大学出版社 2011 年版）对历史上高句丽人向外移动进行全面梳理；拜根兴《唐代高丽百济移民研究》（中国社会科学出版社 2012 年版）对高句丽移民研究现状进行了梳理和展望，同时也做了很好的个案研究。未来随着墓志材料的再发现，还会有更多突破、发展的机会。

5. 渤海史研究

有关渤海历史问题，与国外学界存在一定的认识分歧，主要反映在几个问题上：谁建立了渤海国、渤海与唐的关系、渤海与新罗是否是南北国，渤海多元文化的主流是什么、渤海遗民的流向与继承国意识等。新时期渤海史研究，通过王承礼《中国东北的渤海国与东北亚》（吉林文史出版社 2000 年版）、魏国忠《渤海国史》（中国社会科学出版社 2006 年初版，黑龙江人民出版社 2016 年修订版）等通史类著作，对上述问题做出回应，基本构建起中国学界渤海史研究的学术话语体系。其他学者的研究则进一步丰富相关论述，例如有关渤海建国力量及其族群构成方面，有杨军《靺鞨诸部与渤海建国集团》①、范恩实《论隋唐营州的靺鞨人》②《论渤海史上的族群问题》③、魏存成《渤海墓葬演变与渤海初期人口的民族构成》④ 等文章。在渤海经济、社会、文化研究方面，则有数部专著，如刘晓东《渤海国历史文化研究》（黑龙江人民出版社 2017 年版）、郭素美《渤海国历史与文化》（黑龙江人民出版社 2002 年版）、郝庆云等《渤海人社会生活研究》（社会科学文献出版社 2018 年版）、梁玉多《渤海国经济研究》（黑龙江大学出版社 2015 年版）。这些著作综合利用文献记载和考古资料，在相关研究领域具有领先地位。此外，在渤海与周边关系方面，已故马一虹女士的《靺鞨、渤海与周边国家、部族关系史研究》（中国社会科学出版社 2011 年版），在较为全面掌握中国、日本、韩国、俄罗斯的文献、考古资料与研究成果的基础上，从靺鞨史、渤海史的角度按年代顺序揭示了靺鞨、渤海与其周边各国、各部族（民族集团）的关系史。

目前有关渤海的考古资料也大量涌现，特别是“三京”考古报告的出版⑤，未来应引起学界的充分重视。

（三）清代以来中朝边界的形成

在中国历史上，勘界、谈判、缔约、设立界碑等近代意义的边界划分活动，直到清代才开始出现，其中东北边疆主要是中俄、中朝边界线的形成。从研究热点看，这一时

---

① 杨军：《靺鞨诸部与渤海建国集团》，《民族研究》2006 年第 3 期。

② 范恩实：《论隋唐营州的靺鞨人》，《中国边疆史地研究》2011 年第 1 期。

③ 范恩实：《论渤海史上的族群问题》，《社会科学战线》2015 年第 5 期。

④ 魏存成：《渤海墓葬演变与渤海初期人口的民族构成》，《吉林大学社会科学学报》2014 年第 2 期。

⑤ 宋玉彬：《西古城——2000—2005 年度渤海国中京显德府故址田野考古报告》，文物出版社 2007 年版；黑龙江省文物考古研究所：《渤海上京城》，文物出版社 2009 年版；王培新等：《八连城——2004—2009 年度渤海国东京故址田野考古报告》，文物出版社 2014 年版。

期的主要工作在中朝边界领域。这一领域出版了两部具有代表性、观点又有明显区别的专著，即陈慧《穆克登碑问题研究：清代中朝图们江界务考证》（中央编译出版社 2011 年版）、李花子《明清时期中朝边界史研究》（知识产权出版社 2011 年版）。两书最关键的分歧点在于对穆克登碑初立位置的判断。陈慧延续了中国学界的传统观点，确定穆克登当初所立之定界碑，是在白山（小白山）山顶，穆克登所判定的图们江源为小红丹水。同时通过丰富的史料辨析和实地踏查丰富了相关结论，判断碑经过两次移动。李花子认为康熙五十一年穆克登立碑的位置并没有人为的移动，由于穆克登将界碑错立于松花江上流，而朝鲜地方官在立栅和修筑边界土堆时发现穆克登立碑之错误，又擅自移动界栅于图们江源流之次派。由此推断穆克登立碑之地的图们江江源为红土山水，后世"移碑说"是不成立的。孰是孰非，尚有待进一步的史料考辨，特别是考古资料的发现与甄别。目前看来，由于清朝方面的相关文献已经毁于内阁大库火灾，因此只能依靠朝鲜方面的记载，是否完全客观有待进一步检核。两位学者虽然都做过实地踏查，但有关遗迹尚未经专业考古调查和发掘认定，未来如果这方面有所突破，必将有助于厘清事实。

三　回顾与展望

（一）学术繁荣的推动因素

1. 重大项目支撑

实事求是地讲，近代以来，东北边疆史研究迟迟不能展开，难以深入。直到改革开放以后，随着思想解放和经济社会发展，东北边疆史研究终于迎来了学术的春天。经过 20 世纪八九十年代的起步与加速，2002 年"东北边疆历史与现状系列研究工程"（下简称"东北工程"）适时启动，成为东北边疆历史研究全面发展的重要助力①。通过设立课题整理出版了系列研究资料，催生了一批重要的学术成果，带动一批学者成为东北边疆史研究领域的领军人才，对东北边疆史研究发挥了承前启后、继往开来的重要作用。

其他重要项目还有：2010 年，由吉林省社会科学院承担的国家社会科学基金特别重大委托项目"东北方国属国史"立项，2018 年结项，500 万字 15 卷本的《东北古代方国属国史》即将于近期出版②。中国社会科学院中国边疆研究所与黑龙江教育出版社联合推出"中国边疆研究文库"丛书（100 册），共分两编，初编为古籍，二编为今人著作。从 2012 年开始陆续出版，目前已基本出齐。其中，有关东北边疆的文献和著作近 30 种。

除了上述国家级规划项目以外，东北三省也有一些省级规划重大项目，例如黑龙江省于 2011 年启动的"黑龙江历史文化研究工程"，截至 2017 年，累计立项 76 项，形成《黑龙江通史》、《黑龙江屯垦史》"东北流人文库"、《东北历史地理》、"哈尔滨犹太人

---

① 参见李国强《"东北工程"与中国东北史的研究》，《中国边疆史地研究》2004 年第 4 期。

② 邴正：《东北古代方国属国史总论——〈东北古代方国属国史〉总前言》，《社会科学战线》2018 年第 9 期。

研究”等一批重大成果，产生了广泛的学术影响和社会影响[①]。

这些项目的实施，对于推动东北边疆历史研究学术水平快速提升、学科体系建设日益完善、后备人才培养工作落到实处均具有关键性作用。

2. 文献资料的发掘与整理

史学的发展离不开史料的发掘与整理，通过“东北工程”档案整理项目出版了《珲春副都统衙门档》[②]《东北边疆历史档案选辑》[③]，“中国边疆研究文库”初编也点校出版了一部分古籍资料。其他文献资料整理包括郑毅主编《东北农业经济史料集成》（吉林文史出版社2005年版），谷长春主编《满族口头遗产传统说部丛书》（吉林人民出版社2007年版），姜维公主编《东北古代民族历史编年丛书》已出《夫余历史编年》（科学出版社2016年版）、《高句丽历史编年》（科学出版社2016年版）、《百济历史编年》（科学出版社2016年版）、《契丹历史编年》（科学出版社2017年版）。

3. 文献史学研究与考古研究相结合

有关东北边疆史，特别是明代以前部分，文献史料较为匮乏，而相关考古资料却呈现出井喷的态势。学界对此加以利用，通过“二重证法”推进有关认识，特别是在城市、军事设施、交通、经济、文化等研究领域。

4. 研究视角、方法的创新

随着研究的不断深入，越来越多的学者认识到传统研究在视角和方法上的局限。魏存成、刘晓东等考古学者均谈到如何应用考古材料的问题，指出考古材料的局限性、研究的阶段性等[④]。王绵厚讨论了东北史和东北地域文化研究的五个主要前沿问题[⑤]。苗威提出应将东北史研究视角调整为“东亚视野”[⑥]。李大龙对如何深化高句丽研究提出了自己的思考，包括完善多民族国家理论，吸纳其他学科的理论和方法[⑦]。

5. 注重借鉴国际学术界的研究成果

东北边疆史研究所关注的问题，大多也为周边国家学界所关注，因此加强国外相关学术信息的搜集、整理，了解国际学术动态、开展国际学术交流，对于掌握学术前沿、拓展研究视野具有非常重要的意义。吉林省文物考古研究所编译出版的《东北亚历史与考古信息》（原称《历史与考古信息·东北亚》），自1984年创刊以来，坚持不辍，

---

① 龙江社科文献信使：《黑龙江历史文化研究工程出版成果座谈会在哈尔滨召开》，《东北网》2017年7月11日，网址：https://jixi.dbw.cn/system/2017/07/11/057706726.shtml。

② 《珲春副都统衙门档》，中国边疆史地研究中心、中国第一历史档案馆编，广西师范大学出版社2006年版。

③ 《东北边疆历史档案选辑》，中国社会科学院中国边疆史地研究中心、辽宁省档案馆、吉林省档案馆、黑龙江省档案馆编，广西师范大学出版社2007年版。

④ 魏存成：《关于东北史研究的几个问题——读〈东北史研究中的若干理论问题〉》，《东北史地》2013年第1期；刘晓东等：《先秦时期黑龙江古族及其与考古学文化对接问题》，《北方文物》2017年第3期。

⑤ 王绵厚：《立足地域文化研究前沿把握东北史研究的若干重大问题》，《东北史地》2013年第1期。

⑥ 苗威：《东亚视角与中国东北史释读》，《东北史地》2013年第2期。

⑦ 李大龙：《视角、资料与方法——对深化高句丽研究的几点认识》，《东北史地》2014年第4期。

译介了大量国外学者的优秀研究成果，对东北边疆史研究发挥了重要的推动作用。此外，还有《北方文物》杂志社编译出版《东北亚考古资料译文集》系列丛书，姜维公、高福顺编译《中朝关系史译文集》（吉林文史出版社 2001 年版），姚义田主持编译《东北亚历史考古译文集》（辽海出版社 2011 年版），胡凡主持编译《俄罗斯学界的靺鞨女真研究》（黑龙江人民出版社 2015 年版），宋玉彬主持编译《俄罗斯滨海边疆区女真文物集粹》（文物出版社 2013 年版）、《俄罗斯滨海边疆区渤海文物集粹》（文物出版社 2013 年版）等。

除了上述翻译出版工作以外，各有关科研单位也日益重视国外研究资料、成果的搜集，例如长春师范大学中国东北边疆历史研究资料信息中心，收藏中、日、朝、韩各国出版的有关中国东北边疆历史研究文献资料，共 20 大类，万余种、3 万余册。延边大学人文社会科学学院重视朝鲜、韩国研究资料、成果的搜集，形成独具特色的学术资源平台。

（二）存在的不足

1. 关系到统一多民族国家历史形成与中华民族多元一体格局历史形成的疆域理论、民族理论的解释力遇到挑战，例如宗藩体制、朝贡册封是否能用来界定历史疆域，汉化、同化是否能解释中华民族多元一体格局的历史形成等。正因如此，若干东北边疆历史问题与周边国家学界存在认识分歧，目前看，的确存在有理说不清、说了传不开的情况，在国际学术话语权竞争中处于不利地位。

2. 文献史学与考古学研究的结合不够广泛和深入。由于有关东北边疆历史的文献史料十分匮乏，而考古资料则随着经济、社会发展而呈现井喷态势，因此文献史学与考古学相结合是推动东北边疆史研究跨越式发展的必然要求。但是在实际研究过程中，真正能做到将两类材料有机结合、科学利用的成果并不多。当然，这主要是受到国内学科体系建设的影响，历史学与考古学分在不同的教学、科研单位，限制了学术能力的全面培养。在此学科体系下，历史学学生几乎不能理解考古学的学术体系，甚至不能判断考古学成果的优劣；同时，考古学的学生也只能初具文献解读能力，真正到了汉唐以下，史料丰富、复杂，即难以从容应对。

3. 除了考古学既提供资料又提供方法以外，其他社会科学学科的理论、方法对于历史学研究也具有重要意义。但是在东北边疆史研究中，特别是在历史解释方面，多学科理论方法的应用还不够普遍，研究视角单一，缺少有思想穿透力的作品。

4. 国际交流与合作渠道不畅，内容有限，效果不佳。长期以来，东北边疆史研究领域的国际学术交流渠道并不畅通，对于国外研究成果往往只能以内部资料的方式译介，完整或者成系列地翻译国外研究成果的事例凤毛麟角。由此，重复劳动、闭门造车现象在一定程度上存在。

5. 学科队伍建设和后备人才培养工作存在较大不足。可以说，一直以来，东北边疆地区文化底蕴就落后于中原内地。1949 年以后，尽管经济水平一度较高，但是学术研究并不发达。改革开放，特别是 20 世纪以来，东北地区经济发展逐渐被内地很多省区超越并不断拉开距离，这种情况对文教领域的影响是：文化发展投入不足、高水平人才逐步流失、学术传承日渐失序。由此又给本就缺乏积累的东北学术界造成更为严重的打击。就东北边疆史研究而言，学者队伍萎缩现象严重，学术能力呈现代际下滑的趋势，学术发展的未来堪忧。

（三）展望

通过上述学术史回顾，以及对成功经验的总结、对缺点不足的查摆，笔者认为，新时期东北边疆史研究有很多好的传统需要坚持并进一步发扬，同时也面临着各种各样亟需破解的难题。要破解这些难题，促进东北边疆史研究持续健康发展，就必须以马克思历史唯物主义为指导，按照习近平总书记《在哲学社会科学工作座谈会上的讲话》和《致中国社会科学院中国历史研究院成立的贺信》指示精神，抓住关键问题，解决主要矛盾。

1. 加强学科体系建设。对东北边疆史研究的范围，对一些关键概念进行新的梳理和更为科学、合理的界定，比如说历史疆域、历史族群、民族国家等。对东北边疆历史发展的特殊性进行深入挖掘，对东北边疆地区及其本土族群在中国历史发展过程中的重要作用，以及这种作用发挥背后的深层次因素进行广泛讨论。同时，大力推动学术平台建设，加大领军人才培养力度，做实、做活后备人才培养工作。对冷门绝学既要给予项目支持，也要在人才培养方面给予一定的特殊政策，保障优势领域继续良性发展，推动弱势领域稳步提升。在这方面，以往一些做法起到了很好的效果，例如重大项目的支撑、带动作用，未来应该坚持并不断加强。

2. 加强学术体系建设。坚持和发扬学术研究中的优良传统，即扎实的文献考证、历史学与考古学相结合的"二重证法"，同时积极践行跨学科融合发展，逐步探索并建立东北边疆史研究的理论基础、科学方法和完整知识体系。

3. 加强话语体系建设。长期以来，中国学术界在边疆史领域已经形成一套话语体系，由大一统、统一多民族国家、宗藩体系、朝贡册封、羁縻统治、汉化等概念组成。随着时代发展和学术进步，特别是国际学术交流的广泛开展，适应新的形势，有一些概念需要进一步科学界定、明确内涵，或做更细致的划分，有一些需要考虑是否适合中国历史发展实际，不适合的需要加以修正。

4. 加强资料建设。史学的基础首先是史料。在文献史料方面，除了必要的汇集、分类整理工作以外，应加强墓志、碑刻等新史料的挖掘，同时对常见史料做更为科学的史料学辨析。在考古资料方面，应该在完整性、细致性、准确性上多下功夫。同时，还要更加系统、全面地掌握前人研究成果，包括国外相关研究成果。很多时候，前人的优秀作品，是具有指导性和资料性的。在充分获取上述信息、资料的基础上，还应加大数据库建设力度，利用先进科技手段为学术研究提供便利、开阔视野、创新选题。

5. 加强国际交流与合作。应该对国际学术动态有实时掌握，既能够请进来，展示开放包容的心态；也要走出去，特别是把我们的学术研究成果推介出去，在国际学术话语权竞争中积极主动作为。

6. 加强历史知识普及工作。目前历史娱乐化、虚无化的倾向较为严重，专业学者应在知识普及方面做更多努力，以正确的史观、准确的知识服务于广大人民群众、服务于社会主义建设事业。

个人乐观地认为，东北边疆史研究的基础在中国，文献史料绝大多数是汉文，考古资料主要出在中国境内，加上对研究信息、成果的全面掌握，辅以现代科技手段，我们有信心、有基础、有能力打造中国东北边疆史研究领域受国际瞩目的学术王国。

（原载《中国边疆史地研究》2019 年第 2 期）

中国海疆史研究评述（1998—2018）

侯　毅　项　琦*

海疆史研究是中国边疆史地研究的重要组成部分。海疆史研究发展最显著的特点是史学研究与社会现实问题紧密相关，带有鲜明的时代特征，建设海洋强国、维护海洋主权和权益、反对“台独”“港独”分裂势力、建设21世纪海上丝绸之路等热点问题对海疆史研究发展起到了重要的牵引作用。20年来，我国海疆史研究取得了显著成绩，大量学术成果问世，研究领域不断拓展，理论方法不断创新，呈现出欣欣向荣的局面。

一　领土主权问题依然是学术研究热点

领土主权归属、海洋权益维护一直是学术界关注的热点问题、焦点问题。自20世纪70年代以来，我国海疆问题开始凸显。进入新世纪后，我国海洋维权形势更加复杂，海洋主权和管辖权面临重大挑战，成为困扰我国国家安全、社会发展、和平崛起的不稳定因素。在此背景下，南海问题、钓鱼岛问题成为海疆史研究最受关注的领域，学术研究更为活跃，一批具有较高学术质量的学术著作先后面世。

（一）南海诸岛史地研究

南海诸岛史地研究方面，学术界在继承和弘扬优良学术传统和研究范式基础上，不断深化研究，研究视野更加开阔，理论方法更加丰富。学术影响最大的两部著作是李金明的《中国南海疆域研究》（福建人民出版社1999年版）和李国强的《南中国海：历史与现状》（黑龙江教育出版社2003年版）。两书以确凿的史实依据、缜密的论证结构向世人完整地呈现出中国人最早发现、最早命名、最早开发经营、最早并持续不断对南海诸岛实施管辖的历史，已成为学习和研究南海历史的必读书籍。两部著作最显著的特点是将历史研究与法律研究有机结合在一起，开创了南海历史研究的新模式，标志着中国南海主权历史证据链框架体系构建基本完成，为南海史地研究持续深入发展奠定了坚实的基础。

2009年之后，随着南海周边形势变化和国际环境影响，我国在南海维权形势趋紧，助推了南海史地研究的发展，一批中青年学者开始崭露头角，学者们的研究视域也不断拓展。有学者开始利用美、英、法、日等国外档案资料开展研究，如张明亮《超越航线：美国在南海的追求》和《超越僵局——中国在南海的选择》（香港社会科学出版社

---

* 侯毅：中国社会科学院中国边疆研究所副研究员、武汉大学领土与海洋权益协同创新中心研究员、南京大学南海协同创新中心研究员。项琦：中国社会科学院大学研究生院硕士研究生。

2011 年版），使用了美国国家档案馆所藏的档案，系统地梳理了 20 世纪 50 年代以来，美国持续介入南海的背景、历程与影响，提出美国以航行自由名义公开介入南海，实质上是借由南海议题牵制中国。谭玉华《二战前法国南中国海政策的演变》① 和《权利与控制：1947 年永兴岛事件引发的中法西沙群岛之争》②，郭渊《南海九小岛事件与中法日之间的交涉》③ 等利用了英、法等国档案，对法国侵占我南沙群岛的历史和法国在南海政策的演变进行了考察。有学者开始探索跨学科研究方式，积极借鉴国际政治、国际法等学科的理论研究方法研究南海历史，如韩永利、谭卫元《时际法与南海诸岛主权的历史演变》④，李金明《南海断续线：产生背景及其法律地位》⑤，王军敏《中国在南海的历史性权利》⑥ 借鉴了国际法的基本理论。王颖等《论证南海海疆国界线》⑦、唐盟等《1947 年中国南海断续线精准划定的地形依据》⑧ 则采用了地理学的研究方法，提出了关于“南海断续线”是国界线的主张。有学者开始从环南海区域整体史的角度研究南海历史，如袁澍《中国与南海周边关系史》（甘肃人民出版社 2017 年版）、王利兵《作为网络的南海——南海渔民跨海流动的历史考》⑨ 和李欣《环南海地区历史地理研究初探》⑩ 等。

随着研究的深入，有学者开始思考我国南海疆域历史演变的话语体系构建，如李国强《中国海疆史话语体系构建的思考》⑪、任念文《“中国南海”范畴及我国行使主权沿革考——兼论“南海断续线”作为中国传统海疆线的历史依据》⑫、刘延华《南海断续线的历史疆域基础》⑬ 等，从长时段历史出发来探讨我国南海疆域的形成历史。实际上，在历史上很长的一段时间内，中国与多数周边国家之间没有明确的边界线意识，受“天下观”“大一统”观念的影响，历代中央王朝视周边国家及政权为藩属，而周边国家或政权出于自身正统性的需要，通过接受中国册封，向中国朝贡等方式，承认中国的高等级地位，从而建立起了独有的藩属体系，这也使得中国与周边国家或政权之间疆域的外缘经常处于不清晰的状态，中外之间只有“边”，而没有“界”。英国学者吉登斯

---

① 谭玉华：《二战前法国南中国海政策的演变》，《东南亚研究》2012 年第 5 期。

② 谭玉华：《权利与控制：1947 年永兴岛事件引发的中法西沙群岛之争》，《中山大学学报》2016 年第 5 期。

③ 郭渊：《南海九小岛事件与中法日之间的交涉》，《世界历史》2015 年第 3 期。

④ 韩永利、谭卫元：《时际法与南海诸岛主权的历史演变》，《武汉大学学报》2013 年第 2 期。

⑤ 李金明：《南海断续线：产生背景及其法律地位》，《现代国际关系》2012 年第 9 期。

⑥ 王军敏：《中国在南海的历史性权利》，《中国边疆史地研究》2016 年第 4 期。

⑦ 王颖等：《论证南海海疆国界线》，《海洋学报》2014 年第 10 期。

⑧ 唐盟等：《1947 年中国南海断续线精准划定的地形依据》，《地理学报》2016 年第 6 期。

⑨ 王利兵：《作为网络的南海——南海渔民跨海流动的历史考》，《云南师范大学学报》2018 年第 4 期

⑩ 李欣：《环南海地区历史地理研究初探》，《中国边疆学》第 8 辑，社会科学文献出版社 2017 年版。

⑪ 李国强：《中国海疆史话语体系构建的思考》，《中国边疆史地研究》2015 年第 4 期。

⑫ 任念文：《“中国南海”范畴及我国行使主权沿革考——兼论“南海断续线”作为中国传统海疆线的历史依据》，《太平洋学报》2013 年第 2 期。

⑬ 刘延华：《南海断续线的历史疆域基础》，《云南师范大学学报》2018 年第 4 期。

称，“传统国家有边陲（frontiers）而无国界（borders）”[①]。直到近代，随着西方列强侵入，我国才被动地接受了西方条约划界的方式，开始了民族国家的构建，中国在南海的主权形成也经历了这样一个发展过程，因此向世界讲清楚中国在南海主权的形成历史，让外国人全面了解南海争端无疑是历史学界应当肩负的责任。需要指出的是，受到意识形态、国家利益、域外大国干扰等多方面复杂因素的制约，南海疆域历史话语体系构建将是一个非常艰难的过程。

近年来，《更路簿》成为南海史地研究的显学，是南海史地研究成果最为丰硕的研究领域之一。李国强《〈更路簿〉研究评述及创建“更路簿学”初探》[②]在全面总结《更路簿》研究情况的基础上，提出了构建更路簿学的重要意义、研究范畴和基本内容，对于深化《更路簿》理论研究具有重要意义。逄文昱、李文化等人围绕着“更”的含义进行了讨论，逄文昱在《试说〈更路簿〉的“更”》[③]一文中提出“更”是时间单位，而李文化等则认为“更”是距离单位，并结合现代测量技术对“更”的里程距离进行了估算[④]。更多学者是以《更路簿》原始版本为研究对象，对《更路簿》中所涉及的南海诸岛地名、渔业生产活动、生活习俗等开展深入研究，论证《更路薄》对我维护南海主权权益的重要意义，尤其以《更路薄》涉及的地名问题研究成果最为丰富。如王晓鹏《南海针经书〈更路簿〉彭正楷本内容初探》[⑤]、周伟民的《南海天书——海南渔民“更路簿”文化诠释》（昆仑出版社2015年版）、夏代云的《卢业发吴淑茂黄家礼〈更路簿〉研究》（海洋出版社2016年版）、刘南威等《〈更路簿〉与海南渔民地名论稿》（海洋出版社2018年版）等。

此外，反映晚清及民国时期维护南海海疆权益情况的著述也有不少，如郭渊《晚清时期中国南海疆域研究》（黑龙江教育出版社2010年版）、张良福《让历史告诉未来：中国管辖南海诸岛百年纪实》（海洋出版社2011年版）、谭卫元《民国时期中国政府对南海诸岛设治管辖的历史考察》[⑥]等，这些论著利用了很多新的档案文献，具有很高的学术价值，对于我国维护南海主权也具有很高的现实意义。

（二）钓鱼岛及其附属岛屿史地研究

钓鱼岛主权争端问题自20世纪70年代产生以来，开始受到学术界的广泛关注。20世纪90年代逐渐成为一项专题研究，20年来有诸多研究成果问世，主要集中在四个方面：一是关于中国对钓鱼岛及其附属岛屿主权的形成历史研究；二是关于对日本窃取钓鱼岛及其附属岛屿历史的研究；三是对于美日私相授受钓鱼岛及其附属岛屿历史的研

① ［英］安东尼·吉登斯：《民族—国家与暴力》，胡宗泽等译，生活·读书·新知三联书店1998年版，第4页。

② 李国强：《〈更路簿〉研究评述及创建“更路簿学”初探》，《南海学刊》2017年第1期。

③ 参见逄文昱《试说〈更路簿〉的“更”》，《海南大学学报》2016年第6期；《再说〈更路簿〉的“更”——兼与李文化等先生商榷》，《南海学刊》2018年第1期。

④ 参见李文化等《“更路”数字化及其应用》，《电脑知识与技术》2016年第10期；《基于数字“更路”的“更”义诠释》，《南海学刊》2018年第1期。

⑤ 王晓鹏：《南海针经书〈更路簿〉彭正楷本内容初探》，《齐鲁学刊》2015年第6期。

⑥ 谭卫元：《民国时期中国政府对南海诸岛设治管辖的历史考察》，《中国边疆史地研究》2016年第2期。

究；四是钓鱼岛及其附属岛屿不属旧琉球王朝领土的探讨。

最具代表性的著作有三部：鞠德源《钓鱼岛正名：钓鱼岛列屿的历史主权及国际法渊源》（昆仑出版社 2006 年版）、郑海麟《钓鱼岛列屿之历史与法理研究》（中华书局 2007 年版，该书增订本 2014 年由海洋出版社出版）和刘江永《钓鱼岛列岛归属考——事实与法理》（人民出版社 2016 年版）。鞠德源在对钓鱼岛主权归属的历史及现状做了全面、深入考察研究的基础上，结合国际法基本理论，提出钓鱼岛及其附属岛屿主权属于我国。郑海麟的著作重于史料考证，综合运用了语言学、地理学、考据学等研究方法来论证钓鱼岛主权的归属，内容涉及中日史籍中钓鱼岛列屿的主权归属、美日私相授受钓鱼岛及其附属岛屿的历史等，学术价值很高。刘江永的著述着力于揭批日本所谓享有“尖阁列岛”主权依据的史实错误，提出日本所谓古贺辰四郎在 1884 年发现钓鱼岛及根据 1896 年敕令第 13 号将钓鱼岛划入冲绳县管辖等诸多关键性“历史证据”严重失实，完全不符合历史事实。

2012 年日本“购岛”事件发生后，《人民日报》先后刊载了十余篇有关钓鱼岛问题的理论文章，其中张海鹏、李国强《论〈马关条约〉与钓鱼岛兼及琉球问题》一文产生的社会影响最大，文章不仅回顾了日本窃取钓鱼岛及其附属岛屿的历史，而且提出“历史上悬而未决的琉球问题也到了可以再议的时候”①。该文刊出后，引起日方的高度关注，日本媒体对其进行了大量报道，对文章内容用意做了诸多猜测。日本内阁官房长官菅义伟在记者会上公开对《人民日报》刊登该文表示不满，称该文“完全是缺乏见识的见解。（冲绳）毫无疑问是我国领土”，“无论是从历史上来说，还是从国家法上讲，（冲绳以及所属岛屿）是我国领土这一事实不可否认。如果中国方面对于这样的事实有评论的话，那是完全歪曲事实”②。

除专题研究外，钓鱼岛问题研究在文献整理方面也取得了很大成绩。在很长一段时间内，我国学术界使用的有关钓鱼岛问题的资料集是由日本大学法学部教授浦野起央和北京大学刘苏朝、张植荣共同整理编著的《钓鱼台群岛（尖阁诸岛）问题研究资料汇编》（日本刀水书房和香港励志出版社 2001 年合作出版），该书搜集整理了中日（包括我国台湾地区）两国所藏涉钓鱼岛古籍文献、档案公报、新闻报道等文献资料，并附有大事记。

2015 年，国家图书馆中国边疆文献研究中心出版了《文献为证——钓鱼岛图籍录》（国家图书馆出版社 2015 年版），该书广泛搜集整理了包括明清使琉球录、琉球有关著述、中外外交文书、中外舆图等文献资料，全面展示钓鱼岛问题的来龙去脉。南京大学张生、董为民等编著的 10 卷本《钓鱼岛问题文献集》（南京大学出版社 2016、2017 年版）是目前为止，内容最为全面、梳理最为详尽的钓鱼岛文献资料集，其搜集整理的民国时期报刊资料、中国晚清及民国时期外交档案、美国国务院外交档案、美国国家安全委员会档案、英国外交与联邦事务部档案、日本外务省档案等内容有很多是以往学术界未曾发掘和关注的文献，为深化钓鱼岛问题研究提供了良好基础。

---

① 张海鹏、李国强：《论〈马关条约〉与钓鱼岛兼及琉球问题》，《人民日报》2013 年 5 月 8 日。

② 《日对〈人民日报〉冲绳主权文章表不满欲提抗议》，环球网，http：//world. huanqiu. com/exclusive/2013 －05/3915561. html？ agt =15438，2019 年 3 月 13 日访问。

二　海疆通史及专题史研究稳步发展

（一）海疆通史

我国史学著作浩如烟海，但海疆通史著作较为鲜见。在中国社会科学院中国边疆史地研究中心（现中国社会科学院中国边疆研究所）组织策划下，出版了安京《中国古代海疆史纲》（黑龙江教育出版社 1999 年版）和张炜、方堃主编《中国海疆通史》（中州古籍出版社 2003 年版）。这两部著作共同的特点是在总结借鉴前人研究成果的基础上，积极吸收政治学、经济学、军事学、民族学、海洋学等有关学科的研究方法，融合了相关研究领域的最新成果，形成了中国海疆通史研究独特体系结构，为日后中国海疆通史深入研究奠定了良好的基础。特别是《中国海疆通史》一书对“海疆”的概念、内涵、研究范畴等进行了界定和阐释，这对于海疆史理论发展具有重要的价值和意义。

（二）专题史研究

海防史、海疆开发史等海疆专题史研究有着优良的学术传统，随着人们海洋意识的增强，越来越多的学者开始关注海疆史的研究，传统学术领域稳步推进，专题研究不断延伸、深化，成为海疆史研究成果最为丰硕的领域。

1. 海防史

海防史研究一直是海疆史研究的重点领域，也是发展比较成熟的领域。20 年来，在海防通史、海防制度史、海防建设史、海防思想史、海防战争史、海防历史人物研究等方面都取得了很多研究成果。海防通史方面有杨金森、范中义《中国海防史》（海洋出版社 2005 年版），秦天等主编《中华海权史论》（国防大学出版社 2000 年版）等。在海防思想史研究方面，有王宏斌《清代前期海防：思想与制度》（社会科学文献出版社 2002 年版）和《晚清海防思想与制度研究》（商务印书馆 2015 年版）、史滇生《中国近代海军战略战术思想的演进》① 等。在海防建设方面，有贾熟村《北洋舰队的筹建》②、宋烜《明代海防军船考——以浙江为例》③ 等。在海防人物方面，关注点主要有明代抗击倭寇的著名将领及重要人物，如戚继光、俞大猷、朱纨；晚清时期对我国海防建设起到重要历史影响的人物，如林则徐、魏源、左宗棠、沈葆桢、李鸿章、王韬、马建忠、郑观应、刘铭传、丁宝桢等。代表性论文有苏小东《刘铭传的海防思想与实践——兼论台湾在中国海防中的战略地位》④、王荣国《严复海权思想初探》⑤、成赛军《曾国藩海防思想简论》⑥ 等。

---

① 史滇生：《中国近代海军战略战术思想的演进》，《军事历史研究》2000 年第 1 期。

② 贾熟村：《北洋舰队的筹建》，《安徽史学》2008 年第 3 期。

③ 宋烜：《明代海防军船考——以浙江为例》，《浙江学刊》2012 年第 2 期。

④ 苏小东：《刘铭传的海防思想与实践——兼论台湾在中国海防中的战略地位》，《安徽史学》2007 年第 1 期。

⑤ 王荣国：《严复海权思想初探》，《厦门大学学报》2004 年第 3 期。

⑥ 成赛军：《曾国藩海防思想简论》，《军事历史研究》2010 年第 3 期。

2. 海上贸易管理史

建立管理机构、制定管理章程、实施管理措施，对海上贸易管理是一个国家行使主权、维护主权的具体体现，因此历代海上贸易管理属于海疆史研究的范畴。过去20年，有关历代海上贸易管理问题的研究主要集中在三个方面。

一是古代海禁政策。海禁政策在历史上对中国的社会经济、政治、军事、外交等产生过重大影响，因此一直是学界研究的重要内容，20世纪80年代至90年代出现过研究热潮，主要集中在对清代海禁政策的讨论。进入21世纪后，有关明代海禁政策研究成果较为突出，如晁中辰《明代海禁与海外贸易》（人民出版社2005年版）、刘淼《明代前期海禁政策下的瓷器输出》①、薛国中《论明王朝海禁之害》② 等。也有学者对元代海禁政策进行了研究，如邓端本《试论元代的海禁》③，刘幸《元朝海禁政策研究》④，洪富忠、汪丽媛《元朝海禁初探》⑤ 等。

二是海上贸易管理制度。主要内容涉及市舶司、海关史、贸易法规等。在市舶司制度研究方面，代表作品有：郑有国《中国市舶制度研究》（福建教育出版社2004版）、陈尚胜《论明代市舶司制度的演变》⑥、李庆新《明代海外贸易制度》（社会科学文献出版社2007年版）和《明代市舶司制度的变态及其政治文化意蕴》⑦ 等。广州十三行的研究向来是学界关注的热点，如张晓辉《清代十三行时期的原型买办研究》⑧、赵立人《再论明清之际的十三行与澳门贸易》⑨、张忠民《试析广东十三行的企业制度特征》⑩、赵春晨与陈享冬《论清代广州十三行商馆区的兴起》⑪、杨国桢《洋商与澳门：广东十三行文书续探》⑫ 等文章均从不同角度探析了十三行在对外贸易中的职能作用、重要地位及对现代海外贸易拓展的借鉴意义。

三是海关史研究。20年来，海关史研究领域日趋拓宽，涵盖了关税、制度、立法、贸易、对外关系、区域经济、海关文化等方面内容。代表性著作有陈诗启《中国近代海关史》（人民出版社2002年版）、任智勇《晚清海关再研究：以二元体制为核心》（中国人民大学出版社2012年版）、连心豪《中国海关与对外贸易》（岳麓书社2004年版）、詹庆华《全球化的视野：中国海关洋员与中西文化的传播（1854—1950）》（中国海关出版社2008年版）、米建平《粤海关在中国沿海开放中的主要举措和历史作用述

---

① 刘淼：《明代前期海禁政策下的瓷器输出》，《考古》2012年第4期。
② 薛国中：《论明王朝海禁之害》，《武汉大学学报》2005年第2期。
③ 邓端本：《试论元代的海禁》，《海交史研究》1990年第1期。
④ 刘幸：《元朝海禁政策研究》，《鸡西大学学报》2013第8期。
⑤ 洪富忠、汪丽媛：《元朝海禁初探》，《黔南民族师范学院学报》2003年第5期。
⑥ 陈尚胜：《论明代市舶司制度的演变》，《海交史研究》1986年第3期。
⑦ 李庆新：《明代市舶司制度的变态及其政治文化意蕴》，《海交史研究》2000年第1期。
⑧ 张晓辉：《清代十三行时期的原型买办研究》，《史林》2014年第4期。
⑨ 赵立人：《再论明清之际的十三行与澳门贸易》，《海交史研究》2005年第2期。
⑩ 张忠民：《试析广东十三行的企业制度特征》，《海交史研究》2017第2期。
⑪ 赵春晨、陈享冬：《论清代广州十三行商馆区的兴起》，《清史研究》2011年第3期。
⑫ 杨国桢：《洋商与澳门：广东十三行文书续探》，《中国社会经济史研究》2001年第2期。

论》[①] 等。有学者开始关注明清时期海上外贸管理法律问题，如洪佳期《试论明代海外贸易立法活动及其特点》[②]、杨晓波《明朝海上外贸管理法制研究》[③] 等，这是以往海关史研究较为薄弱的领域。

3. 海疆开发史

我国海疆辽阔，开发经营历史悠久，形式多样，内容丰富，海疆开发史应包括海洋渔业史、海水制盐业史、造船史、航行史等多方面内容。在海洋渔业史方面，有夏章英《南沙群岛渔业史》（海洋出版社 2011 年版）、欧阳宗书《海上人家——海洋渔业经济与渔民社会》（江西高校出版社 1998 年版）等；在岛礁开发方面，有卢建一《明清海疆政策与东南海岛研究》（福建人民出版社 2011 年版）、张维缜《民国时期东沙群岛海产纠纷刍议——以中国海产商人内争为中心》[④] 等。海水制盐业史方面有吉成名《唐代海盐产地研究》[⑤]、纪丽真《明代山东海盐生产方法考》[⑥] 等；造船和航海史方面有孙光圻《中国古代航海史》（海洋出版社 2005 年版）、席龙飞《中国造船通史》（海洋出版社 2013 年版）等。20 年来，我国航海史资料汇编取得了显著成绩，如《郑和下西洋资料汇编（增编本）》（海洋出版社 2005 年版）、《中国航海史基础文献汇编》（海洋出版社 2007 年版）等，不仅对推进航海史具有重要意义，而且对推进海疆史、中国海洋史研究也具有十分重要的价值和作用。

4. 海盗史

海盗是伴随着古代航海业的产生而出现的。20 世纪 90 年代以后，我国学者对于海盗问题研究逐渐深入，取得了很大进展，产生了不少研究成果。如郑广南《中国海盗史》（华东理工大学出版社 1999 年版）宏观地勾勒出了中国历史上的海盗发展过程。王涛《明清海盗（海商）的兴衰：基于全球经济发展的视角》（社会科学文献出版社 2016 年版）和王日根的《明清河海盗的生成及其治理研究》（厦门大学出版社 2016 年版）等则是从社会经济发展的角度考察了海盗的活动及历史影响。

与西方国家的海盗问题相比，中国的海盗问题更加复杂。学者们对于海盗性质，特别是明清时期有些海盗活动的历史影响有着不同观点。有学者认为海盗从事的是盗匪活动，破坏了社会的安定，给沿海人民带来了灾难，如刘平《清中叶广东海盗问题探索》[⑦]、刘佐泉《清代嘉庆年间“雷州海盗”初探》[⑧]。有的学者则认为，将海盗完全定性为“一无是处的盗匪”不符合历史实际情况，明清时期海盗性质受到多重因素影响，有些海盗的活动具有反抗清朝统治与压迫的性质，有些海盗的活动甚至起到过建设性作用。如陈启汉等人认为，朱濆、蔡迁等人的海上斗争活动“沉重地打击了清王朝的封

---

① 米建平：《粤海关在中国沿海开放中的主要举措和历史作用述论》，《海交史研究》2017 年第 2 期。

② 洪佳期：《试论明代海外贸易立法活动及其特点》，《法商研究》2002 年第 5 期。

③ 杨晓波：《明朝海上外贸管理法制研究》，博士学位论文，华东政法大学，2015 年。

④ 张维缜：《民国时期东沙群岛海产纠纷刍议——以中国海产商人内争为中心》，《史学月刊》2012 年第 8 期。

⑤ 吉成名：《唐代海盐产地研究》，《盐业史研究》2007 年第 3 期。

⑥ 纪丽真：《明代山东海盐生产方法考》，《盐业史研究》2007 年第 4 期。

⑦ 刘平：《清中叶广东海盗问题探索》，《清史研究》1998 年第 1 期。

⑧ 刘佐泉：《清代嘉庆年间“雷州海盗”初探》，《湛江师范学院学报》1999 年第 2 期。

建统治，尤其对沿海贪官污吏、剥削暴政的恶势力予以重创，迫使清朝统治者整顿其沿海官僚机构，相对地改善了广大沿海贫民的苦况，从而在不同程度上推动着社会生产力的发展”①。

三　区域史研究方兴未艾

海疆区域史的研究内容既是海疆开发史、海防史等专题史研究重要组成部分，同时由于其内容广泛，又有着浓厚的区域特色，特别是近年来，随着社会经济发展，沿海各省市对于历史文化工作越来越重视，学者们积极挖掘史料，海洋区域史研究呈现出勃兴状态，已成为海疆史的学科增长点。研究成果比较突出的领域如下。

（一）港口史

港口是海上对外联系的节点和纽带，国家的海上门户。近代以来我国的海疆危机都是由港口被入侵开始的，因此港口史研究向来是海疆史研究的重点领域。20 年来，港口史的研究较以往有了明显进步，涉及最主要的港口有广州、登州、泉州、明州、宁波、上海等。近年来，港口史的研究内容、理论方法不断丰富，除港口发展历程、商品贸易、对外关系等问题外，有学者将商帮宗族、华侨移民等问题引入港口史研究范畴，如柳立言《士人家族与地方主义：以明州为例》② 等；有学者开始关注港口城市对区域经济社会的影响，如樊如森《从上海与北方关系的演变看环渤海经济崛起》③、吴松弟和樊如森《天津开埠对腹地经济变迁的影响》④ 等。在港口史研究取得明显进展的同时，也应该看到港口通史类研究较为缺乏，对不同港口城市发展模式的比较研究仍有待进一步深入。

（二）区域海洋社会经济史

长期以来，反映我国沿海地区地方海洋经济、海洋社会发展变化状况的研究未受到足够重视。20 世纪 90 年代之后，以厦门大学杨国桢先生为代表的一批学者，倡导对我国海洋文明、海洋经济、海洋社会发展历史进行深入研究，20 年来取得了不少的研究成果。代表性的著作有贾庆军《浙江古代海洋文明史》（中国社会科学出版社 2017 年版）、陈君静等《浙江近代海洋文明史》三卷本（商务印书馆 2017 年版）、白斌《明清以来浙江海洋渔业发展与政策变迁研究》（海洋出版社 2015 年版）、张彩霞《海上山东——山东沿海地区的早期现代化历程》（江西高校出版社 2004 年版）等。需要指出的是，我国有着数千年开发海洋、经营海洋的历史，各地遗留有大量历史文献资料和历史遗存，值得探究的问题还有很多，现有的有关沿海地区海洋社会经济史的研究成果远远不能反映我国人民开发海疆、经营海疆的全貌，因此该领域依然有着很大的发展空间和发展潜力。

---

① 陈启汉：《清代乾嘉时期朱濆海上起事考辩》，《广东社会科学》2010 年第 3 期。

② 柳立言：《士人家族与地方主义：以明州为例》，《历史研究》2009 年第 6 期。

③ 樊如森：《从上海与北方关系的演变看环渤海经济崛起》，《史学月刊》2007 年第 6 期。

④ 吴松弟、樊如森：《天津开埠对腹地经济变迁的影响》，《史学月刊》2004 年第 1 期。

（三）海疆文化史

近20年来，随着对海洋重视程度的提高和国民海洋意识提升，中国海洋大学、浙江大学、广东海洋大学、上海海事大学等高校及科研机构相继成立了一批海洋文化研究中心或海洋文化研究所，有力地推进了区域性海洋文化研究。海洋出版社出版的多卷本《中国海洋文化》丛书（2016年）、司徒尚纪《中国南海海洋文化》（中山大学出版社2009年版）和《中国南海海洋文化史》（广东经济出版社2013年）、曲金良的《山东海洋文化在中国海洋文化史上的地位》①、苏文菁的《论福建海洋文化的独特性》② 等均是代表性著作。海洋文化研究的深入还推动了海洋文化产业问题的研究，使海洋文化研究成为海疆史中与社会现实问题研究结合最为紧密的研究领域之一。

（四）港、澳、台史研究

1. 香港史

学术界对香港历史的研究早期主要侧重于香港割让历史和我国人民反抗英国殖民统治的研究，特别是香港回归前夕，形成了一个研究热潮，大量研究成果问世。余绳武、刘存款、刘永蜀等老一代学者先后编撰出版了多部有关香港史的经典著作。香港回归后，香港问题研究趋于稳定。近20年来，香港史的研究在理论方法上不断深化，研究范围更加多元。有学者从政治学角度研究香港历史，如刘曼容《港英政治制度与香港社会变迁》③；有学者从经济史角度探讨香港社会的发展变化，如张丽《1937—1941年香港华资工业的发展》④ 等；有学者开始考察香港的文化发展史，如郭少棠《文化的冲击与超越：当代香港史学》⑤。

进入新世纪后，随着内地与香港交往联系的加强，香港与内地之间的关系史成为香港史研究的热点问题，研究主题主要包括粤港澳关系史、抗日战争时期香港与内地关系、二战后到新中国成立前香港与内地的关系、香港与内地经贸关系等。

2. 澳门史

与香港史研究发展情况相似，澳门回归前后，澳门史研究进入了一个快速发展的阶段。在通史研究方面，最具代表性著作是吴志良、金国平、汤开建主编的六卷本《澳门编年史》（广东人民出版社2009年版），该书使用了中、葡、英、法、日等多国档案文献，涉及政治、经济、社会、文化、宗教等多方面内容，是澳门史研究集大成者，为后继研究树立了研究范式。一批档案资料集也相继问世，比较重要的有：《明清时期澳门问题档案文献汇编》（人民出版社1999年版）、《澳门问题明清珍档荟萃》（中国第一历史档案馆2000年版）、《广东澳门档案史料选编》（中国档案出版社1999年版）、《澳门问题史料集》（中华全国图书馆文献缩微复制中心1998年版）、《中葡澳门交涉史料》

---

① 曲金良：《山东海洋文化在中国海洋文化史上的地位》，《山东省社会主义学院学报》2018年第4期。

② 苏文菁：《论福建海洋文化的独特性》，《东南学术》2008年第3期。

③ 刘曼容：《港英政治制度与香港社会变迁》，广东人民出版社2009年版。

④ 张丽：《1937—1941年香港华资工业的发展》，《近代史研究》1999年第1期。

⑤ 郭少棠：《文化的冲击与超越：当代香港史学》，《历史研究》2003年第1期。

（澳门基金会1998年版）、《中葡关系史资料集》（四川人民出版社1999年版）、《中葡关系档案史料汇编》（中国档案出版社2000年版）等。

在专题研究方面，主要成果集中在以下几个领域：一是葡萄牙占领澳门性质问题。学者们在继承前人研究基础上，提出了葡萄牙占领澳门经历了一个进入、租住和逐步占领的过程[①]。二是澳门经贸问题研究。学术界逐渐改变了以往对于澳门对外贸易性质的一些偏见，对澳门在国际贸易中，特别是东亚地区贸易中的地位与作用予以了重视。代表性成果有张廷茂《明清时期澳门海上贸易史》（社会科学文献出版社2004年版）、陈衍德《论明清时期澳门商贸经济的发展》[②]、万明《明代青花瓷西传的历程：以澳门贸易为中心》[③] 等。三是澳门社会史、文化史研究。研究对象主要集中在人口、族群、文化发展等方面。代表性成果有汤开建《天朝异化之角：16—19世纪西洋文明在澳门》（暨南大学出版社2016年版），以及朱亚非和刘文涛《东西方经济文化交流的枢纽与门户——论16—18世纪澳门的历史地位》[④]、刘然玲《文明的博弈：16至19世纪澳门文化长波段的历史考察》[⑤]、刘正刚《明清澳门女性研究》[⑥] 等。

3. 台湾史

台湾地处我国海疆前沿，钓鱼岛及其附属岛屿属于台湾宜兰县管辖，南沙最大岛屿太平岛由台湾当局实际控制，加之其特殊的政治背景，使得台湾史研究备受关注。特别是近20年来，无论是史料的发掘，还是专著、学术论文等研究成果数量均呈现迅速增长的态势，有不少优秀成果问世。

对于台湾史学术研究的情况，已有学者专门进行过研究，张海鹏、李细珠主编《当代中国台湾史研究》（中国社会科学出版社2015年版）梳理了新中国成立以后至2015年大陆学界有关台湾史研究的基本状况。李天星《1990年代以来台湾学者对台湾史研究的回顾与反思》[⑦] 一文对台湾学术界有关台湾史研究学术成果和学术研究群体进行了分析考察。

随着各专题史研究的持续推进，有多部台湾通史类和断代史类著作问世，成为近20年来台湾史研究最显著的成就之一。如张海鹏、陶文钊《台湾史稿》（凤凰出版社2012年版）对台湾古代、近代、当代历史做了细致的考察、研究，该书资料详实、架构严谨，是迄今为止最为全面、系统研究台湾历史的通史性著作。张崇根《台湾四百年前史》（九州出版社2005年版）和《台湾史前史与早期史》（九州出版社2017年）

---

① 如邓开颂的《葡萄牙占领澳门的历史过程》、费成康的《澳门葡萄牙人逐步占领的历史回顾》等。

② 陈衍德：《论明清时期澳门商贸经济的发展》，《厦门大学学报（哲学社会科学版）》1999年第4期。

③ 万明：《明代青花瓷西传的历程：以澳门贸易为中心》，《海交史研究》2010年第2期。

④ 朱亚非、刘文涛：《东西方经济文化交流的枢纽与门户——论16—18世纪澳门的历史地位》，《世界历史》1999年第6期。

⑤ 刘然玲：《文明的博弈：16至19世纪澳门文化长波段的历史考察》，广东人民出版社2008年版。

⑥ 刘正刚：《明清澳门女性研究》，《历史档案》2001年第2期。

⑦ 李天星：《1990年代以来台湾学者对台湾史研究的回顾与反思》，《台湾历史研究》第四辑，社会科学文献出版社2016年版。

对1624年荷兰殖民者侵占台湾前的历史进行了考察。陈在正《台湾海疆史研究》（厦门大学出版社2001年版）专门研究了郑成功收复台湾、近代台湾海防、台湾光复、台湾保钓运动等问题。此外，陈世昌的《台湾战后七十年》（国际文化出版公司2017年版）、杨益茂和宋桂芝编著的《台湾：历史与现状》（北京理工大学出版社2012年版）、董世明《台湾六十年史纲1949—2009》（暨南大学出版社2011年版）等也是具有很高学术价值的著作。

四　海疆史研究前瞻

我国近代屈辱历史昭示我们，向海则兴，背海则危。当前，我国海疆形势依然严峻，海洋权益维护、海洋资源开发、海洋生态保护、海洋文化遗产保护等工作都面临着许多挑战。我们必须要重视海洋，研究海洋，开发海洋。党的十八大提出海洋强国战略后，我国海洋事业进入了全面发展的新阶段，涉海理论研究愈来愈受到重视，取得了前所未有的显著成果，为海疆史研究进一步发展提供了新机遇，同时也提出了新要求。

习近平总书记多次指出，“历史研究是一切社会科学的基础”①。马克思、恩格斯在《德意志意识形态》中说：“我们仅仅知道一门唯一的科学，即历史科学。”② 恩格斯还说，“凡不是自然科学的科学都是历史科学”③，因此海疆史研究应是一切海疆问题研究的基础，也就是说，海疆史研究在丰富自身学科体系建设同时，也应为其他涉海理论研究提供有效的学术支持。

如何发挥海疆史研究的基础性作用是一个值得探讨的问题，就目前我国海疆形势而言，至少应包含以下要素。

一是全面展现我国璀璨的海洋文明。我国是一个陆地大国，也是一个海洋大国，中华民族开发海洋、经略海疆有着数千年的历史，沿海各地遗留有丰富的海洋历史文化资源，但由于受到“重陆轻海”传统思想的影响，世人对我国人民创造的海洋文明知之甚少。广泛搜集、整理史料，进行研究分析，系统、客观、准确地反映我国人民探索海洋、开发海洋、经略海疆、保卫海疆的历史是海疆史研究的基本任务。

二是为维护领土主权和海洋权益提供历史依据。自20世纪70年代以来，我国与周边国家在岛礁主权争端、海域划界等问题上矛盾日益突出，干扰我国发展大局。我国在南海诸岛、钓鱼岛及其附属岛屿的主权权益是基于长期的历史实践而形成的，因此历史研究理应成为我国维护主权理论研究的核心和基础，也是海疆史研究最为迫切的现实需求。

三是为建设海洋强国提供资政建议。我国有着辉煌的海洋文明史，我国古代航海业和航海技术一度处于世界顶尖水平，创造过郑和下西洋等世界奇迹，但近代以后，我国饱受列强欺凌，海疆危机频现。梳理分析我国历代海疆治理的经验教训、利弊得失，汲

---

① 《习近平信贺：欢迎真知灼见》，《人民日报·海外版》2015年8月24日第01版。《习近平致信祝贺中国社会科学院中国历史研究院成立》，中国社会科学网（http://www.cssn.cn/zx/bwyc/201901/t20190104_4806733.shtml），访问时间2019年3月5日。

② 《马克思恩格斯选集》第1卷，人民出版社1995年版，第66页。

③ 《马克思恩格斯选集》第2卷，人民出版社1972年版，第117页。

取西方海洋强国成功经验，为建设现代化海洋强国提供资政参考意见应成为海疆史研究的重要使命。

四是为维护祖国统一提供理论支撑。“台独”和“港独”势力煽动舆情、制造分裂的一个共同着力点就是从历史入手，强调族群特性，制造分歧，割裂香港、台湾与祖国的联系。加强港台历史研究，能够使人们更加清晰地认识香港、台湾发展的历史脉络，找准历史方位，把握发展大势，释除不必要的社会纷争，这也是香港史、台湾史研究的立足点和着力点。

五是传承弘扬中国海洋文化优良传统。海洋文化是我国传统文化的重要组成部分，蕴含着丰富的历史内涵，我国海洋文化中有着很多优良文化基因，如“四海一家”“互通有无”“耕海养海”等至今依然具有重要的理论价值和实践价值。深入挖掘中国海洋文明的宝贵基因片段，构筑中国海洋文明体系是海疆史研究的重要任务之一。

应当看到，现阶段我国海疆史研究无论在学科建设发展还是理论成果转化服务现实功能方面，与现实需求存在一定差距。要发挥海疆史研究存史、资政、教化的功能，必须要加强学科体系建设，完善学术研究体制机制。

首先，要明确海疆史研究发展的定位与方向，加强学术研究引导力。学科的定位是学科发展的基础，科学的定位和鲜明的学术导向是学科保持旺盛生命力，实现可持续发展的动力源泉。海疆史研究发展要在新的时代背景下，从高站位、高起点出发，在继承学术传统的基础上，本着服务国家重大利益关切，服务社会现实需求的原则，深化重大理论问题研究。通过制定科学的学科建设规划，优化研究结构，扶持重点研究方向，促进学科建设发展。

其次，要抓好人才队伍建设，加强后备人才培养。人才是学科发展的关键。一方面，要加强学术研究队伍的建设，改善科研环境，加强成果导向，不断改善学术评价体系和导向机制，对于一些敏感领域、特殊领域的研究成果应给予特殊评价政策，避免科研工作者因不能公开发表论著，在职称评定、奖项评审等方面处于劣势，工作积极性受到挫伤；另一方面，通过将海洋教育纳入基础教育体系等多种途径，加强宣传引导，引导青少年关注海洋、热爱海洋、研究海洋，支持开展青少年海洋活动，科学地引导学生树立正确的海洋观，激发他们保护海洋、探索海洋、维护海洋权益的责任感与使命感，壮大后备人才队伍。

最后，要打破学术壁垒，形成研究合力。一方面，要以重大项目为牵引，凝聚和团结科研骨干力量，深化重大理论问题研究；另一方面，要重视跨学科研究，树立多学科交叉融合理念，建立相关研究领域联动机制，构建多学科交叉融合的学术交流平台，促进跨学科融合，多学科嫁接，培育新兴学科增长点。

总之，时代需要海疆史研究，因应时代发展需求是海疆史研究的发展动力保障和根本遵循。随着国家海洋事业的发展进步，海疆史研究必然会迎来新的更大发展。

（原载《中国边疆史地研究》2019 年第 2 期）

新世纪中国西南边疆研究回顾与展望

孙宏年[*]

中国西南边疆研究是中国边疆研究的重要内容，新世纪以来相关领域的研究取得重大进展，无论是历史研究还是现状研究，都取得一系列新成果。鉴于“中国西南边疆”的地域范围在历史时期的盈缩、变迁①，《中国边疆史地研究》组织“新世纪中国边疆研究的回顾与展望”专栏时又有地域的分工，本文所涉及“中国西南边疆”的地理范围以今天广西壮族自治区、云南省为主体，兼及重庆市、四川省、贵州省部分地区和中南半岛部分地区。本文回顾、梳理1998—2018年中国西南边疆研究及学科建设的新进展、新成果，就今后深化相关研究有所思考，以求引玉之效，恳请学界同仁批评指正。

一

新世纪以来，我国学术界坚持以马克思主义唯物史观为指导，在中国西南边疆研究各领域都有一定进展，一些领域实现重大突破，主要反映在以下六方面。

（一）档案文献整理取得重大突破，为今后一定时期深化西南边疆研究夯实了基础。档案、文献是深化西南边疆研究的基础，学术界一直重视汉文和少数民族文字档案、文献的整理工作，比如从20世纪50年代起学者们就开始整理、翻译彝文《西南彝志》和傣文《泐史》《景谷土司世系》等历史文献②，但受到种种因素影响，一些档案馆所藏档案未能系统的整理、利用，一些重要的民族文字文献仍未刊布、翻译。进入21世纪以后，西南边疆的档案、文献整理工作成果丰富、进展良好，主要有以下特点。

一是民国时期西南边疆的大量珍贵档案得到系统地整理，首次公开出版。在国家社科基金特别委托项目“西南边疆历史现状综合研究项目”的推动下，中国第二历史档案馆、广西壮族自治区档案馆、云南省档案馆从珍藏的档案中精选、整理，于2013年

---

* 孙宏年：中国社会科学院中国边疆研究所研究员、武汉大学国家领土主权与海洋权益协同创新中心研究员。

① “中国西南边疆”一般指从古到今的中国的西南边疆地区，学术界对其概念、地域范围有不同的表述、认识。笔者认为，这是因为先秦以来“中国西南边疆”的地域的确有过盈缩、变迁，今天的“西南边疆”主要是指地处中国西南的广西、云南、西藏三个边疆省区，有时特指这三个省区靠近边境线的一定地带，而先秦以来中国西南边疆不仅包括今天广西、云南、西藏三个边疆省区的全部，还曾经包含今天重庆、四川、贵州的部分地区，还包括历史上是我国国土，今天则属于东南亚、南亚邻国的部分地区。

② 史金波：《当代少数民族文字历史文献整理与研究刍议》，《青海民族研究》2018年第3期。

后陆续出版200多册（卷）的民国时期西南边疆档案资料，包括《民国时期西南边疆档案资料汇编·广西云南综合卷》98卷、《民国时期西南边疆档案资料汇编·云南卷》80卷、《民国时期西南边疆档案资料汇编·广西卷》30卷，和《民国时期西南边疆档案资料汇编·云南卷目录总集·图文精粹》《民国时期西南边疆档案资料汇编·广西卷目录总集·图文精粹》《民国时期西南边疆档案资料汇编·云南广西综合卷目录总集·图文精粹》各1册①。作为“西南边疆历史与现状综合研究项目·档案文献系列”的成果，这些档案涉及民国时期广西、云南两省政治、经济、海关、民政、文化教育、社会变迁、涉外关系等众多领域，均为第一手的重要文献，绝大部分又是首次公布，具有重大的学术价值。

二是国内外西南边疆文献的整理、编选进入“收获期”，少数民族语言文字文献整理、编译、研究又有新成果。如张纯德、朱琚元、白兴发著《彝文古籍与西南边疆历史》（社会科学文献出版社2013年版），以秦汉时期滇东北、川南、黔西北地区所用的彝文原著译本为主要研究对象，首次对西南少数民族古籍中的彝文史料做了开创性研究；《西南彝志》被誉为“彝族古代社会的百科全书”，是彝族重要的经典古籍，贵州民族出版社2018年新版本在原版基础上重新整理翻译，按照彝文原文、国际音标、直译、意译对照的形式整理翻译。

与之相应，国内外涉及西南边疆的多种汉文文献、口述史料陆续出版。云南地方文献成果众多，邹建达、唐丽娟主编《清前期云南督抚边疆事务奏疏汇编（全6册）》（社会科学文献出版社2015年版），收录顺治十六年（1659）到乾隆六十年（1795）间云南督抚边疆事务奏疏奏折3000余件，220余万字；林文勋主编《民国时期云南边疆开发方案汇编》（云南人民出版社2013年版）收录《经营滇省西南边地议》《建设腾龙边区各土司地意见书》等民国年间云南边疆开发、经济、文化等方面的重要文献资料；吴喜《民国时期云南彝族上层家族口述史》（社会科学文献出版社2014年版）通过采访民国时期西南边疆地区彝族上层人士子女及近亲家族成员，为研究近代以来西南彝族社会和西南边疆史提供了宝贵的口述史料。当代云南专题文献整理受到关注，主要有秦和平编《云南民族地区民主改革资料集》（巴蜀书社2010年版）和肖祖厚、李丹慧主编《云南与援越抗美（档案文献）》（中央文献出版社2004年版）。四川西部康藏地区在1949年前是西南边疆的重要组织部分，近年来学术界整理相关文献，不仅有中国藏学研究中心、中国第二历史档案馆编《民国时期西藏及藏区经济开发建设档案选编》（中国藏学出版社2005年版）等专题文献选编，而且出版了赵心愚等编《康区藏族社会珍稀资料辑要》（巴蜀书社2006年版）、中国民族图书馆编《民国时期西康史料汇编》（全50册，国家图书馆出版社2018年版）等综合性文献。此外，《大南实录》是越南阮朝（1802—1945）的官修史书，全部用汉文撰写，是重要的域外汉文史料，王柏中等学者从中整理涉及中越关系、中国西南边疆重大事件、边疆民族、经济社会发展等内容的重要史料，辑录、出版了《〈大南实录〉中国西南边疆相关史料辑》（社会科学文献出版社2015年版）。

三是西南边疆综合性文献及相关工具书的编纂、出版，相关成果主要为《中国西南文献丛书》（正编201册，兰州大学出版社2003年版；二编50册，学苑出版社2009

① “西南边疆历史与现状综合研究项目·档案文献系列”成果，社会科学文献出版社出版。

年版）和朱端强、许新民主编《历代文集西南边疆篇目分类索引（初编）》（社会科学文献出版社 2014 年版）。《中国西南文献丛书》是我国西南地区文献资料的总集，由甘肃省古籍文献整理编译中心在中国丛书编辑委员会指导下编纂，以四川省、重庆市、云南省、贵州省、西藏自治区等五省（市）区为“西南地区”的空间范围。该丛书已出版正编、二编，共 250 多册，收录 20 世纪中期以前历代稀有文献千余种，既选录了大量汉文文献，又精选了彝族、藏族、白族、壮族、瑶族、回族、傣族和纳西族等八个少数民族文字的文献，并对部分文献做了汉译工作。《历代文集西南边疆篇目分类索引（初编）》以《四库全书》《四库存目丛书》《四库禁毁书丛刊》《四库未收书辑刊》和《续修四库全书》为依据，上迄两汉，下迄晚清，分为云南、广西、西藏、西南、邻国五大部类，就诸书著录文集涉及云南、广西、西藏等地史事的篇目分类编制索引，是一部编制有法的史学工具书。

（二）西南边疆疆域史的整体性、综合性研究逐步深化，“西南边疆通史”研究和以特定区域为空间范围的“地方性通史”研究都取得新成果。一方面，中国疆域史、边疆史研究推出多部有理论深度的著作，如马大正主编《中国边疆经略史》（中州古籍出版社 2000 年版）、林荣贵主编《中国古代疆域史》（黑龙江教育出版社 2007 年版）、张植荣著《中国边疆与民族问题》（北京大学出版社 2005 年版）等专著，这些著作对于中国疆域的演变、边疆的变迁进行了较为系统的论述，所涉及的西南边疆辖境盈缩、历史变迁又是其中的组成部分；另一方面，我国学术界重视西南边疆整个区域“总体性通史”和特定的“区域性通史”研究，出版了近 10 种著作，不仅有方铁主编《西南通史》（中州古籍出版社 2003 年版），覃延欢、廖国一主编《广西史稿》（广西师范大学出版社 1998 年版），钟文典主编《广西通史（全 3 卷）》（广西人民出版社 1999 年版），何耀华总主编《云南通史（全 6 卷）》（中国社会科学出版社 2011 年版）等著作论述西南边疆及部分区域的历史变迁，而且贾大全、陈世松主编《四川通史（全 7 卷）》（四川人民出版社 2010 年版）也涉及先秦时期西南边疆的巴蜀地区和清末民国时期西康地区的历史。这些著作由我国数十位专家合作完成，吸收了近代百余年来西南边疆研究的成果，集中反映了 21 世纪之初我国学术界在西南边疆整个区域“总体性”研究和以省级政区为单元的特定“区域性通史”研究的最新成果。其中，《西南通史》把西南边疆的历史演变置于中国统一多民族国家形成、发展的历史进程之中，系统地论述了远古至 1840 年西南边疆历史变迁和历代王朝（含地方民族政权）的治理政策、经济状况、民族交往、涉外关系，分析了西南边疆地区在中华文明多元一体格局演进中的区域性特点。

（三）学术界长期关注历代西南边疆治理研究，新世纪以来研究领域进一步拓宽、成果更为丰硕，主要集中在以下领域。

一是历代治理西南边疆的思想、政策、制度的理论研究得到深化，既关注秦汉以后王朝时期和中华民国时期西南边疆重大理论问题研究，又深入探讨哀牢、南诏、大理、南天国等地方民族政权与中原王朝关系及其地方治理的思想、政策。除了上述马大正主编《中国边疆经略史》、方铁主编《西南通史》等“中国边疆通史”著作中对于先秦至清代西南边疆治理思想、政策、制度等有较为系统的论述外，又出版了 20 多部专著，包括“通论性”专著，如方铁《方略与施治：历朝对西南边疆的经营》（社会科学文献出版社 2015 年版）、孙宏年《中国西南边疆的治理》（湖南人民出版社 2015 年版）；近代中国西南边疆治理专著，如段金生著《南京国民政府的边政》（民族出版社2012年版）和《南京国民政府对西南边疆的治理研究》（社会科学文献出版社2013年版）、潘先林《民国云南彝族统治集团研究》（云南大学出版社1999年版）、罗敏《走向统一：西南与中央关系研究（1931—1936）》（社会科学文献出版社2013年版）；西南边疆地方民族政权与治理专著，如耿德铭《哀牢国与哀牢文化》（云南人民出版社2003年版）、段玉明《大理国史》（云南民族出版社2003年版）、白耀天《南天国与宋朝关系研究》（社会科学文献出版社2014年版）；历代王朝治理广西研究专著，如徐毅《绥服远人——清帝国治理广西的教化策略》（社会科学文献出版社2013年版）、郑维宽《历代王朝治理广西边疆的策略研究——基于地缘政治的考察》（社会科学文献出版社2014年版）和《从制度化到内地化：历代王朝治理广西的时空过程研究》（广西师范大学出版社2016年版）。其中，《中国西南边疆的治理》较为系统地阐述了先秦至当代中国西南边疆治理的历程和各个时期西南边疆治理的重要政策、措施；《南京国民政府对西南边疆的治理研究》较为全面地论述了南京国民政府治理西南边疆的政治实践、实业发展、交通规划、文化教育等政策；《民国云南彝族统治集团研究》阐述了民国时期云南彝族集团的崛起，分析了该集团对稳定大西南、建设“新云南”、开发边疆等方面的贡献。

二是西南边疆地区治理机构、行政建置、政区变迁取得新进展。作为边疆历史研究的“传统领域”，学术界在新世纪之初推出了一系列新成果，不仅翟国强、孙宏年、段金生、董继梅、黄忠鑫、徐静琼等学者发表了一些值得重视的学术论文[①]，而且出版了近10部著作，如赵云田著《中国治边机构史》（中国藏学出版社2002年版），刘统《唐代羁縻府州研究》（西北大学出版社1998年版），陆韧、凌永忠《元明清西南边疆特殊政区研究》（人民出版社2013年版），陈庆江《明代云南政区治所研究》（民族出版社2002年版），张轲风《民国时期西南大区区划演进研究》（人民出版社2012年版），范晓春《中国大行政区：1949—1954年》（东方出版中心2011年版），等等。此外，周振鹤主编《中国行政区划通史》共13卷（复旦大学出版社2007—2016年第1版，2017年修订版），对于西南边疆地方政区变迁有所论述。

三是土司制度、改土归流及相关措施与西南边疆治理研究紧密相关，21世纪初成为“热点”。据统计，仅2000—2012年的13年间，土司研究的论文721篇，李世愉《清代土司制度论考》（中国社会科学出版社1998年版）、马菁林《清末川边藏区改土归流考》（巴蜀书社2004年版）等著作121部[②]。2013—2018年，学术界开展土司研究的“热度”持续升温，何先龙、党会先、陈旭、方铁、成臻铭、陈季君、李良品、谈建成、廖钰、武沐、彭福荣、张锋峰、罗群、罗水良、徐林平、郭秀、王永健、马国

---

① 翟国强：《略论近代云南的边防建设及政区设置》，载邢广程主编：《中国边疆学》（第二辑），社会科学文献出版社2014年版；孙宏年：《西南边疆的政区变动与中央治边方略的演变（1900—1965）》，《云南师范大学学报》2016年第5期；段金生、董继梅：《边疆、王朝与制度变迁：清代云南地方省级行政体制的演化》，《思想战线》2016年第6期；黄忠鑫、徐静琼：《中越边界变动背景下的钦州佐杂设置（1368—1888）》，《云南大学学报》2018年第1期；等等。

② 参见成臻铭：《清代土司研究——一种政治文化的历史人类学观察》，中国社会科学出版社2008年版。

君、李红香、黄禾雨、李楠、黄梅、林友宏、潘先林、白义俊、吴喜、龚梦川、龚荫、王希辉、贾益、马强、尤佳等学者发表至少60篇（部）论文、著作[①]。其中，不少成果论及元、明、清和民国时期西南边疆治理的政策、措施[②]。段红云在《明清时期云南边疆土司的区域政治与国家认同》[③] 中指出，明清王朝在云南推行土司制度的过程，是不断推进边疆与内地在政治、经济、文化等方面一体化，加强边疆民族地区国家认同的过程；在中央王朝与边疆土司的互动和博弈过程中，中央王朝在边疆土司地区的国家认同建设上呈现出不同的取向和特征，并对明清时期西南边疆的变迁产生重要影响。

四是西南边疆开发政策及经济社会发展是边疆治理研究的重要内容，1998年后成果丰硕，在发表一批高质量论文的同时，出版了10多部学术专著。一方面，学术界在研究清代以来边疆开发时对西南边疆开发进行了论证，如马汝珩、成崇德主编《清代边疆开发》（山西人民出版社1998年版），成崇德主编《清代西部开发》（山西古籍出版社2002年版），戴逸、张世明主编《中国西部开发与近代化》（广东教育出版社2006年版），马大正、李大龙主编《20世纪中国西部开发史》（黑龙江教育出版社2005年版）对清代、民国时期和当代中国西南边疆的开发做了研究；另一方面，学者们对广西、云南及西南边疆某些特定区域的开发和特定产业的发展进行了较为深入的研究，相关著作如覃丽丹、覃彩銮《广西边疆开发史》（社会科学文献出版社2015年版），陈征平《云南工业史》（云南大学出版社2007年版），罗群、黄韩鑫《王炽与晚清云南商业社会》（云南人民出版社2014年版），杨寿川《云南矿业开发史》（社会科学文献出版社2014年版），周智生《晚清民国时期滇藏川毗连地区的治理开发》（社会科学文献出版社2014年版）。其中，《晚清民国时期滇藏川毗连地区的治理开发》分析了晚清民国时期“滇藏川毗连地区”的区域性特点，论述了历届中央政府治理、开发这一地区的进程、政策；《王炽与晚清云南商业社会》对云南历史上著名的“红顶商人”王炽做了较为全面的研究，同时论述近代云南商业、社会的相关问题。

（四）西南边疆民族宗教及相关政策研究是与边疆治理密切相关的“传统领域”，21世纪初期我国学术界在西南边疆民族发展史与民族关系、历史民族地理、跨境民族、民族宗教政策等领域都推出了新成果。

在西南边疆民族发展史与民族关系方面，学术界不仅发表大量学术论文，而且出版

---

① 著作如何先龙：《土司制度论稿——中国边政之土官制度管窥》，吉林大学出版社2015年版；陈季君、党会先、陈旭：《播州土司史》，中央民族大学出版社2015年版。论文如李楠、林友宏：《管治方式转变与经济发展——基于清代西南地区“改土归流”历史经验的考察》，《经济研究》2016年第7期；方铁：《土司制度研究方法述论》，《云南师范大学学报》2017年第2期；李良品、谈建成：《“因俗而治”：明清时期土司地区的国家治理政策》，《西南民族大学学报》2017年第9期；罗群：《“慕利”与“慕义”——论西南地区土司朝贡的制度建构》，《中国边疆史地研究》2017年第1期；龚梦川、龚荫：《中国土司制度的发展历程、历史价值和现实意义》，《云南社会科学》2018年第5期；等等。限于篇幅，无法一一列出。

② 论文如潘先林、白义俊：《民国时期的土司政策——以云南为中心的讨论》，《中国边疆史地研究》2017年第3期；成臻铭、罗水良：《蒙元时期何以运用土官进行边疆治理——以云南边地实践为视点》，《青海民族研究》2018年第2期；等等。

③ 段红云：《明清时期云南边疆土司的区域政治与国家认同》，《广西民族大学学报》2015年第5期。

了多部高水平的学术著作，如《中国历代民族史》丛书①，王文光、朱映占、赵永忠等著《中国西南民族通史》（云南大学出版社2015年版），王文光、龙晓燕、陈斌《中国西南民族关系史》（中国社会科学出版社2005年版），赵永忠《当代中国西南民族发展史论》（云南大学出版社2012年版），黄成授等《广西民族关系的历史与现状》（民族出版社2002年版），张刚、伍雄武《云南民族关系的历史与经验》（社会科学文献出版社2014年版），等等。其中，《中国历代民族史》共8卷，较为系统地阐述了先秦至明清时期各民族共同创造中国历史的历程，相关内容涉及各个时期西南边疆民族发展史与民族关系；《中国西南民族通史》以180余万字的篇幅，较为系统地阐述了从远古时代到2010年我国西南地区各民族的发展历程，对各民族的社会生活、历史源流、民族关系及历代政府的西南民族治理做了深入的考察和研究，具有较高的学术价值。

历史民族地理、跨境民族研究有一批新成果，如安介生《历史民族地理》（山东教育出版社2007年版）、郑维宽《广西历史民族地理》（广西师范大学出版社2018年版），探讨了各个历史时期中国和广西等边疆地区各民族的空间分布及其特点，又涉及各时期西南边疆政策、民族治理问题；范宏贵、刘志强等《中越跨境民族研究》（社会科学文献出版社2015年版），何平《傣泰民族的起源与演变新探》（社会科学文献出版社2015年版），吕俊彪《京族人的族群认同与国家认同》（社会科学文献出版社2014年版），李雪岩、龙四古《西南边疆民族地区青年归侨侨眷发展问题研究》（社会科学文献出版社2013年版），郑一省、王国平《西南地区海外移民史研究——以广西、云南为例》（社会科学文献出版社2013年版），对中国与东南亚邻国越跨境民族相关问题进行了较为深入的研究。

在边疆民族宗教政策方面，学者们既就历史时期民族宗教政策发表了新成果，专著如张践、齐经轩《中国历代民族宗教政策》（中国社会科学出版社2007年版），龚荫《中国历代民族政策概要》（民族出版社2008年版），张广保、宋学立《宗教教化与西南边疆经略——以元明时期云南为例》（社会科学文献出版社2014年版），又关注当代中国边疆民族宗教政策研究，其中民族识别是当代中国边疆民族治理的重要政策，2000年以后学者们不断推出高质量的成果，既有黄光学、施联朱主编《中国的民族识别——56个民族的来历》（民族出版社2005年修订版），施联朱《民族识别与民族研究文集》（中央民族大学出版社2009年版），尤伟琼《云南民族识别研究》（民族出版社2013年版）等学术专著，又有一些相关著作，如黄光学《民族工作文集》（民族出版社2008年版）和王连芳《云南民族工作回忆》（民族出版社2012年版）中都有相关内容。

（五）西南边疆环境史、社会史研究日益受到学术界重视，成为西南边疆研究的新“增长点”。学者们围绕着西南边疆的环境保护、文化生态格局、自然灾害与救灾机制、社会变迁等主题，开展了“中国西南少数民族灾害文化数据库建设”等多项

① 《中国历代民族史》丛书，社会科学文献出版社2007年版，包括田继周《中国历代民族史·先秦民族史》《中国历代民族史·秦汉民族史》，白翠琴《中国历代民族史·魏晋南北朝民族史》，卢勋、萧之兴、祝启源《中国历代民族史·隋唐民族史》，陈佳华、蔡家艺、莫俊卿、杨保隆著《中国历代民族史·宋辽金时期民族史》，罗贤佑《中国历代民族史·元代民族史》，杨绍猷、莫俊卿《中国历代民族史·明代民族史》，杨学琛《中国历代民族史·清代民族史》。

课题研究[①]；发表了不少高水平的学术论文[②]；出版了近10部学术著作，如秦和平《西南民族地区的毒品危害及其对策》（四川民族出版社2005年版），王川《西康地区近代社会研究》（人民出版社2009年版），周智生《商人与近代中国西南边疆社会：以滇西北为中心》（中国社会科学出版社2006年版），郑维宽《清代广西生态变迁研究——基于人地关系演进的视角》（广西师范大学出版社2011年版），周琼、高建国主编《中国西南地区灾荒与社会变迁：第七届中国灾害史国际学术研讨会论文集》（云南大学出版社2010年版），杨煜达《清代云南季风气候与天气灾害研究》（复旦大学出版社2006年版）。其中，李志农、邓云裴认为，明清以来汉族移民大量进入云南藏区，汉族、藏族广泛交流、交融，逐步形成基于共同体特征而超越民族认同的地域认同；这一时期云南藏区的文化生态格局已产生改变，基于地域认同的内生性动力使和谐的民族文化生态得以形成和维系[③]。

（六）西南边疆涉外关系研究进一步深化，我国学术界推出一系列具有创新意义的研究成果。这些成果既包括300多篇高质量的学术论文[④]，又包含20多部高水平的学术著作，而研究领域涉及我国西南边疆与越南、老挝、缅甸等邻国关系与中国西南沿边开放，主要反映在以下四个领域。

一是中国与东南亚关系史研究以及东南亚国别史研究中论及西南边疆与邻国的关系，相关专著有《近代中国与东南亚关系史》等10多部[⑤]。

---

① 科研项目如2009年度国家社会科学基金西部项目“清前期（1644—1795）重大自然灾害与救灾机制研究”（编号：09XZS010），2009年度国家社科基金“西南边疆历史现状综合研究项目”特别项目“清代云南生态变迁与环境灾害研究”（编号：B09003），2017年度国家社会科学基金重大项目“中国西南少数民族灾害文化数据库建设”（项目批准号：17ZDA158），等等。

② 论文如马强：《唐宋西南、岭南瘴病地理与知识阶层的认识应对》，《中国历史地理论丛》2007年第3期；李良品、彭福荣、吴冬梅：《论古代西南地区少数民族的生态伦理观念与生态环境》，《黑龙江民族丛刊》2008年第3期；周琼：《乾隆朝“以工代赈”制度研究》，《清华大学学报》2011年第4期；李荣华：《秦汉时期南土卑湿环境恶劣观念考述》，《云南社会科学》2014年第3期；等等。此外，周琼、高建国主编：《中国西南地区灾荒与社会变迁：第七届中国灾害史国际学术研讨会论文集》（云南大学出版社2010年版）也收录了相关论文。

③ 李志农、邓云裴：《明清时期的汉族移民与云南藏区文化生态分析》，《思想战线》2015年第6期。

④ 论文如戴可来：《略论古代中国和越南之间的宗藩关系》，《中国边疆史地研究》2004年第2期；陈双燕：《中越宗藩关系的历史发展述论》，《南洋问题研究》2000年第4期；张植荣：《中越北部湾划界谈判及其对解决海疆争端的启示》，《国际论坛》2005年第2期；周郢：《明万历壬辰之役“借兵暹罗”发覆》，《历史研究》2017年第6期；等等。限于篇幅，不一一列出。

⑤ 相关专著，如余定邦、喻常森等：《近代中国与东南亚关系史》，中山大学出版社1999年版；王志强：《李鸿章与越南问题（1881—1886）》，暨南大学出版社2013年版；孙宏年：《清代中越宗藩关系研究》《清代中越关系研究（1644—1885）》，黑龙江教育出版社2006年版、2014年版；李昆声、陈果：《中国云南与越南的青铜文明》，社会科学文献出版社2013年版；朱晓凯：《〈申报〉与中法战争研究》，黄山书社2017年版；戴可来、于向东主编：《越南》，广西人民出版社1998年版；郭振铎、张笑梅主编：《越南通史》，中国人民大学出版社2001年版；郭明主编：《中越关系新时期》，时事出版社2007年版；余定邦：《中缅关系史》，光明日报出版社2000年版；杨煜达：《乾隆朝中缅冲突与西南边疆》，社会科学文献出版社2014年版；贺圣达：《缅甸史》，云南人民出版社、云南大学出版社2015年版；申旭：《老挝史》，云南大学出版社、云南人民出版社2011年版。

二是中国西南边疆与邻国的国际河流研究取得新突破，成果主要有莫小莎《广西国际河流研究》（社会科学文献出版社 2013 年版）等论著。

三是中国西南边疆与邻国边界研究，成果主要有吕一燃主编《中国近代边界史》（四川人民出版社 2007 年版）、朱昭华《中缅边界问题研究——以近代中英边界谈判为中心》（黑龙江教育出版社 2007 年版）等专著。其中，《中国近代边界史》系统阐述了 1840 年至 1949 年一百多年间中国边界变迁的历史进程，详细考证了中国西南边疆地区与越南、老挝、缅甸等邻国的边界变迁，具有重要的学术价值。

四是西南丝绸之路、西南沿边开放与涉外经贸往来研究成为“热点”，特别是 2013 年以来，学者们深入挖掘史料，结合丝绸之路经济带、21 世纪海上丝绸之路（以下简称“一带一路”）的推进，以史为鉴，发表大量论著，相关专著就有近 10 部[①]。其中，我国学术界围绕“一带一路”倡议及相关问题，就西南边疆地区融入“一带一路”建设的历史基础、现实条件、定位与路径等问题做了较为深入的探讨，发表了大量高水平论文，限于篇幅，这里不再一一介绍。

二

21 世纪初期，中国西南边疆研究的学科建设、人才培养取得新进展，成绩和成效令人欣喜。众所周知，我国的西南边疆研究起于先秦秦汉时期，《史记·西南夷列传》就是西南边疆的早期文献之一。此后，历代典籍对于西南边疆均有记述，近代以来西南边疆学科研究随着中国边疆史地研究的“三次高潮”而发展。进入 21 世纪以来，随着对西南边疆历史和现状研究的不断推进，西南边疆研究学科的建设步伐加快。

（一）西南边疆研究学术史的总结、分析不断深化，为构建“中国边疆学”的学科体系、学术体系、话语体系逐步打牢基础。近年来，我国学术界重视中国边疆研究的学科建设，呼吁构建“中国边疆学”，为此加强包括西南边疆研究在内的各个领域的学术史研究，总结各领域的研究历程、成绩、经验和教训，为建设中国边疆研究的学科体系

---

① 学术界对“南方丝绸之路”“西南丝绸之路”有不同的认识，笔者认为它们都是相对于从历史上中原地区出发到中亚、西亚、欧洲的“北方丝绸之路”而言的，二者的区别仅仅在方位认识的细微差异，若就今天的广西、云南及历史上的西南边疆而言，“南方丝绸之路”“西南丝绸之路”都可以，故本文同时认可这两个概念，同时使用“西南丝绸之路”这一用语。1998 年以来，相关成果很多，论文有罗二虎：《汉晋时期的中国“西南丝绸之路”》，《四川大学学报》2000 年第 1 期；王清华：《西南丝绸之路与中印文化交流》，《云南社会科学》2002 年第 2 期；霍巍：《“西南夷”与南方丝绸之路》，《中华文化论坛》2008 年第 S2 期；等等。专著如段渝著：《南方丝绸之路研究论集》，巴蜀书社 2008 年版；陈铁军：《云南 30 年的沿边开放历程、成就和经验》，社会科学文献出版社 2015 年版；李旭：《茶马古道各民族商号及其互动关系》，社会科学文献出版社 2017 年版；张永帅：《空间视角下的近代云南口岸贸易研究（1889—1937）》，中国社会科学出版社 2017 年版；等等。

做好基础工作。2000 年以来，学者们不仅发表了多篇论文①，对一定时期的西南边疆研究或某一领域的研究进行总结，而且出版了多部学术史著作，如厉声、李国强主编《中国边疆史地研究综述（1989—1998 年）》（黑龙江教育出版社 2002 年版），马大正著《当代中国边疆研究（1949—2014）》（中国社会科学出版社 2016 年版），李国强主编《中国边疆学年鉴 2016》（中国社会科学出版社 2017 年版）、《中国边疆学年鉴 2017》（中国社会科学出版社 2018 年版）。《中国边疆史地研究》2009 年第 3 期还专门组织专栏，对中华人民共和国成立 60 年来中国边疆研究进行总结、展望。这些专著、年鉴、学术专栏中都有西南边疆研究的专题回顾，有助于深化西南边疆研究，为构建“中国边疆学”做了基础性工作。

（二）学术机构不断增多，研究团队不断壮大，人才培养持续推进。新世纪之初，中国社会科学院、中央民族大学、广西社会科学院、广西师范大学、广西民族大学、云南省社科院、云南大学、云南师范大学、云南民族大学等高校和研究机构，或者成立专门的研究所、研究中心，或者依据已有研究所、学院（系），推进西南边疆历史与现状研究，成为西南边疆研究的重要学术阵地。中国社会科学院中国边疆研究所、西南民族大学、四川大学、四川师范大学、云南大学、云南民族大学、广西民族大学、广西师范大学等院所均设立了以西南地区为主要研究方向的博士、硕士学位点。西南边疆研究团队在 2010 年以后继续壮大，比如中国社会科学院研究生院中国边疆历史系成立于 2003 年，2010 年正式开始招收博士研究生，至 2018 年已经培养数十名博士、硕士研究生；广西民族大学在 2016 年成立广西边疆研究所，2017 年更名为广西边疆研究中心，形成了广西边疆研究的跨学科科研平台，为广西边疆社会稳定与发展提供学术支撑和智力支持。

（三）学术交流日益频繁，学术成果发表阵地不断扩大。新世纪以来，我国各高校、科研院所对西南边疆学术交流日益重视，特别是 2010 年以后学术研讨会逐步密集、频繁。据不完全统计，2010 至 2018 年召开了 60 多场（届、次）有学术影响的学术研讨会，一些研讨会定期召开，成为西南边疆研究的“机制化”交流平台。比如 2010 年云南大学与新加坡国立大学东亚研究所等院校合作，举办首届“西南论坛”，此后每年一届，该论坛至 2018 年已经召开九届，成为汇聚国内外学者、研讨西南历史与现状相关问题的重要学术平台。与此同时，西南边疆研究的成果发表阵地不断扩大，不仅《中国边疆史地研究》《民族研究》《云南师范大学学报》等杂志刊发了大量西南边疆研究的论文，而且《中国边疆民族研究》《中国边疆学》《华西边疆评论》《西南边疆民族研究》等学术集刊成为相关成果发表、交流的“新平台”。

---

① 论文如王明珂：《台湾地区近五十年来的中国西南民族史研究》，载徐正光、黄应贵主编：《人类学在台湾的发展：回顾与展望篇》，台北“中央研究院”民族学研究所 1999 年版；方铁：《西南疆域史研究综述（1989—1998）》，《中国边疆史地研究》2001 年第 4 期；方铁：《西南边疆史研究 60 年的回顾与展望》，《中国边疆史地研究》2009 年第 3 期；李绍明：《西南民族研究的回顾与前瞻》，《贵州民族研究》2004 年第 3 期；王振刚：《学界对民国学人西南边疆问题著述研究综述》，《中国边疆史地研究》2010 年第 4 期；林文勋、罗群、潘先林：《云南大学的中国边疆学——基于学科建构的回顾与展望》，《中国边疆史地研究》2015 年第 3 期；杨永福：《近 20 年清代西南边疆民族教育研究的回顾与展望》，《云南民族大学学报》2015 年第 6 期；等等。

（四）西南边疆研究科研项目不断增加，不仅一些省份、部门、高校、科研院所设立各级各类的西南边疆研究课题，而且国家社会科学基金、国家自然科学基金持续地资助学者们从事包括西南边疆研究在内的中国边疆研究课题。其中，国家社会科学基金特别委托项目“西南边疆历史现状综合研究项目”（以下简称“西南项目”）就为西南边疆研究及其学科建设、人才培养提供“强力支撑”。

2008 年，全国社科规划办批准“西南项目”，重点研究西南边疆历史与现状中的重要理论与现实问题，研究内容包括基础研究和应用研究两大部分，共立项 101 项，到 2016 年底均已结项，成果分研究类、档案文献类、译著类、研究报告类四大系列①。“西南项目”在部分课题结项后就推动优秀成果的出版，据有关方面统计，2013 年至 2018 年已出版成果 48 种，包括学术专著 36 种，档案 12 种、130 多卷②。总体上看，“西南项目”为加强顶层设计，有效地整合国内研究力量，为培育青年骨干人才提供了良好平台，使西南边疆学科建设得到迅猛发展③。

三

中国边疆研究经历了千年的积累、百年的探索，19 世纪中叶以来出现过三次边疆研究的高潮。在新世纪之初，西南边疆研究在已有成果积累的基础上取得新进展、新成果，在一些领域取得重大突破。当前，学术界对于构筑“中国边疆学”充满期待，西南边疆研究是推动“中国边疆学”学科建设的区域性的基础之一，今后仍需要总结经验，立足已有成果，进一步深化相关领域的研究。

（一）西南边疆研究的若干重大理论问题研究有待深化，以进一步增强我国学术界的“学术话语权”。西南边疆辖境演变及其历史地位就是值得探讨的问题之一。中国历史上的西南边疆不断发展、变化，如果从历史上中国疆域形成的角度来看，再以历代王朝和地方民族政权设官置守、经营边疆为标准，西南边疆具有基本稳定、动态演变的特点。“基本稳定”是指秦、汉王朝以来中国的西南边疆基本上稳定在今天我国西藏自治区、四川省、重庆市、云南省、贵州省、广西壮族自治区、海南省等省区或者其中的一部分，并包括今天属于东南亚邻国的中南半岛北部的一部分地区。“动态演变”是指西南边疆的区域经过一个变迁的过程④。今天，国外学术界对于新疆、西藏等边疆地区在历史上是否属于中国疆土有种种观点，境外某些“学者”以其“历史研究”成果支持

① 马大正：《当代中国边疆研究（1949—2014）》，中国社会科学出版社 2016 年版，第 552—554 页；马大正、刘晖春：《加强项目顶层设计 深化中国边疆研究——以“西南边疆项目”为例》，《云南师范大学学报》2018 年第 1 期。

② “西南边疆历史现状综合研究项目”成果由社会科学文献出版社 2013 年起陆续出版，至 2018 年 12 月底已出版专著类成果 36 种，档案类成果 12 种。在此感谢宋月华、周志静等朋友提供的数据。

③ 马大正、刘晖春：《加强项目顶层设计 深化中国边疆研究——以“西南边疆项目”为例》，《云南师范大学学报》2018 年第 1 期。

④ 有关中国西南边疆的演变，可参见尤中：《中国西南边疆变迁史》，云南教育出版社 1987 年版；方铁主编：《西南通史》；陈庆英、高淑芬主编：《西藏通史》，中州古籍出版社 2003 年版；林荣贵主编：《中国古代疆域史》，黑龙江教育出版社 2007 年版；吕一燃主编《中国近代边界史》，四川人民出版社 2007 年版；等等。

"藏独""疆独""台独"的合法性，这就提醒我国学术界：我们必须关注中国疆域的历史与法律地位，这既要从全局视角进行研究，又要对中国边疆各个区域的形成、演变进行个案的、局部的研讨。那么西南边疆的形成、发展史在中国疆域形成史中具有怎样的地位和影响？从先秦、秦汉至南朝，中原王朝设置郡县、经营西南达800多年，为何出现从南诏到大理600年雄踞西南的地方民族政权，为何大理政权被元朝统一后西南地区总体上稳固在中国版图之内？为什么今天越南北部、中部，经历从秦汉至隋唐、五代1000多年的"郡县时代""北属时期"，反而在宋代独立建国？为什么在中国与今天的邻国缅甸、越南、尼泊尔、印度等国边界的划分中出现边境地区某些地方、部族的历史归属问题，确定归属的历史标准与法理依据是什么，能否通过研究形成一个适用于全部争议问题的"统一标准"？

（二）西南边疆研究的学科体系、学术体系构建有待加强。今天，"中国边疆学"仍处于构建的"进行时"，西南边疆研究的学科体系、学术体系正处在逐步建立的过程中，这需要继续积累文献资料、壮大研究机构、培养青年人才、扩大成果发表阵地、加强国内外学术交流。与此同时，国内院校、科研机构都有一定的学术积累，加强学术合作，优化组合学术资源，整合研究力量，成为当务之急。比如，国内一些院校、科研院所不同程度地积累了档案、文献，又不可能同时建立几个数据库，如果通过某种机制，共建、共享数据库，就可以避免低水平重复，使学术资源的使用实现"最优设计"。又如，西南边疆研究已有一些学术平台，如果做好顶层设计，建立互惠、合作的"西南边疆研究学术共同体"，学术交流、合作的程序会更为流畅。

（三）西南边疆研究的新理论新方法运用亟待拓展。西南边疆研究既包括基础研究，也包含应用研究，要涉及历史与现状研究的各个领域。这就需要运用历史学、地理学、政治学、经济学、民族学、社会学、国际关系等多学科的理论、方法，就西南边疆历史、现状的某一领域、特定问题进行多学科、跨学科的研究。比如历代西南边疆治理往往涉及政区设置、人员流动、民族关系、边疆开发，这些又受到特定时期的地理环境、涉外关系等的影响，而且某些条件下国内因素与国外因素、自然因素与人文要素形成互动。如何系统、全面地反映历史的"真实"，揭示一定历史时期西南边疆治理的规律，为今天的边疆治理提供参考？这既需要广泛搜集档案资料、进行文献分析，又可以借助"大数据"、"云计算"、地理信息系统（GIS），综合利用政治学、经济学、国际关系等多学科的理论、方法，开展多学科、跨学科的研究，并以文字"静态阐述"、历史地图"动态展示"相结合，形成具有创新意义的学术成果。

（原载《中国边疆史地研究》2019年第2期）

西藏研究20年评述

张永攀*

20年来，作为中国边疆研究重要组成部分的西藏研究，取得了骄人的成绩，相关论著、论文及档案资料的出版等成就斐然。虽然以往与西藏研究相关的综述较多，但大多以专题角度切入①，因此依然有总结的必要。本文拟将相关西藏研究纳入中国边疆史视域下进行评述，并结合中国边疆学构建做些思考。

一　古代中国边疆视野下的西藏研究

作为中华文明的组成部分，青藏高原文明在旧石器与细石器时代已经形成。20年来随着青藏高原考古工作的不断深入，在多学科的支撑下，涌现了不少成果，尤其是《考古发现与西藏文明史》的出版以及多位学者对青藏高原早期部族族属、宗教和文化的研究引起学界关注②。其中，边疆部族与藏族关系是争议较多的领域，学者们分别通过“四大氏族”“三危”“饕餮”的考证，得出先秦之前西藏即有以“发羌”为主的部族生存，或者得出西藏早期就与中原王朝存在紧密联系的结论，深化了1988年有学者提出质疑“藏族源于‘发羌”’的讨论③。无论如何，将文物考古与文献考订、将早期西藏与周边地区关系结合起来探讨是这一时段的显著特点。

象雄、吐蕃及与唐朝的关系是古代西藏史关注的中心领域。虽然伯希和、斯坦因攫取敦煌藏文文书之后，西方学者曾长期把持吐蕃史料及其考订研究，但中国学界成为后起之秀，王尧等老一辈学者早在20世纪已对吐蕃史做了精深研究。20年来，陈庆英、薛宗正、杨铭、张云、陆离、才让、才让太、叶拉太、王小浦等在吐蕃交通史、吐蕃和亲会盟、吐蕃与丝绸之路、苯教、吐蕃周边政权和军事等研究领域，产出了一系列高质

---

* 张永攀：中国社会科学院中国边疆研究所研究员。

① 孙宏年：《民国时期西藏治理研究综述（2001—2016）》，《中国边疆学》第8辑，社会科学文献出版社2017年版；央珍、喜饶尼玛：《近代西藏研究述评》，《西藏民族学院学报》2010年第5期等。

② 霍巍、王煜、吕红亮：《考古发现与西藏文明史》，科学出版社2015年版；石硕：《藏族族源与藏东古文明》，四川人民出版社2001年版；才让太、顿珠拉杰：《苯教史纲要》，中国藏学出版社2012年版。

③ 具体可参见韩青玉等：《中外藏族族源叙事比较研究》，《青海民族大学学报（社会科学版）》2018年第1期；王启龙：《百年来的吐蕃音义及藏族族源研究》，《西藏民族学院学报》2013年第4期；1988年关于藏族族源的学术观点参见格勒：《藏族源于“发羌”的几点质疑》，《中国藏学》1988年第2期。

量高水平的专题研究成果。值得注意的是，与中国边疆相关的吐蕃政治制度研究的成果有所减少，但关涉的苯教、唐蕃古道、象雄等主题逐渐受到学术界的关注，且在唐蕃关系相关的历史地理、会盟、法律制度、军事研究中古藏文材料的使用越来越充分①。以石硕、霍巍等为代表的吐蕃东向文明、吐蕃考古研究也在近年来取得了丰硕的研究成果，其强调的从考古与文献两个方面入手吐蕃研究，具有重要理论价值②。当前，从边疆史的角度来观看20年来的吐蕃研究，有两大特点：一是大多数成果集中于吐蕃政权、唐蕃关系方面。二是吐蕃政权变动与中国疆域之关系、吐蕃与周边政权之关系则有待于进一步研究。

西藏在元朝始为中央政府管辖下的行政区。中央政府在治边过程中，扶助藏传佛教、册封宗教领袖首领，建立宣慰使司都元帅府。可以说，元代西藏研究在中国边疆研究中占有承上启下的地位。韩儒林、王森、周清澍、陈得芝、沈卫荣等在1998年前就做过深入研究。1998年张云出版《元代吐蕃地方行政体制研究》，推进了元代西藏史的研究。此后，由于新史料较少等因素，学界在20年来发表的相关成果数量并不多，但依然有不少突破：第一，寻求西藏地方与中央关系研究领域里的新突破点。例如，王献军《再论元朝中央政府对西藏的统治》，对沈卫荣持有的萨斯迦和乌斯藏宣慰司的关系之观点提出了质疑，引起了反响③。而从边疆文化交流的角度看元代西藏地方与中央的关系，是一种新视野，汉藏文化的交流与融合得到鲜明的体现④。应该思考的是，从中国边疆学构建的角度而言，元代是吐蕃王朝灭亡后，吐蕃诸部被中央政权首次统一时期，在这个时代背景下，西藏与周边藏区的界限划分也是应该着意的领域。例如，有学者认为，除了宗教与文化上的内部关系外，这一时期更多的是政治上的相互依存关系，分裂割据以来，多康藏区与西藏间的关系始于萨迦班智达时期，八思巴时期达到巅峰，从此确立了西藏与多康藏区的关系⑤。2003年张云出版了《元朝中央政府治藏制度研究》，对元朝治藏的政策及其与萨迦派关系、在藏用兵和括户、置驿均进行了探究。此外，张云对元代西藏地方势力的内部组织结构做了探讨⑥。第二，侧重于具体军事事件的研究。例如，陈庆英对1239年蒙古军进入西藏的杰拉康之战进行了深入探讨⑦。张云对“凉州会谈”“止贡之变”及相关问题进行了考释，唐景福在研究元代中央政府对西藏的军事行政管理上，对兵站和处理本钦贡噶桑布和止贡巴之乱上，做出了总结性的

---

① 刘洁：《象雄与嚈哒关系考略》，《中国藏学》2015年第1期；周伟洲：《“唐蕃古道”与“一带一路”建构中的西藏》，《西藏民族学院学报》2016年第1期。关于象雄的研究，参见尕藏扎西：《象雄文明研究综述》，《四川民族学院学报》2017年第6期。

② 霍巍：《从考古发现看西藏史前的交通与贸易》，《中国藏学》2013年第2期；杨东晨：《论先秦时期西藏地区的民族和文化》，《西藏大学学报》1999年第Z1期。

③ 王献军：《再论元朝中央政府对西藏的统治》，《历史研究》1998年第3期；沈卫荣：《元朝中央政府对西藏的统治》，《历史研究》1988年第3期。

④ 达哇彭措、朱德涛：《从元代瓷器看汉藏文化交流》，《中国藏学》2016年第2期；马睿、易奎伍：《元末期西藏地方政权盛衰与中央政府的关系》，《四川民族学院学报》2016年第4期。

⑤ 叶拉太：《元代多康藏区与西藏的关系考略》，《青海民族大学学报》2016年第3期。

⑥ 张云：《元代西藏地方势力的内部组织结构》，《民族研究》1998年第4期。

⑦ 陈庆英：《1239年蒙古军进入西藏的杰拉康之战》，《青海民族学院学报》2009年第4期。

阐述[①]。第三，着力于元朝从边疆意义上的西藏宗教管理。这方面除了研究萨迦派之外，陈庆英、叶拉太分别对噶当派和蒙古的关系、帝师制度和周边藏区的关系进行了探讨，有助于进一步深化元以来中国版图和政权格局形成的研究[②]。

明代对西藏采取“广行招谕”“多封众建”的边疆政策，明代西藏研究有几个明显的特征与中国边疆研究密切相关：第一，明朝对西藏的“多封众建”和册封制度、汉藏关系是研究的核心领域。尹伟先、顾祖成等人就此形成了专著[③]。有观点认为，明朝对西藏的册封既有政治目的，又有浓厚宗教色彩，但也有学者对朝觐做了考证[④]，对“荐福图”的诞生做了深入研究[⑤]。陈楠等对明代西藏地方政教体制及职官制度进行了考察。明代“使者”赴藏研究还在一定程度上丰富了西南边疆的历史地理学[⑥]。第二，西藏地方对明朝的朝贡与经济贸易。这种边疆—中央在经济上的互动，在一定程度上弥补了中央对边疆地区控制的薄弱，缓和了二者之间的矛盾。而随着“一带一路”相关学科的深化，近年来朝贡贸易、茶马贸易、军卫所管理成为新的研究热点。第三，明朝对西藏的宗教政策研究继续深化，突出了藏传佛教支派在边疆各地的传播情况。有学者认为，明朝特意打破元代只倚重萨迦一派的格局，从而达到共尊中国之目的[⑦]。第四，随着历史地理学的兴盛，在明代西藏研究中，历史地理成为新受人关注的方向。例如有人从“五藏”名号来考察西藏地名[⑧]。再如明代西藏政区，有人利用稀见藏文典籍对之做了研究[⑨]。还有学者把“西藏”这一饱含边疆内涵的地名纳入研究中，考察“西藏”一词的由来、含义[⑩]。

“大统一”是清代统治者追求的目标，“即得中原，势当混一”。清朝继承了历代中原王朝的疆域[⑪]，也继承了元明对西藏的管辖权，并且继续深化统治。研究清代西藏的成果相对元明时期的研究成果在数量上也大大增加，其原因在于有关西藏的清代档案与史料较为丰盛，且与国家清史编纂工程立项以来形成的清史研究热潮有关。对清代中前期西藏的研究成果有明显特征：中央边疆治理研究方面依然占主流，但在边疆城市、社会管理、周边关系等领域有所拓展，且较多的中外文档案史料被刊布和利用。从研究内

---

① 唐景福：《谈元代中央政府对西藏地方的军事行政管理问题》，《西北民族学院学报》2002年第5期；张云：《凉州会谈及其历史意义》，《中国藏学》2017年第4期。

② 次旦扎西、顿拉：《略述元中央政府管理西藏宗教事务的基本经验》，《西藏大学学报》2014年第6期；叶拉太：《元代多康藏区与西藏的关系考略》，《青海民族大学学报》2016年第3期。

③ 尹伟先：《明代藏族史研究》，民族出版社2000年版；顾祖成：《明清治藏史要》，西藏人民出版社、齐鲁书社1999年版。

④ 陈沛杉：《明朝对西藏地方政教首领的册封及其演变》，《西藏研究》2018年第4期。

⑤ 索文清：《明初哈立麻晋京朝觐与“荐福图”的诞生》，《西藏民族学院学报》2009年第1期。

⑥ 李淮东：《明代汉藏交通的兴衰演变——以明朝使臣入藏活动为中心的探讨》，《中国边疆史地研究》2017年第2期。

⑦ 次旦扎西：《论明朝管理西藏宗教事务的基本经验》，《西藏大学学报》2016年第2期。

⑧ 李勤璞：《明代乌思藏别称“五藏”考》，《中国藏学》2018年第3期。

⑨ 房建昌：《明代西藏行政区划考》，《西藏民族学院学报》2001年第4期。

⑩ 李勤璞：《“西藏”地名的起源》，《历史研究》2016年第5期。

⑪ 成崇德：《清代边疆民族研究》，紫禁城出版社2015年版，第66页。

容而言，其可分如下几个类别。

第一，清朝西藏治理。这是一个传统话题，基本可分五方面：一是清王朝与西藏地方的早期联系。例如陈庆英就对西藏首次遣使盛京做了探讨；罗布则分析了清前期与西藏的政治互动[①]。这方面的研究目前还有很大继续深入拓展的空间，尤其是随着满文资料的逐渐开放，很多新资料需要进一步挖掘。二是清朝的西藏治理制度。有学者从清朝治理西藏地方的方略与制度，特别是对清中前期治藏的指导思想、行政体制、治理方略、朝贡朝觐，进行了梳理和分析[②]。苏发祥《清代治藏政策研究》则从以蒙治藏、政教合一与经济等几个方面探究了清朝的西藏政策。张永江关注的则是清代西藏行政体制的演变[③]。三是关于政教合一、宗教领袖研究。这方面主要体现在五世达赖喇嘛与清朝关系研究上。自传《五世达赖喇嘛云裳》出版后，引发了学界对五世达赖喇嘛家世、诞生、认定等诸多问题的进一步关注。四是治边法律法规。由于各类汉文、藏文档案的不断公布，这方面的研究成果20年来比较多，主要集中于清朝所颁布各类章程的研究。例如《裁禁商上积弊章程》《钦定藏内善后章程二十九条》等相关内容，廖祖桂、李鹏年、邓锐龄等学者使用了藏文材料做印证，体现了高水平的学术研究；还有学者以竹夏为例探讨了清政府治边政策对西藏苯教的影响，颇具新意[④]。五是清朝平定边疆之乱与处理蒙藏关系。在这一类研究成果中，柳陞祺通过赫寿等人的奏折来分析1698年清政府平定西藏准噶尔之乱，认为康熙对西藏除恶、抚顺、绥众、兴教的目的已经达到[⑤]。此后，还有学者从康熙朝的满文奏折入手来考察之[⑥]。对廓尔喀的二次用兵是清代平定边疆的重点内容，成果较多，黄维忠等还关注了对廓尔喀的第三次用兵[⑦]。也有学者从准噶尔进藏熬茶布施的角度，来分析该时期的蒙藏关系[⑧]。乌云毕力格则是利用满文档案，从土尔扈特汗廷与西藏关系角度来考察这段历史[⑨]。

第二，清代西藏的边臣与边吏。主要有：一是中央派驻西藏官员研究。由于中国第一历史档案馆朱批奏折的逐渐开放，台北“故宫博物院”典藏之宫中档奏折、军机处档折、“中研院”大库档案的公布，极大地推进了相关研究。代表性成果有曾国庆主编

---

① 陈庆英：《西藏首次遣使清朝史实探讨》，《中国藏学》1998年第1期；罗布：《浅析清朝前期与西藏的政治互动》，《青海民族大学学报》2016年第3期。

② 张云：《清朝治理西藏地方的方略与制度》，《社会科学战线》2013年第7期；张羽新、张双智：《清朝塞外皇都》，学苑出版社2013年版。

③ 苏发祥：《清代治藏政策研究》，民族出版社2001年版；张永江：《论清代西藏行政体制的演变及其特点》，《清史研究》2000年第3期。

④ 刘洁：《试论清政府的治边政策对西藏苯教的影响——以竹夏为例》，《西藏大学学报》2015年第3期。

⑤ 柳陞祺：《十八世纪初清政府平定西藏准噶尔之乱始》，《民族研究》1998年第1期。

⑥ 赵珍：《康熙末年清军两次入藏的战略选择》，《清史研究》2002年第4期。

⑦ 黄维忠：《论廓尔喀第三次侵藏战争》，《西藏大学学报》2013年第1期；张曦：《试析清廷对廓尔喀首次入侵西藏原因认识的过程》，《西藏研究》2015年第1期。

⑧ 吕文利、张蕊：《乾隆年间蒙古准噶尔部第一次进藏熬茶考》，《内蒙古师范大学学报》2010年第4期。

⑨ 乌云毕力格：《土尔扈特汗廷与西藏关系（1643—1732）——以军机处满文录副档记载为中心》，《西域研究》2015年第1期。

《百年驻藏大臣研究论丛》、张云《西藏历代的边事边政与边吏》[①]。2009 年，祁美琴总结了国内对驻藏大臣的研究状况，并将其归类分析[②]。此后，邓锐龄、曾国庆、贺文宣、车明怀、周伟洲等学者先后对文硕、升泰、长庚、色楞额、奎焕、联豫、赵尔丰、有泰、琦善等展开了深入研究。但是，此方面研究内容大多集中于驻藏大臣人物研究、官职设置、功过评判上，视角则以叙事体为主，而采用政治学等交叉学科角度来探讨，以及利用新资料对驻藏大臣涉边管理等领域的研究依然亟待突破。另外，驻藏大臣多为满蒙出身，有较多满文档案记载之，但学术界还未有进一步发掘。二是西藏地方官职研究。申新泰、央珍等学者对西藏地方的摄政做了深入探讨，发表了多篇相关论著[③]。“商上”也是近年来学术界关注的问题，刘清涛对此做了深入研究[④]。另外，“译仓”和噶厦的关系多被学术界误解，二者关系不清，何宗英还专门撰文对此问题进行了考释[⑤]。

第三，清代西藏边疆的社会、经济与军事专题。成崇德 20 世纪出版《清代西藏开发研究》后，20 年来学术界在中央如何管理西藏地方经济领域研究中形成的专著很少。从已刊论文来看，主要集中于探讨清朝设置驻藏大臣后设立的“财政”管理制度、章程，部分学者利用朱批档案、西藏地方档案对清朝的台站支出、赈灾支出和爵位、俸禄、铁虎清册、差乌拉制度等做了考订[⑥]。专著方面，陈崇凯的《西藏地方经济史》弥补了这一领域的不足[⑦]，但从边疆管理的角度来看，还依然有很多内容未涉及，例如关于策楞、松筠等人的经济思想研究，清朝的政治与边疆经济关系等存在较多的空白，甚至如何从经济角度来思考边疆（西藏）与中央的这种政治隶属关系，值得进一步探讨。

涉藏军事研究有二：一是中央军队驻防西藏研究。主要有何俊发表的关于清政府在西藏用兵驻军的论文，但基本为概论性内容，而陈小强对清朝西藏用兵的军费来源、乌拉定额、藏军管理补贴做了探讨，遗憾的是未从中央与地方的财政关系角度来解释政治关系[⑧]。清朝西藏驻军制度如何形成、发展，也有学者关注[⑨]。还有学者从驻藏大臣如何统领军队角度，阐述中央与西藏地方的关系[⑩]。二是藏军研究。代表性的著作有廖立《中国藏军》、王小彬《藏军军旗问题研究》、秦永章《试论十三世达赖喇嘛对藏军的近

① 曾国庆：《百年驻藏大臣研究论丛》，中国藏学出版社 2014 年；张云：《西藏历代的边事边政与边吏》，社会科学文献出版社 2015 年版。

② 祁美琴、赵阳：《关于清代藏史及驻藏大臣研究的几点思考》，《中国藏学》2009 年第 2 期。

③ 申新泰：《西藏摄政制度述评》，《西藏民族学院学报》2006 年第 6 期；央珍：《西藏地方摄政制度研究》，中央民族大学出版社 2015 年版。

④ 刘清涛：《“商上”补议》，《社会科学研究》2014 年第 6 期。

⑤ 何宗英：《从“译仓”说开去》，《西藏研究》2002 年第 3 期。

⑥ 陈小强：《清代中央政府对西藏行政管理的财政支出》，《西北民族研究》2001 年第 3 期；邹志伟：《清代西藏〈铁虎清册〉横赋资料探新》，《西藏研究》2012 年第 1 期；朱文莉、毛阳海：《简析西藏噶厦时期的差乌拉制度》，《中南民族学院学报》2002 年第 1 期。

⑦ 陈崇凯：《西藏地方经济史》，甘肃人民出版社 2008 年版。

⑧ 何俊：《清政府在西藏用兵驻军及其历史作用》，《军事历史》2001 年第 1 期；陈小强：《清代对西藏的军事管理与支出》，《中国藏学》2003 年第 4 期。

⑨ 周伟洲：《清驻藏兵制考》，《清史研究》2009 年第 1 期。

⑩ 冯智：《清初驻藏大臣统领清军及其体系》，《西藏民族学院学报》2009 年第 1 期。

代化改革》[①]。有学者对清代西藏地方兵制进行探讨，揭示出其在历次反侵略战争中的作用[②]。“藏军营制章程”是西藏地方军事上的重要法律制度，有学者对藏军的人数、编制、粮饷、装备、训练和管理等各个方面进行研究[③]。

在清代西藏涉边的行政规划、交通路线和区域史方面，李凤珍对清代雍正年间勘定的藏、川、青、滇边界做了厘清，具有较为重要的意义[④]，遗憾的是该文并未利用地图等资料。边巴次仁等对清代入藏驿站及西藏地方驿站进行了关注，但并未深入考察，也未有近代地图加以佐证。这方面，阿音娜针对涉藏舆图，考释了《西藏全图》[⑤]。周伟洲等还从宗豁、骆卡以及政体等三个方面，探讨西藏地方行政制度及其特点[⑥]。在西藏区域史研究方面，土呷对清代昌都的帕巴拉、察雅等四大呼图克图系统做了探讨，利用的资料都是藏文木刻版寺院史料，具有较高的学术参考价值[⑦]。在藏南地区，1680 年五世达赖喇嘛给门隅和珞瑜地区颁发了法令，扎洛考释了这一不常见的“法旨”，探究了五世达赖喇嘛对门隅的后续管理，这对中印边界史和西藏近代史研究有较高价值[⑧]。需要强调的，西藏历史地图的研究在近年颇受关注。

总体来看，古代中国边疆视野下的西藏研究，各时段研究成果相比，有共性，也有差异性，这与西藏在各个时期的时代背景、政治格局、民族关系和宗教情况有着密切关系，但其中有两个关键作用需要注意：一是西藏地方对中央的政治隶属关系。例如卢秀璋就在研究中强调，“西藏地方与祖国不可分割的关系不是谁臆造的，而是中华各族先民在共同开疆拓土缔造统一的多民族国家的长期历史进程中形成的”[⑨]。二是中央对西藏的施政方针与吏治。这方面，主要体现在张云《西藏历代的边事边政和边臣》中，即研究中央政权在治理西藏进程中的政策和措施与边臣的作用等，为西藏研究提供了新的路径。

---

① 廖立：《中国藏军》，中国文史出版社 2009 年版；王小彬：《藏军军旗问题研究》，《中国藏学》2013 年第 2 期；秦永章：《试论十三世达赖喇嘛对藏军的近代化改革》，《民族研究》2007 年第 5 期。

② 郭胜利：《清代西藏地方兵制考》，《西藏研究》2010 年第 2 期。

③ 顾祖成、李红阳：《乾隆末年“藏军营制章程”的创建和影响研究》，《西藏研究》2016 年第 5 期；顾祖成、李红阳：《咸丰七年藏军营制变革研究》，《西藏民族大学学报》2016 年第 4 期。

④ 李凤珍：《清朝对西藏与四川、青海、云南行政分界的勘定》，《西藏研究》2001 年第 1 期。

⑤ 阿音娜：《舆图中的川藏交通——解读清末彩绘地图〈西藏全图〉》，《西藏研究》2011 年第 1 期。

⑥ 边巴次仁、朗杰扎西：《清代入藏驿站及西藏地方内部驿站考》，《西藏大学学报》2008 年第 4 期；周伟洲：《清代西藏的地方行政建制研究》，《中国边疆史地研究》2012 年第 4 期。

⑦ 土呷：《昌都清代的四大呼图克图》，《中国藏学》2001 年第 4 期。

⑧ 扎洛：《〈五世达赖喇嘛 1680 年发给门隅、珞瑜地方之法旨〉考释》，《中国边疆史地研究》2003 年第 4 期。

⑨ 卢秀璋：《论元明清历代王朝对西藏的有效统辖和治理》，《上海社会科学院学术季刊》2000 年第 4 期。

二　近代与当代西藏——边疆内外视野下的研究

近代西藏始于1840年止于1949年。这是西藏延续古代文明、接触近代文化的转折期，也是西方列强觊觎西藏与清王朝、民国政府努力维系江河日下的边疆统治的时期。当代西藏则是1949年以后西藏获得的新生期。20年来，随着不断公开的清代和民国期间的汉文、英文、藏文档案，这一时段的研究取得了卓越成就。

（一）近代以来西藏治理问题的研究

新世纪以来，《西藏近三百年政治史》《西藏百年史》《西藏通史》等著作使用了大量藏、汉、外文档案，真实体现了“以文献说话、以档案说话”的学术风格，对清代以来西藏治理进行了深入研究，其中大量使用“英国外交部档案”“印度事务部档案”，资料确凿，影响广远，进一步有力地驳斥了国外一些歪曲史实的观点①。

清末西藏新政是中国与近代世界接轨中的一次重要边疆政治举措，研究内容多与张荫棠和联豫相关。1999年王献军对这两位边疆大吏的新政措施提出新见解，认为清王朝是希望“收回政权”、实行政教分离，这一措施有力冲击了西藏社会②。但是，有学者对此提出不同看法，认为张荫棠和联豫的失败是有深刻教训的：一则推行不力，二则壁垒重重，三则政策失误，其失败是注定的③。清廷对藩部司法的改良也是新政内容之一，有学者考察了晚清中央政权旧律废除、新律修订、司法人才培养、各级审判厅的历史④。扎洛则从清末民族国家建设的角度来研究张荫棠的新政⑤。清朝灭亡后，十三世达赖喇嘛也实行了新政，这种新政是伴随着其对西藏内部的权力整合而进行的，孙林观察到了这点，尤其是他运用社会学方法分析十三世达赖喇嘛的改革，并且认为西藏的新政是失败的，只有1951年以后实行的新民族政策无疑才是建立真正意义上的现代性的民族意识的基础⑥。陈崇凯则以贝尔为切入点，从其与十三世达赖的关系出发解释民国初年西藏的新政，其创新之处在于指出西藏的这种新政是在英国支持下，有企图与中央对抗的目的⑦。学者达瓦从十三世达赖喇嘛的坚塞（亲信）出发来考察新政措施，遗憾的是其主要材料来自文史资料，缺乏相应的藏文档案史料支撑⑧。其他学者也对新政做

---

① 伍昆明：《西藏近三百年政治史》，鹭江出版社2006年版；白玛朗杰、孙勇、仲布·次仁多杰总编：《西藏百年史》，社会科学文献出版社2015年版；拉巴平措总主编：《西藏通史》，中国藏学出版社2015年版。

② 王献军：《清末西藏政教合一制度受到的冲击》，《青海民族学院学报》1999年第2期。

③ 罗布：《清末西藏新政失败原因探》，《西藏研究》2003年第4期。

④ 柳岳武：《清末藩部地区筹备司法改良探微》，《中国边疆史地研究》2015年第2期；袁剑：《清代以前西藏司法特征略论》，《藏学学刊》第5辑，四川大学出版社2010年版。

⑤ 扎洛：《清末民族国家建设与张荫棠西藏新政》，《民族研究》2011年第3期。

⑥ 孙林：《现代性与民族意识：关于西藏近代史上一次政治改革性质的社会学分析》，《西藏民族学院学报》2002年第4期。

⑦ 陈崇凯：《英人贝尔与达赖“新政”之关系考析》，《西藏大学学报》2003年第2期。

⑧ 达瓦：《十三世达赖对“坚塞”的扶植及“坚塞”在施政过程中的作用》，《西藏研究》2003年第4期。

了一定探讨[①]。近代班禅相关研究，主要集中于九世班禅与十三世达赖喇嘛的矛盾、九世班禅在内地的活动。九世班禅于20世纪初期在边疆地区扮演了重要的政治角色。其在1905年曾访问印度，20世纪20—30年代频繁活动在内地。伍昆明、张皓、孙宏年在此领域做了引人关注的研究[②]。

对民国涉边涉藏人物的研究，20年来比较兴盛。较早受到关注的是刘曼卿，此后陆兴祺的专题研究则始于房建昌对一份英文档案的解读。随后，孙宏年等人推进了这一领域的研究[③]。唐绍仪是1904年中英谈判的清政府议约大臣，有学者对其外交才能做出了评述[④]。地方边疆社会中的贵族、人物研究也是学术界的关注热点。2005年次仁央宗《西藏贵族世家：1900—1951》出版[⑤]，该书以贵族世家角度切入西藏近代政治社会变迁的研究。根敦群培研究因与西藏近代思潮存在密切关系，所以近几年倍受关注，《中国藏学》刊发了一系列关于其传略、年谱以及其与西藏革命党关系的文章。杜永彬1999年发表了《更敦群培与“西藏革命党”》，开始关注此人，此后杜永彬成为该领域研究的代表学者[⑥]。贡觉仲尼是西藏地方派驻中央的总代表，喜绕尼玛对之进行了深入研究[⑦]。此外，还有学者关注到西藏江洛金贵族世家、噶锡家族[⑧]。民国涉边涉藏人物较多，这一领域的研究将会持续深入下去。

近代西藏地方社会史方面也倍受学者关注。孙镇平对民国时期的西藏法律做了探讨。王川等则从社会治安出发来探讨西藏地方与中央关系。而徐百永的研究创新之处在于从佛法氛围下来观看民国期间西藏的社会发展[⑨]。一般来说，边疆社会发展往往与19世纪以来的世界近代化有关。那么，在1951年前的西藏能否走向近代化？国内外对此有争议。郭克范这样解释，1949年之前的西藏经历了现代化，但这种现代化的特征是：非过程化、人亡政息、半器物化、非制度化，但隐藏在这种表面特征后面的，是社会形态的固化导致了西藏在现代化过程中的停滞。也有人从新闻舆论媒体的角度来观察西藏

---

① 史云峰：《20世纪初西藏新政改革失败原因的制度分析》，《西藏民族学院学报》2009年第1期。

② 伍昆明：《英印政府分裂中国西藏的阴谋与九世班禅赴印》，《民族研究》1999年第1期；孙宏年：《九世班禅到内地后的舆情与北京民国政府政策论析（1923—1927）》，《云南师范大学学报》2017年第6期。

③ 房建昌：《印度华侨在维护中央对西藏主权中的作用》，《八桂侨刊》2001年第2期；孙宏年：《陆兴祺与民国时期西藏治理研究》，《中国边疆史地研究》2013年第1期；等等。

④ 苏苑：《唐绍仪与中英西藏谈判述评》，《西藏研究》2001年第1期。

⑤ 次仁央宗：《西藏贵族世家：1900—1951》，中国藏学出版社2005年版。

⑥ 杜永彬：《更敦群培与“西藏革命党”》，《西藏研究》1999年第2期。

⑦ 喜饶尼玛：《民国时期西藏驻京总代表贡觉仲尼评述》，《中国藏学》2000年第1期。

⑧ 尕藏智华：《西藏江洛金贵族世家简史》，《中国藏学》2014年第S1期；黄全毅：《18世纪西藏贵族与藏传佛教——以噶锡家族为中心》，《宗教学研究》2017年第4期。

⑨ 孙镇平：《西藏“赔命金”制度浅谈》，《政法论坛》2004年第6期；王川、邹敏：《“藏警案”及其对国民政府与西藏地方关系的影响》，《中国边疆史地研究》2014年第4期；徐百永：《民国时期政教合一制下的西藏社会研究》，《中国边疆史地研究》2018年第4期。

近代社会的变迁与中央之关系，比如从《申报》史料入手探讨1904年英国侵略西藏战争①。从近代西藏文化教育发展的角度入手，探讨西藏地方与中央千丝万缕的联系，也可以窥测英国等列强企图染指西藏文化的阴谋，喜饶尼玛、魏少辉、王海燕都是这方面的代表性学者②。对边境社会的考察，主要有陈立明等人对藏族、门巴族、珞巴族的历史研究，以及秦和平、吕昭义等对20世纪初清政府管理察隅的历史探索。刘武坤在结束亚东关的研究后，撰写了清末西藏亚东的邮政事业发展。值得注意的是，有关日喀则、林芝等边境地区的社会史研究成果近年来在增多③。

关涉到国民政府西藏治理的论文较多。可以归纳为几种：第一，西藏治理政策总论。一般认为西藏政策的进退变化是国民政府边疆经营的缩影，反映了其国家治理中的结构性矛盾④。第二，国民政府的治藏、涉藏机构研究。孙宏年、张皓、许建英等从蒙藏院、制宪国大、国民参政会等机构探讨中央对西藏的政策及与地方关系⑤。另外，相关的外交人物档案诸如顾维钧档案的利用也受到重视，从民国外交人物入手看国际视野下的西藏问题是一种突破⑥。第三，抗战时期的西藏也是学者们关注的内容。学者们从西藏地方和中央政府等不同角度对此问题做了阐述，侧重的主要内容是热振与达扎关系、康印公路建设、外交局事件等。

1949年新中国成立前，中共领导人毛泽东、周恩来、邓小平就开始思考如何解放西藏。随着新中国的成立和“十七条协议”的签订，西藏也进入当代时期。当代西藏研究领域涉及面较广，而中国西藏治理研究是中国边疆学构建的不可或缺的重要部分。关于当代西藏治理研究，已有学者对之进行评述，并将其研究划分为三个阶段，即1949—1979年的奠基阶段、1980—2004年的繁荣深化阶段、2005—2015年的新进展与新突破阶段，这是合理的⑦。当代西藏治理成果所涉及的领域大致为：西藏和平解放与“十七条协议”，西藏民主改革与社会建设，中国共产党西藏工作和民族政策、宗教政

---

① 郭克范：《本世纪上半叶西藏政事的现代性分析》，《西藏研究》1999年第4期；刘永文、赖静：《〈广益丛报〉与晚清中国西藏的社会变迁》，《西藏大学学报》2012年第6期；温文芳：《1904年西藏抗英斗争与〈申报〉史料研究》，《西藏研究》2014年第5期；张永攀：《舆情与藏边》，《中国边疆学》第4辑，社会科学文献出版社2015年版。

② 王海燕、喜饶尼玛：《“留藏学法团”与民国时期汉藏文化交流》，《中国边疆史地研究》2010年第2期；魏少辉：《国民政府初期的西藏教育政策研究》，《西藏研究》2014年第1期；王海燕：《民国时期西藏地方职官制度的再认识》，《中国藏学》2006年第3期。

③ 陈立明：《门巴族、珞巴族的历史发展与当代社会变迁》，《中国藏学》2010年第2期；秦和平：《英殖民者对察隅等地的侵略及国民政府的应对——兼论军统巴安组在藏区的活动》，《中国边疆民族研究》第5辑，中央民族大学出版社2011年版；吕昭义、刘名望：《民国标界第一桩——民国元年察隅巡边标界史实考》，《中国边疆史地研究》2014年第2期；刘武坤：《清末西藏邮政开办始末》，《西藏研究》2000年第4期。

④ 王茂侠：《边疆经营的“进”与“退”》，《中国边疆史地研究》2018年第4期。

⑤ 孙宏年：《国民参政会与国民政府的治藏政策》，《中国边疆史地研究》2002年第3期；张皓：《1946年西藏地方代表出席制宪国大问题之探析》，《史学集刊》2013年第4期；许建英：《中国西藏的治理》，湖南人民出版社2015年版。

⑥ 周新、胡岩：《顾维钧档案资料中的西藏问题》，《西藏民族大学学报》2018年第5期。

⑦ 孙宏年：《当代西藏治理研究综述》，《中国边疆学》第5辑，社会科学文献出版社2016年版。

策，西藏党史、进军西藏史，西藏早期建设与交通史，当代重要人物，经济建设、对外开发和一带一路建设，维护社会稳定与反分裂斗争，外国涉藏问题，当代中印边界问题，等等。20 年来国内学界取得了令人瞩目的成果，研究成果数量继续增多，研究的深度、广度增加，新资料被广泛采用。

（二）近代以来西藏地方与周边关系及抵抗西方侵略相关问题研究

近代以来，欧洲列强企图打开西藏的大门。从东印度公司波格尔入藏之始，西藏和周边诸部便成为西方国家关注的地域。在 300 多年的历史中，形成了大量的关于西藏的英文、法文、西班牙文等档案、著述，成为今人从事西藏近代研究丰富的资料。20 年来，这一领域的研究成果增速迅速，内容异常丰富。

1. 近代英国侵略西藏研究

近代英国侵略西藏是传统的研究主题，相关研究早在 20 世纪 80 年代即已开展。1998 年以后，逐渐形成了以侵藏人物、侵藏战争和侵藏事件等为主题的研究系列，可分为几个时段：第一，1888 年第一次侵藏战争前后，英印在喜马拉雅山地区的活动。学术界对此期间的隆吐山战役、清朝应对、藏哲边界、西藏政局均做了大量探讨。第二，1890—1904 年间，英国逼迫中国签订关于边界、商务、赔款的条约，学术界主要针对英俄角逐、中英涉藏交涉做了探讨。第三，1914 年“西姆拉协定”到 1947 年印度独立期间英印对西藏的侵略活动。仅以著作而言，21 世纪以前，学术界已经在上述领域形成了大量论著。2000 年出版的周伟洲主编《英国、俄国与中国西藏》是国内首次大量利用印度事务部档案，以详实资料展现了近代西藏饱受西方列强侵侮的历史，成为这一研究的里程碑。此后，吕昭义《英帝国与中国西南边疆：1911—1947》综合了中英文多种材料，从世界史的视角探讨了英帝国的亚洲战略与侵藏活动。陈谦平《抗战前后之中英西藏交涉（1935—1947）》、张永攀《英帝国与中国西藏（1937—1947）》，则利用英国印度事务部档案从诸多角度对英国与西藏进行了阐述。梁俊艳《英国与中国西藏（1774—1904）》对晚清时期，英帝国如何筹谋西藏做了历史学的考察。冯明珠于 2008 年出版了《中英西藏交涉与川藏边情》，对 19 世纪末的英国和西藏周边以及川藏做了整体性考察。张皓于 2016 年出版了《1927—1950 年中英两国关于西藏问题的较量与争论》。以上这些著作基本都是基于英国外交部和印度事务部档案，但在视角和分析方法上有着诸多不同[①]。当前，近代英国侵略西藏这一传统课题的研究已经相当深入，高水准的论著较多，国外学界的经典著作也逐渐被译为中文。例如邓锐龄、梁俊艳

① 周伟洲：《英国、俄国与中国西藏》，中国藏学出版社 2000 年版；吕昭义：《英帝国与中国西南边疆：1911—1947》，中国藏学出版社 2001 年版；陈谦平：《抗战前后之中英西藏交涉（1935—1947）》，生活·读书·新知三联书店 2003 年版；张永攀：《英帝国与中国西藏（1937—1947）》，中国社会科学出版社 2007 年版；冯明珠：《中英西藏交涉与川藏边情》，中国藏学出版社 2006 年版；梁俊艳：《英国与中国西藏（1774—1904）》，兰州大学出版社 2012 年版；张皓：《1927—1950 年中英两国关于西藏问题的较量与争论》，九州出版社 2016 年版。

在期刊上摘译了英国学者兰姆的著作。之后，梁俊艳又整本翻译了兰姆的两本著作[①]。从国际法、国际关系、社会史角度出发来观察英国侵藏史，对于维护西藏主权、深化西藏地方史具有重要意义。例如，冯建勇曾关注到英俄的战略角逐对西藏的影响，卢秀璋则从法律角度来分析英国非法出台“西姆拉条约”和民国时期西藏法律地位[②]。就近代英国侵藏这一主题而言，学界发表论文多达数百篇，主题多涉及西姆拉会议、侵藏人物等。例如，新世纪以来，秦和平、卢秀璋、孙宏年、李国栋在柳陞祺开创研究的基础上，从文本、档案、外交策略等各角度对“西姆拉会议”进行了推进研究[③]。伍昆明在完成《早期传教士进藏考》之后，也发表了论文[④]。还有梁忠翠、梁俊艳、张永攀、张双智、张皓、张志勇等人从侵藏事件，涉藏人物诸如古德、惠德、贝利、荣赫鹏等入手来进行相关研究[⑤]。

2. 美国与西藏关系研究

美国与西藏关系研究是近20年来开拓的新领域。囿于史料，21世纪前的美国与西藏关系研究成果较少，仅限于探讨美国在“二战”前期通过托尔斯泰—多兰使团与西藏进行联系的史实。近年来随着美国国会和中情局材料的公开，国内学界对这一领域展开了深入研究。FRUS是美国对外关系文件集，其中大量材料来自美国国务院、中情局，国内学者王琛较早利用FRUS材料进行了探讨[⑥]，这是继张植荣在1994年出版《国际关系与西藏问题》之后的又一力作，发表后引起国内学界的关注。王琛随后利用

---

① ［英］阿拉斯泰尔·兰姆：《英属印度与西藏》摘译（一），梁俊艳译，《西藏民族大学学报》2016年第1期；［英］阿拉斯泰尔·兰姆：《英属印度与西藏》摘译（二）（三）（四）（五）（六），邓锐龄译，《西藏民族大学学报》2016年第2、3、4、5、6期；［英］阿拉斯泰尔·兰姆：《中印涉藏关系史（1904—1914）：以“麦克马洪线”问题为中心》，梁俊艳译，社会科学文献出版社2017年版；［英］阿拉斯泰尔·兰姆：《中印涉藏关系史（1914—1950）：以英帝国外交史为中心》，梁俊艳译，社会科学文献出版社2017年版。

② 冯建勇：《1888—1911年英俄在西藏的角逐》，《西藏研究》2010年第6期；卢秀璋：《论“西姆拉会议”——兼析民国时期西藏的法律地位》，中国藏学出版社2003年版。

③ 柳陞祺：《1929年版〈艾奇逊条约集〉第14卷何以有两种不同版本？——兼评西姆拉会议（1913—1914）》，《中国藏学》1990年第1期；秦和平：《西姆拉会议及民国政府对“西姆拉草约”的认识》，《中国边疆史地研究》1997年第3期；卢秀璋：《关于西姆拉会议的缘起和会前的中英“磋商”》，《西藏民族学院学报》2006年第3期；孙宏年：《西姆拉会议前后国内的治藏建议及其影响——以中英藏事交涉为中心》，《西藏研究》2009年第1期；李国栋：《西姆拉会议及中英交涉》，《中国边疆史地研究》2013年第2期。

④ 伍昆明：《1914—1917年英国政府向西藏地方当局供应武器的政策》，《中国藏学》2000年第1期。

⑤ 梁忠翠：《诺布顿珠其人其事》，《中国边疆史地研究》2014年第4期；梁俊艳：《荣赫鹏与英国在新疆和西藏的殖民扩张》，《西域研究》2012年第1期；张永攀：《英属印度驻藏机构及其官员论述（1904—1947）》，《西北工业大学学报》2003年第2期；张双智：《近代中英关于西藏“宗主权”的交涉》，《西藏研究》2012年第2期；张皓：《威尔入藏“访问”与第三次康藏冲突的爆发》，《史学集刊》2015年第5期；张志勇：《赫德与中英〈藏印条约〉》，《中国边疆史地研究》2008年第3期。

⑥ 王琛、周桂银：《美国对1959年西藏叛乱的反应探析》，《当代中国史研究》1999年第Z1期。

FRUS 对美国在 1959 年西藏叛乱中的反应又做了探讨。李晔之后推进了这一研究，将美国的西藏政策与美国的亚洲总体战略结合，认为美国在西藏奉行的战略是实用主义与冷战思维的结合（该文也用到了 FRUS）[①]。此后，骆威又利用 FRUS、中国平叛档案、回忆录等史料，阐明了 1952 年到 1961 年西藏叛乱前后美国对藏政策的变化[②]。胡岩等学者则对“二战”期间美国与西藏的早期联系做了研究，得出“美国曾经将西藏视为中国的一部分”这一较为重要的结论[③]。关于 1949 年前后中情局和西藏的关系，张皓针对汤姆斯父子入藏插手中国西藏问题进行了深入阐述[④]。总的来看，国内关于美国与中国西藏关系研究有几个特点：一是 FRUS 的应用已经很深入，而且与中美关系史的发展形成了紧密结合。二是研究内容集中于 20 世纪 50 年代，然而随着台北“国史馆”档案的不断开放，这一领域依然有研究的空白。三是程早霞、郭永虎等人将研究时段拓展到 20 世纪 50—70 年代，且刊译了部分档案[⑤]，已培育了新的研究团队。

3. 近代日、俄、德与西藏关系研究

近代日、俄、德与西藏的联系比较密切，但受学界关注较晚。涉日方面，以秦永章为代表的学者对《西藏游记》《西藏潜行》以及河口慧海、木村肥佐生、西川一三、野元甚藏的西藏活动等做了深入探讨。还有人对明治时代的寺本婉雅和《藏蒙旅行记》进行研究。由于日文史料的相对匮乏，这一研究领域的剩余空间已比较小，目前专著仅有秦永章著《日本涉藏史》问世[⑥]。涉俄、德方面，学界对之关注更晚，该研究在 20 世纪始于王远大，此后周伟洲、陈春华等人也做出了相关研究，其中周伟洲《英国、俄国与中国西藏》一书成为代表性著作。之后李登贵在 1999 年译发了《布尔什维克在西藏的秘密外交》一文，这是国内学界较早翻译苏联与西藏关系的著述[⑦]。关于《蒙藏协约》，周学军就蒙古方面签字人职衔问题与王远大等提出了商榷[⑧]。也有学者对俄国侵略西藏的整个脉络进行了梳理[⑨]。2012—2013 年陈春华在《中国藏学》陆续发表了

---

① 李晔：《1942—1951 年美国在西藏问题上的政策转变》，《东北师范大学学报》1999 年第 2 期。

② 骆威：《西藏叛乱前后的美国对藏政策（1952—1961 年）》，《北大史学》2000 年第 1 期。

③ 胡岩：《19 世纪末至 20 世纪中叶中美关系中的西藏问题》，《民族研究》2001 年第 1 期。

④ 张皓：《汤姆斯父子入藏：美国插手中国西藏问题的开始》，《中国边疆史地研究》2018 年第 4 期。

⑤ 程早霞、闫金红：《1959 年西藏叛乱后劳威尔·托马斯及“美国紧急救助西藏难民委员会”涉藏活动探析》，《当代中国史研究》2016 年第 3 期；郭永虎：《20 世纪五六十年代美国中央情报局对中国西藏的情报评估与侦察》，《军事历史研究》2016 年第 3 期。

⑥ 秦永章：《日本涉藏史——近代日本与中国西藏》，中国藏学出版社 2005 年版；秦永章、李丽：《日本关东军特务野元甚藏的西藏潜行》，《青海民族学院学报》2003 年第 4 期；李丽：《青木文教——日本西本愿寺派遣的赴藏留学生》，《中央民族大学学报》2003 年第 3 期；胡稹、方晓路：《明治时代一名日本“间谍僧侣”试图配合军方侵占中国西藏的“自白书”》，《东北亚外语研究》2015 年第 2 期。

⑦ ［俄］亚历山大·安德烈耶夫：《布尔什维克在西藏的秘密外交》，李登贵译，《西藏研究》1999 年第 1 期。

⑧ 周学军：《〈蒙藏条约〉蒙方签字人职衔辨析》，《西藏研究》2000 年第 4 期。

⑨ 阎小骏：《论近代沙俄对我国西藏的侵略》，《西藏研究》2000 年第 3 期。

与西藏相关的《俄国外交文书选译》系列文章，之后在翻译俄人档案汇编的基础上编译《俄国与西藏：俄国档案文件汇编（1893—1914）》一书，这一主题研究进入新的历史时期①。近代德国与西藏的联系研究领域，主要集中于赵光锐的成果②。

4. 西藏与周边关系及文化交流研究

乾隆年间廓尔喀发动了与西藏的战争，清朝平定其乱后，尼泊尔在近代与西藏依然保持着密切关系。周晶、邱熠华、张永攀等对近代以来的廓（尼）藏关系进行了探讨③，但随着尼泊尔国家档案及相关藏、汉文档案的开放，廓尔喀研究依然值得进一步发展。台北“故宫博物院”所存“廓尔喀全档”的开放，对此研究的深化即有推动作用。关于拉达克史研究，孔令伟《1724—1768 年间拉达克、西藏与清廷间的欧亚情报网》是一篇资料扎实的文章。此外，还有房建昌、张发贤等对拉达克的地理和政教关系的研究④。关于西藏与周边的人员及文化交流，房建昌探讨了 19 世纪前半叶哈萨克族三次从新疆流入西藏的记载⑤。周传斌则主要以清真寺修建为标志，考察了伊斯兰教传入青藏高原的历史过程⑥。次旦顿珠对西藏世居穆斯林做了进一步考察⑦。阿卜杜勒·瓦希德·拉祖的《西藏商队》记录了 20 世纪 40—60 年代的西藏及周边情况，也受到关注⑧。还有人关注到西藏局部地区诸如阿里地区的伊斯兰教传播情况。关于基督教在西藏的传播史，伍昆明已做过研究。伍先生去世后，近年涉此学术成果鲜少，但刘瑞云等对 19 世纪中叶巴黎外方传教会内部关于成立西藏传教会情况的研究，显现了较高学术水准⑨。扎洛近年来在整理《哲孟雄王统史》藏文本的翻译基础上，发表了有关哲孟雄的文章，并著有《清代西藏与布鲁克巴》一书⑩。

---

① 陈春华：《俄国外交文书选译》，《中国藏学》2012 年第 S1 期、第 3 期，2013 年第 S2 期、第 1—3 期；陈春华编译：《俄国与西藏：俄国档案文件汇编（1893—1914）》，社会科学文献出版社 2017 年版。

② 赵光锐：《中德关系中的“西藏问题”及其历史起源》，《欧洲研究》2009 年第 3 期；赵光锐：《20 世纪初德国的涉藏活动和西藏政策考析》，《中国边疆史地研究》2017 年第 3 期。

③ 周晶、孔宪凤：《20 世纪初西藏城市中的尼泊尔商人》，《西藏研究》2003 年第 4 期；张永攀：《清代光绪朝藏廓冲突与交涉探微》，《中国边疆学》第九辑，社会科学文献出版社 2018 年版；邱熠华：《1918—1921 年西藏协助尼泊尔修缮斯瓦扬布佛塔》，《中国藏学》2017 年第 3 期。

④ 孔令伟：《1724—1768 年间拉达克、西藏与清廷间的欧亚情报网》，《清史研究》2018 年第 2 期；房建昌：《拉达克穆斯林朝贡团从列城赴拉萨考（1684—1944）》，《回族研究》2014 年第 1 期；张发贤：《从政教冲突到政局重构：清前期西藏与拉达克之战及其影响》，《西藏民族学院学报》2016 年第 3 期。

⑤ 房建昌：《哈萨克族流寓西藏考》，《西北民族研究》2000 年第 2 期。

⑥ 周传斌、陈波：《伊斯兰教传入西藏考》，《青海民族研究》2000 年第 2 期。

⑦ 次旦顿珠：《西藏世居穆斯林考略》，《西藏大学学报》2014 年第 4 期。

⑧ 杨晓纯：《一个拉达克穆斯林眼中的西藏——〈西藏商队〉评介》，《中国藏学》2015 第 3 期。

⑨ 刘瑞云、陈建明：《19 世纪中叶巴黎外方传教会内部关于成立西藏传教会的分歧与结局》，《世界宗教研究》2017 年第 6 期。

⑩ 扎洛：《哲孟雄王祖普南杰求娶奔琼玛事件》，《中央民族大学学报》2016 年第 5 期；扎洛：《清代西藏与布鲁克巴》，中国社会科学出版社 2012 年版。

（三）中印边界争议问题研究

中印边界问题是中国边疆史视域下西藏研究的重要组成部分。而21世纪初中印关系的提升与跌宕也带动了中印边界研究的走向。由于数字资源与全球档案交叉检索的便利化，中印边界问题研究从传统的史学研究转向了以国际法、国际政治学、地理学与史学相交叉的学科中。中印边界研究成果可归纳为三类：第一，中印边界西段研究。“约翰逊线”“阿尔达线”“马继业—窦乐奈线”的非法划定依然是西段边界的核心研究内容[①]。但总体而言，关于中印边界西段研究的论著数量较少，这与中印边界西段争议区大多由我方控制有关。第二，“麦克马洪线”研究。这是中印边界研究的传统课题，也是中印边界东段争议的核心问题。吕昭义在充分利用英文文献基础上，对19世纪中印边界东段的协定文本与阿萨姆的研究具有开创性[②]。还有一些学者利用外档，分析了英国在藏南的勘察活动以及英印以色拉关为界重定“中印边界”的政策分歧等[③]。至于国民政府如何看待“麦线”，有学者提出这经过了两个阶段变化，这种划分方法具有合理性[④]。另外，也有学者关注到了抗日战争时期英国与西藏地方政府有关“麦克马洪线”交涉的问题[⑤]。第三，关于中印边界锡金段的研究。2017年随着“洞朗对峙”的发生，学界涌现了不少相关论文，但关于清代哲孟雄与西藏的界务关系，还有待深入研究[⑥]。从著作而言，《中国近代边界史》是边界史研究的代表性著作[⑦]。2013年出版的《大国疆域》也有部分篇幅涉及中印边界史[⑧]，但该著作的主要内容为新中国成立后的涉边问题，且以材料叙述为主。

以国际关系角度切入中印边界史研究是一种新方法。例如，有学者结合“危机研究”“战争决策”，以国际关系理论分析1962年中印关系下的边界问题[⑨]。当然，也有学者指出这种危机扭转的方式也意味着中国政府并没有放弃以谈判解决中印边界问题的

---

① 参见康民军：《中印边界西段的东半部分有条约根据吗?》，《中国边疆史地研究》2008年第2期。

② 吕昭义：《英帝国与中国西南边疆：1911—1947》，中国藏学出版社2001年版。

③ 张发贤、陈立明：《从战略理论到反复勘测：“麦克马洪线”的前期策划》，《西藏民族学院学报》2012年第3期；吕昭义、杨永平：《达旺历史归属论》，《中国边疆史地研究》2011年第1期；张永攀：《英印以色拉（Sela）为界的“麦克马洪线”变更计划及政策分歧》，《中国边疆史地研究》2010年第3期。

④ 张皓：《1947年前后英印侵占“麦克马洪线”以南中国领土与国民政府的处置》，《晋阳学刊》2013年第2期。

⑤ 朱昭华：《抗日战争时期英国与西藏地方政府有关麦克马洪线问题之交涉》，《苏州科技学院学报》2015年第4期。

⑥ 参见曾皓：《中印边界锡金段的历史由来与法律依据——兼议印度非法越界行为的国际法律责任》，《中国藏学》2017年第3期；达瓦次仁：《大吉岭历史归属问题研究——兼论锡金与中国西藏的关系》，《西藏研究》2018年第3期。

⑦ 吕一燃主编：《中国近代边界史》，四川人民出版社2007年版。

⑧ 齐鹏飞：《大国疆域》，中共党史出版社2013年版。

⑨ 黄想平、齐鹏飞：《浅析中国政府在中印边界争端中的危机处理》，《当代中国史研究》2006年第1期。

方式，提出中方的策略曾分三步走：一为政治，二为军事＋政治，三为外交＋政治[①]。这种观点表明中印都持以灵活的边界战略。但是，这也导致了正如有学者所指出的，中印都回避矛盾、冲突，而从根本上未能使边界问题得到解决[②]。不过，戴超武认为，中国对边界战争的反应凸显了中央对藏政策的重心所在，即“西藏内部的政治稳定及中央治藏战略的顺利贯彻，要比正在显现的领土争端更为重要”，由此产生了“暂维现状”政策[③]。对战争本身的研究，尚劝余以“三题”为框架，提出中印两国若有“耐心”来解决问题则战争可以避免的观点，颇具有新意[④]。

总之，从边疆内、外两个层面来看，近现代西藏研究有三个趋势：第一，近代西藏治理的研究随着清代、民国西藏地方档案的逐步开放走向深入发展，除了从微观角度来观察历史史实外，结合政治学、国际法、社会学、经济学等研究的成果也在不断增加。第二，英印、日本、美国与中国西藏地方的关系研究领域，总体论著已经比较多，而且可用的英文、日文等语种的材料在近年来重复使用比较多，要发掘新的研究领域可能存在一定困难。第三，清代以来，西藏和廓尔喀、哲孟雄、布鲁克巴等存在着紧密关系，遗存有大量尼泊尔文、藏文的相关档案，其中涉及西藏地方的军事行动、边界争议、民生纠纷等，均未得到大量开发利用。第四，随着“一带一路”倡议在西藏的实施和面向南亚陆路大通道建设，当代中央政府西藏治理、援藏工作、西藏对外开放史等研究领域成为学者关注的重点领域。

三　西藏相关历史档案整理出版

中国边疆史研究相关档案由于关涉政令、密级，以及多语言、技术等因素，在20世纪出版较少。但近20年来，这种状况大为改变，随着清史工程、西藏工程、西南项目等大型项目的展开，大量档案、史料得到出版，一些珍稀西藏地方史志也被发掘整理。

（一）档案、史料大量出版。其一是汉文档案史料。中国藏学出版社1996年出版《西藏亚东关档案选编》，辑录了亚东关1401件档案，其史料价值在近年逐渐显现出来，不仅对于中国海关史研究，而且对近代中印边界史也有重要参考价值。中国藏学出版社2005年出版了《民国时期西藏及藏区经济开发建设档案选编》，涵盖了近现代西藏的诸多问题。中国藏学出版社2005年出版卢秀璋主编《清末民初藏事资料选编（1877—1919）》选摘了较多近代涉藏传媒资料，尤具特色。中央民族大学出版社2006年出版的《蒙藏委员会档案中的西藏事务》，收集了中华民国时期反映西藏地方与中央政府之间的关系及西藏社会的相关档案。同年，学苑出版社出版了张羽新等编纂的《民国藏事史料汇编》。中国第二历史档案馆于2006年立项《中国第二历史档案馆所存西藏和藏事档案汇编》，于2010年开始由中国藏学出版社出版，至今已影印110册。学苑出版社2010年出版了《元代至民国治藏政策法规汇要》。2014年前后，西藏的各县县志也陆续开始出版，其与《西藏统计年鉴》《西藏年鉴》等有力支撑了西藏研究。此

① 廖心文：《处理中印边界问题的对策方法》，《党的文献》2013年第6期。

② 邓红英：《1949—1958年中印边界纠纷及其处理》，《当代中国史研究》2014年第3期。

③ 戴超武：《中国对印度占领“麦克马洪线”以南地区的反应及其意义（1951—1954）》，《中共党史研究》2014年第12期。

④ 尚劝余：《中印边界战争三题》，《南亚研究季刊》2010年第3期。

外，还有大量关涉西藏历史的其他档案文献汇编出版，例如《中国西南文献丛书》等[①]。其二是藏文档案史料部分。西藏自治区档案馆保存了近代与当代的大量档案，其中不少档案具有维护主权、研究历史的重要价值。2008 年中国藏学出版社出版了《西藏历史档案公文选·水晶明鉴》。此外，《水羊清册》是有关门达旺地区人口、土地、税赋的重要原始资料[②]。西藏地方寺院档案、蒙古文、满文档、清内阁蒙古堂档也是重要的参考资料[③]。甚至一些波斯文著作都有很高价值[④]。2018 年，《清代西藏地方档案文献选编》由西藏自治区档案馆出版发行，但基本为西藏地方社会史料，边疆史意义上的参考价值不大。其三是外文档案史料部分，主要是前文所述陈春华编译的一些俄文档案。此外，来自其他地域的相关资料得到了重视，例如卡尔梅克、杜尔伯特部等地的蒙古文《西藏游记》，哲孟雄的藏文本《哲孟雄王统史》等受到关注[⑤]。

（二）西藏地方史志、游记、清人著述、图像史料等大量被整理、研究。吴丰培、西藏社会科学院曾在 20 世纪整理出版了大量西藏学汉文文献汇刻资料。1998 年陈崇凯等学者在此基础上对近代的方志编纂和典籍进行了介绍，由此西藏地方史志再度受到关注。至今，《西藏赋》《西藏图说》《西招图略》《门空图说》《杂瑜地理》《西藏归程记》《西藏新志》《西藏考》《西藏志》《西藏志考》《西域遗闻》陆续进入学者们研究视野，以赵心愚为代表的多位学者，结合奏书、碑文、摩崖文及题词等对这些史志进行了考订，从历史、文学、民俗、地理、版本等角度对之展开探讨，形成了多部著作。还有学者从清代笔记探讨有关西藏的史料[⑥]。例如，《西藏宦游之回忆》即是很有意义的一篇，记录了张荫棠入藏及在藏期间的经历与观察[⑦]。《清稗类钞》中的西藏史料研究也具有价值，既有清代涉藏大事、治藏政策的摘录，也有西藏风土人情的描述，有学者就此开展了研究[⑧]。还有近几年刊布的民国时期刘曼卿著《西藏游记》、欧阳无畏著《藏尼游记》《达旺调查记》，对于深化西藏地方史、中印边界研究均有重要价值[⑨]。

20 年来涉及西藏的边疆档案出版有几个特点：一是大资金投入整理出版，多种涉藏档案都在数十册以上。二是多以影印版档案为主。三是集中于中央对边疆的治理。上

---

① 梁公卿等总主编：《中国西南文献丛书》，兰州大学出版社 2004 年版。

② 巴桑罗布：《如数家珍的清册》，《西藏大学学报》2012 年第 4 期。

③ 侯希文：《西藏地方寺院档案成因初探》，《档案学通讯》2016 年第 4 期；陈岚：《清内阁蒙古堂档》，《中国藏学》2016 年第 2 期。

④ 吾斯曼江·亚库甫：《波斯文历史著作〈拉失德史〉所见关于西藏的记载》，《西藏研究》2013 年第 1 期。

⑤ 青格力：《18—19 世纪几部蒙古文〈西藏行纪〉中有关宗喀巴诞生圣地——塔尔寺的记载》，《西部蒙古论坛》2017 年第 1 期；图道南杰、扎洛、敖见：《法王图道南杰——〈哲孟雄王统史〉译注节选》，《中国藏学》2017 年第 3 期。

⑥ 韩殿栋、马元明、蒋至群：《清代笔记中的西藏》，《西北民族大学学报》2013 年第 6 期。

⑦ 全绍清、斯东、康欣平：《“西藏宦游之回忆”阅读》，《西藏民族学院学报》2013 年第 6 期

⑧ 马元明、蒋至群、韩殿栋：《〈清稗类钞〉中的西藏史料研究》，《西藏大学学报》2013 年第 6 期。

⑨ 刘曼卿著，康欣平整理：《西藏游记》，《西藏民族学院学报》2013 年第 5 期；欧阳无畏著，韩敬山整理：《藏尼游记》，《西藏民族大学学报》2016 年第 3—6 期，2017 年第 1—6 期。欧阳无畏著，韩敬山整理：《达旺调查记》，《西藏民族大学学报》2018 年第 1—6 期。

述这些藏汉文史料整理研究和出版，对深化边疆历史研究、开拓边疆研究新领域起到了积极作用。

四 新时代构建中国边疆学与西藏研究思考

21世纪新时期以来，中国的人文社会科学不断繁荣发展，在此背景下，边疆研究的内涵不断被丰富，但新时代构建中国边疆学下的西藏研究依然需进行深思。

第一，注意藏学与边疆史视域下的西藏研究的联系与区别，从边疆史的整体观来研究西藏。从多民族国家形成的过程来看，中国从来就有一个从整体观下重视地方研究的传统。正史四夷传与游记、方志学都是其表现。清末何秋涛、张穆对边疆地理沿革的关注，也具有强烈的地方史特色，民国时期台湾、东北的通史修成与新中国成立后的行政修志都奠基了包括边疆研究的地方史研究范畴。“边疆学的构建要以作为边疆地区和民族研究之学的藏学等为基础，但它又着眼于中国整个边疆地区。”① 所以，边疆史视域下的西藏研究也应立足于中国边疆学这个整体观，而非以“藏学”为内核的研究范式。

第二，从边疆学构建的角度出发，以汉文史料为主，结合尼泊尔文、印地语、藏文等，来研究跨喜马拉雅山的政治与社会互动是边疆视野下西藏研究的一个突破。当然，从史料的选择上，并不排斥整体史的主流史料，就西藏—廓尔喀—印度—布鲁巴克这个清代由宗教文化链接的区域块而言，多语种文字可以是主流，而非单独的汉文文本。但是，如果放眼整个中国边疆，跳出区域史、地方史研究体系，那么边疆史的研究应该以汉文档案史料的应用为主体。此外，从视角而言，边疆从来不是一个系统，也缺乏均质性，边疆地区由于“民族主义”的泛滥，必须注意其与“区域史”的主次关系和范畴。边疆学的范畴决定了与边疆有关的区域史应从服于中国整体史，以免出现政治、意识形态的分离主义或者“新清史”那样的陷阱。

第三，在边疆史视域下的西藏研究中，政治史是一个不可回避的话题，可以运用多种学科理论和方法进行多方面的研究。对于政治中心影响下的西藏地方回应则极少涉及，这个问题值得重视。其可能与边疆档案的叙事来源单一、地方史或区域史的学科配合、边疆民族语种档案缺失与封闭有关。元—清的西藏治理的史料，以政令、饬令、奏折、电函为主，而民国的边疆治理政策多见于文书，以上材料中所见治藏政策的体现如何，尤其是从社会史、文化史角度来观察边疆地区对政治中心的回应，研究少之又少②。

第四，避免西藏研究的碎片化。中国边疆研究的细微研究之风是优良传统，包括戴震之后的中国学术考据化极大促进了中国边疆研究与舆地学的开展。但随着西学东渐，学术考据化逐渐式微。边政学兴起后，以边疆政治事件和精英人物为研究内容的潮流代替了考据之学，调研与田野成为研究资料的来源。但从史学整体的发展看，边疆史研究的碎片化也与之伴行，尤其是在西藏研究中，“地方性知识”“地方档案”的使用，极大地弱化了“边疆学”的本质。同时，边疆史料的不断整理公布、其他语种文献的丰

---

① 张云：《西藏历史与现实问题论集》，中国藏学出版社2014年版。

② 赵国栋从茶叶文化方面入手西藏研究，是一个很好的典范。见其著《茶叶与西藏：文化、历史与社会》，西藏人民出版社2015年版。

富也促使了边疆研究的碎片化，而碎片化造成的后果是：边疆学体系构建困难，难以形成“中国”的整体的、普遍意义的理论体系，难以培育出从边疆整体进行观察的边疆研究学者。

总之，正如习近平总书记所说，“历史研究是一切社会科学的基础”，作为历史学的组成部分，中国边疆研究也是社会科学的有机组成部分。在新时期，我们需要努力加强中国边疆史视野下的西藏研究，“构建”边疆理论，提升具有人文含义的边疆精神，将新时代的边疆研究推向新的境界，进而促进哲学社会科学的三大体系建设。

（原载《中国边疆史地研究》2019 年第 2 期）

新疆历史研究评述（1998—2018）

许建英　阿地力*

新中国成立以来，新疆历史研究取得巨大进步，学者们对1998年前的研究已有较详细的综述①。本文则在时间上加以衔接，分别从总体概况、主要内容、基本特点以及新形势下对新疆历史研究的思考与前瞻等方面梳理1998—2018年20年来中国学者对新疆历史的研究。

一　研究概况

20年间，新疆历史研究出现了巨大变化，就规模和形式而言呈现出跨越式发展和较为繁荣的景象。这种繁荣表现为多种研究成果不断涌现，如大量专著陆续出版，众多学术论文发表，多种历史资料得到整理，重大课题成功设置和遍及全国的多种期刊长期关注新疆历史研究文章等，其背后则意味着新疆历史研究人才的茁壮成长。

（一）历史研究著作

通过知网、读秀等主要学术网络媒介统计，20年来新疆历史研究著作达500多部，超过1949—1997年的专著总量。这些著作除了专题性的研究专著外，还有数量相当多的通史性专著，内容广泛，涉及新疆历史方方面面，如马大正等《新疆史鉴》②、苗普生与田卫疆《新疆史纲》（新疆人民出版社2004年版）、齐清顺《1759—1949年新疆多民族分布格局的形成》（新疆人民出版社2010年版）、陈慧生与陈超《民国新疆史》（新疆人民出版社1999年版）、许建英《近代英国和中国新疆（1840—1911）》（黑龙江教育出版社2004年版、2014年再版）与《民国时期英国与中国新疆（1912—1949）》（新疆人民出版社2008年版）、朱培民《20世纪新疆史研究》（新疆人民出版社2000年版）和《18世纪至20世纪初叶的新疆区域社会史考察》（民族出版社2009年版）、厉声主编《中国新疆：历史与现状》（新疆人民出版社2003年版）、纳·巴生等《和硕

---

* 许建英：中国社会科学院中国边疆研究所研究员。阿地力：中国社会科学院中国边疆研究所副研究员。

① 苗普生：《为正确阐明新疆历史而努力——40年来新疆地方史研究回顾》，《中国边疆史地研究》1993年第3期；厉声：《新疆近代史研究回顾》，《中国边疆史地研究》1992年第3期；厉声、贾建飞：《60年来西北边疆史地研究的回顾与展望》，《中国边疆史地研究》2009年第3期。

② 马大正、厉声、苗普生、马品彦、李大龙、阿拉腾奥其尔：《新疆史鉴》，新疆人民出版社2006年版。

特蒙古史》（新疆人民出版社 2004 年版）、田卫疆《高昌回鹘史稿》（新疆人民出版社 2006 年版）、殷晴《丝绸之路与西域经济：十二世纪前新疆开发史稿》（中华书局 2007 年版）、蔡家艺《清代新疆社会经济史纲》（人民出版社 2006 年版）、余太山《两汉魏晋南北朝正史西域传研究》（中华书局 2003 年版）、赵海霞《清代新疆民族关系研究》（民族出版社 2014 年版）、杨富学《回鹘摩尼教研究》（中国社会科学出版社 2016 年版）、马小鹤《摩尼教与古代西域史研究》（中国人民大学出版社 2008 年版）、彭无情《西域佛教演变史》（巴蜀书社 2016 年版）、韩中义《西域苏非主义研究》（中国社会科学出版社 2008 年版）、才吾加甫《新疆古代佛教研究》（社会科学文献出版社 2011 年版）、李进新《新疆宗教演变史》（新疆人民出版社 2003 年版）、刘迎胜《察合台汗国史研究》（上海古籍出版社 2006 年版）、华涛《西域历史研究（八至十世纪）》（上海古籍出版社 2000 年版）、刘正寅和魏良弢《西域和卓家族研究》（中国社会科学出版社 1998 年版）、中共新疆维吾尔自治区委员会党史研究室《中共新疆地方史 1937—1966》（中共党史出版社 2011 年版）、陈跃《新疆农牧业历史研究》（人民出版社 2017 年版）等。

（二）学术论文

通过梳理新疆及内地 10 种学术期刊，即《中国边疆史地研究》《西域研究》《新疆社会科学》《新疆大学学报》《新疆师范大学学报》《石河子大学学报》《塔里木大学学报》《喀什大学学报》①《伊犁大学学报》②《昌吉学院学报》③ 等，发现 20 年来发表的新疆历史研究文章就超过 3000 篇。如果借助知网和读秀网检索，检索到的数量更多。经过初步筛选，此期新疆历史研究文章约为 4500 篇。此外，还有些辑刊、论文集等所收的新疆历史研究论文尚不包括在内。可以说 20 年来新疆历史研究成果呈现出井喷式增长。

（三）新疆历史档案与文献整理

20 年来，新疆历史资料整理与出版也快速增长。通过梳理，此期新疆历史资料类图书约有 41 种，其主要内容可分三类，即档案类汇编、文献类整理或汇辑和外文档案编译。这 41 种主要资料集有的是多卷本甚至上百卷以上，共计 500 多册。例如新疆档案局编《清代新疆档案选辑》（广西师范大学出版社 2012 年版）有 91 册，第一历史档案馆和中国边疆史地研究中心编《清代新疆满文档案汇编》（广西师范大学出版社 2012 年版）则多达 283 册，贺灵主编《中国新疆历史文化古籍文献资料译编》（新疆人民出版社 2016 年版）共 40 册。可见，此期新疆历史研究在挖掘和整理新资料方面取得重要成就，实际上这本身也是新疆历史研究的重要组成部分。

（四）硕士、博士论文

通过网上检索，特别是对国家图书馆文献进行检索，国内高校研究生院和社科院等

---

① 原系《喀什师范学院学报》。
② 原系《伊犁师范学院学报》。
③ 原系《昌吉师专学报》。

研究机构的研究生院开展新疆历史研究专业日渐增多，中西部省区尤其明显。例如在内地省市里，中国社会科学院研究生院边史系、近代史系、历史系等，北京大学、北京师范大学、中国人民大学、中央民族大学，南开大学、复旦大学、南京大学、中山大学、陕西师范大学、西北大学、兰州大学的历史系，新疆维吾尔自治区的新疆大学、新疆师范大学、石河子大学等高校历史系均有新疆历史方向的硕士或博士研究生。20 年来，这些教育机构培养了相当数量的新疆历史专业的硕士和博士研究生，其学位论文数量亦颇为可观，初步统计约为 437 篇。

（五）重大课题设置

20 年来，新疆历史研究一直为国家所高度重视，国家社科基金规划办和新疆维吾尔自治区均给予大力支持，开展重大项目研究。例如 2004 年国家社科基金“新疆历史与现状综合研究”特别项目，由中国社会科学院中国边疆研究所（当时是中国边疆史地研究中心）承担，开展以新疆历史为核心的基础研究、应用研究和资料整理。2005 年新疆社会科学院开展“新疆通史”项目研究，得到新疆维吾尔自治区社科规划办和国家社科规划办支持。该项目就新疆历史开展系统研究，以编撰新疆通史为研究核心，同时设立大量辅助研究项目和资料整理与翻译项目。随着这些重大课题的推进，陆续出版了一系列的新疆历史研究著作、资料专辑，培养了一批新疆历史研究人才，扩大了人们对新疆历史重要性的认知，大大推动了新疆历史研究的深入。

此外，中国香港和台湾等地，也有一些新疆历史研究的学者，例如台湾的刘学铫、吴启讷等即是其中的代表。

二 主要内容

最近 20 年来，新疆历史研究内容丰富多彩，涵盖新疆政治、民族、历史地理、经济社会、宗教、文化及新疆与周边关系等历史的诸多方面。纵观这些研究成果，可以看出，传统的领域得到加强和深化，新的领域得以拓展，新资料得到挖掘，跨学科方法运用趋于活跃。

（一）新疆政治史研究

新疆政治史研究历来是新疆历史研究的重点，大致包括历代中央王朝对新疆治理、古代新疆各地方政权以及新疆与内地关系研究等三个具体领域。这些方面的研究得到深化和加强，有多种重要著作探讨历代治疆制度、政策（后面还会专门论及）。除此之外，不少论文在历代中央治疆研究上也有新观点和新发现，值得重视。例如，关于汉代西域都护、西域都护府和戊己校尉的设置时间上，充分利用悬泉汉简开展研究，均取得新的突破，认为西域都护之号始于地节二年（公元前 68 年），西域都护府设置于神爵三年（公元前 59 年），管理屯田事务的戊己校尉则设于初元元年（公元前 48 年）。这些研究以殷晴《悬泉汉简与西域史事》①、刘国防《汉西域都护的始置及其年代》② 和

① 殷晴：《悬泉汉简与西域史事》，《西域研究》2003 年第 3 期。

② 刘国防：《汉西域都护的始置及其年代》，《西域研究》2003 年第 3 期。

《西汉比胥鞬屯田与戊己校尉的设立》① 为代表。

在汉代以后历代政治研究上，围绕着新疆治理、管辖等核心内容深入考察，取得较多新成果。樊保良《略述忽必烈对西北的经营》② 和尚衍斌《试论元朝中央政府对畏兀儿地区的统治》③ 等文章，论述了蒙元时期新疆的军政建置以及中央政府对新疆的各项政策等。刘国防《明朝的备边政策》④ 较全面地论述了明朝初期对西域的统治，分析了设置哈密卫的原因，推动了对明代新疆历史的研究。清代新疆治理研究较丰富，例如佟克力《伊犁驻防八旗始末》⑤ 与《清代伊犁驻防索伦营始末》⑥、吴元丰《清代乌鲁木齐满营述论》⑦ 等文章，论述了驻防新疆八旗军队的组建、内部结构、各项制度及其衰落过程；聂红萍《清代前期新疆州县以下继承制度演变》⑧、吴轶群《清代新疆道制建置沿革探析》⑨ 阐述了清代新疆的行政建置沿革；齐清顺《论清末新疆新政——新疆向近代化迈进的重要开端》⑩ 分析了清末新疆新政对新疆治理的积极作用。民国时期档案文献较多，政治研究较为广泛，既有对民国治疆政策、大吏的研究，也有对“三区革命”“双泛”问题的探讨，例如黄建华《国民党的新疆政策研究》（民族出版社2003年版）一书，对国民党的治疆政策做了较深入的分析，是代表性成果。

历史上，新疆先后曾有过多个地方性政权，其要者有麴氏高昌王国、喀喇汗王朝、于阗王国、高昌回鹘汗国和叶尔羌汗国等。20年来，古代新疆地方政权研究得到深化，取得一系列成果。孟宪实《麴氏高昌追赠制度初探》⑪ 认为，论官、论功、论贵（贵戚、贵族）、论亲是追赠制度遵循的四条原则，旨在维护社会等级。华涛《喀喇汗王朝祖先传说的历史解读》⑫ 认为，喀喇汗王室希望通过草原祖先传说的历史失忆和新的祖先传说的虚构，重组王朝认同和凝聚力。田卫疆《高昌回鹘史稿》（新疆人民出版社2006年版）较全面地探讨了高昌回鹘汗国的王族血脉、社会结构、经济生活、文化变迁以及同中原王朝关系。乌兰《叶尔羌汗国灭亡时间补正》⑬ 利用蒙、藏文资料，确定叶尔羌汗国灭亡时间为猴年，即1680年。

新疆与内地关系史研究成果较多，既有系统的研究，也有各历史时期的探讨。这些研究充分表明，新疆与内地在政治、经济、文化及民族关系上的丰富多样和紧密融合。

---

① 刘国防：《西汉比胥鞬屯田与戊己校尉的设立》，《吐鲁番学研究》2005年第1期。

② 樊保良：《略述忽必烈对西北的经营》，《兰州大学学报》1987年第1期。

③ 尚衍斌：《试论元朝中央政府对畏兀儿地区的统治》，《中国边疆史地研究》2001年第1期。

④ 刘国防：《明朝的备边政策》，《西域研究》1998年第4期。

⑤ 佟克力：《伊犁驻防八旗始末》，《西域研究》2004年第3期。

⑥ 佟克力：《清代伊犁驻防索伦营始末》，《新疆大学学报》2006年第1期。

⑦ 吴元丰：《清代乌鲁木齐满营述论》，《中国边疆史地研究》2004年第3期。

⑧ 聂红萍：《清代前期新疆州县以下继承制度演变》，《兰州大学学报》2004年第1期。

⑨ 吴轶群：《清代新疆道制建置沿革探析》，《兰州学刊》2007年第3期。

⑩ 齐清顺：《论清末新疆新政——新疆向近代化迈进的重要开端》，《西域研究》2000年第3期。

⑪ 孟宪实：《麴氏高昌追赠制度初探》，《敦煌吐鲁番研究》第五卷，北京大学出版社2000年版。

⑫ 华涛：《喀喇汗王朝祖先传说的历史解读》，《历史研究》2005年第6期。

⑬ 乌兰：《叶尔羌汗国灭亡时间补正》，《西域研究》2002年第3期。

苗普生《历史发展的必然——论新疆统一于祖国的历史进程》[①] 以行政建置为主轴，论述了2000多年来新疆统一于祖国的历史进程；陈慧生《汉代以前新疆和中原地区的经济文化联系》[②] 依据历史文献和考古资料，认为汉代以前经济文化联系为西汉统一西域准备了客观条件。刘春雨《从悬泉汉简中的使者看西域与内地的关系》[③] 根据西域使者多样性特点，认为汉朝在西域实施了成功的民族政策。

（二）新疆民族史研究

最近20年来，新疆民族史研究成果丰硕，其内容包括古代新疆地区民族族源、分布、特点、演变、活动以及相互关系，还有新疆现代各民族形成和文化特点与演变。此外，学者们注重研究新疆人口较少民族历史，取得不少重要成果。

新疆古代嚈哒、月氏、乌孙、高车和匈奴等民族一直受到关注，特别是不少学者利用传统文献研究，不断推出新成果，对其族源、历史活动等方面研究有新的观点。余太山《嚈哒史若干问题的再研究》[④] 基于诸旧说之上提出嚈哒族源乙弗鲜卑说，并指出乙弗鲜卑源于高句骊。不过，钱伯泉《关于嚈哒族源的新探索》[⑤] 则认为嚈哒族源是阿尔泰山周围的呼得和东部天山以北的车师后部。高荣《月氏、乌孙和匈奴在河西的活动》[⑥] 认为沙井文化和骟马文化是月氏和乌孙在河西活动的遗存，汉文帝前元六年（前174年）老上单于击杀月氏王后，月氏迁往伊犁河流域。王欣《敦煌悬泉置遗址所出有关乌孙的几枚汉简考释》[⑦] 利用悬泉置遗址所出汉简，论述了乌孙与汉朝的密切联系。

新疆现代民族史研究也非常受重视，近代以来各民族形成的历史、各民族发展过程中的制度演变得到系统研究。关于现代维吾尔族形成研究，苗普生对维吾尔族的“源”与“流”的探讨值得重视，他在《塔里木盆地缘边地区的民族融合和维吾尔族的形成和发展》[⑧] 一文中指出，要弄清楚维吾尔族“源”与“流”的区别，袁纥部落是形成维吾尔族的“源”，而其演变过程中同化、融合的其他民族成分或部族，则是“流”。王希隆《新疆哈密维吾尔族中的札萨克旗制》[⑨] 论述了自康熙三十七年（1698）至民国十九年（1930）230余年间哈密维吾尔族中札萨克旗制的建立、变化和废除的过程，认为这种制度在哈密地区的实行，必然要受到维吾尔人固有的社会制度的影响。关于新疆哈萨克族形成研究上，纳比坚·穆哈穆德汗《15世纪至18世纪中叶哈萨克与西蒙古准

---

① 苗普生：《历史发展的必然——论新疆统一于祖国的历史进程》，《西域研究》1998年第2期。

② 陈慧生：《汉代以前新疆和中原地区的经济文化联系》，《西域研究》2001年第3期。

③ 刘春雨：《从悬泉汉简中的使者看西域与内地的关系》，《西域研究》2001年第3期。

④ 余太山：《嚈哒史若干问题的再研究》，《中国社会科学院历史研究所学刊》第一集，社会科学文献出版社2001年版。

⑤ 钱伯泉：《关于嚈哒族源的新探索》，《西北民族研究》2003年第1期。

⑥ 高荣：《月氏、乌孙和匈奴在河西的活动》，《西北民族研究》2004年第3期。

⑦ 王欣：《敦煌悬泉置遗址所出有关乌孙的几枚汉简考释》，《西北民族论丛》第一辑，中国社会科学出版社2002年版。

⑧ 苗普生：《塔里木盆地缘边地区的民族融合和维吾尔族的形成和发展》，《西域研究》2004年第2期。

⑨ 王希隆：《新疆哈密维吾尔族中的札萨克旗制》，《西域研究》1997年第1期。

噶尔部关系初探》[①] 梳理哈萨克与准噶尔部长期的征战历史，认为清朝统一新疆以后哈萨克与准噶尔关系进入新的历史时期。齐清顺《论近代中俄哈萨克跨境民族的形成》[②] 论述了部分哈萨克从“外藩”成为“内属”的过程，认为沙俄吞并哈萨克草原以及侵占中国西北大片领土是其主要原因。李晓霞《试论哈萨克族的“还子”制度》[③] 通过社会调查资料，论述了哈萨克族“还子”制度中的亲属称谓、相互关系、财产继承等有关问题。关于蒙古族历史研究方面，则偏重于蒙古族文化，诸如对卫拉特法典、藏传佛教与土尔扈特蒙古、察哈尔营卡伦等研究。成崇德、那仁朝克图《清代卫拉特蒙古及其〈蒙古——卫拉特法典〉研究》[④] 系统研究了卫拉特法典，认为它在蒙古法制史上占有着重要地位。关于其他新疆少数民族研究，20 年来新疆锡伯族、回族、柯尔克孜族等研究也有不少成果，其中阿斯卡尔·居努斯《西迁前后柯尔克孜族经济生活的变化》[⑤]，从畜牧业、农耕业、手工业、渔猎和林业生产进行比较研究，认为西迁后柯尔克孜族经济发展水平较之以前总体上落后了。

此外，余太山、王明哲、王炳华、杨铭、林干、段连勤、薛宗正、吴玉贵、杨圣敏等学者，对塞种、嚈哒、乌孙、匈奴、丁零、高车、铁勒、突厥、回纥、卫拉特蒙古等古代民族资源以及民族间的关系，也都有深入研究。刘志霄、浩·巴岱、纳比坚·穆哈穆德汗、贾合甫·米尔扎汗、万雪玉、贺灵、佟克力等，对维吾尔族、卫拉特蒙古族、哈萨克族、锡伯族等现代新疆民族进行了系统研究。

（三）新疆社会经济史研究

此期新疆社会经济史研究也取得较丰硕成果，学者们从屯垦史、经济制度史、手工业史、水利史、矿业史、贸易史、货币史以及人口史等方面入手，使新疆历史研究呈现出更为丰富的画面。

新疆经济史研究的重点是新疆农垦问题，涉及两汉、唐朝直至清代新疆屯田及水利研究，成果较突出，张德芳、朱宏斌、李炳泉、吴大旬、刘永强、祁美琴等的研究成果就是代表，例如朱宏斌《两汉西域屯田及其在中西科技文化交流中的作用》[⑥] 认为，两汉在西域屯田不仅维护了汉朝在西域的统治和丝绸之路的畅通，而且为以后的边疆屯田提供了历史经验，成为中西农业科技文化交流的重要桥梁与纽带。在新疆贸易史研究上，古代丝绸、玉石贸易研究继续深化，对近代对外贸易研究有新的拓展。例如，扬蕤《北宋时期陆上丝路贸易初探》[⑦] 论述了北宋时期诸蕃与中原的朝贡贸易、中继贸易，认为宋代以降，回鹘人几乎控制了丝路东段贸易，中继贸易取代了长途贩运。张文德

---

① 纳比坚·穆哈穆德汗：《15 世纪至 18 世纪中叶哈萨克与西蒙古准噶尔部关系初探》，《新疆社会科学》1990 年第 3 期。

② 齐清顺：《论近代中俄哈萨克跨境民族的形成》，《西域研究》1999 年第 1 期。

③ 李晓霞：《试论哈萨克族的“还子”制度》，《新疆社会科学》2001 年第 2 期。

④ 成崇德、那仁朝克图：《清代卫拉特蒙古及其〈蒙古——卫拉特法典〉研究》，《卫拉特研究》2005 年第 3、4 期。

⑤ 阿斯卡尔·居努斯：《西迁前后柯尔克孜族经济生活的变化》，《西域研究》2003 年第 4 期。

⑥ 朱宏斌：《两汉西域屯田及其在中西科技文化交流中的作用》，《中国农史》2003 年第 2 期。

⑦ 扬蕤：《北宋时期陆上丝路贸易初探》，《西域研究》2003 年第 3 期。

《明与西域的玉石贸易》[①] 对玉石贸易的路线、种类、数量进行了考察，指出了明朝建立玉石贸易制度利弊。许建英《试论杨增新时期英国与中国新疆间的贸易（1911—1928）》[②]《金树仁时期英国和中国新疆之间的贸易（1928—1933）》[③] 等多篇文章，利用英国档案资料，梳理了杨增新时期、金树仁时期英国与中国新疆的贸易线路及其地缘政治影响。关毅《盛世才主政时期新疆商业贸易的发展》[④] 认为盛世才主政时期，采取了一系列措施，使新疆的商业贸易得到了发展。

新疆人口史研究以往关注较少，此期不少成果涉及两汉、魏晋南北朝、清朝以及民国时期新疆人口，既有面的研究，也有点的剖析。例如余太山《两汉魏晋南北朝正史"西域传"所见西域诸国的人口》[⑤] 认为，两汉魏晋南北朝时期，只有两汉统计过西域人口，而西汉统计最为详备。人口统计上的详略实际上反映了中央政府对西域统治的强弱。阚耀平《乾隆年间天山北麓东段人口迁移研究》[⑥] 论述了乾隆年间内地移民迁入天山北麓东段的类型、来源地、组织形式等，认为人口迁移的高峰在乾隆三十年代，主要安置在乌鲁木齐和巴里坤两个地区。

（四）新疆历史地理研究

新疆历史地理研究历来受到重视，此期成果较突出，涉及新疆历史上交通线路、山川湖泊以及关隘要津等方面研究。关于交通线路、古代城镇等方面，陈霞、李文博、刘安志、文欣、张莉、阚耀平、黄达远、余太山等都推出新成果，例如，陈霞《丝绸之路的开通及其对新疆历史的影响》[⑦] 认为通达的丝绸之路将西域与内地紧密联系在一起，促进了汉代西域地区经济社会的发展和多元文化的交融。黄达远《清代中期新疆北部城市崛起的动力机制探析》[⑧] 认为，清代中期以后，由于国家行政力量的推动以及北疆商业市场机制的形成，确立了北部城市的地位，改变了历史时期"南重北轻"的新疆城市分布格局。

（五）新疆宗教史研究

新疆宗教史研究成果突出，主要表现在下列几个方面。首先，对新疆宗教史的宏观研究取得重要进展，一些关于新疆宗教通史性著作出版，产生了良好的影响。诸如李进新《新疆宗教演变史》（新疆人民出版社 2003 年版）、由"中国新疆地区伊斯兰教史"编写组撰写的《中国新疆地区伊斯兰教史》（新疆人民出版社 2000 年版）等著作，都

---

① 张文德：《明与西域的玉石贸易》，《西域研究》2007 年第 3 期。

② 许建英：《试论杨增新时期英国与中国新疆间的贸易（1911—1928）》，《近代史研究》2005 年第 5 期。

③ 许建英：《金树仁时期英国和中国新疆之间的贸易（1928—1933）》，《西域研究》2006 年第 1 期。

④ 关毅：《盛世才主政时期新疆商业贸易的发展》，《新疆师范大学学报》2007 年第 1 期。

⑤ 余太山：《两汉魏晋南北朝正史"西域传"所见西域诸国的人口》，《中华文史论丛》2001 年第 3 期。

⑥ 阚耀平：《乾隆年间天山北麓东段人口迁移研究》，《干旱区地理》2003 年第 4 期。

⑦ 陈霞：《丝绸之路的开通及其对新疆历史的影响》，《西域研究》2013 年第 3 期。

⑧ 黄达远：《清代中期新疆北部城市崛起的动力机制探析》，《西域研究》2006 年第 2 期。

是积多年之功而写成，分别对新疆宗教演变和伊斯兰教发展进行了系统考察。其次，对新疆历史上各种宗教均有研究，涉及面很广。例如佛教、伊斯兰教、祆教、摩尼教、道教和基督教等都得到研究，不过佛教和伊斯兰教等影响大，受重视程度更高，成果更多。同时，需要强调的是，新疆宗教史研究的内容不局限于宗教本身，还通过跨学科研究丰富了研究视角，例如佛教对回鹘的影响、佛教与摩尼教关系、新疆佛教世俗化等方面。再次，新疆宗教史研究队伍壮大。就此期新疆宗教史研究来看，年纪较长学者继续耕耘，诸如季羡林、耿世民、陈得芝、荣新江、马品彦、潘向明、王小甫、牛汝极等；一些中青年成长迅速，研究队伍壮大，例如杨富学、王鹏辉、王菲、马东平、夏雷鸣、高永久、贺萍等。此外，少数民族宗教研究学者成长很快，木拉提·黑尼亚提、才吾加甫等分别在基督教、佛教研究上都卓有成绩。

（六）新疆文化史研究

新疆文化史研究历来受到重视，此期突出特点是重要的专著较多，注重理论探讨。这对认识新疆多元文化的发生、演变及其多元性特质，新疆文化与内地关系等都极富有意义。

仲高、高人雄、薛宗正、郎樱、余太山、穆舜英、王小平、水涛、安晓平、孟楠、阿布都克里木·热合曼、朱瑛、库来西·塔依尔、特·贾木查、汪钟英、杨富学、阿丽娅·托拉哈孜、金维诺、春花、刘宾、张春丽等学者，从不同学科角度研究新疆文化史。例如，仲高《西域艺术通论》（新疆人民出版社 2004 年版）对新疆艺术文化及其理论进行了系统梳理和深入研究；郎樱《论西域与中原文化交流》[①] 认为西域与中原文化交流源远流长，二者相互影响，相互融合，对各自的发展起到极大推动作用。水涛《西域史前文明发展的若干理论问题》[②] 认为，西域史前文明的发展演变在于不断接受来自周边地区古代文明中心的影响，也受到环境因素的极大制约。王小平、安晓平《论新疆屯垦文化的特征及其在新疆文化发展史中的地位》[③] 论述了新疆屯垦文化形成的基础和性质，认为它不仅是新疆多民族文化并存格局中的重要组成部分，是一种跨民族存在的文化，而且在新疆的文化发展中发挥了重要作用。库来西·塔依尔《论〈突厥语大词典〉的语言学价值》[④] 分析了大词典在语言调查分类、语音学、语法学构词学等方面的价值，认为它为突厥语研究提供了第一手资料。金维诺《龟兹艺术的创造性成就》[⑤] 认为，龟兹艺术创造了三种石窟类型，创作了大量精美彩塑和壁画，开创了师徒传承的体制。

（七）与周边关系史研究

与周边关系史研究是新疆历史研究的重要内容之一，此期研究有较大转变。早期研

---

① 郎樱：《论西域与中原文化交流》，《西域研究》2001 年第 4 期。

② 水涛：《西域史前文明发展的若干理论问题》，《西域研究》2005 年第 4 期。

③ 王小平、安晓平：《论新疆屯垦文化的特征及其在新疆文化发展史中的地位》，《塔里木大学学报》2005 年第 3 期。

④ 库来西·塔依尔：《论〈突厥语大词典〉的语言学价值》，《西域研究》2001 年第 2 期。

⑤ 金维诺：《龟兹艺术的创造性成就》，《西域研究》2007 年第 1 期。

究偏重于帝国主义侵华视角，聚焦帝国主义对中国西北边疆的侵略，取得了不少重要成果。1998年后，研究则转向新疆与周边国家关系史视角，着重系统研究，涉及内容更加丰富，包括政治、贸易、交通、边界和朝贡等诸多方面，而且观点趋于客观。许建英《近代英国和中国新疆（1840—1911）》《民国时期英国与中国新疆（1912—1949）》以及一系列相关文章，厉声《哈萨克斯坦及其与中国新疆的关系》（新疆人民出版社2004年版）等是其中代表。

需要指出的是，此期该领域研究在资料创新上有较大进展，注重挖掘和使用中外档案文献。例如，在中国档案使用上，除了持续挖掘汉文档案外，还注重清代中期和早期的满文档案利用；在外文档案、文献方面，注重搜集和使用相关国家的档案、文献资料，英文、俄文、德文甚至土耳其文档案文献得到利用，拓展和深化了该领域研究。

三　基本特点

梳理20年来新疆历史研究，可以看出人才队伍扩大，研究成果数量激增，研究视角更趋于多元化，资料挖掘得以大幅拓展，新疆历史研究深受重视，呈现出前所未有的大发展趋势。

（一）新疆历史研究的广度和深度加强

中华人民共和国成立后至改革开放，新疆历史研究受到重视，研究队伍快速成长，在新疆通史、民族史、宗教史以及帝国主义侵略史等领域都取得了长足的进展。改革开放前20年，新疆历史研究逐步探索新的领域和新的视角，为此后深化和发展奠定了良好基础。1998年后，新疆历史研究的广度和深度都取得重要进展。

在研究广度上，开辟了更多的领域，使新疆历史研究的广度大为拓展，呈现出更多层面。这些领域包括新疆反分裂斗争史、新疆城市史、少数民族华人华侨史、新疆探察史等。这些领域以往重视不够，有的也较为敏感，研究很少，但是新世纪以来这些领域得到较大拓展，显示出相当大的研究潜力，同时也出现新认识。例如关于新疆反分裂斗争史研究，近些年来对“东突”问题产生的由来、理论源头、主要分裂活动、与国际势力关系等方面，都有较多的研究，这不但有益于全面认识新疆近现代历史，也有利于以史为鉴，治理现实。主要著作如马大正、许建英《“东突厥斯坦国”迷梦的幻灭》（新疆人民出版社2006年版）、潘志平《“东突”的历史与现状》（民族出版社2008年版）、许建英《“东突”问题的历史与现状述论》[①] 等。再如新疆少数民族华人华侨史研究，特别是以往因维吾尔族华人华侨史研究较敏感，研究很少，尤其是对其形成的政治背景认识分歧很大。新时期这一研究取得较大进展，暨南大学承担重大专项课题，中国社会科学院中国边疆研究所也承担重点课题，开展调查和研究。例如，许建英《清代以来维吾尔族华人华侨形成的历史考察》[②]、李德华《新疆籍华人华侨的特点》[③] 和

① 许建英：《“东突”问题的历史与现状述论》，《新疆师范大学学报》2016年第6期。

② 许建英：《清代以来维吾尔族华人华侨形成的历史考察》，《中国边疆史地研究》2017年第2期。

③ 李德华：《新疆籍华人华侨的特点》，《新疆社科论坛》2013年第2期。

《巴基斯坦维吾尔华人述略》[①] 等。这些研究不但梳理了主要维吾尔族华人华侨的形成与现状，而且认为应该客观和历史地认识其形成过程，强调要处理好政治因素和学术研究的关系。这对了解新疆各少数民族华人华侨历史，推动华人华侨研究走向全面和深入，是极有价值的，同时也利于新疆现实稳定。

在研究深度上，很多传统研究领域因新视角引入和系统性加强而得到深化，使其研究更为全面和深入。就新视角引入而言，传统民族史研究限于民族的起源与发展，而跨界民族视角的引入则对认识新疆部分少数民族历史更为全面和客观。就系统性而言，传统上从帝国主义侵华视角研究英俄对中国新疆的侵略，而中国新疆与周边关系史视角则致力于更为系统和全面地梳理其间地缘关系，例如许建英关于近代英国、俄苏、洪扎与中国新疆关系史的系列研究，厉声关于哈萨克斯坦与中国新疆关系史的研究，都较为全面系统。再如新疆近代探察史研究，新时期对西方探险家马达汉、斯坦因、斯文·赫定的研究都推向深入，认识趋于更加客观。马达汉新疆探察日记、考察报告、摄影集等资料的翻译出版以及马达汉考察专题研讨会举行及研究文集出版[②]，斯坦因重要著作的翻译出版及其研究的进一步细化[③]，斯文·赫定著作的翻译及中瑞西北考察研究的开展[④]，由杨廉主编、多达32册的《西域探险考察大系》（新疆人民出版社2013年版）的出版，都是近代新疆探察史研究走向深入和趋于更加客观的表现。

此外，跨学科研究也对新疆历史研究深化起到了重要作用。这方面研究成果虽然不多，但却是值得重视的新研究方向。诸如徐中煜《交通态势与晚清经略新疆研究》（黑龙江教育出版社2013年版）将交通与晚清新疆经略相结合，张安福《清代以来新疆屯垦与国家安全研究》（中国农业出版社2011年版）和《汉唐屯垦与吐鲁番绿洲社会变迁研究》（中国农业出版社2013年版），分别将新疆屯垦与国家安全以及新疆绿洲社会变迁相联系。这些跨学科的研究使新疆历史研究出现新的活力，开拓出了较大的研究空间。

（二）新疆治理史研究受到高度重视

历史上新疆治理有着丰富的内涵，现实治理的需求使新疆治理史研究长期受到关注，特别是近20年来更加受到重视，研究成果不断涌现，仅专著就有20多种。研究新疆治理史旨在以史为鉴，已成为新疆历史研究的一个突出特点。此期新疆治理史研究可分为以下几方面：一是对包括新疆在内的中国边疆地区宏观经略史研究。这方面代表性著作是马大正先生《中国边疆经略史》（中州古籍出版社2000年版）。该书系统地论述了历代中原王朝对边疆地区的谋划经营，边疆政策的产生、实施及效果，总结了其中成败得失。刘永强、王飞《两汉经营西域研究》（西北农林科技大学出版社2014年版）

---

① 李德华：《巴基斯坦维吾尔华人述略》，《新疆地方志》2013年第3期。

② 马大正、厉声、许建英：《芬兰探险家马达汉新疆考察研究》，黑龙江教育出版社2007年版。

③ ［英］斯坦因：《西域考古图记》，刘文锁译，广西师范大学出版社2000年版；斯坦因考察的详细研究见兰州大学王冀青的系列著作。

④ 关于斯文·赫定于中国联合开展的中瑞西北科学考察团最近研究成果，参见张久辰、徐凤先、李新伟：《中国西北科学考察团专论》，中国科学技术出版社2009年版；王新春：《近代西北考察与新疆政治社会——以西北科学考察团赴新疆考察为中心》，《西北民族论丛》2017年第2期。

对两汉经略西域做了宏观梳理，分析了不同政策及其背景与效果。二是历代新疆治理制度研究。例如，杨军《清代新疆地区法律制度及其变迁研究》（民族出版社2012年版）、陈芸《国民政府时期新疆基层行政体系研究》（光明日报出版社2014年版）、张安福《历代新疆屯垦管理制度发展研究》（中国农业出版社2010年版）等著作，对新疆历代屯垦做了较为深入的研究。梁海峡《近代新疆南疆司法制度研究》（民族出版社2011年版）、王晓峰《民国时期新疆地区宪政研究》（中国政法大学出版社2013年版）、伏阳《民国时期新疆法律制度研究》（中国政法大学出版社2013年版）、管守新《清代新疆军府制度研究》（新疆大学出版社2002年版）、周卫平《清代新疆官制边吏研究》（新疆人民出版社2014年版）、李方《唐西州行政体制考论》（黑龙江教育出版社2002年版）与《唐西州官僚政治制度研究》（黑龙江教育出版社2012年版）等，对不同时期新疆政治制度、法律制度、行政制度和官员体制做了系统的研究，旨在探讨历史上制度建设对于新疆治理的意义。三是历代中央政府治疆政策研究。新时期历代中央治疆政策尤其受到学界重视，既有对历代治疆政策的系统研究，也有各代治疆政策的研究，还有专项治疆政策研究。诸如，马大正等《新疆史鉴》（新疆人民出版社2006年版）就是其中的典型，立足点就是研究历代治疆政策的成败得失，旨在为当代新疆治理提供借鉴。齐清顺、田卫疆《中国历代中央王朝治理新疆政策研究》（新疆人民出版社2004年版），方英楷主编《中国历代治理新疆国策研究》（新疆人民出版社2006年版）和周卫平《中国新疆的治理》（湖南人民出版社2016年版），则着重于梳理历代治疆基本政策，总结历代中央政府治疆政策的创新与成效。

此外，关于新疆治理思想研究的成果不多，多聚焦个人治疆思想，例如茆永福著《张治中治疆思想研究》（新疆生产建设兵团出版社2011年版）。

（三）历史资料收集、整理与翻译突出

发掘新的历史资料是历史研究的重要内容，也是创新的基本保证，因此历史研究历来注重挖掘新资料。新疆历史研究也是如此，1998年以来全国各地从事新疆历史研究的学者们各尽所长，收集、挖掘、整理和翻译相关历史档案、文献、考古材料，规模大，数量多，为新时期新疆历史研究和创新带来了新的活力。

综合近20年新疆历史资料出版情况，主要有下列几类。一是中外文档案类整理，中国边疆史地研究中心、新疆维吾尔自治区档案局合编的《清代新疆档案选辑》（全91册，广西师范大学出版社2012年版），收录新疆档案馆所藏清代档案5800余件，反映了自清朝光绪元年（1875）至宣统三年（1911）间有关新疆政治、经济、文化、教育、司法、军事等方面的基本情况；中国第一历史档案馆、中国社会科学院中国边疆史地研究中心合编《清代新疆满文档案汇编》（全280册，广西师范大学出版社2012年版），收录了自雍正八年（1730）至宣统三年（1911）所有军机处满文月折包档案，内涉极其丰富，涵盖新疆事务的录副奏折、上谕、寄信、札付、咨文、呈文以及随奏折呈进的履历、口供、清册、清单等72812件。苗普生、赵海林主编《甘肃省档案馆藏清末新疆档案（全十二册）》（凤凰出版社影印出版2014年版）共收录档案73份，涉及时间从光绪二十一年（1895）至宣统二年（1910）。《清代新疆地区涉外档案汇编》（全六册，全国图书馆文献缩微复制中心2008年版）汇编了清咸丰至宣统年间清政府与派驻新疆官员来往文档，共19种。沈志华译《俄国解密档案：新疆问题》（新疆人民出版社

2013 年版）搜集和翻译了俄国涉及中国新疆的历史档案。二是文献资料的搜集、梳理和汇编。这方面既有对中国传统官方文献资料的梳理，也有清代、民国时期新疆官员个人奏稿、记述等方面的收集和整理。诸如马大正、阿拉腾奥其尔主编《清代新疆稀见奏牍汇编》（新疆人民出版社 2013 年版）收集了散见的清代官员奏牍。阿地力整理《杨增新补过斋文牍》则对该书进行标点。陈世明、吴福环、孟楠等主编《二十四史两汉时期西域史料校注》《二十四史魏晋南北朝时期西域史料汇编》《二十四史唐宋元明时期西域史料汇编》[①] 是从二十四史中华书局标点本辑录而出的西域（广义）有关史料汇集。余太山《两汉魏晋南北朝正史西域传要注》（中华书局 2005 年版）对两汉魏晋南北朝正史西域传有关西域的记载进行了系统注解。

四　思考与展望

回顾 20 年来新疆历史研究，可以说取得了巨大的成就。新疆历史研究人才培养成绩突出，成立和参与的研究机构持续增加，研究成果大幅增多，影响力逐步扩展，呈现出快速发展和走向繁荣之势，令人欣慰和振奋。但是，也必须清醒地认识到，新疆历史研究还存在不少问题，有些甚至是非常严重的问题，回顾历史不能不令人深思。

新疆历史研究领域也存在着激烈的分裂与反分裂斗争。作为意识形态的重要组成部分，新疆历史研究向来不平静，民国时期就有老牌分裂分子穆罕穆德·伊敏撰写的所谓《东突厥斯坦历史》，鼓吹“泛突厥主义”思想，杜撰维吾尔族历史；麦斯武德、艾沙更是长期在内地以及新疆经办杂志和出版社，传播“泛突厥主义”和“泛伊斯兰主义”（即“双泛”主义）思想。20 世纪 80 年代后期，吐尔贡·阿勒马斯撰写的《维吾尔人》（新疆青少年出版社 1989 年版）、《匈奴简史》（喀什维吾尔文出版社 1986 年版）和《维吾尔古代文学史》（喀什维吾尔文出版社 1987 年版），鼓吹民族分裂主义，煽动民族仇恨。这些以“双泛”主义为理论基础、以分裂思想为核心的历史研究，对新疆历史文化领域造成了严重危害，其恶劣影响在新疆教育和文化等领域始终未曾断绝。最近 20 年来新疆历史文化领域就有不少问题，存在着一股鼓吹民族分裂主义的暗流，煽动民族仇恨、灌输错误的认同思想。这些问题与相当长时间内新疆历史研究混乱密切相关。痛定思痛，最近两年多来新疆意识形态领域正在进行深入的治理，对过去 40 年做全面梳理，旨在解决上述诸多问题，这是一个良好的契机。2018 年，中央形成《关于新疆若干历史问题座谈会纪要》，这既是对过去新疆历史研究中存在的问题的总结，也是新时期新疆历史研究的指导原则。新疆历史研究受到国家如此高度重视，可见其重要性和紧迫性。因此，就未来新疆历史研究而言，以下几方面应该重视：一是要立足中国大一统历史观的建构。以马克思主义唯物史观为指导，以凝聚中华民族的大一统历史观为视角，以高度的历史责任感认识新疆历史和历史研究，开展正确的国家观、历史观、民族观、文化观和社会主义道路教育。要持之以恒地从中国国家史观高度梳理新疆历史，解决新疆历史认识中存在的问题，解决好历史研究中的理论问题，开展好重大历史

① 陈世明、吴福环、孟楠等主编：《二十四史两汉时期西域史料校注》《二十四史魏晋南北朝时期西域史料汇编》《二十四史唐宋元明时期西域史料汇编》，新疆大学出版社 2003 年、2007 年、2010 年版。

问题的研究。二是要高度重视新时期新疆历史研究的新背景、新要求。新时期国家发展出现重大变化，其中“一带一路”倡议对新疆提出了新的历史定位，新疆核心区的确立和建设为新疆提供新的历史机遇。在此背景下新疆历史研究要顺应历史发展大势，提出新要求。一方面要深入研究新疆在古代丝绸之路建设和东西方交流中的历史作用，探讨丝绸之路的历史文化价值；另一方面要结合“一带一路”倡议，发扬丝绸之路精神，做好历史性的大交流与融合。因此，要系统研究新疆与周边国家关系史，以史为鉴，借古鉴今，更好地促进新疆核心区的建设。三是注重新疆历史研究新资料的收集、挖掘和整理。大量中国清代及民国时期历史档案文献、新疆考古资料、近代外国涉疆档案以及少数民族文献，都应该得到充分重视，都需要逐步梳理、整理，有些还需要翻译出来。这对我们更好地认识新疆历史意义重大，对深化新疆历史研究意义重大。例如察合台文文献整理与翻译、三区革命资料整理与翻译，近代周边国家涉疆历史档案文献的整理与翻译，近代西方国家涉疆档案的收集整理与翻译，都应陆续展开。四是要加强新疆历史研究话语权体系的建构，充分确立新疆历史研究的话语权。近代以来，西方国家凭借其建立的现代学科体系的优势，在其向亚洲扩张中无视当地国家既有的话语体系，将当地话语体系纳入其自己学科体系中，形成了对当地影响深远的话语权。新疆历史研究中也面临着西方近代所建构的话语体系和话语权独大的问题，因此如何正视历史上形成的问题，充分系统吸收国内外新疆历史研究的成果，在新的历史大变革中，以我为主探索建立中国新疆历史研究理论体系和话语体系显得尤为重要。

（原载《中国边疆史地研究》2019 年第 2 期）

第二篇

2018—2019 年中国边疆研究综述

中国边疆理论研究综述（2018—2019）
北部边疆研究综述（2018—2019）
东北边疆研究综述（2018—2019）
海疆研究综述（2018—2019）
西南边疆研究综述（2018—2019）
西藏研究综述（2018—2019）
新疆研究综述（2018—2019）

中国边疆理论研究综述（2018—2019）

王义康　宋培军*

2018—2019 年度中国边疆理论研究，取得重要进展，表现在重要理论观点、方法、热点问题，中国边疆学学科发展，代表性学者及主要研究成果，以及重要学术活动等方面。中国边疆话语体系构架及中国边疆学学科建设是本领域热烈讨论的问题。

一　重要学科发展指引

2018—2019 年度，在十九大精神以及 2019 年 1 月 2 日习近平总书记致中国社会科学院中国历史研究院成立之贺信精神的指引下，中国边疆理论研究取得了新进展。贺信提出了“历史中国”与“当代中国”，为新时代中国历史科学包括中国边疆学的发展指明了方向。这对史学工作者来说，既是鼓舞，又是鞭策，要发出新时代广大历史工作者的强音①。林文勋撰文指出边疆问题涉及历史、地理、经济、社会等众多人文社会科学乃至自然科学。中国边疆学本质上就是一门新兴的交叉学科，以边疆史地研究为源，以交叉学科为用②，这一学科定位，试图为中国边疆学的建构指明路径。

2018—2019 年度探讨构建边疆学的方法、路径仍为热点问题。以边疆学理论构建推动中国边疆研究是近年来学科发展的总趋势。李国强认为中国边疆学是“独立知识体系”，“边疆研究的理论（或知识）基础，决定了中国边疆学所具有的独立性”③。王欣指出中国边疆的特性，中国疆域形态、边疆形态具有动态（相对模糊）、静态的（大致稳定）双重属性④。李鸿宾主张以王朝至民国阶段中国边缘地带的人群之间的活动、人群与地理环境的关系及相邻问题为研讨的内容，进而把中国边疆学分为王朝国家边疆学、民族国家边疆学两个阶段⑤。张云强调从中国边疆研究的自身特点出发，明确中国边疆研究的原则、方法和目的。学习借鉴国外包括西方和非西方国家的边疆研究理论、

---

* 王义康：中国社会科学院中国边疆研究所研究员。宋培军：中国社会科学院中国边疆研究所研究员。

① 田澍：《发出新时代中国历史工作者的强音——学习习总书记致中国历史研究院成立贺信精神的体会》，《中国边疆史地研究》2019 年第 1 期。

② 林文勋：《开创新时代中国边疆学学科建设的新局面》，《历史研究》2019 年第 1 期。

③ 李国强：《开启中国边疆学学科建设新征程》，《中国边疆史地研究》2018 年第 1 期。

④ 王欣：《关于中国边疆学学科话语理论体系建构的几点思考》，《中国边疆史地研究》2018 年第 3 期。

⑤ 李鸿宾：《对“中国边疆研究”概念的认识与界定——兼谈“中国边疆学”学术体系之建构》，《中国边疆史地研究》2018 年第 3 期。

方法和优秀成果，但目的是为了深化中国边疆研究理论，提升自身话语能力，而不是削足适履，做出脱离中国边疆实际的判断或者采取套用式的解读①。

在当代边疆治理方面，中华民族共同体意识的确立是根本性议题。青觉、徐欣顺分析了在边疆地区铸牢中华民族共同体意识的情感路径，指出基于边疆稳定发展的基础从物质制度到共同体意识的变迁，铸牢中华民族共同体意识要注意发挥情感政治与情感供给的作用，提出建立新时代边疆情感政治学的命题②。周平对中共十九大做出的“加快边疆发展”决策意义进行了阐释，并对实现这一决策的国家战略路径进行了探讨③。关于当代民族理论方面，李赞、金炳镐从思想基石、群众基础、社会条件、创新载体和法治保障等方面对促进新时期我国民族团结进步事业的基本途径进行了探讨④。以上研究从不同侧面揭示了当代中国多民族国家多元一体中华民族格局的形成途径与治理特点，具有参考价值。

二　多民族国家理论逐渐成型

基于唯物史观原理的中国统一多民族国家研究，认为中华人民共和国建立后，“中国统一多民族国家”的表述逐渐定型。由吕一燃编《马克思恩格斯论国家领土与边界》，可以大致窥见马克思恩格斯的中国边疆观⑤。宋培军认为中国统一多民族国家的形成是古代、现代两条民族形成道路互动融合的结果，由此可以解构当今流行的源自西方的民族概念，进而揭示西方民族国家理论的局限性⑥。相对于腹地而言，边疆边地边陲是国家的边缘存在。既有《中国边疆政治学》的论述，无论是基于民族学的学科背景⑦，还是基于政治学的学科背景⑧，都谈到土司问题，并且都把它归结为政治制度，但是谈的很多是经济问题，对它的东方农业公社性质没有说明，宋培军对马克思“农业公社”思想的研究，揭示了云南土司以及入关前的满洲的边疆社会存在及其农业公社性质⑨。

关于中国古代多民族国家形成方面，王义康以郡县为视角阐述了唐代设置羁縻州的意义，指出唐代设置羁縻州实行了内地与非汉地区地方行政体制的一体化，原则上在羁

---

① 张云：《中国边疆研究的内涵和特征刍议》，《中国边疆史地研究》2018 年第 3 期。

② 青觉、徐欣顺：《新时代边疆稳定发展的情感政治学研究——边疆地区铸牢中华民族共同体意识的情感路径分析》，《中国边疆史地研究》2019 年第 1 期。

③ 周平：《边疆发展须要国家战略的推动》，《中国边疆史地研究》2019 年第 2 期。

④ 李赞、金炳镐：《新时代促进我国民族团结进步事业基本途径的探索》，《中国边疆史地研究》2019 年第 3 期。

⑤ 宋培军：《马克思的“世界历史”与“世界历史民族”思想及其中国边疆研究意义——从“生产方式”的三种含义说起》，《文史哲》2015 年第 2 期。

⑥ 宋培军：《马克思的游牧民族思想及其对中国边疆学建构的意义》，《中国边疆史地研究》2017 年第 4 期。

⑦ 吴楚克：《中国边疆政治学》，中央民族大学出版社 2005 年版，第 38 页。

⑧ 周平：《中国边疆政治学》，中央编译出版社 2015 年版，第 29—30 页。

⑨ 宋培军：《马克思“农业公社”思想放弃论之我见》，《史学理论研究》2018 年第 4 期。

縻州也要推行唐王朝的政令与法令[①]。高福顺探讨了辽朝在中国古史谱系中的地位与作用[②]。程妮娜探讨了《金史》进入正史的特殊性，认为金首开进入中原的北族王朝不以先祖比附华夏炎黄二帝的先河[③]。

针对新清史提出的“清朝不等于中国”观点，即所谓蒙藏上层“对清帝国的忠诚并不等同于对于新成立的中华民国的忠诚”[④]，中国学者进行了有力回应。新清史观点的核心有两点：其一，满洲皇帝是汉满蒙回藏五族的共时性君主，没有相对于蒙古之汗、藏之文殊菩萨大皇帝的超越性；其二，满洲皇帝不在，则多民族国家势必解钮。对于前者，钟焓认为自从入关以后，“皇帝”一词在地位和重要性上逐渐开始凌驾于汗之上[⑤]。对于后者，刘文鹏认为至少在雍乾之际已经开始密集地、大规模地在蒙古新疆地区派驻将军、大臣，以及由此形成的对中国国家的认同，才是清至民国维系国家大一统的关键所在[⑥]。

关于近代多民族国家构建方面，吴楚克、索音布认为康有为的边疆民族思想和政治立场是强调建立多民族的君主立宪政体对稳固边疆民族地区统治的必要性。辛亥革命爆发后，康有为提出“五族合一”的思想，在当时产生了一定的影响[⑦]。宋培军对袁世凯手批清帝辞位诏书进行了分析，认为由国体民族（满蒙回藏）、政体民族（汉）构成的共和立宪国体是清朝遗留给民国的思想制度遗产，五族共和、民主国体思想在民国初年的确立，有助于边疆民族的国家统合，具有巨大的历史意义[⑧]。孙宏年论述了国际法东渐对中国近代疆域变迁、边界问题产生重大影响，并认为当代中国与邻国边界谈判、划界时，历史依据与法理依据同样重要[⑨]，也强调了学科交叉的重要性。孙宏年回顾了20世纪20—40年代各界对边疆概念的理解，以及理解差异对边政学构建产生的困扰，对今天中国边疆学学科建设具有借鉴意义[⑩]。

基于民族史视角的多民族国家研究，从对中国、天下内涵的探讨开始，或以为

---

① 王义康：《因俗而治与一体化：唐代羁縻州与唐王朝的政令法令》，《中国历史地理论丛》2019年第4期。

② 高福顺：《辽朝在中国古史谱系中的历史定位》，《中国边疆史地研究》2019年第2期。

③ 程妮娜：《从自称“中国”到纳入“正统”——中国正史中的〈金史〉》，《南国学术》2019年第4期。

④ Evelyn S. Rawski, *Presidential Address*: *Reenvisioning the Qing*: *The Significance of the Qing Period in Chinese History*, The Journal of Asian Studies, Vol. 55, Na. 4 (Nov., 1996), pp. 829 – 850.

⑤ 钟焓：《论清朝君主称谓的排序及其反映的君权意识——兼与“共时性君权”理论商榷》，《民族研究》2017年第4期。

⑥ 刘文鹏：《清末民初“国家构建”问题再阐释》，《河北师范大学学报》2018年第5期。

⑦ 吴楚克、索音布：《康有为边疆民族思想研究》，《北方民族大学学报》2019年第3期。

⑧ 宋培军：《袁世凯手批清帝辞位诏书的发现及其对清末民初国体因革的认知意义》，《文史哲》2019年第4期。

⑨ 孙宏年：《国际法东渐及其对近代中国疆界的影响刍议》，《思想战线》2019年第5期。

⑩ 孙宏年：《认知与实践：20世纪20～40年代“边疆”理念及启示》，《云南师范大学学报》2019年第4期。

“天下”是由“夏”和“夷”两个行政区域构成的二元结构，或者是一个“文化共同体”[①]，“中国”是指汉代以来的郡县区域。中华大地上生活的人群大体可以分为游牧与农耕两大族群，而两大族群的互动不仅构成了中国史书的主要内容，也是中国从传统王朝国家向近现代主权国家的转变的主要推动力量。李大龙从国家建构的视域下探讨游牧与农耕两大族群的互动[②]，不仅为研究两大族群互动提供了一个全新的思路，更有助于形成符合阐释中华大地主权建构与族群凝聚历史的话语体系。如何界定边疆，李大龙以清代边疆为例指出，“民夷杂处”并不是清朝界定“边疆”的唯一标准[③]。

关于当前的多民族国家研究，李大龙认为尚未构建出一套成熟的关于多民族国家形成与发展的理论[④]。何为边疆研究的前沿，李大龙认为中国边疆话语体系建构、多民族中国形成与发展的理论解构、“东亚天下秩序”的理论解构、中国海疆的形成与发展、治边思想的形成与发展、中国边疆学学科体系建设等方面的研究，是新时代边疆学研究的前沿问题[⑤]。

三　热点问题：中国边疆学原理、新疆域研究

习近平总书记2017年在联合国日内瓦总部“构建人类命运共同体”演讲中提出了把“深海、极地、外空、互联网等领域”作为“新疆域”的论述[⑥]。如何认识这些“新疆域”形态，成为在中国边疆学名义下讨论的热点课题。2017年国家社科基金重点项目“中国边疆学原理研究”，南北同时获得立项，原理研究的成果于2018—2019年陆续发表。

部分学者研究视线从传统边疆或者说实体边疆转向虚拟边疆，建立一般边疆学理论的呼声也越来越高。其主要成果对虚拟边疆的内涵，与实体边疆的联系与区别，以及建立一般边疆学理论的必要进行了阐述[⑦]。白利友引用美国学者的论述指出，大数据的发展催生了数字边疆（Data Frontier）[⑧]。陈宇认为国家发展“新疆域”的话语已经上升到国家层面[⑨]。周平则做了更为明确的政治学学理说明，随着全球过程中超越于主权的疆域凸显和常态化，“领土”已不能有效地描述和说明国家疆域的变化。于是，“疆域”

---

① 李占荣、唐勇：《中国“统一的多民族国家”属性的宪法意义》，《民族研究》2018年第2期。

② 李大龙：《游牧行国体制与王朝藩属互动研究》，内蒙古大学出版社2018年版，第58页。

③ 李大龙：《“中国边疆”的内涵及其特征》，《中国边疆史地研究》2018年第3期。

④ 李大龙：《游牧行国体制与王朝藩属互动研究》，内蒙古大学出版社2018年版，《导言》第9页。

⑤ 李大龙：《新时代边疆学研究的热点与前沿问题》，《云南师范大学学报》2019年第1期。

⑥ 习近平：《共同构建人类命运共同体——在联合国日内瓦总部的演讲》，http://www.xinhuanet.com/world/2017-01/19/c_1120340081.htm，2017年1月19日。

⑦ 孙勇：《建构边疆学与原理研究探讨之孔见》，邢广程主编：《中国边疆学》第九辑，社会科学文献出版社2018年版。

⑧ 白利友：《大数据时代的数字边疆及其治理思考》，《云南师范大学学报》2018年第5期。

⑨ 陈宇：《总体国家安全观视野下的边疆安全复合体：边疆安全的区域和整体视角》，《西北民族大学学报》2018年第3期。

概念再度被广泛使用。《联合国海洋法公约》涉及的海洋专属经济区，《国家安全法》涉及的外层空间、国际海底区域和极地，都是非主权疆域①。孙勇认为欲建立“中国边疆学”首先要建立“一般边疆学”，又说“一般边疆学是中国边疆研究的理论基础”②，他致力于撰述的“边疆学导论”，体现出更多的科学哲学思辨。针对“中国边疆学原理”的立项，他指出传统边疆研究“排斥或缺乏哲学的思辨，不能自觉地将科学哲学的基本原理用于研究”，中国边疆学的对象是从实体边疆（陆疆、海疆、空疆、外空疆）到虚拟边疆、疆域（互联网、国际金融、信息安全）③。孙勇、王春焕延续了既有的哲学思路，对边疆形态的共性个性问题主张“用哲学的整体与部分关系理论进行分析”，把互联网视为“陆、海、空、天四大自然疆域”之外“人类自己建构的第五大疆域”，认为“互联网作为虚拟疆域，就会有边疆的出现”④。

中国边疆研究是一门综合性学科，以什么原理指导其研究，研究者从不同学科探讨建立中国边疆学的依据。其一，将中国边疆学纳入法学范畴，崔明德主张把中国边疆学与国家安全学、公安学等一级学科并列纳入法学门类⑤。其二，在地缘政治学基础上建立中国边疆学，主要是从周边地缘安全与跨界民族出发⑥。其三，从军事学学科出发构建中国边疆学⑦。其四，从政治学治理出发建立边疆学，主要是因应虚拟边疆概念的提出。周平《中国边疆政治学》从政治学视角研究边疆，提出“简单地说，边疆是建构的产物”“边疆是建构起来的”。对此，杨明洪提出不同意见⑧。对于“边疆实在论”，朱碧波、李朝辉⑨以及方盛举先后做出回应。方盛举指出：“在政治学的视角里，边疆就是国家体系中的边缘性区域或领域”，前者“不仅包括陆地边疆、海洋边疆、底土边疆、空疆、高边疆，甚至还包括安全边疆，即能够拱卫我国领土安全的缓冲区域，主要指我国边界线以外的周边国家和地区，我们可以以国家实力为基础，以外交为手段，以政治、经济、文化等的合作为平台，把我国周边国家经略成为拱卫我国领土安全的区域，这一区域也可以称为我国的安全边疆”，后者“不仅有经济边疆、政治边疆、社会边疆、文化边疆，还有信息边疆、利益边疆，等等”。对于后者，他举例说“信息边疆之所以存在，就是信息安全短板总是由于信息科技发展的制约而难以彻底克服”；对于前者，他认为“杨明洪教授只注意到了主权边疆，而在当代世界，非主权边疆和超主

---

① 周平：《如何认识我国的边疆》，《理论与改革》2018 年第 1 期。

② 孙勇：《华西边疆评论》第五辑，民族出版社 2018 年版，第 52 页。

③ 孙勇：《建构边疆学与原理研究探讨之孔见》，邢广程主编：《中国边疆学》第九辑，社会科学文献出版社 2018 年版，第 13、30 页。

④ 孙勇、王春焕：《边疆理论研究的共性与个性问题探讨》，《四川师范大学学报》2019 年第 2 期。

⑤ 崔明德：《关于中国边疆学学科建设的几点看法》，《中国边疆史地研究》2018 年第 3 期。

⑥ 吴楚克、徐珊珊：《现时代理性认识的特点与中国边疆学建构》，《中央民族大学学报》2018 年第 4 期。

⑦ 郑汕：《关于建构中国边疆学的几点思考》，《地域文化研究》2018 年第 1 期。

⑧ 杨明洪：《反“边疆建构论”：一个关于“边疆实在论”的理论解说》，《新疆师范大学学报》2018 年第 1 期。

⑨ 朱碧波、李朝辉：《边疆建构论与边疆实在论：对立抑或共生？——兼与杨明洪教授商榷》，《新疆师范大学学报》2018 年第 2 期。

权边疆也已经出现，并成为客观存在的事实”①。孙勇、王春焕也认为，“边疆实在论”的短板，并不在于从不同于政治学的角度来论述问题，而在于杨明洪确实没看到边疆概念在当代的拓展，依然以陆海边疆作为研究的出发点②。

关于当前的中国边疆学构建现状，吴楚克认为中国边疆学理论研究的出发点需要重新认识，指出“中国边疆学原理”在本质上依从社会物质生产的基本规律③，吴楚克、马欣把“坚持马克思主义哲学的基本观点”作为“构筑中国边疆学亟待解决的理论前提”，把马克思的基础决定论作为“马克思最深刻的思想”④。罗中枢将中国边疆学界定为统筹内外谋划国家安全和发展的战略学，列举了21条“边疆学原理”：主体原理、建构原理、靠界原理、疆界原理、比值原理、互动原理、伸缩原理、圈层原理、分合原理、层叠原理、牵制原理、均衡原理、类聚原理、折射原理、人本原理，以及具有中国边疆特色的统一和谐原理、多元一体原理、居中驭边原理、内聚建边原理、因俗而治原理、以文化人原理⑤。

一个新兴学科发展到这个时候就需要我们认真分析此前已有的国外研究中国边疆的经验，以扩大视野。吴楚克、卢俊达以6本域外研究中国边疆的原著为对象进行文本分析，从中辨析民族志、区域史、历史主义、修正派历史、社会史和情报分析研究等方法的长短得失；对目前边疆研究提出更高要求，不仅应结合我国边疆历史发展的具体情形，而且对国外研究要进行主动回应和批判性反思⑥。

关于中国边疆属性，姚大力认为“中国边疆”的最基本特征就是它的“民族性”，中国边疆的“民族属性”又在很大程度上体现为内亚性诸特征⑦。孙勇、王春焕尝试从早期李安宅提出的“边疆性”概念中获得启示，认为这个命题仍然具有一定的理论价值⑧。吕文利对1998—2018年中国边疆学构建和边疆理论发展历程做了评述⑨，并对中国边疆概念分层次进行了剖析，认为现代中国的“边疆”概念是继承了历史上的边疆观念，并由民族国家的理念过滤发展而来的⑩。这些学者对边疆等概念的讨论，构建了中国边疆学标识性概念的核心。

---

① 方盛举：《新边疆观：政治学的视角》，《新疆师范大学学报》2018年第2期。

② 孙勇、王春焕：《时空统一下国家边疆现象的发生及其认识——兼议“边疆建构论”与“边疆实在论”争鸣》，《理论与改革》2018年第5期。

③ 吴楚克：《现代社会分工背景下的边疆经济与边疆社会治理》，《北华大学学报》2018年第3期。

④ 吴楚克、马欣：《解构边疆观与重构边疆学》，《思想战线》2019年第2期。

⑤ 罗中枢：《边疆的个性与共性及边疆研究的理论创新》，《理论与改革》2019年第2期。

⑥ 吴楚克、卢俊达：《21世纪以来国外中国边疆研究重要文本分析》，《云南师范大学学报》2018年第3期。

⑦ 姚大力：《中国边疆的基本特性》，《学术月刊》2019年第2期。

⑧ 孙勇、王春焕：《中国边疆研究中的“边疆性”问题探讨——以李安宅的边疆性概念解析为例》，《中央民族大学学报》2019年第2期。

⑨ 吕文利：《新世纪中国边疆学的构建路径与展望——兼论中国边疆理论的三个来源》，《中国边疆史地研究》2019年第2期。

⑩ 吕文利：《何谓“边疆”——论中国“边疆”概念的三重空间》，《中央民族大学学报》2019年第4期。

2018—2019 年建立包括实体边疆与虚拟边疆在内的中国边疆学呼声越来越高。朱金春认为当前边疆研究依然聚焦多学科跨学科的理论与方法讨论，而忽视了对边疆自身进行本体论意义上的讨论。“边疆建构论”与“边疆实在论”的提出标志着边疆研究的本体论转向，具有重要的理论价值与学术意义①。罗中枢界定边疆是靠近边界而非边界的区域，包括多种形态。边疆概念是从各种具体的边疆现象、边疆问题及其认知中抽象概括出来的一个普遍概念，当今中国边疆研究的一个重要任务是正确把握个性与共性的辩证关系，在研究中凝练出边疆观及边疆学的基本范畴和原理②。孙勇、王春焕认为传统的边疆研究体系与新的边疆研究体系既有共性也有个性，实现边疆研究的个性与共性的通约与转化，对于国家决策能否有边疆理论的支撑至关重要③。

四　研究方法：多视角审视中国边疆

摆脱以内地为中心、多视角审视中国边疆已成为趋势。主要表现在以下几个方面。

从全球史视角探讨中国边疆形成与发展。李鸿宾在这方面进行了尝试。考虑到唐朝拓展幅度及其影响范围对自身限域的超越，尤其是农耕、游牧兼纳所蕴含的南北统合的内外联动，这样的基础对确立唐史研究领域的全球史观新范式非但具有可能性且实属必然④。施展认为中国是东亚轴心文明的载体，具有超大规模性。是由农耕与游牧的外部均衡与帝国内部多元均衡来维持的。西方近代秩序的到来打破了二元帝国的内在均衡，导致中原秩序取代帝国秩序，边疆的意义开始出现深刻变化，并作为一个问题浮现出来⑤。

从周边看中国。葛兆光积极推动“从周边看中国”研究计划，把日本、韩国、越南等地保存的有关中国史资料作为“新材料”，试图提供重新认识东亚和中国的多重视角与立场。他出版的相关主题系列著作，在国际学界受到广泛关注。2017 年出版的《历史中国的内与外——有关“中国”与“周边”概念的再澄清》是有关东亚与中国研究系列论著之一。旨在对“周边”及其相对应的“中国”概念做的界定，梳理历史上中国疆域、族群和文化的移动与交错，说明内与外之变化，并尝试沟通原本分属中外关系史、中国民族史（包括边疆民族）、历史地理学（包括边疆史地）、全球史（和区域史）等各学术领域的数据和方法⑥。

从双边疆看中国。姚大力认为拉铁摩尔“最带原创性的精辟见解”是边疆王朝思想，拉铁摩尔“相信还没有人指出过”的独有发现正在于：游牧人的征服来自草原边

---

① 朱金春：《边疆研究的本体论转向——“边疆实在论”与“边疆建构论”之争鸣再讨论》，《云南师范大学学报》2019 年第 5 期。

② 罗中枢：《边疆的个性与共性及边疆研究的理论创新》，《理论与改革》2019 年第 2 期。

③ 孙勇、王春焕：《边疆理论研究的共性与个性问题探讨》，《四川师范大学学报》2019 年第 2 期。

④ 李鸿宾：《从全球史语境看唐史研究新范式出现的可能性》，《陕西师范大学学报》2018 年第 3 期。

⑤ 施展：《枢纽：3000 年的中国》，广西师范大学出版社 2018 年版。

⑥ 葛兆光：《历史中国的内与外——有关“中国”与“周边”概念的再澄清》，香港中文大学出版社 2017 年版。

境而非大草原。在“‘内、外边疆’和‘贮存地’：分析概念的有效性与欠缺”的主题下，姚大力专门探讨了拉铁摩尔概念运用的得失问题。他认为：“内外边疆的概念，可以用来非常有效地解释很多现象”，而借助于内边疆的概念，可以更好地理解类似绿洲的河西走廊何以具有“分离主义特征”、内蒙古部落何以“调转方向、背向边界而不是面向边界”、甘青川藏区土司制度何以长期维系下来。除了土司制度，“柴达木和青海高原”作为一个“内边疆”地区的“特殊属性”，也是清代有效治理甘青川藏区“起到极关键作用的因素”。就北魏而言，内边疆存在于北魏长城地带。姚大力指出，北魏只有平城时代那样的过渡时期才有对六镇（内边疆）的依赖①。彭丰文注意到盛乐建都的早期历史：平城与盛乐，前者位于长城以南，后者位于长城以北。在迁都平城的前期，盛乐是平城的后方基地，平城是盛乐的前线阵地，两地互动极为便利。北魏王朝迁都平城后，在北方长城边塞沿线一带，长期保留了一批部落大人即“领民酋长”的名号和统领部民之权，这种状况一直延续到北魏末年②。钟焓对部落联盟的历史形态③进行考证，认为对于14世纪前中期的吐鲁番一带而言，该地始终保持着一定程度的两重属性，即地方统治权归察合台汗国，但又并未置身于元朝的政治影响之外④。赵现海把内外两大山系之间的所谓“核心边疆”，对应拉铁摩尔所谓“中国的亚洲内陆边疆”或“长城边疆”⑤。刘祥学提到万历二十年（1592）云南置八处关隘固守，在《清史稿》看来“其实八关皆无险阨可守”⑥。

从当代国际关系视角出发审视中国边疆。中国边疆与周边国际环境关系极为密切，邢广程讨论了崛起进程中的中国边疆与周边国际环境之间的关系⑦。

五　基本学术积累与今后发展

中国社会科学院中国边疆研究所疆域理论研究室，一方面从事马克思主义疆域理论研究，另一方面加强对中国统一多民族国家体制形成与发展，以及疆域形成与政治、民族之关系等问题的研究，近年来发表系列研究论文，在前人基础上获得了突破性进展。从2017年起，中国边疆研究所疆域理论研究室以“中国多民族国家形成与发展史研究”为院级基础研究课题，探讨多民族国家形成的规律，试图建立中国疆域理论体系。

2018—2019年度学科发展方面，中国边疆研究会议是重要学术平台。2018年10月

---

① 姚大力：《内陆亚洲与中国历史：读〈中国的亚洲内陆边疆〉札记》，载清华国学院编《清华元史》第3辑，商务印书馆2015年版；姚大力：《追寻“我们”的根源：中国历史上的民族与国家意识》，生活·读书·新知三联书店2018年版。

② 彭丰文：《从盛乐到平城：北魏王朝的国家建构与政治转型》，《西南民族大学学报》2018年第7期。

③ 钟焓：《重释内亚史》，社会科学文献出版社2017年版。

④ 钟焓：《北族王朝没有中国意识吗——以非汉文史料为中心的考察》，《中国社会科学评价》2018年第2期。

⑤ 赵现海：《中国古代疆域模式的历史特征及其根源——与西欧、阿拉伯、俄罗斯疆域模式的比较分析》，《暨南学报》2018年第7期。

⑥ 刘祥学：《论边地土司与中国疆界的形成》，《中国边疆史地研究》2018年第3期。

⑦ 邢广程：《周边、周边外交与中国边疆》，《中国边疆史地研究》2018年第3期。

27 日，中国社会科学院中国边疆研究所马克思主义国家与边疆理论研究室举办了“2018 年中国边疆研究理论与方法”学术研讨会。来自中国社会科学院边疆研究所、复旦大学、中国人民大学、中央民族大学、吉林大学、四川大学、河南大学、中南民族大学、浙江师范大学等单位的 20 多位专家学者相聚北京，为建构面向新时代的中国边疆学学科畅所欲言，侧重理论依据与研究方法两个领域进行学术研讨。检讨、恳谈既往中国边疆学建构的得失，是此次会议的研讨主题，重新审视与发现中国历史，揭示历代边疆特质，是本次会议的研讨重镇。2019 年 8 月 16—18 日，由中国社会科学院中国边疆研究所和海南大学联合主办，海南大学政治与公共管理学院和海南省公共治理研究中心承办的“第七届中国边疆研究青年学者论坛”在海南省海口市召开。主题为“新起点、新使命：发展中的中国边疆研究”，内容涉及“边疆政制”“边疆开放与开发”“边疆稳定与周边关系”“边疆理论与研究”等 9 个讨论专题。与会学者 60 余位。9 月 10—11 日，由中国社会科学院中国边疆研究所、甘肃省社会科学院、新疆智库、中国西部开发促进会共同主办的“第七届中国边疆学论坛”在兰州召开，与会学者 90 余位。围绕“传承与创新：中国边疆学的新视野、新进展”主题，从不同角度就当今中国边疆学的研究展开探讨与交流。上述会议提出一些新命题，对中国边疆学学科体系、学术体系、话语体系的构建极具意义。

本学科今后发展方向：其一，必须强化唯物史观原理是中国边疆学原理基石这一基本认识。其二，坚持多学科的交叉是学科发展的必要条件。这方面将政治学、法学等学科引入边疆研究已取得了成就。本学科应在此基础上规划，在未来五年构建中国疆域理论体系及边疆理论体系。

北部边疆研究综述（2018—2019）

陈　柱　塔米尔*

北部边疆研究是中国边疆学的重要分支学科和组成部分，是从传统中国边疆史地研究中的北部边疆史地研究发展而来的，历史研究和现状研究并重。2018—2019 年，北部边疆研究无论在历史研究还是现状研究方面都取得重要进展。历史与基础研究方面，学界在历代北部边疆治理，北部边疆族群认同、交流交往交融与统一多民族国家建构，北部边疆历史地理，北部边疆游牧社会与草原文明，历代北部边防，草原丝绸之路与北部边疆商业贸易，北部边疆周边关系与近代北部边疆危机等领域做了大量研究工作，产生了丰硕成果，尤以前五个领域成果最多。现状与应用研究方面，学界围绕内蒙古民族团结工作、中蒙俄经济走廊、生态屏障建设三大领域取得不少进展。现综述如下。

一　北部边疆历史研究

（一）历代北部边疆治理

历代王朝治理边疆地区的各项制度、政策措施与建置向来是中国边疆研究的热点和重要领域之一。2013 年党的十八届三中全会提出“推进国家治理体系和治理能力现代化”，2019 年党的十九届四中全会审议通过《中共中央关于坚持和完善中国特色社会主义制度、推进国家治理体系和治理能力现代化若干重大问题的决定》。边疆治理体系和治理能力的现代化是国家治理体系和治理能力现代化的有机组成部分，北部边疆治理研究成为这两年北部边疆研究的热点，成果数量居最，时间囊括历朝历代，内容涉及治边思想，军政制度、政策措施与建置、经济开发与管理、社会治理与法治、宗教管理、移民与逃人管控、文化教育建设、交通运输建设、边臣与吏治等方面。

1. 北部边疆治理思想

北部边疆治理思想方面，有代表性学术论文两篇。李庚伦认为，历代王朝基于不同区域间的差异，在“守中治边”思想基础上形成间接被动和积极主动的治边思想；为了维护北部边疆在内的陆地边疆政治安全，设置专门的中央与边疆治理机构，开创军民戍边的传统；治理主体的健全、治理过程的互动和治理环境的稳固是实现陆地边疆政治安全治理的三大因素①。魏志江等人指出，辽帝国探索出一套以“因俗而治”和“一国二元”为制度框架的国家政治和农耕与游牧并重的国家安全思想；以儒家德治思想为

---

* 陈柱：中国社会科学院中国边疆研究所助理研究员。塔米尔：中国社会科学院中国边疆研究所助理研究员。

① 李庚伦：《中国历代陆地边疆政治安全治理研究》，《贵州民族研究》2018 年第 12 期。

指导，构建起多层次的羁縻、封贡、宗藩体系以拱卫国家安全；对漠北高原征抚并用，设立西北路招讨司和一系列边防城池，实行屯田和移民实边，建立北部边疆安全防御体系，从而保障了从内亚到东亚的草原丝绸之路的畅通①。

2. 北部边疆军政制度、政策措施与建置

北部边疆治理的军政制度、政策措施与建置历来是北部边疆历史研究的热门领域，两年内产生代表性专著 3 部、学术论文 30 余篇。专著方面，彭丰文《魏晋南北朝时期边政研究》界定了“边政”与“边疆”概念，在宏观考察中国古代边政思想的基础上探讨了魏晋南北朝时期边政思想的内容和特点，按照时间顺序详细考察了魏晋南北朝各政权的边疆经略政治、军事政策与措施，并对这一时期的边疆开发和边疆管理体制作了专题研究②。王萌《北魏北部边疆与民族政策研究》集中探讨了北魏时期北部边疆经略的政治与军事政策措施③。石见清裕《唐代的北方问题与国际秩序》围绕唐朝的北方问题与国际秩序展开论述，细致讨论了唐朝对内附异民族的管理方式和突厥遗民在唐朝的生存状态④。

论文方面，涉及众多主题，时代跨越秦汉至民国，其中尤以清代治理内外蒙古的政治、军事制度与政策措施为多，数量达 20 余篇。和亲政策是历代中原王朝处理与周边民族政权关系的一项基本政策。学界有四篇论文从不同侧面探讨了汉匈之间的和亲。小军认为，白登之围并非发生在高祖七年冬，而是高祖六年冬，汉匈最初缔结和亲发生于高祖六年正月间⑤。景凯旋就刘敬和亲及其时间与小军一文进行了商榷，指出司马迁对史料的选取影响了相关叙述的准确性、可靠性，造成刘敬和亲的确切时间难以考证⑥。江俊伟分析了汉武帝以前的汉匈八次和亲，判定其本质为“岁遗”而非通婚，明显存在匈强汉弱的不对等关系⑦。刘举将汉匈之间的通婚按目的分为以婚谋国、和亲、拉拢与控制附属国、笼络降附部族与人员、监控外族俘虏五种类型，指出其总体上有利于各民族间的和平发展、经济文化交流与民族融合⑧。

彭丰文认为北魏北部边疆经略中军事讨伐政策非常短暂，基本方针是防守、羁縻与怀柔，“守在四夷”的中原传统边疆经略思想是其思想源泉和理论依据⑨。张莉结合唐初政治社会背景和出土墓志铭文，考察了贞观四年至二十三年间唐朝在东突厥所设府州的置废沿革，认为贞观四年仅置顺州，贞观六年后新置北开、北抚、北宁、北安诸州。文中探讨了唐廷对其行政管辖方式的变迁，指出宁朔大使属于突厥无府州时期的临时性

---

① 魏志江、陶莎：《辽帝国的国家安全思想研究》，《国际安全研究》2019 年第 5 期。

② 彭丰文：《魏晋南北朝时期边政研究》，（台北）花木兰文化出版社 2019 年版。

③ 王萌：《北魏北部边疆与民族政策研究》，（台北）花木兰文化出版社 2019 年版。

④ ［日］石见清裕：《唐代的北方问题与国际秩序》，胡鸿译，复旦大学出版社 2019 年版。

⑤ 小军：《西汉与匈奴间最初和亲约缔结时间考述》，《中国边疆史地研究》2018 年第 1 期。

⑥ 景凯旋：《刘敬和亲时间再议——与小军〈西汉与匈奴间最初和亲约缔结时间考述〉商榷》，《山西大同大学学报（社会科学版）》2019 年第 5 期。

⑦ 江俊伟：《西汉前期汉匈和亲之性质及汉匈关系》，《中州学刊》2019 年第 1 期。

⑧ 刘举：《汉代匈奴族际通婚类型及其历史作用》，《黑龙江民族论丛》2018 年第 5 期。

⑨ 彭丰文：《守在四夷：北魏北部边疆经略方针及其思想源泉》，《中国边疆史地研究》2018 年第 3 期。

监管系统[①]。冯雨晴探析了唐太宗为解决北疆边患实行的新安边政策和治理模式，其一，打破传统边防观念，不筑长城，以攻为守，化域外为辖地，改变了北疆民族分布格局；其二，废止册立可汗，改置羁縻府州，以其首领为都督、刺史，对北疆民族实行羁縻统治，改变了唐朝与北疆民族关系的性质；其三，创设燕然都护府，以都护府管辖羁縻府州，改变了前代王朝的边疆治理模式[②]。田晓雷等人梳理了辽朝对阻卜各部实施羁縻统治的三个阶段，太祖至景宗朝，以朝贡制度治理阻卜，授予其豪酋官号；圣宗统和元年至道宗大安八年，以属国属部体制管理阻卜，以西北路招讨司作为统辖机构；道宗大安八年至辽末，属国属部体制崩溃，治理方式恢复到以朝贡为主要的松散状态[③]。马业杰认为，作为金朝边境防御体系重要组成部分的乣军实际效用有限，因其民族构成而具有不稳定性，叛乱时发，凸显出金代民族政策的诸多问题[④]。刘志月推测，亦集乃分省是扩廓帖木儿为便于与明军作战而设置的临时军政管理机构，存在于宣光二年四月至六月间，与亦集乃路并不冲突[⑤]。郑继强考察了明代蓟镇以北以蒙古人为主体的三个羁縻卫——兀良哈三卫，明朝最初通过蓟镇喜峰口对三卫进行管理和抚赏；嘉靖二十八年后，蓟镇对三卫的抚赏关口增多，抚赏费用增加，反映出明朝与兀良哈三卫实力的消长[⑥]。

清朝治理北部边疆尤其是内外蒙古的军政制度、政策措施与建置，是历代北部边疆治理研究中的热点。张永江从礼仪制度的视角，通过对比礼部和理藩院两大机构管理包括北部边疆在内的边疆族群的不同分工，从宏观上探讨了清朝在区分族群、整合多族群文化方面的努力及其政治价值[⑦]。为了笼络蒙古王公，清朝实行满蒙联姻政策。胡哲综合论述了联姻公主封地汤沐邑的设置目的、政治内涵、代表案例、经营管理情况及其对当地社会经济的影响[⑧]。该作者还具体考察了康熙朝下嫁土谢图汗部的恪靖公主位于归化城的汤沐邑在康雍乾三朝的经营管理情况及其与当地社会的纠纷，分析了清廷对其由恩到威的政策演变[⑨]。盟旗制度是清朝治理内外蒙古的基本政治制度。吴楚克等人解释了盟旗制的产生、演变与作用，借以探究边疆政治制度的特殊性、历史作用和当代意义[⑩]。庞绿林等人指出，乌兰察布盟四部六旗康熙九年在呼和浩特以北的乌兰察布山首次举行会盟，但不到一年该盟即被裁撤，19 年后方举行第二次会盟，康熙二十八年才

---

① 张莉：《唐贞观时置突厥府州新考》，《中国历史地理论丛》2018 年第 3 期。

② 冯雨晴：《唐太宗安边政策与治理模式述论——以处理与东突厥、薛延陀政权关系为例》，《内蒙古社会科学（汉文版）》2019 年第 1 期。

③ 田晓雷、王万志：《辽朝对阻卜各部的治理述论》，《中国边疆史地研究》2018 年第 1 期。

④ 马业杰：《从乣军建制看金代民族政策的影响》，《哈尔滨学院学报》2019 年第 9 期。

⑤ 刘志月：《北元初年亦集乃分省若干问题的再探讨》，《西部蒙古论坛》2019 年第 1 期。

⑥ 郑继强：《明蓟镇对兀良哈三卫抚赏关口探析》，《呼伦贝尔学院学报》2018 年第 1 期。

⑦ 张永江：《礼仪与政治：清朝礼部与理藩院对非汉族群的文化治理》，《清史研究》2019 年第 1 期。

⑧ 胡哲：《康熙朝恪靖公主汤沐邑的经营管理》，《历史档案》2019 年第 1 期。

⑨ 胡哲：《清廷对漠北土谢图汗部蒙古政策探析——以喀尔喀恪靖公主府属人地亩案为中心》，《西部蒙古论坛》2018 年第 1 期。

⑩ 吴楚克、马欣：《盟旗制的历史作用和现代意义》，载《中国边疆学》（第九辑），社会科学文献出版社 2018 年版。

得以恢复盟制①。马德全以喀喇沁左翼旗为例，从多方面梳理了清代盟旗制度下蒙古社会的治理模式及其对蒙古历史传统、社会政治与生产生活习俗的作用②。

清朝除将大部分蒙古部众纳入盟旗制度之下进行治理外，将小部分蒙古部众纳入八旗制度中，编为八旗蒙古。哈斯巴根利用国家图书馆藏清代蒙古八旗佐领和族长的四件满文印轴，初步探讨了清代蒙古八旗牛录中的宗族组织与牛录的编立、佐领承袭、驻防等的关系，指出从部落时代延续下来的宗族组织仍在蒙古八旗基层牛录中发挥作用③。姜相顺考释了皇太极时期八旗蒙古牛录、五牛录、固山最初编设的情况，肯定八旗蒙古的提法，将初设时间确定为天聪八年十一月④。

清朝对蒙古地区实施封禁政策，严禁蒙古人口迁徙和汉人移民，推行“蒙汉分离”。佐藤宪行利用清代满汉蒙文史料，考证了清代封禁政策之下库伦地方社会的空间结构及外藩地区封禁政策的内涵和性质，分析了库伦城的形成与演变。李勤璞称，该研究扎实严明，超越了民族、部落的视野⑤。此外，宝音朝克图论述了清代外藩蒙古台吉、塔布囊爵位封袭制度的创立、完善、变迁及其历史地位，着重探讨了原品世袭之例及晚清捐纳封袭爵号的情况与影响⑥。该作者打破学界成见，认为清朝在喀尔喀推行的兵役制度和高压措施违背“恩惠”政策，使其陷入困境，催生抗拒心理和反清情绪，导致北部边防松弛和民心涣散，成为外蒙走向分离的重要因素⑦。王朓朓则梳理了清代外藩蒙古赐恤制度的初现、形成、发展与完善的过程，分析了赐恤制度的具体内容和历史作用⑧。刘蒙林等人探析了清代绥远城八旗官兵换防制度的演进。绥远城八旗驻防起初负责巡察周边牧厂和卡伦，自乾隆二十一年始有赴乌里雅苏台换防之制，光绪初年又赴科布多城换防⑨。刘忠和考证，同治九年清朝在内蒙古西部设置水师一营，负责黄河水运军粮和严密梭巡，以辅陆路兵力之不足；光绪二年裁撤，仍驻归绥，为地方事务效力⑩。

除了大漠南北蒙古高原之外，科布多和阿尔泰、晋北、热河、呼伦贝尔等地也属于

---

① 庞绿林、谢青海：《清代乌兰察布盟（四部六旗）首次会盟考》，《内蒙古师范大学学报（哲学社会科学版）》2018 年第 1 期。

② 马德全：《清代蒙旗治理模式的几个问题考证——以喀喇沁左旗为例》，《内蒙古民族大学学报（社会科学版）》2018 年第 2 期；《清代蒙旗社会管理模式研究》，《内蒙古民族大学学报（社会科学版）》2019 年第 3 期。

③ N·哈斯巴根：《宗族组织与蒙古八旗牛录——以国家图书馆藏清代满文印轴为例》，《民族研究》2019 年第 4 期。

④ 姜相顺：《清前八旗蒙古牛录、五牛录、固山编设考释》，载达力扎布主编《中国边疆民族研究》第 11 辑，中央民族大学出版社 2018 年版。

⑤ 李勤璞：《封禁中的库伦：佐藤宪行喀尔喀都市专著评介》，《西部蒙古论坛》2018 年第 2 期。

⑥ 宝音朝克图：《清代外藩蒙古台吉爵位封袭制再探讨》，《历史档案》2018 年第 1 期。

⑦ 宝音朝克图：《清朝对漠北喀尔喀统治政策的失误及其影响——以兵役制度为中心》，《云南师范大学学报（哲学社会科学版）》2018 年第 3 期。

⑧ 王朓朓：《清前期外藩蒙古赐恤制度的形成》，《西部蒙古论坛》2019 年第 3 期。

⑨ 刘蒙林、暴丹妮：《清代绥远城八旗官兵换防制度初探》，《满族研究》2018 年第 4 期。

⑩ 刘忠和：《同光之际内蒙古西部地区水师研究》，《阴山学刊》2018 年第 4 期。

清代北部边疆。学界对清朝治理这些地区的军政制度和政策措施也作了研究。关青云探察了科布多参赞大臣的始设时间、职责和任务，分析了清朝治理科布多的整体运营和思路[①]。梁赟围绕科布多建城、科布多参赞大臣的设置、清俄割让西北领土的不平等条约等问题，对清代科布多治理的研究情况作了评述[②]。马金柱考述了清代右卫八旗驻防由兴起到收缩的过程。康熙中叶始置，以建威将军统辖。乾隆二年，因建威将军移驻绥远，规格降低，官兵裁减，但仍称重镇。西北戡定后，清朝防线北移，右卫八旗驻防地位骤减，乾隆三十三年降至城守尉级[③]。许富翔指出，清廷因乾隆四十三年以来在热河推行的府州县制度的局限，嘉庆十五年开始在当地实施军府制。这是清廷面对大量汉人移民不得不做出的调整，凸显出当地政区化的趋势[④]。王晓辉研究了清代热河行政管理制度由间接统辖变为直接治理，逐步实现盟旗州县化、边疆内地化、军政向民政转化、二元管理体制向行省制转化的历程，借以揭示清代长城沿线蒙汉杂居地区的治理方式与特点[⑤]。作者还考察了晚清热河在政治、经济、司法、军事、教育等方面推行的新政改革，并评论了这一改革的历史意义[⑥]。韩狄等人否定了日本学者清朝对索伦部实行“兵将留守”驻守制度的观点，认为清朝对索伦部的管理初为来朝纳贡，继而形成贡纳制与旗佐制相结合的管理模式[⑦]。白慧贤认为，清代呼伦贝尔八旗俸饷自雍正朝至咸丰朝处于户部关领时期，大体为半分俸饷。咸丰三年后过渡至各省协拨时期，俸饷支放出现变化和欠支现象，八旗官兵生计恶化，催生出地方自筹俸饷的新渠道。这一变革与当时清廷内忧外患的社会背景和财政状况相关[⑧]。

此外，也有少数学者对民国时期治理北部边疆的政治制度和政策措施作了考察。李梦琪简单分析了中华民国成立蒙藏事务局和蒙藏院后设置翻译员的时代背景、工作范畴和历史作用[⑨]。萨矗荣贵等人梳理了这一时期土默特地区蒙汉摊派制度的历史和现实基础，即从清代土默特“旗厅并存，蒙汉分治”，到民国“旗县并存，蒙汉分治”，并讨论了这一制度造成的社会问题和行政困难[⑩]。李勤璞将民国阿拉善的旗政分为两个时代，即北京政府的因袭时代和南京国民政府的革新时代，认为这一政治是柔和和礼仪

---

① 关青云：《清代科布多参赞大臣设立探析》，《文化学刊》2019 年第 6 期。

② 梁赟：《清代科布多参赞大臣与北部边疆治理研究综述》，《西部蒙古论坛》2019 年第 1 期。

③ 马金柱：《清代右卫八旗驻防建置沿革论考》，《满族研究》2019 年第 2 期。

④ 许富翔：《论嘉庆十五年热河军府制度的建立》，《清史研究》2019 年第 1 期。

⑤ 王晓辉：《清代长城沿线蒙汉杂居地区的治理——以热河地区行政管理制度为中心》，《求是学刊》2018 年第 4 期。

⑥ 王晓辉：《清末热河地区新政与边疆治理》，《黑龙江民族论丛》2018 年第 6 期。

⑦ 韩狄、韩天阳：《“兵将留守”与十七世纪清政府对索伦部的管理》，《吉林师范大学学报（人文社会科学版）》2018 年第 4 期。

⑧ 白慧贤：《晚清呼伦贝尔八旗俸饷制度变革研究》，载达力扎布主编《中国边疆民族研究》第 11 辑，中央民族大学出版社 2018 年版。

⑨ 李梦琪：《民国初期中央蒙藏机构中翻译员设置及工作范畴探究》，《呼伦贝尔学院学报》2018 年第 6 期。

⑩ 萨矗荣贵、阿茹罕：《民国时期绥远土默特地区蒙汉摊派制度研究》，《内蒙古民族大学学报（社会科学版）》2018 年第 6 期。

的，追求延续性和传统威仪，在时代剧变中维系了阿拉善的社会稳定和人民生活①。

3. 北部边疆经济开发与管理

土地的开垦与利用、资源的开发与管理、农牧渔业生产的开展，是历代北部边疆经济治理的重要内容。夏宇旭考察了辽代大量农业人口迁入西辽河流域后对当地农田开发与环境变迁的影响。移民带来先进生产技术和经验，推动了当地农业发展；但大规模农业开发导致当地生态恶化、草场锐减、土地沙化，致使统治者予以应对②。赵文生则积极肯定辽代蒙古高原东部农业开发的意义。辽廷采取一系列举措劝课农桑，会同二年将北、南院三石烈的汉、契丹、渤海、女真人迁至海勒水、于谐里河、胪朐河一带屯垦，到圣宗、道宗时当地农业生产达到全盛。这些举措推动了镇、防、维三州边防城的设置，对于镇抚蒙古高原东部、平定沿边诸部叛乱、促进当地农业开发具有重大作用③。张博认为，蒙元时期蒙古高原具有较大的渔业潜力，是富饶的“水上牧场”，可分为东、中、西三大渔业区；因自然、社会经济条件的差异，三区渔业发展情况各不相同；虽然开发程度有限，但值得重新认识与深入研究④。赵发探究了俺答汗在开发丰州时根据不同形势采取的不同策略和措施，俺答汗先是实行垦地务农、发展手工、建造城市等措施，促进丰州繁荣；后因形势变化而作出调整，与明朝达成和议，互通市贸，使丰州进入全新发展阶段⑤。

田宓以归化城土默特大青山沟水为例，探析了清代和民国蒙古地区水资源的产权问题。清代大青山沟水产权源自户口地的权属，这成为民间和官府处理水分交易和用水纠纷的依据，水契须与户口地档册配合使用，才具法律效力。民国水利法规的制定和实施，使现代水权观念进入当地，水权从地权中析出，水契、租水执照和水权状具备了独立法律效力，引发地方水利秩序的重新盘整⑥。乌云格日勒等人以大青山后牧厂为例，考察了嘉庆二年至光绪十一年间绥远城八旗牧厂已垦地亩的租银征收情况，发现租银积欠和挪用现象，并分析了清廷的对策及其原因⑦。吴超等人评析了清代归化城副都统衙门粮价细册的史料价值和类型，研究了道光至光绪朝当地粮价问题，发现混乱的钱法导致粮价大幅上扬，而土地大规模开发使得当地粮食既可自给，也可外运⑧。

王立华研究称，民国绥远政府改良农业技术与改善农村金融环境，创办农民训练所、农林试验场、农村信用社，引进农作物和畜牧新品种，促进了当地农业发展和粮食

---

① 李勤璞：《民国时期阿拉善的旗政》，《西部蒙古论坛》2019年第3期。

② 夏宇旭：《辽代西辽河流域农田开发与环境变迁》，《北方文物》2018年第1期。

③ 赵文生：《辽代蒙古高原东部地区的农业开发及镇、防、维三州的设置》，《农业考古》2019年第4期。

④ 张博：《“水上牧场”的开发：蒙元时期蒙古高原渔业资源开发历史探析》，《古今农业》2019年第2期。

⑤ 赵发：《阿勒坦（俺答）开发丰州的策略逻辑》，《西部蒙古论坛》2019年第2期。

⑥ 田宓：《“水权”的生成——以归化城土默特大青山沟水为例》，《中国经济史研究》2019年第2期。

⑦ 乌云格日勒、张慧军：《绥远城八旗牧厂租银探微——以大青山后牧厂为例》，《吉林师范大学学报（人文社会科学版）》2019年第3期。

⑧ 吴超、霍红霞：《道光至光绪朝归化城土默特地区的粮价探究——以归化城土默特粮价细册为中心》，《社会科学论坛》2018年第1期。

生产；但当地分散的村落布局和较强的农民流动性增加了改革难度，最终导致农牧业改良成效不大[①]。项浩男分析了民国绥远地区鸦片泛滥的原因及其消极影响。军阀政治导致绥远主政者“寓禁于征”，鸦片经济收益成为当地财政收入的支柱[②]。

土地的利用与管理，尤其是清代的情况，属于北部边疆经济开发与管理研究中的热点问题。乌仁其其格探析了呼和浩特土默特左旗档案馆所藏清代满蒙汉文土地类档案的内容和形制，指出其对于深入研究清代内属旗土地开发与经济社会发展的学术价值[③]。梁潇文认为虽然土默特蒙古户口地的所有权属于清朝政府，但实际操作中土默特蒙古能够支配其土地，致使清廷的禁垦、禁典政策成为虚设。大量内地民人的进入也促进了土默特蒙古土地私有观念的产生和发展[④]。牛敬忠揭示，清代归化城土默特地区的土地纠纷主要发生在蒙旗官员与旗丁、寺庙与庙丁、驿站与站丁之间。蒙地在个体意义上的权益是虚置的，这是土地纠纷发生、蒙古人土地权益丧失的主要原因[⑤]。阿鲁贵·萨如拉则从蒙古传统游牧社会土地与阿寅勒关系的视角，论述了清代呼伦贝尔蒙古游牧民的土地利用状况及土地所有制[⑥]。张力仁考察了位于清代伊克昭盟南部、陕北明长城以北，由制度和政策所划定的长条形禁留地的情况和形成过程，指出该概念出现于道光年间，是汉地文献的单方面书写，其性质为国家公地[⑦]。格日乐其其格从清代喀喇沁左旗蒙古文档案中发现，自康熙末年始，当地出现一种土地买卖现象“乞求地”，其实质是以乞求地的名义进行的隐性土地买卖[⑧]。苏日朦从开垦前的预备工作、全区垦务总局的成立、开垦章程及开垦概况、招垦设治局的设立四个方面，对民国时期北京政府在察哈尔地区开垦蒙地的情况作了梳理[⑨]。

盐政也是历代北部边疆治理的重要内容。达日玛检视了学界对清代至民国时期内蒙古盐政的研究状况，涉及研究视角、方法、内容、特点，并评述了研究水准和存在的问题[⑩]。李飞从吉兰泰盐务的角度审视了清中期治理阿拉善蒙古政策的演变。乾隆朝政策

---

① 王立华：《近代民族地区的农牧业改良及其成效——以绥远省为例》，《农业考古》2018 年第 1 期。

② 项浩男：《1912—1937 年绥远地区军阀政治与鸦片经济》，《经济社会史评论》2019 年第 1 期。

③ 乌仁其其格：《浅析归化城土默特土地类档案的史料价值》，《中央民族大学学报（哲学社会科学版）》2019 年第 2 期。

④ 梁潇文：《清代归化城土默特蒙古户口地探析——以档案为中心》，《中国经济史研究》2018 年第 3 期。

⑤ 牛敬忠：《清代归化城土默特地区的土地纠纷与地权问题》，《内蒙古大学学报（哲学社会科学版）》2018 年第 5 期。

⑥ 阿鲁贵·萨如拉：《清代呼伦贝尔地方的蒙古游牧民的土地利用以及土地所有制特征》，《满族研究》2019 年第 3 期。

⑦ 张力仁：《清代伊克昭盟南部“禁留地”新探》，《中国历史地理论丛》2018 年第 4 期。

⑧ 格日乐其其格：《从档案史料看清代喀喇沁左翼旗的乞求地》，《中国边疆史地研究》2019 年第 4 期。

⑨ 苏日朦：《民国北京政府时期察哈尔的土地开垦与设治述略》，载乌云毕力格主编《西域历史语言研究集刊》第 10 辑，科学出版社 2018 年版。

⑩ 达日玛：《蒙盐盐业史研究综述》，《内蒙古民族大学学报（社会科学版）》2018 年第 5 期。

宽松，盐务蓬勃发展；嘉庆中期重推蒙汉隔离的封禁政策，驱逐回汉民人，在边疆治理上日趋保守[①]。李毕力格利用清代阿拉善和硕特旗蒙古文档案，以苏木、巴格、寺庙为单位，研究了清代阿拉善蒙盐运输中驼运人员的构成、变化及其所反映的社会问题[②]。

4. 北部边疆社会治理与法治

社会治理是包括边疆治理在内的国家治理的有机组成部分，法治是社会治理的重要方式。马立群等人利用黑水城文书探讨了元代亦集乃路乡村社会的治理。元代亦集乃路乡村社会的权力结构、运行模式和文化网络不同于其他地区，政府控制水资源，依靠水权，主导水神祭祀，强化对当地社会的控制[③]。安华等人揭示，清代呼和浩特基于权力和地位差异形成旗人、蒙古人和民人的社会分层结构，三个阶层的弱势群体又因身份和地位差异形成社会福利分层，造成社会不公和矛盾[④]。范庆锋研究了1928—1929年绥远鼠疫，着重考察了绥远地方政府实行的防疫救济措施和鼠疫对当地造成的严重经济与社会危害[⑤]。高娟探析了20世纪30年代绥远乡村建设中政府主导、基层互动的完整过程及其所取得的成就和发挥的历史作用，借以思考当代乡村治理现代化的艰难曲折性[⑥]。

法治方面，邓建鹏从宏观上论述了清代内地和边疆地区习惯在法律效力上的差异，认为清廷出于维护当地治理的权宜策略，在制度上认可“化外”之地某些习惯的法律效力，并指出“内地中心主义”观念对法律史研究的消极影响[⑦]。包呼和木其尔以内蒙古喀喇沁财产继承纠纷案为例，阐述了法律条文在清代蒙古地区和内地实际运用中的不同解读，以及“蒙古例”财产相关规定和当时蒙古社会结构之间的关系等问题[⑧]。陈肖寒以直隶口外地区为例，探讨了清廷对外藩蒙古的法律管辖，认为清廷有时抛弃“因俗而治”原则，制定专门法律进行审判；蒙古律大为“常规化”，外藩蒙古没有法律特权，也不存在自治[⑨]。张万军探察了乾隆朝归化城土默特命案检验职责承担者和法律程序，发现清廷参照内地命案司法勘验制度，结合蒙古司法体系，设计出具有民族特色的

---

① 李飞：《吉兰泰盐务与嘉庆朝清廷治理阿拉善蒙古的政策转向》，《西北民族研究》2018年第4期。

② 李毕力格：《清代阿拉善蒙盐驼运人员构成反映的社会问题》，载乌云毕力格主编《西域历史语言研究集刊》第11辑，社会科学文献出版社2019年版。

③ 马立群、孔德翊：《元代亦集乃路乡村社会的权力结构探析》，《宁夏大学学报（人文社会科学版）》2018年第5期。

④ 安华、李治国：《清代呼和浩特社会福利分层研究》，《青海民族研究》2018年第1期。

⑤ 范庆锋：《1928—1929年绥远鼠疫流行的经济影响》，《经济研究导报》2019年第30期。

⑥ 高娟：《绥远乡村建设中的政府动员与基层互动（1931—1937）》，《农业考古》2018年第3期。

⑦ 邓建鹏：《“化内”与“化外”：清代习惯法律效力的空间差异》，《法商研究》2019年第1期。

⑧ 包呼和木其尔：《清朝蒙古例财产相关规定再考——以内蒙古喀喇沁地区财产继承纠纷案为例》，载达力扎布主编《中国边疆民族研究》第11辑，中央民族大学出版社2018年版。

⑨ 陈肖寒：《清代理藩院对外藩蒙古的法律管辖——以直隶口外地区为例》，《河北师范大学学报（哲学社会科学版）》2019年第2期。

司法勘验制度[①]。关康审视了道光二十二年喀尔喀赛音诺颜部已故亲王成衮扎布头颅被盗案的原委、审理经过和结果，展示出蒙古地区的独特丧葬习惯、宗教信仰以及清廷对蒙古地区的法律治理[②]。此外，王澎分析称，清俄两国依据界约和国内法规审判蒙古越界案件的制度始于康熙朝，经雍乾两朝实践，于嘉道时期形成以界约为第一适用原则、以国内法规和成案为第二适用原则的基本形态[③]。

5. 北部边疆宗教管理

北部边疆地区与内地相比，具有独特的宗教信仰，其宗教管理问题也是学界关注的一个领域，尤以清代为著。双宝探讨了清代锡勒图库伦札萨克喇嘛旗的若干问题，尤其是其性质和传统游牧地[④]。乌云研究了清廷主导下土默特地区黄教寺庙建筑的历史变迁，以土默特地区为例，梳理了民国中央政府对内蒙古地区黄教寺庙的法律调整，并考察了民国二十三年土默特旗“荣祥拆召事件”的背景和经过[⑤]。萨茹拉通过研究四世哲布尊丹巴呼图克图的身世和坐床经过，揭示了清朝对哲布尊丹巴呼图克图及其转世的管控，分析了其影响[⑥]。勒·阿拉坦咱雅考述了那鲁班禅呼图克图的生平事迹，僧俗徒众的起源、管理，以及属寺和沙毕纳尔的生计、人口、差役等问题[⑦]。张子新研究了北洋政府推行驻京呼图克图制度的历史背景和具体形式，认为驻京呼图克图对稳定蒙藏局势、维护国家统一和边疆安全作出了积极贡献[⑧]。

6. 北部边疆移民和逃人管控

两年来，北部边疆移民和逃人管控问题也受到学界重视。王兴锋审视了东汉政府对来归南匈奴部众四万余人的安置、迁徙及其人口增长[⑨]。章鸿昊探讨了东魏北齐时期北镇鲜卑流民的管理模式与演变，东魏北齐先后以六州大都督府、京畿大都督府、领军府管理北镇鲜卑，将一部分人纳入禁军系统，反映出北镇鲜卑从流散到聚合的过程[⑩]。吴倩指出，明廷针对北疆逃人日增，为削弱蒙古、女真等对北疆的威胁，采取一系列举措

① 张万军：《清代乾隆朝归化城土默特命案检验制度研究》，《齐齐哈尔大学学报（哲学社会科学版）》2019年第2期。

② 关康：《道光二十二年成衮扎布头骨被盗案始末》，《满语研究》2019年第1期。

③ 王澎：《清代中俄交涉案件的法律适用研究——以蒙古越界案件为中心》，《青海民族研究》2018年第3期。

④ 双宝：《清代锡勒图库伦札萨克喇嘛旗若干问题再探》，《西北民族论丛》2018年第2期。

⑤ 乌云、张鹏举、赵明：《清代呼和浩特土默特地区黄教寺庙建筑的历史变迁》，《内蒙古大学学报（哲学社会科学版）》2019年第6期；乌云：《民国时期中央政府对内蒙古地区黄教寺庙的法律调整》，《世界宗教研究》2019年第3期；《民国二十三年土默特特别旗“拆召事件”及其时代背景》，《满族研究》2018年第2期。

⑥ 萨茹拉：《哲布尊丹巴呼图克图四世转世坐床考》，《西部蒙古论坛》2019年第3期。

⑦ 勒·阿拉坦咱雅：《关于喀尔喀蒙古那鲁班禅呼图克图的僧俗徒众》，《满族研究》2018年第4期。

⑧ 张子新：《北洋政府时期的驻京呼图克图制度》，《民族研究》2019年第5期。

⑨ 王兴锋：《东汉南匈奴南迁及其安置新论》，《内蒙古民族大学学报（社会科学版）》2019年第2期。

⑩ 章鸿昊：《东魏北齐“六州都督”探研》，《内蒙古社会科学（汉文版）》2018年第1期。

刷还、招徕、安置逃人；作者分析了这些举措对明廷颜面、逃人生计和北疆安全的影响[①]。索伦部原居于黑龙江中上游，因沙俄入侵，清廷在崇德和顺治年间两次将其大规模南迁，基本编入八旗，妥善安置。周喜峰考察了这一过程及其影响[②]。卫拉特内部兼并战争中败于噶尔丹的部分和硕特人和准噶尔人辗转迁入阿拉善，被清廷编旗设佐，形成阿拉善和硕特部。李群讨论了阿拉善和硕特部的来源以及清朝交涉过程的若干细节[③]。康熙年间大量汉人移民热河，造成社会问题。乾隆年间出台禁垦政策，禁止汉人移民，但在社会经济发展需求之下，汉人仍不断移民热河。许富翔对移民情况和清廷政策变迁进行了探析[④]。惠男依据满文档案和俄国东正教团资料，考察了1764—1780年间新疆、蒙古和黑龙江等地卡伦所获俄罗斯逃人的经历，展现了清俄早期边界条约的执行情况与当时清朝边疆统治的特点[⑤]。

7. 北部边疆文化教育建设

文化教育建设也是历朝北部边疆治理的一项内容。赵涛从翻译的文化转向和权力转向，翻译活动与文化和权力之间的关系，政治制度、文化制度和语言文字，翻译活动的具体情况四方面对权力操控下元朝蒙古文翻译活动作了研究[⑥]。郭晓丽对清朝“天下一统”政治意识和“多元一体”政治统合制度背景下儒学在内蒙古的传播情况及其文教影响作了阐述[⑦]。喻永庆探讨了国民政府创办的南京蒙藏学校在蒙古人才培养和边疆教育事业上取得的成就，并考证了学校的前身、隶属和办学性质等问题[⑧]。仇怀凯等人则梳理了1912—1936年绥远、察哈尔、热河、宁夏四地蒙古族师范教育在课程设置、学生待遇、办学经费来源等方面的情况，评价了其对蒙旗师资培养、蒙旗教育发展的历史贡献，以及对当今蒙古族师范教育的借鉴意义[⑨]。

8. 北部边疆交通运输建设

北部边疆交通运输是官方文书上传下达、军事调派、公私人员往来和商业贸易的基础，素为历代统治者所重。秦直道是秦始皇所建沟通都城与北部边郡的重大国防工程，也是中国最早的军事交通要道。宋超、孙家洲《秦直道与汉匈战争》一书围绕两汉与匈奴的战争，梳理了秦直道在汉匈关系演变中扮演的角色，揭示出秦直道在秦汉史、古代军事史上的特殊地位[⑩]。孙闻博以走向、修筑与沿线遗存为中心，梳理与评述了40

---

① 吴倩：《帝国的“面子”：逃人与明代北部边疆》，《中国边疆史地研究》2019年第1期。

② 周喜峰：《论清初索伦部的南迁》，《黑龙江民族论丛》2018年第5期。

③ 李群：《阿拉善和硕特部的来源及其初步形成（1677—1685）》，载乌云毕力格主编《西域历史语言研究集刊》第11辑，社会科学文献出版社2019年版。

④ 许富翔：《清前期热河地区的汉人移民》，《中州学刊》2019年第5期。

⑤ 惠男：《俄罗斯逃人与18世纪后期的清朝边疆》，《清史研究》2019年第3期。

⑥ 赵涛：《权力操控下元朝蒙古文翻译活动研究》，《贵州民族研究》2018年第12期。

⑦ 郭晓丽：《文教的力量——以儒学在清代内蒙古的传播为对象》，《内蒙古师范大学学报（哲学社会科学版）》2019年第3期。

⑧ 喻永庆：《民国时期南京蒙藏学校办学考释》，《贵州民族研究》2018年第3期。

⑨ 仇怀凯、王风雷：《绥察热宁地区蒙古族师范教育（1912—1936年）》，《内蒙古师范大学学报（教育科学版）》2019年第6期。

⑩ 宋超、孙家洲：《秦直道与汉匈战争》，陕西师范大学出版社2018年版。

年来学界关于秦直道的历史研究[①]。边昊等人论述了辽朝经营辽西走廊的目的和贡献，着重探讨了古北口道和傍海道交通改善的情况[②]。秦红发认为，清朝建设沿河西走廊、内蒙古与外蒙古的西北边疆交通体系，为有效治理边疆提供了可靠保障；左宗棠收复新疆时又开辟从归化城、包头向西，不经乌里雅苏台、科布多，间道到达巴里坤的新线路以及俄国粮源及运输线路，确保了军粮供给和新疆交通通畅[③]。阿鲁贵·萨如拉考察了清代呼伦贝尔的台站以及站役负担[④]，满都拉等人则探析了阿拉善馆藏函件、王府账簿、通商路引、公文批示等档案资料对于研究政府与驼运的互动、驼运数目、驼运在阿拉善经济社会的作用、驼运管理，以及军需用驼在维护边疆稳定与国家安全方面的作用等问题的价值[⑤]。魏永康叙述了清代传牌制度和喜峰口驿路的概况，介绍了日本早稻田大学图书馆所藏三件嘉庆年间喜峰口驿路传牌的内容、形制和史料价值，辑录了传牌内容[⑥]。

9. 北部边疆边臣与吏治

北部边疆官员是历朝北部边疆治理具体制度和政策措施的执行者，边臣任用与施政、边臣素质与吏治直接影响着北部边疆治理的效果。纪海龙对明代边臣养廉地的出现时间、获得途径、用途、数额、实行利弊等问题作了初步探讨[⑦]。白慧贤分析了布特哈八旗打牲官兵在贡貂、镇压民变、抵御外侮及维护边疆稳定方面的作用。清廷为照顾年老伤残布特哈八旗官兵生计，依据八旗武官休致制度，结合休致年龄、军功、在职俸禄等因素，对其颁发休致俸禄[⑧]。张懿德依据《清实录》的记载，考述了清代察哈尔都统乌尔图纳逊的生平与政绩[⑨]。阿荣宝力道利用蒙、汉、俄等多语种史料，以库伦办事大臣三多的事迹为中心，详细论述了清末在外蒙古推行新政的来龙去脉，展现了三多其人其事及其历史影响[⑩]。姜永军则简要论述了清末民初呼伦贝尔副都统、呼伦贝尔兵备道宋小濂的政绩与精神风貌[⑪]。

（二）北部边疆族群认同、交流交往交融与统一多民族国家建构

党的十九大报告指出，要“铸牢中华民族共同体意识，加强各民族交往交流交

---

① 孙闻博：《秦直道的历史学探索——以走向、修筑与沿线遗存为中心》，《中国史研究动态》2018 年第 3 期。

② 边昊、吴凤霞：《论辽金对辽西走廊交通的经营》，《北方文物》2019 年第 4 期。

③ 秦红发：《清代西北边疆交通与军事运输》，《中州学刊》2019 年第 5 期。

④ 阿鲁贵·萨如拉：《清代呼伦贝尔地方的台站以及站役负担考察》，《西部蒙古论坛》2019 年第 3 期。

⑤ 满都拉、包美丽：《阿拉善驼运历史的档案记忆研究》，《西部蒙古论坛》2019 年第 3 期。

⑥ 魏永康：《嘉庆年间喜峰口驿路三件传牌》，《历史档案》2019 年第 1 期。

⑦ 纪海龙：《明代边臣养廉地之初探》，《内蒙古大学学报（哲学社会科学版）》2018 年第 1 期。

⑧ 白慧贤：《清代布特哈八旗官员休致俸禄考》，《满族研究》2019 年第 1 期。

⑨ 张懿德：《清代察哈尔都统乌尔图纳逊生平及其政绩考略——以〈清实录〉相关记载为考察重点》，《内蒙古民族大学学报（社会科学版）》2019 年第 4 期。

⑩ 阿荣宝力道：《清末外蒙古新政及库伦办事大臣三多研究》，博士学位论文，内蒙古大学，2019 年。

⑪ 姜永军：《宋小濂与呼伦贝尔》，《呼伦贝尔学院学报》2019 年第 3 期。

融”。族群认同、族群关系与交往交流交融、统一多民族国家的建构，是两年来北部边疆研究的重点与热点领域之一，产生大量高水平研究成果，涉及不同时代的不同具体问题，呈现繁荣兴盛的局面。

1. 北部边疆族群认同

北部边疆族群认同方面，有代表论文近20篇，其中尤以研究南北朝隋唐时期北方“胡族”的认同建构与“华夏化”为多。刘森垚依据出土墓志，对柔然王室郁久闾氏和中古尉迟氏的族源与华夏认同作了考察。内迁郁久闾氏与齐鲁一带紧密关联，墓志反映出郁久闾氏以不断层累上溯的姓源认同为表征的华夏化历程。中古尉迟氏早先因部为姓，孝文帝以后分为洛阳和并朔两支，唐初方才统一，体现出边疆元素、华夏认同及胡汉一体化历程①。温拓探究了段部鲜卑的族属变迁与匈奴屠各刘氏的先世建构。段部鲜卑自十六国至隋唐不断变换自身族属身份，不同文本的书写者也通过各自手段塑造段氏先祖，终将十六国的“执壶鲜卑”形塑为唐代“段干之裔”。建立汉赵政权的屠各刘氏以创造不见于史的新祖先的方式追认始祖，建构政权的合法性。该现象在中古北方民族政权中具有普遍性②。杨懿审视了拓跋氏族别身份在魏晋时代从匈奴到鲜卑的变易。拓跋部迁居南匈奴故地，与南单于嫡裔刘猛共同反晋，自视为“杂类匈奴”。永嘉之乱后，与西晋共同抗击汉赵屠各氏，转而认同鲜卑③。吴洪琳等人对中古时期拓跋氏与代北窦氏的黄帝祖源认同建构作了研究。祖源华夏化是当时北方胡族政权解决其合法性与正统性的一条途径。拓跋氏黄帝祖源认同是从被动接受到主动迎合的过程，始于代国时期；北魏建立后，经汉族士大夫提倡，拓跋氏采取祭祀黄帝等措施予以迎合；孝文帝推行汉化，明确将祖源追溯至黄帝，拓跋氏的黄帝祖先认同最终确立。代北窦氏通过“谱系建构”与“郡望伪冒”，从血缘与地缘两种方面与华夏成员产生联系，建构自身族群记忆，由代北胡族转变为汉姓高门，成为具有黄帝后裔身份记忆的华夏族群④。李荣辉则对匈奴与黠戛斯中认祖李陵的族源认同建构作了探析⑤。马建红基于对韦氏墓志追祖方式的分析，检视了北朝隋唐时期胡汉家族追祖炎黄的动因，以及族群认同与谱系建构的互动关系⑥。胡姓郡望的构拟是中古时期胡族建构族群认同的方式之一，沿着实虚两条路线发展，源自对汉人社会文化的接受，促进了胡汉地域空间的整合与民族大融合。龙成松从这一角度论述了中古胡姓郡望、族群认同与民族融合的关系⑦。魏斌分析了河北唐县库狄干石窟摩崖碑铭所述建窟缘起和库狄干部落家世，指出该石窟的兴造源

---

① 刘森垚：《中古郁久闾氏墓志再考》，《中央民族大学学报（哲学社会科学版）》2019年第3期；《中古尉迟氏源流及其墓志再考》，《西北民族论丛》2018年第1期。

② 温拓：《执壶鲜卑：段部源流三题》，《社会科学战线》2018年第4期；《屠各刘氏先世建构再探》，《中央民族大学学报（哲学社会科学版）》2019年第5期。

③ 杨懿：《从“匈奴”到“鲜卑”：永嘉之乱与拓跋氏的族别改易》，《社会科学战线》2019年第2期。

④ 吴洪琳：《北魏拓跋氏黄帝祖源认同的构建》，《西北民族论丛》2019年第1期；吴曼玉、吴洪琳：《中古时期代北窦氏的祖先谱系建构与郡望伪冒》，《西北民族论丛》2018年第1期。

⑤ 李荣辉：《中古时期李陵后裔辨伪》，《内蒙古社会科学（汉文版）》2019年第5期。

⑥ 马建红：《中古士族的谱系建构与北朝隋唐胡汉认同——以韦氏墓志的追祖方式为中心》，《云南社会科学》2019年第3期。

⑦ 龙成松：《中古胡姓郡望的成立与民族融合》，《云南社会科学》2019年第3期。

于汉晋以来官府祭祀和祠庙修造的传统，是佛教影响下地方官府政治文化的延续和转换，并揭示了鲜卑将领厍狄干从怀朔镇内迁领民酋长到华夏长吏的部落身份记忆建构①。

与学界流行的观念不同，苏航探讨了北朝的权利边界与族类边界的关系，认为中古时期文化、政治、血统都是区分族类的重要标准，以文化划分族类的标准不应过分强调。东魏北齐"汉儿"的划分主要基于政治因素，"汉儿"歧视目的在于强化六镇集团的族类身份边界和维护政治特权地位。西魏北周六镇集团则通过赐与汉人胡姓来扩大统治基础。只要以族类身份为边界的特权集团存在，其汉化就不可能彻底，并会通过加强胡化维护族类边界。只有旧的权利边界被打破，族类边界和汉化边界才可能最终消失②。

也有一些学者对其他时代北部边疆的族群认同作了研究。刘源探析了17世纪蒙古编年史的话语特点和影响，指出蒙古编年史利用藏传佛教作为话语范式书写历史，体现出社会上层精英的民族意识，建立起自上而下的民族认同模式，对蒙古族的民族认同和历史观产生深远意义③。燕浏翔指出，清中叶西迁新疆达斡尔人的族群认同意识，经历了索伦部之下的达斡尔、索伦营之下的达斡尔、索伦族、达斡尔族的变迁，反映出人数较少的族群在不同历史背景下对外力介入的回应与自我调适，揭示出清代国家权力所塑造的组织与被其塑造的族群间的复杂关系④。南快莫德格从历史脉络、生计方式、仪式、记忆等层面探讨了跨居俄罗斯、蒙古国和中国的图瓦人的历史、人口、生活以及身份认同问题⑤。邱胜利依据家谱、碑文、地方志等资料考察了河南滑县、获嘉县、辉县三地蒙古族的源流，及其在文化认同上从语言、生产生活、风俗习惯等方面逐渐与汉文化融合的过程⑥。

2. 北部边疆族群关系与交流交往交融

北部边疆族群关系与交流交往交融是两年来北部边疆研究中成果最多的一个主题，产生专著1部、学术论文40余篇。专著方面，范恩实《地缘与族群：辽代以前蒙古草原与东北地区族群发展与互动研究》以辽代以前蒙古草原与东北地区诸族群间兴起、发展、嬗变过程中的紧密联系为主线，集中讨论了东胡、乌桓、鲜卑的族源关系，蒙古草原与东北地区古代族群分野，慕容鲜卑发展背后的地缘政治因素、室韦起源、室韦与靺鞨的区别与联系等一系列问题⑦。

学术论文方面，马戎认为中华文明对异文化有超强包容力，能够把所接触的异文化

① 魏斌：《从领民酋长到华夏长吏：厍狄干石窟的兴造与部落记忆》，《历史研究》2018年第3期。

② 苏航：《"汉儿"歧视与"胡姓"赐与——论北朝的权利边界与族类边界》，《民族研究》2018年第1期。

③ 刘源：《17世纪蒙古编年史的话语特点和影响探析》，《云南大学学报（社会科学版）》2018年第2期。

④ 燕浏翔：《"消失的索伦"：清中叶西迁达斡尔人的族群变迁》，《满族研究》2018年第1期。

⑤ 南快莫德格：《跨三国而居的图瓦人身份及其认同研究》，《北方民族大学学报（哲学社会科学版）》2018年第4期。

⑥ 邱胜利：《豫北蒙古族源流及其文化认同》，《中州学刊》2019年第9期。

⑦ 范恩实：《地缘与族群：辽代以前蒙古草原与东北地区族群发展与互动研究》，内蒙古大学出版社2019年版。

转化为与中华文明相容和互补，并对边缘地区群体产生文化向心力。中国历史上入主中原的蛮夷始终受到中原文化的深刻影响，最终融入中华民族和中华文化①。王洁从胡服与汉服的变革角度讨论了不同文化的交融与碰撞及其对中华民族持续发展的影响②。王海等人围绕“秦开却胡”相关问题，研究了战国后期中原诸国与辽西走廊族群间的互动，认为辽西走廊中东部在“秦开却胡”前并非东胡早期活动范围，而辽西走廊北部及其以远则可能包括在东胡遗存分布中心区域内③。王绍东探讨了战国秦汉时期中原政权与匈奴对阴山地区的争夺，其结果，农耕生产方式推进到阴山地区，农耕文化与游牧文化得以在此碰撞交融④。作者又以汉匈战争为例，分析了游牧民族对农耕民族的传统作战方式和长城修筑后作战方式的差异，认为大规模战争对游牧民族有着巨大负面影响，严重破坏牧业生产，造成劳动力大量损伤甚至草原帝国的衰落和游牧政权内部的矛盾与分裂⑤。刘俊等人则探究了秦汉时期中原农耕民族与北方游牧民族在九原地区的碰撞与交融⑥。崔建华以忠孝观念为中心，论述了西汉与匈奴交往中的伦理碰撞及融合。西汉试图将其君臣政治伦理施及匈奴，通过和亲和招纳匈奴降人将汉匈关系纳入君臣秩序。而作为忠孝典型的金日磾成为汉匈伦理融合的象征，汉地伦理因子部分融入匈奴制度与思维中⑦。杨建华、潘玲等人通过考析东周与两汉北方系统腰带饰的起源、特征、演变与传播，讨论了中国北方与欧亚草原之间的文化交流互动⑧。马利清推测，内蒙古阿拉善《通湖山摩崖石刻》是永初四年东汉调遣西北驻军平定南匈奴叛乱后的纪念性刊刻，与北匈奴无关⑨。

袁刚考察了5—6世纪中叶柔然在西域的活动以及高车国建立、柔然与嚈哒关系等相关问题⑩。李国华依据青海出土的魏晋十六国时期鲜卑动物形牌饰，探讨了鲜卑文化在青海地区的传播、交流与影响⑪。黄寿成以慕容燕政权为例重新检视了“五胡乱华”之说，认为慕容燕政权创建者具有较高汉文化修养，多采用汉魏旧制，心理上认同汉文化，因此并非试图以胡人身份“乱华”，而是意图乘乱割据一方，“五胡乱华”之说是

---

① 马戎：《中国文化与政治交往史中的“蛮夷”“入主中原”》，《学术月刊》2019年第2期。

② 王洁：《“胡服”与“汉服”的变革：历史发展的交融与碰撞》，《内蒙古师范大学学报（哲学社会科学版）》2018年第5期。

③ 王海、郝静：《论“秦开却胡”与相关问题——以辽西走廊为中心》，《渤海大学学报（哲学社会科学版）》2019年第4期。

④ 王绍东：《战国秦汉时期中原政权与北方民族对阴山地区的争夺》，《阴山学刊》2018年第4期。

⑤ 王绍东：《从汉匈战争看大规模战争对游牧民族的负面影响》，《内蒙古师范大学学报（哲学社会科学版）》2019年第2期。

⑥ 刘俊、王海：《论九原与秦汉时期北方民族交融》，《宁夏师范学院学报》2018年第2期。

⑦ 崔建华：《西汉与匈奴交往中的伦理碰撞及融合——以忠孝观念为中心》，《西域研究》2019年第2期。

⑧ 杨建华、李宜峰：《东周时期北方腰带饰的起源与传播》，《西域研究》2018年第2期；潘玲：《两汉时期北方系统腰带具的演变》，《西域研究》2018年第2期。

⑨ 马利清：《〈通湖山摩崖石刻〉与南、北匈奴关系考》，《中州学刊》2019年第9期。

⑩ 袁刚：《柔然与西域相关的几个问题》，《内蒙古社会科学（汉文版）》2018年第3期。

⑪ 李国华：《青海出土鲜卑动物形牌饰研究》，《北方文物》2018年第4期。

一个误解[①]。李圳探讨了十六国时期北方胡族政权习惯法演变的特点与影响因素，指出北方胡族习惯法向中原法制的转变是其汉化的重要内容[②]。秦红发等人讨论了北魏皇帝西郊祭天仪式的演化历程以及其中所包含的游牧文化与汉文化两种因素[③]。韩旭论述了北魏鲜卑贵族饮食、服饰、娱乐等消费以孝文帝时期为转折点由俭到奢、逐步汉化的趋势，指出鲜卑贵族的奢侈化与汉化相辅相成，既是北魏兴盛的结果，又加速了北魏的灭亡[④]。王鹏福等人推断，《齐民要术》所记地区在六镇之乱引发的北魏末年变乱中遭受严重破坏，东魏北齐鲜卑化潮流兴起，是该书成书的直接背景[⑤]。党斌利用新出《赵明墓志》和《尹昇墓志》，研究了鲜卑乙弗氏与北朝政权的姻亲关系，以及当时汉化政策与鲜卑化政策的推行[⑥]。李慧茹探析了敕勒川文化形成的地域基础和民族交融因素，即独特的自然地理环境及中原农耕与草原游牧经济文化的长期交融[⑦]。

王小甫辨析了宇文泰“关中本位政策”的内容、性质和影响，指出“关中化”其实是汉化政策，改用《周官》要在返本开新，与中国古代社会发展历程相应，推动了华夏文化更新和社会演进[⑧]。李慧从魏晋至隋唐鲜卑文化的传播方式与特征入手，分析了鲜卑文化对中原地区的多方面影响[⑨]。张庆捷考证，山西介休、灵石、石楼、中阳和汾阳等地存在的多座可汗祠供奉的是敕勒人斛律光，指出可汗祠是游牧民族英雄崇拜和汉族建庙祭祀礼俗的结合，见证了古代民族大融合[⑩]。李瑞哲探察了粟特人凭借其商人身份在突厥汗国政治、经济、文化生活等领域的活动和影响，揭示了粟特人与游牧政权的密切关系[⑪]。林冠群运用多语种史料，深入检视了隋唐时期君主“莫缘可汗”汗号的缘起及其实际意义，认为该称谓始自启民可汗称颂隋文帝，获得重生，与突厥小可汗汗号相当[⑫]。

刘丽等人论述了金元时期平阳文化形成的特殊地理环境与移民因素，认为女真、蒙

① 黄寿成：《从慕容燕政权看所谓“五胡乱华”之说》，《社会科学辑刊》2019 年第 3 期。

② 李圳：《试论十六国时期少数民族政权的习惯法演变》，《西北民族论丛》2018 年第 1 期。

③ 秦红发、孙险峰：《论北魏西郊祭天》，《中州学刊》2018 年第 2 期。

④ 韩旭：《尚奢”与“易俗”——北魏鲜卑贵族消费之演变》，《内蒙古民族大学学报（社会科学版）》2019 年第 3 期。

⑤ 王鹏福、朱宏斌：《从六镇之乱到北魏灭亡：〈齐民要术〉成书背景新探》，《古今农业》2018 年第 4 期。

⑥ 党斌：《新见墓志所涉鲜卑乙弗氏问题》，《石河子大学学报（哲学社会科学版）》2019 年第 2 期。

⑦ 李慧茹：《敕勒川文化形成的地域基础和民族交融因素》，《北方民族大学学报（哲学社会科学版）》2019 年第 6 期。

⑧ 王小甫：《宇文泰“关中化”政策及其对华夏文化发展的影响》，《民族研究》2018 年第 5 期。

⑨ 李慧：《魏晋至隋唐时鲜卑文化对中原地区的影响研究》，《贵州民族研究》2019 年第 1 期。

⑩ 张庆捷：《可汗祠探源》，《历史研究》2019 年第 1 期。

⑪ 李瑞哲：《粟特人在突厥汗国的活动及其影响》，《西北民族论丛》2018 年第 2 期。

⑫ 林冠群：《隋唐君主可汗号比较研究》，《中央民族大学学报（哲学社会科学版）》2019 年第 3 期。

古诸族带来的异质文化和统治理念是该文化形成的主要原因①。李春圆考证了“大元”国号的蒙汉政治内涵，指出该国号是多元文化接触与吸收、蒙汉政治文化交流的结果，不能用“蒙汉分立”的二元对立思维来概括②。崔玲玲揭示出元代蒙古宫廷音乐是蒙古音乐文化与中原唐宋宫廷音乐的糅合，具有仪式性、融合性、民族性③。王丹基于《辽金元石刻丛编》，探析了北方地区普通家族在宋辽金元政权更迭之下的困境、抉择与地位变迁，展现出蒙古本位下的民族大融合与族群互动、国家制度与基层社会的互相折射与影响④。唐晓峰考察了内蒙古翁牛特旗新发现古代基督徒墓顶石的历史、形制及松州故址古代基督徒碑铭，推断墓主应为元代全宁路弘吉剌部陪臣或下嫁弘吉剌部公主的媵臣⑤。张佳探究了金代女真服饰幔笠（即“深簷胡帽”）在蒙元时期流行和明代消亡的历史；认为幔笠具有鲜明的族群和时代特征，被明朝和朝鲜儒家士大夫视作蒙元“胡化”的象征；揭示出“蒙古风”的兴衰和东亚儒家知识分子“华夷”意识的消长⑥。

肖超宇认为，《元史》所载蒙古妇女守节与汉文化影响并无关系，而是明朝为巩固政权、推行风教，受理学影响，加工、重塑而成，反映出元明之际的多民族交融⑦。武仙竹等人发现，俄罗斯米努辛斯克出土的明代御马监禁军“驾牌”与“土木堡之变”具有联系，是这一事件的实物证据⑧。卢绪友梳理了洪武二、三年间明军两次征讨上都一带元顺帝及其随属的经过，并考析了一些相关地名⑨。乌兰其木格探究了鄂尔多斯万户衮必里克墨尔根济农对明朝边塞的多次征战及其对“隆庆和议”的积极作用⑩。王海兵讨论了东蒙古部落在安多地区的活动以及明王朝“招番”与“驱虏”的应对举措⑪，哈斯朝鲁则考察了16世纪末17世纪初土默特部哈探把都儿在西藏的军事和宗教活动及

① 刘丽、刘佳：《复线的历史：金元时期平阳文化叠加中的移民因素》，《山西师范大学学报》（社会科学版）2019年第4期。

② 李春圆：《“大元”国号新考——兼论元代蒙汉政治文化交流》，《历史研究》2019年第6期。

③ 崔玲玲：《元代蒙古宫廷音乐探析》，《中央民族大学学报（哲学社会科学版）》2018年第6期。

④ 王丹：《碑刻、族群、制度与地域：从墓志看元代北方基层社会结构之变迁》，《西北民族大学学报（哲学社会科学版）》2019年第6期。

⑤ 唐晓峰：《内蒙古翁牛特旗新发现古代基督徒墓顶石初探》，《世界宗教研究》2019年第6期。

⑥ 张佳：《“深簷胡帽”：一种女真帽式盛衰变异背后的族群与文化变迁》，《故宫博物院院刊》2019年第2期。

⑦ 肖超宇：《民族融合与历史书写：〈元史〉蒙古列女形象“汉化”问题刍论》，《史学集刊》2018年第2期。

⑧ 武仙竹、冯玲：《南西伯利亚发现的“驾牌”与明土木堡之变》，《中国边疆史地研究》2018年第4期。

⑨ 卢绪友：《洪武初年明军两逐顺帝之战史地考证》，《中国边疆史地研究》2019年第2期。

⑩ 乌兰其木格：《衮必里克墨尔根济农与明作战及其影响》，《内蒙古师范大学学报（哲学社会科学版）》2019年第6期。

⑪ 王海兵：《东蒙古部落在安多地区的活动与明政府的应对》，《北方民族大学学报（哲学社会科学版）》2018年第2期。

其对蒙藏交流的积极影响①。

齐木德道尔吉系统介绍了学界应用满蒙汉文档案研究17世纪上半叶满蒙关系的情况②，并通过辨析两则相关史料，揭示了天聪九年茂明安部众叛逃事件发生的时间、逃亡目的地、阿赖达尔汉追击时间、参与追击的外藩蒙古部落及其兵丁数目、俘获人畜的瓜分等情况③。聂晓灵论述了孝庄文皇后的佛事活动及其对满蒙初期政治关系的意义④。曹晓宇探讨了“清准和谈”中的喀尔喀因素，指出尽早结束清准战争是清廷稳固对喀尔喀统治的需要，谈判过程中喀尔喀各部的利益诉求受到重视，谈判代表中有喀尔喀王公⑤。据邢莉考察，清代中期以后涌入内蒙古的汉族移民对当地蒙古牧民文化和生计方式产生深刻影响，当地出现蒙汉杂居的村落文化，这是草原游牧文化与农耕文化互动的表征⑥。乌兰巴根挖掘利用清代满蒙文档案，详细考述了18世纪中叶喀尔喀政治人物桑斋多尔济两次遣使赴藏熬茶的史事，揭示出喀尔喀与西藏的紧密关系⑦。刘晓光等人梳理了阿拉善信仰伊斯兰教蒙古族的族源与形成，推断他们是由哈萨克、维吾尔、蒙古、东乡、回等民族杂居繁衍形成的⑧。斯仁指出，农耕北移和儒学北渐是推动内蒙古社会近代转型的主要因素，促成近代特色农牧交错带、民族民间文化和近代学者群体的成长，催生世俗性特征、近代特色、兴“文墨”、尚“耕读”等现象和观念⑨。

3. 北部边疆族群与统一多民族国家建构

关于这一主题，有专著1部、学术论文10余篇。专著方面，李大龙《游牧行国体制与王朝藩属互动研究》提出“游牧行国”概念，认为历代北部边疆民族政权与中原王朝互动过程中，“游牧行国”与“王朝藩属”之间不断碰撞、转化和整合，促使历代多民族统一国家得以形成，并最终向现代国家转化⑩。

论文方面，既有宏观理论的阐释，也有具体问题的研究。李大龙从国家建构的视野探讨了中华大地游牧与农耕两大族群互动的历史意义、五个分期和各分期的特点⑪。于

---

① 哈斯朝鲁：《16世纪末17世纪初土默特哈探把都儿在西藏的活动》，《中央民族大学学报（哲学社会科学版）》2019年第4期。

② 齐木德道尔吉：《17世纪上半叶蒙古史研究中满蒙汉文档案的应用——以内蒙古大学清初蒙古史研究为例》，《西北民族论丛》2018年第1期。

③ 齐木德道尔吉：《清初茂明安部叛逃事件二则史料辨析》，《中央民族大学学报（哲学社会科学版）》2019年第1期。

④ 聂晓灵：《孝庄文皇后的佛事活动与满蒙初期政治关系》，《黑龙江民族论丛》2018年第2期。

⑤ 曹晓宇：《“清准和谈”中的喀尔喀蒙古问题研究》，《西部蒙古论坛》2019年第3期。

⑥ 邢莉：《内蒙古区域农业文化圈的形成——兼谈清代部分蒙古族生计方式的重构》，《青海民族研究》2018年第1期。

⑦ 乌兰巴根：《桑斋多尔济遣使赴藏熬茶考述》，载乌云毕力格主编《西域历史语言研究集刊》第11辑，社会科学文献出版社2019年版。

⑧ 刘晓光、安孟克：《阿拉善信仰伊斯兰教蒙古族的形成》，《回族研究》2018年第2期。

⑨ 斯仁：《儒学北渐影响下的近代内蒙古社会文化转型与伦理重构》，《内蒙古大学学报（哲学社会科学版）》2019年第6期。

⑩ 李大龙：《游牧行国体制与王朝藩属互动研究》，内蒙古大学出版社2018年版。

⑪ 李大龙：《国家建构视野下游牧与农耕族群互动的分期与特点》，《思想战线》2018年第1期。

春洋等人分析了民族建构对于实现国家认同的意义和途径①。赵现海将中国北部边疆两大山系所夹地带视为“核心边疆”。此地兼有农牧，是中原王朝与北族政权北上南下统一中国的经济补充与地理跳板、双方争夺的战略重心。作者将南北政权占领此地、统一全国后向农牧国家的转变称为“边疆形态”②。阎步克分析了北方族群在强化专制集权和激活官僚体制两方面对中国传统政治体制形态与方向的影响，阐述了“两个南北朝”和“部族武力的体制化”概念③。

黎小龙等人审视了两汉时期“北胡南汉”民族格局观的内容与演变，西南夷、两越、朝鲜“三方”与匈奴分离、渐进嵌入“中国”，北胡南汉格局最终得以确立④。刘凤雪等人以孝文帝改革为界，考察了北魏祭祀制度从祭祀女性祖先和自然神祇，到祭祀华夏圣君和儒家先贤的转变，认为这一转变有助于北魏政权的合法化和封建化⑤。张帅论述了孝文帝改革前后拓跋氏宗庙制度的异同。此前的宗庙制度包含祖先崇拜和国家礼制两套系统，是鲜卑旧俗与魏晋礼制的结合。孝文帝改革庙制，祖先神灵崇拜被压缩，国家礼制得以昌明⑥。

安北江认为，中唐之后至元朝建立这一中国历史上的第二次分裂期，传统“天下中国观”发生演变，从地理概念变为礼教中国观，王朝合法性的“国家认同”理念呈现出复杂性和多元性，为元代多民族大统一奠定基础⑦。赵永春等人指出，10—13世纪辽、宋、西夏、金各政权各自认同为“中国”正统，这一认同促使各民族和政权逐步凝聚，形成统一多民族的中国⑧。格日勒图讨论了北元政权在中国历史中的地位，主张明朝与北元是元朝版图上形成的两个政权，北元历史是中国通史的组成部分，这一认识有助于维护中国多民族国家意识形态的安全与稳定⑨。聂晓灵探析了作为蒙古汗统所在的察哈尔部归附后金对于清朝建立的作用⑩。牛玲玲认为，清朝以盟旗制度为基本架构，辅以王公年班、满蒙联姻等制度，这一“恩赏—报偿”机制是清朝获得蒙古政治

---

① 于春洋、马瑞琪：《民族建构与民族国家认同的内在关联》，《内蒙古师范大学学报（哲学社会科学版）》2019年第6期。

② 赵现海：《中国古代的“核心边疆”与“边疆形态”》，《石河子大学学报（哲学社会科学版）》2019年第2期。

③ 阎步克：《族群互动与“南北朝”现象：一个体制问题的政治学思考》，《思想战线》2018年第3期。

④ 黎小龙、郭奇龙：《两汉北胡南汉说》，《中国边疆史地研究》2019年第4期。

⑤ 刘凤雪、赵昆生：《北魏祭祀制度研究》，《山西大同大学学报（社会科学版）》2018年第1期。

⑥ 张帅：《拓跋氏前期庙制中的神灵崇拜与国家礼制——兼论孝文庙制的历史定位》，《山西大学学报（哲学社会科学版）》2018年第2期。

⑦ 安北江：《地缘政治与王朝秩序：8—13世纪“天下中国观”与“国家认同”演绎》，《河北师范大学学报（哲学社会科学版）》2019年第4期。

⑧ 赵永春、王观：《10—13世纪民族政权对峙时期的“中国”认同》，《陕西师范大学学报（哲学社会科学版）》2018年第1期。

⑨ 格日勒图：《论北元政权》，《内蒙古民族大学学报（社会科学版）》2018年第5期。

⑩ 聂晓灵：《察哈尔部归附后金与清朝的建立》，《内蒙古民族大学学报（社会科学版）》2018年第4期。

认同的成功之道，为近代国家建构留下丰厚遗产和一些困境。有效继承遗产并突破困境，是新政治认同构建方案产生的历史基础和逻辑起点①。段志强论述了中国思想史中"汉化"概念内涵从"用夏变夷"到清末民初"进于文明"的演变，考察了晚清民初革命者和知识人关于中国国家构建的观念的异同②。秦泊良以1911年库伦独立事件为切入点，分析了事件背后中、蒙民族国家建构观的冲突，审视了中国由帝制到共和转变过程中各民族的民族国家建构观念的差异③。樊志强围绕绥远五族学院，从筹建、设员与管理、招生与教学、功用等方面，对作为国家民族统一理论的"五族共和"思想在北部边疆国民教育中的实践作了深入探究④。

（三）北部边疆历史地理

历史地理是北部边疆历史研究的传统领域，两年来成果颇多，涉及历史地图与地理文献、地理考证、人口与移民、城镇史、地理环境与气候变迁等主题。

1. 北部边疆历史地图与地理文献

近两年，北部边疆历史地理研究的一件大事是《内蒙古历史沿革地图集》的出版。该图集由序图、历史沿革地图和地名索引三部分组成，主体部分历史沿革地图含有自史前、先秦直至清朝和民国时期的主图与附图。该图集在前人成果的基础上，在现今中国标准地图上标注不同历史时期的行政建制、重要地名、山川关隘及交通等信息，反映历代中央及地方政权在内蒙古的沿革面貌，以及中国古代北方民族在内蒙古区域内外的分布情况和大致势力范围，填补了内蒙古长期没有一部完整历史沿革地图的空白⑤。莫久愚对该图集的编绘缘起、成绩与缺憾进行了评述。⑥

此外，尚有数篇论文对北部边疆有关历史地图与地理文献作了研究。萨日娜以《柏朗嘉宾蒙古行纪》《鲁布鲁克东行纪》为例，探讨了基督教传教士眼中的蒙古印象以及两部行纪的多方面内涵⑦。赵延花认为，清代蒙古行记由于作者熟识地理和人文历史，塑造出广阔的空间背景，真实再现了蒙古地域山川形象，是对地方性知识的书写。

---

① 牛玲玲：《清王朝构建民族政治认同的遗产和困境——以蒙古的政治认同为例》，《满族研究》2019年第2期。

② 段志强：《从"用夏变夷"到"进于文明"——重审思想史中的"汉化"概念》，《复旦学报（社会科学版）》2018年第2期。

③ 秦泊良：《民国初年中蒙民族国家观念差异研究——基于对1911年库伦独立事件的分析》，《西部蒙古论坛》2019年第4期。

④ 樊志强：《"五族共和"在边疆的实践——基于绥远五族学院的考察》，载乌云毕力格主编《西域历史语言研究集刊》第10辑，科学出版社2018年版。

⑤ 内蒙古自治区测绘地理信息局、内蒙古自治区测绘学会：《内蒙古历史沿革地图集》，中国地图出版社2018年版。

⑥ 莫久愚：《〈内蒙古历史沿革地图集〉编绘的缘起、成绩与缺憾》，《内蒙古师范大学学报（哲学社会科学版）》2019年第5期。

⑦ 萨日娜：《基督教传教士眼中的蒙古——以〈柏朗嘉宾蒙古行纪鲁布鲁克东行纪〉为例》，《内蒙古民族大学学报（社会科学版）》2019年第1期。

这些地方性知识成为一种历史记忆，得以流传[①]。萨出日拉图研究了美国国会图书馆所藏一幅漠南蒙古舆图，分析了该图所载地域范围和历史地理信息，认为该图绘制于康熙二十三年[②]。冯文开等人介绍了高士奇蒙古行纪中扈从诗的内容，这些诗作体现了高士奇对蒙古高原的认知，是蒙汉文化交流的见证，对研究当地历史地理具有史料价值[③]。侯毅叙述了图理琛《异域录》一书的成书背景和学术价值，分析了该书在西方世界传播的过程、原因和意义[④]。房建昌考证了1850年巴林王爷驱逐法国传教士一事，讨论了晚清民国时期英法传教士热河游历记录和地图的学术价值[⑤]。

2. 北部边疆地理考证

关于北部边疆地理考证的学术论文较多，有20余篇。齐木德道尔吉等人认为，蒙古国新发现《封燕然山铭》摩崖是东汉窦宪北征匈奴的纪念性遗存；燕然山为今蒙古国杭爱山，摩崖所在是中原与漠北之间一处重要交通点；《后汉书》所记铭文内容是班固对文本润饰后的产物[⑥]。辛德勇进一步分析了发现《封燕然山铭》的意义和价值[⑦]。王兴锋细致地梳理了东汉时期南匈奴单于庭驻地在五原、云中、西河、河东等郡数次迁徙的具体位置[⑧]。艾冲考察了汉代鄂尔多斯高原“奢延泽”“鹄泽”“蒲泽”的地望[⑨]，并探察了两汉之际北部边疆由匈奴扶持的卢芳割据政权的存亡和控制地域，认为包括五原、朔方、云中等8个郡域的全境或局部[⑩]。翟飞探析了东汉时期南匈奴贵族逢侯叛乱一事，确定了叛军西逃图中的牧师城、渡河地点和满夷谷三地今日所在位置[⑪]。曹永年针对宿白先生有关拓跋鲜卑南迁匈奴故地的观点，提出不同意见，认为完工、扎赉诺尔、达茂旗墓群是否为拓跋鲜卑遗迹尚须论证，南杨家营子、二兰虎沟以及其他所谓南迁遗迹都不可靠[⑫]。李鹏考辨，《三国志》《后汉书》所言鲜卑“作乐水（饶乐水）”是今西拉木伦河及下游新开河的统称，鲜卑“季春大会”的“作乐水”位于今新开河，

---

① 赵延花：《清代蒙古行记：地理空间的展现与地方性知识书写》，《苏州大学学报（哲学社会科学版）》2019年第1期。

② 萨出日拉图：《美国国会图书馆庋藏康熙年间的一幅内蒙古舆图研究》，《中国历史地理论丛》2019年第2期。

③ 冯文开、赵志强：《论高士奇蒙古行纪中的扈从诗》，《内蒙古大学学报（哲学社会科学版）》2018年第3期。

④ 侯毅：《图理琛〈异域录〉在西方世界的传播》，《历史档案》2019年第2期。

⑤ 房建昌：《热河天主教与基督教新教史考略（1835—1949年）——以法国神父与英国牧师的地图为中心》，《内蒙古师范大学学报（哲学社会科学版）》2019年第4期。

⑥ 齐木德道尔吉、高建国：《有关〈封燕然山铭〉摩崖的三个问题》，《西北民族研究》2019年第1期。

⑦ 辛德勇：《燕然山上的新发现》，国家文物局主管中国文物报社公众号《文博中国》2019年12月19日。

⑧ 王兴锋：《论东汉南匈奴单于庭驻地的四次迁徙》，《中国历史地理论丛》2019年第1期。

⑨ 艾冲：《鄂尔多斯高原汉代三泽地望初探》，《西夏研究》2018年第1期。

⑩ 艾冲：《论东汉初期北部边疆卢芳割据政权的控制地域》，《中国边疆史地研究》2018年第3期。

⑪ 翟飞：《东汉时期南匈奴逢侯叛乱探析》，《西夏研究》2018年第1期。

⑫ 曹永年：《拓跋鲜卑南迁匈奴故地考古学研究的文献反证——重读宿白先生〈东北、内蒙古地区的鲜卑遗迹〉》，《内蒙古师范大学学报（哲学社会科学版）》2019年第6期。

而非西拉木伦河[①]。

王禹浪等人确定北室韦九部所居吐纥山即今黑河瑷珲地区的大黑山与九水山，并梳理了学界对南室韦地理分布的研究成果[②]。保宏彪论述了鄂尔多斯高原的地缘位置及其在中古时期关中与漠北交通中的枢纽地位[③]。翟飞还探究了隋唐宋元时期黄河银川平原段的河道位置，认为元代黄河河道大致与明初相同[④]。连吉林根据内蒙古开鲁县辽墓新发现的墨书题记，推测辽代龙化州即今通辽科尔沁的福巨古城[⑤]。孟松林推断，铁木真争夺蒙古东部草原霸主地位的阔亦田战役古战场在今呼伦贝尔新巴尔虎右旗北部的辉腾草原、辉腾湖一带[⑥]。李鹏等人考证，元代弘吉剌部火忽封地与金代临潢府及庆州大体吻合，与亦乞列思部以今西辽河为界，"敦达霍拉元代城址"是一座离宫[⑦]。卢绪友探讨了明蒙对峙下的塔滩地望与地缘，指出塔滩即今内蒙古前后套的阴山南麓地区，明朝始终未能完全控制此地，明中后期塔滩成为蒙古对抗明朝的重要基地[⑧]。

达力扎布梳理了察哈尔林丹汗从黄河河套以西进入青海的线路，即从明永昌卫越境、经大草滩、走扁都口一路，指出林丹汗病逝的 sira tala 是"大草滩"，在清代永固城辖境，而非"黄城滩"[⑨]。阿丽雅等人通过实地踏勘额尔古纳河及黑龙江上游地区，探索了俄罗斯使者斯帕法里到齐齐哈尔的路线、清俄两国在祖鲁海图开边贸易、俄罗斯在雅克萨建立要塞、清朝在瑷珲建立城池等历史现象的地理原因[⑩]。玉海认为，木兰围场始自康熙三十四年翁牛特右翼旗献地，并考证了翁牛特右翼旗所献地界的山川地名[⑪]。代小分析，清末西北回民起义时清朝重兵防守包头的原因，在于其北依阴山、南临黄河、东通京津、扼控西北的战略位置，及其作为清军官兵与情报中转站、军需物资采运集散地等的重要地位[⑫]。许珅则探析了清末绥远地区"屏障畿疆"的战略地位[⑬]。

3. 北部边疆人口与移民

历史时期北部边疆的人口与移民研究，产生学术论文 10 余篇。陶然介绍了计算秦

---

① 李鹏：《鲜卑"季春大会"之"作乐水"考辨》，《北方文物》2018 年第 3 期。

② 王禹浪：《北室韦吐纥山地理位置考》，《黑龙江民族论丛》2018 年第 2 期；王禹浪、翟少芳：《南室韦历史地理研究综述》，《黑龙江民族论丛》2018 年第 4 期。

③ 保宏彪：《中古交通视域下的鄂尔多斯高原》，《西夏研究》2019 年第 4 期。

④ 翟飞：《隋唐宋元时期黄河银川平原段河道位置探究》，《西夏研究》2018 年第 4 期。

⑤ 连吉林：《内蒙古开鲁县辽墓发现的墨书题记与辽之龙化州》，《北方文物》2019 年第 2 期。

⑥ 孟松林：《阔亦田战役古战场再考》，《呼伦贝尔学院学报》2018 年第 6 期。

⑦ 李鹏、石一鸣、周伟：《元代弘吉剌部火忽封地考——兼论"敦达霍拉城址"与"离宫"》，《内蒙古民族大学学报（社会科学版）》2019 年第 2 期。

⑧ 卢绪友：《明蒙对峙下的塔滩地望与地缘》，《内蒙古社会科学（汉文版）》2019 年第 5 期。

⑨ 达力扎布：《察哈尔林丹汗病逝之"大草滩"考》，《民族研究》2018 年第 5 期。

⑩ 阿丽雅、齐光：《额尔古纳河及黑龙江上游历史地理考察纪实》，《呼伦贝尔学院学报》2019 年第 6 期。

⑪ 玉海：《清代翁牛特右翼旗献地及木兰围场始置时间新考》，《吉林师范大学学报（人文社会科学版）》2019 年第 3 期。

⑫ 代小：《浅析清政府镇压西北回民起义战争中重兵防守包头之原因》，《阴山学刊》2018 年第 1 期。

⑬ 许珅：《屏障畿疆——清末边疆民族整合进程中的绥远》，《唐山学院学报》2019 年第 2 期。

汉时期匈奴人口数量的以兵数除以兵民比例的新方法，并运用该方法对南北匈奴分裂前的匈奴人口数量进行了计算①。刘星营分析了隋唐时期内地与突厥人口迁移的引发因素、突厥移民分布地区及其影响②。张天虹探讨了唐代藩镇割据时期幽州城人口的规模和构成，推测其数量达10万人，肯定了藩镇时代在幽州城市史上的地位③。姚金燕等人研究了清中叶以来阿拉善地区民勤汉族移民的迁入过程、与当地社会的互动以及本土化④。徐冉对“雍正朝迁移数万户汉人进入阿拉善”这一观点做了质疑和辩驳⑤。乌仁其其格考察了清代至民国归绥地区社会各阶层的流动及其消极影响⑥。祁建民认为，明清以来晋冀蒙交界地区移民村落社会具有“有关系、无组织”的特征，中国边疆移民社会具有多样性，西方人类学家研究中国东南地区移民社会时提出的“边陲社会”概念并非研究中国边疆移民社会的唯一模式⑦。萨仁图雅以科尔沁左翼后旗达希木勒嘎查为例，探析了科尔沁农耕村落的形成过程及其原因⑧。屈罗木图考析了清代晋陕汉族移民迁入乌兰察布地区的过程及其对当地政治制度、经济结构、民族关系等方面产生的深远影响⑨。潘晓伟考察了十月革命前中国人在俄国远东地区的渔猎采集活动以及俄国人的矛盾反应，他们一方面看到中国人在远东拓殖中的积极作用，另一方面又充满恐惧，认为熟悉当地风土人情和自然条件的中国人的存在不利于国家安全的维护⑩。

4. 北部边疆城镇史

北部边疆地区人群聚落虽以草原游牧为主，但历史上也产生若干城镇。辽中京是辽代五京之一，即今内蒙古赤峰市宁城县大明镇古城遗址。任冠对辽中京城的形制、始建与金、元、明三代的沿革作了研究⑪。辽西京位于今山西大同。李珍梅梳理了辽朝历代

---

① 陶然：《秦汉时期匈奴人口数量计算方法研究》，《内蒙古民族大学学报（社会科学版）》2019年第4期；《南北匈奴分裂前匈奴人口数量研究》，《赤峰学院学报（汉文哲学社会科学版）》2019年第9期。

② 刘星营：《隋唐时期内地与突厥的人口迁移》，《中州学刊》2018年第4期。

③ 张天虹：《唐藩镇统治时期（763—907）幽州城人口数量试探》，《中国经济史研究》2018年第1期。

④ 姚金燕、谢咏梅：《阿拉善地区的民勤移民及其影响》，《内蒙古民族大学学报（社会科学版）》2018年第1期。

⑤ 徐冉：《雍正初并未移数万户汉人入阿拉善》，《中国历史地理论丛》2018年第2期。

⑥ 乌仁其其格：《归绥地区社会各阶层的流动及其影响》，《内蒙古财经大学学报》2018年第1期。

⑦ 祁建民：《另一种边陲：晋冀蒙交界地区的移民村落社会》，《内蒙古师范大学学报（哲学社会科学版）》2019年第6期。

⑧ 萨仁图雅：《试析科尔沁农耕村落的形成及其原因——以科尔沁左翼后旗达希木勒嘎查为例》，《内蒙古民族大学学报（社会科学版）》2018年第5期。

⑨ 屈罗木图：《清末汉族移民迁入乌兰察布地区及相关问题考析》，《内蒙古财经大学学报》2018年第6期。

⑩ 潘晓伟：《十月革命前俄国远东地区中国人的渔猎采集活动》，《西伯利亚研究》2018年第5期。

⑪ 任冠：《辽中京城的形制与沿革研究》，《内蒙古社会科学（汉文版）》2018年第2期。

皇帝巡幸西京的史实及其所反映的辽代社会的兴衰①。阴山以北地区金元城址遗迹十分丰富，魏坚等人从区域自然条件、规模、形制、防御功能、选址等方面分析了该地区金元城址的差异②。蒙元时期先后设有和林、大都、上都和中都四个都城。韩光辉等人集中探讨了和林、大都、上都的定都与建都、规划与建设以及行政管理制度③。镇海城是蒙元时期的西北重镇。刘清涛依据《长春真人西游记》及近代俄人游记资料，认为镇海城及屯田位置并不在日本学者所称沙尔金县，而是在哲热谷④。随着藏传佛教在蒙古地区的传播和建寺，蒙古地区围绕佛寺出现一些商贸城镇和街市。双宝等人以喀尔喀锡呼图库伦为例，研究了清代蒙古地区城镇化的进程和影响⑤。

5. 北部边疆地理环境与气候变迁

地理环境与气候变迁是历史地理研究的重要领域。李荣辉等人基于气候条件的变迁，梳理了包头地区历经仰韶时期定居农业出现、龙山时期农业与史前文化鼎盛、石城诞生、酋邦形成以及最终逐渐游牧化的过程⑥。与一般学者着眼于草原探讨游牧民族不同，王绍东研究了阴山对于匈奴生存与发展的重要作用⑦。范恩实从人地关系的视角探讨了慕容鲜卑的早期兴起历程。慕容鲜卑最初以游牧者身份进入蒙古草原东南，但在西晋和宇文鲜卑夹击下陷入困境。慕容鲜卑改变策略，带领夫余农业人口南迁大凌河，从此以农业兴国⑧。刘继刚指出，平城地区灾害频发与环境承载力下降是导致北魏孝文帝迁都洛阳的重要因素⑨。张晓虹等人基于圣母圣心会所绘传教地图和中西文档案文献，发现晚清时期天主教在鄂尔多斯南部地区的传播、独特组织形态和空间分布，对鄂尔多斯南部移民社会建构和农牧界线北移发挥了重要作用⑩。美国学者谢健（Jonathan Schlesinger）所著《帝国之裘》一书是探讨清朝北部边疆地区环境变迁的新作。关康介绍了该书的主要内容和观点，指出其在史实和文献理解诸方面的不足，并将其译为中文出版⑪。徐冉揭示，阿拉善和硕特旗设立后，东与宁夏发生地界争端，界线东移，双方

① 李珍梅：《从皇帝巡幸西京看辽代社会的兴衰》，《山西大同大学学报（社会科学版）》2018年第6期。

② 魏坚、周雪乔：《阴山以北的金元时期城址》，《内蒙古社会科学（汉文版）》2019年第1期。

③ 韩光辉、田海、王洪波：《蒙元时期四个都城的规划与建设——兼论都城城市行政管理制度》，《首都师范大学学报（社会科学版）》2018年第3期。

④ 刘清涛：《元代镇海城位置再探讨》，载《中国边疆学》第十一辑，社会科学文献出版社2019年版。

⑤ 双宝、额尔敦乌日图：《清代外藩蒙古“喇嘛旗”锡呼图库伦宗教、商业及其地位谫论》，载《西南边疆民族研究》第27辑，社会科学文献出版社2019年版。

⑥ 李荣辉、李春雷：《包头地区史前文化与农业》，《农业考古》2018年第1期。

⑦ 王绍东：《论阴山对匈奴族生存与发展的价值》，《内蒙古社会科学（汉文版）》2018年第1期。

⑧ 范恩实：《论人地关系对慕容鲜卑早期兴起历程的影响》，《北方文物》2018年第4期。

⑨ 刘继刚：《北魏孝文帝迁都环境因素考论》，《中州学刊》2018年第10期。

⑩ 张晓虹、庄宏忠：《天主教传播与鄂尔多斯南部地区农牧界线的移动——以圣母圣心会所绘传教地图为中心》，《苏州大学学报（哲学社会科学版）》2018年第2期。

⑪ Jonathan Schlesinger, *A World Trimmed with Fur: Wild Things, Pristine Places, and the Natural Fringes of Qing Rule*, Stanford, CA: Stanford University Press, 2016；关康：《关于〈帝国之裘〉研究的几个问题》，《吉林师范大学学报（人文社会科学版）》2018年第6期；［美］谢健：《帝国之裘：清朝的山珍、禁地以及自然边疆》，关康译，北京大学出版社2019年版。

对贺兰山西麓展开资源争夺与权利博弈，界争不断扩大。贺兰山地区的独特环境与农牧业之间的互动是争端的根本原因①。

自然灾害是地理环境和气候条件发生极端变化的结果。北部边疆地区历史时期的自然灾害史也为学者所关注。赵之恒指出，内蒙古自然灾害史相关史料匮乏，搜集困难，虽然这一领域的研究取得很大进展，但在研究领域、视野、思路和方法上尚存在不足。② 翟禹考述，元代阴山地区的自然灾害主要有水灾、旱灾、风霾灾、陨雨霜雪寒等，各类灾害极易引发饥荒，对此元朝政府多有赈济③。刘晓堂探析了民国时期察哈尔地区的灾荒及其影响，当地水、旱、雹、风、疫各类灾害频仍，以水旱雹灾为主，多灾并发，续发性强，季节性明显，对当地社会造成多方面的严重负面影响④。

（四）北部边疆游牧社会与草原文明

从“游牧社会”“草原文明”或者“内陆亚洲”的视角研究北部边疆历史与社会是近年来学界的一个新趋势和热点。“内陆亚洲”简称“内亚”，有时外延拓展而被称为“中央欧亚”，是一个源自欧美学界的概念和研究范式，包含地理、社会、政治、经济和文化等多重内涵。其核心思想是突破传统定居农耕民族视角的局限，从内陆亚洲本身的视角对其进行研究，重视游牧社会和草原文明的独特性和价值。这一概念和范式对北部边疆研究产生较大影响。两年来该领域出现一系列成果，一些传统研究主题也可被纳入其中，有专著3部、学术论文40余篇，涉及理论阐释与综合研究、部族史、游牧政权与社会组织、蒙古法、草原经济生产与技术、草原游牧文化与习俗等方面。

1. 理论阐释与综合研究

专著方面，日本创价大学教授林俊雄《草原王权的诞生》一书在传统文献基础上，利用考古发掘成果，对横跨欧亚草原的游牧民斯基泰和匈奴进行比较研究，颠覆了游牧民“野蛮、没有文明”的偏见，揭示了古代草原王权的形成和游牧文化的多样性、“国际性”⑤。日本京都大学教授杉山正明《蒙古帝国及其漫长遗绪》一书以蒙古为主题论述了游牧民的世界观和游牧民对世界史的影响。⑥

论文方面，钟焓对其专著《重释内亚史》作了补充，讨论了作为学术概念的“内亚”出现的时代以及伯希和考证学风中的传统中国学术因素，并针砭了当下西方内亚

---

① 徐冉：《农牧交错带的山地环境与界线迁移——以清代宁夏、阿拉善贺兰山界争问题为例》，《中央民族大学学报（哲学社会科学版）》2018年第6期。

② 赵之恒：《内蒙古自然灾害史的相关史料与研究状况》，《内蒙古师范大学学报（哲学社会科学版）》2019年第1期。

③ 翟禹：《元代阴山地区自然灾害考述》，《赤峰学院学报（汉文哲学社会科学版）》2018年第1期。

④ 刘晓堂：《民国时期察哈尔地区的灾荒及其影响探析》，《阴山学刊》2019年第2期。

⑤ ［日］林俊雄：《草原王权的诞生——斯基泰与匈奴，早期游牧国家的文明》，陈心慧译，八旗文化出版社2019年版。

⑥ ［日］杉山正明：《蒙古帝国及其漫长遗绪——后蒙古时代与世界史的重新构图》，陈心慧译，八旗文化出版社2019年版。

史研究中学术严谨性淡出的现状①。作者还剖析了1990年以来日本内亚史学界以“中央欧亚”为中心构建全新“世界史”体系的研究模式，指出其在基本史实方面存在重大缺陷与误区，不具有充分实证性和说服力②。吴团英认为草原文化是一种复合型文化和地域文化，并检视了草原文化在中华文化中的地位与作用③。阿妮尔评述了《游牧的终结》一书的主要观点，结合田野资料，指出书中存在忽略产权与草场退化的深层关联等多方面局限，并总结了该书对草原畜牧业研究的启示④。

2. 部族史

山戎是北部边疆原始族群之一，原活动于西辽河、大凌河一带。苗威指出，周代山戎迁居七老图山、延庆、张家口以西及迁西之间，族群发生改变；以此为限，可分为古山戎与周山戎，其分化与重组与自身因素和当时政局有关⑤。李焕青等人通过研究“匈奴”字形、字音演变及其与“巫啸”“呼麦”的关系，考释了“匈奴”名号的来源与含义⑥。杨敬凯整理与归纳了学界对鲜卑及拓跋鲜卑、慕容鲜卑名称由来的研究情况⑦。聂定结合历史文献和考古发掘，论证了拓跋鲜卑族源的多元化与族名形成的长期性⑧。白玉冬认为，北宋王延德《西州程记》所载漠北九族达靼主要分布于杭爱山、鄂尔浑河至土拉河一带，其部族名称与《辽史》阻卜及《史集》克烈部的部族名称密切相关，当时已向北宋朝贡，社会已发生分化⑨。温旭依据前人未充分利用的史料，考究了元代汪古部人高唐王阔里吉思、赵王王傅、汪元昌、马月忽乃、黑旦公等人的事迹⑩。阿鲁蒙古伊苏特部附清后，主体被编入八旗。玉海通过检索清初满蒙汉多语种史料中有关噶尔马伊尔登、寨桑达尔汉和硕齐、奇塔特卫征、喀兰图等人的记载，辨析了伊苏特部源自哈赤温一说，考述了伊苏特部贵族的祖源⑪。黄彦震从族群共同的民族特征、朝廷合

① 钟焓：《重释内亚史》，社会科学文献出版社2017年版；《“后伯希和时代”西方内亚史学严谨性的丧失——〈重释内亚史〉补笔》，《西域研究》2018年第3期。

② 钟焓：《重写以“中央欧亚”为中心的“世界史”——对日本内亚史学界新近动向的剖析》，《文史哲》2019年第6期。

③ 吴团英：《从草原文化视角看中华文化的构成及其演进模式》，《内蒙古社会科学（汉文版）》2018年第6期。

④ Caroline Humphrey & David Sneath, *The End of Nomadism?*: *Society*, *State and the Enviroment in Inner Asia*, Durham, NC: Duke University Press, 1999；阿妮尔：《对游动性的反思——评〈游牧的终结？——内亚地区社会、国家与环境〉》，《内蒙古社会科学》2019年第2期。

⑤ 苗威：《“山戎”之名：早期辽西族群的名同实异》，《中央民族大学学报（哲学社会科学版）》2019年第3期。

⑥ 李焕青、张宇、李月新：《匈奴名号考》，《中央民族大学学报（哲学社会科学版）》2019年第3期。

⑦ 杨敬凯：《鲜卑及其部落名称研究综述》，《赤峰学院学报（汉文哲学社会科学版）》2018年第1期。

⑧ 聂定：《从考古发现探寻拓跋鲜卑族源及名称由来》，《赤峰学院学报（汉文哲学社会科学版）》2018年第2期。

⑨ 白玉冬：《关于王延德〈西州程记〉记录的漠北部族》，《中国边疆史地研究》2019年第1期。

⑩ 温旭：《元代汪古史事钩沉》，《内蒙古大学学报（哲学社会科学版）》2019年第1期。

⑪ 玉海：《清初阿鲁蒙古伊苏特部贵族祖源考述》，《清史研究》2018年第3期。

理的民族政策及沙俄入侵等内外因素，探析了清代索伦部的形成与演变①。

3. 游牧政权与社会组织

专著方面，邱铁皓《蒙古帝国视野下的元史与东西文化交流》一书分上下两篇，上篇聚焦于“草原分封制度”，讨论了蒙元帝国的政治制度、政治结构及其在蒙古四大汗国中发生的地方化进程②。

论文方面，李春梅从领土疆域、居民人口、军事实力、对外关系、国家功能等方面，断言匈奴政权是一个高于“部落联盟”“酋邦”或“早期国家”阶段的国家，具有一般国家的要素和特征③。刘俊等人讨论了匈奴单于挛鞮氏的姻亲民族呼衍氏地位的演进及其对匈奴社会演变的影响。随着挛鞮氏衰落，呼衍氏先是拥立呼韩邪单于和劝其附汉；此后强化与挛鞮氏的联姻，形成两者对匈奴的共治；东汉中期后，北匈奴呼衍氏成为汉朝劲敌④。袁刚研究了柔然的名号、族源、以“可汗制”为中心的政治制度以及经济等内容⑤。杨军考述了2—11 世纪汉族居住区以北诸族尚未进入国家阶段时通行的社会组织状况，进而归纳类型和总结规律⑥。白玉冬认为，“成吉思汗（Činggis Qan）”一称中，Činggis 存在源自回鹘语Čingis（强大者）或蒙古语Čing（坚固、有力）复数形式的可能，词根Čing 可能是阿尔泰语系共同语⑦。白·特木尔巴根比较了《元史》与《蒙古秘史》所载成吉思汗事迹的异同，重新审视了《元史·太祖本纪》与《蒙古秘史》的关系以及后者的史源与成书过程⑧。才仁卓玛将傅礼初（Joseph Fletcher）旧作《生态与社会视角之下的蒙古人》译为汉文刊布，该文分析了 13 世纪初蒙古草原和内亚沙漠生态环境，考察了草原游牧民的社会组织结构和政治制度，并论述了蒙古人征服欧亚大陆的一些重要问题⑨。牛玲玲等人考察了鄂托克的社会组织本相和功能，认为它是地缘和血缘的结合体，反映了北方游牧社会组织的共性。传统游牧社会的治理基于血缘和地缘关系构成的团体来安排，游牧经济的基本特征要求牧人结成团体以维持生存，游牧社会的道德观念、行为规范、宗教信仰基于团体格局而产生，支撑着游牧社会的有效运转⑩。

---

① 黄彦震：《清代索伦部族群演变溯源》，《贵州民族研究》2018 年第 4 期。

② 邱轶皓：《蒙古帝国视野下的元史与东西文化交流》，上海古籍出版社 2019 年版。

③ 李春梅：《匈奴政权的发展阶段》，《内蒙古社会科学（汉文版）》2018 年第 6 期。

④ 刘俊、王海：《论匈奴呼衍氏地位的演进》，《北方文物》2018 年第 1 期。

⑤ 袁刚：《柔然历史若干问题研究》，博士学位论文，内蒙古大学，2019 年。

⑥ 杨军：《二世纪至十一世纪北族前国家时期的社会组织》，《历史研究》2018 年第 3 期。

⑦ 白玉冬：《成吉思汗称号的释音释义》，《历史研究》2019 年第 6 期。

⑧ 白·特木尔巴根：《〈元史〉列传所见成吉思汗事迹与〈蒙古秘史〉记载之异同》，《内蒙古师范大学学报（哲学社会科学版）》2018 年第 1 期。

⑨ [美] 傅礼初：《生态与社会视角之下的蒙古人》，才仁卓玛译，《西北民族论丛》2019 年第 1 期。该文原载《哈佛亚洲研究》（Harvard Journal of Asiatic Studies）1986 年第 46 卷第 1 期，第 11—50 页。

⑩ 牛玲玲、贺金瑞：《传统游牧社会治理体系研究——来自鄂托克的阐释》，《北方民族大学学报（哲学社会科学版）》2019 年第 2 期；《北方游牧社会中鄂托克的社会组织本相和功能阐释》，《中央民族大学学报（哲学社会科学版）》2019 年第 6 期。

4. 蒙古法

王福革等人依据《蒙古秘史》，研究了蒙古早期和蒙古汗国时期的礼制、约孙、札撒和必力克，探讨了它们之间的相互继承、影响和作用①。Florence Hodous 根据《马可·波罗行纪》的记载，讨论了马可·波罗对蒙古法的认知以及蒙古法本身为何②。蒙古传统生态习惯法受到多名学者关注。苏丽娜等人从法理学视角界定了蒙古生态习惯法自发生成、生态保护等指向性内涵，并分析了其地缘民族性、代际传承方式等特征③。宋丽弘等人指出了蒙古传统生态法对维护草原生态平衡的重要意义及其对当今内蒙古草原保护立法与执法的启示④。

刘九万则专门考察论述了蒙元时期生态立法的发展进程和具体内容，阐释了其对当代内蒙古生态文明建设的启示⑤。达力扎布认为，现存《1640 年蒙古—卫拉特大法典》托忒文手抄本是《1640 年蒙古—卫拉特大法典》和《准噶尔法典》的合本，前者是由喀尔喀与卫拉特两部首领共同制定的，后者是巴图尔珲台吉时期制定的准噶尔部法典⑥。王海锋分析了《蒙古—卫拉特法典》的丰富内容，并依据该法典，从婚姻年龄、婚约制度、聘礼制度等方面探究了 17 世纪蒙古族的婚姻法律制度⑦。

5. 草原经济生产与技术

崔思朋论述了北方草原民族游牧生产方式适应草原生态环境、维持草原生态平衡的特点和优势⑧。常璐以生产工具为视角，梳理了内蒙古中南部地区生计方式从仰韶时代以农业和饲养家畜为主、辅以渔猎和采集，到龙山时代农业、狩猎、建筑、制陶并重的变化⑨。戴玥以青铜镞武器机能的强化为中心，考察了早期铁器时代欧亚草原东部青铜镞的发展与演变⑩。胡玉春从功能、材质、目的等方面研究了匈奴的手工业发展，认为其不断吸纳周边文化元素和生产经验，创造出多元文化共存的手工技艺⑪。胡雪艳等人通过分析呼伦贝尔地区扎赉诺尔地区的两处墓葬群，探讨了拓跋鲜卑南迁大泽后的社会

---

① 王福革、赵亚婷：《〈蒙古秘史〉礼制、约孙、札撒和必力克关系研究》，《黑龙江民族论丛》2018 年第 1 期。

② Florence Hodous 撰，高宇、赵柏悦译，马晓林校：《马可·波罗与蒙古法：扩大文明的范围，缩小野蛮的范围》，载乌云毕力格主编《西域历史语言研究集刊》第 10 辑，科学出版社 2018 年版。

③ 苏丽娜、王衡：《论蒙古族生态习惯法的内涵及特征》，《内蒙古财经大学学报》2018 年第 2 期。

④ 宋丽弘、王云格：《蒙古族传统生态法对内蒙古草原法律保护的启示》，《内蒙古民族大学学报（社会科学版）》2019 年第 3 期。

⑤ 刘九万：《蒙元时期生态立法对内蒙古生态文明建设的启示》，《内蒙古师范大学学报（哲学社会科学版）》2019 年第 5 期。

⑥ 达力扎布：《〈1640 年蒙古—卫拉特大法典〉文本辨析》，《中央民族大学学报（哲学社会科学版）》2018 年第 1 期。

⑦ 王海锋：《〈蒙古—卫拉特法典〉中的婚姻法律制度研究》，《西部蒙古论坛》2018 年第 2 期。

⑧ 崔思朋：《游而牧之：游牧生产方式及其生态哲学智慧》，《青海民族研究》2018 年第 3 期。

⑨ 常璐：《内蒙古中南部地区新石器时代生计方式初探——以生产工具为视角》，《古今农业》2019 年第 6 期。

⑩ 戴玥：《早期铁器时代欧亚草原东部青铜镞的发展与演变——以青铜镞武器机能的强化为中心》，《西域研究》2019 年第 2 期。

⑪ 胡玉春：《匈奴手工业发展考论》，《内蒙古社会科学（汉文版）》2019 年第 3 期。

经济状况[①]。张博考析了历史上蒙古族渔具技术的发展及其原因[②]；张晟峰则探述了元代蒙古军的兵器，认为可分为远射武器和近战武器两类，前者以弓箭为主，后者以枪和战刀为主，各有特点[③]。

6. 草原游牧文化与习俗

草原游牧文化与习俗是北部边疆游牧社会与草原文明研究中成果最丰的一个主题。王绍东基于《史记·匈奴列传》，认为匈奴社会风俗有着深刻的经济与环境原因，依靠草食动物的移动性安排生产生活是其基本特点，产品的单一与不易贮存导致对农耕民族产品的依赖，聚会、祭祀风俗也受生存环境的影响[④]。徐婷婷依据陈巴尔虎旗岗嘎墓地、西乌珠尔墓葬及海拉尔谢尔塔拉墓地等室韦遗存，审视了室韦的社会习俗[⑤]。李彦颉等人依据大同地区辽代墓葬壁画天象图，探析了北方民族的天文星象学，揭示出北方民族在文化上的开放性、容纳性与活力[⑥]。

苏鲁格重新认识了成吉思汗远祖氏族的鹿图腾，认为蒙古各氏族皆有图腾，鹿图腾氏族只是其中一支[⑦]。马晓林考察了元代蒙古人主格黎、洒马湩两种祭天仪式，发现其具有多元文化交融的特点[⑧]。作者还梳理了元朝郊祀制度的建立与演变，分析了元朝皇帝亲郊的三重因素、推动郊祀的动因以及郊祀的礼仪，指出其是草原、中原二元文化互动与调和的结果[⑨]。赵翔通过解读元代文献，以食用羊只为例，勾勒中世纪蒙古人的饮食特点，进而理解其饮食结构与游牧经济的关联性[⑩]。马湩是蒙古人重要的马奶饮品。王福革等人考察了马湩在元代祭祀、宴饮、赏赐等社会政治和日常生活中的应用，分析了马湩在“别差等、序人伦”方面的规范教化作用，以及元代管理马湩的机构和专业生产技术[⑪]。刘迎胜通过考察元太宗收继元太祖阔里桀担皇后等后妃，讨论了汉文与波斯文史料所载元和元以前流行于贵族与普通蒙古人中的异辈收继婚现象，指出元皇室的异辈收继婚的社会基础，是内陆亚洲游牧民族的古老婚俗[⑫]。

张龙检视了《北虏风俗》所载“禁忌”“习尚”“崇佛”等风俗展现的明代蒙古人

---

① 胡雪艳、梁云：《扎赉诺尔墓群与蘑菇山墓群的比较研究》，《呼伦贝尔学院学报》2019年第2期。

② 张博：《历史时期蒙古族渔具技术发展及原因分析》，《古今农业》2018年第4期。

③ 张晟峰：《元代蒙古军兵器杂议》，《宁夏大学学报（人文社会科学版）》2018年第5期。

④ 王绍东：《经济视角下匈奴族社会风俗审视》，《内蒙古大学学报（哲学社会科学版）》2018年第5期。

⑤ 徐婷婷：《室韦社会习俗》，《赤峰学院学报（汉文哲学社会科学版）》2018年第9期。

⑥ 李彦颉、张玲：《大同地区辽代墓葬壁画中天象图新探》，《山西大同大学学报（社会科学版）》2019年第1期。

⑦ 苏鲁格：《关于成吉思汗远祖氏族图腾的新认识》，《西部蒙古论坛》2019年第2期。

⑧ 马晓林：《元代蒙古人的祭天仪式》，《民族研究》2018年第3期。

⑨ 马晓林：《蒙汉文化交会之下的元朝郊祀》，《中国史研究》2019年第4期。

⑩ 赵翔：《北方游牧民族的膳食选择——以元代饮食记载食羊为例》，《西部蒙古论坛》2018年第2期。

⑪ 王福革、薛博欢：《元代马湩研究》，《内蒙古民族大学学报（社会科学版）》2019年第4期。

⑫ 刘迎胜：《元太宗收继元太祖后妃考——以乞里吉忽帖尼皇后与阔里桀担皇后为中心》，《民族研究》2019年第1期。

的精神文化①。历史上北方民族的原始宗教、神话传说、民俗都留有虎崇拜的遗迹，孔祥羽根据红山文化虎形文物，将这一崇拜的起源追溯至红山文化②。董波揭示，蒙古族敖包信仰仪式中萨满教与佛教文化交融的现象，根源在于内蒙古地区多元宗教信仰并存、政府介入、民族文化传统、民众信仰需求、蒙古族认同等因素③。雅楠以16世纪蒙古的茶为视角，通过分析作为神圣之物和交换之物的茶在蒙古地区的作用，探察了藏传佛教传入给蒙古社会生活带来的变迁④。舍敦扎布通过追溯蒙古族古时婚约习俗和考证哈达渊源及其在婚约中的运用，探讨了卫拉特蒙古婚俗“上赭色哈达”礼仪所蕴含的文化深层内涵——确认血肉姻缘的象征意义⑤。乌兰探索了《金轮千辐》作者达尔玛的身世与生平，阐述了现存三种抄本的来历、版本特征、内容、异同和抄写年代等问题，厘清了呼和浩特抄本的流传脉络⑥。乌兰巴根考察了蒙古文阿礼嘎礼字的创制及其对新满文的影响，以及新满文对托忒文、布里亚特新字和近代蒙古文的影响，指出蒙满文不仅具有源流关系，而且相互借鉴⑦。栗林均等人梳理了从“清文鉴”至《蒙汉字典》的发展脉络，发现近现代蒙古文辞书均从《四体清文鉴》中直接或间接选取语料，并模仿其体例而编写⑧。王来喜论述了近代罗布桑却丹所著《蒙古风俗鉴》一书包含的特色经济发展思想⑨。

（五）历代北部边防

北部边防是历代北部边疆治理的重要内容，也是北部边疆历史研究的传统课题。由于这两年该课题研究欣欣向荣，发表学术论文颇多，达30余篇，故而此处单列一节进行介绍。现有论文从涉及时代来看，以明朝为多，有10余篇；从主题来看，关于长城研究的也有10余篇。

张文平在实地考古调查基础上，结合西汉云中郡的长城防御体系，考订呼和浩特塔利古城为云中郡陶林县，兼为云中郡东部都尉治所，古城西北大青山哈拉沁沟为东部都

---

① 张龙：《〈北虏风俗〉中蒙古族精神文化研究》，《西北民族大学学报（哲学社会科学版）》2018年第3期。

② 孔祥羽、宁国利：《中国北方民族虎崇拜溯源》，《吉林师范大学学报（人文社会科学版）》2018年第1期。

③ 董波：《蒙古族敖包信仰仪式中萨满教与佛教文化交融现状的根源探析》，《世界宗教研究》2018年第3期。

④ 雅楠：《从茶的视角看俺答汗时期的蒙古社会生活》，《内蒙古民族大学学报（社会科学版）》2019年第1期。

⑤ 舍敦扎布：《论卫拉特婚俗之“上赭色哈达”礼仪》，《内蒙古民族大学学报（社会科学版）》2018年第2期。

⑥ 乌兰：《论〈金轮千辐〉作者及诸抄本》，《内蒙古民族大学学报（社会科学版）》2018年第1期。

⑦ 乌兰巴根：《蒙古阿礼嘎礼字、新满文及近代蒙古文》，《满语研究》2018年第1期。

⑧ 栗林均、长山：《近代蒙古文辞书的形成历程——“清文鉴”至〈蒙汉字典〉》，《满语研究》2019年第1期。

⑨ 王来喜：《论罗布桑却丹的特色经济思想》，《内蒙古师范大学学报（哲学社会科学版）》2018年第6期。

尉塞道所在[①]。作者又根据实地调查和史籍记载，考证了包头黑山寨古城从西汉光禄城到北魏怀朔镇的沿革[②]。刘兵指出，东汉末年曹操设置匈奴五部并非意在分割削弱南匈奴，而可能是曹操统一北方过程中对南匈奴防御力量的重新部署，以加强并州防务，使汉匈关系重回旧轨[③]。李鸿宾探索了河套地区在唐朝前后期的战略地位。该地唐前期是沟通南北的交汇点和经营全国的战略性区域制衡点；唐后期地位有所下降；宋以后降为区域性防护地带甚至不保。这一变化取决于唐朝国家经管的整体架构[④]。邢云考订了唐武宗会昌年间回鹘溃亡扰边一事发生的时间和一些地点方位，分析了错子山等碛口在防线和边界线两个层面对维护“唐界”所起作用，并基于晚唐北疆兵备、边防及诸蕃部落情况，讨论了晚唐边疆民族势力的发展与沙陀等族的崛起[⑤]。刘加明等人考证了渤海国与唐朝马都山之战的路线、经过和结局，讨论了此战对唐朝北疆经略和军事防御以及渤海国历史发展的影响[⑥]。

陈峰论述了宋朝的治军特点与边防困境。宋朝在军事上推行分权制衡原则，控制兵权，形成管控过度的治军特点。宋太宗二次北伐失败后，边防战略转为全面消极防御。宋朝治军特点对军事造成极大损害，使北部边防长期陷于困境[⑦]。张明以军法为中心，考察论述了宋代边防立法。宋代秉持“守内虚外”的国防理念，基于边区庞大驻军和复杂军政环境，重视边防法制建设，制定一系列严厉的边将禁律和从重量刑的边兵逃亡法，大力剥夺边将执法权[⑧]。张文平等人考察了鄂尔多斯准格尔旗北宋丰州城及其防御体系。北宋以丰州城为中心，构筑以河险为依托、以砦址为护卫、以烽火台为延伸的综合防御体系。这是目前内蒙古境内发现的唯一北宋遗存[⑨]。康建国考察了蒙古弘吉剌部与元朝西北军事的关系。弘吉剌部首任万户按陈受封驻守河西，其子孙活跃于西北战场。至元十三年昔里吉叛乱后，忽必烈重新规划西北军事部署。弘吉剌部因参与变乱受到惩处，但帖木儿与蛮子台兄弟先后袭封万户，蛮子台仍受命驻防西北[⑩]。

陈亚平分析了明前期大同镇的军饷来源与结构，认为屯田、地方税与食盐开中是

---

① 张文平：《西汉云中郡东部都尉治城及其塞防考》，《内蒙古师范大学学报（哲学社会科学版）》2019 年第 6 期。

② 张文平：《黑山寨古城小考》，《阴山学刊》2019 年第 3 期。

③ 刘兵：《匈奴五部的位置布局和方位朝向——兼论匈奴五部设置的目的及意义》，《北方民族大学学报（哲学社会科学版）》2019 年第 1 期。

④ 李鸿宾：《河套区域在唐朝前后期的战略地位及其转变》，《山西大学学报（哲学社会科学版）》2019 年第 4 期。

⑤ 邢云：《从回鹘溃亡扰边看“唐界”与“蕃汉”》，《中国历史地理论丛》2018 年第 2 期。

⑥ 刘加明、苗威：《渤海国与唐朝马都山之战考——兼论对唐北部边疆的影响》，《云南师范大学学报（哲学社会科学版）》2019 年第 4 期。

⑦ 陈峰：《简论宋朝的治军特点与边防困境》，《西北大学学报（哲学社会科学版）》2018 年第 1 期。

⑧ 张明：《宋代边防立法考述——以军法为中心》，《西北大学学报（哲学社会科学版）》2018 年第 1 期。

⑨ 张文平、甄自明：《内蒙古自治区境内唯一的一组北宋遗存——鄂尔多斯市准格尔旗北宋丰州城及其防御体系》，《草原文物》2018 年第 2 期。

⑩ 康建国：《蒙古弘吉剌部与元朝西北军事》，《内蒙古社会科学（汉文版）》2019 年第 5 期。

经常性来源，收支基本平衡。明中期以后，战争频发，支出暴增，对国库依赖日深，边饷成为明朝财政危机的主要诱因①。石陶等人以右玉杀虎口要塞为例，从外围线性防御与内部屯堡防御两方面探究了明代北方军事防御体系②。邱仲麟别开生面，结合制度史、生活史与社会史，从四个方面细致考察了明代北部边防下层军士的工作和生活面貌，为北部边防研究开拓了新的视野③。蔚州卫是宣大一线抵御蒙古南下的重要防区，早期军兵几乎全部由外来移民构成，这些移民为当地带来多样宗教信仰和宗族文化。肖晴以此为例，考察了明代的边疆卫所移民与地域文化记忆④。韩帅以《郑襄敏公赤牍》为核心史料，论述了明代隆万年间边臣郑洛为北部边防作出的贡献⑤。《赵全谳牍》展现了明中叶大同一带边军的生存境遇和生计活动。邓庆平以此为中心，考察了明中叶北部边镇社会秩序和结构性问题，为理解明代“北虏”问题提供了区域社会历史脉络⑥。马维仁指出，因蒙元与六盘山的历史渊源、固原军事地位的凸显和固原土达北从蒙古的动向，明朝天顺、成化后蒙古经常翻越河套边墙南下抢掠固原和六盘山，固原由明朝“内地”变为“边疆”，军事防御地位渐重⑦。此外，金鑫根据黑龙江将军衙门档案有关满文公牍，考察论述了康熙朝清廷签订《尼布楚条约》后筹议于呼伦贝尔兴办军屯的始末⑧。张帅则论述了喀尔喀部额驸策凌在1734—1740年清准边界谈判中发挥的重要作用⑨。

长城研究是历代北部边防研究的一个热点。王大方通过研究内蒙古历代长城的工程技术，探察了内蒙古长城的城墙建筑结构、施工运营、技术方法、烽火台修筑方法等问题⑩。张文平综合考察了内蒙古中南部战国秦汉长城的分布状况，认为阴山及其以北的漠南草原由南向北分布的四道东西向汉长城代表了西汉王朝北部边疆变迁的四个阶段，并着重考察了五原塞的职官设置⑪。赵杰考证，隋朝大业三年榆林至紫河长城，大致从今乌加河北岸沿黄河向东至今准格尔旗附近的黄河北岸，继而沿今大黑河向东北延伸至

① 陈亚平：《明代前期大同镇的军饷问题》，《中国边疆史地研究》2018年第4期。

② 石陶、刘凤强：《明代北方军事防御体系建设探究——以右玉要塞杀虎口为例》，《山西大同大学学报（社会科学版）》2018年第3期。

③ 邱仲麟：《边缘的底层：明代北边守墩军士的生涯与待遇》，《中国边疆史地研究》2018年第3期。

④ 肖晴：《明代的边疆卫所移民与地域文化记忆》，《中州学刊》2018年第8期。

⑤ 韩帅：《略论郑洛在明代北部边防中的作用——以〈郑襄敏公赤牍〉为核心》，《山西师范大学学报（社会科学版）》2019年第3期。

⑥ 邓庆平：《边军与明中叶北部边镇的社会秩序——以〈赵全谳牍〉为中心》，《首都师范大学学报（社会科学版）》2019年第1期。

⑦ 马维仁：《历史荣光与现实政治：明朝中后期蒙古南下固原的动因》，《宁夏师范学院学报》2019年第6期。

⑧ 金鑫：《康熙朝呼伦贝尔军屯筹议始末》，《历史档案》2019年第3期。

⑨ 张帅：《额驸策凌与1734—1740年清准边界谈判》，《黑龙江社会科学》2019年第4期。

⑩ 王大方：《内蒙古长城工程与建筑结构初探》，《内蒙古师范大学学报（哲学社会科学版）》2019年第5期。

⑪ 张文平：《汉代五原塞考》，《草原文物》2018年第1期。

其上游[①]。康建国分析了长城与界壕城池的防御功能，探讨了金界壕对漠南草原城池的影响[②]。

杨建林梳理了明代内蒙古中南部长城大边在洪武朝的始建、弘治朝的修复、嘉靖朝的逐渐不被重视和“隆庆和议”后完全废弃的历史过程[③]。高锦花等人考察了明朝长城九边重镇之一延绥镇神木和府谷一带的军事地位以及隆庆和议后明蒙双方在当地的互市贸易与民族关系[④]。田澍等人讨论了学界对明长城资源调查与研究的成就和不足，指出多学科整合是长城学构建的必由之路[⑤]。王仁芳探索了宁夏地区长城防御设施的命名方式以及相关地名的流变[⑥]，徐静综述了20世纪80年代以来宁夏地区明代边墙的研究状况[⑦]。邓涛从明九边防御体系的崩溃、清前期边疆形势、九边地区战略地位与长城建设等方面系统研究了清前期北边长城的功能及长城以南沿边地区的战略地位与军事体系[⑧]。

（六）草原丝绸之路与北部边疆商业贸易

北部边疆地区很早就被纳入亚欧大陆跨区域贸易网络，形成“草原丝绸之路”。历代王朝内地与北部边疆地区之间也存在着频繁的商业贸易往来。“草原丝绸之路”与北部边疆商业贸易推动了不同地区之间经济、文化与政治的三重交流，素为学界所关注。“一带一路”倡议和“中蒙俄经济走廊”构想的提出，更极大地促进了该领域的研究。两年来，该领域呈现繁荣局面，产生专著1部、学术论文30余篇，主要集中于草原丝绸之路、互市、恰克图贸易、旅蒙商与旅俄商、驼运、“万里茶道”、晋商与北部边疆商业贸易等主题，所涉时代以清代居多。

1. 草原丝绸之路

叶舒宪通过梳理来自南亚与中亚早期文明的红玛瑙珠经由草原玉石之路输入商周文明的过程，揭示了北方草原之路在东西方文化传播中的功用[⑨]。动物纹装饰是北方民族

---

① 赵杰：《隋朝大业三年榆林至紫河长城位置考》，《内蒙古社会科学（汉文版）》2018年第3期。

② 康建国：《金界壕对漠南草原城池的影响初探》，《赤峰学院学报》2018年第2期。

③ 杨建林：《内蒙古中南部明长城大边兴废考》，《河北地质大学学报》2019年第3期。

④ 高锦花、杨婵：《明朝神府一带蒙汉关系探析》，《延安大学学报（社会科学版）》2019年第2期。

⑤ 田澍、马维仁：《明长城资源的多学科整合与长城学的构建》，《西北师范大学学报（社会科学版）》2019年第6期。

⑥ 王仁芳：《宁夏明长城地名命名研究》，《宁夏师范学院学报》2018年第3期。

⑦ 徐静：《20世纪80年代以来宁夏地区明代边墙研究综述》，《宁夏大学学报（人文社会科学版）》2019年第4期。

⑧ 邓涛：《清前期边疆形势与北边长城建设》，《社会科学辑刊》2018年第6期；《“边地”与“腹地”的复合体——军事防御视野下清前期长城以南沿边地带的战略地位》，《内蒙古社会科学（汉文版）》2019年第3期；《明九边防御体系的崩溃与清初九边地区战略地位》，《历史档案》2019年第4期；《延续与变革——清前期长城的军事和非军事功能》，《中央民族大学学报（哲学社会科学版）》2019年第6期。

⑨ 叶舒宪：《草原玉石之路与红玛瑙珠的传播中国》，《内蒙古社会科学（汉文版）》2018年第4期。

和草原文化显著标志之一，邵会秋探讨了六种代表性动物纹装饰的起源和传布，以此为基础分析了中国北方、新疆和欧亚草原文化之间的交往①。吴方浪等人考察了匈奴南将军的设置时间、职责、辖地和演变，匈奴南将军的设置是日逐王降汉后匈奴为争夺以车师前后王国为中心的丝路北道的一项举措②。李锦绣结合蒙古国新发现的萨珊波斯银币，研究了草原丝绸之路上萨珊波斯银币贸易圈问题。她认为，漠北九姓被安置河东后将萨珊波斯银币的使用范围扩大到唐农耕区边缘乃至腹地，草原银币贸易圈的出现与扩展体现了游牧民族对东西文化交流的重大贡献③。杨瑾受“历史上游牧民族对农耕民族三次大冲击理论”的启发，从世界史的视角考察了回鹘对丝绸之路沿线地区的影响。作者认为，回鹘的商贸和朝贡活动具有世界性影响，其装饰风格或母题具有多种渊源，十二兽历法对伊斯兰史学产生影响，其对丝绸之路的贡献也具世界性意义④。呼斯乐以戒指和耳环为例，比较研究了草原丝绸之路上蒙古人与突厥人的首饰词语，发现其相关性和造型的相似性，并分析了原因⑤。董学浩从唐与突厥几场战事的行军路线，探索了漠北通往西域的“西线”与“东线”两条交通路线⑥。丘进依据《长春真人西游记》《西游录》等史料，从长春真人的往返旅程，揭示了蒙元时期以北京为起点的“丝绸之路”干线的走向和东西交通路线⑦。曹盟通过分析中蒙俄地区经济走廊在不同历史时期的人群和商品演变，认为跨区域的经贸往来和人文交流是长期维系、代代相传的，这有利于从宏观上认识中蒙俄经济走廊的历史地位和现实意义⑧。

2. 北部边疆商业贸易的一般性研究

崔燕从余缺互补贸易模式的视角，审视了北方草原与中原内地的古代经济文化往来，指出内地与草原的通商活动对于历朝政治、经济和社会文化发挥重要影响，内地与草原各族的商业行为、经商思想与本族文化的消长均受制于特定政治与社会环境⑨。余倩论述分析了作为唐代北部边疆交通枢纽和军政中心的西受降城在唐与后突厥、回纥互市贸易中的作用，安史之乱后西受降城因传统丝路北移而成为中西贸易的商品集散

① 邵会秋：《中国北方、新疆和欧亚草原文化的交往——以动物纹装饰为视角》，《西域研究》2018年第2期。

② 吴方浪、赵凌飞：《匈奴南将军与汉、匈丝路北道争夺》，《内蒙古大学学报（哲学社会科学版）》2019年第4期。

③ 李锦绣：《从漠北到河东：萨珊银币与草原丝绸之路》，《青海民族研究》2018年第1期。

④ 杨瑾：《从世界史视角观察回鹘对丝绸之路地区的影响》，《石河子大学学报（哲学社会科学版）》2018年第1期。

⑤ 呼斯乐：《“草原丝绸之路”上蒙古人与突厥人首饰研究——以“戒指”和“耳环”为例》，《内蒙古社会科学（汉文版）》2018年第6期。

⑥ 董学浩：《从唐与突厥的几场战事探索漠北通往西域的交通路线》，《西夏研究》2019年第4期。

⑦ 丘进：《长春真人西觐与蒙元时期“丝绸之路”》，《陕西师范大学学报（哲学社会科学版）》2018年第5期。

⑧ 曹盟：《中蒙俄经济走廊的历史考察》，《西伯利亚研究》2018年第1期。

⑨ 崔燕：《余缺互补贸易模式下的北方草原古代经济文化传播研究》，《内蒙古民族大学学报（社会科学版）》2019年第3期。

地[①]。刘智博等人探析了金宋榷场贸易的酝酿、发展与衰落三个历史阶段及其特征[②]。隆庆五年，明蒙和议，明朝于长城九边设马市11处，其中中三边5处，即得胜堡、新平堡、守口堡、水泉营堡、张家口堡。许永峰等人对此作了考察，揭示了马市设立对明蒙政治关系与长城沿边经济发展的积极意义[③]。韩心济则专门考述了明代大同马市贸易兴起与发展的情况[④]。赖惠敏考究了清代乌梁海三部的贡貂与商贸活动，认为乌梁海贡貂的朝贡制度仅是统治形式，贸易才是实质[⑤]。高福美探讨了北京外馆从清代外蒙王公年班馆舍到民国初年蒙货中心的职能变迁。民初以外馆为端点，形成一条北京与外蒙地区的双向贸易通道。外蒙古独立后，外馆商号的旅蒙贸易渐衰[⑥]。

贾瑞等人从信用机制、管理方式、商人主体、商品结构、税收征收方式、贸易意义、结局等方面详细比较研究了清代恰克图和广州两大对外贸易口岸的异同。政府管理体制方面，两地都设有管理机构，但在贸易地点要求、机构设置及贸易方式等方面存在差异，导致不同结果。从恰克图晋商和广州十三行行商来看，制度诱因与国家合法性暴力的治理悖论促使近代中国对外贸易走向式微[⑦]。刁莉等人梳理了清代中后期北路贸易中的旅蒙商与旅俄商在交易程序、交易方式、商品种类、交易公平性等方面的异同，并以大盛魁为切入点，考察了两大商人群体的经济活动及其对当地经济的影响，指出清朝边疆政策是导致这些差异的重要原因[⑧]。刘春子剖析了旅蒙商在蒙古草原发展的地理条件、自然资源、廉价商品、人文环境等因素[⑨]。李浩以大盛魁为例，着重探析了光绪时期旅蒙商的牧畜贸易[⑩]。马维新考察了近代呼和浩特回族驼运的兴起背景、驼户分布、主要驼户、驼帮组织和驼队运输地区，评论了驼运对北方地区商贸往来、东西商品流通及多民族交流交往的影响[⑪]。刘春子则探究了清代与民国绥远地区驼运业的兴衰历程、

---

① 余倩：《唐代西受降城的商业贸易地位简论》，《西夏研究》2019年第3期。

② 刘智博、李秀莲：《金宋榷场贸易的历史分期与特征》，《山西大同大学学报（社会科学版）》2019年第3期。

③ 许永峰、高荣荣：《明代长城中三边的马市——以隆庆五年所设五处为例》，《山西大同大学学报（社会科学版）》2018年第5期。

④ 韩心济：《明代大同马市贸易简述》，《山西大同大学学报（社会科学版）》2019年第2期。

⑤ 赖惠敏：《清代乌梁海的贡貂与商贸活动》，《吉林师范大学学报（人文社会科学版）》2019年第4期。

⑥ 高福美：《从年班馆舍到蒙货中心：清代至民国北京外馆的职能变迁》，《内蒙古大学学报（哲学社会科学版）》2019年第1期。

⑦ 贾瑞：《清代恰克图和广州对外贸易比较研究》，博士学位论文，山西大学，2019年；贾瑞、刘建生：《清代对外贸易政府管理体制探析——恰克图和广州对外贸易政府管理体制的比较研究》，《求是学刊》2019年第1期；刘建生、贾瑞：《近代中国对外贸易式微的制度诱因与治理审视——以清代恰克图晋商和广州十三行行商为参照》，《河南师范大学学报（哲学社会科学版）》2019年第3期。

⑧ 刁莉、王敏芬：《北路贸易中的旅蒙商与旅俄商（1727—1911）》，《中国社会经济史研究》2018年第4期。

⑨ 刘春子：《旅蒙商在蒙古草原发展的利弊分析》，《西部蒙古论坛》2019年第4期。

⑩ 李浩：《试析光绪时期旅蒙商的牧畜贸易——以归化大盛魁为例》，《宁夏师范学院学报》2018年第12期。

⑪ 马维新：《近代呼和浩特回族驼运的历史考察》，《回族研究》2019年第2期。

内部组织、经营特色及驼工日常生活等内容[①]。

3. “万里茶道”

“万里茶道”是指17世纪至20世纪上半叶从中国福建、江西、湖北等南方省份向蒙古和俄罗斯贩运茶叶的贸易活动与通道，又称“茶叶之路”。受“中蒙俄经济走廊”倡议的影响，这一主题成为当前北部边疆商业贸易研究的一个热点。陈文华介绍了中俄茶叶之路的简况，回顾与评述了近40年来中俄茶叶贸易及路线的研究现状[②]。张库商道是万里茶道的组成部分，张家口是这一通道的重要商贸节点。李昂梳理了学界有关明清近代张家口商业贸易的研究成果[③]。郑恩兵展示了纵贯蒙古高原的张库大道形成、发展、繁荣和衰亡的过程[④]。邓志文分析了茶叶之路对蒙古地区社会经济文化的全方位影响[⑤]。宋时磊等人考察了第二次鸦片战争后中俄茶叶贸易路线的变迁以及以汉口为中心的新兴茶叶贸易路线的兴起，指出这一时期中俄茶叶贸易为俄商掌控、华商传统商业地位削弱是导致汉口外贸茶市衰落的重要原因[⑥]。陈开科则研究了19世纪中叶以后湖北俄国茶商的商贸考察、社会交往与经营活动[⑦]。

4. 晋商与清代北部边疆商业贸易

以晋商为主的西商在清代北部边疆商业贸易中发挥了重要作用，为学界所重视，是该领域的另一个研究热点。张喜琴《清代中俄陆路贸易研究》一书以晋商为中心，运用比较和计量分析的方法及资源禀赋理论，研究了清代恰克图、新疆、东北三大区域对俄贸易的发展演变，厘清了三大区域对俄贸易消长的内在逻辑与存在问题[⑧]。魏明孔对该书的内容、特点与学术价值作了点评[⑨]。薛东升简析了康雍乾时期杀虎口在内地与蒙古地区贸易中的作用及其商贸发展状况[⑩]。赖惠敏认为，太谷曹家乾嘉时期开始在东北从事对俄商贸活动，并在清末形成以铁路为主的商贸网络；而在华北是依循晋商中俄贸易路线形成商贸网络，时间较晚[⑪]。赵瑞彤基于晋商恰克图茶叶贸易与票号，考察了

---

① 刘春子：《近代绥远驼运业探讨》，《赤峰学院学报（汉文哲学社会科学版）》2019年第8期。

② 陈文华：《近40年中俄茶叶之路研究与展望》，《中国史研究动态》2019年第4期。

③ 李昂：《商业重镇之兴衰——明清近代张家口商业研究评述》，《社会科学论坛》2018年第3期。

④ 郑恩兵：《草原深处远逝的驼铃——世纪动脉之张库商道》，《社会科学论坛》2019年第2期。

⑤ 邓志文：《“茶叶之路”对蒙古地区经济文化发展的影响》，《中央民族大学学报（哲学社会科学版）》2019年第6期。

⑥ 宋时磊、刘再起：《晚清中俄茶叶贸易路线变迁考——以汉口为中心的考察》，《农业考古》2019年第2期。

⑦ 陈开科：《晚清湖北俄国茶商研究的三个问题》，《社会科学研究》2019年第3期。

⑧ 张喜琴：《清代中俄陆路贸易研究——以晋商为中心》，中国财政经济出版社2019年版。

⑨ 魏明孔：《清代中俄贸易研究的一部力作》，《中国经济史研究》2019年第6期。

⑩ 薛东升：《清康雍乾时期山西杀虎口商业贸易发展论析》，《呼伦贝尔学院学报》2019年第4期。

⑪ 赖惠敏：《太谷曹家的商贸网络》，《内蒙古师范大学学报（哲学社会科学版）》2018年第4期。

清代实体经济与金融服务业的良性互动[①]。王泽民探讨了清代晋商的商贸活动对蒙古地区文化生活的影响[②]。贾瑞等人以晋商对俄贸易为例，探析了清代中俄贸易由商人信用、职业信用、商业信用、政府信用组成的信用体系[③]。李珍梅等人探究了清代山西以乔家、侯家、渠家、范家为代表的茶商与文人政要的关系，以及这种关系对山西茶商与俄国贸易活动、“儒商文化”的影响[④]。张舒等人认为，清代晋商走口外以晋中人为主，以张家口、归化城为基地，历经五个阶段，融入“一带一路”大商圈，对欧亚经济与人文交流起了推动作用[⑤]。康健揭示，同治年间，经清廷允准，西商假道恰克图出洋贸易，在税厘、归票银等方面获得优惠；但在贸易路线、贩运茶叶名色等方面受严格规定，以避免与北商利益冲突。由于苛捐杂税，西商不堪重负，贸易衰退，并出现逃厘漏税现象[⑥]。

（七）北部边疆周边关系与近代北部边疆危机

北部边疆周边关系与近代北部边疆危机也是北部边疆历史研究的重要内容，涉及中俄（蒙俄）关系与蒙日关系两大方面。前者有论文 7 篇左右，后者有论文 10 篇左右。

1. 中俄（蒙俄）关系

中俄（蒙俄）关系始自蒙元时期，至清代呈现繁荣局面。民国时期，俄罗斯及其后继者苏联对中国北部边疆产生了深刻复杂的影响，外蒙古独立、内蒙古革命与乌梁海地区的丧失都与俄罗斯（苏联）有着密切关系。万明从全球史的视角对明代中俄首次直接接触——17 世纪初俄国佩特林来华——进行了探讨，认为佩特林来华并不具外交使团性质，而是全球化开端时期西方探寻“契丹”潮流的一环[⑦]。张松认为，俄国不断对中俄边境地区进行地理考察，获得详尽的地理知识和绘制精确的地图，这对中俄边界谈判和边界形成发生重大影响。正是依靠坚实的近代地理学知识和科学的地图测绘，俄国得以在中俄边界交涉中占尽优势[⑧]。姑茹玛指出，17 世纪前 20 年，喀尔喀与俄国发生关系的主要是和托辉特部。林丹汗西迁后，喀尔喀主动遣使向俄国求援，双方关系进入新阶段[⑨]。齐光通过分析 1685 年首次雅克萨战争前清朝致俄国沙皇的两封蒙古文文

① 赵瑞彤：《清代实体经济与金融服务业的良性互动——基于晋商恰克图茶贸与票号的考察》，《山西大学学报（哲学社会科学版）》2018 年第 6 期。

② 王泽民：《清代晋帮塞外蒙古地区贸易中的文化交流》，《阴山学刊》2019 年第 2 期。

③ 贾瑞、张喜琴：《清代中俄贸易信用体系探析——以晋商对俄贸易为例》，《学习与探索》2018 年第 11 期。

④ 李珍梅、柴雨露：《清代山西茶商与文人政要关系探究》，《山西大同大学学报（社会科学版）》2019 年第 6 期。

⑤ 张舒、张正明：《清代走口外的晋商》，《山西大学学报（哲学社会科学版）》2019 年第 2 期。

⑥ 康健：《晚清西商假道恰克图贸易研究》，《中国经济史研究》2019 年第 4 期。

⑦ 万明：《寻找契丹：明代中俄的第一次直接接触》，《社会科学战线》2018 年第 4 期。

⑧ 张松：《〈17 ~ 20 世纪初西伯利亚及远东地理学研究和制图学的历史与俄中边界形成的关系〉述评》，载《中国边疆学》第十辑，社会科学文献出版社 2018 年版。

⑨ 姑茹玛：《17 世纪 20 ~ 30 年代喀尔喀蒙古与沙俄的关系——以林丹汗西迁为中心》，《内蒙古社会科学（汉文版）》2019 年第 3 期。

书，阐明了清朝的态度和战争起因①。

据小军研究，札萨克图郡王乌泰作为蒙方代表参加了民初恰克图三方会谈。会谈后，乌泰获得特赦，带领家眷与属民于1915年内附。围绕这一问题，中俄展开了外交博弈②。谷继坤论述了苏联对外蒙古封建主的政策演变。最初，苏联采取“民族统一战线”的团结政策。政权稳固后，苏联开始实施“清党”，从政治和经济上大力削弱直至消灭外蒙古封建主。借此，苏联完全控制外蒙古，推行自身模式③。白拉都格其勾勒出共产国际暨苏共对内蒙古革命的直接领导和指导关系以及其变化轨迹④。

2. 蒙日关系

此处的蒙日关系是指近代内蒙古与日本的关系，尤其是日本对内蒙古的侵略和占领。其中，日本1939—1945年在内蒙古中部建立的伪“蒙疆”政权受到学者较多的关注与研究。关智英考察了汉语中“蒙疆”一词产生的时代背景以及伪蒙疆政权时期针对该词出现的议论，探讨了“蒙疆”概念在近代蒙古的意义⑤。祁建民回顾与展望了中日学界的蒙疆政权研究状况，指出宏观总体性研究以及社会史、文化史、军事史研究非常薄弱，相关档案资料的整理、刊布与利用很不充分⑥。作者还从日本对苏联的“防共回廊”计划探析了中共大青山游击根据地的国际战略意义⑦。刘成虎等人以日本对伪蒙疆地区的鸦片供求调节政策为中心，探讨了日本侵华期间的鸦片政策⑧。丁晓杰通过解读《蒙疆畜产政策要纲》《蒙疆地区绵羊、羊毛以及羊毛皮配给统制要纲》《蒙疆地域动物毛配给统制要纲》等文件，分析了日本在伪蒙疆地区的畜牧业政策与计划⑨。

此外，一些学者还从其他方面审视了日本对内蒙古的侵略活动及其影响。据宋从越研究，伪满洲国建立后，日本在东部内蒙古建立兴安省，实行有别于他处的行政管理体

① 齐光：《1685年第一次“雅克萨战役”前大清帝国致沙皇俄国的两封蒙古文书信》，载《中国边疆民族研究》第11辑，中央民族大学出版社2018年版。

② 小军：《关于札萨克图郡王乌泰回归问题的中俄外交博弈》，《吉林师范大学学报（人文社会科学版）》2018年第6期。

③ 谷继坤：《试论苏联对外蒙古封建主的政策演变（1921—1932）——基于俄国解密档案的历史考察》，《历史教学问题》2019年第1期。

④ 白拉都格其：《略谈共产国际与内蒙古革命》，《内蒙古师范大学学报（哲学社会科学版）》2019年第5期。

⑤ 关智英：《“蒙疆”概念之考察》，《内蒙古师范大学学报（哲学社会科学版）》2019年第2期。

⑥ 祁建民：《蒙疆政权研究的回顾与展望》，《内蒙古师范大学学报（哲学社会科学版）》2019年第1期。

⑦ 祁建民：《从日本“防共回廊”计划看中共大青山游击根据地的战略意义》，《中共党史研究》2019年第6期。

⑧ 刘成虎、裴丽婕、高宇：《日本战时伪蒙疆产鸦片供求调节政策探析》，《中国经济史研究》2019年第4期。

⑨ 丁晓杰：《日伪时期〈蒙疆畜产政策要纲〉的制定与畜产政策的推进》，《古今农业》2018年第4期；《日本关东军蒙疆畜产指导方针的制定及实施述论》，《内蒙古师范大学学报（哲学社会科学版）》2019年第5期。

制。随着在当地统治的巩固，日本对兴安省的行政体制也与他处趋于“一体化”①。作者还探究了日本对东部内蒙古刑事法律制度的特点，认为其经历了由“蒙汉分治”转为“蒙汉共治”的过程，存在附属刑法广泛存在、罚金刑地位突出、刑罚设定缺乏约束、法外滥施酷刑等特征②。刘勇讨论了河套十大干渠之一的杨家河对绥西抗战以及全国抗战的历史贡献③。李勤璞考察了日本侵略对额济纳土尔扈特的冲击。额旗因地处交通要道，成为侵华日军及德王蒙古军沿长城地带西上和南下的战略要区。中国政府力图阻止，将大量当地青年编入保安队，额旗社会结构发生变动，但底层平民仍是封建制度下信奉西藏佛教的游牧者④。

二　北部边疆现状研究

两年来，北部边疆现状研究主要围绕当代内蒙古民族团结工作、中蒙俄经济走廊、生态屏障建设等三大主题展开。

（一）内蒙古民族团结工作

2019 年，内蒙古自治区成立已 70 年，内蒙古群众共同创造了各民族和谐相处的良好局面。2019 年 7 月 16 日，习近平总书记在内蒙古调研时指出：“内蒙古具有民族团结的光荣传统。要高举各民族大团结旗帜，全面贯彻党的民族政策，深化民族团结进步教育，践行守望相助理念，铸牢中华民族共同体意识，把各族人民紧紧团结在党的周围，共同守卫祖国边疆，共同创造美好生活，在新时代继续保持模范自治区的崇高荣誉。”内蒙古在民族团结方面的工作及成果，得到了诸多学者的关注和思考。在立足历史与现实的基础上，对内蒙古民族团结工作进行分析，对我国民族团结工作的开展及研究有着极其重要的意义。

2014 年 1 月 28 日，习近平总书记在考察内蒙古时指出：“希望内蒙古各族干部群众守望相助。‘守’，就是守好家门，守好祖国边疆，守好内蒙古少数民族美好的精神家园；‘望’，就是登高望远，规划事业、谋求发展要跳出当地、跳出自然条件限制、跳出内蒙古，有宽广的世界眼光，有大局意识；‘相助’，就是各族干部群众要牢固树立平等团结互助和谐的思想，各族人民拧成一股绳，共同守卫祖国边疆，共同创造美好生活。”乌小花等人基于对习近平总书记“守望相助”理念的阐述，结合内蒙古的实际情况展开了进一步分析。草原文化、草原丝路、“模范自治区”分别是内蒙古守望相助理念的思想底蕴、传播通道、实践成果。将“守望相助”理念的内涵与外延分别界定为，坚持“‘守’的重大职责、‘望’的宏大视野、‘相助’的美好品质”与“中华民

---

① 宋从越：《日本对东部内蒙古的殖民侵略——以伪满时期兴安省行政体制的演变为中心》，《内蒙古社会科学（汉文版）》2018 年第 2 期。

② 宋从越：《伪满时期东部内蒙古刑事法律制度特征》，《内蒙古师范大学学报（哲学社会科学版）》2019 年第 4 期。

③ 刘勇：《杨家河与绥西抗战》，《内蒙古师范大学学报（哲学社会科学版）》2018 年第 1 期。

④ 李勤璞：《对忠诚的考验：额济纳土尔扈特人在民国的经历》，《中国边疆学》第十辑，社会科学文献出版社 2018 年版。

族共同体意识"。作者认为，"守望相助理念是对内蒙古民族团结进步理论和实践的高度总结，是内蒙古肩负的光荣时代使命，承载了党中央对内蒙古继往开来、再创新篇的殷切希望"①。

曹清波、曹芳总结了内蒙古民族团结工作的经验与实践。前者围绕民族团结工作，提出需要"不断传承民族团结、依存共生的优良传统、全面正确贯彻共产党的民族政策，实事求是，一切从实际出发，坚持走中国特色与民族地区特色的发展路子、繁荣文化，推动民族团结，守好内蒙古各少数民族美好的精神家园方面的经验"。后者梳理了内蒙古为推动民族团结进步创建工作采取的举措，并建议"树立民族团结进步创建的高位推动意识；铸牢民族团结进步创建的经济社会基础；健全民族团结进步创建的工作机制；创新民族团结进步创建的载体和方式"②。

孙娟针对城市化背景下的民族关系展开了研究。她认为，"由于城市化进程的快速发展和相对滞后的社会公平机制，使得民族间全局和局部利益的矛盾、贫富差距的矛盾逐渐显化；加之文化差异，互相误会隔阂，这些因素导致的摩擦，使族际关系将变得越来越复杂。所以，少数民族变得较之前有更加强烈的民族自尊心和民族自豪感，也更加关注本民族的生存权利、发展权利和经济利益"。她还指出，当下存在的问题体现为"民族间需要更深层次的文化交流与认同、缺少公正的社会利益分配体系、日益强烈的民族意识缺乏正确引导"，并提出相关对策建议③。

（二）中蒙俄经济走廊

2014 年 9 月 11 日，习近平主席在出席中蒙俄三国元首会晤时提出"中蒙俄经济走廊"倡议，获得俄罗斯和蒙古国的积极响应。"中蒙俄经济走廊"是丝绸之路经济带的一部分，是"一带一路"倡议建设六大走廊之一，其建设愿景与俄罗斯的欧亚经济一体化政策和蒙古国的"草原之路"倡议契合，是中国对外开放、内蒙古向北开放的重大发展路径和总体战略规划。诸多学者从不同专业视角出发对内蒙古地区"中蒙俄经济走廊"的建设状况展开了研究。

1. 综合研究

金薇薇、赵秀丽、李小艳、苏清等学者综合分析了内蒙古建设"中蒙俄经济走廊"以及向北开放的优势与不足，提出了相关建议。学者们总结，在这一过程中，内蒙古体现出的区位优势、口岸优势、政策优势、人文交流优势、与蒙俄的经济互补性，并针对经贸合作、基础设施对接、合作平台搭建、优势发挥等方面的问题提出了相应的对策。另外，学者们也肯定了内蒙古因其独特的地缘优势，在"中蒙俄经济走廊"建设过程中发挥的桥头堡的战略地位。其中，赵秀丽等人建议"构建'三主体四对接'的网络结构和网络联系"。李小艳特别关注了内蒙古对蒙、俄口岸的发展现状、开发潜力，指

---

① 乌小花、郝囡：《践行守望相助理念与铸牢中华民族共同体意识——论内蒙古民族团结进步的理论与实践》，《民族研究》2019 年第 5 期。

② 曹清波：《内蒙古自治区民族团结工作的经验研究》，《内蒙古财经大学学报》2018 年第 6 期；曹芳：《内蒙古民族团结进步创建工作的实践与思考》，《内蒙古财经大学学报》2019 年第 3 期。

③ 孙娟：《城市化背景下的民族关系良性发展研究——以呼和浩特市为例》，《内蒙古财经大学学报》2018 年第 3 期。

出"'三通道—三节点—三支撑—九辅助'的对外开放新格局"对开创"中蒙俄经济走廊"新局面、实现内蒙古可持续发展的推动作用①。

2. 经贸研究

佟景洋梳理了中蒙经贸关系的历史与现状，肯定了经贸数额扩大、结构互补性强、合作持续升温、蒙古国对华贸易依赖性增强等优势。但是，他也指出当下中蒙经贸凸显出的贸易失衡、水平有待提高等问题，分析了蒙古国政治体制变动频繁、经济结构畸形、"第三邻国"外交政策，以及中国投资、经营管理、社会方面问题等因素对中蒙经贸发展的影响②。魏曙光提出，鉴于内蒙古对蒙、俄输出钢铁和水泥对促进内蒙古经济增长的积极作用，需要"通过产能一体化进一步化解钢铁、水泥过剩产能，从而实现产业升级和创新发展"③。汤晓丹等人意识到构建中蒙农畜产品跨境供应链过程中存在的"逆差逐年增大、结构相对单一、合作投资领域有限"的困境，建议"培养竞争实力强的跨境供应链核心企业、推进中蒙进出口农畜产品检验检疫标准对接、加强中蒙农畜产品跨境冷链物流建设、建设中蒙农畜产品贸易平台"④。Narantsatsral · Sororjav 等人分析了当下蒙古国自身物流系统的现状与问题，并提出相关建议。作者认为，"在'一带一路'倡议和'中蒙俄经济走廊'建设的背景下，发展中蒙俄跨境物流系统是蒙古国实现邻国贸易并走向全球的重要途径"；并且，"通过发展跨蒙古国境内的中蒙俄跨境物流系统，能够提升蒙古国贸易，并推动蒙古国形成国际物流与金融中心，融入区域性和全球供应链"⑤。

3. 口岸经济研究

张洋、刘洁等人对"一带一路"倡议背景下内蒙古的口岸发展进行了研究。前者将满都拉口岸的经济功能定义为"中蒙俄经济走廊中自然资源的运输枢纽、境内外产业结构升级的助推器、经济口岸建设功能区"。后者在肯定内蒙古口岸经济发展新优势的情况下，也指出当下存在的问题："延续传统出口导向型发展路径；口岸货物'穿肠过'问题依然突出；与境外尚未形成产业链合作范式。"作者根据上述情况，提出口岸经济发展的新路径，建议"形成'通道 + 枢纽 + 产业链'中蒙俄合作新范式；发展具有内蒙古特色的口岸枢纽经济；打造依托口岸的中蒙俄国际供应链组织中心"⑥。

---

① 金薇薇：《"一带一路"背景下内蒙古参与中蒙俄经济走廊建设的现状及前景探析》，《中国市场》2018 年第 21 期；赵秀丽、乔亚辉：《内蒙古建设"中蒙俄经济走廊"存在的问题与建设路径》，《内蒙古财经大学学报》2019 年第 2 期；李小艳：《"中蒙俄经济走廊"视域下内蒙古对外开放战略格局研究》，《广播电视大学学报（哲学社会科学版）》2018 年第 3 期；苏清、孙春花：《中蒙俄经济带下内蒙古发展面临的机遇和风险》，《内蒙古财经大学学报》2018 年第 3 期。

② 佟景洋：《"中蒙俄经济走廊"视域下中蒙经贸的新局面》，《对外经贸实务》2019 年第 1 期。

③ 魏曙光：《中蒙俄经济走廊建设中内蒙古与蒙、俄产能一体化分析——以钢铁、水泥为例》，《经济与管理研究》2019 年第 6 期。

④ 汤晓丹、侯淑霞：《"一带一路"倡议下中蒙农畜产品跨境供应链构建研究》，《内蒙古财经大学学报》2019 年第 5 期。

⑤ Narantsatsral · Sororjav、胡志华：《"一带一路"背景下蒙古国跨境物流系统及其发展策略研究》，《商业经济》2019 年第 8 期。

⑥ 张洋：《满都拉口岸在中蒙俄经济走廊中的经济功能定位》，《内蒙古财经大学学报》2019 年第 5 期；刘洁、刘伟：《加快内蒙古口岸经济发展的路径与对策》，《北方经济》2019 年第 5 期。

4. 绿色合作研究

中蒙俄三方草原生态环境日益恶化的现状及其对“中蒙俄经济走廊”建设的影响引起了广大学者的关注。张盼、王语懿等人的成果是此类研究的代表。张盼等人在梳理当下中蒙两国草原环境现状、相关治理措施以及当下合作治理政策支撑的基础上，分析了当下合作治理面临的问题，并提出相关对策，建议“建立跨境治理信息共享平台，确保信息的公开透明；完善跨境合作治理制度，明确各国的治理责任；构建草原生态环境共同体，保障双方利益共同发展”①。王语懿认为“受全球变暖、区域自然环境差异等因素的影响，走廊开发合作也面临诸多生态环境问题的严重挑战，这些问题也凸显了绿色发展合作的重要性”。她建议“发挥政府、学界和社会三方合力；在基础设施施工、产业合作的过程中需要因地制宜地做好生态影响评估、生态环境承载力和资金技术支撑方面的工作；有效开展生态环境评估和管理；做好生态环境问题应急处置”，推动绿色开发合作②。

5. 法制保障研究

“中蒙俄经济走廊”的建设，以及双方经贸合作的良性运行都有赖于法制保障。张磊认为，“对外贸易的法制保障尚不健全、对外贸易行政助力失衡、对外贸易的司法保障力度不足、对外贸易从业者的守法意识有待提高”，都在不同程度上影响了民族自治地方对外贸易的治理。他建议，通过“完善民族自治地方对外贸易法治环境；加强民族自治地方口岸地区综合治理；促进双方司法深层合作；强化对外贸易维权意识；构建纠纷多元化解机制”来解决上述问题③。赵狄分析了我国企业和投资者在参与“一带一路”建设时可能面临的法律政策不稳定、环境保护法律风险、法律制度与法律环境差异导致的风险、政治因素带来的风险、知识产权法律风险等法律问题。他建议，“加强贸易服务体系建设，完善相关法律法规；健全港口基础设施，明确其功能定位；充分发挥政府引导作用，助力企业跨境合作”④。

6. 民心基础研究

在“中蒙俄经济走廊”建设过程中，“民心相通”的增进方式也引起了学者的关注。李春林等人指出，“以蒙古民族为主要群体的‘游牧民族圈’是一个不可忽视且潜力无限的区域。中国的内蒙古自治区和俄罗斯的布里亚特共和国是这个区域的两个重要支点，具有独特的意义和价值”；建议“以挖掘蒙古民族文化为抓手，打造民族文化产业链区”⑤。

---

① 张盼、马军：《“一带一路”背景下跨境草原生态环境合作治理研究》，《内蒙古统计》2018年第3期。

② 王语懿：《中蒙俄经济走廊建设面临的生态环境问题和绿色开发合作》，《东北亚学刊》2019年第3期。

③ 张磊：《“一带一路”背景下民族自治地方对外贸易的法制保障研究——以内蒙古自治区为例》，《贵州民族研究》2018年第10期。

④ 赵狄：《“一带一路”背景下内蒙古自治区对外贸易法律问题及对策》，《内蒙古师范大学学报（哲学社会科学版）》2019年第5期。

⑤ 李春林、范丽君：《中蒙俄经济走廊不可或缺的支点》，《北方经济》2018年第10期。

（三）生态屏障建设

2019 年 3 月 5 日习近平总书记在参加十三届全国人大二次会议内蒙古代表团审议时，强调内蒙古要探索以生态优先、绿色发展为导向的高质量发展新路子，提出“保持加强生态文明建设的战略定力、守护好祖国北疆这道亮丽风景”。自此，北部边疆的生态安全得到更多学者的关注。

王正等人将改革开放以来的内蒙古生态文明制度建设划分为改革开放与社会转型时期的制度建设阶段（1978—2006 年）、十七大后社会主义现代化建设与发展时期的生态文明制度建设阶段（2007—2011 年）和十八大以来的生态文明制度建设阶段（2012—2017 年）三个阶段，梳理了每个阶段环境保护机构、环境监督管理机制、环境保护责任制、政绩考核制度、生态保护补偿机制和环境保护法律法规体系的建设成果①。

王关区等人梳理了草原生态文明建设过程中生态、经济、政治、社会、文化层面的目标。将草原生态文明的基本内容界定为草原生态意识、行动、制度文明三个方面，按照发展进程将草原生态文明划分为传统、现代两种类型。作者提出，“明晰草原生态文明内涵与目标，对于加强生态文明建设的战略定力，有效探索生态优先绿色发展的草原生态文明建设新路子具有重要理论意义”②。

李军、舒心心、包满喜、赵图雅等人关注了蒙古族传统观念中的生态理念及其对草原生态的影响。李军等人分析了“蒙古族传统动物图案中蕴含着精神意象上的‘天人合一’‘天人感应’的朴素宇宙观、哲学观”。舒心心归纳了体现在观念形态、物质形态、制度形态以及日常生活行为习惯诸多方面中的蒙古族传统文化生态智慧内涵及其重要价值与意义。包满喜指出蒙古族文化“对今天我国正在实践着的生态文明建设、打造祖国北疆亮丽风景线均能提供用之不竭的文化源泉”。赵图雅等人从教育传承角度思考了民族传统生态文化理念，认为可以通过家庭教育、学校教育、社会教育三个方面加强这一理念的灌输③。

近年来，随着全球气候变化，内蒙古自治区大部分可利用的草原均出现不同程度的退化，导致生态失衡，严重影响畜牧业经济的发展。为了遏制草原退化、恢复草原生态、控制超载行为，2011 年开始国家在内蒙古全面建立草原保护补助奖励政策（简称“草原生态补奖政策”）。伴随着政策的实施，草原生态也在逐步改善，诸多学者展开了此方面的研究。

冯晓龙等人从“理论上阐述了‘草原生态补奖政策’对牧户超载过牧行为的影响机理，检验了‘草原生态补奖政策’对牧户超载过牧行为的影响效应及社会资本对

---

① 王正、王立平：《简述内蒙古改革开放以来生态文明制度建设》，《内蒙古民族大学学报（社会科学版）》2018 年第 2 期。

② 王关区、吴晶英：《草原生态文明内涵与目标的探索》，《理论研究》2019 年第 2 期。

③ 李军、钟志金：《蒙古族传统动物图案中的“天人合一”观解析》，《中央民族大学学报（哲学社会科学版）》2018 年第 3 期；舒心心：《蒙古族传统文化的生态智慧及其当代价值》，《中南民族大学学报》2019 年第 3 期；包满喜：《蒙古族文化对蒙古高原生态安全的导向作用》，《贵州民族研究》2019 年第 1 期；赵图雅、赵雅思：《蒙古族传统生态文化理念的教育传承》，《内蒙古师范大学学报（哲学社会科学版）》2018 年第 1 期。

‘草原生态补奖政策’影响牧户超载过牧行为的调节作用”。作者指出，“草原生态补奖政策”对牧户超载过牧行为具有显著的正向影响，而政策监管、社会网络、社会信任、家庭收入对影响牧户超载过牧行为则有负向作用。他们建议，“政府优化草原生态补奖资金的发放方式，加大政府对牧户减畜的监管力度，同时发挥社会资本在‘草原生态补奖政策’执行过程中的作用”[①]。此外，戴微著、励汀郁等人也对此作了研究[②]。

于达尔汗关注到“草原生态补偿机制中的多元主体利益博弈，容易导致生态补偿‘制度失灵’（正式规则、实施机制和非正式约束导致）”，并从“建立以博弈均衡为目标的长效生态补偿机制，完善草原生态补偿的政策和制度安排与强化正式规则、实施机制和非正式约束等三个方面”，提出了基于博弈理论的草原生态补偿“制度失灵”解决对策[③]。奥成宁等人的关注点则为草原生态补偿政策下政府与牧民的博弈，认为“现有的生态补偿政策并没有充分考虑到牧民的利益，从而使政府与牧民在补偿过程中产生了一系列的问题”；建议“建立草原生态补偿的法律法规；确定合理的生态补偿标准；构建草原生态补偿的组织体系；设立草原生态补偿基金”[④]。

土地利用情况的变化对内蒙古地区草原生态也有一定影响，布仁吉日嘎拉、孙兴辉等人对此作了研究。布仁吉日嘎拉等人指出，“非牧占用而致的牧草地面积减少现象随着工业化而日益凸显”，提出在导致北部边疆草原地带生态环境退化的人为因素中应将工业化所致的影响参考其中。孙兴辉等人分析了土地利用变化对生态系统服务价值的影响，提出保护林地、湿地和水域，保持耕地、草地的数量与质量，集约利用建设用地等建议；认为土地利用并非单目标取向，最终目标是追求经济、社会、生态效益的协调和综合效益的最大化[⑤]。

小　结

综上所述，2018—2019 年，北部边疆研究无论历史研究或现状研究，无论基础研究或应用研究，都呈现出繁荣兴盛的局面，产生大量高水平的优秀研究成果，既有专著，也有学术论文。历史与基础研究方面，涉及历代北部边疆治理、族群认同、交流交往交融与统一多民族国家建构、历史地理、游牧社会与草原文明、历代北部边防、草原丝绸之路与商业贸易、周边关系与近代边疆危机等八大领域，产生专著 11 部、论文

---

① 冯晓龙、刘明月、仇焕广：《草原生态补奖政策能抑制牧户超载过牧行为吗？——基于社会资本调节效应的分析》，《中国人口·资源与环境》2019 年第 7 期。

② 戴微著、谭淑豪：《草原生态补奖政策效果评价——基于内蒙古典型牧区调研的制度分析》，《生态经济》2018 年第 3 期；励汀郁、谭淑豪：《制度变迁背景下牧户的生计脆弱性——基于“脆弱性—恢复力”分析框架》，《中国农村观察》2018 年第 3 期。

③ 于达尔汗：《基于博弈理论的草原生态补偿效率考察与制度省思——以内蒙古鄂温克旗为例》，《齐齐哈尔大学学报（哲学社会科学版）》2018 年第 6 期。

④ 奥成宁、卢金钟：《草原生态补偿政策下政府与牧民的博弈分析》，《内蒙古统计》2019 年第 4 期。

⑤ 布仁吉日嘎拉、芳芳、福德：《工业化中的内蒙古牧区牧草地非牧占用分析》，《中央民族大学学报（哲学社会科学版）》2018 年第 5 期；孙兴辉、张海庆、白秀莲：《呼和浩特市土地利用变化对生态系统服务价值的影响》，《内蒙古财经大学学报》2019 年第 2 期。

360余篇；现状与应用研究方面，涉及当代内蒙古民族团结工作、中蒙俄经济走廊、生态屏障建设等三大领域，产生论文近40篇。其中，尤以历史上北部边疆的军政制度、政策措施与军政建置、族群认同、族群关系与交流交往交融，地理考证、游牧社会与草原文明，北部边防、北部边疆商业贸易，以及当代中蒙俄经济走廊、生态屏障建设等九大主题为研究热点，最受学界重视，成果也最多。这九大主题既有传统热门问题，也有新兴前沿问题。

北部边疆研究是中国边疆学的分支学科。当前正处于中国边疆学及其各分支学科“三大体系”建构的关键时期。这两年学界在北部边疆研究园地的辛勤耕耘和丰硕成果，不仅推动了北部边疆研究的拓展与深化，而且从研究对象与内容、范畴与方法等方面，为北部边疆研究这一分支学科的建构进行了实践、作出了贡献、奠定了基础。前述历史与基础研究中的八大领域、现状与应用研究中的三大领域，都属于北部边疆研究的基本对象与内容。北部边疆、边疆治理、族群认同、国家建构、游牧社会、草原文明、边防、草原丝绸之路、中蒙俄经济走廊、草原生态等概念都属于北部边疆研究的基本范畴。而学界在研究中所采用和展现的历史学、考古学、语言学、民族学与人类学、经济学、政治学、军事学、统计学、国际关系学、社会学、地理学、生态学等多学科方法，则是北部边疆研究的基本方法。这也正体现出包括北部边疆研究在内的中国边疆学的综合性、交叉性、独特性学科特征。需要指出的是，两年来北部边疆研究的各个领域，在理论建构与阐释方面稍显薄弱，这是今后需要着力突破之处，也是北部边疆研究“三大体系”建设所迫切需要的。

东北边疆研究综述（2018—2019）

范恩实　朱　尖*

2018—2019年，中国学界东北边疆研究在历史与现状领域均取得较为突出的成果，现分别综述如下。

一　东北边疆历史研究

2018—2019年，东北边疆历史研究主要集中在四个方面，即总体史研究、历史时期东北边疆治理研究、边疆族群发展史研究、边疆史研究。

（一）总体史研究

历史研究既需要精细的考证，更需要总体性的思考。2018—2019年，东北边疆历史研究领域，通过重点课题引导，在总体性、贯通性研究方面取得了较为显著的进展。

首先值得提及的是由吉林省社会科学院牵头组织的国家社科基金重大委托项目"东北方国属国史"。该项目于2010年立项，东北三省9个学术单位的20名专家组成课题组，计划历时15年，完成15卷本、500余万字的《东北古代方国属国史》丛书，包括《孤竹令支屠何》《箕子朝鲜》《卫满朝鲜》《夫余》《高句丽》《前燕》《后燕》《北燕》《渤海》《契丹》《东丹》《金》《东夏》《北元》《后金》，其中《孤竹令支屠何》《前燕》《后燕》《东丹》《北元》五册已于2019年由中国社会科学出版社出版。课题负责人邴正撰写《东北古代方国属国史总论——〈东北古代方国属国史〉总前言》，对东北地区地理环境特征、人群起源、民族发展、古代方国属国的兴起与发展、历史地位与作用等关键问题进行系统梳理，进一步深化了对东北边疆族群史、政治史的新认识①。

另一个由吉林省社会科学院牵头组织的重大课题是吉林省社科规划办重大委托项目"东北文化丛书"。该项目由邵汉明、刘信君任课题负责人，2016年立项，共有12个子课题，各自成卷，即《东北农耕文化》《东北渔猎文化》《东北游牧文化》《东北文学文化》《东北宗教文化》《东北流人文化》《东北移民文化》《东北服饰文化》《东北饮食文化》《东北建筑文化》《东北民俗文化》《东北域外文化》，至2018年9月由社会科学文献出版社陆续完成出版。该丛书是国内在东北地域文化研究领域中第一部多卷丛

---

* 范恩实：中国社会科学院中国边疆研究所研究员。朱尖：中国社会科学院中国边疆研究所助理研究员。

① 邴正：《东北古代方国属国史总论》，《社会科学战线》2018年第9期。

书。马大正为丛书作序，总结丛书五大特征："充分展现了东北地域文化在东北边疆，乃至东北亚历史发展进程中的作用，充分体现了东北地域文化之于中华文化的统一性和共同性，及其自身的多元性和独特性。"①

顺利完成的重大课题还有黑龙江省社会科学院牵头组织的"黑龙江通史"项目，它是"黑龙江历史文化研究工程"核心项目和黑龙江省哲学社会科学研究规划重大委托项目，也是"十三五"国家重点图书出版规划项目，由黑龙江社会科学院组织省内外70余名学者历时8年编撰而成。全书分为"先秦""秦汉魏晋南北朝""隋唐""辽金""元明""清朝（上）""清朝（下）""民国时期""沦陷时期""解放战争时期"10卷，共400余万字，由社会科学文献出版社2019年出版。至此，东北三省都完成了本省通史的编写，成就盛世修史的伟业。本时期出版的同属于"黑龙江历史文化研究工程"的重要学术成果还有《国外黑龙江史料提要》，该成果系统、全面地搜集了国外文献中有关黑龙江历史的研究资料，其中不乏未被国内学者发现或鲜为人知与利用者②。

除上述集体成果外，还有一些学者探讨东北边疆史发展的区域性特征。范恩实著《地缘与族群——辽代以前蒙古草原与东北地区族群发展与互动研究》一书，对辽代以前蒙古草原与东北地区族群关系做长时段、系统性的考察，概括其中的规律性因素③。王绵厚从长白山地域特征入手，指出：从青铜时代到早期铁器时代的长白山区系考古文化可分为南北东西四系，分别与东北地区古代族系相对应④。邵汉明基于主编《通化历史文化研究》的体会，探讨如何更好地研究地域文化，提出架构酝酿及具体编写过程中应注意的三个方面⑤。此外，王禹浪等探讨了东北古代民族筑城源流及文化特征⑥。周赫讨论了清儒对东北地理及民族的考据学研究的学术价值⑦。

研究综述也是全面推动学科发展的基础性工作。张晓刚等对战后日本学术界关于近代黑龙江流域问题研究进行了系统考察，分析日本学界的研究视角、观点、方法和兴趣所在⑧。2019年是中华人民共和国成立70周年，范恩实撰文回顾新世纪中国东北边疆史研究，总结学术繁荣的推动因素，思考存在的不足，对未来如何进一步加强东北边疆史研究提出个人展望⑨。

---

① 马大正：《关于边疆民族文化特色化发展的思考——〈东北文化丛书〉代序》，《地域文化研究》2018年第2期。

② 战继发主编：《国外黑龙江史料提要》，社会科学文献出版社2018年版。

③ 范恩实：《地缘与族群——辽代以前蒙古草原与东北地区族群发展与互动研究》，内蒙古大学出版社2019年版。

④ 王绵厚：《〈长白山区系考古与民族论纲〉绪论》，《黑龙江社会科学》2018年第6期。

⑤ 邵汉明：《东北地域文化研究发微——〈通化历史文化研究〉书后》，《地域文化研究》2018年第3期。

⑥ 王禹浪等：《东北古代民族筑城源流及文化特征述论》，《东北地域文化》2018年第6期。

⑦ 周赫：《论清儒对东北地理及民族的考据》，《黑龙江民族丛刊》2019年第2期。

⑧ 张晓刚、邹圣婴：《战后日本学术界关于近代黑龙江流域问题研究初探》，《中国边疆史地研究》2018年第2期。

⑨ 范恩实：《新时期中国学界东北边疆史研究的回顾与展望（1998—2018）》，《中国边疆史地研究》2019年第2期。

（二）历史时期东北边疆治理研究

党的十九届四中全会聚焦于国家治理体系和治理能力建设，对历史时期东北边疆治理开展研究，无疑有助于提供历史经验借鉴。徐德源集中讨论古代中原王朝的八位皇帝——秦始皇、汉高祖、汉武帝、隋文帝、隋炀帝、唐高祖、唐太宗、唐高宗治理东北边疆的政策与措施，是此类研究领域的贯通性思考①。更多研究则是从某一时代着眼。

1. 燕秦汉时期

于凌从西汉初期东北边郡制度建设入手，探讨西汉通过加强制度管理实现边疆统治秩序稳固，并推动东北边民由“燕人”融入“汉人”的历史过程②。作为燕秦汉时期东北边疆统治的一项重要制度举措——障塞、长城的建设历来是学界关注的热点问题，特别是随着2006至2012年，国家文物局启动“长城保护工程”，形成新一轮全国性的长城资源调查和认定工作热潮，燕秦汉东北长城的调查与研究工作也取得新的进展。基于新的调查发现和对文献史料的解读，学界形成不同认识。针对范恩实、肖景全等提出的汉代辽东郡的各条障塞、烽燧线是发挥着军事守御与交通联络双重作用的边疆地区镇戍网络以及在沈阳、抚顺两地间发现的辽东列燧是应援玄菟郡而修建的交通传烽线等观点，李树林撰文提出明确反对意见，坚持经其野外调查的相关遗迹就是燕秦汉东北长城的观点③。对此，范恩实撰文回应，从如何定义长城、有哪些考古材料可以用于此问题的讨论、如何解读相关文献记载、燕秦汉东北边塞的构成及其命名等四个方面，重申自己的观点④。

2. 魏晋南北朝时期

这一时期中原地区陷入动荡与分裂，胡族建立政权，因而在边疆治理方面也出现与秦汉统一王朝不同的面貌。李路讨论慕容鲜卑建立封贡体系所面对的种种文化与政治问题以及由此造成的脆弱性，同时，也指出这种新的尝试在促进华夷之间文化与政治认同方面所发挥的积极作用⑤。

3. 唐代

唐代东北边疆治理有三个重要的机构建置，即营州都督府、安东都护府和平卢节度使，在本综述时段内，有关唐代东北边疆治理研究的最显著成果就是宋卿著《唐代营州与东北边疆经略》。该书从建置与人口、官署机构与职官、职能实施与特点、地位与作用等方面对唐代营州与东北边疆经略展开深入研究，梳理营州管理体制经历一元管理、二府共治、再回复一元管理的历史变化过程⑥。在营州研究的基础上，作者还扩大视野，通过梳理营州与幽州的分合，讨论唐朝东北边疆统治战略，指出：幽州是唐朝北

---

① 徐德源：《古代中原王朝治理东疆述评》，《地域文化研究》2018年第4期。

② 于凌：《试析西汉初年东北边民的防务管理》，《社会科学战线》2019年第6期。

③ 李树林：《燕秦汉辽东障塞线长城性质再讨论——与范恩实、肖景全诸先生商榷》，《中国边疆史地研究》2018年第1期。

④ 范恩实：《再论燕秦汉东北障塞烽燧线不是长城——对李树林先生商榷文的回应》，《中国边疆史地研究》2018年第1期。

⑤ 李路：《论慕容鲜卑对东北亚封贡体系变迁与发展的影响》，《黑龙江民族丛刊》2018年第1期。

⑥ 宋卿：《唐代营州与东北边疆经略》，吉林大学出版社2019年版。

方边疆防御体系的核心，营州则是唐朝东北边疆多层次边疆防卫系统的中坚[①]。另一个从总体上讨论唐朝东北边疆统治的是冯立君，在其专著《唐朝与东亚》中，专辟一章“唐代的辽东经略”，从唐明两代辽东统辖制度比较、辽东政体与人群、渤海与新罗关系的多面性等题目展开深入讨论[②]。范恩实讨论了唐灭百济后，在其旧地建立统治的制度面貌，从五羁縻都督府的制度设计到被迫改设熊津都督府，以及最终熊津都督府统治的短暂稳固，指出熊津都督府的统治目的，并非羁縻，而是推动百济旧地正州化，虽然最终由于外部因素而未能实现[③]。在另一篇论文中，范恩实讨论唐朝建立安东都护府后，其所管高句丽遗民发生的两次叛乱，分析了制度建设与遗民叛乱之间的相互关系[④]。

4. 辽金

辽金两朝兴起于东北地区，因此在东北边疆统治的制度建设方面有更多创建。辽代东北边疆北部，除女真人外，另一个重要族群是室韦，辽朝先后在嫩江流域设置室韦部节度使和室韦国王府，有效管辖嫩江流域的室韦族。孙文政通过考古调查和历史文献梳理，认为今黑龙江省嫩江县伊拉哈古城外垣应为辽朝设立室韦国王府之故城[⑤]。辽东北边疆的东部，设立东丹国管理渤海人，沈洲是东丹国境内的重要节度州。都兴智撰文讨论沈洲始置之年代，地名来历，所辖二县一州治所，并指出东丹国南迁渤海遗民，原渤海定理府潘州之民或有被迁至沈洲者，但沈洲地名与潘州并无沿袭关系[⑥]。程嘉静等探讨了辽朝的东北亚丝绸之路，即辽上京通往渤海、高丽、新罗、日本、俄罗斯远东及东西伯利亚等地的道路[⑦]。

在今黑龙江地区，金代设猛安谋克、元代设立站赤、明代设卫所，李秀莲通过将今黑龙江省北安市发现的“曷苏昆山谋克之印”解读为“铁山谋克之印”，进而确定元代哈散站、明代哈三千户所都在今黑龙江省铁力市，清代置铁山包协领[⑧]。长白山是女真人的圣山，金代祭祀长白山具有重要的政治和领土意涵。近年来，随着今吉林安图“宝马城”金代祭祀长白山神庙遗址的发现，有关研究再次引起学界重视。邱靖嘉通过辨析相关文献，考证长白山神庙当属咸平府管辖。作者认为，金朝之所以封祀长白山，是因为它在金人心目中具有女真兴王之地、混同江发源地和象征金德三重意象，地位尊崇。以长白山为代表的女真山川神祇与源自中原汉制的岳镇海渎共同构成了金朝的山川祭祀体系。后者展现了金朝的汉化倾向及通过五岳祭祀宣示国家正统的政治诉求，前者则体现出金朝统治者保存、弘扬女真本民族文化传统的努力。两者相互交融共生，形成

① 宋卿：《唐代东北边疆战略初探——以营州和幽州的分合关系为视角》，《史学集刊》2018 年第 5 期。

② 冯立君：《唐朝与东亚》，社会科学文献出版社 2019 年版。

③ 范恩实：《唐熊津都督府统治制度研究》，《社会科学战线》2019 年第 10 期。

④ 范恩实：《论安东都护府建立后高句丽遗民的两次反叛》，《社会科学战线》2018 年第 9 期。

⑤ 孙文政：《辽朝室韦国王府故城考》，《地域文化研究》2019 年第 6 期。

⑥ 都兴智：《沈州与东丹国》，《社会科学战线》2018 年第 9 期。

⑦ 程嘉静、杨富学：《辽朝东北亚丝路及其贸易考实》，《河南师范大学学报（哲学社会科学版）》2019 年第 5 期。

⑧ 李秀莲：《从金代“曷苏昆山谋克之印”到明代哈三千户所》，《地域文化研究》2018 年第 4 期。

金朝礼制的二元并重格局①。

5. 明代

明代在东北边疆的最东北方向——黑龙江口确立政治统治的重要标志就是“永宁寺碑”，万明利用新发现的明黎淳撰《荣禄大夫中军都督府同知武公（忠）墓志铭》，以及两个永宁寺碑文（《敕修奴儿干永宁寺记》《重建永宁寺记》）、《明实录》等资料，确证了亦失哈七上北海，永宁寺碑体现多元文化特征，并提出以北京为起点，明代卫所网络是东北亚丝绸之路发展的新样态②。

6. 清代

清自顺治入关以后，东北地区既是龙兴之地，也是边疆地区，其统治制度建设也具有鲜明的边疆特色。孟繁勇所著《清代前期东北三将军研究》一书，紧密结合东北的特殊战略地位、管理体制和政策特殊性，对清代前期东北三将军的设置、职权、作为、群体特征及其与皇帝和清廷的关系等方面进行了论述，最后分析了东北三将军对清代国家和东北地方社会所起的历史作用③。顺治元年，盛京地区初步形成八旗驻防体系，傅林祥考证指出，八旗驻防机构被称为城守公署，城守所辖区域为“城”，城制成为与府厅州县制具有同样法律地位的地方行政制度④。刁书仁所著的《清代八旗驻防与东北社会变迁》一书，以清代东北驻防八旗为研究对象，探讨东北驻防八旗与东北社会之间的相互关系。具体探讨了清代东北八旗驻防旗地形成、发展、衰败过程，八旗生计与旗地的补救措施，旗人与民人对东北的开发，八旗围场、牧场及其开放等问题⑤。王娣讨论了清初萨布素任黑龙江将军时期，随着将军衙门三迁，来自宁古塔、吉林的驻防八旗、水师营官兵及其眷属也分别驻扎在瑷珲、墨尔根和齐齐哈尔城，形成了沿黑龙江、嫩江沿岸分布的满族聚居村屯，随着历史的发展变迁，他们所使用的语言形成了黑龙江地区的现代满语⑥。金鑫讨论了康熙朝黑龙江博尔德城（今黑龙江省讷河市）八旗驻防设立、扩大，形成“城”一级建置，直到康熙四十年撤销的过程⑦。张晓晨、范立君对黑龙江下游及乌苏里江以东未编旗设佐的各族部民（也称为边民）进行研究，认为清朝统治者采用的既非八旗制度，也不同于内地的州县制度，而是利用噶珊（满语 gasan，村屯之意）组织进行管理的噶珊制度。噶珊组织具有双重性质，既是村屯、氏族组织，又是清朝的地方行政机构。张晓晨等讨论了清初在黑龙江下游施行噶珊制度，将清朝文化、礼仪、法律传播至边民社会，对生活在该地域的赫哲、费雅喀族群产生了不同程度的影响⑧。

清入关后，陆续将东北地区的库雅喇、呼尔哈、达斡尔、锡伯等部编入八旗，是为

---

① 邱靖嘉：《金代的长白山封祀——兼论金朝山川祭祀体系的二元特征》，《民族研究》2019 年第 3 期。

② 万明：《明代永宁寺碑新探——基于整体丝绸之路的思考》，《史学集刊》2019 年第 1 期。

③ 孟繁勇：《清代前期东北三将军研究》，辽海出版社 2019 年版。

④ 傅林祥：《清代盛京等省的“城守”与“城”》，《史学集刊》2019 年第 4 期。

⑤ 刁书仁：《清代八旗驻防与东北社会变迁》，科学出版社 2018 年版。

⑥ 王娣：《清初萨布素驻防八旗对满语的作用与影响》，《黑龙江民族丛刊》2018 年第 4 期。

⑦ 金鑫：《康熙朝黑龙江博尔德城八旗驻防始末》，《中国边疆史地研究》2019 年第 1 期。

⑧ 张晓晨、范立君：《清初噶珊制度对黑龙江下游族群的文治》，《黑龙江民族丛刊》2019 年第 2 期。

“新满洲”，狭义唯指以“徙民编旗”之策编入新满洲的东海呼尔哈部。孙明根据中国第一历史档案馆藏《宁古塔都统衙门档案》，探讨呼尔哈部编旗过程中对象原则、原因等重要问题①。

正是以上治边制度的运用，清初在黑龙江地区形成了较为稳固的统治。但是，诚如吴智嘉研究指出：自康熙朝始，黑龙江守备即开始调拨出省，历有清一代辗转各地驻防平叛，黑龙江流域的防务逐渐空虚。黑龙江流域自同治朝始，边境危机日益严重，由于边境社会管理的复杂局面，导致管理危机加剧，加速了黑龙江江左一带脱离清政府的管辖②。

萧凌波根据德国普鲁士文化遗产图书馆藏晚清《五常厅全图》，讨论 19 世纪 90 年代五常厅基层行政机构（社、牌）的设置、方位以及组织形式③。

清末，东北地区已经渐渐沦为半殖民地，沙俄以修建铁路的方式攫取中国东北的权益，刘晨曦讨论了在这一时代背景下，为了抵制沙俄的侵略势力，黑龙江地方官府提出“彼有官，我亦有官”的对策，特别是在中东铁路沿线的蒙古族聚居地区，采用放垦和移民实边等手段，设立政区，完善统治机构，以此填补权力真空，达到抵制沙俄侵略的目的④。管书合从伍连德被任命为“全权总医官”入手，讨论了 1910—1911 年东北爆发大鼠疫期间，中外各方、中央和地方、中西医学，以及官、绅、医之间的矛盾、妥协与合作的复杂过程⑤。

7. 近现代

近代东北被迫开埠，形成营口（牛庄）、丹东（安东）和大连三个海港，1899 年，为营口防疫鼠疫需要，开始推行近代海港检疫。王鹏将近代东北海港检疫归纳为 3 个港口、2 条脉络（营口与丹东的海港检疫业务，由伍连德领导的东三省防疫事务总处管理，大连的海港检疫业务则由日本南满铁路管理），并梳理其发展演变的历史线索⑥。

列强修建铁路沿线的所谓“附属地”是东北地区近代殖民地化的重要产物。马尉云探讨中东铁路“附属地”的内涵与特征，指出中东铁路“附属地”是一个内涵十分广泛的政治经济概念，其出现是近代俄国向中国势力扩张的结果，但中国并没有丧失法律上的主权，不能简单地理解为殖民地⑦。周颂伦则讨论了日本侵略者主导的满铁附属地治外法权的“撤废”与行政权的归并，揭示其背后的真实面貌，说明不过是一出左

---

① 孙明：《康熙时期新满洲驻防佐领编立新探》，《社会科学战线》2018 年第 2 期。

② 吴智嘉：《清代黑龙江流域的边境防务及失地成因——兼谈清代晚期内忧外患中的黑龙江边境社会问题》，《黑龙江民族丛刊》2018 年第 3 期。

③ 萧凌波：《清末地图上的五常厅——德藏晚清吉林舆图研究之二》，《社会科学战线》2018 年第 3 期。

④ 刘晨曦：《我亦有官——清末中东铁路沿线蒙地的放垦与设治》，《地域文化研究》2018 年第 3 期。

⑤ 管书合：《伍连德 1910—1911 年在东北防疫中任职“全权总医官”考》，《史学集刊》2018 年第 6 期。

⑥ 王鹏：《近代东北海港检疫的开端与影响》，《社会科学战线》2018 年第 1 期。

⑦ 马尉云：《中东铁路“附属地”内涵及特征》，《中国边疆史地研究》2018 年第 4 期。

手交右手的闹剧①。

近代东北边疆虽然充满了困难与曲折，但也是近代化发展的重要开端，经济、社会取得了较为显著的发展。喻大华所著《清末东北危局与奉天开发》一书对特殊局势下的东北开发进行了探讨，指出甲午战后，日俄两国肆意扩张，引发了持续十余年的东北危机。清政府先后运用了联俄拒日、联日拒俄、联美制日等策略，与日俄两国展开了持久的周旋。同时，通过移民实边、自开商埠、分设行省、调查资源、振兴工商等手段开发东北，拉开了东北现代化的大幕②。李皓所著的《赵尔巽与清末奉天政局（1905—1907）》一书，从行政体制、财政金融、垦务实业、新式教育、社会秩序等多个方面分析了赵尔巽执政东北改革的承前启后的作用和意义，并从外交事务层面探讨了赵尔巽为维护国家主权所做的努力，视角扩大到边疆危机处理和国家主权维护方面，较为全面地考察了清末奉天新政，乃至整个东三省改制及边疆开发等问题③。王敬荣所著《近代东北官吏群体与边疆社会变迁》一书，探索了近代东北官吏群体对东北边疆社会政治、经济、文化、教育等领域产生的重要影响④。张连兴著《张氏父子与东北城市现代化建设》，详细梳理近代东北城市建设史并给予高度评价，指出其引导、带动了政治、经济、文化、意识形态等各个方面的发展，极大地推动了东北地区的现代化进程⑤。易丙兰则详细梳理了奉系主导下的东北铁路建设情况，并指出：在铁路问题上，奉系并不只是在日本等外力的进逼下才进行被动回应，相反，它确立了铁路自主化发展策略，进行了积极的铁路建设，使铁路成为奉系在东北经营中，取得进展多、成效显著的领域之一⑥。此外，由东北师范大学日本研究所组织出版的《近代中国东北与日本研究》论文集，已经出版第1辑、第2辑，对近代日本的东北侵略政策以及东北地区的发展状况等形成较为系统的研究⑦。

抗日战争对近代中华民族自觉意识的形成具有重要影响，李正军等探讨抗战期间，中国共产党在东北地区领导和推动中华民族共同体构建的实践，指出其对全国层面开展中华民族共同体构建起到了示范作用⑧。

（三）边疆族群发展史

为与民族史研究相区别，本部分内容将主要综述与疆域形成、发展有关的内容，包括族群兴嬗、政治体兴亡及其与周边关系等内容。

---

① 周颂伦：《满铁附属地治外法权的“撤废”与行政权的归并》，《社会科学战线》2019年第8期。

② 喻大华：《清末东北危局与奉天开发》，辽宁师范大学出版社2018年版。

③ 李皓：《赵尔巽与清末奉天政局（1905—1907）》，中华书局2019年版。

④ 王敬荣：《近代东北官吏群体与边疆社会变迁》，黑龙江人民出版社2018年版。

⑤ 张连兴：《张氏父子与东北城市现代化建设》，辽宁人民出版社2019年版。

⑥ 易丙兰：《奉系与东北铁路》，社会科学文献出版社2018年版。

⑦ 陈秀武主编：《近代中国东北与日本研究》（第1辑、第2辑），社会科学文献出版社2018年版、2019年版。

⑧ 李正军、熊坤新：《抗战时期党在东北地区推动中华民族共同体构建的探索》，《黑龙江民族丛刊》2019年第2期。

1. 秽与夫余

汉武帝元朔元年（前128年），濊君南闾率部归汉，汉设苍海郡，这是燕在东北设辽西、辽东郡以来，中原王朝在东北地区郡县统治的新扩张。杨军考证指出：南闾控制区以今朝鲜咸镜南道为中心，包括朝鲜慈江道、两江道、江原道的部分地区，可能还包括平安南道的部分地区，不应包括咸镜北道。这也就是苍海郡的辖区①。王绵厚则综合文献记载和考古发现资料，考证苍海郡范围：《汉书》和《三国志》中记载的“苍海郡”是汉武帝时期设于东秽地区的郡县。其中，朝鲜半岛北部狼林山脉是当时古朝鲜与东秽的重要分界线。同时，狼林山脉也是后来乐浪郡与乐浪郡东部都尉七县的分界线②。

刘信君等辨析有关夫余族源的各种观点，否定夫余与秽貊的关系③。董学增重申了夫余王国前期都城和王城在吉林市东团山一带的观点，并梳理了有关考古发现情况④。李德山等则认为夫余王城在今吉林农安，同时指出汉文化对夫余兴起、发展的关键作用⑤。

2. 貊与高句丽

祝立业对高句丽族群形成与王国早期发展互动关系进行了专门考察，指出“沸流部”和朱蒙卒本夫余集团的整合，经历了两部共同主导的双核时代到王室独立主导的单核时代的变化。始祖庙、国社的建立和定期祭祀，是此一时期高句丽意识形态构建的重要内容，推动了高句丽族群共同体的进一步凝结。与中原王朝的接触，正史对高句丽的记叙，也进一步形塑出高句丽族群共同体的特质⑥。李大龙梳理了有关高句丽前史的诸多记载情况，认为见于《汉书·王莽传》的高句丽侯驺之前的建国历史应该属于“涓奴部”，高句丽王位由“涓奴部”向“桂娄部”的转移则始于高句丽侯驺，其后代为了掩盖高句丽侯驺被杀的史实和增强内部的凝聚，而引入了源自夫余的朱蒙建国神话，并最迟于《好太王碑》立碑之时已经完善⑦。

魏存成对高句丽政权始建之地的各种名称，如“沸流谷”“沸流水”“忽本”“卒本川”“纥升骨城”和“卒本扶余”等进行了梳理和说明⑧。唐淼、王志刚从文献记载与考古发现相结合的角度，对高句丽“卒本”和“国内”的地理空间范围进行了考证，界定“卒本”的地理空间范围，大致为东至富尔江汇入浑江江口附近的喇哈城，西至马鞍山山城，南到米仓沟墓附近，北达东古城遗址。对于“国内”的范围作者认同金旭东“以高句丽南道和北道上的关隘为门，关隘以内鸭绿江以北的封闭空间即为文献所指的国内”的认识，并在此基础上从集安高句丽遗址的分布和类型入手，进一步从考古学的视角明确“国内”的地理空间范围，并深化对高句丽中期都城都邑布局和空

---

① 杨军：《濊人与苍海郡考》，《地域文化研究》2018年第4期。

② 王绵厚：《对〈汉书〉和〈三国志〉中“单单大岭”和“苍海郡”再考辨——“长白山区系考古与民族”要论之一》，《地域文化研究》2019年第3期。

③ 刘信君、邓树平：《夫余与秽貊考辩》，《社会科学战线》2018年第9期。

④ 董学增：《夫余研究管见》，《地域文化研究》2018年第4期。

⑤ 李德山、李路：《夫余王城及汉文化影响论》，《吉林大学社会科学学报》2018年第3期。

⑥ 祝立业：《高句丽族群形成与王国早期发展互动关系考察》，《地域文化研究》2018年第5期。

⑦ 李大龙：《神话还是史事——高句丽前史叙述献疑》，《地域文化研究》2018年第5期。

⑧ 魏存成：《高句丽政权始建之地及相关问题述略》，《通化师范学院学报》2018年第1期。

间分区的认识①。

高句丽政权的疆域发展及其周边关系方面。苗威以新城为中心考察了高句丽西部拓展的情况②。李爽分析了长寿王时期高句丽与北魏的关系，指出高句丽与北魏关系的发展变化清晰地体现出了“实用性”和“不确定性”原则③。冯立君探讨了高句丽泉氏与唐朝的政治关系，指出泉氏一族由反唐到投唐、亲唐的政治抉择较为全面地映现出7世纪中叶唐朝与高句丽关系的演变④。赵智滨综合分析了百济北伐高句丽，以及当时北齐文宣帝营州之行之间的关系问题⑤。拜根兴依据现已公布的隋唐时代出使高句丽使者的《梁瓌墓志》《柳则墓志》《李君墓志》三方墓志，探讨6世纪末7世纪初叶隋唐王朝与高句丽的关系⑥。

唐灭高句丽研究方面，李骁衡认为高句丽的存在与唐大一统的边疆政策之间存在着不可调和的矛盾，或者说影响了唐朝边疆政策的实施与延续⑦。

在高句丽艺术史方面，王希丹所著《集安高句丽墓壁画的音乐考古学研究》一书，以集安高句丽壁画墓中的乐舞、乐器图像为研究对象，从中国古代音乐史视角出发，对集安高句丽壁画墓中音乐考古资料进行全面整理、分类、辨析，并将其纳入4—7世纪的东亚音乐历史视野进行探讨，在相关乐舞、乐器研究中进行纵向历史的比较分析⑧。

在研究综述方面，耿铁华撰文回顾一百年来高句丽历史与文化研究，分为初创时期、稳定发展时期和21世纪的新发展三个阶段⑨。拜根兴则撰文梳理了20世纪80年代以来，由于墓志材料不断涌现而蓬勃兴起的高句丽移民研究，特别是对韩国学界的研究成果进行了系统介绍⑩。

3. 靺鞨与渤海

在靺鞨、渤海国等称谓方面，刘晓东从史料源头或分期角度，进一步阐释和研讨了关于“靺鞨”与“靺羯”、“振国”与“震国”、“渤海靺鞨”与“渤海”以及“渤海郡”等有关渤海国的称谓问题⑪。勾海燕考证了文献中的“渤海郡”与“渤海国”关系问题，认为渤海郡与渤海国分指中国历史上不同时间、不同空间的两个地域，我们可以称渤海国为“振国”或“震国”，可以称之为“忽汗州”“渤海”“渤海国”，却“唯独不能称之为‘渤海郡’”⑫。

---

① 唐淼、王志刚：《高句丽“卒本”和“国内”的地理空间范围考证》，《社会科学战线》2018年第8期。

② 苗威：《以“新城”为中心考察高句丽的西部拓展》，《社会科学战线》2018年第6期。

③ 李爽：《长寿王时期高句丽与北魏的关系》，《社会科学战线》2018年第6期。

④ 冯立君：《隋唐辽东之役的延续性问题》，《西北民族论丛》2018年第1期。

⑤ 赵智滨：《百济北伐高句丽与北齐文宣帝营州之行》，《地域文化研究》2018年第2期。

⑥ 拜根兴：《隋唐时代出使高句丽三使者墓志考释》，载《陕西历史博物馆论丛》2018年卷，陕西新华出版传媒集团、三秦出版社2018年版。

⑦ 李骁衡、苗威：《高句丽政权灭亡原因考》，《东疆学刊》2018年第4期。

⑧ 王希丹：《集安高句丽墓壁画的音乐考古学研究》，人民音乐出版社2019年版。

⑨ 耿铁华：《高句丽历史与文化研究百年综述》，《社会科学战线》2019年第8期。

⑩ 拜根兴：《入唐高句丽移民研究的现状及其问题》，《社会科学战线》2019年第8期。

⑪ 刘晓东：《关于渤海国的称谓问题》，《北方文物》2019年第4期。

⑫ 勾海燕：《“渤海郡”与“渤海国”关系新考》，《北方文物》2018年第1期。

在渤海与唐朝关系方面，鸿胪井刻石铭文是相关历史的重要见证。李大龙从出使时间、出使对象、使者身份、使者使命、刻石地点和使者名字等方面入手，提出史书记载的郎将崔訢和刻石中的鸿胪卿崔忻之间并非学界普遍认识的一次出使的两个阶段，而是两次不同性质的出使行为的新观点①。2018 年，恰是鸿胪井刻石被日本掠夺 110 周年，王仁富等撰文详述围绕鸿胪井刻石的历史事实与现实意义，作为唐鸿胪井刻石流失 110 年的祭奠②。朱尖详细梳理了学界著录和研究鸿胪井刻石铭文的情况，并指出其中存在的问题③。柏松指出渤海和唐朝之间爆发登州之战，是渤海和唐朝、日本、新罗、突厥、契丹等地区矛盾冲突的直接体现，也是渤海转变外交政策、主动扩张，并凸显外交手腕的具体表现④。佟薇等从相关史事着手，侧证唐宣宗大中末年（859 年），渤海占据辽东，9 世纪末契丹崛起，并于神册四年（919 年）修葺辽阳故城，显示渤海在 10 世纪初丧失了对辽东的控制⑤。刘加明等讨论了渤海国北进战略的确立和实践过程⑥。

在渤海遗民研究方面，孙炜冉分别分析了渤海遗民对辽代社会的经济贡献和军事贡献⑦。

4. 清代以来东北多族群社会

李小雪根据辽宁省档案馆藏清代盛京内务府康熙朝满文公文抄存档案《黑图档》，对康熙年间在盛京充差的内府所辖匠役的来源、家庭及性质等问题进行研究，以此说明多为汉人移民之清初盛京匠役，在八旗制度影响之下，表现出既区别于旗又不同于民而界于旗民之间的特色⑧。周喜峰探讨了清初索伦部的两次大规模南迁及其对清代东北边疆开发和防御产生的影响⑨。邱广军等从农耕、商贸、衣、食、住、行、娱乐、信仰、文教等诸多方面，探讨顺治至乾隆时期宁古塔流人对当地旗人社会造成的影响⑩。吴忠良讨论了乾隆朝初期，松花江流域驻防八旗兵丁、扎萨克蒙古旗人、台站丁、闲散满洲和民人等之间的渔权争夺，并由此讨论各民族间的权利关系，以及清朝针对不同民族采取的相应政策⑪。

---

① 李大龙、朱尖：《鸿胪井刻石铭文新解：唐与渤海、靺鞨关系史上的两次出使》，《民族研究》2018 年第 4 期。

② 王仁富、矫荣华、田钊源：《唐鸿胪井刻石流失 110 年祭》，《白城师范学院学报》2018 年第 11 期。

③ 朱尖：《唐鸿胪井刻石铭文著录与研究的几个问题》，《中国边疆史地研究》2019 年第 3 期。

④ 柏松：《东北少数民族政权渤海国与唐朝战争探源》，《贵州民族研究》2018 年第 5 期。

⑤ 佟薇、韩宾娜：《渤海国据有辽东史事考》，《中国历史地理论丛》2019 年第 1 辑。

⑥ 刘加明、苗威：《渤海国“北进”战略的确立》，《安徽史学》2019 年第 2 期。

⑦ 孙炜冉：《渤海遗民对辽代社会的经济贡献》，《云南民族大学学报（哲学社会科学版）》2018 年第 4 期；孙炜冉：《辽代军队中的渤海军人》，《黑龙江社会科学》2018 年第 4 期。

⑧ 李小雪：《“旗”“民”之间：康熙朝〈黑图档〉所见盛京上三旗包衣佐领所辖之匠役》，《黑龙江民族丛刊》2019 年第 3 期。

⑨ 周喜峰：《论清初索伦部的南迁》，《黑龙江民族丛刊》2018 年第 5 期。

⑩ 邱广军、于维、张牧笛：《流人与清初宁古塔旗人社会变迁》，《黑龙江民族丛刊》2018 年第 3 期。

⑪ 吴忠良：《乾隆朝松花江流域各“民族”权利关系——以渔权问题为中心》，《中国边疆史地研究》2018 年第 3 期。

清代中期以后，汉族人口大量移民东北，范立君从多角度、多层面对东北移民文化的形成、主要内容、主要特征及价值、时代精神及当代走向等进行了研究①。丁绍通等利用自然地理学方法，探讨1930年代东北地区人口空间分布的时空演变特征，并探讨了人口空间分布的影响因素②。

（四）边界史研究

1. 中俄边界史

谢贵安根据《清实录》的有关记载，讨论边城瑷珲体现的中俄碰撞、交涉和往来，并从中揭示清廷对俄国的恐惧、拒斥和忍让③。高强讨论了20世纪20年代，俄国十月革命以后，在中苏两国边界问题上新兴苏维埃政府对沙俄帝国主义政策的延续，以及由此给中苏东段边界遗留下来的问题。余论中也梳理了中俄谈判解决边界问题的历程④。

2. 中朝边界史

刁书仁在对中朝边界沿革进行长时段思考的基础上，以14世纪中叶至15世纪末这150年间中朝边界的变迁作为主要研究对象，阐明鸭绿江、图们江为当代中朝边界形成的历史过程。该书认为，这150年间是中朝疆界发生重大变化时期，高丽、李朝乘元末国势衰颓，政局混乱，以及元明交替，元朝势力败退，明朝势力尚未到达中朝国境地带之机，迅速向北拓展疆土。中朝东段边界，由元中期以前的辽金旧疆，即两国以龙兴江（今朝鲜龙兴江）以北的定州、长平至都连浦（今朝鲜连浦里一带）一线为界，逐步地将其东北界向图们江方向推进；中朝西段边界，由鸭绿江下游入海口的保州（今朝鲜新义州）以西以鸭绿江为界，逐步地向鸭绿江中上游扩展。这期间中朝边界是明朝一方步步退缩，高丽、李朝一方大力向北拓展，到宣德、正统年间，推进到鸭绿江至图们江一线，从而基本形成了当代的中朝边界⑤。

王桂东探讨明代辽东都司与部分女真羁縻卫所以及朝鲜国的平安道和咸吉道地方，在两国交往过程中所发挥的特殊作用⑥。

自明代以降，中朝以鸭绿江、图们江为边界基本形成，关键的争议点是两江的源头，也就是长白山的归属。杨军等认为中国史籍称此山为长白山始于《辽史》，朝鲜李朝早期已采用中国辽金时期的名称，称此山为长白山。但是，朝鲜史籍中的长白山更多的是另有所指。以今白头山脉、赴战岭山脉、咸镜山脉为同一山系，称白头山东麓。清康熙五十一年（1712），康熙帝命打牲乌拉总管穆克登赴中朝交界的图们江、鸭绿江江源一带确定两江正源，并在分水岭处树立界碑，史称“穆克登碑”。在查边过程中，朝

---

① 范立君：《东北移民文化》，社会科学文献出版社2019年版。

② 丁绍通、韩宾娜：《1930年代东北地区人口的时空演变及其影响》，《地域文化研究》2018年第3期。

③ 谢贵安：《边城瑷珲的中俄碰撞与交往——〈清实录〉中黑河古城的历史书写》，《地域文化研究》2018年第3期。

④ 高强：《中苏东段边界问题——以20世纪20年代为中心》，《史学集刊》2019年第4期。

⑤ 刁书仁：《中朝边界与民族——以十四世纪中叶至十五世纪末为中心》，香港：秀威资讯2019年版。

⑥ 王桂东：《前沿与枢纽：明代中朝交涉与两国边疆地带》，《社会科学辑刊》2019年第5期。

鲜方面利用长白山山名的差异，凭空强调中朝一直以今长白山为界，误导穆克登，才最终出现了穆克登查边的结果，导致中国领土的损失①。李少鹏根据新发现的李匡德《冠阳集·答李君敬书》、首尔大学奎章阁藏《西北界图》和《八道地图》、成海应《北边杂议》等朝方资料，结合中国第一历史档案馆所藏满文奏折、清末相关人员的实地考察等中方资料，认为穆克登碑最初确实立于小白山分水岭上，穆克登指定的图们江源是红丹水。

李花子是国内为数不多集中研究中朝边界史的专家，近年来又发表多篇相关论文，观点与上述作者有明显差异。在《宗藩关系的真实面貌：17—18 世纪朝鲜对清危机意识和防御措施》一文中，作者指出，虽然清朝入关前，两次攻打了朝鲜，双方结成了宗藩关系，根据《南汉山城盟约》，朝鲜不得修筑“新旧城垣”，但是朝鲜渐渐突破这一规定，不但加强了首都防御体系，还构筑了从边疆到内地的较为完备的关防体系，更利用清朝对东北地区的封禁政策和对朝鲜的怀柔政策，在图们江、鸭绿江以北构筑了无人缓冲区②。在《穆克登确定的鸭绿江二源与后世争议分水岭》一文中，考证了穆克登查边定界的鸭绿江江源问题，指出穆克登立碑于水量更大，且与黑石沟（视为图们江源的“入地暗流”处）相对的鸭绿江东源，但是碍于朝鲜人的再三请求，在地图上西源也标注了“鸭绿江源”4 个字。1908 年东三省总督徐世昌派遣奉天候补知县刘建封前去踏勘，才搞清楚鸭绿江上游的水流状况。刘建封提出的三池渊、鲤明水线，实为中方拟划界线的最南线。1909 年签订的中日“间岛协约”未规定长白山及鸭绿江界，隐藏着日本利用朝鲜移民及所创出的“间岛”地理名称，向长白山及鸭绿江以北地区渗透、扩张的侵略野心③。在《宗藩关系下清与朝鲜的边界及边界意识》一文中，作者再次梳理了清与朝鲜两方对长白山划界的不同认识，基于穆克登查边和建立定界碑后的分歧，清方先要求以南边的三池渊（距离天池约 50 公里）为分水岭，后来退一步要求以小白山（距离天池约 30 公里）为分水岭。朝方基本以长白山天池为界，在英祖时期，朝鲜将长白山定为朝鲜王朝的发祥圣山，从国家层面进行祭祀活动，加之，在风水地理上朝鲜认为长白山是其祖宗山，这些均催生了朝鲜的长白山归属意识和崇拜意识。作者认为，在宗藩关系下两国的定界、勘界，尚能维持在领土、边界方面的彼此利益关切，但是在宗藩关系瓦解以后则不再顾及，加剧了双方的边界冲突，以后被日本利用④。《明清时期朝鲜地理称谓之长白山与白头山》一文则主要针对前述杨军文章，认为：明代朝鲜地理称谓中的“白头山”指今天的长白山，但是所称“长白山”不一定指今天的长白山，可能指朝鲜半岛第二高峰咸镜北道冠帽峰（位于镜城以西，海拔 2541 米），后者被列入咸镜道三大名山，其地位远高于尚在女真地面的白头山（今长白山）。到了清代，特别是经过康熙五十一年穆克登定界，白头山的地位超过了冠帽峰（朝鲜称之

① 杨军、李东彤：《长白山考——兼论穆克登查边以前的朝鲜北界》，《中国边疆史地研究》2018 年第 4 期。

② 李花子：《宗藩关系的真实面貌：17—18 世纪朝鲜对清危机意识和防御措施》，《中国史研究动态》2018 年第 5 期。

③ 李花子：《穆克登确定的鸭绿江二源与后世争议分水岭》，《近代史研究》2018 年第 5 期。

④ 李花子：《宗藩关系下清与朝鲜的边界及边界意识》，《苏州大学学报（哲学社会科学版）》2019 年第 6 期。

为长白山），不但具有了朝鲜王朝发祥的象征意义，还产生了朝鲜北道山脉均从白头山起脉的山系认识，韩国学者称之为“白头大干”。在穆克登定界时，朝鲜尚未管控的地区，位于惠山以北、茂山以西、今长白山以南及冠帽峰以北。其中，冠帽峰虽然是今咸镜山脉的主峰，但是朝鲜王朝地理称谓中的“长白山”，并不指包括整个咸镜山脉、赴战岭山脉在内的大山系，它也不是穆克登定界时的朝鲜北界①。在《驳“间岛”中立地带论——对篠田治策〈白头山定界碑〉内容体系的辩析》一文中，作者对日本殖民学者篠田治策《白头山定界碑》（1938）一书的错误观点予以有力批驳②。2019 年，作者将相关研究成果汇集为一部专著，对清代中朝边界史研究领域的主要疑难问题进行系统梳理并提出自己的观点，同时提供了详细的实地踏查资料，是相关研究领域进一步开展工作的案头之书③。

总的来看，有关明清以来中朝边界形成的历史过程、定界碑的所在地、两江江源等问题，学界仍存在一定争议，特别是史料上存在朝方史料较多而中方史料失毁、现有史料间存在较大歧义、有关考古遗迹难以发掘验证等问题，希望有更多学者参与相关研究，进一步加强资料搜集和辨析，加强学术交流与研讨，尽快实现辨明史实的目标。

二 东北边疆现状研究

2018—2019 年，东北边疆现状研究主要集中在四个方面，即东北振兴（老工业基地振兴发展），“一带一路”倡议与沿边开放、东北亚区域合作，东北边疆乡村振兴、城镇化与旅游业发展。

（一）东北振兴（老工业基地振兴发展）研究

振兴东北是近十余年来一个长久不衰的话题，2018 年 9 月，习近平总书记前往东北三省考察，主持召开深入推进东北振兴座谈会并发表重要讲话，强调以新气象新担当新作为推进东北振兴，明确提出新时代东北振兴，是全面振兴、全方位振兴。2019 年 6 月，李克强主持召开国务院振兴东北地区等老工业基地领导小组会议时强调，更大力度推进改革开放，奋力实现东北全面振兴。在党中央关怀和一系列政策支持下，东北边疆地区迎来的新的发展机遇，学术界也积极作出自己的贡献。

1. 习近平总书记东北振兴思想研究

2018 年 9 月 25—28 日，习近平总书记考察东北三省，深入黑龙江农垦建三江管理局和齐齐哈尔市、吉林松原市、辽宁辽阳市和抚顺市，实地了解东北振兴情况，主持召开深入推进东北振兴座谈会并发表重要讲话，站在国家发展大局的高度，深刻阐释东北振兴的重大意义，着眼“全面振兴、全方位振兴”的目标任务，提出六个方面的明确要求，为新时代东北振兴提供了行动指南。多位学者依据习总书记讲话精神并结合东北现状畅谈感想。

---

① 李花子：《明清时期朝鲜地理称谓之长白山与白头山》，《清史研究》2019 年第 4 期。

② 李花子：《驳“间岛”中立地带论——对篠田治策〈白头山定界碑〉内容体系的辩析》，《社会科学战线》2019 年第 1 期。

③ 李花子：《清代中朝边界史探研——结合实地踏查的研究》，中山大学出版社 2019 年版。

《奋斗》杂志特约评论员通过 12 篇评论文章，从增强发展信心、优化营商环境、栓心留人、实体经济发展、区域协调发展、绿色发展、全面开放新格局、民生保障、民营企业发展、发扬龙江精神等众多方面，结合黑龙江实际展开评论，深入解读习近平总书记关于东北振兴讲话精神，为黑龙江发展出谋划策①。类似文章还有周英东《奋力书写龙江全面振兴全方位振兴的时代新篇章——习近平总书记关于东北振兴重要思想的学习体会》②、梁冰《推进新时代东北振兴的强大思想武器——学习习近平总书记东北视察及座谈会讲话体会》③、祝福恩《新时代东北实现全面振兴的理论指南和行动纲领——学习习近平总书记视察东北三省讲话体会》④、孙启明《关于东北振兴，习总书记如何谋划——全方位振兴东北的五大战略》⑤、曾燕南《习近平东北老工业基地振兴与国企改革思想研究》⑥ 等。

2. 东北振兴及相关路径策略研究

随着新时代东北全面振兴和全方位振兴战略的提出，众多研究者结合新战略思想和东北地区现状，对东北振兴的路径和策略展开了研究。

在东北振兴策略整体研究方面。周建平对新一轮东北振兴机制进行了系统研究，重点回顾东北老工业基地发展历程，介绍上一轮东北振兴战略实施情况，分析提出当前东北老工业基地振兴发展存在的主要问题以及当前推进东北老工业基地振兴的基本思路和重点任务，并对新一轮东北振兴战略实施进行展望⑦。李政指出实现东北地区全面可持续振兴发展，应当深挖国家战略红利、深化改革红利、开放红利、人才集聚红利、协调发展红利和生态红利，用“新制度”“新产业”“新文化”武装“新东北”，实现东北经济的长期繁荣发展⑧。宋冬林提出新时代东北老工业基地振兴的五大着力点，深化改革要以供给侧结构性改革为主线，进一步再造建设现代化经济体系的微观主体，完善社会主义市场经济体制，重塑实体经济、科技创新、现代金融、人力资源协同发展的产业体系，培育壮大新经济、新动能⑨。在另一篇文章中，宋冬林进一步指出新时代东北振兴在深化改革的同时还需要以创新、协调、绿色、开放、共享的新发展理念为支撑，形

---

① 《开启推进全面振兴全方位振兴的新时代——三论学习贯彻习近平总书记在深入推进东北振兴座谈会上重要讲话》等，《奋斗》2018 年第 19 期。

② 周英东：《奋力书写龙江全面振兴全方位振兴的时代新篇章——习近平总书记关于东北振兴重要思想的学习体会》，《理论探讨》2018 年第 6 期。

③ 梁冰：《推进新时代东北振兴的强大思想武器——学习习近平总书记东北视察及座谈会讲话体会》，《思想政治教育研究》2019 年第 3 期。

④ 祝福恩：《新时代东北实现全面振兴的理论指南和行动纲领——学习习近平总书记视察东北三省讲话体会》，《思想政治教育研究》2018 年第 6 期。

⑤ 孙启明：《关于东北振兴，习总书记如何谋划——全方位振兴东北的五大战略》，《人民论坛》2018 年第 35 期。

⑥ 曾燕南：《习近平东北老工业基地振兴与国企改革思想研究》，《上海经济研究》2019 年第 12 期。

⑦ 周建平：《绸缪东北新一轮东北振兴》，重庆大学出版社 2018 年版。

⑧ 李政、杨思莹：《东北地区潜在红利开发与系统性振兴策略》，《社会科学辑刊》2018 年第 1 期。

⑨ 宋冬林：《新时代东北老工业基地振兴的着力点》，《政治经济学评论》2018 年第 1 期。

成新时代东北振兴路线图[①]。安树伟探讨了高质量发展背景下东北振兴的战略选择，指出在高质量发展的背景下，东北振兴的战略重点是推进产业转型升级，实现产业发展高质量；城乡并举，实现区域协调高质量；积极参与“一带一路”建设，实现对外开放高质量；严格环境保护，实现生态文明高质量[②]。李瑶强调东北地区经济高质量发展要发挥辽宁在东北振兴中的带动作用。同时，要提高城镇化质量，落实乡村振兴战略，促进城镇化水平与质量协调发展；提升哈长城市群和辽中南城市群的带动能力，搭建东北地区经济高质量发展的支撑平台；拓展东北地区发展新空间，为东北地区经济高质量发展提供有力保障[③]。张敏探讨了城市群建设对东北振兴的意义，提出构建以哈长、辽中南为轴带核心的立体化城市群来带动东北全面振兴[④]。姜庆国通过我国实施东北振兴战略以来的经济形势分析，从战略的初衷即缩小区域间差距的角度对实施效果进行评价，并逐一分析了导致目前新东北现象的原因[⑤]。乔榛指出实现东北振兴必须把自身的优势与我国发展的新环境联系起来，并以适应这种新环境去发挥自己的优势，需要把发挥资源优势与形成高质量增长结合起来，把发挥区域优势与国家对外开放新战略结合起来，把积极推动振兴与争取中央支持有效地结合起来[⑥]。姜威认为推动东北全面振兴，要重塑东北地域经济文化，优化营商环境；要发挥比较优势，把农业打造成东北全面振兴的战略性支柱产业；要注重优化东北地区第二产业的产业生态系统，引领区域工业复兴；要创新性开发生态资源，推进生态环境产业化发展[⑦]。肖兴志基于特定时期微观数据进行了效应评估，为解释“新东北现象”和新时代东北振兴具体政策的制定和实施提供镜鉴[⑧]。金凤君指出变革性创新是东北地区经济健康发展的必由之路，具体针对发展动力培育、营商环境优化、多途径合作模式构建等方面提出了相应的对策建议[⑨]。和军明确指出东北经济发展的核心问题是结构性问题和体制机制障碍[⑩]。刘秀玲基于政策组合视角分析了东北区域创新政策[⑪]。

在东北振兴发展策略研究方面。陈晓东针对深化东北老工业基地体制机制改革提出六大着力点，主要从市场、政府、放管服、产权保护、金融服务、国有企业混合所有制改革等方面展开[⑫]。赵儒煜从产业发展角度，强调东北经济复兴是历史必然性，并探讨

---

① 宋冬林：《以新气象新担当新作为推进新时代东北振兴》，《学习与探索》2019 年第 3 期。

② 安树伟、李瑞鹏：《高质量发展背景下东北振兴的战略选择》，《改革》2018 年第 7 期。

③ 李瑶、安树伟：《东北地区经济高质量发展研究》，《城市与环境研究》2019 年第 1 期。

④ 张敏、胡建东：《以立体化城市群建设带动东北全面振兴的对策》，《经济纵横》2019 年第 7 期。

⑤ 姜庆国：《新时代东北老工业基地振兴再思考》，《求是学刊》2018 年第 4 期。

⑥ 乔榛、姜帅：《国内新竞争环境下的东北振兴再认识》，《学习与探索》2019 年第 1 期。

⑦ 姜威：《东北全面振兴的战略意义、路径选择与未来展望》，《北方论丛》2019 年第 1 期。

⑧ 肖兴志、张伟广：《“授之以鱼”与“授之以渔”——首轮东北振兴政策的再思考》，《经济科学》2019 年第 3 期。

⑨ 金凤君：《变革性创新是东北地区经济健康发展的必由之路》，《科技导报》2019 年第 12 期。

⑩ 和军：《东北经济的结构、体制关键障碍与突破路径》，《当代经济研究》2019 年第 8 期。

⑪ 刘秀玲、谢富纪、王海花：《政策组合视角下的区域创新政策分析——以东北地区为例》，《软科学》2019 年第 4 期。

⑫ 陈晓东：《深化东北老工业基地体制机制改革的六大着力点》，《经济纵横》2018 年第 5 期。

了经济复兴的路径选择①。周宏春指出东北地区的绿色发展应以农业农村可持续发展为基础实施乡村振兴战略、从制造业振兴入手优化产业结构、发展绿色经济、加强生态环境保护②。文丰安从注重创新发展、注重文化发展、注重人才发展三个方面探讨了新一轮东北振兴推进共享式发展问题③。欧阳慧强调要把建设新特区作为东北振兴的新突破口，要按照区域经济发展“点状突破”“示范带动”的经验，可选择条件较好的大连建设新的经济特区，示范带动东北地区改革开放，可以作为促进东北地区振兴的重大突破口④。张晨瑶指出“一带一路”建设新一轮的推进态势表明，当前应当把东北方向陆海丝绸之路经济带开发作为全面经略海洋、建设海洋强国的主要目标，并提出九大举措探讨东北振兴问题⑤。孙久文分析了东北振兴的产业政策问题，指出为实现东北全面振兴，应设计更加系统、微观的产业政策，充分调动东北地区的优势资源，构建更加灵活、紧密的产业网络，最终完成产业转型升级，为东北经济重新注入活力⑥。

此外，有学者结合国外发达地区老工业基地兴衰和创新发展历程，为东北振兴提供经验和启示。陈晓东总结了欧美国家老工业基地创新发展的经验，进而从加快体制机制改革、创新提供良好的环境与服务、经济社会统筹兼顾三大方面提供政策建议⑦。谢伟探讨了苏联工业模式兴衰对振兴东北老工业基地的启示⑧。廖敬文将区域经济复原力理论运用于政策分析，探索具有中国特色的老工业基地振兴路径⑨。

3. 东北振兴具体问题研究

在经济方面，刘雅君探讨了东北振兴过程中的经济转型和产业生产效率提升问题⑩。聂洪光、陈永庆探讨了东北低碳经济发展潜力问题，指出东北地区低碳经济转型发展具有较大潜力，区域能源消费可以通过产业结构调整、技术进步等方式得以控制⑪。方世荣从拓展行政公益诉讼范围的视角，探讨了东北振兴的营商环境⑫。还有部

---

① 赵儒煜、陈强、王媛玉：《从产业发展看东北经济复兴的历史必然性与路径选择》，《商业研究》2018 年第 5 期。

② 周宏春：《新时代东北振兴的绿色发展路径探讨》，《经济纵横》2018 年第 9 期。

③ 文丰安：《新一轮东北振兴需大力推进共享式发展》，《改革》2018 年第 10 期。

④ 欧阳慧、李爱民、李大伟：《把建设新特区作为东北振兴的新突破口》，《宏观经济管理》2019 年第 4 期。

⑤ 张晨瑶、李靖宇、张阳：《开发渤海海峡跨海通道振兴东北的九大举措》，《区域经济评论》2019 年第 4 期。

⑥ 孙久文、苏玺鉴、闫昊生：《新时代东北振兴的产业政策研究》，《经济纵横》2019 年第 9 期。

⑦ 陈晓东：《从美欧老工业基地创新发展看东北振兴的关键问题》，《中州学刊》2018 年第 10 期。

⑧ 谢伟：《苏联工业模式兴衰对振兴东北老工业基地的启示》，《学术交流》2019 年第 6 期。

⑨ 廖敬文、张可云：《区域经济复原力：国外研究及对中国老工业基地振兴的启示》，《经济学家》2019 年第 8 期。

⑩ 刘雅君：《新一轮东北振兴视角下东北经济转型与效率提升》，《浙江学刊》2018 年第 1 期。

⑪ 聂洪光、陈永庆：《新一轮振兴背景下东北地区低碳经济发展潜力》，《学术交流》2018 年第 1 期。

⑫ 方世荣：《东北振兴中的营商环境治理——关于拓展行政公益诉讼范围的思考》，《社会科学辑刊》2018 年第 4 期。

分学者从金融视角分析金融对东北振兴的作用问题。王庆龙探讨了采用“地方政府专项债券＋PPP”与产业转型升级专项基金相融合的模式支持东北地区产业转型升级问题[①]。朱苏荣从东北振兴给央行带来的机遇，以及央行的作用方面做了研究[②]。

新时代东北全面振兴主线是经济结构调整。习近平总书记在深入推进东北振兴座谈会上的重要讲话中指出：“东北地区遇到的困难和问题，归根结底仍然是体制机制问题，是产业结构、经济结构问题”，要“以培育壮大新动能为重点，激发创新驱动内生动力”。这一阐释明确指出了结构调整的着眼点和创新驱动的着力点。田长生在实证调研的基础上，将东北老工业基地供给侧改革作为一个开放的系统，从系统论的目的性和突变性维度回顾推行振兴战略以来东北老工业基地发展历程；从系统的整体性维度剖析东北老工业基地供给侧结构性改革的困局；从系统的生态性维度提出东北老工业基地供给侧结构性改革的渐进式推进进路[③]。卢英敏指出要从供给侧结构性改革入手调整东北经济的产业结构，通过机制、体制及制度创新对政府治理能力进行顶层设计[④]。赵儒煜指出东北经济要实现全面振兴，必须站在建设现代产业体系的战略高度，从市场需要出发推进主导产业创新，以第四次产业革命四大技术领域作为构建产业链的主战场，以此构建全新的产业体系来替代传统的产业体系[⑤]。冯彦杰基于产业结构转型的视角分析了老工业城市振兴问题[⑥]。郑尚植认为东北振兴要在合理门槛区间内进行适度去杠杆，切勿盲目降低杠杆率，要做到既能使金融健康发展，又使经济可以保持平稳健康发展[⑦]。

在人才建设方面。人口的外流问题是东北存在的重要社会问题，对比第五次和第六次全国人口普查数据，10年间东北三省流出人口达200万人，此外，还有大量的户籍人口已经离开东北在外地工作或生活，这一情况对东北振兴带来很大的挑战。其中大量人才流失造成的人才荒问题尤为严重。对此，很多学者从人才回巢和培养升级等方面展开研究。马蔚然指出东北人才工作的观念、思维方式、发展平台与载体建设、市场配置人才资源、人才服务产业化发展、创新创业人才支持方式以及人才国际化等诸方面存在的问题[⑧]。董运来从人才引进的视角，对东北地区党政人才、企业经营管理人才、专业

---

① 王庆龙、史桂芬：《金融支持东北地区产业转型升级的若干问题研究》，《经济纵横》2018年第12期。

② 朱苏荣：《东北振兴征程中的央行事业》，《中国金融》2018年第23期。

③ 田长生：《系统论视域下东北老工业基地供给侧改革进路》，《系统科学学报》2019年第2期。

④ 卢英敏、刘佳丽：《东北老工业基地供给侧结构性矛盾与政府治理变革》，《商业研究》2019年第6期。

⑤ 赵儒煜、肖茜文：《东北地区现代产业体系建设与全面振兴》，《经济纵横》2019年第9期。

⑥ 冯彦杰、王之禹：《我国老工业城市振兴问题研究——基于产业结构转型视角的分析》，《价格理论与实践》2019年第6期。

⑦ 郑尚植、杨富泽、傅子轩：《东北振兴背景下“去杠杆”与“保增长”的门槛效应研究》，《工业技术经济》2019年第10期。

⑧ 马蔚然：《新时代背景下东北振兴面临的人才问题与对策》，《辽宁经济管理干部学院学报》2018年第3期。

技术人才、高技能人才、农村实用人才和社会工作人才队伍引进，提出了相应的对策建议①。马睿泽指出东北地区存在劳动力储备结构性隐忧、教育资本不足、科技资本贡献率差以及人力资本产业配置效率低下等问题②。赵峥认为实现东北振兴也需要更加关注“创新人”的因素，要构建以“创新人”为核心的区域创新系统，挖掘潜力、加大引进力度、建设“大数据+创新人”服务平台③。孙莹则单独对辽宁省东北振兴中的人才资源管理问题作了探讨④。

在东北振兴的具体研究中，也有学者结合本省区实际情况做专门探讨。刘爽提出“打造一个窗口、建设四个区”，建设开放合作高地助推黑龙江振兴发展的战略思考⑤。华雷指出黑龙江振兴要在三个层面解放思想：一是深化省情认识，二是上下结合，三是制度创新⑥。李向平分析辽宁省经济衰退的历史缘由和振兴路径⑦。于路详细分析了沈阳建设国家中心城市的发展形势、优势与困境，提出有针对性的发展策略⑧。聂洪光通过对2016—2025年不同产业结构情景下的能源消费情况进行分析，指出吉林省未来通过产业结构调整实现低碳发展的巨大潜力，提出吉林省基于产业结构调整实现低碳转型发展的对策建议⑨。

还有学者从数据角度对东北振兴和经济社会发展进行了量化研究。郭付友综合运用PSR模型、熵权TOPSIS模型、地理探测器等方法，以东北限制开发区为研究对象，分析了2005—2015年东北限制开发区绿色发展时空格局及其影响因素⑩。郑尚植基于结构视角通过合成控制法对东北振兴政策进行评估，找出东北经济下滑的内在动因，为破解东北经济增长难题提供政策建议⑪。李连刚借助Shift－Share分析法分析了辽宁老工业基地区域经济弹性特征，并进一步在此视角下探讨了辽宁老工业基地经济振兴问题⑫。

---

① 董运来、杨晓良：《东北振兴还需再来一次“闯关东”——基于人才引进的视角》，《地方财政研究》2018年第2期。

② 马睿泽：《东北地区振兴发展中的人力资本优化问题研究》，《学习与探索》2018年第12期。

③ 赵峥：《东北振兴与“创新人”：系统构建与对策建议》，《科技导报》2018年第12期。

④ 孙莹：《东北全面振兴背景下辽宁人才资源管理探析》，《党政干部学刊》2019年第11期。

⑤ 刘爽：《建设开放合作高地助推龙江振兴发展的战略思考》，《学习与探索》2019年第1期。

⑥ 华雷：《从思想思路层面破题推进黑龙江全面振兴全方位振兴》，《理论探讨》2019年第3期。

⑦ 李向平、宋帅官、赵玉红：《辽宁经济衰退的历史缘由与振兴路径》，《地方财政研究》2019年第1期。

⑧ 于路、刘治国、李越轩：《东北振兴战略下沈阳建设国家中心城市策略研究》，《规划师》2019年第9期。

⑨ 聂洪光、陈永庆：《新一轮东北振兴背景下吉林省产业结构调整与低碳转型发展》，《中国科技论坛》2018年第5期。

⑩ 郭付友、侯爱玲、佟连军、马振秀：《振兴以来东北限制开发区绿色发展水平时空分异与影响因素》，《经济地理》2018年第8期。

⑪ 郑尚植、王怡颖：《东北老工业基地振兴的绩效评估——基于合成控制法的检验》，《地域研究与开发》2019年第2期。

⑫ 李连刚、张平宇、关皓明、谭俊涛：《基于Shift－Share的辽宁老工业基地区域经济弹性特征分析》，《地理研究》2019年第7期；李连刚、张平宇、谭俊涛、关皓明：《区域经济弹性视角下辽宁老工业基地经济振兴过程分析》，《地理科学》2019年第1期。

（二）“一带一路”倡议与沿边开放、东北亚区域合作研究

自“一带一路”倡议实施以来，尤其是辽宁和黑龙江两省自由贸易试验区相继设立，东北地区依据中央部署，结合自身发展需要不断强化自身建设并扩大对外合作，尤其在自贸区建设、沿边开发开放、东亚区域合作等方面取得了重要进展，相关研究也不断随之涌现。

1. “一带一路”倡议视域下的东北边疆发展

在“一带一路”倡议与东北边疆发展方面，鉴于东北地区在“冰上丝绸之路”建设方面的优势区位，多数学者从“冰上丝绸之路”和“北极航道”的角度入手探讨了东北地区发展问题。张荣提出东北融入“冰上丝绸之路”建设的具体对策，即拓展人文交流与合作方式，增进区域发展共识；逐步完善现代化空间布局和区域协调机制；坚持建设高水平的开放经济体系；深化产业结构调整，建立现代化产业体系①。李振福指出东北地区地理位置距离“冰上丝绸之路”较近，借助陆海联运与“冰上丝绸之路”成功对接，东北地区将迎来新的发展契机，并助力形成我国新的对外开放格局②。李铁强调要发挥东北的优势加快推进“冰上丝绸之路”建设，战略层面要着眼中俄两国利益，突出“共建”方针和共识；策略层面以推进共建“冰上丝绸之路”战略为目标，实现我国“一带一路”和“东北振兴”两大国家战略的有效衔接；操作层面，以我国“东北振兴”和俄“远东开发”联动发展为重点，通过“东北先行、点上突破”逐步推进“冰上丝绸之路”建设③。于砚探讨了东北地区在“冰上丝绸之路”建设中的优势及定位，并以吉林省为例指出，吉林省融入“冰上丝绸之路”建设应定位于：东北地区融入“冰上丝绸之路”建设的经济支点、“冰上丝绸之路”的陆海联运枢纽、东北亚区域经济合作的新平台④。赵德海认为作为“一带一路”北向的重要支撑，东北地区应抓住历史机遇开拓国际市场，构建对外开放新格局。让东北优势产业和过剩产能“走出去”的同时，调整进口产品结构，实现进口商品种类和进口地区结构的多元化，倒逼产业结构转型升级⑤。孙才志认为东北地区深度融入共建“一带一路”，需要在做好与沿线地区高效联通的基础上，从内外两个方面做足文章：在内部，将东北打造成为对外合作发展的高水平平台；在外部，扩大和提升海外拓展规模和质量，尤其是提高利用全球创新资源支撑东北地区创新驱动发展的能力和水平⑥。高玉海特别探讨了黑龙江省参与“中蒙俄经济走廊”建设，指出黑龙江省应该依托地缘优势，充分发挥哈尔滨中心城市作用，谋划建设中俄自贸区和国际物流枢纽区；对接俄罗斯远东开发战略，推

---

① 张荣、郝大江：《共建“冰上丝绸之路”背景下东北地区战略定位及对策分析》，《产业经济评论》2018 年第 4 期。

② 李振福、刘硕松：《东北地区对接“冰上丝绸之路”研究》，《经济纵横》2018 年第 5 期。

③ 李铁：《发挥东北区域优势加快推进“冰上丝绸之路”建设》，《太平洋学报》2018 年第 12 期。

④ 于砚：《东北地区在“冰上丝绸之路”建设中的优势及定位》，《经济纵横》2018 年第 11 期。

⑤ 赵德海、贾晓琳：《东北地区与“一带一路”沿线国家发展贸易新格局研究》，《商业研究》2018 年第 8 期。

⑥ 孙才志、刘天宝：《东北地区深度融入共建“一带一路”的多重背景、核心目标与行动策略》，《经济纵横》2019 年第 9 期。

进“中蒙俄经济走廊”建设取得成效[①]。程铭指出要以边境口岸为前沿支点，以通道为桥梁，推进口岸两侧的线性延伸，以自贸区为点线连接的外延拓展，实现点—线—面的有机结合，共同建构中蒙俄经济走廊核心区[②]。

2. 东北地区沿边开放与东北亚区域合作

东北地区沿边开放方面。2016 年和 2019 年东北地区的辽宁省和黑龙江省先后被设立为自由贸易试验区，并确立了实施范围和片区，使得近两年东北自贸区建设研究成为东北沿边开放的重要研究内容。张立英指出辽宁对外贸易存在发展水平不高、加工贸易竞争力不强、微观基础相对薄弱等问题，基于这些问题应采取改善营商环境、加强基础设施建设、加强产业引导等一系列措施，助力辽宁乃至东北经济的振兴[③]。张颖利用建设中国（辽宁）自由贸易试验区试点事件作为实验对象，引入政策效果评价最新发展的合成控制方法，客观评价自贸区建设对辽宁省经济及创新能力的影响效应[④]。经济发展要以人才为支撑，辽宁在自贸区建设过程中面临着严重的人才紧缺问题。叶丹丹、王馨通过梳理辽宁自贸区的人才现状，分析辽宁自贸区人才紧缺的原因，进而对改善辽宁自贸区的人才紧缺状况提出相应的对策建议[⑤]。郭富红从人才培养的角度探讨了地方高校为自贸区发展输送人才问题[⑥]，还有学者具体从外语人才培养[⑦]、国贸专业人才培养[⑧]、人才培养方案设计[⑨]等方面对自贸区建设中的人才管理问题作了研究。

有些学者从自贸试验区片区角度展开研究。张宏铭探讨了沈阳片区产融结合路径[⑩]，阮文婧则提出了沈阳自贸区打造国际化营商环境策略[⑪]，王勇探讨了大连片区融

---

① 高玉海：《加快推进黑龙江省参与“中蒙俄经济走廊”建设的建议》，《对外经贸》2018 年第 3 期。

② 程铭、王勇：《中蒙俄经济走廊建设助推中国东北地区深化对俄合作》，《经济师》2018 年第 5 期。

③ 张立英：《辽宁自贸区发展面临的问题及解决对策》，《沈阳师范大学学报（社会科学版）》2018 年第 2 期。

④ 张颖、逯宇铎：《自贸区建设对区域经济增长及创新能力影响研究——以辽宁自贸区为例》，《价格理论与实践》2019 年第 3 期。

⑤ 叶丹丹、王馨：《辽宁自贸区建设人才紧缺的原因及对策》，《鞍山师范学院学报》2019 年第 5 期。

⑥ 郭富红、张耀夫：《辽宁自贸区背景下地方本科高校人才培养研究》，《管理观察》2019 年第 2 期。

⑦ 陈馥郁：《辽宁自贸区背景下地方高校国际化创新型外语专业人才培养思路》，《南方农机》2019 年第 1 期。

⑧ 杨颖红、张梦、张松竹、王辰：《辽宁自贸区建设背景下国贸专业人才需求及培养对策研究》，《金融经济》2018 年第 16 期。

⑨ 王瑞华、金雪莹：《“一带一路”背景下我国辽宁自贸区人才培养方案研究》，《智库时代》2018 年第 33 期。

⑩ 张宏铭：《辽宁自贸区沈阳片区产融结合路径探究》，《沈阳大学学报（社会科学版）》2018 年第 3 期。

⑪ 阮文婧：《沈阳自贸区打造国际化营商环境策略研究》，《现代管理科学》2018 年第 9 期。

资租赁发展法律问题[1]，胡烨春分析了大连自贸片区跨境电商企业发展对策问题[2]，邹德熠以营口港和辽宁自贸区营口片区为例探讨了港区（自贸区）港城联动问题[3]。此外，还有学者从自贸区便利化[4]、消费金融平台构建[5]、金融创新[6]等方面展开具体片区的研究。

在黑龙江自贸区研究方面，鉴于自贸区设立时间较晚，成果并不突出。在自贸区设立之前就有学者对设立自贸区进行了前期可行性研究。徐林实在2018年就撰写文章设想了中国（黑龙江）自由贸易试验区建设问题，指出黑龙江自由贸易区建设思路：一是利用俄罗斯当前批复的开发区和中方已有的园区建立双边开发区自由贸易区，但要缩小政治影响，以双方大的企业财团牵头运作；二是利用黑瞎子岛的优势实行全岛自由开放，中俄双方可成立国有参股的股份制经营管理公司共同开发大黑瞎子岛，重点打造自由贸易、生态康复旅游、金融创新、商展会议自由港等[7]。褚宏远也较早认为黑龙江省建设对俄自贸区是响应和落实“一带一路”倡议和沿边开发开放战略的重要举措，是中俄两国战略发展的需要[8]。自贸区建立后，毕崇志研究了建设中俄跨境自由贸易区的创新视角与对策，指出要从国家层面设立中俄跨境自由贸易区，中俄双方在重点沿边地区划出各自国家的部分领土封关运作自由贸易，加强“去美元化”金融合作，丰富和推进以中俄本币为核心的跨境货币结算体系[9]。宁艳杰在分析黑龙江省对俄经贸合作基本情况的基础上，系统研究了黑龙江省开展对俄经贸合作具备的优势及现实困境，探讨如何借助黑龙江自贸区建设为黑龙江省开展对俄经贸合作营造良好的发展环境[10]。姚瑶就中国（黑龙江）自贸区对外跨境电子商务制约因素作了探讨[11]。

在东北亚区域合作方面，涉及经济合作、安全合作和海洋合作。沈铭辉指出东北亚区域合作面临着投资环境、基础设施等方面的制约，中国作为东北亚区域合作的重要倡

---

① 王勇：《辽宁自贸区大连片区融资租赁发展法律问题探究》，《大连大学学报》2019年第2期。

② 胡烨春：《大连自贸片区跨境电商企业发展对策研究》，《对外经贸》2019年第2期。

③ 邹德熠：《大力推进港区（自贸区）港城联动发展——以营口港和辽宁自贸区营口片区为例》，《中国港口》2018年第9期。

④ 崔艳清、孙琪：《大连自贸试验区贸易便利化问题的对策研究》，《中国商论》2018年第22期。

⑤ 曹伊：《辽宁自贸区设立背景下大连消费金融平台的构建研究》，《太原城市职业技术学院学报》2018年第6期。

⑥ 刘旸、王小文：《大连自贸区金融创新的总体思路及动力机制研究》，《产业与科技论坛》2018年第5期。

⑦ 徐林实：《中国（黑龙江）自由贸易试验区创建研究》，《黑龙江社会科学》2018年第2期。

⑧ 褚宏远、赵越、宋一博：《“一带一路”背景下黑龙江省对俄自贸区建设研究》，《商业经济》2019年第2期。

⑨ 毕崇志：《建设中俄跨境自由贸易区的创新视角与对策思考》，《黑龙江金融》2019年第10期。

⑩ 宁艳杰：《中国（黑龙江）自由贸易试验区营造对俄经贸合作发展环境的策略》，《黑河学院学报》2019年第11期。

⑪ 姚瑶、王小琬：《中国（黑龙江）自由贸易试验区对外跨境电子商务制约因素研究》，《北京印刷学院学报》2019年第S1期。

导者和参与者，需要进一步规划合作路径和打造合作重点，推动东北亚地区加速融入全球价值链，共建产业合作走廊①。李国选探讨了区域公共产品供给视域下的东北亚海上安全合作困境问题，指出东北亚海上安全合作程度还不能满足地区安全保障的基本需求，陷入结构、功能和进程三重困境。区域公共产品对东北亚海上安全合作有重大价值，能够把各国注意力从海洋争端转移到海上安全合作上，在生产、供给和消费区域公共产品过程中逐渐生成区域认同，并深化与美国的制度化海上安全合作②。李国选还以区域公共产品供给为视角探讨了东北亚安全合作问题③。任晓菲分析了东北亚区域环境合作模式，并利用“囚徒困境”模型分析了中日环境合作问题④。

为改善东北亚区域海洋环境质量，张继平基于利益视角并以“复杂人假设”为前提，对当前东北亚区域存在的海洋环境合作治理利益诱因不足、利益沟通困难以及利益制衡匮乏问题进行了研究⑤。高宇轩认为新时期环日本海经济圈的兴起，使得临近日本海的中国东北地区，面临前所未有的开放发展机遇，应让东北地区成为我国参与新一轮国际产业分工的新支点、开放发展的新前沿⑥。刘丹指出东北亚走廊在文明起源、民族迁徙、文化交流、经贸往来等方面发挥着重要的作用，对当今中国乃至世界的经济、文化发展具有重要意义⑦。黄仁伟通过对东北亚地缘环境变化的分析，探讨了“一带一路”倡议在本地区的推进为本地区提供了新的战略机遇问题⑧。朴光姬、郭霞、李芳探讨了“一带一路”倡议与东北亚区域能源合作问题⑨。李光辉指出随着“一带一路”倡议的深化落实，各省新的开放举措不断出台，东北地区沿边开放对接、服务国家东北亚区域合作平台与机制建设的作用将更加凸显⑩。笪志刚亦指出东北亚地缘局势和区域内难点、焦点、热点问题的向好转圜，黑龙江省扩大与东北亚国际区域合作的新一轮开放战略的深化，合作优势会进一步凸显，潜力会进一步释放⑪。

“一带一路”倡议下的中俄双边合作研究。鉴于中俄政治稳固互信深化，加之俄罗

---

① 沈铭辉、张中元：《推进东北亚区域合作的现实基础与路径选择》，《东北亚论坛》2019 年第 1 期。

② 李国选、严双伍：《区域公共产品供给视阈下的东北亚海上安全合作困境》，《教学与研究》2018 年第 7 期。

③ 李国选：《东北亚安全合作：以区域公共产品供给为视角》，《国外理论动态》2018 年第 8 期。

④ 任晓菲、李顺龙：《东北亚区域环境合作模式探析》，《东岳论丛》2019 年第 7 期。

⑤ 张继平、黄嘉星、郑建明：《基于利益视角下东北亚海洋环境区域合作治理问题研究》，《上海行政学院学报》2018 年第 5 期。

⑥ 高宇轩、刘亚政：《环日本海经济圈与中国东北振兴》，《学术交流》2019 年第 8 期。

⑦ 刘丹：《“一带一路”与东北亚走廊研究再思考》，《广西民族大学学报（哲学社会科学版）》2019 年第 3 期。

⑧ 黄仁伟、傅勇：《东北亚地缘环境变化与“一带一路”推进的战略机遇》，《国际关系研究》2019 年第 1 期。

⑨ 朴光姬、郭霞、李芳：《政治互疑条件下的东北亚区域能源合作路径——兼论“一带一路”倡议与东北亚区域能源合作》，《当代亚太》2018 年第 2 期。

⑩ 李光辉：《东北地区沿边开放与融入东北亚区域合作》，《西伯利亚研究》2019 年第 2 期。

⑪ 笪志刚：《东北亚国际区域合作的实践探索和发展趋势》，《商业经济》2019 年第 1 期。

斯远东地区与东北边界界线绵长，俄方加强对滨海边疆区的开发，东北边疆地区与俄罗斯的交往不断强化。从已有的研究看，中俄双边合作是东北亚区域合作的重要组成部分。刘清才指出，"一带一路"框架下中国东北地区应与俄罗斯远东地区积极开展跨境公路、铁路、港口等基础设施建设，发展互联互通，建立陆海联运国际交通走廊，扩大经贸和投资领域合作，深化能源领域合作①。许永继探讨了"一带一路"倡议下中国东北与俄罗斯远东区域经贸合作问题，指出两区域在地缘政治、利益需求、区域发展政策、产业结构、产品结构以及双方投资合作上均存在深入合作的可行性②。焦方义也指出中国东北与俄罗斯远东地区合作存在着诸多问题，如贸易结构单一固化、贸易规模过小、合作形式滞后、俄罗斯对华政策始终有所保留等，并探讨了未来双方应积极探索协同发展的合理路径③。刁秀华分析了东北老工业基地新一轮振兴与俄罗斯远东超前发展区建设对接合作的具体领域，并提出了对接合作的有效途径和对策④。许永继则认为中俄东部地区老工业区现代化发展相互间具有相似性、可比性和互补性，彼此的振兴发展过程需要强强联合建立共同体协同发展⑤。杨洋、董锁成等指出在中蒙俄经济走廊建设、东北振兴、俄罗斯远东和贝加尔地区开发等区域发展战略背景下，双方应重点围绕交通基础设施互联互通、能矿资源、口岸建设、优势产能、农业和劳务6大重点领域优先开展合作⑥。此外，张梅对东北三省与俄经贸合作现状及前景作了探讨⑦，丁宝根则研究了中国对俄远东地区农业投资动力、风险及策略⑧，张溯、张成立以绥芬河为例研究了中俄深化合作问题⑨，金美花、吴可亮则分析了吉林省对俄经贸合作现状、问题与对策问题⑩。

（三）东北边疆乡村振兴、城镇化与旅游产业发展研究

在精准扶贫、乡村振兴和全面建成小康社会的大背景下，东北边疆的乡村振兴和城

---

① 刘清才、齐欣：《"一带一路"框架下中国东北地区与俄罗斯远东地区发展战略对接与合作》，《东北亚论坛》2018年第2期。

② 许永继：《"一带一路"倡议下中国东北与俄罗斯远东区域经贸合作探析》，《学术交流》2019年第8期。

③ 焦方义、陆曼：《中国东北与俄罗斯远东地区协同发展的路径选择》，《学术交流》2019年第8期。

④ 刁秀华：《中国东北与俄罗斯远东超前发展区对接合作研究》，《财经问题研究》2018年第4期。

⑤ 许永继、徐林实：《中俄东部老工业区复兴联动发展研究》，《哈尔滨商业大学学报（社会科学版）》2019年第3期。

⑥ 杨洋、董锁成等：《东北振兴与俄罗斯远东和贝加尔地区开发战略契合机制研究》，《资源科学》2019年第1期。

⑦ 张梅：《中国东北三省对俄经贸合作现状及前景》，《西伯利亚研究》2019年第1期。

⑧ 丁宝根：《中国对俄远东地区农业投资动力、风险及策略》，《对外经贸实务》2018年第12期。

⑨ 张溯、张成立：《深化中俄地方合作的几点思考——以绥芬河为例》，《商业经济》2018年第12期。

⑩ 金美花、吴可亮：《吉林省对俄经贸合作现状、问题与对策建议》，《西伯利亚研究》2019年第1期。

镇化发展，以及边境旅游业发展成为东北边疆研究的重要内容。

东北边疆乡村振兴、城镇化方面。沈权平以朝鲜族聚居区为例，指出了东北边疆民族地区乡村振兴面临的主要难题，并从科学的顶层设计、建设现代乡村、培养现代农业人、乡村脱贫致富四个方面作了路径设计，以期为东北边疆民族地区实施乡村振兴战略的具体措施提供参考，也为其他少数民族地区及边疆地区提供借鉴[①]。赵宝星指出在乡村振兴战略的视域下，要立足于东北边境少数民族地区乡村经济社会发展的客观实际，从经济、文化、社会、生态等维度统筹协调推进东北边境少数民族地区乡村振兴[②]。陈鑫强指出针对东北三个主要农业类型区域，需要实施各自不同的振兴路径：山区半山区发展特色“种、养、加、游”振兴路径；平原农业区发展“大农业、大饲养、大加工”联动振兴路径；半农半牧区发展以规模养殖为核心的特色“种、养、加”结合振兴路径[③]。沈颂东通过理论分析和实证研究论证东北地区依托“两栖”劳动力资源承接沿海“两假企业”落户的可能性和可行性，据此形成具有实际可操作性的承接产业转移的现实路径[④]。王一梳理东北经济发展与城镇化建设的互动关系，提出以城镇化推动东北经济新振兴的具体策略[⑤]。刘宇舒、王振宇等分析了乡村振兴政策下的东北农林地区村镇空间发展与治理策略，提出以农林生产和生态保障为核心的绿色发展思路，从绿色集约与功能重识、绿色资源与空间配置、绿色产业与三产融合、绿色人居与差异发展等方面构建支撑东北地区村镇空间发展与治理框架[⑥]。冯章献以吉林省延边州的扶贫经验为例，探讨了边境少数民族地区乡村旅游扶贫的问题与出路[⑦]。

在东北边疆旅游产业发展方面，多位学者探讨了边境地区旅游业的国际合作，且集中在中俄的边境旅游合作，此外还有学者就东北边疆地区核心区域、主要景区景点作了专门探讨。杨絮飞从建立并完善区域旅游合作机制；加快基础设施建设，促进旅游便利化；构建多元化区域合作主体；充分利用互联网等新技术，对区域旅游进行全方位宣传；设计跨区域旅游线路，促进东北亚区域旅游发展五个方面提出东北亚区域旅游产业合作发展战略[⑧]。殷勇指出随着区域内国家间的经贸合作不断深化，东北亚双边与多边跨境旅游也取得了实质性进展，但还面临合作机制不完善、基础设施不健全、旅游人才

---

① 沈权平、沈万根：《东北边疆民族地区乡村振兴重点破解问题及路径设计——以朝鲜族聚居区为例》，《北方民族大学学报（哲学社会科学版）》2019 年第 5 期。

② 赵宝星、沈万根：《东北边境少数民族地区乡村振兴实践路径》，《延边党校学报》2019 年第 5 期。

③ 陈鑫强、沈颂东、吕红：《东北地区“三农”关系重构与“乡村振兴战略”路径选择》，《延边大学学报（社会科学版）》2019 年第 2 期。

④ 沈颂东、陈鑫强、韩明友：《依托“两假企业” + “两栖就业”的东北乡村振兴新思路》，《北京联合大学学报（人文社会科学版）》2019 年第 2 期。

⑤ 王一：《新一轮东北振兴战略促进区域新型城镇化发展》，《学术交流》2018 年第 4 期。

⑥ 刘宇舒、王振宇、程文、张振龙：《乡村振兴下东北农林地区村镇空间发展与治理策略》，《现代城市研究》2019 年第 7 期。

⑦ 冯章献：《边境少数民族地区乡村旅游扶贫的问题与出路——来自吉林省延边州的经验》，《旅游导刊》2019 年第 1 期。

⑧ 杨絮飞：《东北亚区域旅游产业合作发展战略研究》，《东北亚经济研究》2019 年第 1 期。

缺乏等诸多问题①。鲁小波采用地区旅游竞争力评价、旅游节点城市流强度测算以及城市规模分析、交通等级和地理区位分析等方法，对东北区域旅游增长极进行了评估与等级划分②。王丽丽在分析东北边（跨）境旅游的发展历程、发展特征基础上，结合国外发展的经验，分析和构建了东北边境地区旅游发展的新模式③。

在东北边境旅游研究中，鸭绿江和长白山是重点关注对象。李今朝以长白山鸭绿江旅游公路为例，阐述了地域文化元素在旅游公路规划设计中的应用④。郑辽吉以辽宁省鸭绿江国家级重点风景名胜区内的6个乡村为例，采用网络层次分析法（ANP）对产业融合构建的体验空间进行具体分析，识别了产业体验空间营造的关键性要素⑤。此外还有学者从产业布局⑥、旅游开发竞合策略⑦角度对鸭绿江流域的旅游业发展作了研究。孙滢悦以长白山景区旅游安全为研究对象，以鱼骨图、动态贝叶斯、GIS技术等为基本研究方法，从景区自然环境、社会环境及责任人等3个方面评价了长白山景区旅游安全风险⑧。

在中俄边境旅游合作方面，李雪从跨境旅游发展的两个阶段着手，指出中俄跨境旅游合作中存在着旅游企业联营规模小、旅游资源整合度低、跨境旅游点接待设施滞后等问题。提出借助互联网平台完善旅游合作机制，旅游企业进行联合营销，构建区域间的合作体系，进一步推进跨境旅游合作区建设等对策建议⑨。宋知原分析了“一带一路”背景下中俄旅游合作影响因素，指出“一带一路”倡议提出后，中俄旅游合作取得丰硕成果，但也面临新的挑战，通过构建SWOT模型，分析影响中俄旅游合作发展的内外在因素，提出深化中俄旅游合作的相关对策⑩。在“一带一路”背景下展开探讨的还有李响，提出建立多元化旅游模式、培养专业的旅游从业人员、提高旅游产品核心竞争

① 殷勇：《东北亚区域内多边跨境旅游合作现状与对策建议》，《西伯利亚研究》2018年第4期。

② 鲁小波、陈晓颖：《基于点—轴理论的中国东北区域旅游协同发展战略研究》，《东北亚经济研究》2018年第6期。

③ 王丽丽、明庆忠：《中国东北边境旅游发展及其地域空间模式研究》，《四川旅游学院学报》2018年第3期。

④ 李今朝、闫长平、王冀：《地域文化元素在旅游公路规划设计中的应用研究——以长白山鸭绿江旅游公路为例》，《产业与科技论坛》2018年第9期。

⑤ 郑辽吉、郭屹岩、李钢：《基于产业融合的体验空间营造——以鸭绿江风景名胜区为例》，《资源开发与市场》2018年第12期。

⑥ 钱慧静、王荣成、王昱：《鸭绿江流域生态位测评及旅游开发竞合策略研究》，《绿色科技》2018年第13期。

⑦ 王亚丰、黄珺仪：《鸭绿江流域产业优化与布局研究——以旅游产业开发与合作为例》，《辽东学院学报（社会科学版）》2019年第3期。

⑧ 孙滢悦、杨青山、陈鹏：《长白山景区旅游安全风险动态评价研究》，《地理科学》2019年第5期。

⑨ 李雪：《中俄跨境旅游合作区建设探讨》，《对外经贸》2018年第2期。

⑩ 宋知原：《“一带一路”背景下中俄旅游合作影响因素分析》，《河南教育学院学报（哲学社会科学版）》2019年第6期。

力、改善黑龙江省旅游环境四种措施解决影响中俄边境游发展的制约因素①。孙浩进提出了构建中俄界江旅游经济圈的发展路径，指出要突出发展包括赴俄田园消夏游、民族文化游和来华度假游在内的“中俄跨境游”；延伸发展古城遗址、民族民俗和知情主题的历史文化游；特色发展景区科技、影视体验游；绿色发展沿边“生态康养游”②。王毅探讨了新时代中俄地方合作背景下黑龙江省边境地区对俄合作发展路径选择③。赵欣具体分析了“黑河—布拉戈维申斯克市”创建中俄跨境旅游合作区存在的瓶颈④。

也有少数学者探讨中朝边境旅游合作问题。冯莹莹以“互联网+”为背景，在探究中朝边境旅游现状的基础上，揭示了其存在的问题，从而提出中朝边境旅游发展的思路和可行性策略⑤。朴英爱则希望通过旅游真正把中朝山水连接起来⑥。

还有部分学者，就东北边疆地区重要的文化遗产资源作了专门探讨。朱尖在国务院积极推行“研学旅行”的大背景下，指出位于东北边疆的高句丽文化遗产托管存在不足，进而在价值评估的基础上，提出高句丽发展“研学旅行”的必要性、积极意义和相关策略⑦。商显英、戚欣运用遗产廊道理论分析构建珲春市渤海国建筑遗产廊道的可行性⑧。

三 总结

通过对近两年研究成果梳理可以发现，东北边疆研究取得了较为可观的成绩，但是也仍然存在一定的不足。

第一，在多学科理论方法的运用方面缺乏突破，特别是历史研究领域，基本以文献史学为主，与考古学结合较少，更不要说相关社会科学学科理论与方法。

第二，相比于具体问题的讨论，需要有若干重大项目的推动，但是总体性研究仍存在明显不足。

第三，研究领域仍有较大局限，例如历史方面族群与文化研究较多，关于边疆治理和边界等重要问题的成果反而较少，现状方面大量的研究成果集中在宏观的探讨，集中于东北振兴、“一带一路”倡议与东北发展方面，具体针对某一区域或省市的专题研究

---

① 李响、郭晓勋：《“一带一路”背景下黑龙江省中俄边境游发展探析》，《黑河学刊》2019年第4期。

② 孙浩进、王亚琪：《构建中俄界江旅游经济圈的发展路径研究》，《知与行》2019年第3期。

③ 王毅：《新时代中俄地方合作背景下黑龙江省边境地区对俄合作发展路径选择》，《对外经贸》2019年第2期。

④ 赵欣：《“黑河—布拉戈维申斯克市”创建中俄跨境旅游合作区的瓶颈与问题分析》，《边疆经济与文化》2019年第8期。

⑤ 冯莹莹、王晓娜：《“互联网+”背景下中朝边境旅游现状及对策分析》，《现代商贸工业》2019年第21期。

⑥ 朴英爱：《通过旅游将中朝山水真正连接起来》，《世界知识》2019年第2期。

⑦ 朱尖：《高句丽世界遗产价值评价及研学旅行利用研究》，《资源开发与市场》2018年第7期。

⑧ 商显英、戚欣：《珲春市渤海国建筑遗产廊道构建研究》，《遗产与保护研究》2019年第2期。

较少。

第四，低水平重复现象仍时有发生，不论是历史还是现状研究领域。

第五，缺少学术争论，像有关东北燕秦汉长城、中朝边界等问题的学术争论，对于推进相关问题的认识具有重要意义，但是较为少见，很多研究成果甚至缺乏学术史的梳理。

第六，对国外成果的借鉴与回应都存在不足，例如历史研究领域对韩国、俄罗斯学界的研究较少关注，现状研究领域则表现为对周边国家相关情况的了解不够充分，特别是对负面观点缺少回应。

海疆研究综述（2018—2019）

李　欣　侯　毅*

近年来，海疆问题研究越来越受到学术界的关注，总体上呈现出蓬勃发展的态势，并愈益成为边疆问题研究中的显学。2018—2019 年，海疆问题研究在历史研究、国际问题研究和战略政策研究等方面，大致表现出以下三个特点：一是海疆治理研究作为国家治理研究的重要组成部分，得到学界的广泛关注。以历代海疆治理为重要内容的海疆史研究成果丰硕，其中有关明代、清代和民国时期海疆治理的研究占据多数，且相较以往更加深入、细化。二是在海疆问题国际政治研究领域，有关重要国别的战略与政策研究更加深入，如对美国、日本及东南亚国家的南海政策、行动以及研究等均有涉及，且学界更加注重从多学科视角分析其来龙去脉。三是在战略对策研究领域，伴随我国海洋强国战略、“21 世纪海上丝绸之路”倡议、海洋命运共同体理念的相继提出，面向国际和地区合作、地区海洋秩序建构的研究不断涌现，且更加注重政策建议的务实性和可行性。现将 2018—2019 年我国海疆研究成果综述如下。

一　海疆史研究

自党的十八届三中全会提出把推进国家治理体系和治理能力现代化作为全面深化改革的总目标以来，国家治理体系和治理能力研究成为我国学术界的热点议题。梳理我国历代海疆治理政策、制度和体系的演变和影响，总结我国历代海疆治理体系构建过程中的利弊得失，成为近两年来海疆研究领域广泛关注的问题。

（一）海疆政策、机构和制度研究

赵鲁杰等的《秦汉王朝经略海洋考论》提出，秦汉时期是中国统一海疆真正意义上的奠基时期，在中央集权大一统王朝持续经略下，不仅初步勘定后世数千年的海疆基本框架，更重要的是开辟出沿海、近海乃至远海的实践路径，形成了鲜明的“江海一体”“陆海一体”的总体疆域观念①。陈彩云的《巡检司与元帝国的海疆治理》一文对于元代设置在海疆地区巡检司的历史背景、职能等问题进行了考察，提出“海疆巡检司的职责与内陆巡检司有所不同，涵盖缉捕海寇、打击海上走私、维护海疆社会稳定等。巡检司对于海疆治理虽有一定成效，不过在实际运作中，存在选人用人不当、所属

* 李欣：中国社会科学院中国边疆研究所助理研究员；侯毅：中国社会科学院中国边疆研究所副研究员。

① 赵鲁杰等：《秦汉王朝经略海洋考论》，《长春师范大学学报》2018 年第 4 期。

弓兵战斗力低下、吏治腐败严重等问题，不仅对海疆地区造成民生困扰，元末方国珍等海寇起事之时亦未能有效扑灭，其历史教训为明初君臣所借鉴，影响明代海疆巡检司的设置部署与制度设计”①。韩毅等的《明代海禁政策变迁中的博弈：从双边分歧到多边促成》一文对明代海禁政策的变迁进行了考察。作者的观点是，明代海禁政策变迁经历了从最初的相关利益群体尖锐对立，到相关利益集团多边协调的历程，由此海禁政策变迁最后得以实现。作者基于利益集团理论，通过建立模型分析了明代海禁政策变迁过程中，利益主体是如何从最初的直接对立，经过博弈和妥协，最后达成多边认同的②。胡端的《明代海禁政策与普陀道场的兴废》对明代海禁政策与普陀道场兴废之间的关系进行了考察。作者认为，“明代海禁背景下普陀道场的播迁兴废，佛事与海防孰轻孰重，如何平衡，始终是皇室、地方官僚与民间僧侣三方密切关注的焦点”③。刘璐璐的《晚明东南海洋政策频繁变更与海域秩序》对明朝末期开海与禁海政策进行了考察，提出“实行开海政策意味着官方能够掌控海域秩序，而当海洋秩序受到其他海上势力的威胁时，官方往往以禁海为权宜之计被动地防守”④。李细珠的《清代前期台湾选官协办制度初探》一文对雍正七年（1729）实行选官协办制度进行了考察，提出“协办制度的推行，表明清政府对台湾的重视及其对选调赴台官员的慎重，是强化理台政策以加强治理台湾的重要表征”⑤。王潞的《论16—18世纪南澳岛的王朝经略与行政建置演变》一文提出，“从文献记载来看，水师官弁长期把持海岛事务为南澳岛带来了惠民之政，也带来了兵丁结党欺民之弊。在王朝逐步将清初东南海域的地方豪势清理之后，文官借由粮饷贪墨案介入南澳岛权力系统”⑥。刘利民的《民国北京政府海界划分问题考察——以海界委员会为中心》，对民国北京政府设立海界委员会的历史过程进行了梳理，对海界委员会就海界的重要性与必要性、海界划分的原则与方法、各种海域的具体勘划工作等问题的讨论情况进行了较为详细的考察。作者提出，“海界委员会的设立表明，民国北京政府此时已经意识到了海界的重要性。此次海界讨论虽未直接促成民国北京政府颁布领海界线法令，但还是具有积极意义”。作者还对海界委员会的局限性进行了讨论，指出海界委员会只是一个临时性会议机构，因此在实践过程中其地位、作用和影响力方面均较为有限⑦。程玉祥的《20世纪30—40年代国民政府对南海地图的绘制与审定》一文提出，20世纪30年代初，国民政府建立了以水陆地图审查委员会为核心的地图审查制度，并在此后随时局演变而不断调适。1935年，面对南部海疆危机，水

---

① 陈彩云：《巡检司与元帝国的海疆治理》，《浙江师范大学学报（社会科学版）》2018年第6期。

② 韩毅等：《明代海禁政策变迁中的博弈：从双边分歧到多边促成》，《山东师范大学学报（人文社会科学版）》2018年第4期。

③ 胡端：《明代海禁政策与普陀道场的兴废》，《历史研究》2018年第2期。

④ 刘璐璐：《晚明东南海洋政策频繁变更与海域秩序》，《厦门大学学报（哲学社会科学版）》2018年第4期。

⑤ 李细珠：《清代前期台湾选官协办制度初探》，《广东社会科学》2018年第2期。

⑥ 王潞：《论16—18世纪南澳岛的王朝经略与行政建置演变》，《广东社会科学》2018年第1期。

⑦ 刘利民：《民国北京政府海界划分问题考察——以海界委员会为中心》，《安徽史学》2018年第2期。

陆地图审查委员会及时出版《中国南海各岛屿图》，以地图的形式向世界宣告中国对南海诸岛拥有无可争辩的主权。抗战胜利后，内政部方域司参照《中国南海各岛屿图》，并根据实测数据绘制了官方最终定型的《南海诸岛位置图》，成为中国拥有南海主权与治权的法理依据①。

（二）海防研究

黄友泉的《明代海防同知初探——兼论明代镇戍权力格局》一文指出："作为明代府州层级镇戍文职，海防同知负有管理钱粮、造船制械、调度指挥、监督将吏、纪功勘过、规划善后、弹压地方、征收洋税等主要职能"，"明代海防同知在发挥积极作用的同时，刺激、助长了明后期的军政腐败，突显了镇戍体制权力失衡与权责分离的弊端，而这成为明后期军事再度积弱的制度性根源之一。"② 陈博翼的《明代南直隶的海防格局和部署》一文讨论了南直隶海防的格局与具体部署问题以及府县卫营各处相关的配置和任务范围。提出"从海防地理格局和布防亦可看出嘉靖以后防御的重心和主要防御力量都落在营兵系统，卫所系统的作用进一步被削弱或取代。营兵制在南直地区海防以及江防中的作用日益明显，较为合理的海防部署在应对挑战中渐次形成"③。姜天裁发表《明代福建海疆防卫述略》上、下二文，提出中国之有海防应从明代开始，福建于明初洪武年间建立海防体系。作者深入探讨明代福建海防的指挥机构与驻军、海疆防卫行动以及重要海防战事④。谭玉华的《明朝海防战船欧化变革的历史考察》一文提出，明代嘉靖朝以降，倭寇、海盗、欧洲势力持续侵扰等因素，使明朝战船的舰炮和船舶发生了一系列变革。作者将变革过程分为两个波次：一是嘉靖万历朝，以引入佛郎机为中心，发明发熕、神飞炮、百子铳等欧式火炮，改造威远炮，仿制蜈蚣船、叭喇唬船，创制桅杆帮接技术；二是天启崇祯朝，以引入红衣大炮为中心，设置铳车、舷窗、炮孔、火炮甲板，创制熕船和舷侧炮技术。文章认为，明朝战船变革呈现出明显的"重利炮，轻坚船"特征，即舰炮变动频繁，向重炮方向发展，强化炮击战术，与欧洲舰炮的变革节奏和方向一致；但船舶变化迟缓，以应因舰炮需要为主，未发生欧化变革⑤。林炫羽的《从争贡之役到设立巡抚：明嘉靖年间浙江海防改革》一文，通过对争贡之役到设立巡抚的考察，对明代嘉靖年间浙江海防的改革作了系统的探讨⑥。汪小义的《关于清代内外洋划分的几点认识》一文通过考察相关文献，就清代内外洋的划分问题提出三点认识。第一，沿海各地内外洋的划分并非一成不变，由于种种原因，有时会将内洋改划入外洋，或将外洋改划入内洋。第二，和大陆海岸或设立府厅县衙门岛岸

① 程玉祥：《20世纪30—40年代国民政府对南海地图的绘制与审定》，《中国边疆史地研究》2018年第4期。

② 黄友泉：《明代海防同知初探——兼论明代镇戍权力格局》，《历史档案》2018年第4期。

③ 陈博翼：《明代南直隶的海防格局和部署》，《学术研究》2018年第4期。

④ 姜天裁：《明代福建海疆防卫述略》（上），《福建史志》2019年第1期、第2期。

⑤ 谭玉华：《明朝海防战船欧化变革的历史考察》，《中山大学学报（社会科学版）》2019年第5期。

⑥ 林炫羽：《从争贡之役到设立巡抚：明嘉靖年间浙江海防改革》，《西南大学学报（社会科学版）》2019年第3期。

的距离并不是划分内外洋的绝对标准，并非所有近海区域皆为内洋，一些外缘无显著岛礁的沿海标志性海角或海港的附近海域就可以划入外洋。第三，以港湾或岛礁等地标来命名和划分内外洋是当时一个较为普遍的现象，但并不意味着这些港湾岛礁附近海域以外的洋面便不属于内洋或外洋，只是有些海域并无岛礁等用以标识或划界而已，沿海商船往来海道以内的海域都属清朝管辖。基于以上研究，作者证明了清代对于沿海广大海域进行了长期有效的管辖①。郑俊华的《清代外洋岛屿地域秩序之成立——以浙江衢山岛为例》一文提出，因清初迁界禁海，衢山岛因悬处外洋，官府难以有效管控，而被长期委弃封禁。但清中期以后，国家对衢山岛的政策从厉行封禁到封而不禁。在此过程中，潜赴、移住衢山岛的人口出现定居化倾向，水利设施修复，土地开垦推进，定居聚落出现，寺庙等公共空间形成。衢山岛逐步从荒岛贼穴发展为烟户繁庶的海岛社会，并在展复后升科编户，被纳入以编户齐民为主体、由地方士绅领导的新的地域秩序②。吴昊的《清代前期澎湖水师汛防制度探析》一文对清朝澎湖水师制度进行了考察，提出"汛防制度无疑是清朝'倚陆制海'的一条有效途径，但这也最终成为清代晚期海上门户洞开、有海无防局面形成的直接根源③。王宏斌的《论两次鸦片战争期间海患与水师巡洋制度之恢复》，作者对两次鸦片战争期间，晚清政府采取措施镇压海匪活动的历史进行了考察，指出腐败的清政府无法采取有效措施应对匪患，"福建和广东的一些文武官员开始与英军尝试合作。中英海军联合镇压海匪的做法，尤其是英国海军在中国洋面参与的缉匪行动和护商活动，不仅破坏了清代前期建立的巡洋制度，同时也损害了中国的近海行政和司法管辖主权，而且导致中国内洋与外洋的管辖观念日渐模糊"④。黄顺力的《晚清海塞防之议与台湾海防地位的衍变》提出，鸦片战争后，台湾的海防地位虽开始显现，但却是在晚清海塞防之议大视域背景之下才得以确立的⑤。陈先松的《海军衙门经费析论》对晚晴海军经费这一"老问题"进行了再考察，提出"海军衙门除南北洋海防建设之外，还负责东北练兵、修建铁路、修建颐和园等，相关职能的增加势必于原南北洋海防专款之外开拓更多财源。此种内在的财政需求，是海军衙门屡屡向户部等索拨经费而又能得到谅解、支持的主要原因。海军衙门进款非海防专款一项，支款非海防建设一途，将海军衙门经费混同于海防经费，没有依据"⑥。徐建华的《袁世凯与清末北洋海防》一文提出，袁世凯任山东巡抚、直隶总督兼北洋大臣期间，为加强北洋海防建设，采取了一系列措施，包括加强山东海防力量，调整北洋海防布局，并提出了"重点设防，统筹布局，海防陆防并重"的海防思想。具体来看，为推动北洋海军重建，袁世凯收回大沽机厂和船坞、延揽海军人才、在烟台建立水师学堂。为建设北

---

① 汪小义：《关于清代内外洋划分的几点认识》，《中国历史地理论丛》2019 年第 3 期。

② 郑俊华：《清代外洋岛屿地域秩序之成立——以浙江衢山岛为例》，《浙江海洋大学学报（人文科学版）》2019 年第 1 期。

③ 吴昊：《清代前期澎湖水师汛防制度探析》，《中国边疆史地研究》2018 年第 1 期。

④ 王宏斌：《论两次鸦片战争期间海患与水师巡洋制度之恢复》，《近代史研究》2018 年第 2 期。

⑤ 黄顺力：《晚清海塞防之议与台湾海防地位的衍变》，《厦门大学学报（哲学社会科学版）》2018 年第 4 期。

⑥ 陈先松：《海军衙门经费析论》，《清史研究》2018 年第 2 期。

洋海防通讯，袁世凯支持电报事业发展，有利于当时的国防建设和经济发展。袁世凯还提倡发展渔业，通过发展渔业伸张海权，增强了海权意识。为解决海防经费不足的问题，袁世凯提出建立海防捐输分局、将洋税移充军费、海防经费由协饷改为户部统筹等建议，旨在推动清政府在全国范围内统一使用军费。作者肯定了袁世凯关于北洋海防建设、伸张海权思想的积极意义①。李强华的《晚清海防战略的嬗变历程、制约因素及其启示》一文提出，晚清海防战略以维护政治稳定和本土安全为目的，采用被动应对危机的“冲击—反应”应急防御模式，经历了“以守为战”“师夷智以造炮制船”“水陆兼防”“以水为主”“争夺制海权”的嬗变历程，逐步从海岸防御过渡到海上防御。文章认为，晚清海防战略嬗变在抵御外来侵略、加快中国社会近代化进程及促进海军近代化建设的过程中发挥了一定作用。但另一方面，近代中国体制僵化、财政危机、装备落伍及观念束缚等因素，使晚清海防建设始终在矛盾交织中缓慢前进，呈现出盲目性、片面性及非连续性特点，制约了海防战略选择的可能性。作者认为，晚清海防战略的经验教训对当今我国海洋强国建设过程中如何提升海洋意识、发展海权及建设海军均具有深远的启示意义②。

（三）海上贸易、渔业政策研究

马光的《开海贸易、自然灾害与气候变迁——元代中国沿海的倭患及其原因新探》一文认为，以往学界有关我国沿海倭寇的研究忽视了气候与环境等更深层次的因素，并提出倭患与海禁并无必然联系。作者对元代中国沿海倭患进行考察，提出日本频繁出现的干旱、台风、瘟疫、洪水等自然灾害是导致日本国内出现动荡局势的重要诱因，而气候变冷则导致日本粮食减产，引发饥荒，进而导致倭寇流向朝鲜半岛和中国沿海四处掠夺③。陈尚胜的《隆庆开海：明朝海外贸易政策的重大变革》一文考察了明代隆庆元年明朝政府在漳州月港开海的政策，提出“这一政策虽然带有一定的局限性，但它对于东南沿海地区的经济和社会发展产生了积极作用，使晚明时期的中国市场与世界市场顺利衔接并相互促进，极大地释放了中国商民的活力”④。徐晓望的《明代的东海渔业》一文认为，尽管明代初年有严厉的海禁政策，但明朝不断调整海禁政策，使之逐渐走向宽松，明代的海洋渔业在这一背景下发展起来。但由于近海渔业竞争过于激烈，明代部分渔民向远海发展，发展远洋捕捞和采集，并熟悉了台湾一带的港口。明朝管辖的边远岛屿如钓鱼岛、赤尾屿之名都有渔业风味，这与明代发达的远海渔业背景有关⑤。刘豪的《清道光朝定海北洋督巡渔汛政策研究》对清代中央政府在每年渔汛期间，派遣水师官兵前赴渔船网捕地点，监督和巡护渔民作业的政策进行了梳理。作者提出，“作为清政府针对渔汛期的重要海洋治理政策，于定海北洋区域每年黄鱼汛期间得到规范化施

---

① 徐建华：《袁世凯与清末北洋海防》，《军事历史研究》2018 年第 4 期。

② 李强华：《晚清海防战略的嬗变历程、制约因素及其启示》，《海南师范大学学报（社会科学版）》2019 年第 5 期。

③ 马光：《开海贸易、自然灾害与气候变迁——元代中国沿海的倭患及其原因新探》，《清华大学学报（哲学社会科学版）》2018 年第 5 期。

④ 陈尚胜：《隆庆开海：明朝海外贸易政策的重大变革》，《人民论坛》2018 年第 20 期。

⑤ 徐晓望：《明代的东海渔业》，《福建论坛（人文社会科学版）》2018 年第 5 期。

行，并在较长时段内保持着形变核不变的特点。该政策在安民与扰民两端发挥着社会影响，折射出清政府海洋治理观念的滞后”。同时作者认为，以军事化的巡洋政策来管理渔汛这一经济活动，限制了国家向海洋探索的可能性①。王静的《广东地方高校与西沙群岛资源的调查——以1928年西沙调查活动为考察中心》，探讨了地方高校调查西沙之始末缘由、历史意义及局限性②。

（四）主权与对外交涉研究

马光的《面子与里子：明洪武时期中日“倭寇外交”考论》一文提出，倭寇所引起的海防安全问题始终是影响中日两国关系的重要因素。一方面明政府几乎每次遣使都会提及倭寇问题并在国书中明确要求日本禁倭，另一方面日本虽然多次呈贡厚礼并送还一些俘虏，却一直不能全面出击平息倭寇，致使倭寇连年屡犯中国沿海，给海疆安全带来极大威胁。双方在禁倭问题上不能达成默契，导致明太祖对倭寇外交失望之极，最终决定与日本断绝外交关系，转而重点加强防倭军事力量以维护国防安全。作者认为，中日双方之间复杂曲折的外交关系是理解古代东亚国际秩序多样性和动态性的一个范本，国防安全才是实质内容，是影响两国外交最深层次的核心要素③。郭渊的《清末初勘西沙之中外文献考释》一文，利用法国、英国和我国文献史料，较完整地廓清了1909年4月两广总督派员初勘西沙群岛的背景、原因、经过，实事求是地还原了这一历史事件的来龙去脉，并提出了客观、鲜明的观点。作者认为，两广总督派员查勘西沙群岛具有正当性和不容置疑性，其初衷是为了汲取东沙岛被日本人抢占、盗采资源的经验教训，是践行主权的自觉、主动行为。作者并不认同所谓查勘西沙群岛是晚清政府转移社会矛盾、应对国内政治危机的论点，认为当时并不存在西沙群岛主权问题，即使有其他国家在西沙群岛的查勘，亦属非法行为，不构成主权争议，其短暂行为并未引起社会波动，因此两广总督派员查勘西沙群岛不存在转移社会矛盾的性质和前提条件④。王静的《清末两广总督派舰复勘西沙及法国认知之演变》一文，基于中、法文献史料，对1909年5月、6月复勘西沙群岛舰船数量进行了较为详细的考证，指出参与复勘的只有“伏波”“琛航”两舰，“广金”舰因不适合执行远洋任务而退出。通过对法文文献的整理，该文辨析了法国政府及其殖民当局对中国政府复勘西沙群岛“认知”上的前后变化，揭示出20世纪20年代末之前法方并未否认中国对西沙群岛的主权，而在此之后为达到谋占西沙群岛的目的不惜编造“历史依据”，因而才出现与前述不同立场的变化。此外，文章从当时报刊报道的视角，对复勘西沙之后两广总督袁树勋、广东劝业道、两广总督张鸣岐先后筹办岛务的历史加以复原，认为岛务筹办着眼于疆域巩固、解决民生问题，开启了疆域治理和岛务开发相结合的新模式，从而成为中国南海维权历史证据链的重要一环⑤。王静的《20世纪初国人对西沙群岛的主权认知及捍卫——以“西沙事件”

① 刘豪：《清道光朝定海北洋督巡渔汛政策研究》，《昆明学院学报》2018年第2期。

② 王静：《广东地方高校与西沙群岛资源的调查——以1928年西沙调查活动为考察中心》，《中国边疆史地研究》2019年第3期。

③ 马光：《面子与里子：明洪武时期中日“倭寇外交”考论》，《文史哲》2019年第5期。

④ 郭渊：《清末初勘西沙之中外文献考释》，《南海学刊》2019年第1期。

⑤ 王静：《清末两广总督派舰复勘西沙及法国认知之演变》，《南海学刊》2019年第1期。

为考察中心》回顾了20世纪初，国内各界对于西沙群岛的战略作用和经济潜力讨论的情况，讨论对遏制日本掠夺西沙资源的行为起到了一定作用。同时，作者也指出“由于近代中国海军力量的弱小、海洋意识的淡薄，这种认知及抗议行为不是自我演进的结果，而是外力施压下的一种本能反应”，“因为政府缺乏先进边疆理论的指导，以及国内很多关键问题亟待解决，关注进而开发西沙的势头没有保持下去”①。王小蕾的《空间·象征·权力：清末以来的南海诸岛庙宇之争》一文提出，清末以来，境外势力为达到对南海诸岛进行殖民占领的目的，不仅毁坏了岛上的民间庙宇，更令这一民间信仰空间的文化象征含义发生了缺损。由于此举性质恶劣，引起中国政府和南海诸岛渔民的抗争。南海诸岛庙宇之争因之而起，并持续了一个多世纪。文章梳理了不同主体在诠释南海诸岛庙宇的文化象征含义时呈现出的不同立场，认为这一曲折复杂的历史进程始终伴随着南海海洋政治生态的变迁展开，成为南海主权争端在精神文化领域的反映与投射②。任雯婧的《20世纪初法国西沙群岛政策的演变——基于法国外交部20世纪30年代西沙群岛档案的考察》一文，利用法国政府档案，对法国在20世纪前30年对西沙群岛的认知过程进行了回顾，并对这种演变的特点、原因进行了分析③。任雯婧的《法国南沙群岛政策与“九小岛事件”再研究》一文，以法国外交部相关档案为考察对象，梳理“九小岛事件”的背景、经过以及法国各部门的态度和推进方式，分析了法国制造该事件的动机④。赵德旺的《论民国时期“何瑞年出卖西沙群岛权益案”经纬——以日本亚洲资料中心（JACAR）史料为据》通过对日本史料进行梳理、分析，阐述了民国初期何瑞年与日本商人勾结，在西沙群岛疯狂开采鸟粪资源，造成了国家资源的严重流失，作者还指出，考察该段历史可以为西沙群岛是中国领土提供新的史料依据⑤。王子昌、王看的《20世纪30年代初中国对法国强占南沙岛礁的回应及其证据意义》，探讨了20世纪30年代中国政府对法国强占南沙岛礁的回应以及这种回应所具有的证据意义⑥。栗广的《美国与“旧金山对日和会”对南海诸岛问题的处置——对若干问题的释疑》，对美国主导下的旧金山对日和会上对我国南海诸岛处置问题进行再探讨，以新发现多种档案资料为基础，为解答“为何和会未邀请中国，却邀请印度支那三国”“为何和约草案有关南海诸岛归属问题的条款忽有忽无”等问题提供了新的思路⑦。黄俊凌的

---

① 王静：《20世纪初国人对西沙群岛的主权认知及捍卫——以“西沙事件”为考察中心》，《边界与海洋研究》2018年第1期。

② 王小蕾：《空间·象征·权力：清末以来的南海诸岛庙宇之争》，《海南大学学报（人文社会科学版）》2018年第4期。

③ 任雯婧：《20世纪初法国西沙群岛政策的演变——基于法国外交部20世纪30年代西沙群岛档案的考察》，《海南大学学报（人文社会科学版）》2018年第6期。

④ 任雯婧：《法国南沙群岛政策与“九小岛事件”再研究》，《中国边疆史地研究》2019年第3期。

⑤ 赵德旺：《论民国时期“何瑞年出卖西沙群岛权益案”经纬——以日本亚洲资料中心（JACAR）史料为据》，《南海学刊》2018年第2期。

⑥ 王子昌等：《20世纪30年代初中国对法国强占南沙岛礁的回应及其证据意义》，《中国边疆史地研究》2019年第1期。

⑦ 栗广：《美国与“旧金山对日和会”对南海诸岛问题的处置——对若干问题的释疑》，《中国边疆史地研究》2019年第3期。

《战后国民政府的琉球政策与琉球划界分岛问题探析》利用国民政府“外交部”档案等资料，对战后国民政府以及国民党政权迁台后的琉球政策演变、琉球归属问题及其对中日钓鱼岛主权争议的影响等进行了研究①。李理的《台湾当局再驻太平岛与战后美国南海政策的形成》一文提出，1956年台湾当局重返南沙并驻防太平岛时，美国并不支持台湾当局的“主权说”，认为台湾当局没有能力防卫整个南海诸岛，故美国的南海政策开始出现对海峡两岸极为不利的变化，提出台湾当局应当联合共同阵营的菲律宾、越南，让他们占据地缘接近的岛屿，以防止中华人民共和国占领西沙、南沙群岛，形成“模糊处理主权不能有利于中华人民共和国”的南海政策②。陈海懿的《二战后的琉球群岛处置及其“归还”——基于英国视角的考察》一文，利用英国外交部档案和美国对外关系文件，探讨战后对日领土处置过程中的琉球群岛问题，从英国驻日大使馆的报告中探究20世纪70年代的琉球群岛“归还”及相关问题③。谭卫元的《台湾当局南海政策的历史演变与现实困境》一文认为，台湾当局的南海政策是在沿袭民国时期南海政策的基础上展开的，并随着国际格局、南海情势的演变以及两岸关系的变化而不断演变。作者提出，由于南海问题的复杂性以及受到岛内外政治环境的约束，台湾当局的南海政策缺乏积极作为与清晰目标，始终处于被动因应的状态。台湾当局未来如何面对菲律宾南海仲裁案后的局势，是否会改变有关南海政策的主张，以及将给两岸带来什么样的影响，均存在着一定的变数④。

在海疆史研究中，钓鱼岛问题研究一直是热点，特别是2012年日本“购岛”事件后，学术界对于钓鱼岛及其附属岛屿的历史研究问题持续深入。刘春明的《〈台海使槎录〉所记“钓鱼台”与“薛坡兰”考析》一文，对清代黄叔璥所著《台海使槎录》所记的“钓鱼台”与“薛坡兰”进行深入考察分析，揭示这两地的今天所在，证明钓鱼岛及其附属岛屿自古以来就是中国的固有领土，是中国台湾的附属岛屿⑤。廉德瑰的《关于甲午战争后钓鱼列岛归属问题的国际法分析》一文，对日方立论的从“先占”“时效”和“条约”角度强调甲午战争后获得钓鱼列岛的“合法性”，并提出“中国在1971年之前事实上默认过该岛屿主权属于日本”等主张进行回应⑥。此外，日本学者村田忠禧《钓鱼岛问题的历史考察——以中华民国驻长崎领事的“感谢状”的分析为中心》的一文认为，日本趁中日甲午战争胜利之际，通过内阁会议决定将钓鱼岛（鱼钓岛）、黄尾屿（久场岛）“编入”冲绳县，但没有将此事向国内外公开。日本虽发现在这一操作过程中遗漏了对赤尾屿（久米赤岛）的处理，却仍选择了无视并继续窃占两

① 黄俊凌：《战后国民政府的琉球政策与琉球划界分岛问题探析》，《边界与海洋研究》2019年第1期。

② 李理：《台湾当局再驻太平岛与战后美国南海政策的形成》，《中国社会科学院研究生院学报》2018年第4期。

③ 陈海懿：《二战后的琉球群岛处置及其“归还”——基于英国视角的考察》，《太平洋学报》2019年第7期。

④ 谭卫元：《台湾当局南海政策的历史演变与现实困境》，《边界与海洋研究》2019年第4期。

⑤ 刘春明：《〈台海使槎录〉所记“钓鱼台”与“薛坡兰”考析》，《边界与海洋研究》2019年第4期。

⑥ 廉德瑰：《关于甲午战争后钓鱼列岛归属问题的国际法分析》，《亚太安全与海洋研究》2019年第2期。

岛的态度。作者提出，1920 年福建省渔民漂流到钓鱼岛，被在该岛经营渔业事务所的古贺善次所救一事，本应是一桩关于生命救援的美谈，但日本明知此事发生的地方就是钓鱼岛，却故意用虚构的“和洋岛”来掩盖真实岛名，还采取措施，将一直以来被忽视的“赤尾屿”标记为“大正岛”而非“久米赤岛”，“编入”冲绳县。这些都是为了不让中国察觉到日本将钓鱼岛等岛屿窃为己有的事实而做的隐瞒工作①。崔丕的《美日两国政府应对本国国会审议返还冲绳协定的对策及其对钓鱼岛归属争端的影响》一文批判了美日两国政府有意隐瞒了关于重新部署核武器、财政补偿等事项的秘密谅解文件，导致了钓鱼岛问题的产生②。刘玉山的《英国政府对琉球、钓鱼岛问题的应对（1940—1972）——以英国外交部档案为中心》一文以英国国家档案为研究对象，对英国政府在琉球、钓鱼岛问题方面的政策进行了梳理，提出“到了 70 年代初，英国外交部、驻日各使领馆都对中日钓鱼岛争端进行了研究，最终确定了不持任何立场、由涉事方自行解决的政策”③。刘玉山的《20 世纪 70、90 年代及 21 世纪以来中国民间保钓运动比较》一文对 20 世纪 70、90 年代及 21 世纪以来中国民间保钓运动进行比较，认为三个时期保钓的精神谱系传承是陈陈相因、一脉相承的，三个时期保钓运动对解决钓鱼岛争端的历史作用和贡献是一致的，但在历史背景、成员构成、区域分布、具体方式上则存在明显的各自特点④。何玉等的《20 世纪 70 年代欧洲保钓运动概述》一文以清华大学图书馆保钓资料收藏研究中心馆藏的相关文献为基础，梳理欧洲保钓运动的历史脉络，分析其特点及运动参与者的反思，通过补充欧洲部分内容，使海外保钓运动的全貌得以展示。作者提出，与北美保钓运动相比，欧洲保钓运动呈现出“星星之火”的特点，且各个国家的保钓运动发展程度不一，但彼此之间互相声援，运动参与者进行了深刻的反思⑤。

近年来，学界对南海舆图和更路薄的研究成为海疆历史研究的新的增长点。李新贵等《明万里海防图筹海系研究》一文认为，筹海图包括郑若曾、胡宗宪绘制的《沿海山沙图》和受其影响摹绘的《海不扬波》等。该图系有三个突出特征：一是在近洋绘制有停泊战舰的岛屿；二是在沿海绘制出支援海洋作战的建置与辅助作战的设施；三是因增添沿海设施与减少内地建置所形成较短图之纵幅。作者提出，筹海系背后隐藏着绘图者远洋出击与近洋防御协同的海防思想⑥。孙靖国的《郑若曾系列地图中岛屿的表现方法》一文深入考察了明代著名军事学家与地图学家郑若曾所编撰的《筹海图编》《江南经略》《郑开阳杂著》等图籍对岛屿的表现方法，并总结出对岛屿的较为统一的表现

---

① ［日］村田忠禧：《钓鱼岛问题的历史考察——以中华民国驻长崎领事的“感谢状”的分析为中心》，吴雨缪译，载杨伯江主编《日本文论》（总第 1 辑），社会科学文献出版社 2019 年版。

② 崔丕：《美日两国政府应对本国国会审议返还冲绳协定的对策及其对钓鱼岛归属争端的影响》《首都师范大学学报（社会科学版）》2018 年第 4 期。

③ 刘玉山：《英国政府对琉球、钓鱼岛问题的应对（1940—1972）——以英国外交部档案为中心》，《广东社会科学》2018 年第 6 期。

④ 刘玉山：《20 世纪 70、90 年代及 21 世纪以来中国民间保钓运动比较》，《大连海事大学学报（社会科学版）》2018 年第 2 期。

⑤ 何玉等：《20 世纪 70 年代欧洲保钓运动概述》，《清华大学学报（哲学社会科学版）》2018 年第 4 期。

⑥ 李新贵：《明万里海防图筹海系研究》，《文献》2019 年第 1 期。

形式，即以将岛屿绘制成平视侧面的山峦形状为主，少数绘制成垂直视角的平面轮廓，后者主要用来表现较大或较平坦的岛屿和沙洲。作者认为，这种表现方法主要是源于观测者在实际生活与航行中对中国岛屿形态的认知，也是中国古代沿海地图对岛屿地貌的重要表现方式[①]。陈国威的《明代中外舆图中的雷州半岛及其海交史初探》一文提出，雷州半岛是中外往来的航海要隘，明代不少中外舆地图有雷州半岛的标注。作者从古代舆地图的雷州半岛标注分析入手，详细列出地图中该区域相关地名的标注，并对个案进行分析，探讨雷州半岛在明代国家海防、对外贸易等方面所扮演的角色，并系统梳理了雷州半岛与外界交通的历史[②]。王涛的《18 至 19 世纪初西人的南海测绘与黄岩岛地名演变》一文，对西方人 18、19 世纪出版的地图进行了梳理分析，提出西人在很长时间内并未认识到黄岩岛的存在，“西文地图中仅在距离吕宋海岸非常近的地方标出了三个浅滩，它们与黄岩岛毫无关系。直到 1771 年，达尔林普尔经过考证，才发现黄岩岛的存在，并赋予它 Scarborough Shoal 的地名，此后的地图上出现黄岩岛 Scarborough 与吕宋近海三浅滩并立的局面”[③]。沈文周的《古今南海测量点位之探究——以图为鉴　科学定位》一文，概述元代“四海测验”和 20 世纪南海科考“岛礁联测”，并将韩振华教授推算的古代南海测量点与当代精测黄岩岛地理位置展绘于同一幅图上，为考证“四海测验”南海观测点，提供了精确、可靠的科学依据[④]。程玉祥的《20 世纪 30—40 年代国民政府对南海地图的绘制与审定》一文对民国政府绘制南海地图的情况进行了梳理总结，提出民国政府的活动成为中国拥有南海主权与治权的法理依据[⑤]。

更路薄研究方面，张朔人等的《南海维权的民间证据——〈更路簿〉内涵与面世抄本研究》一文，以历史地理学、版本学等学科为依托，在挖掘“更”“路”“簿”等要素学术内涵的基础上，为《更路簿》进行科学定义，并甄别面世抄本，剔除与《更路簿》定义不符的抄本，旨在使国内更路薄研究走向严谨的学术轨道，为我国南海维权提供民间证据支持[⑥]。王崇敏等的《更路薄研究 40 年》一文分别考察了 20 世纪和 21 世纪学界对《更路簿》的发现和研究历程，认为老一辈学者的调查和研究成果为今后的研究奠定了坚实的基础，但总体上学界对《更路簿》的整体研究水平尚处于起步阶段，并就未来研究提出了三点建议[⑦]。阎根齐的《论海南渔民的口传“更路经”》一文提出，“更路经”与《更路簿》不可混为一谈，二者既有密切的联系，又有明显的区别。作者认为，宋元时期海南渔民在西沙群岛生产作业时，口传“更路经”已经产生。

---

① 孙靖国：《郑若曾系列地图中岛屿的表现方法》，《苏州大学学报（哲学社会科学版）》2019 年第 4 期。

② 陈国威：《明代中外舆图中的雷州半岛及其海交史初探》，《南海学刊》2019 年第 1 期。

③ 王涛：《18 至 19 世纪初西人的南海测绘与黄岩岛地名演变》，《中国边疆史地研究》2018 年第 4 期。

④ 沈文周：《古今南海测量点位之探究——以图为鉴　科学定位》，《太平洋学报》2019 年第 2 期。

⑤ 程玉祥：《20 世纪 30—40 年代国民政府对南海地图的绘制与审定》，《中国边疆史地研究》2018 年第 4 期。

⑥ 张朔人等：《南海维权的民间证据——〈更路簿〉内涵与面世抄本研究》，《云南师范大学学报（哲学社会科学版）》2018 年第 4 期。

⑦ 王崇敏等：《更路薄研究 40 年》，《中国史研究动态》2018 年第 6 期。

而纸质版《更路簿》则晚至明代才出现。而口传“更路经”里的地名有些被代代流传至今，有些被写进《更路簿》里，成为《更路簿》中地名的重要来源①。刘旭的《从1937年南海危机看国民政府的应对策略——兼论更路簿未被发现的原因》，关注抗战爆发前夕的南海危机，并廓清其前因后果，探讨了国民政府的南海政策和应对机制，并解释了南海诸岛地名混用和更路簿的发现问题②。李文化等的《南海更路簿航速极度存疑更路辨析》一文，在南海21册《更路簿》更路数字化基础上，根据更路的起点、讫点、更、针位等要素的内涵，梳理出150余条航速或距离或航向不太合理的“异常更路”，对其中16条更路在《南海天书》或其他文献的解释出现航速极度异常情况，借助计算机对相关更路进行比对、查找更路簿影印稿等方式，分别从解读失误、抄录错误、出版笔误等方面进行分析，提出客观合理的解释，为部分岛礁的海南渔民俗称对应标准名提出新解，对部分更路的可能存在的传抄笔误提出推测，为更路簿的深入研究提供可借鉴的方法，也可为部分更路簿的年代划分提供间接证据③。王利兵《记忆与认同：作为非物质文化遗产的南海〈更路簿〉》一文提出，南海《更路簿》是历史上海南渔民长期海洋实践的产物，属于渔民的集体记忆，具有文化整体性的特征。在经历了一系列遗产技术的改造以后，《更路簿》已逐渐变成一种主张国家海洋历史性权利的社会记忆和认同政治的符号象征④。温小平的《更路簿研究的历史、现状及未来展望》一文，系统梳理并评析了更路簿学术研究历程与现状⑤。

此外，近两年学界加强了对我国海疆史、海洋史研究的梳理和总结。侯毅和项琦发表《中国海疆史研究评述（1998—2018）》，从领土主权问题研究、海疆通史及专题史研究、区域史研究等三方面，对1998—2018年二十年间我国海疆历史研究进行回顾与梳理⑥。李尹发表《20世纪80年代以来中国海洋史研究的回顾与思考》一文，从海洋史理论、海洋经济史、海洋政治史、海洋文化史、海洋军事史、海洋环境史等方面，对近40年来中国海洋史研究的进展进行综述⑦。潘茹红的《“一带一路”视野下的海洋历史文献整理》，对“一带一路”背景下开展海洋历史文献整理工作的必要性、发展现状及未来展望进行了全面探讨⑧。史春林的《1900年以来马汉海权论在中国的译介述评》一文提出，马汉海权论早在1900年就被译介到中国，经过晚清和民国时期的初步译介，中国有识之士对马汉海权论的基本内容有了一定了解。改革开放以来，马汉海权论在中国的译介出现了一个高潮，有关马汉海权论代表作的各种译本先后出版，但在译介过程

---

① 阎根齐：《论海南渔民的口传“更路经”》，《中华海洋法学评论》2019年第1期。

② 刘旭：《从1937年南海危机看国民政府的应对策略——兼论更路簿未被发现的原因》，《南海学刊》2019年第2期。

③ 李文化等：《南海更路簿航速极度存疑更路辨析》，《南海学刊》2019年第2期。

④ 王利兵：《记忆与认同：作为非物质文化遗产的南海〈更路簿〉》，《太平洋学报》2019年第3期。

⑤ 温小平：《更路簿研究的历史、现状及未来展望》，《南海学刊》2019年第2期。

⑥ 侯毅、项琦：《中国海疆史研究述评（1998—2018）》，《中国边疆史地研究》2019年第2期。

⑦ 李尹：《20世纪80年代以来中国海洋史研究的回顾与思考》，《中国社会经济史研究》2019年第3期。

⑧ 潘茹红：《“一带一路”视野下的海洋历史文献整理》，《闽南师范大学学报（哲学社会科学版）》2019年第2期。

中也存在某些不足。作者提出今后需在三方面加强译介工作：一是扩大翻译范围，二是提高翻译质量，三是正确处理译介与研究和运用的关系①。

二 海疆国际问题研究

自2009年以来，南海问题、钓鱼岛问题成为我国涉海研究的热点和难点，引发了国内学界的持久广泛关注。其中，有关南海问题的研究不断涌现，且在2018—2019年，有多篇批判错误观点和所谓“菲律宾南海冲裁案”及其“裁决”的专业文章问世。

（一）南海问题研究

李金明的《中国是西沙、南沙群岛的最先发现者与开发者——评黎蜗藤〈被扭曲的南海史：20世纪前的南中国海〉》一文，对黎蜗藤的《被扭曲的南海史：20世纪前的南中国海》一书的错谬之处进行了详尽批驳。作者提出，只有长年在西沙、南沙群岛生活、劳动的海南岛渔民，才真正是西沙、南沙群岛的最先发现者与开发者②。郭渊的《中文文献对南沙群岛自然人文景观的记述及解析——兼论“南海仲裁案”中的不确之说》通过发掘整理历史文献中有关南海诸岛自然人文景观的材料，驳斥了“菲律宾南海仲裁案”仲裁结果，作者提出，中文历史文献“内容翔实，且涉及多方面，展现了中国渔民的生计、生活与岛屿的开发建设紧密相连的过程，凸显了中国人的主体地位与所形成的历史性所有权。……‘南海仲裁案’在南沙群岛人类居住的‘事实认定’上，既不引用中国渔民的资料阐述群岛人居环境，也不结合实地情况探究渔民的生活习性，其认知偏离南沙群岛历史轨迹”③。马新民、刘洋发表《〈南海仲裁案裁决之批判〉评述》一文，对2018年5月中国国际法学会发表的《南海仲裁案裁决之批判》研究报告进行评述，分析其主要观点和理据，并从专业角度阐明仲裁裁决在事实和法律方面的重大谬误④。傅崐成的《2016南海仲裁案仲裁庭对中国南海历史性权利的错误认定（上、下）》二文提出，由菲律宾单方面出资组成的仲裁庭发布的仲裁裁决书至少有三大错谬。第一，仲裁庭曲解了中国南海历史性权利的主张，包括曲解中国主张南海历史性权利的时机与严肃性，曲解部分中国南海岛礁对音译名称的使用，曲解千百年来中国尊重航行自由的历史事实，曲解中国为维护人民权利而在南海实施休渔、“干涉”菲律宾开采天然气的做法，还曲解了中海油在U形断续线内划定油区等正当事务。第二，仲裁庭错误解读了中国南海历史性权利的来源。仲裁庭对南海地理与历史的特殊条件并不了解，对中国南海地区历史性权利实践的相关史料完全无知，错误解读中国历史上曾经实施的“海禁”，并对战后秩序重建的历史进行了严重的扭曲误读。第三，仲裁庭对于中国南海历史性权利论证态度充满草率与恶意，严重违背了《联合国海洋法公约》

---

① 史春林：《1900年以来马汉海权论在中国的译介述评》，《边界与海洋研究》2019年第3期。

② 李金明：《中国是西沙、南沙群岛的最先发现者与开发者——评黎蜗藤〈被扭曲的南海史：20世纪前的南中国海〉》，《云南社会科学》2018年第4期。

③ 郭渊：《中文文献对南沙群岛自然人文景观的记述及解析——兼论“南海仲裁案”中的不确之说（上、下）》，《海南热带海洋学院学报》2018年第4期、第6期。

④ 马新民、刘洋：《〈南海仲裁案裁决之批判〉评述》，《亚太安全与海洋研究》2019年第1期。

的法定义务，具有明知证据不足却隐匿事实的险恶用心，企图用《公约》保留条款误导读者，一再蓄意丑化中国①。

在美国、日本等国的南海政策研究方面，朱锋的《特朗普政府的南海政策及中美海上安全挑战》一文对特朗普政府对南海问题加大干预与介入的表现和原因进行了阐释，指出“特朗普政府的南海政策不仅挑衅了中国的主权与安全，也加剧了南海地区的紧张局势。中美两国在南海的博弈态势成为考验中美军事和战略关系走向的最大变量”②。栗广的《美国对南海争端的立场演变及其未来走向》对美国自20世纪30年代以来在南海问题上的立场态度进行了梳理，提出“从历史上看，美国对南海争端采取了不同的立场”，作者还指出：“美国对南海争端的立场呈现出三大特征：中国在美国对外战略中地位的变化是导致美国对南海争端立场改变的主要因素；美国对南海争端立场的变化主要体现为对中国态度的变化；美国没有承认任何一方对南海诸岛的主权，但会根据需要确定其具体立场。在可预见的未来，美国依旧会延续其目前对南海争端的介入政策；相应地，南海局势也会继续处于波动状态，但引发大规模战争的可能性不大。”③ 陈慈航的《美国在“南海行为准则”问题上的政策论析》一文提出特朗普政府在“南海行为准则”问题上的介入有望弱化，中国应抓住机遇进一步展现负责任的大国态度，排除干扰，以中国方案助力南海地区的和平、稳定与合作④。刘艳峰的《美国“南海航行自由”问题探析——基于规范扩散的视角》回顾了美国所谓“自由航行”的由来和演变历程，提出“美国对‘南海航行自由’规范的扩散采取自上而下的‘教化’模式，是美国的霸权主导以及对本国和他国国内制度的利用与操控。美国的这种自上而下单向的规范扩散忽视了规范传播的复杂过程以及规范本身的变动性，忽视了可能导致出现新规范的因素”。作者提议，“可以借助‘东盟+’南海区域间机制，与东盟共同努力切实推进南海行为准则磋商并付诸具体行动，通过双向规范扩散最终促进‘南海航行自由’新规范的诞生”⑤。葛汉文的《美国特朗普政府的南海政策：路径、极限与对策思考》一文，对特朗普政府的南海政策进行全方位梳理和思考，并提出了中国的应对之策⑥。邢瑞利的《美国对南海“航行自由”问题的安全化建构及中国应对》一文，论述了美国对南海“航行自由”的安全化企图及建构进程，厘清了美国安全化南海“航行自由”问题较为成功背后的原因，并对中国的“去安全化”努力提出应对建议⑦。包毅楠的《美国军舰擅闯我国南海岛礁邻近海域的国际法实证分析》，运用实证

---

① 傅崐成：《2016南海仲裁案仲裁庭对中国南海历史性权利的错误认定（上）》，《中华海洋法学评论》2019年第3期；傅崐成：《2016南海仲裁案仲裁庭对中国南海历史性权利的错误认定（下）》，《中华海洋法学评论》2019年第4期。

② 朱锋：《特朗普政府的南海政策及中美海上安全挑战》，《当代美国评论》2018年第3期。

③ 栗广：《美国对南海争端的立场演变及其未来走向》，《福建行政学院学报》2018年第4期。

④ 陈慈航：《美国在“南海行为准则”问题上的政策论析》，《国际政治研究》2018年第4期。

⑤ 刘艳峰：《美国“南海航行自由”问题探析——基于规范扩散的视角》，《南洋问题研究》2018年第4期。

⑥ 葛汉文：《美国特朗普政府的南海政策：路径、极限与对策思考》，《太平洋学报》2019年第5期。

⑦ 邢瑞利：《美国对南海“航行自由”问题的安全化建构及中国应对》，《太平洋学报》2019年第4期。

分析法，通过对近年来美国军舰擅闯我国南海岛礁邻近海域的历次“航行自由行动”进行统计梳理，对美舰擅闯行动挑战我国南海海洋权利的类型进行归纳评析，对美舰擅闯行动违反国际法的本质进行批判，并提出对策建议①。成汉平的《“印太战略”视域下美越围绕南海问题的战略互动：路径、目标与影响》一文，以过去两年中特朗普政府出台的多份重要的战略报告为依据，分析在特朗普政府推出的“印太战略”背景下美越两国之间战略互动的真实意图与路径，并提出相应的对策思考②。翟崑、宋清润的《美泰海洋安全合作的演变及动因》，在概述美泰海洋合作缘起与演进基础上，重点分析美泰海洋安全合作现状并展望前景，并分析其对中国的影响③。张炜的《从中美“海上航行自由”之争看国际海洋法的发展需求》一文，对四年来美国南海“航行自由行动”的国际政治影响和国际法影响进行深入探讨④。胡杰的《英国干涉中国在南海维权：前瞻与预防》一文，对英国干涉中国在南海维权形式、动机、收益、路径等问题进行了深入分析⑤。陈祥的《日本的南太平洋外交战略演变与太平洋岛国峰会——从环境外交到海洋外交》一文，在分析日本对南太平洋岛国外交的特点和重要性的基础上，探讨日本强化对南太平洋岛国的外交定位及其近年来的南太外交战略调整⑥。

在东南亚国家南海政策研究方面，苏莹莹《均势理论与马来西亚对于南海议题的“不选边”策略分析》一文提出，“均势理论是近年来马来西亚在外交领域采取大国平衡战略的理论依据”。作为南海声索国的马来西亚，一方面对南海问题国际化持相当谨慎的态度，反对域外国家直接军事干涉南海争端；另一方面，它始终保持良好的马中关系及平稳的马美关系，希望凭借大国平衡战略来维持南海力量均衡、塑造稳定安全的地区环境。作者认为，在超级大国与强大近邻之间保持平衡，更符合自己的利益⑦。李忠林《菲律宾杜特尔特政府的南海政策及前景》一文提出，杜特尔特政府上台以来，积极调整菲律宾的南海政策是菲律宾内政外交多种因素共同作用的结果，也是基于菲律宾国家利益最大化的务实理性选择，但杜特尔特政府的南海政策仍面临诸多制约因素，中国需要审慎评估相关态势发展动向，以便及时做出预案⑧。蓝瑶的《越南南海问题的对外宣传路径及其影响探析》一文对自20世纪90年代初以来越南在南海问题上的对外宣传手段进行了研究，指出越南的外宣做法将南海问题进一步复杂化，对南海问题的彻底

---

① 包毅楠：《美国军舰擅闯我国南海岛礁邻近海域的国际法实证分析》，《太平洋学报》2019年第6期。

② 成汉平：《“印太战略”视域下美越围绕南海问题的战略互动：路径、目标与影响》，《亚太安全与海洋研究》2019年第2期。

③ 翟崑等：《美泰海洋安全合作的演变及动因》，《太平洋学报》2019年第1期。

④ 张炜：《从中美“海上航行自由”之争看国际海洋法的发展需求》，《亚太安全与海洋研究》2019年第6期。

⑤ 胡杰：《英国干涉中国在南海维权：前瞻与预防》，《太平洋学报》2019年第3期。

⑥ 陈祥：《日本的南太平洋外交战略演变与太平洋岛国峰会——从环境外交到海洋外交》，《太平洋学报》2019年第5期。

⑦ 苏莹莹：《均势理论与马来西亚对于南海议题的“不选边”策略分析》，《国际论坛》2018年第1期。

⑧ 李忠林：《菲律宾杜特尔特政府的南海政策及前景》，《太平洋学报》2018年第6期。

解决带来了消极影响[①]。蒋小翼、禤嘉慧的《越南建设海洋保护区的实践及其启示》一文，以越南建立海洋保护区实践为分析对象，介绍越南海洋自然环境和海洋保护区概况，从法律、管理和实践三个角度探析保护区的建设情况，并从其战略意义、管理及监督机制等角度评析越南的海洋保护区实践，分析对中国的借鉴意义以及对管控南海争议和促进中越蓝色合作的影响[②]。骆永昆的《“全球海洋支点”战略背景下印尼在南海的利益探析——兼议中印尼合作的机遇与挑战》一文，通过对印尼“全球海洋支点”战略的战略目标、政策手段、法律保障进行全方位梳理，探讨印尼在南海的利益需求，并对中印尼关系面临的机遇和挑战进行了分析[③]。黄凤志、谢斌的《中国在南海问题上面临的“新加坡考验”——根源、限度及启示》一文，以新加坡在南海问题上的立场为切入点，探讨中国南海战略中“新加坡考验”的根源、限度及对中国的启示[④]。

（二）钓鱼岛问题研究

杨伯江的《钓鱼岛事件的影响》一文提出，“钓鱼岛事件”不是偶然的，而是在国际时局变化，特别是大国权力转移加速背景下出现的，其影响也是多方面的。作者认为，“钓鱼岛事件”对中国的影响非常深刻而久远，并强化了中国的海洋意识、海权意识[⑤]。侯毅的《日本“国有化”钓鱼岛政策的过程与影响》阐述了日本“购岛”事件对中日两国关系的消极影响[⑥]。李梅的《新古典现实主义视阈下的日本对华外交政策调整——以“购岛”决策为中心的考察》一文使用新古典现实主义国际政治理论对日本“购岛”决策的动因进行了分析，指出其结果恶化了中日关系并在一定程度上激化了地区矛盾[⑦]。疏震娅的《关键日期视角下的钓鱼岛领土主权争端分析》以关键日期为视角来检视钓鱼岛的领土主权归属问题[⑧]。李途的《东亚地区安全架构中的同盟政治与领土争端——以中日钓鱼岛争端和中菲南海争端为例》一文提出，国际事务中同盟介入争端的程度和意愿取决于三个因素：同盟条约的规定、介入争端的收益以及同盟牵连的风险。这是美国在多次公开承诺《美日安保条约》适用于钓鱼岛的同时，拒绝将菲律宾主张的南沙岛礁和黄岩岛纳入《美菲共同防御条约》的重要原因。作者认为，尽管不应过分夸大同盟在领土争端问题上的威慑作用，但是从其客观影响来看，美国出于自身

---

① 蓝瑶：《越南南海问题的对外宣传路径及其影响探析》，《太平洋学报》2018 年第 9 期。

② 蒋小翼、禤嘉慧：《越南建设海洋保护区的实践及其启示》，《亚太安全与海洋研究》2019 年第 3 期。

③ 骆永昆：《“全球海洋支点”战略背景下印尼在南海的利益探析——兼议中印尼合作的机遇与挑战》，《亚太安全与海洋研究》2019 年第 3 期。

④ 黄凤志、谢斌：《中国在南海问题上面临的“新加坡考验”——根源、限度及启示》，《太平洋学报》2019 年第 6 期。

⑤ 杨伯江：《钓鱼岛事件的影响》，《东亚评论》2018 年第 1 期。

⑥ 侯毅：《日本“国有化”钓鱼岛政策的过程与影响》，载《中国边疆学》（第九辑），社会科学文献出版社 2018 年版。

⑦ 李梅：《新古典现实主义视阈下的日本对华外交政策调整——以“购岛”决策为中心的考察》，《日本研究》2018 年第 4 期。

⑧ 疏震娅：《关键日期视角下的钓鱼岛领土主权争端分析》，《日本学刊》2019 年第 2 期。

利益介入东亚地区领土争端，只会激化问题，加剧争端解决的复杂性[①]。

三 海疆战略与政策研究

我国海洋强国战略、“21 世纪海上丝绸之路”倡议和海洋命运共同体理念的提出，带来近年来我国海洋发展战略、政策及海洋国际合作研究的高峰。2018—2019 年，有关我国海疆总体形势、战略应对的研究，以及我国与海上周边国家合作的研究不断涌现，为国家海疆治理体系和治理能力现代化研究注入了新的动力。

（一）海疆总体形势和战略应对研究

祁怀高的《近年来中国在南海的存在格局、面临挑战及因应之策》一文对于党的十八大以来我国南海形势发展进行了回顾，对我国在南海遇到的挑战和不利因素进行了分析并提出了建议[②]。邵建平的《南海争端走向与中国的政策选择》对南海争端的发展趋势进行了预测，提出“南海仲裁案的消极影响将无法完全消除，南海争端法律斗争更加白热化。为中国的和平发展营造良好的环境仍然是周边外交政策的首要目标，因此要将南海政策放在中国周边外交整体布局之下进行考量，实现维权与维稳的平衡”[③]。胡波的《中国海上兴起与国际海洋安全秩序——有限多极格局下的新型大国协调》一文认为，随着中俄等后发海洋强国的兴起，美国主导海洋安全秩序的包容性越来越受到质疑。作者从国际秩序的概念、内涵和构建方式出发分析海洋秩序，澄清了第二次世界大战后国际海洋秩序演进的二元结构及其与中国的关系，并对中国海上兴起的程度及其对国际海洋安全秩序的具体影响进行评估。作者提出，基于对中国实力、未来海上战略格局发展态势以及国际海洋安全形势和趋势的考察，中国应积极构建以“有限多极下的新型大国协调”为基础的海洋安全秩序，其核心内涵应是大国间的相互克制和相互妥协以及基于能力优势的领导作用[④]。齐皓的《东亚海洋争端与海洋秩序的演变》一文从区域秩序的角度对东亚海洋争端和海洋秩序问题展开讨论。作者提出，以《联合国海洋法公约》为代表的国际法规范和具体规则在缓解争端方面发挥的作用十分有限，争端国家长期不存在或只存在有限的共同准则，但东亚海洋秩序却长期维持。东亚海洋争端实际上转变为中美之间的海洋秩序之争[⑤]。杨力的《中国周边海洋问题：本质、构成与应对思路》一文系统梳理了影响中国周边海洋问题的主要因素，总结了中国周边海洋问题涉及的主要内容。作者认为，中国周边海洋问题既是法律问题又是政治问题。在中国周边海洋问题上，法律或许是起点但不一定是终点，而作为终点的法律很有可能

① 李途：《东亚地区安全架构中的同盟政治与领土争端——以中日钓鱼岛争端和中菲南海争端为例》，《太平洋学报》2019 年第 5 期。

② 祁怀高：《近年来中国在南海的存在格局、面临挑战及因应之策》，《国际论坛》2018 年第 1 期。

③ 邵建平：《南海争端走向与中国的政策选择》，《印度洋经济体研究》2018 年第 6 期。

④ 胡波：《中国海上兴起与国际海洋安全秩序——有限多极格局下的新型大国协调》，《世界经济与政治》2019 年第 11 期。

⑤ 齐皓：《东亚海洋争端与海洋秩序的演变》，《国际政治科学》2018 年第 3 期。

是政治进程的升华和结晶[①]。李忠林的《近期南海形势回顾与展望：成果、问题与对策》一文系统梳理了近年我国南海维稳维权的主要成果，深入分析了当前南海局势面临的主要困难与挑战，并提出了中国的因应之策[②]。吴士存、陈相秒的《中美南海博弈：利益、冲突与动因——兼论破解南海“安全困局”之道》一文，通过分析背后动因来回答中美两国南海博弈能否得到有效管控的问题[③]。张根海的《印度“大周边”战略及其对“一带一路”倡议的影响》一文认为，印度的“大周边”战略在陆上和海上均对“一带一路”倡议的运行形成一定干扰和阻碍，造成“一带一路”建设在南亚乃至“印太”地区放缓。作者提出，随着印度“大周边”战略的推进，特别是美印日澳在“印太”地区战略组合的潜在形成，中国需要采取相应措施，积极应对来自印度以及其他西方国家的挑战[④]。

在战略应对研究方面，廖民生等的《新中国成立以来国家海洋战略的发展脉络与理论演变初探》一文梳理了新中国成立70年来海洋战略的发展历程，厘清和明确了我国迈向海洋强国发展进程中的顶层设计、政策发展嬗变的轨迹、核心理论与重要观点、实践经验与历史教训。作者提出，从毛泽东时期的向海图存防御性海洋战略到邓小平改革开放时代的开放性经略海洋思想，从江泽民时期“实施海洋开发”战略主张到胡锦涛时期发展建设“和谐海洋”的延伸，当下我国迎来了新的海洋发展机遇期。习近平总书记在十九大报告中提出“坚持陆海统筹、加快建设海洋强国”的战略部署，形成了独具特色的习近平海洋强国战略思想理论体系[⑤]。邢广梅的《海洋强国战略框架下的我国海上安全》探讨了国家海上安全在海洋强国战略框架下的作用和地位，并提出了我国应对海上安全挑战的六点举措[⑥]。金永明的《新时代中国海洋强国战略治理体系论纲》一文考察了我国海洋强国战略治理体系的演进及内涵，探讨了我国加快建设海洋强国的价值取向与目标愿景，提炼了我国加快建设海洋强国的内外路径及含义，并对我国深化海洋强国战略治理体系的保障措施进行总结，在此基础上提出了我国加快建设海洋强国的核心任务和身份定位[⑦]。孔令杰的《新时代中国特色边界与海洋外交政策：基础、内涵与挑战》的一文从历史传承、基本内涵、主要成就及面临的机遇和挑战等方

---

① 杨力：《中国周边海洋问题：本质、构成与应对思路》，《边界与海洋研究》2018年第6期。

② 李忠林：《近期南海形势回顾与展望：成果、问题与对策》，《大连海事大学学报（社会科学版）》2019年第4期。

③ 吴士存、陈相秒：《中美南海博弈：利益、冲突与动因——兼论破解南海“安全困局”之道》，《亚太安全与海洋研究》2019年第4期。

④ 张根海：《印度“大周边”战略及其对“一带一路”倡议的影响》，《当代世界与社会主义》2019年第6期。

⑤ 廖民生等：《新中国成立以来国家海洋战略的发展脉络与理论演变初探》，《太平洋学报》2019年第12期。

⑥ 邢广梅：《海洋强国战略框架下的我国海上安全》，《中国海洋大学学报（社会科学版）》2019年第3期。

⑦ 金永明：《新时代中国海洋强国战略治理体系论纲》，《中国海洋大学学报（社会科学版）》2019年第5期。

面系统梳理中国的边界与海洋外交，尤其是中国处理领土、边界和海洋争端的方针政策①。侯毅的《新时代我国维护海洋权益工作的政策基础与路径选择》一文提出，有效捍卫领土主权，维护海洋合法权益关系到中华民族伟大复兴和“两个一百年”奋斗目标的实现。党的十九大为新时代我国海洋维权工作明确了目标方向，提出了指导原则。为保证有效维护国家海洋权益目标的实现和各项战略任务的落实，应坚定不移地贯彻党的十九大精神，以习近平关于维护国家海洋权益的重要论述为指导，从能力建设、机制构建、理论创新等多个方面着手开展工作，稳中求进，不断取得新成绩②。陈秀武的《“海洋命运共同体”的相关理论问题探讨》一文，探讨了“海洋命运共同体”蕴含的哲学元素、东亚历史海域“海洋命运共同体”的辐射范围，以及“海洋命运共同体”的“利益观”和方法论价值③。黄高晓等的《从建设海洋强国到构建海洋命运共同体——习近平海洋建设战略思想体系发展的理论逻辑与行动指向》一文提出，习近平构建“海洋命运共同体”倡议的提出标志其海洋思想创新完成了一个三部曲式的飞跃发展，形成了“三位一体”的习近平海洋建设战略思想体系④。张景全的《“海洋命运共同体”视域下的海洋政治研究》一文认为，“海洋命运共同体”的提出拓展了海洋政治研究的主体，拓宽了海洋政治研究的维度。而拓展后的主体包括国家与组织、人与海洋生物、海洋非生命。拓展后的研究维度包括实践维度、认知维度以及感知/状态维度⑤。白佳玉等的《人类命运共同体理念视域中的国际海洋法治演进与发展》一文提出，全球治理语境下提出的人类命运共同体理念在国际海洋法治领域具有天然的可融性。各时代海洋大国的政策实践及相关理论的完善对国际海洋法治的形成与发展产生了重要影响。以国际海事组织为代表的涉海政府间国际组织也在推动具体海洋法律制度的形成中发挥积极作用。极地治理、公海渔业资源养护与可持续利用、国家管辖范围外海洋生物多样性养护与可持续利用、国际海底区域矿产资源勘探开发以及以海洋酸化为代表的全球性海洋环境问题应对等方面的国际法律规则制度构建，将成为人类命运共同体理念未来促进国际海洋法治发展的重要领域⑥。

（二）南海及周边海洋合作研究

吴士存等的《论海洋秩序演变视角下的南海海洋治理》一文认为，当前国际和南海地区海洋秩序深度调整，海洋治理也随之进入新的发展阶段。中国与东盟国家应抓住当前南海海洋秩序调整的机遇，通过完善规则与规范、建立区域海洋治理合作机制网

---

① 孔令杰：《新时代中国特色边界与海洋外交政策：基础、内涵与挑战》，《边界与海洋研究》2018 年第 1 期。

② 侯毅：《新时代我国维护海洋权益工作的政策基础与路径选择》，《中国边疆史地研究》2018 年第 2 期。

③ 陈秀武：《“海洋命运共同体”的相关理论问题探讨》，《亚太安全与海洋研究》2019 年第 4 期。

④ 黄高晓等：《从建设海洋强国到构建海洋命运共同体——习近平海洋建设战略思想体系发展的理论逻辑与行动指向》，《浙江海洋大学学报（人文科学版）》2019 年第 5 期。

⑤ 张景全：《“海洋命运共同体”视域下的海洋政治研究》，《人民论坛》2019 年第 S1 期。

⑥ 白佳玉等：《人类命运共同体理念视域中的国际海洋法治演进与发展》，《广西大学学报（哲学社会科学版）》2019 年第 4 期。

络，建立起基于规则的南海海洋治理体系。在这一过程中，中国应与东盟国家一道牢牢抓住主导权，并扮演与自身国力和地区影响力相匹配的角色①。马英杰等人的《南沙群岛海域油气资源共同开发法律问题研究》一文从法律角度，结合争议海域油气资源共同开发的国际实践，对南沙群岛海域油气资源共同开发存在的可能性及困难进行了分析，提出“面对种种困难，我国应该积极采取应对措施，进一步加强对南海断续线及线内水域性质和地位的研究，加大开发力度并处理好先存权问题，构建南沙群岛海域油气资源共同开发的合理模式”②。洪农的《南海共同开发：困境中求新机——〈南海共同开发六国学者共同研究报告〉述评》一文，对2019年5月复旦大学国际问题研究院中国与周边国家关系研究中心发布的《南海共同开发六国学者共同研究报告》进行了总体梳理和评析③。戴宗翰的《“南海行为准则”磋商及关键性法律问题的思考》一文针对“准则”谈判面临的难点，如“准则”基本属性、适用法律空间效力、法律拘束力等问题，进行探讨与解释④。康霖的《中菲南海油气资源共同开发：挑战与努力方向》一文提出，“近年来受益于南海地区局势趋稳向好发展、中菲关系转圜以及中菲南海问题双边磋商机制的建立，两国南海油气资源共同开发有望取得突破性进展。中菲双方需尽量排除外界干扰、审慎拣择区域，充分发挥机制化磋商的作用，并采取灵活的商业合作模式，方能使两国在南海有关海域的油气资源共同开发行稳致远”⑤。祁怀高的《当前中菲南海共同开发的制约瓶颈与应对思考》一文，从菲律宾的角度出发，探究中菲南海共同开发存在的五方面制约瓶颈，包括菲国内法律障碍、菲国内政治分歧、菲政策不稳定性、菲民众的疑虑、美国介入等，并针对上述制约瓶颈提出了应对思考⑥。成汉平的《越南权力结构历史性变化与中越海上联合开发探索》一文分析越南权力结构的历史性变化对其海洋政策可能带来的重大影响及其海洋政策的变化趋势，探讨了中越海上联合开发的可行性与现实意义。作者提出，在印太地缘政治越来越复杂的背景下，中国应基于构建海洋命运共同体的战略高度，积极推动与越南的海上合作和开发，将“一带一路”倡议与越南的“两廊一圈”实施对接，打造“具有战略意义的中越命运共同体”⑦。王玉主的《关于进一步推进泛北部湾经济合作的几点思考》一文通过分析当前泛北部湾经济合作中存在的问题以及中国—东盟经济合作格局所发生的变化，就泛北部湾经济合作下一步的发展提出政策建议，即将泛北部湾经济合作机制化、明确其海上合作的地位以及夯实广西北部湾经济区建设这个合作依托等⑧。

邓妮雅的《“一带一路”倡议下南海资源共同开发的模式选择》一文对在推进“一

---

① 吴士存等：《论海洋秩序演变视角下的南海海洋治理》，《太平洋学报》2018年第4期。

② 马英杰：《南沙群岛海域油气资源共同开发法律问题研究》，《中国海洋大学学报（社会科学版）》2018年第5期。

③ 洪农：《南海共同开发：困境中求新机——〈南海共同开发六国学者共同研究报告〉述评》，《亚太安全与海洋研究》2019年第4期。

④ 戴宗翰：《“南海行为准则”磋商及关键性法律问题的思考》，《南海学刊》2019年第3期。

⑤ 康霖：《中菲南海油气资源共同开发：挑战与努力方向》，《国际问题研究》2018年第5期。

⑥ 祁怀高：《当前中菲南海共同开发的制约瓶颈与应对思考》，《太平洋学报》2019年第3期。

⑦ 成汉平：《越南权力结构历史性变化与中越海上联合开发探索》，《东南亚研究》2019年第5期。

⑧ 王玉主：《关于进一步推进泛北部湾经济合作的几点思考》，《东南亚纵横》2018年第4期。

带一路”建设背景下，我国与南海邻国在争议海域实行共同开发提出了建议①。梁源的《海上丝绸之路背景下中国与太平洋岛国合作的前景》一文提出，中国与太平洋岛国关系的发展一直是在发展中国家合作的框架内进行的。这种国家身份的认同感减轻了太平洋岛国对传统域外大国的戒备与担心。作者认为，“21 世纪海上丝绸之路”建设为南太地区的南南合作提供了新的发展机遇，建议珍视二者之间的信任基础，以具有中国特色的平台与创新理念丰富南南合作的内涵②。赵业新的《论海上丝绸之路背景下中国与太平洋岛国深海采矿合作》一文，深入分析了加强我国与太平洋岛国深海采矿合作的原因，探讨了我国与太平洋岛国深海采矿合作可能存在的科学、技术、经济、环境和地缘政治等方面的挑战并提出相应政策建议③。陈盼盼的《“21 世纪海上丝绸之路”背景下中国—东盟渔业合作法律机制的构建》一文认为，“21 世纪海上丝绸之路”的提出给中国—东盟渔业合作带来了新的历史机遇，但由于缺乏稳定的法律保障机制，推进该领域的合作依然面临重重挑战。作者根据中国与东盟国家渔业领域的特点，认为中国—东盟渔业合作法律机制应以政府间协调合作为中心，创建和完善相关法律规范为途径，围绕渔业领域存在的问题，建立系统性法律促进机制。作者提出，完整的渔业合作法律机制应包括渔业资源管理机制、渔业发展支持机制、渔业灾害保险机制、渔业合作信息服务机制以及渔业争端解决机制④。高兰的《海洋命运共同体与中日海洋合作——基于海洋地缘政治学视角的观察与思考》一文提出，2019 年以来，中国加快建设海洋强国，构建“海洋命运共同体”。日本则进入新年号“令和”时代，根据第三期“海洋基本计划”，日本提出要面对“新海洋立国的挑战”，努力寻求国际海洋合作。作者认为，当前中日海洋合作已迎来新的机遇⑤。

---

① 邓妮雅：《“一带一路”倡议下南海资源共同开发的模式选择》，《中国海洋大学学报（社会科学版）》2018 年第 2 期。

② 梁源：《海上丝绸之路背景下中国与太平洋岛国合作的前景》，《南海学刊》2019 年第 4 期。

③ 赵业新：《论海上丝绸之路背景下中国与太平洋岛国深海采矿合作》，《太平洋学报》2019 年第 10 期。

④ 陈盼盼：《“21 世纪海上丝绸之路”背景下中国—东盟渔业合作法律机制的构建》，《中华海洋法学评论》2019 年第 2 期。

⑤ 高兰：《海洋命运共同体与中日海洋合作——基于海洋地缘政治学视角的观察与思考》，《人民论坛·学术前沿》2019 年第 20 期。

西南边疆研究综述（2018—2019）

时雨晴*

2018—2019年度，西南边疆研究在延续近年发展态势的基础上不断走向深入，在理论、方法、实证等研究方面都呈现出新的研究动态。主要表现在：研究方法更加多元，多学科交融的现象明显，涉及历史学、地理学、政治学、经济学、民族学、社会学、国际关系等多学科的理论和方法；研究内容更加丰富，包括西南边疆档案资料的整理与分析、西南边疆史、历代西南边疆治理、西南边疆社会经济发展、西南边疆与“一带一路”建设、西南边疆精准扶贫、西南边疆稳定和安全、西南边疆法治化、西南边疆研究评述等研究。

一　西南边疆档案资料的整理与分析

云南省档案馆对民国时期西南边疆档案资料进行了汇编，形成《云南广西综合卷》①，集中展示了档案的内容特征，为阅读者提供索引，并用原色影印方式选取云南政务、教育、军事、经济、盐务和广西政务的各类公文等部分档案文献，保持档案纸张、笔迹、印章等文献的原貌。

古永继尽量搜集现存1911年前的各种正史、别史、方志、档案、碑刻、游记及调查材料中有关15种民族的汉文、汉译资料，对云南15种特有民族古代史料，从先秦到清末，把分散于不同文献中的相关史料集中组合，标点分段，分类汇编，以利读者了解史料的相关状况及进一步查询②。

李昆声以通论的形式将云南古猿、旧石器时代、新石器时代、青铜时代、早期铁器时代、东汉至隋（南诏大理）、元明时期的考古资料进行系统全面的梳理、总结，对该领域的研究作出了一定的贡献③。

清末民国时期系中国边疆领土危机的一个高发期。边疆领土危机的加重激发了中国有识人士边疆与边界意识的高涨，进而促进了中国边政学之肇兴。作为危机高发地的西南边疆地区，其本土有识人士的边界意识和积极为维护国家领土主权所作出的系列践行活动，不仅为中英划界贡献了边疆地区本土民力的国家认同基础，还为后来的中缅最终

---

* 时雨晴：中国社会科学院中国边疆研究所副研究员。

① 云南省档案馆：《民国时期西南边疆档案资料汇编·云南广西综合卷》，社会科学文献出版社2018年版。

② 古永继：《云南15种特有民族古代史料汇编（上、中、下）》，云南大学出版社2019年版。

③ 李昆声：《云南考古学通论》，云南大学出版社2019年版。

划界提供了宝贵的人文记录参考材料。方天建对西南边疆地区相关本土有识人士之边疆、边界意识进行专门探讨，是西南边疆研究之必要环节[①]。

近代西南边疆民族档案是民族国家建设与多民族文化结合的产物，在西南边疆发展进程中，发挥着延伸记忆、延续历史、催生新的文明的重要作用。杨毅运用档案学、民族学原理，在梳理分析西南边疆民族档案的起源与发展历史的基础上，对近代西南边疆民族档案的形成做了较深入的研究，对西南边疆民族档案在近代民族国家建设中发挥的作用展开了比较专门化的讨论[②]。

地理信息系统是创建具有空间属性的历史数据库的有效途径。近代西南边疆游记资料是近代西南边疆史地、民族学、藏学、生物学等学科研究的重要资源宝库，具有较好的空间特征、时间特征和属性特征。霍仁龙、姚勇在文献性质和需求分析的基础上设计了基于地理信息系统的近代西南边疆游记数据库构架，建设成为一个集游记资料的整合与管理、数据分析与专题地图制作、可视化展示等功能于一体的数据库平台，以期为相关学科的学术研究和“一带一路”建设服务[③]。

二　西南边疆历史研究

（一）西南边疆史研究

李大龙对唐代中华大地上以实现“大一统”的唐朝为核心和实现西南地区“一统”的吐蕃为核心的藩属体系的形成和发展，及在两大藩属体系碰撞重组下的西南边疆的状况做了探讨，认为唐代西南边疆政治格局的变化主要受到以唐王朝和吐蕃为核心的两大藩属体系扩张和南诏自身发展三个因素的多重影响，而依靠中原王朝的支持才能求得自身发展或许是南诏乃至西南边疆“内向化”的重要原因，最终成为了中国疆域不可分割的组成部分[④]。

王燕以近现代西南边疆民族史研究为例，从史学史发展的脉络把握历史人类学研究在历史学研究中的地位，探寻历史叙述与认同相契合的经典研究，观照具体的历史主体、历史形成过程及历史话语意义，呈现了一种从内部观看历史的研究路径，为从事近现代西南边疆民族史研究的同仁提供了诸多启示[⑤]。

西南边疆民族地区是我国族群分布最为广泛的地区。赵永胜从区域整体史的角度，分四个时段对19世纪中叶以前中国西南与中南半岛古代民族源流、分布及其演变进行纵向勾勒和横向比较，在孟高棉民族的起源及其迁徙与交融、土司制度的发展及其对民

---

① 方天建：《清末民国时期西南边疆本土有识人士之边界意识》，《西南边疆民族研究》2019年第1期。

② 杨毅：《近代西南边疆发展史中的民族档案述论》，《中国边疆史地研究》2019年第1期。

③ 霍仁龙、姚勇：《基于地理信息系统的历史数据库建设——以近代西南边疆游记数据库为例》，《西南民族大学学报》2018年第12期。

④ 李大龙：《唐代两大藩属体系碰撞中的西南边疆》，《青海民族研究》2018年第1期。

⑤ 王燕：《历史叙述与族群认同——基于近现代西南边疆民族史研究的启示》，《贵州大学学报》2018年第5期。

族分布的影响、主体民族的崛起与中南半岛民族分布的演变等领域取得重要进展①。

方国瑜注重云南地方史的研究，系统讲述了云南各历史时期的民族源流和发展，包括上古居民与部落，南诏建国，南诏与唐朝、吐蕃间的关系，南诏的经济政治；南诏灭亡后郑赵杨段高的更替，大理国时期对外经济关系，以及元明清时期王朝在云南的统治，将云南民族史和云南地方史研究推向了新的阶段②。

刘鸿燕对云南土司制度产生与存续的社会人文基础、“存土置流”策略的形成、沿边土司地区交通和通讯的发展，以及商品经济发展对土司地区经济和文化等方面的影响做了不同的研究，并深入探讨和解构了近代中央政府不断推进的内地与边疆政治体制一体化等方面的发展对云南土司制度存续的影响，全面具体地揭示了近代云南土司制度衰落的全过程，有助于读者了解云南近代历史，能够为今后云南近代边疆史的研究提供有益借鉴③。

黄宇鸿、李志俭以时间为经，事件为纬，以详实的史料，记述了广西海上丝绸之路的形成与发展过程，揭示了广西北部湾是汉代我国海上丝绸之路的始发港，是中国西部连接东盟的重要通道，是“一带一路”的重要支点，是我国经济版图新的增长极，阐明了诸种社会因素对海上丝绸之路的促进和海上丝绸之路对当地经济发展的反作用，探讨了广西海上丝绸之路自身发展的规律和重要作用，对研究海上丝绸之路的经济贸易发展和中外文化交往有很好的参考价值④。

何畏论述了东汉末年益州牧的设立及其对西南边疆的历史影响，认为州制确立后使得益州牧刘焉父子能够获得益州诸郡国，在益州内部顺利地推行其统治，并且使益州日益成为一个整体的政治区域，加之其顺应形势、运用权势，最终使这一片统一王朝的疆土变为其家族世袭的“独立王国”。作为该“独立王国”的一部分，西南边疆在益州牧设置后“顺理成章”地成为刘焉父子、蜀汉政权的领地，地位上升，具备了管理方式调整的基础，因其与益州的紧密联系，长期稳定地居于中原王朝的疆域之内⑤。

（二）历代西南边疆治理研究

历代西南边疆治理研究一直是西南边疆研究长期关注的问题。边立认为清前期统治者有“分疆定界”与“叛则讨之”的疆域思维与经营理念，并在“中国之内地”与“边疆蛮夷”的认知基础上，在云南推行“文教合一”与“慎固边陲”的实践举措，既加快了云南边疆内地化的进程，又统筹了云南地方“夷”“边”等特殊性，使云南边疆较好发挥了“西南之屏藩”与“中国之门户”的作用⑥。

---

① 赵永胜：《中国西南与中南半岛古代民族源流、分布及其演变研究》，中国社会科学出版社2019年版。

② 方国瑜：《云南民族史讲义》，云南人民出版社2018年版。

③ 刘鸿燕：《近代云南沿边土司社会研究》，云南人民出版社2018年版。

④ 黄宇鸿、李志俭：《广西海上丝绸之路史（古近代）》，中国社会科学出版社2019年版。

⑤ 何畏：《东汉末年益州牧的设立及其对西南边疆的历史影响》，《玉溪师范学院学报》2018年第9期。

⑥ 边立：《“内边”视野下清前期经营云南边疆的理念与实践》，《玉溪师范学院学报》2019年第5期。

李正亭以清王朝接管云南盐务后恢复盐业生产为线索，认为在盐业生产发展过程中封建经济因素不断增长，西南边疆内地化程度不断强化。他从清代云南盐业生产视角考察西南边疆内地化问题，认为盐务生产的发展是云南内地化的重要基础，缉私“盐控”是云南内地化的助推手段，封建经济因素增长与盐币废退是云南内地化的特殊表现形式①。

马亚辉、滕兰花梳理了乾隆朝在西南边疆民族地区实施的一系列民族政策，内容包括政治、经济、灾赈、文化、民俗、军事等领域，认为乾隆朝的民族政策实质是为了维护清朝统治者的封建专制皇权制度，但客观上却促进了西南边疆政治、经济、文化的迅速发展，使得边疆与内地差距锐减，进而形成了西南边疆史上的封建盛世②。马亚辉论述了嘉庆时期清朝对西南的民族政策，虽然这个时期在政治、经济、文化、军事等各个领域对乾隆时期在西南边疆的各种民族政策进行了承袭，但由于嘉庆时期官场的严重腐败，对西南边疆的民族政策造成了极大冲击和破坏，使承袭前朝的民族政策流于形式，西南边疆的民族矛盾与官民矛盾最终愈演愈烈③。马亚辉、陈逸飞梳理了清末期政府对西南边疆的治理手段，认为清朝政府对连绵不绝的民族起事采取剿抚兼用的手段④。马亚辉论述了改土归流后，清廷对西南边疆进行的一系列交通开发，以昆明为中心，先后拓修了云南至广西、贵州、四川以及云南内部滇西、滇南等方向的道路，基本达到了清廷经略西南边疆的目的⑤。

许新民探讨了云南封疆大吏任职期间对云南山川形势、风土民情、吏治官风、社会矛盾、民族关系、军事防御等情况的认知评价，并在认知基础之上，对封疆大吏形成相关治理思想，制订相关治理政策、方略，构建国家治理体系，付之于具体的治理实践，以及治理成效进行评价，是有关清代后期116年间封疆大吏群体对云南省情的认知与国家治理问题的系统研究⑥。

全面抗战爆发后，随着边疆观念本土化的形成以及西南区域纳入“边疆”范围，知识精英对以往“改土归流”进行重新审视。肖高华较为系统地对知识精英就西南土司制度属于“文化问题”抑或“政治问题”、应归属于“内政”抑或“边政”范围、土司文化与内地文化“平行发展”抑或“同化”、采取“激进”抑或“渐进”方式实现土司制度现代转型等诸多方面的探讨进行了历史考察，以便对土司制度现代转型中的

① 李正亭：《清代云南盐业生产视角下的西南边疆内地化析论》，《中国盐文化》2018年第11期。

② 马亚辉、滕兰花：《乾隆朝的“一视同仁”与西南边疆封建盛世的形成》，《广西民族师范学院学报》2018年第4期。

③ 马亚辉：《“守成”理念下嘉庆时期的西南边疆民族政策探析》，《广西民族研究》2018年第4期。

④ 马亚辉、陈逸飞：《清后期西南边疆民族治理的历史审视（1851—1911）》，《文山学院学报》2019年第2期。

⑤ 马亚辉：《清雍乾时期西南边疆交通开发述议》，《广西社会科学》2018年第8期。

⑥ 许新民：《清代后期云南封疆大吏的省情认知与国家治理研究》，中国社会科学出版社2018年版。

多元性、复杂性有一个更为全面的认识[①]。罗群、童巍雄梳理了民国时期云南的垦务行政，认为垦殖政策极大地促进了边疆农业与社会经济的发展[②]。董向芸认为新中国成立后，国营垦区在西南边疆构筑的嵌入型社会空间，以军队成建制转入垦殖为组织基础，以层级方式建构出国家与区域间的交流网络，逐渐形成与当地社会原有惯习所不一样的社会样态。国营垦区这种嵌入式移民空间对所在边疆区域形成极强的范示辐射，进而成为少数民族群体对于国家的认知样本，并随着垦区公共空间的影响加深，逐渐改变了当地少数民族村寨的既有空间结构，构建出双方和谐共生的融合空间，为提升当代边疆软治理能力提供了重要的路径借鉴[③]。

秦和平认为自中华人民共和国建立后，中国共产党对西南边疆民族地区的治理途径主要有：解放军进驻，维护安定，作为治理的保障；派遣中央访问团，传达中央政府的关怀，宣传共同纲领，争取及团结少数民族，构建新型的关系；建立民族自治区或联合政权，实行区域自治，改变旧的管理体制；开展抗美援朝等运动，向少数民族宣传爱国主义，树立祖国观念，形成并增强中华民族一家人的共同意识；选拔、培养及任用民族干部，管理本民族事务；进行民主改革，完成对所有制的改造，开展民主建政，统一社会制度[④]。

牛伟伟认为，近代以来，西南边疆壮族的国家观念受到西方列强技术器物入侵、政治制度输入、殖民文化渗透等，由传统的“天朝上国”观念逐渐转化为民族国家观念。在此过程中，西南边疆壮族族群观念与国家观念产生了两种互动形态：强族群观念与弱国家观念的冲突形态，以及弱族群观念与强国家观念的互助形态[⑤]。

三　西南边疆社会经济发展研究

（一）西南边疆经济发展研究

我国西南边疆民族地区县域经济发展格局受历史发展基础、区位条件、交通条件、城市等级体系，以及国家战略政策等因素影响较大，其实体经济处于转型升级发展阶段，整体而言并不发达。

武友德、王源昌等立足于经济地理学综合性与区域性特征，全面梳理云南省经济地理的资源开发、国土整治、城镇化和产业转移等问题，聚焦现阶段云南省区域和城市可持续发展及未来发展方略，为优化云南省生产力空间分布和要素的组合，建设成为民族

---

① 肖高华：《全面抗战爆发后知识精英对西南边疆“改土归流”的新审视》，《江汉论坛》2018年第3期。

② 罗群、童巍雄：《“福边利民”：民国时期云南垦务行政与边疆治理研究》，《思想战线》2019年第6期。

③ 董向芸：《嵌入型公共空间的构建与继替——西南边疆国营垦区的融合进程》，《云南行政学院学报》2018年第1期。

④ 秦和平：《20世纪50年代初共产党对西南边疆民族地区的治理》，《民族学刊》2018年第3期。

⑤ 牛伟伟：《冲突与互助：近代西南边疆民族地区壮族族群观念与国家观念》，《红河学院学报》2019年第2期。

团结进步示范区、生态文明建设排头兵、面向南亚东南亚的辐射中心提供科学的决策依据①。王旦、唐红祥通过构建县域经济发展水平评价指标体系，结合数理统计与空间分析方法，运用 SPSS、ARCGIS 等软件，对西南边疆民族地区桂滇省（区）的县域经济发展水平进行综合评价和比较②。罗琳、冯娜梳理了云南对越南直接投资的现状，分析云南对越南直接投资的政策环境及其对越南直接投资中存在的问题，从企业和中越双方政府角度提出相应启示及建议③。

柯丽菲在充分分析广西推进供给侧结构性改革、发展环境、机遇与挑战的背景下，深入剖析了服务业和农业这两大产业各自新业态的内涵和发展特征，借鉴国内外先进经验和研究成果，结合广西实际，选择了包括金融服务业、信息技术服务业、电子商务服务业、现代物流服务业、健康服务业、休闲农业、旅游农业、循环农业、会展农业在内的具备一定发展基础、具有较大潜在需求的服务业和农业新兴业态进行了重点研究，提出了这些新业态的发展目标、发展重点和发展对策，为广西经济社会的可持续发展提供新的驱动力④。王文俊以南宁市为例，认为南宁市实体经济在发展上尚存在需求不足、资源要素趋紧、持续创新动力不足等问题。这些问题的存在与市场机制内在规律的周期性影响、产业转型升级的阶段性特征、结构性矛盾日益凸显、创新环境有待优化等因素相关。因此，应从加大宏观经济政策供给以优化实体经济发展环境、提升产业政策精准度以推进工业及产业园升级发展、增强企业服务的针对性以提升企业实力、加大改革力度以充分激发市场活力等方面着力推进⑤。

（二）西南边疆社会发展研究

黎珍以社会资本为研究对象，以马克思主义的民族理论和科学发展观为指导，通过研究社会资本在推动西南民族地区和谐发展中的显要地位，以及如何构建现代社会资本促进西南民族地区的和谐发展，寻求西南民族地区和谐发展的新思路⑥。陶琳阐述了云南边疆地区外埠与本地商业交流，如进行丝绸、茶叶、瓷器、地方特色工艺品商业流通，信息网络交流，及地方支教、文化教育上的交流与融合，茶马古道文化等，具有一定的学术性及社会价值⑦。

陈雪运用多元交织分析框架，对云南边境跨国婚姻移民展开研究，通过对位于云南边境地区的多个跨境婚姻移民聚居地：中越边境的文山壮族苗族自治州麻栗坡县天保镇，以及中缅边境的德宏傣族景颇族自治州芒市和瑞丽的多个乡镇进行为期一年的田野调查，同时对国内外有关移民研究、婚姻移民研究文献资料，各级组织有关婚姻移民的

---

① 武友德、王源昌等：《云南经济地理》，经济管理出版社 2018 年版。

② 王旦、唐红祥：《西南边疆民族地区县域经济发展水平评价及比较分析——以桂滇两省（区）为例》，《经济研究参考》2018 年第 7 期。

③ 罗琳、冯娜：《云南对越南直接投资的现状及问题研究》，《红河学院学报》2019 年第 1 期。

④ 柯丽菲：《广西新产业新业态培育与发展研究》，社会科学文献出版社 2019 年版。

⑤ 王文俊：《西南边疆民族地区实体经济发展困境与对策——以广西南宁为样本》，《行政与法》2018 年第 7 期。

⑥ 黎珍：《社会资本与西南民族地区和谐发展》，中国社会科学出版社 2019 年版。

⑦ 陶琳：《云南边疆民族地区自发移民的社会网络与文化融合》，团结出版社 2018 年版。

法规、政策、调查报告，以及大众媒体对婚姻移民的相关报道等次级资料和数据进行充分收集和内容分析，认为云南边境地区的婚姻移民的迁徙行动，既是区域经济发展不平衡下父权制度跨国再生产的结果，也是多重不平等性结构下生产出的一种性别化的迁移图景，婚姻移民在社会底层空间完成了跨国行动①。

（三）西南边疆与“一带一路”建设

中国（广西）自由贸易试验区于 2019 年 8 月设立，如何实现后发赶超跨越发展，在中国—东盟自由贸易区、“一带一路”建设及广西构建“南向、北联、东融、西合”全方位开放发展新格局中发挥更大的作用，成为近年来的研究热点。

黄志勇、蒙飘飘等建议建设面向东盟的金融开放门户，充分利用金融开放门户先行先试政策优势，深化与东盟经贸合作，推进人民币国际化，合力推动广西自贸区跨越发展②。汪瑾、吴晨漪提出广西应当着力改善综合交通及物流体系，大力发展口岸经济，促进区内加工贸易发展，优化双边贸易商品结构、实施多元化的进出口市场战略③。陈丙先认为随着中国—东盟关系的发展，中国—东盟自由贸易区建设的推进，作为中国面向东盟的门户，广西与东盟国家的联系日益紧密，其外向型经济所占比重不断上升，作者深入剖析广西外向型经济发展的现状、滞后原因、东亚华资及其与广西的合作，并进一步探讨推进其发展的有效途径和方法④。乐国友、唐慧发现中国—中南半岛国际经济走廊陆路互联互通建设过程中存在民心不够相通、债务问题、各国发展不平衡、日本高铁的恶性竞争、各国交通标准和等级不统一、通关不够便利等问题，提出加强人员交往、加强债务管理、因地制宜、“世界化”中国高铁标准、统一主要线路的交通标准、深化通关便利等措施建议⑤。

（四）西南边疆精准扶贫研究

西南边疆民族地区大多自然地理环境恶劣，基础设施建设、公共服务水平、产业发展、文化教育滞后，贫困发生率高、贫困程度深，部分沿边跨境地区因婚、因毒致贫返贫问题突出，是我国精准脱贫的重要战场。

王俊程、胡红霞针对西南边疆贫困面大、贫困程度深、脱贫难度大的实际，提出加强基础设施建设、分类整改全面消除 C/D 级危房、构建多元增收渠道、开展教育对接帮扶缩小城乡教育差距等建议⑥。张志巧基于思想宣传和文化建设视角，针对西南边疆

---

① 陈雪：《云南跨境婚姻移民》，社会科学文献出版社 2018 年版。

② 黄志勇、蒙飘飘等：《面向东盟金融开放门户：广西自贸区实现后发赶超跨越发展的关键点研究》，《南宁师范大学学报》2019 年第 6 期。

③ 汪瑾、吴晨漪：《“一带一路”对广西开放型经济发展的影响研究》，《调研世界》2019 年第 11 期。

④ 陈丙先：《广西外向型经济发展与东亚侨资/中国与东南亚关系研究丛书》，厦门大学出版社 2018 年版。

⑤ 乐国友、唐慧：《“一带一路”背景下中国—中南半岛国际经济走廊陆路互联互通建设探讨》，《物流技术》2019 年第 6 期。

⑥ 王俊程、胡红霞：《十八大以来中国农村减贫：成效、问题与策略——基于西南边疆民族贫困地区的实地考察》，《西北民族大学学报》2018 年第 6 期。

民族地区精准扶贫工作中存在的突出问题提出了发展的建议[①]。王曙光研究了易地扶贫搬迁的“顶层设计—动员激励—统筹协调—监督考核”四位一体核心机制，从“经济—社会—文化”三个维度建立了系统性的制度框架[②]。李涛、陶明浩等发现政府承诺与政府信任对人民获得感都有显著的正向促进作用[③]。陈忠言发现“能人＋合作社”型资金使用效率最高；本地投资主体比外地投资主体的扶贫绩效更加稳定和均衡；资源禀赋型扶贫项目比市场需求型整体扶贫绩效更好；要发挥基层组织动员及桥梁作用，塑造“村两委”主要人员的职业经理人意识[④]。

生态旅游扶贫成为贫困民族地区实现精准扶贫和可持续发展的新方向，王美钰、吴忠军等提出其应通过着力推进“生态＋”战略，加强生态文明建设，提高居民社区参与，整合危机管理措施，发展生态绿色经济等路径解困，从而建立生态旅游扶贫产业振兴和永续发展的长效机制[⑤]。区小兰运用 SWOT 分析法，建立了适合广西边境地区旅游产业扶贫的模式[⑥]。

（五）西南边疆稳定和安全研究

稳疆固边是边疆治理体系和治理能力现代化的一项艰巨任务。宋才发认为目前西南民族地区的稳疆固边状况存在着诸多亟待完善的问题，必须加强边疆口岸基础设施建设，加强边疆地区互市贸易设施建设，严把边疆地区非法人口流入的源头，牢牢遏制边疆地区邪教组织恐怖嚣张气焰，坚决打击和制止边疆地区毒品犯罪的蔓延态势[⑦]。

近年来，西南方向局势相对紧张。在当前我国面临全方位安全压力的情况下，如何正确认识西南方向军事斗争现状，如何充分做好该方向军事斗争准备，显得尤为重要。刘君智分析了西南方向上的作战环境，总结了该方向作战环境对陆军航空兵作战行动的影响，研究了陆军航空兵在该方向上的作战运用问题[⑧]。

张文东、刘爱娇认为，从“9·11”后初期东南亚恐怖主义情况来看，域外极端恐怖组织积极渗透东南亚，恐怖活动目标政治性趋强，对我国西南边疆安全构成影响。面临存在的法律制度打击力度有限、当地对宗教极端主义的认识差异以及自然、社会条件等因素的制约，我国应采取消除偷渡高发势头、加强人员身份数据的收集、深化与东南

---

① 张志巧：《精准扶贫视域下西南边疆民族地区思想和文化扶贫工作存在的问题与对策》，《沿海企业与科技》2018 年第 6 期。

② 王曙光：《易地扶贫搬迁与反贫困：广西模式研究》，《西部论坛》2019 年第 4 期。

③ 李涛、陶明浩等：《精准扶贫中的人民获得感：基于广西民族地区的实证研究》，《管理学刊》2019 年第 1 期。

④ 陈忠言：《产业扶贫典型模式的比较研究——基于云南深度贫困地区产业扶贫的实践》，《兰州学刊》2019 年第 5 期。

⑤ 王美钰、吴忠军等：《广西少数民族特色村寨生态旅游扶贫与乡村振兴路径研究》，《广西广播电视大学学报》2019 年第 1 期。

⑥ 区小兰：《乡村振兴背景下广西边境地区旅游产业扶贫研究》，《南宁职业技术学院学报》2019 年第 3 期。

⑦ 宋才发：《西南民族地区稳疆固边治理探讨》，《学术论坛》2018 年第 5 期。

⑧ 刘君智：《西南边疆地区陆军航空兵作战运用》，《国防科技》2018 年第 5 期。

亚各国的多边、双边反恐合作、加强边境管理和加强网络监管等措施[①]。

西南边疆具有边疆地缘性、宗教敏感性、民族差异性、外力渗透性、发展滞后性，是国家维护文化安全的前沿阵地，面临文化认同的多元一体以及社会主义核心价值观认同与排斥等问题，宋燕金《西南边疆民族地区主流文化认同教育特殊性分析》[②]，徐绍华、蔡春玲《西南边疆少数民族地区大学生社会主义核心价值观认同的特殊问题与对策思考》[③]，钟国云、陈欢《西南边疆民族地区意识形态安全机制的构建——基于“一带一路”的视角》[④]，何绍芬《西南边疆民族地区大学生社会主义核心价值观认同研究》等针对此问题进行了研究，认为应以马克思主义为指导，以多元一体发展为准则，夯实意识形态安全的民心根基[⑤]。周俊认为西南边疆民族地区在文化安全方面面临着严峻的国际国内形势，当前，西南边疆民族地区文化安全政策执行上存在主体缺位、目标群短视、政策环境复杂等问题。对此，应提高执行主体的认知能力和综合水平，处理好西南边疆民族地区文化安全中的利益关系，完善文化安全政策执行制度，提高目标群体的主动性和政府的公信力，营造良好的政策执行环境。西南边疆民族地区文化安全政策执行力应具备系统性、权威性、长期性、跨国性的特点[⑥]。

杨鸿春对云南边疆民族地区的边防文化建设进行了研究，认为云南边疆民族地区的边防文化是以边防守卫力量和边疆民族群众为主体，以先进军事文化和边疆民族文化为根基，以维护国家主权和促进边疆发展为目的，以爱国和奉献为主要内容，以思想理论和文学艺术为主要形式的精神活动及产品，具有政治性、民族性、融合性、人民性、创新性，是社会主义先进文化的组成部分、传统革命文化的继承创新、凝聚军民力量的精神支柱、戍边强边兴边的宝贵财富[⑦]。秦永红立足孟中印缅经济走廊的地域文化特色，对“文化戍边”进行了阐释，认为要坚持和平开放、兼容并蓄的国家边疆文化政策，以周边邻国和睦共处、跨国民族安全和平为指导，坚持主体文化方向、发展多元文化特色为戍边的具体途径，从而在中国西南边疆与南亚、东南亚等国的对外交流中实现互利共赢、共同发展[⑧]。

---

① 张文东、刘爱娇：《东南亚恐怖形势对我国西南边疆安全的影响》，《四川警察学院学报》2018 年第 3 期。

② 宋燕金：《西南边疆民族地区主流文化认同教育特殊性分析》，《吉林省教育学院学报》2019 年第 4 期。

③ 徐绍华、蔡春玲：《西南边疆少数民族地区大学生社会主义核心价值观认同的特殊问题与对策思考》，《青海师范大学学报》2019 年第 4 期。

④ 钟国云、陈欢：《西南边疆民族地区意识形态安全机制的构建——基于“一带一路”的视角》，《贵州民族研究》2019 年第 3 期。

⑤ 何绍芬：《西南边疆民族地区大学生社会主义核心价值观认同研究》，《红河学院学报》2018 年第 3 期。

⑥ 周俊：《西南边疆民族地区文化安全政策执行力分析及其改进》，《广西社会科学》2018 年第 1 期。

⑦ 杨鸿春：《云南边疆民族地区边防文化建设研究》，云南人民出版社 2018 年版。

⑧ 秦永红：《“文化戍边”在孟中印缅经济走廊的路径探索》，《南亚研究季刊》2018 年第 4 期。

（六）西南边疆法治化研究

西南边疆地区社会治理面临非法人口数量高居不下、非法婚姻问题异常突出、基础设施建设长期滞后、毒品犯罪态势十分严峻、恐怖邪教活动没有消停等问题。西南边疆地区社会治理必须法治化，才能稳妥处置西南边疆存在的现实问题。刘田原认为西南边疆特殊的地理位置与多民族交汇共存的特点，对该地区形成多元的社会文化与价值观体系产生了重大而深远的影响，使得西南边疆治理法治化进程显得较为缓慢和困难，应加强法治环境的营造、完善西南边疆执法程序和法律体系、改善边疆民生以及畅通边疆人民的诉求渠道，把边疆地区治理与边疆人民的生活和工作紧密联系起来，从而推进我国西南边疆治理法治化的进程①。此外，相关论文研究有，黄洪海、官秀成《论西南边疆地区法治监督体系建设》②，宋才发、王颖慧《西南边疆地区社会治理法治化问题探讨》③，宋才发《西南边疆地区跨国婚姻问题的法治探讨》④，李海凤《西南边疆地区民族文化活动的价值挖掘及法治化探析》⑤ 等，认为应打造动态、立体化的法治监督体系，切实保证人民监督主体地位，服务好西南边疆民族地区的社会治理，维护好西南边疆地区的社会和谐与安定。

四　西南边疆研究评述研究

马大正、刘晖春认为中国的边疆研究经过多年的发展，在历史钩沉、问题对策建议以及研究人才储备等方面取得了丰硕的成果。但在边疆研究中，仍然存在着一些重点难点问题没有突破、研究人员各自为政等问题，因此应加强边疆研究项目的顶层设计，促进边疆学构建，促进边疆研究的深入发展⑥。孙宏年对新世纪中国西南边疆的研究进行了回顾与展望，认为新世纪以来相关领域的研究取得重大进展，无论是历史研究还是现状研究，都取得一系列新成果⑦。

尹建东认为，传统的西南边疆史研究主要是从族群关系与边疆开发治理两个维度展开的，具有一定的局限性。其中，前者囿于族际间族源、族群文化、族群历史的纠葛，难以充分展现国家—地方—族群之间长期复杂互动的历史图景；而后者则习惯于采用传统政治史“自上而下”单向度的“线性历史”的研究视角，对西南边疆统一性与多样

① 刘田原：《我国西南边疆治理法治化的现状及完善路径探究》，《云南社会主义学院学报》2018 年第 1 期。

② 黄洪海、官秀成：《论西南边疆地区法治监督体系建设》，《广西政法管理干部学院学报》2019 年第 3 期。

③ 宋才发、王颖慧：《西南边疆地区社会治理法治化问题探讨》，《贵州民族研究》2019 年第 7 期。

④ 宋才发：《西南边疆地区跨国婚姻问题的法治探讨》，《北方民族大学学报》2019 年第 5 期。

⑤ 李海凤：《西南边疆地区民族文化活动的价值挖掘及法治化探析》，《保山学院学报》2019 年第 3 期。

⑥ 马大正、刘晖春：《加强项目顶层设计 深化中国边疆研究——以“西南边疆项目”为例》，《云南师范大学学报》2018 年第 1 期。

⑦ 孙宏年：《新世纪中国西南边疆研究回顾与展望》，《中国边疆史地研究》2019 年第 2 期。

性的发展逻辑往往关注不够。因此，要想全面揭示西南边疆历史的内在复杂性和丰富性，就必然要突破传统“线性历史”的思考方式，建立起更加丰富、更富有弹性的“整体史观”，将历史现象置于具体的空间结构与时间序列的坐标轴上进行综合考察，而不是简单地用历史事件去填充区域空间①。

总体上，2008—2019 年度，西南边疆研究在理论、方法、实证等研究方面都呈现出新进展，研究内容更加丰富，研究方法更加多元，多学科交融的现象明显。

① 尹建东：《环境、族群与疆域空间：西南边疆史研究的区域史观和阐释路径》，《西南民族大学学报》2018 年第 9 期。

西藏研究综述（2018—2019）

张永攀　刘　洁*

2018、2019年，作为中国边疆研究的重要组成部分，西藏研究硕果累累，据不完全统计，我国学术界发表论文900余篇、著作20余部，整理多种重要的档案文献。总体上看，西藏研究以中央西藏治理为主线，包含政治、军事、文化、涉外关系等诸多领域。

一　档案史料的整理与研究

（一）藏文史料进一步扩充

在中华历史文献遗存中，藏文史料浩如烟海，其数量仅次于汉文史料，但因为各种原因，一直未得到广泛利用。藏文史籍是研究藏族历史、民族关系史的宝贵资料。2018—2019年度，国内学界日益重视藏文文献整理研究、传承保护、数字化加工等方面的工作。史金波《当代少数民族文字历史文献整理与研究刍议》① 一文，详细介绍了当代彝文、藏文、回鹘文、西夏文、傣文、察合台文、蒙古文、满文等历史文献的保护、整理、出版与研究工作的重要成果。

关于敦煌文献古藏文文本的研究。陈践《若干典型古藏文语词疏译拾遗》② 一文，总结归纳了吐蕃时期碑刻钟铭、木简、敦煌藏文写卷三大文献皆存在的古藏文书写特点。朱丽双在《敦煌藏文本〈尚书〉的研究现状及其文献来源问题》③ 一文中，探讨了P. T. 986《尚书》的研究现状及文献来源问题，并提出敦煌藏文本《尚书》很可能是对敦煌地区流传的汉文《尚书》传本的翻译，不一定为源自吐蕃本土的藏译文抄本的观点。

关于传世古藏文文献的整理、翻译工作概况。《旁唐目录》作为吐蕃时期三大佛经目录之一，它在相当长的时间内被认为已经亡佚，直到2002年才重新面世，黄惠烽在《〈旁唐目录〉的编纂方法及文献价值研究》④ 一文中，详细介绍了《旁唐目录》的编

---

* 张永攀：中国社会科学院中国边疆研究所研究员。刘洁：中国社会科学院中国边疆研究所副研究员。

① 史金波：《当代少数民族文字历史文献整理与研究刍议》，《青海民族研究》2018年第3期。

② 陈践：《若干典型古藏文语词疏译拾遗》，《民族翻译》2018年第1期。

③ 朱丽双：《敦煌藏文本〈尚书〉的研究现状及其文献来源问题》，《中国藏学》2018年第1期。

④ 黄惠烽：《〈旁唐目录〉的编纂方法及文献价值研究》，《四川图书馆学报》2019年第3期。

写背景、编纂时间、基本内容、分类方法以及珍贵的文献价值，并指出围绕该目录开展的各项研究，将对学界有关吐蕃时期的研究发挥积极的作用。作为古藏文文献翻译的优秀成果，阿贵译注的《弟吴宗教源流》（吐蕃史）[①]、许渊钦译注的《娘氏教法源流》[②]，在正式出版之后，近年来又陆续在《西藏研究》《中国藏学》等藏学领域代表性学术期刊中分期刊发。

在古藏文文献考释方面，普布多吉、其美次仁《藏文史籍〈亚桑宗派源流明鉴〉解析》[③]，详细考证了西藏山南市乃东区亚桑寺发现的藏文历史文献《亚桑宗派源流明鉴》的作者身份为塔波噶举派僧人，其成书年代约为公元1475年，该文献不但是迄今为止中国西藏境内发现的首部以亚桑噶举派历史沿革为主题的宗派史料，还记载了亚桑地方政教合一势力的形成情况、亚桑千户、亚桑万户以及与亚桑地方政教势力关系紧密的拉博巴金家族等世俗政权与重要家族的历史信息，对具有雅隆地方文化特色的藏族族源神话传说、西藏地方历史研究具有宝贵研究价值。才让《12—14世纪间萨迦派人物传记提要：藏文历史著作总目提要之一》[④]，从人物与地方历史关系的角度出发，选取12—14世纪期间著名萨迦派人物的传记并撰写提要，同时概述传记的作者、成书年代、资料来源、主要内容与版本等。

此外，扎洛从藏文翻译了《法王图道南杰（三）——〈哲孟雄王统史〉译注节选》，对于深化清代喜马拉雅山脉地区的政治史具有重要价值[⑤]。彩虹对清《内阁蒙古堂档》中与西藏有关档案目录进行了编译[⑥]。吉正芬还对美国主要研究型图书馆西藏旧方志收藏概况进行了评介[⑦]。《清代西藏地方档案文献选编》也经过历年编纂于2018年正式面世，成为清代西藏地方研究的重要参考资料。《雪域宝典2——西藏自治区第四批国家珍贵古籍名录图录》作为整理西藏地方历史典籍的重要书目，也于2018年出版。2019年《弟吴宗教源流》（吐蕃史）以西藏人民出版社1987年6月第1版（2010年12月第2次印刷）为蓝本，把藏文版的第359—389页的内容进行了翻译，对藏族史的研究具有参考价值[⑧]。

（二）汉文涉藏方志等史料研究进一步深化

第一，部分重要的史料得以披露，特别是欧阳无畏的《达旺调查记》是中国拥有

---

① 阿贵译注：《〈弟吴宗教源流〉（吐蕃史）译注（一）》，《西藏研究》2018年第3期；阿贵译注：《〈弟吴宗教源流〉（吐蕃史）译注（二）》，《西藏研究》2018年第4期。

② 许渊钦译注：《〈娘氏教法源流〉译注（八）》，《中国藏学》2017年第1期；许渊钦译注：《〈娘氏教法源流〉译注（九）》，《中国藏学》2017年第4期。

③ 普布多吉、其美次仁：《藏文史籍〈亚桑宗派源流明鉴〉解析》，《西藏大学学报（社会科学版）》2018年第4期。

④ 才让：《12—14世纪间萨迦派人物传记提要：藏文历史著作总目提要之一》，《中国藏学》2019年第2期。

⑤ 《法王图道南杰——〈哲孟雄王统史〉译注节选（二）（三）》，扎洛、敖见译注，《中国藏学》2018年第2、3期。

⑥ 彩虹：《〈清内阁蒙古堂档〉中与西藏有关档案目录编译》，《中国藏学》2018年第2期。

⑦ 吉正芬：《美国主要研究型图书馆西藏旧方志收藏概况》，《西藏研究》2018年第4期。

⑧ 弟吴贤者、阿贵：《弟吴宗教源流（吐蕃史）译注》，《西藏研究》2019年第5期。

达旺地区主权的历史见证，《西藏民族大学学报》于2018年分期连载了由大陆学者在台湾收集的此材料[①]。

第二，一些方志得以整理和研究。主要有：一是传统的西藏地方志研究。例如，《西藏赋》是清代有关西藏的重要赋学作品，其史料价值非常高，之前国内曾出版《西藏赋》校注版，2018年则有孙文杰所著《西藏赋笺证》（人民出版社）；赵心愚等人对清代涉藏方志做了深入探讨，认为雍正《四川通志·西域》《西域全书》《西藏志》、张海《西藏记述》及陈克绳《西域遗闻》等清代早期西藏地方志的有关记载，可补实录等记载之不足，其资料价值值得注意[②]。赵心愚还对乾隆《西藏志考·历代事实》进行了研究。《西藏志考·历代事实》是国家图书馆所藏《西藏志考》抄本中的一篇。杨学东研究了乾隆《西藏志》，认为在刊刻过程中，出现了许多文字谬误，主要表现为因形而讹[③]。杨学东认为，《西域全书》对清代西藏方志编纂的影响可分为直接影响与间接影响两类，直接受其影响者包括《西藏志考》《西藏志》《西藏考》，而受间接影响的是《西藏记》《卫藏图识》[④]。还有学者指出，清代西藏地方志的修撰经历了初始期、快速发展期、发展缓慢期与再度发展期四个阶段，每个阶段又各具特点，清代西藏地方志类型较为单一，只有通志与县志两种，且通志多而县志少，通志以私人修撰为主体，具有浓厚军事色彩，大多属于简略志书，只是粗具方志特征[⑤]。二是涉及西藏的地方史料。例如《西藏外各国地形图说》受到学者关注，学者认为姚莹西部边疆安全思想最后在《西藏外各国地形图说》中有较全面的反映，《西藏外各国地形图说》的撰成则表明姚莹对清代西藏地方志的发展贡献了力量，也反映出这一时期西藏地方志仍在发展中[⑥]。有关汉文涉藏史籍的研究，还可重点参考沈文凡、刘健榕所撰《〈通典·边防典〉研究综述》[⑦]。作者在总结《通典·边防典》的设立原因与背景，杜佑的边防思想、民族史观等基础上，梳理了近年来学界有关《通典·边防典》的主要研究成果与基本观点，指出《通典·边防典》的文本考证与其他同类史书的比较研究还有待进一步深入，未来研究方向可着眼于该史籍所涉及的民族社会历史研究。

第三，对方志本身的价值研究。例如，有学者还指出史料与方志也可以印证西藏的边境北部防线，如果将方志与大量史料相结合方可发现，清初围绕防御准噶尔部侵扰藏地，清廷历经二十余年，投入大量人力、物力构建起了一条绵延藏北的防线。这条防线不仅扭转了此前藏地重点防御的态势，更为日后彻底平定准噶尔部奠定了坚实的基础[⑧]。王川认为，汇编资料、历史档案、方志、边政、治藏等汉文文献基本史料和专题

---

① 欧阳无畏：《达旺调查记（1—5）》，韩敬山整理，《西藏民族大学学报》第1、2、3、4、5期。

② 赵心愚：《清康雍时期川、滇、藏行政分界的两个问题》，《四川师范大学学报》2019年第6期。

③ 杨东学：《乾隆刻本〈西藏志〉校勘举隅》，《西藏民族大学学报》2018年第4期。

④ 杨学东：《〈西域全书〉对清代西藏方志编纂的影响》，《图书馆杂志》2019年第10期。

⑤ 杨学东：《清代西藏地方志的撰修、类型及特点》，《西藏民族大学学报》2019年第1期。

⑥ 赵长治、赵心愚：《姚莹〈西藏外各国地形图说〉考论——兼谈姚莹与清道光时期西藏地方志的发展》，《中国藏学》2019年第2期。

⑦ 沈文凡、刘健榕：《〈通典·边防典〉研究综述》，《关东学刊》2019年第3期。

⑧ 马天祥：《清朝前期方志与史料中的藏北防线》，《西藏民族大学学报》2019年第5期。

史料的分类、编年以及政治与藏传佛教类资料的整理出版成果丰硕，为康藏学术研究奠定了重要而良好的史料基础，但仍存在着经济文化、社会风俗以及其他方面资料的汇集不足[①]。

（三）日记、文学类史料得到发掘

这一类史料的价值虽次于原始官方档案，但依旧体现出其独特的史料价值。中国社会科学院近代史研究所与美国哥伦比亚大学合作完成的“顾维钧档案数据库”于2018年初正式发布，现存于中国近代史档案馆，可供国内学者查阅利用。在20世纪长达数十年的外交生涯中，顾维钧多次参与中英、中美之间的西藏问题交涉，为维护国家主权作出了贡献。有学者认为，“顾档”中包含有大量这方面的珍贵史料[②]。还有学者通过翻译研究《夏格巴日记》，认为《日记》不仅记录了分裂组织“哲堪孜松”的第一手档案资料，而且披露了印、美政府插手西藏事务支持分裂活动的具体史实[③]。还有学者对欧阳无畏《达旺调查记》三部曲之三《达旺调查日记》的起始部分进行了研究，认为欧阳无畏更渴望以己之察找到解决西藏问题的一把钥匙[④]。和瑛《西藏赋》是清代疆域大赋的代表，有学者认为和瑛运用自注叙事、隐喻叙事、片段式叙事、全知限知视角交错叙事、空间方位叙事等多种叙事方法，使之在体物、抒情的同时，又发挥了资政的作用，对汉大赋有突破与超越的意义[⑤]。此外，《藏族百年实录》是全国政协文史委重点项目“中国少数民族百年实录书系”，重点征集晚清以来，特别是新中国成立后和改革开放以来（1988—2016年）有关中国藏族的“三亲”（亲历、亲见、亲闻）史料，具有独特的史料价值[⑥]。

（四）研究信息类资料整理得以扩展

有学者推荐了法国的藏学译著，充实了学科信息库[⑦]。近年来出版的《西藏通史》在2019年也备受关注，学术界还专门召开了专题研讨会，也有学者针对此巨著做了评价。例如，有学者认为，《西藏通史》比较全面系统地研究编纂西藏历史，集从古迄今西藏历史的研究和编纂成果，铸就了一项具有基础性和意义深远的西藏历史文化精品工程[⑧]。还有学者对20世纪国外涉藏学术演化进行了研究，通过对WOS数据库里的相关文献进行统计，采用知识图谱展示的方式，深度挖掘图谱背后的数据关系，从学术产出、研究力量、学术合作、研究热点四个方面进行了分析，以期发现整个20世纪期间国外涉藏领域学术研究的动态演进过程，不失为一种新颖的涉藏文献研究法[⑨]。

---

① 王川：《40年来近现代康藏汉文史料的整理与研究》，《四川师范大学学报》2019年第1期。

② 周新、胡岩：《顾维钧档案资料中的西藏问题》，《西藏民族大学学报》2018年第5期。

③ 李荟芹、雷弈：《〈夏格巴日记〉的史料价值》，《齐齐哈尔大学学报》2019年第2期。

④ 欧阳无畏：《达旺调查记（七）》，韩敬山校注，《西藏民族大学学报》2019年第1期。

⑤ 严寅春：《和瑛〈西藏赋〉叙事策略研究》，《西藏民族大学学报》2019年第1期。

⑥ 全国政协文化文史和学习委员会、西藏自治区政协文史和学习委员会编《藏族百年实录》（全四卷），社会科学文献出版社2018年。

⑦ 廖云路：《法国藏学译著及其利用情况研究》，《西藏研究》2019年第5期。

⑧ 宋月红：《论〈西藏通史〉研究和编纂的历史观》，《中国藏学》2019年第3期。

⑨ 李天才：《20世纪国外涉藏学术演化研究》，《西藏大学学报》2019年第2期。

二　13 世纪前西藏历史的研究

（一）古代西藏象雄与吐蕃历史研究

象雄与吐蕃时期是中国古代西藏早期和中古历史发展的重要阶段。与往年相比，2018—2019 年度学界有关古代西藏象雄与吐蕃时期历史研究的成果数量较少，选题主要集中在西藏部族研究、象雄宗教历史文化、象雄与吐蕃时期著名历史遗迹考古研究等三个方面。尤其是考古学界针对分布在中国西藏阿里、林芝等地区，以及青海省境内的象雄与吐蕃时期著名历史遗迹的最新研究成果，对于我们深入了解古代西藏早期和中古时期的文明起源、民族形成、政权更迭、文化特点具有重要的学术参考价值。

2018 年 6 月 16—18 日，首届中国西藏拉萨—阿里象雄文化国际学术研讨会在拉萨召开，此次会议对于象雄研究走向国际、“一带一路”沿线传统历史文化具有重要意义。同月，萨尔吉发表在《拉萨晚报》的《象雄研究的回顾与前瞻》[①] 一文，批判性地总结当前“象雄”这一概念的内涵和外延仍处于相对较为模糊的阶段，呼吁学者们反思以往象雄研究较为单一地以文献为主的研究方法，强调重视文献学、历史学、宗教学、语言学、人类学、考古学等多学科交叉的研究方法，力争“跳出单纯地就藏族文化圈探讨象雄文化的窠臼”，探讨象雄文化与横断山脉、中亚、南亚等地区宗教历史文化的关系，进而就象雄研究在世界文明研究中的定位给予合理的解释。上述学术会议动态与学者们的反思，提醒我们注意象雄研究在理论方法方面需要改进和提高的空间，以及该研究领域与国际学术前沿接轨的迫切需求，这对于中国学界力争象雄研究在世界文明研究中的话语权具有重要意义。

1. 西藏部族历史研究

2018 年度关于古代西藏早期部族历史的研究，主要围绕象雄琼氏部落这一主题展开。琼氏部落的历史研究对象雄文明研究具有重要意义。琼氏部落的发展史由古代象雄时期贯穿至今日，该部落自象雄腹地（阿里）向外象雄（那曲、昌都、川西嘉绒以及青海藏区）的东迁，是以苯教为代表的象雄文明在青藏高原东渐传播的驱动力之一，琼氏家族也被尊为苯教的第六大世系喇嘛家族。德倩旺姆所撰《琼氏部落东迁的历史原因新探》[②] 一文，考证了琼氏部落起源的神话传说、历史年代、地理位置和部落分支，以及琼氏部落东迁对嘉绒历史地名、民俗、宗教产生的重要影响。文章还通过剖析汉文史籍所记东、西女国的历史文化联系，从侧面证明了琼氏部落从藏西象雄迁徙至藏东嘉绒的历史轨迹。至晚唐五代时期，敦煌地区生活有浑姓居民，他们在归义军政权中担任节度押衙一类的官职，从事翻译或武职军将一类的职业。关于这批浑姓居民的族属，当前学术界有“吐谷浑”“河西铁勒浑人”两类不同观点。魏迎春所撰《晚唐五代敦煌突厥浑部落及其居民考：以敦煌写本 S. 5448〈浑子盈邈真赞并序〉为中心》[③] 一文，考证敦煌浑姓应源自突厥铁勒部落，与吐谷浑并非同指。

---

① 萨尔吉：《象雄研究的回顾与前瞻》，《拉萨晚报》2018 年 6 月 30 日第 6 版。

② 德倩旺姆：《琼氏部落东迁的历史原因新探》，《青海社会科学》2018 年第 2 期。

③ 魏迎春：《晚唐五代敦煌突厥浑部落及其居民考：以敦煌写本 S. 5448〈浑子盈邈真赞并序〉为中心》，《敦煌学辑刊》2018 年第 4 期。

2. 象雄宗教历史文化研究

关于象雄与苯教历史文化研究，可重点参考阿旺嘉措所撰《从敦煌藏文写卷看苯教徒的宗教功能》①。作者系统分析了敦煌古藏文苯教文献所载苯教徒的社会角色和宗教功能，指出吐蕃时期苯教徒的打卦解惑、治疗疾病、招福、主持殡葬仪轨等诸多宗教功能，实际上是苯教九乘教义中的“四因乘”、四门一库中“黑水司巴苯”的内容，进而得出“公元11世纪发展起来的苯教与吐蕃时期的苯教之间有着紧密关系”这一结论。拉旺在《论“雍仲”符号的形式与内涵》②一文中指出，苯教标志性雍仲符号的造型源于冈底斯神山及发源于此山的四条河流的象征含义，是古代藏族先民的宗教哲学思想与其生存环境相互作用的结果。在宗教丧葬仪轨研究方面，叶远飘撰写《再论吐蕃史前贵族阶层的葬俗及其信仰：以“天赤七王”传说为例》③，考证天赤七王时期的贵族葬式体现了西藏史前母系社会的人们集天神崇拜与祖先（母系）崇拜为一体的原始信仰。但是需要补充说明的是，目前已发现的敦煌文献、苯教文献、藏传佛教文献关于止贡赞普尸体被殓入铜匣后抛入娘曲（今尼洋河）的记载基本保持一致。尼洋河在今西藏林芝市工布苯日神山附近与雅鲁藏布江交汇，这两条河流的最终走向均与横断山脉无关。因此，上述文中提出所谓“（止贡赞普）尸体的移动方向是由西藏腹地往横断山脉”这一观点，尚需进一步更为严谨的考证。

以苯教为代表的前吐蕃时期青藏高原文明在自西向东传播的过程中，与古代川、滇地区各民族产生了密切的文化交流。云南纳西族东巴教与西藏苯教关系密切，传世至今的东巴文献包括用纳西东巴文记音的藏语苯教经典。这类文献对研究东巴教与苯教的历史关系具有较高的史料价值。但是，由于鲜有精通东巴文、藏文两种文字且熟悉两族宗教文化者，这直接导致解读此类文献的困难。和继全《纳西东巴文藏语音读苯教文献〈吉祥经〉译释》④，首次还原并翻译了东巴文藏语音读苯教文献《吉祥经》，是此研究领域的一次突破。

3. 象雄与吐蕃时期著名历史遗迹考古研究

西藏考古成果所呈现的古代西藏与其周边民族、国家、区域文明之间的密切联系，是“一带一路”文化格局中的重要组成部分。以霍巍为代表的学者强调：“西藏考古涉及的若干重大问题不仅事关西藏文明的产生与发展，也涉及对于西藏历史早期发展阶段的认识，尤其是西藏地方与中原关系的认定。”⑤ 他在《西藏史前考古若干重大问题的思考》一文中，针对西藏考古与西藏文明起源相互关系中的“人类何时踏上西藏高原”“西藏高原农业文明的产生”“西藏的细石器传统”“西藏早期金属时代”“如何认识西藏的游牧文化”“西藏原始宗教与艺术”等重要节点展开论述，同时指出当前囿于西藏考古材料的限制（主要是新石器时代以来较大规模的聚落遗址、中心城市、高级别墓

---

① 阿旺嘉措：《从敦煌藏文写卷看苯教徒的宗教功能》，《中国藏学》2018年第2期。

② 拉旺：《论“雍仲”符号的形式与内涵》，《云南民族大学学报》2018年第2期。

③ 叶远飘：《再论吐蕃史前贵族阶层的葬俗及其信仰：以“天赤七王”传说为例》，《西南民族大学学报（人文社会科学版）》2018年第12期。

④ 和继全：《纳西东巴文藏语音读苯教文献〈吉祥经〉译释》，《西藏大学学报（社会科学版）》2018年第1期。

⑤ 霍巍：《西藏史前考古若干重大问题的思考》，《中国藏学》2018年第2期。

葬等的缺乏）而给西藏区域性考古学文化谱系的建立、西藏早期文明研究带来的困难。作为西藏考古学术综述的最新成果，杨清凡所撰《21世纪以来西藏文物考古事业的发展及研究回顾》①，总结了近20年来西藏考古工作中理论方法的运用、新的研究视角及学术焦点等研究新趋势，值得我们关注。作者在乐观展望西藏考古学史前文化序列、时空框架的建立逐步成为可能的同时，也指出当前西藏文物考古工作在田野工作、资料搜集与科学研究等方面存在的不足。

2018—2019年度的西藏考古研究成果，可按照历史遗址区域而分类介绍。首先，关于西藏西部阿里地区历史遗迹考古研究，以张雅军、仝涛等《西藏故如甲木墓地人群牙齿磨耗和食物结构的关系》② 为代表。该文对比分析西藏阿里噶尔县故如甲木墓地出土的古代人群牙齿磨耗与畜牧业人群的磨耗接近，从而证明前吐蕃时期的故如甲木先民以畜牧业为主，辅以青稞和谷物种植栽培的生业经济模式。该研究结果强调了植物考古学、动物考古学以及碳氮同位素食性分析的相关研究成果综合考量的必要性。其次，关于西藏林芝地区著名历史遗迹的考古成果也较为丰富。夏吾卡先、徐承炎《列山墓地性质刍议：兼论吐蕃族葬制》③ 一文，对过去学界以"吐蕃流行族葬制"为前提而引申出的"列山墓地为某一显赫家族墓地"这类学术观点及相关证据进行了重新解析，初步认为列山墓地是西藏古代"下塔布、上工布"地域范围内有功于吐蕃王室的将相贵人的专属墓地，强调其墓主身份多元而非单一家族成员。夏吾卡先执笔《西藏米林丹娘朗嘎吐蕃碑考古调查》④，首次对位于今西藏林芝市米林县丹娘乡朗嘎村南部夏拉山上的吐蕃朗嘎石碑进行全文释录，认为第穆萨摩崖石刻应是继朗嘎碑之后的修订版，并指出朗嘎石碑对于考证古代工布噶波王家族历史具有重要意义。最后，徐承炎、夏吾卡先《青海吐蕃墓的考古发现与研究》⑤，系统梳理了自1982年开始青海吐蕃墓葬30多年以来的考古工作与国内外学者的重要研究成果，文章还指出青海吐蕃墓葬的考古报告滞后发表对学界有关吐蕃治下青海丧葬习俗研究的影响，以及专业研究人员紧缺的严峻局面，强调前吐蕃时期（即吐谷浑统治时期）青海吐谷浑墓的考古工作亟待加强。

上述中国西藏以及青海等地区著名历史遗迹的最新成果，日益注重考古材料与文献相互印证的研究方法，不断提出质疑旧说的新观点，充分体现出学术的延续性、进步性和创新性。同时，当前西藏考古材料的限制性给西藏早期文明研究带来的困难也是学者们不得不面对的挑战。

（二）以唐蕃关系为核心的唐代边疆治理研究

古代中国的发展史，不但是边疆与中原关系进一步密切与稳固的历史，也是历代王朝治边方略与制度日臻完备的历史。作为中国历史上最有影响力的封建王朝之一，唐王

---

① 杨清凡：《21世纪以来西藏文物考古事业的发展及研究回顾》，《中国藏学》2018年第3期。

② 张雅军、仝涛等：《西藏故如甲木墓地人群牙齿磨耗和食物结构的关系》，《人类学学报》2019年第1期。

③ 夏吾卡先、徐承炎：《列山墓地性质刍议：兼论吐蕃族葬制》，《西藏大学学报（社会科学版）》2018年第1期。

④ 西藏大学中国藏学研究所：《西藏米林丹娘朗嘎吐蕃碑考古调查》，《文物》2018年第10期。

⑤ 徐承炎、夏吾卡先：《青海吐蕃墓的考古发现与研究》，《西藏研究》2019年第1期。

朝疆域辽阔，民族众多，民族关系融洽，对外交流开放自信，在边疆治理、民族管理上积累了丰富的经验与教训，可资后世借鉴。2018—2019 年度学界关于唐朝的边疆治理研究主要以唐蕃关系为核心，在代表性历史人物、吐蕃职官制度、唐蕃军事政治、汉藏交流等方面，涌现出一系列具有代表性的成果与观点。

1. 唐蕃关系研究

在唐蕃关系研究方面，有李大龙《唐代两大藩属体系碰撞中的西南边疆》①。作者比较分析了以实现“大一统”的唐朝为核心和实现西南地区“一统”的吐蕃为核心的两大藩属体系，两者在形成、碰撞、重组和发展过程中对唐代西南边疆政治格局产生的重要影响，并指出依靠中原王朝的支持才能求得自身发展应是南诏乃至西南边疆“内向化”的重要原因，最终成为中国疆域不可分割的组成部分。关于历史上滇藏地区对中央王朝的认同，还可参见雷信来所撰《历史上滇藏地区对中央王朝的认同何以可能之新探》②。该文指出自然环境的地缘关系和文化向心力构成中原王朝吸引滇藏地区的软实力，民族间的三交（交流、交往与交融）、经贸往来，以及中原王朝对滇藏地区的有效行政管辖，进一步加快了滇藏各族人民融入中华民族共同体的历史进程。

2. 代表性历史人物研究

2018—2019 年度学界关于吐蕃历史人物的研究，主要以吐蕃前期权臣噶尔禄东赞家族为中心。赤都松时期噶尔家族覆灭之后，吐蕃王室尽力抹杀噶尔氏为吐蕃王朝开疆拓土的功绩，致使噶尔氏的事迹在吐蕃本部逐渐湮没，但敦煌古藏文文献 P. T. 1287 卷却保存了相当数量有关噶尔家族的叙事。朱丽双在《历史与记忆：P. T. 1287 第 15 节新探》③ 一文中考证，P. T. 1287 历史性与文学性结合的特点值得史家关注与辨析，该写卷的编纂地很可能是敦煌，因此较少受到噶尔氏覆灭后吐蕃王室改写 7 世纪后半叶吐蕃历史的影响。邓杰《从噶尔氏家族专权分析吐蕃王权的独特性》④，探讨了吐蕃王权不同于中原皇权的特殊性，指出赞普王权的神圣化、赞普与世袭贵族的紧密关系以及吐蕃特有的“论”“尚”制度三者结合，造就了吐蕃王权稳固的“铁三角”。索朗平措在《吐蕃大相论钦陵考述：兼论噶尔氏家族的衰亡》⑤ 一文中，指出唐蕃关系对噶尔氏家族的兴衰命运具有重要影响。李豪所撰《吐蕃论钦陵子禄赞入唐考》⑥，通过考释《禄赞墓志》的相关记载，提出禄赞并非主动投唐，而是在调露二年（680）七月黑齿常夜袭吐蕃大营战役中被俘入唐的新观点。

3. 吐蕃职官制度研究

关于吐蕃职官制度研究，林冠群在《吐蕃职官 spyan（悉编）研究：吐蕃地方职官

---

① 李大龙：《唐代两大藩属体系碰撞中的西南边疆》，《青海民族研究》2018 年第 1 期。

② 雷信来：《历史上滇藏地区对中央王朝的认同何以可能之新探》，《云南民族大学学报（哲学社会科学版）》2019 年第 3 期。

③ 朱丽双：《历史与记忆：P. T. 1287 第 15 节新探》，《中国藏学》2019 年第 2 期。

④ 邓杰：《从噶尔氏家族专权分析吐蕃王权的独特性》，《四川民族学院学报》2019 年第 2 期。

⑤ 索朗平措：《吐蕃大相论钦陵考述：兼论噶尔氏家族的衰亡》，《西藏研究》2019 年第 5 期。

⑥ 李豪：《吐蕃论钦陵子禄赞入唐考》，《中国典籍与文化》2019 年第 4 期。

委员制的形成与发展》① 一文中，强调吐蕃悉编（spyan）职官绝非唐制中的“都护”。他考证自公元8世纪前后该职官普遍设置于吐蕃地方及军事占领区内，其职能为受派于中央至地方监督地方主官，并与地方主官共同处理地方事务。该职官的设立与吐蕃君相关系以及中央与地方关系的演进密切相关，是吐蕃王朝政治体制与官僚体系的一项重要变革。陈践所撰《吐蕃虎皮告身》②，考证吐蕃虎皮告身可能产生于赤松德赞在位时期（755—797），继朗达磨（836—842在位）被弑后，虎皮告身制度随着吐蕃王朝的崩溃而终结。张慧霞在《略论吐蕃时期的议事制度》③ 一文中，探讨了藏族原始社会部落联盟会议—奴隶制部落盟誓制度—吐蕃时期会盟议事制度的过渡，并指出吐蕃时期会盟议事制度的性质还出现了由君臣议事会议向“御前会议”演变的趋势。李帅所撰《论印章在吐蕃社会的使用》④，指出吐蕃印章有官印、私印之分，尽管吐蕃官印制度（受唐朝典章制度的影响较为明显）随着吐蕃王朝的灭亡而崩溃，但是吐蕃私印所采用的圆形印逐渐发展为最广泛和最具特色的印章样式，并为后世不同历史时期的藏区各阶层人员使用。

4. 唐蕃军事政治研究

在唐蕃军事政治研究方面，关于吐蕃向青藏高原西北部地区的军事扩张活动，可参见李并成《蕃占时期对塔里木盆地东南部一带的经营：以米兰出土简牍为中心》一文⑤。作者以今新疆若羌县米兰遗址出土的古藏文木简为依据，研究了公元8世纪末至9世纪以后，吐蕃在塔里木盆地东南部区域设置军政官员、军事布防、建立堡寨、以农业为主兼营畜牧业的生产方式等社会政治经济情况。此外，朱丽双《9世纪于阗的法灭故事》⑥，指出公元8、9世纪之际的于阗曾经盛行佛教法灭故事，这与5世纪以降吐谷浑、柔然、丁零、嚈哒、突厥、唐朝、吐蕃等势力先后对于阗的侵扰与控制有关。李宗俊《瓦罕走廊的战略地位及唐前期与大食等在西域南道的角逐》⑦，详细解析了唐、大食、吐蕃在瓦罕走廊地区进行的激烈军事角逐过程中的多边关系。扎西、土登彭措《试论八世纪上半叶吐蕃、突骑施联姻的历史缘由》⑧，探讨了公元734年吐蕃与突骑施王室政治联姻对吐蕃、突厥、唐、西域政治格局产生的重要影响。

关于吐蕃向青藏高原东南部地区的军事扩张活动，可重点参考《自然地理因素下

---

① 林冠群：《吐蕃职官spyan（悉编）研究：吐蕃地方职官委员制的形成与发展》，《敦煌学辑刊》2019年第2期。

② 陈践：《吐蕃虎皮告身》，《民族翻译》2019年第2期。

③ 张慧霞：《略论吐蕃时期的议事制度》，《西藏民族大学学报（哲学社会科学版）》2019年第5期。

④ 李帅：《论印章在吐蕃社会的使用》，《中国藏学》2019年第2期。

⑤ 李并成：《蕃占时期对塔里木盆地东南部一带的经营：以米兰出土简牍为中心》，《石河子大学学报（哲学社会科学版）》2019年第1期。

⑥ 朱丽双：《9世纪于阗的法灭故事》，《中山大学学报（社会科学版）》2019年第5期。

⑦ 李宗俊：《瓦罕走廊的战略地位及唐前期与大食等在西域南道的角逐》，《中国边疆史地研究》2019年第1期。

⑧ 扎西、土登彭措：《试论八世纪上半叶吐蕃、突骑施联姻的历史缘由》，《青海社会科学》2018年第2期。

的唐蕃边界变动》[①] 与《吐蕃在康区的活动遗迹》[②] 两文。前者强调自然地理环境在唐蕃边界问题上的重要影响，认为青藏高原的气候严重影响了唐朝西南边界的扩张，同时青藏高原生存环境的局限性也促使吐蕃向外发展，青藏高原东部、北部半耕半牧的地区是吐蕃对外扩张的主要对象。后者从文献与遗物相互印证的新角度，分析吐蕃扩张时期其势力曾抵达康区（川西高原的大部、滇西北及藏东一带）南北各地，并利用宗教、军事等手段有计划地经营康区。

与青藏高原东南部地区接壤的西川地区，是唐与吐蕃、南诏交战的最前沿。胡岩涛曾就唐朝卫疆军事政治研究这一专题，撰文考证唐朝西南战场对构建长安防御体系所发挥的作用[③]。王庆昱《唐〈盖巨源墓志铭〉再考：以唐与南诏关系为重点》[④]，通过盖巨源墓志解读唐与吐蕃、南诏之间的关系，反映了中晚唐时期中央政府对剑南西川的治理和对羁縻府州的控制、南诏对剑南西川地区的侵扰等史实。对唐与南诏关系、西南边疆史、唐代羁縻府州等问题均具有重要的史料价值。

关于唐与吐蕃在陇右、青海等地的军事活动，可参见潘守正《唐代中期吐蕃侵占陇右及其后收复经过》[⑤] 和丁柏峰《简论7—9世纪唐与吐蕃对青海的争夺和开发》[⑥] 两文。前者介绍唐代后期至北宋时期中央政府陆续收复陇右的具体过程，指出吐蕃的长期占领对唐宋之际陇右社会经济的深刻影响。后者详细分析了唐与吐蕃势力在青海东部日月山及河湟谷地地区的对峙与开发过程。公元821年唐蕃长庆会盟基本上结束了唐蕃之间长期对峙、战争不断的局面，为藏汉友好交流开辟了新的前景。陆离在《论唐蕃长庆会盟后吐蕃与回鹘、南诏的关系》[⑦] 一文中分析，唐蕃长庆会盟后，吐蕃与唐朝和解，回鹘与南诏政权也与吐蕃会盟和好并通使往来，唐朝联合回鹘、南诏共同对抗吐蕃的战略格局随之瓦解。最后，关于吐蕃王朝灭亡的根本原因，可参考扎西当知《从敦煌古藏文史料看吐蕃王朝灭亡的根源》[⑧]，作者指出吐蕃王朝灭亡的根本原因并非传统藏文史籍所记“达磨灭法”，而是吐蕃统治集团内部的矛盾与斗争，即达磨赞普与其侄欧松赞的政权之争。

5. 汉藏交流研究

唐与吐蕃之间的互动关系，还直接影响了双方与其周边各民族之间的政治关系，促进了各族之间经济与文化的交流融合。霍巍在《考察吐蕃时代社会文化“底色”的三

---

① 张安福、王玉平：《自然地理因素下的唐蕃边界变动》，《宁夏社会科学》2019年第5期。

② 石硕、王鑫源：《吐蕃在康区的活动遗迹》，《湖北民族学院学报（哲学社会科学版）》2018年第6期。

③ 胡岩涛：《唐朝、吐蕃、南诏西南战事与长安战略防御：以代宗、德宗朝为中心》，《西藏民族大学学报（哲学社会科学版）》2018年第2期。

④ 王庆昱：《唐〈盖巨源墓志铭〉再考：以唐与南诏关系为重点》，《四川文物》2019年第4期。

⑤ 潘守正：《唐代中期吐蕃侵占陇右及其后收复经过》，《天水师范学院学报》2019年第1期。

⑥ 丁柏峰：《简论7—9世纪唐与吐蕃对青海的争夺和开发》，《青海社会科学》2019年第2期。

⑦ 陆离：《论唐蕃长庆会盟后吐蕃与回鹘、南诏的关系》，《中国边疆史地研究》2019年第3期。

⑧ 扎西当知：《从敦煌古藏文史料看吐蕃王朝灭亡的根源》，《青海社会科学》2019年第4期。

个重要维度》[①] 一文中，分析敦煌文献中所见汉地儒学思想的影响、吐蕃佛教与汉地佛教的关系、汉地阴阳风水输入吐蕃及其产生的影响，是吐蕃多元文化“底色”的三个重要维度。该“底色”的坚稳性与唐代中央王朝有着密不可分的联系，凸显出吐蕃文化最核心的内涵与中原文明之间的紧密关系。高荣在《汉唐时期河西民族融合类型及其特点》[②] 一文中总结，文化上的取长补短是河西各民族互融的核心。刘英华等《7世纪入蕃汉医名实考》[③]，借助敦煌吐蕃藏汉对音文书，从语音和医史两个方面考证了藏文史籍所载松赞干布时期邀请的唐代汉族名医的藏文名字实际上是“轩辕黄帝”的音译，是中医体系在藏史中的代名词，这表明中医在公元7世纪上半叶就传入青藏高原并对藏医体系的形成产生过重要影响。另外，颜亮在《儒家文化在藏地的传播与融合：以藏族古代儒家教育为中心》[④] 一文中，系统总结了唐以后历代中央政府在藏地成功实施的多项儒家教育政策（包括唐朝施行的文教崇儒政策、宋朝蕃学和元朝官学的儒学传播以及明代卫学和清朝藏区儒学新政），在藏区传播儒家文化思想与经典、推动汉藏文化交流与交融等方面的积极影响。

（三）宋时期的西藏历史研究

以往宋代的西藏研究多集中于民间经济文化交流、西北茶马贸易藏族部落的社会、西北吐蕃和甘州及辽夏关系，这两年的研究则关注于吐蕃部落较少。两宋时期的吐蕃部族也能体现出西藏与中原的政治文化交流。有学者认为，宋代散居的吐蕃部族用汉法治理蕃部，采取办蕃学培养人才、设机构编纂资料、讲求儒艺行文法、定律令易蕃陋习，客观上有利于吐蕃与中原王朝双方交流[⑤]。有学者对宋金时期的文献中的“卢甘国”和“木波”进行了研究，认为“卢甘”或“卢甘子”即后世的“朵甘思”，是藏文化中的地理名称，“木波”是木族之人的意思，指分布在“朵甘思”至“多思麻”地方的董族和木族。而对于宋朝疆域而言，有学者对宋代的疆界形态与疆界意识进行了研究，其中涉及西北吐蕃之部[⑥]。

唃厮啰是一个吐蕃地方政权，也是历来关注的重点，这两年的研究主要集中于辽与唃厮啰、唃厮啰家族与历代民族政策的关联性、厮啰政权基本国策对青唐城的影响；等等[⑦]。近来关于宋代河西走廊的行政区划研究，以钟雨齐、叶鹏《归义军行政区划体系研究》[⑧] 为代表，作者认为归义军割据河西地区时期，受周边特殊的军事、民族环境的

① 霍巍：《考察吐蕃时代社会文化“底色”的三个重要维度》，《思想战线》2018年第2期。

② 高荣：《汉唐时期河西民族融合类型及其特点》，《河西学院学报》2018年第1期。

③ 刘英华、吉太才让、范习加、甄艳：《7世纪入蕃汉医名实考》，《西藏研究》2019年第5期。

④ 颜亮：《儒家文化在藏地的传播与融合：以藏族古代儒家教育为中心》，《西南民族大学学报（人文社会科学版）》2019年第8期。

⑤ 刘建丽；《北宋对西北吐蕃的文化措施》，《中原文化研究》2018年第6期。

⑥ 黄纯艳：《宋代的疆界形态与疆界意识》，《历史研究》2019年第5期。

⑦ 参见张钦：《论辽与唃厮啰政权和亲路线的选择》，《青海民族大学学报》2018年第4期；齐德舜：《家国之间：唃厮啰家族与历代民族政策的关联性研究》，《西北民族论丛》2018年第1期；丁柏峰：《浅析唃厮啰政权基本国策对青唐城的影响》，《青海民族大学学报》2018年第1期。

⑧ 钟雨齐、叶鹏：《归义军行政区划体系研究》，《西安文理学院学报（社会科学版）》2019年第3期。

影响，以唐代行政区划体系为参考，在节度使下设置州县，形成二级行政区划体系，同时又在县以下融合了吐蕃统治时期的部落制度与唐王朝的乡里制度。总体来说，在归义军政权军政统一的背景下，州县二级体制与军镇二级体制相互融合，形成军事与行政两套统治序列，是具有多元性、民族性特点的政区体系。总体而言，宋代吐蕃研究的数量较少，今年发表的论著数量极为有限。

三　元明时期西藏历史研究

元代开始，西藏正式被纳入中央王朝的有效管辖之下，所以中央对西藏地方的治理研究是西藏研究的重要内容。但是，由于史料有限及蒙古学的热度减低，元代西藏的研究成果近年来较少，部分学者将目光转向康区。例如，袁晓文等认为 1247 年凉州会谈对康区的社会发展产生了非常深远的影响，并在此后中央政府治藏过程中发挥了十分重要的作用①。伯戴克曾对元代西藏地区人口普查进行了研究，通过研究发现元代在 1268 年，对西藏地区只进行过一次人口普查，包括土地和人口的实际调查；而后两次的人口普查只是对第一次的结果进行了修订和检查②。

至少从元代开始，西藏已经出现了对中央政府所颁印章的复制印，此类印章在之后的明清两朝继续存在并逐渐增多，成了西藏印章的重要组成部分。李帅《论西藏地方的明代复制官印》③ 指出西藏出现的明代复制官印数量众多并被实际使用的史实，指出西藏地方流行复制官印的原因与西藏的印章传统、用印习惯、中央政府治藏方略的调整、西藏社会的权力结构以及印章在西藏地方的承袭方式等有关，是内地政治文化在西藏地方因俗制宜的产物。

关于明代西藏地方政权的研究，以张孝明所撰《明代西藏仁蚌巴家族与藏传佛教诸派关系》④ 为代表。文章通过仁蚌巴家族与藏传佛教各派著名僧人交往的史实，考察在不同政治局势下仁蚌巴家族、藏传佛教不同教派相互做出的抉择，从而进一步展现 15—16 世纪西藏地方的政教格局。关于明代藏传佛教在北京的传播，可参见安海燕《明代汉译藏传密教文献与北京的藏传佛教：兼论明代北京藏传佛教格局的形成》⑤ 一文。李勤璞通过现存大量明代汉文密教文献，考证明代乌思藏别称“五藏”，认为清代西藏地区的满语名称 wargi dzang（意为西藏）是汉语地名“西藏”的翻译，并非藏语（乌思藏、五藏）的翻译⑥。

明代治藏方面。有学者对明成祖遣使召请宗喀巴史事进行了再研究，对明廷使臣于

① 袁晓文：《凉州会谈与萨迦派在康区的发展》，《中央民族大学学报（哲学社会科学版）》2018 年第 4 期。

② 伯戴克著，陈涛译：《元代西藏地区人口普查研究》，《青海师范大学民族师范学院学报》2019 年第 2 期。

③ 李帅：《论西藏地方的明代复制官印》，《西藏大学学报（社会科学版）》2019 年第 3 期。

④ 张孝明：《明代西藏仁蚌巴家族与藏传佛教诸派关系》，《中国藏学》2019 年第 1 期。

⑤ 安海燕：《明代汉译藏传密教文献与北京的藏传佛教：兼论明代北京藏传佛教格局的形成》，《宗教学研究》2019 年第 1 期。

⑥ 李勤璞：《明代乌思藏别称“五藏”考——兼论满文 wargi dzang 的由来》，《中国藏学》2018 年第 3 期。

永乐六年（1408）及十二年（1414）两次迎请宗喀巴的具体过程进行考述和辨析[①]。陈沛杉从册封制度入手进行研究，认为明朝对西藏高僧的册封既具有“以通使命”的政治目的，又体现出“闻其道行卓异，至是遣人征之”的浓厚宗教色彩[②]。而阴海燕却从茶禁政策入手，揭示出明朝“以茶驭番”和“联番制虏”的另外一种西藏治理方式[③]。陈武强等从明朝派遣人员入藏，探讨了洪武时期明朝中央政府与藏族地方交往中的“使臣”派遣[④]。使臣派遣是明代汉藏关系中的生动鲜明内容，有学者对明实录所见洪武时期明朝中央政府与藏族地方交往中的使臣派遣进行了考证，认为明朝中央政府不断遣使前往西番、朵甘、乌思藏等地谕抚藏族政教首领，汉藏民族关系便在日渐增多的使臣往来中建立和发展了起来[⑤]。或者从永乐年间的遣藏使来看中央王朝在治藏方面，对于确保朝廷治藏、抚藏等一系列政策在西藏等藏族地方的贯彻落实起到至关重要的作用[⑥]。

四 清代西藏历史的研究

清朝治藏研究主要围绕中央治藏的政治制度、军事管理以及新政等展开，相关成果不断涌现，又主要集中于中央西藏治理方面。

（一）中央对西藏治理研究

首先，从清代治藏的“得”或“成功”而言，有学者认为，从康熙末年至乾隆十五年（1750），为统一西藏、驱逐准噶尔分裂势力，清朝多次用兵西藏，成为清统一战争的重要组成部分，对我国疆域的完整统一贡献极大，这篇文章的价值在于系统介绍了清代藏区用兵、驻军和后勤保障体系建设[⑦]。在清代中央西藏治理方面，有学者注意到了这套体系的变化，例如指出“通过册封等形式实现的统治，向由清朝中央政府任命的众噶伦直接管理转型”[⑧]。还有学者认为，光绪三十一年三月，康区巴塘发生的凤全事件涉及晚清政府与英俄帝国主义、西藏地方势力以及巴塘传统势力之间错综复杂的矛盾，使清政府在康统治危机进一步凸显。以此事为契机，清政府委任能臣，加快康区筹边改制之策，全面改土归流，巩固了边防，强化了其统治[⑨]。还有学者从藏传佛教的王

① 安海燕：《明成祖遣使召请宗喀巴史事再考》，《中国藏学》2018年第2期。

② 陈沛杉：《明朝对西藏地方政教首领的册封及其演变》，《西藏研究》2018年第4期。

③ 阴海燕：《朱元璋治藏茶禁政策考述》，《西藏研究》2018年第4期。

④ 陈武强、杨洁：《明实录所见洪武时期明朝中央政府与藏族地方交往中的使臣派遣》，《西藏民族大学学报（哲学社会科学版）》2018年第1期。

⑤ 陈武强、杨洁：《明实录所见洪武时期明朝中央政府与藏族地方交往中的使臣派遣》，《西藏民族大学学报》2018年第1期。

⑥ 孙玲、陈武强：《明永乐年间的遣藏使》，《西藏大学学报》2018年第4期。

⑦ 陆韧、余华：《清统一战争进程中的藏区用兵驻军与后勤保障体系建设》，《思想战线》2019年第5期。

⑧ 林乾：《论雍正时期对西藏管理的制度化过程》，《民族研究》2019年第2期。

⑨ 蔡丽平、代维：《危机与应对：凤全事件后清政府对康区的治理》，《四川民族学院学报》2019年第1期。

朝化和国家认同角度考察清代宗教同国家的关系，认为清朝统治者深刻认识到藏传佛教寺庙的政治功效及其在大一统王朝进程中的政治价值，由清廷敕令修建了一系列藏系庙宇。这些庙宇分布于中原和藩部，它们构成了代表国家存在的特殊政治场域，也体现了边疆地区宗教被纳入中央王朝主流意识形态的发展轨迹①。还有学者指出了清朝西藏治理的"灵活性"，认为七世达赖喇嘛以用度不敷为由，先后两次向清廷奏请三塘等地区的管辖权。清廷对之颇为慎重，其处置策略既有原则性又有灵活性。一方面，坚决拒绝七世达赖喇嘛对三塘等地区管辖权的奏请，以坚守川、滇、藏等省区的行政划界原则；另一方面，又给予七世达赖喇嘛数额不菲的经济"抚慰"，以解决其日用不敷的实际困难。由此避免达赖喇嘛及格鲁派通过获取"三塘"管辖权以干涉其他藏区政治事务，并通过明确省区行政区划以强化对藏区的管理，从而达到稳固藏区统治的根本目的②。一种观点认为，康熙五十七年清朝再次用兵西藏，有学者认为通过此次用兵，清朝审时度势册封达赖喇嘛、收服蒙藏人心，最终获得"平准安藏"政治和军事上的巨大胜利③。另有学者指出，清朝末年，为图谋西南边防稳固，加强对西藏的有效治理，抵御英印控制西藏，清中枢在川边开展系列整治与经营活动，以图"筹边援藏""固川保藏"。在这一过程中，时任川滇边务大臣的赵尔丰扮演着重要的施政者角色，该文章意在对不同时代的不同视角以及新范式下的研究视角进行梳理和评述④。

其次，从清代治藏的"失"而言，学界还是总结太少，并未从清朝帝国没落的根本上寻求原因。有学者尝试从十三世达赖喇嘛走逃印度放在中国近代史的大背景下研究，发现清王朝的日益衰败是十三世达赖喇嘛出走印度的重要原因，而清末在西藏激进推行的新政则是其直接的导火索，十三世达赖喇嘛出走印度事件，只是晚清各社会主体对于社会剧烈激荡做出的众多自发或自觉反应的一个缩影⑤。还有学者从西藏政治人物与中央关系出发，来探讨清代治藏的策略。例如，策墨林诺们罕事件是清代治藏史研究的热点问题，有学者就从策墨林诺们罕致道光皇帝呈文入手，认为策墨林诺们罕指控了琦善、章嘉呼图克图、第穆呼图克图的种种不是，朝廷就这些指控进行了调查并做出答复，但并未改变他被革职流放的命运⑥。

再次，在中央西藏治理研究方面，其一，边疆治理现代转型研究还是较少，这实际上是一个新的研究视野，难度较大，但还是有学者对之进行了尝试性研究。例如，1908年十三世达赖喇嘛晋京期间曾就是否向光绪皇帝、慈禧太后下跪等礼仪问题，以及是否允许直接奏事或与驻藏大臣会衔上奏西藏政教事务即所谓奏事权问题与理藩部、外务部

---

① 祁美琴、安子昂：《试论藏传佛教的王朝化与国家认同——以清朝敕建藏传佛寺为中心的考察》，《清史研究》2019年第1期。

② 邓前程：《七世达赖喇嘛奏辖"三塘"与清廷的措置》，《中国藏学》2019年第3期。

③ 张发贤：《康熙末年用兵西藏研究》，《中央民族大学学报（哲学社会科学版）》2018年第3期。

④ 徐君：《视角转换与范式改变：对清末川滇边务大臣赵尔丰评价》，《西藏大学学报（社会科学版）》2019年第1期。

⑤ 黎同柏：《中国近代史视野中的十三世达赖喇嘛出走印度事件》，《西藏民族大学学报（哲学社会科学版）》2019年第3期。

⑥ 李志明、洲塔：《策墨林诺们罕事件补考——以策墨林诺们罕致道光帝呈文为中心》，《中国边疆史地研究》2019年第1期。

等中枢机构官员发生了激烈争论，有学者认为从清末民族国家建构这一宏观背景，认为礼仪之争的本质是朝廷通过达赖喇嘛跪叩等肢体操演，对外宣示达赖喇嘛地方性首领的政治地位与西藏地方隶属清朝的政治主题，而朝廷否决达赖喇嘛的奏事之请，目的在于通过赋予驻藏大臣奏事垄断权以维护其政治影响力，贯彻政教分离的西藏新政原则。这些模仿西方民族国家的政教分离政治体制一体等原则的举措，虽然未能弥合分歧，但却开启了边疆治理现代转型的序幕①。有学者认为通过研究第穆案，实质上也反映了这种边疆治理的转向，该学者提出的“晚清时期许可西藏地方裁定内部争端的治理模式，逐渐转变为后期直接由清廷裁决西藏地方内部争端等的治理模式”是有一定道理的，但我们也必须看到在清覆灭之前，这种倾向的复杂性。② 其二，也有学者从地方看中央的模式来研究。例如，有人以噶伦米珠索南班觉为中心探析19世纪初中央治藏政策，认为19世纪上半叶，米珠索南班觉作为噶伦执行驻藏大臣的各项命令，维护了西藏稳定③。

值得一提的是，清末张荫棠的研究实质上是个老话题，但这两年里也有学者对其的改革进行分类专题研究，不失为一种创新，例如其从西藏地方的行政体制改革、教育、财政等方面来阐述④。也有学者对赵尔丰对川边新政做出了新的研究，认为在其新政中，“新面目”与“旧根基”之间的脱节、地方利益与国家权益的冲突、“以夏变夷”“以儒化佛”诸种措施及其诸种复杂矛盾的彼此扭结与冲突，不同民族文化传统之间的磨合与碰撞，都在川边七年经营中纠葛着，并在相当程度上蕴涵了现代民族政治的一些敏感问题⑤。实际上，中央西藏治理既是传统话题又是新话题，尤其是在新时期构建现代国家治理体系的背景下，来考察历代中央治理边疆更有实践价值。所以何一民等认为，西藏边境城镇的重要地位日趋突出，面临更多的发展机遇和挑战，需要把西藏边境城镇体系建设与发展提升到国家战略层面进行科学规划⑥。

关于西藏地方政治研究，有学者指出五世达赖喇嘛授予三世察罕诺们汗的铁券文书是第巴·桑杰嘉措以五世达赖喇嘛的名义颁发给三世察罕诺们汗的，认为通过对铁券文书资料的进一步解读，不仅能够发现察罕诺们汗生平及其所受封号、相关历史人物和部落历史等，而且还能够了解察罕诺们汗在蒙古部落、蒙藏关系，以及传播藏传佛教文化中所发挥的作用。同时，也能够澄清上述历史问题中存在的各种错误及异议⑦。也有学

① 扎洛：《十三世达赖喇嘛晋京期间的礼仪与奏事权之争新探——民族国家建构视角》，《近代史研究》2019年第2期。

② 康欣平：《从第穆案处理看清廷治藏策略之变化》，《西藏大学学报》2018年第1期。

③ 黄全毅：《以米珠索南班觉为中心探析19世纪初中央治藏政策》，《西藏民族大学学报》2018年第1期。

④ 参见陈鹏辉：《试论清末张荫棠藏事改革中的财政改革》，《西藏民族大学学报》2018年第1期；陈鹏辉：《清末张荫棠藏事改革中的“政教分离”思想及其实践》，《西藏大学学报》2018年第1期；康欣平、林松：《试析清末张荫棠藏事改革中的教育体制改革》，《西南石油大学学报》2019年第1期。

⑤ 徐君：《“新”与“旧”：清末川边新政之再探》，《西藏大学学报》2018年第1期。

⑥ 何一民：《强疆固边与西藏边境城镇体系建设》，《四川师范大学学报》2018年第6期。

⑦ 仁青卓玛：《第五世达赖喇嘛授予三世察罕诺们汗之铁券文书考》，《西藏大学学报》2018年第3期。

者从西藏地方历史出发，探讨雅砻地区历史沿革及其相关问题，认为雅砻是西藏重要的古历史地名，也是重要的西藏古文明发祥地，其对与雅砻地区相关的颇章地名、丹噶宫和帕竹十三宗豀等历史疑难问题作了探讨①。

（二）民族关系研究

清代西藏的民族关系主要是汉藏关系和蒙藏关系。尤其蒙藏关系是历来关注的重点，藏北也是清代蒙古人活动的重要区域。有学者从历史渊源、生产生活方式、驻牧人口、兵源数量、管理体制等方面探讨了达木蒙古八旗的历史渊源，并指出了其特殊的历史地位与作用②。但也有学者从蒙古内部不同的支派出发，考察其差异对西藏地方政治发展的影响，例如有学者就认为和硕特部入藏事件与准噶尔部入藏事件也在很多方面具有相当程度的相似性，但是由于具体历史背景的差异，清政府及蒙藏高僧、学者的不同态度等诸多因素，这两次事件最终却形成了截然不同的历史形象③。蒙藏关系已经被关注了近百年，但在新时期，我们是否可以将关注视野放在蒙藏关系为何在近代逐渐减弱？这可能会成为一个新的话题。近来还有《章嘉·若必多吉研究论文选萃》引起关注，作为大国师和学者，章嘉在佛学理论和翻译学领域内多有建树，其著作影响至今，他为我国多民族的团结和谐作出了卓越的贡献，现出版的论文集收录了20位学者的20多篇研究章嘉·若必多吉思想、成就方面的论文，分为政治篇、文化篇、宗教篇，其中23篇为发表过的作品，具有较高的学术价值④。

（三）清代西藏经济文化研究

第一，从历史学角度出发研究的边疆文化近年来受到的关注很低，发表文章较少。有学者针对清前期藏文文书翻译实践、译员和译员培养等史实进行钩沉和总结⑤。清末山县初男《西藏通览》，对西藏方志编纂产生一定影响。有学者认为，《西藏新志》全书百分之六七十的内容参考了《西藏通览》，其抄录特点是在文字上略作改动，力避雷同，陈观浔《西藏志》有三分之一的内容抄录自《西藏通览》，《西藏纪要》有近一半的内容采自《西藏通览》，其抄录特点是既不作任何改动也不标注出处⑥。还有学者认为，它以现代编纂体例突破了旧有体式，增设现代类目并对传统方志类目进行删减，体现了方志编纂在特定时代背景和西学思潮影响下所做出的自我调整，展现了传统方志向新体方志的过渡形态。同时，从《西藏通览》“中国—日本—中国”的转译过程可以看出我国近代翻译史和思想史的变迁⑦。赵心愚对光绪《西藏图考》的编纂进行了探讨，

① 拉巴次仁、石达顿珠、拉旺：《雅砻地区历史沿革及其相关问题探析》，《西藏大学学报》2018年第4期。

② 边巴琼达：《达木蒙古八旗综论》，《西藏大学学报》2019年第3期。

③ 杨代成：《和硕特部入藏与准噶尔部入藏中的几个问题》，《青海民族研究》2019年第2期。

④ 赵永红主编《章嘉·若必多吉研究论文选萃》，四川民族出版社2019年版。

⑤ 石岩刚：《清朝前期藏文文书翻译实践、译员及译员培养》，《中国藏学》2018年第2期。

⑥ 杨学东：《山县初男〈西藏通览〉对近代西藏方志编纂的影响》，《西藏研究》2018年第2期。

⑦ 王丹：《光绪石印本〈西藏通览〉研究》，《西藏大学学报》2018年第3期。

认为《西藏图考·西藏源流考》详今略古，突出康熙末年至乾隆时期几次出兵西藏的军事行动，纵横结合，内容兼及西藏自然、社会诸多方面，既尊重前人的研究，又明确写出自己比较分析后的看法[①]。在清末边疆经济建设方面，秦和平对川藏电报进行了研究，较全面地分析了清末川藏地区电报通讯的由来及延展状况[②]。

第二，从边疆文化方面，有学者针对清代西藏的传统丧葬，来探讨乾隆时驻藏大臣和琳强有力的西藏政策，认为在短期内取得了一定效果，但最终还是未能改变西藏的丧葬习俗。民俗的稳定性，在此过程中体现得异常明显[③]。还有学者从早期入藏西人的书信和论著出发，探讨了他们对藏族音乐歌舞活动的描述，这些描述虽非民族音乐学意义上的研究，但亦可弥补中文藏族音乐研究史料之不足，而且可为学界了解域外对西藏音乐的认知过程提供佐证[④]。还有学者认为，“红教”一般被用来指称藏传佛教中的宁玛派。或是受此影响，学界也普遍将清人言说中的红教等同于宁玛派。但在清代文献中，红教一词并非专指藏传佛教的某一教派，而是一个与黄教（格鲁派）相对，含义更为宽泛、模糊的称谓。在不同的语境下，其内涵常常随着时空、言说者以及所指对象的不同而变化。这种变化又与清前中期对喇嘛教的态度以及对藏政策有着直接关联，因而红教之称实际还带有浓厚的政治意味[⑤]。比较有趣的是，也有学者根据和瑛在藏任职期间所撰《西藏赋》《易简斋诗抄》《卫藏和声集》对清代的西藏传统体育文化进行了研究，探求了锅庄、滑绳等传统体育活动，有助于更好地认识乾嘉时期西藏文化[⑥]。

五 近代西藏历史的研究

近年来，随着中国第二历史档案馆所存西藏和藏事档案的整理，民国时期西藏与中央的关系研究逐渐深化。本年度相比之前的研究，有如下特点。

第一，对旧有观点进行重新思考。近代西藏治理研究近年来通过发掘大量史料，对一些史实进行了新的阐述，例如喜饶尼玛等根据最新刊布的中外文档案，对“热振事件”前后国民政府对五世热振活佛的态度及治藏政策作了比较详细的考察，使得民国期间中央治藏的历史研究继续走向深化[⑦]。喜饶尼玛等对西藏“热振事件”进行了重新探讨，认为热振事件发生有其复杂的背景因素[⑧]。藏族史研究是边疆史从民族视角进行研究的一个领域，石硕等人关注到了中华人民共和国成立以来的藏族史研究可以分成三

---

① 赵心愚：《光绪〈西藏图考〉的“括总”之篇——读〈西藏图考·西藏源流考〉》，《西南民族大学学报》2018 年第 7 期。

② 秦和平：《清末川藏地区建设电报通讯之研究》，《中国边疆史地研究》2018 年第 2 期。

③ 李军：《清代西藏的丧葬习俗与驻藏大臣的政策干预——以〈西藏赋〉为中心》，《宗教学研究》2019 年第 2 期。

④ 宫宏宇：《清代进藏西人著述中的藏族音乐》，《中央音乐学院学报》2019 年第 1 期。

⑤ 徐法言：《清代文献中的“红教”释义——以乾隆朝汉文文献为中心》，《宗教学研究》2019 年第 2 期。

⑥ 李英、徐文媛：《和瑛与西藏体育》，《西藏民族大学学报》2018 年第 6 期。

⑦ 喜饶尼玛、冯翔：《“热振事件”与国民政府的因应》，《中国藏学》2018 年第 1 期。

⑧ 喜饶尼玛、冯翔：《影响西藏“热振事件”走向的真正原因——兼谈国民政府对事件的处置》，《中国藏学》2019 年第 2 期。

个阶段：一是1949—1978年，二是1978—2000年，三是2000年后至今。藏族史研究进入推陈出新的新阶段，表现为藏族古代史研究日趋成熟，同时近代藏族史、区域史的研究不断繁荣，民国时期藏族史研究日渐成为中国近代史、中国边疆史研究的重要组成部分①。徐百永认为，民国期间西藏的改革尝试仍未摆脱政教合一、佛法笼罩整个社会的局面，虽然近代化因素对社会有渗透，但打破这种状况的力量只能来自中央②。

第二，对人物的研究不断深化。民国时期，中央政府积弱，内有军阀混战，外有列强环伺，中国边疆危机重重，在此背景下有志之士为边疆安危作出了积极探索与巨大贡献。历任蒙藏委员会常务委员、参谋本部边务组专门委员、国民政府首任驻藏官员刘朴忱便是其中一员。其涉藏活动贯穿在内地与西藏地方之间，通过对这段历史的梳理，可以清晰地反映出其一生专注于藏事的心路历程，对认识民国时期仁人志士为挽救边疆危机积极探索的奋斗史及中央政府与西藏地方的关系史将有所裨益③。张子新认为，北洋政府时期在对驻京呼图克图的管理上，沿用清朝政策的同时，也根据实际情况作了一些变通，总体而言，在北洋政府无法对蒙藏地区实施强有力管控的条件下，驻京呼图克图对稳定蒙藏局势，维护国家统一和边疆安全作出了积极贡献④。有学者还对班禅和达赖之间的冲突进行了研究⑤。还有类似蒋致余这样的官员，历来专题研究也较少，喜饶尼玛等人根据最新史料对其进行了研究⑥。还有学者对九世班禅的年谱进行了整理。还有学者对川边涉藏人物进行了深入研究，指出陈遐龄在第四任川边镇守使期间，对川边采取了若干治理措施，如改编军队、委任土司职务、整治乌拉积弊等，在一定程度上维护了川边稳定⑦。2018—2019年学术界非常关注喜饶嘉措，共有12篇论文发表，代表性的作者有陈庆英等人⑧。

第三，对于政府与民间的涉藏组织研究。民国初肇，国家成立蒙藏事务局管理西藏事务，同时批准成立蒙藏统一政治改良会、西藏旅京同乡会等民间组织，协助政府工作，派员进藏沟通各方关系，但在英国的干涉下，到1924年，西藏分裂势力仍然企图分裂国家，西藏地方与中央政府的关系还未进入正常轨道。面对复杂的形势，熟悉藏务的在京青海和藏籍议员、川边代表、旅京川绅、班禅翻译官、蒙藏委员会秘书、佛教藏文学院教授发起成立藏事促进会。该会不同于蒙藏统一政治改良会、西藏旅京同乡会是由地位崇高的驻京蒙古王公和蒙藏高僧组成，而是整合熟悉藏务的普通议员、机构工作

---

① 石硕、邹立波：《我国藏族史研究七十年》，《中央民族大学学报》2019年第6期。

② 徐百永：《民国时期政教合一制下的西藏社会研究》，《中国边疆史地研究》2018年第4期。

③ 喜饶尼玛、李威颖：《沉着、有胆量之边务人才——国民政府驻藏官员刘朴忱评述》，《云南民族大学学报》2019年第6期。

④ 张子新：《北洋政府时期的驻京呼图克图制度》，《民族研究》2019年第5期。

⑤ 李双、泽仁翁姆：《十三世达赖与九世班禅晚年关系的改善及影响》，《西藏大学学报》2018年第2期。

⑥ 喜饶尼玛、荣加林：《民国驻藏官员蒋致余评述》，《云南民族大学学报》2018年第1期。

⑦ 裴儒弟：《川边镇守使陈遐龄治边研究》，《青海民族研究》2018年第4期。

⑧ 参见陈庆英：《论喜饶嘉措大师的爱国思想》，《中国藏学》2018年第4期；周炜：《喜饶嘉措大师爱国主义思想的基础及其表现》，《中国藏学》2018年第4期；程颐工：《试论喜饶嘉措大师与黎丹先生交往的历史意义》，《中国藏学》2018年第4期；卢本扎西：《喜饶嘉措与西藏和平解放研究》，《西藏民族大学学报》2019年第2期。

人员、旅京乡绅等，组成民间团体。该团体向政府提交呈文、请愿、条陈，联络西藏办事行署，积极参与社会团体活动。该会与蒙藏统一政治改良会、西藏旅京同乡会相较民间性更强，在涉藏民间组织中具有独特地位①。有学者认为，蒙藏委员会驻藏办事处对西藏地方开展的传昭布施，即国民政府希冀通过优崇藏传佛教增进西藏地方对中央权威政治认同及国家认同的具体表现之一。驻藏办事处在种种困难之下坚持开展传昭布施，对于宣示中央政府的治藏主权和增进西藏地方的国家认同，具有重要意义②。

第四，边疆地方史的深化，以及从文化和经济视角研究为新研究领域的探索。有学者研究了甲擦列空，从当时西藏面临的局势入手考察了成立盐茶税收机构的必要性，对其成立的作用做了进一步分析③。有学者从电影的角度来研究国民政府的西藏治理，通过考察国民政府多次派员进藏制作西藏电影的历史，来印证了民国中央政府对藏主权的历史事实，并认为这些电影真实记录了民国时期西藏社会万象，促进了汉藏文化交往交流交融等④。还有学者对西藏地方的礼仪制度、拉萨的城市生活等进行发掘，对于发展社会制度史是有一定价值的，但目前从藏文史料来说，要得到广泛应用还存在一定困难⑤。周智生则注意到了近代云南藏区的社会经济状况，认为清末民初的云南藏区社会寺院对乡村社会进行有效的控制，并对乡村社会提供宗教、政治、经济等服务。而乡村社会一方面乐于接受这种配套式的援助，并对寺院进行反哺，寺院与乡村社会的互惠聚生关系将宗教“福荫”下的宗教和民众紧紧地联系在一起，为藏区社会的发展变革创造了条件⑥。

有学者注意到了民国期间的蒙藏教育，从中央政治学校等教育机构出发探讨这一行为，喻永庆在这一领域撰写了数篇论文，推进了少数民族教育史的研究⑦。赵国栋《西藏茶文化》是其在《茶叶与西藏：文化、历史与社会》之后又一部茶学著作，作者在茶社会学研究视角下的学习和探索小结，以丰富多元的视角在茶社会学的整体研究框架下对西藏茶文化进行了全方位的呈现⑧。

---

① 刘永文、黄俊、张雨晨、张乐民：《民初涉藏民间组织——藏事促进会考论》，《西藏大学学报》2019 年第 1 期。

② 邹敏：《以教翼政：蒙藏委员会驻藏办事处的传昭布施》，《四川师范大学学报》2019 年第 2 期。

③ 王强、谢金勇：《民国时期西藏盐茶局成立时间与官职考》，《西藏大学学报》2018 年第 2 期。

④ 李双：《国民政府治藏文化宣传措施评析——以西藏电影为研究对象》，《西藏研究》2018 年第 1 期。

⑤ 边巴琼达：《清代西藏地方仪仗浅析——以布达拉宫馆藏仪仗为例》，《西藏大学学报》2018 年第 1 期；王强谢、金勇：《民国时期西藏益茶局成立时间与官职考》，《西藏大学学报》2018 年第 2 期；邹敏：《民国时期拉萨城市生活初论》，《西藏大学学报》2018 年第 2 期。

⑥ 周智生、张云培：《共生与制衡：清末民初云南藏区寺院与乡村社会关系的历史演变》，《民族学刊》2018 年第 1 期。

⑦ 喻永庆：《南京国民政府初期蒙藏教育的推进考察——以中央政治学校附设蒙藏学校创办为中心》，《西藏大学学报》2018 年第 2 期；《民国时期南京蒙藏学校办学考释》，《贵州民族研究》2018 年第 1 期。

⑧ 赵国栋：《西藏茶文化》，西藏人民出版社 2018 年版。

以往的民国时期西藏研究，多侧重于中央西藏关系上，而经济关联则关注较少。两年间，有学者关注到格桑泽仁在1941年初向国民政府提议实施西陲企业计划，认为在格桑泽仁的直接推动下，云南康藏茶厂、康藏贸易公司相继成立、运营，采纳和实践了格桑泽仁倡导的政商结合、产销合作、跨省贸易合作和遵从藏族人民消费习惯等贸易策略。这一系列策略的实施，加强了战时汉藏经济联系，有力支援了相持阶段的抗战事业。文章依据档案文献，阐述抗战背景下格桑泽仁角色的转变，即如何以官商身份，通过整合国家力量和康藏资源，改善和加强战时汉藏经济联系，应援抗战所需[①]。还有学者研究了民国期间青海玉树藏区的商业地理。不过，总体而言，民国时期西藏地方的经济研究，还有大量研究空白，尤其是西藏区域的经济研究。

六　当代中国西藏研究

当代中国西藏治理研究是学者们关注的重点领域。学者们关注的对象是中央西藏政策。有学者认为中共十九大为新时代边疆治理指明了方向，要“更加自觉地维护我国主权、安全、发展利益，坚决反对一切分裂祖国、破坏民族团结和社会和谐稳定的行为”[②]。关于民主改革，这方面的成果近几年并不多，代表性的是藏族学者白玛措与汉族学者的论文，前者认为西藏民主改革让西藏步入了新的历史时期，使得西藏在各个方面都发生了翻天覆地的巨大变化。后者认为，毛泽东把统一战线理论运用于西藏民主改革实践，制定了一系列符合西藏区情的民主改革的政策措施[③]。有学者注意到了信息时代背景下的西藏治理，例如论互联网时代的涉藏外宣工作，认为突破路径主要是转变现有观念，用好现有载体，重视整合资源，重视议程设置，与国外主流媒体建立良好的协作关系，增强舆情引导力[④]。应该注意的是，2018年是我国改革开放四十周年。西藏研究领域在该年度发表了大量有关改革开放以来西藏的社会经济等各项事业发展进步的情况，内容包括藏学研究成就、大事记、教育发展历程、社会变迁、民族工作、宗教管理工作、农牧区发展、城镇化、旅游业、生态建设等系列论文。2019年《西藏民主改革60年系列丛书》引起了全社会的关注，这套丛书共分为8卷，分别是经济卷、政治卷、文化卷、民生卷、生态环境卷、宗教卷、文献资料卷和大事记，丛书以海量的历史文献和统计数据为基础，忠实记录并还原西藏民主改革迈出的每一步，力争准确、客观地呈现这一伟大变革的历史原貌[⑤]。

此外，有学者撰文探讨当代中国西藏多民族文化融合、发展问题。有学者认为伊斯兰教随着穆斯林的迁入而植根于西藏，伊斯兰文化与藏文化在长期接触中形成了双向互动、和谐共生的发展模式。一方面，伊斯兰文化不断借鉴和吸收藏文化的精髓，通过自身文化的变迁实现了其在西藏的本土化，从而使西藏伊斯兰文化独具特色；另一方面，

---

① 邹立波：《格桑泽仁与抗战时期的汉藏贸易》，《中国藏学》2019年第2期。

② 孙宏年：《新时代西藏治理开启新征程》，《中国边疆史地研究》2018年第2期。

③ 白玛措：《民主改革与西藏历史巨变》，《西藏研究》2018年第3期；谢忠：《毛泽东统一战线思想在西藏民主改革中的实践》，《湖湘论坛》2018年第2期。

④ 李许桂：《论互联网时代的涉藏外宣工作》，《西部学刊》2018年第3期。

⑤ 郑堆总主编：《西藏民主改革60年系列丛书》，中国藏学出版社2019年版。

伊斯兰文化以特殊方式融入藏文化中，丰富和发展了藏文化体系①。边疆城市文化在近年来备受关注，王川等人还对当代的西藏城市发展进行了探讨，也是一种积极的尝试②。

七　西藏历史地理研究

西藏历史地理研究是西藏研究的重要领域，我国学术界进行了长期的研究，2018、2019 年又推出新的成果，深化了西藏地名与历史文化、西藏历史地图、政区、部族及西藏对外交通等领域的研究。

（一）西藏地名与历史文化研究

古格·其美多吉对古代藏族地理文献整理与地理思想进行研究，探讨了西藏地名的演变规律和原因③。拉巴次仁、石达顿珠等撰文介绍西藏不同历史时期在雅砻地区（今西藏山南市乃东、琼结两县）建立的部落联盟、地方政权和地方势力等历史沿革，考证吐蕃赞普赤德祖赞的出生地丹噶宫殿、14 世纪时期帕竹十三宗豁名称及其地望④。

刘洁撰文论述西藏历史地理的圣地移植特点及影响，强调圣地移植是西藏历史地名"一名多地"特点形成的重要原因⑤。刘洁还出版《工布苯日神山崇拜研究》⑥，以古藏文地理志《工布苯日神山志》为切入点，从历史学、文献学、边疆史地、宗教学等角度剖析工布苯日神山崇拜的起源及不同历史时期的演变特点，总结出象雄文明的东渐传播、新苯派的佛苯互融趋势、古藏文地理志文献的层累式架构特点等一系列观点。

邹立波以"川边""西康"概念为考察中心，认为地理名称的变更与晚清川藏边务密切相关，特别是对"边""藏"界域之争的有力回应，这种探讨边疆地理名称多歧性、竞争性，是将历史地理学研究与概念史方法相结合的一种尝试⑦。魏毅以第四世敏珠尔活佛降白曲吉丹增赤列所著《世界广说》为中心，结合清代诸部藏文地理文献，对其中涉及汉地部分内容进行解读，梳理清代蒙古族、藏族知识阶层对于汉地的地理认知与观念，认为《世界广说》对于"汉地"存在三种层面（文化地理、政治地理和宗教地理）的不同表述⑧。

---

① 马永龙：《西藏世居穆斯林及其文化变迁研究》，《青海民族研究》2018 年第 1 期。

② 王川、马正辉：《论共和国时期西藏城市发展》，《西藏大学学报》2018 年第 2 期。

③ 古格·其美多吉：《论西藏地名演变规律及原因》，《西藏大学学报》2019 年第 3 期。

④ 拉巴次仁、石达顿珠、拉旺：《雅砻地区历史沿革及其相关问题探析》，《西藏大学学报（社会科学版）》2018 年第 4 期。

⑤ 刘洁：《试论西藏历史地理的圣地移植特点及影响》，《西南民族大学学报（人文社会科学版）》2018 年第 8 期。

⑥ 刘洁：《工布苯日神山崇拜研究》，青海民族出版社 2018 年版。

⑦ 邹立波：《边疆地理名称与晚清川藏边务——以"川边"、"西康"概念为考察中心》，《中国历史地理论丛》2018 年第 1 期。

⑧ 魏毅：《孰为汉地：〈世界广说〉对于汉地的地理认知》，《中国藏学》2018 年第 3 期。

（二）西藏历史地图、政区、部族研究

学术界发表多篇论文，对西藏历史地图、政区和悉立、洛门塘（今木斯塘）、拉达克及“姜域”“丹域”等地方的史地问题进行考证，深化了相关问题的研究。在历史地图、政区研究方面，陈柱对康熙朝清廷对拉达克地图的绘制所做的探讨，反映出拉达克是清朝西藏阿里地区的一部分，揭示出阿克赛钦在拉达克境外、拉达克在印度境外的事实[①]。陈柱还撰文探讨清朝“驱准保藏”及其与拉达克的关系，认为拉达克协助康济鼐派人到叶尔羌为清朝打探准噶尔情报，尼玛南杰在雍正年间遣使进京上表朝贡，双方最初关系得以建立[②]。孔令伟利用藏、蒙古、满文相关历史档案，撰文认为拉达克与清廷间多语种情报文书的传递与翻译过程，深刻体现出清代中国作为多元一体国家的发展与性质[③]。

黄辛建认为藏区划界的主要思路是将原由蒙古和硕特部管理的地方划归内地直接管辖，但朝廷在划界过程中仍考虑了多种因素，且根据实际情况及治理需要有所变通，充分体现了清朝通过行政区划加强中央对藏区控制的战略思想，实现了“隔绝蒙藏”、稳固藏区统治的目的，也奠定了延续至今的藏区行政区划及分界的基本框架与格局[④]。

达瓦次仁所撰《古代悉立国方位考辨》[⑤]，通过对比研究藏汉史料有关喜马拉雅山南麓的古代悉立国的不同记载，考证悉立国应指以姆提纳塔为中心的洛门塘（今木斯塘）南部地区。该研究成果推翻了“不丹说”“西姆拉说”等旧说，进一步细化了张星烺先生提出的“近尼泊尔说”。叶拉太在《变迁与承续：喜马拉雅中部洛沃的区域宗教史研究：基于尼泊尔西北部洛沃（木斯塘）的实地考察》[⑥]一文中，具体介绍了位于喜马拉雅山脉南麓尼泊尔西北部的洛沃（今木斯塘，即古代悉立国）的历史遗迹和藏裔族群，指出喜马拉雅中部曾经盛行苯教和藏传佛教文化，是西藏文明的主要传播区和辐射区。

阿错在《古代藏文文献中的姜（vjang）及姜域（vjang yul）解读》[⑦]一文中，分析并总结了姜（vjang）和姜域在不同历史时期地理范围的演变特点。作者指出，“姜（vjang）”最早出现于敦煌古藏文文献，是我国古代西南白蛮、乌蛮等族群的称谓，姜域概念有广义和狭义之分。广义的概念是指历史上的南诏国、大理国、云南王等我国西南古代地方政权所辖地区，甚至整个云南乃至明代木氏土司所统治的康区南部地区都曾被统称为姜域。狭义的姜域则指清朝末年滇西北噶玛噶举派姜域十三寺分布区域，主要指丽江及香格里拉和维西一带纳西族集聚区。张闶从满文《喀木地方一统志》看清廷

① 陈柱：《康熙朝清廷对拉达克地图的绘制》，《中国藏学》2019年第3期。

② 陈柱：《“驱准保藏”与清朝和拉达克的最初关系》，《中国藏学》2019年第1期。

③ 孔令伟：《拉达克与清廷情报文书的传译过程》，《中国藏学》2019年第3期。

④ 黄辛建：《雍正时期藏区行政划界研究》，《中国藏学》2018年第3期。

⑤ 达瓦次仁：《古代悉立国方位考辨》，《西藏大学学报（社会科学版）》2019年第1期。

⑥ 叶拉太：《变迁与承续：喜马拉雅中部洛沃的区域宗教史研究：基于尼泊尔西北部洛沃（木斯塘）的实地考察》，《青海民族大学学报》2019年第2期。

⑦ 阿错：《古代藏文文献中的姜（vjang）及姜域（vjang yul）解读》，《西藏民族大学学报（哲学社会科学版）》2019年第5期。

对康区的地理认知，认为其与《皇舆全览图》共享很多地理信息①。

更藏卓玛、吉加本所撰《吐蕃时期康区“丹域”之名的由来及历史文化之谈》②，结合格萨尔文献、敦煌古藏文文献探讨丹域历史地名。丹域即丹玛，是今四川省甘孜州邓柯一带古名，“丹玛十二万户部落”的范围曾涵盖今青海玉树囊谦县、西藏昌都江达县、四川甘孜石渠与德格县，以金沙江为界分为上丹玛与下丹玛。邓柯属地色须（今石渠县）是唐蕃古道的必经之路，不但是吐蕃在康区建立的重要商贸区（下集市三区之一），也是吐蕃时期佛教传入康区的交通要道，在吐蕃对外扩张以及唐蕃经济文化交往中发挥过重要的纽带作用。

（三）西藏对外交通研究

李晨升撰文考证吐蕃与南诏的交通道路（东道和西道）具体走向，借助文献和考古资料探讨唐代吐蕃与南诏之间的政治、经济与宗教文化关系③。有学者对新疆与西藏的历史交通线路做了研究。认为清朝雍正至乾隆年间，中央政府为有效应对其统治下准噶尔部对藏地的袭扰，先后在藏地北境设立阿里、纳克产、腾格里淖尔、阿哈雅克四路重镇。其中阿里、纳克产、腾格里淖尔皆沿藏北一字排开，唯阿哈雅克一路位置前出，位于藏北羌塘草原东部，直接控扼着昆仑山东部连接噶斯口与喀喇乌苏间的新藏要道④。有学者从气象学角度来入手研究涉藏区域史，例如认为学者们多注意金川战争与嘉绒土司地区山高林密、碉坚路险、土民好战等主客观因素有关，却未重视当地特殊天气给清军造成的影响，认为天气严重掣肘了军需运输⑤。

八　西藏地方涉外关系研究

西藏地方涉外关系研究是西藏研究的重要组成部分，多年来受到国内外学术界重视，2018、2019年我国学者发表多种论著。

（一）古代西藏与丝绸之路研究

远在张骞通西域之前，沟通东西方古老文明的“史前丝绸之路”（或称“早期丝绸之路”）就已经存在。2018、2019年，有关丝绸之路的最新学术观点，应以中国学者首倡的“高原丝绸之路”“绿洲丝绸之路”“南方丝绸之路”等概念为代表。其中，“高原丝绸之路”与过去由西方学者最初提出的“丝绸之路”相比较，已经发展成为“形

---

① 张闶：《从满文〈喀木地方一统志〉看清廷对康区的地理认知》，《中国藏学》2019年第3期。

② 更藏卓玛、吉加本：《吐蕃时期康区“丹域”之名的由来及历史文化之谈》，《四川民族学院学报》2019年第2期。

③ 李晨升：《从历史交通路线看唐代吐蕃与南诏的关系》，《西藏民族大学学报（哲学社会科学版）》2019年第1期。

④ 马天祥：《阿哈雅克与清代新藏昆仑东线》，《新疆大学学报》2019年第5期。

⑤ 王惠敏：《金川天气对清军军需运输的制约及清廷的应对》，《西南边疆民族研究》2018年第1期。

成于通过青藏高原的东方与西方、中国与外域交流的交通网络及其主要干线”[①]；“绿洲丝绸之路”则更加侧重古代丝绸之路对西域当地民族政权及社会生活的影响；“南方丝绸之路”“横断山脉地区民族走廊”在西南夷与中原的互动关系中亦发挥过积极作用。万名考证，《禹贡》“黑水”之谜实际上彰显了澜沧江联通西北丝绸之路、西南丝绸之路和海上丝绸之路的历史事实[②]。

近年来中国西藏阿里的最新考古成果证明，至迟在汉晋时期，以象雄为代表的西藏西部地区就已经成为青藏高原与中亚和西域新疆一带文化交流密切的区域。丁柏峰在《丝绸之路青海道的初辟：先秦时期青海交通状况考述》[③]一文中，通过分析自新石器时代的马家窑文化至青铜时代的诺木洪文化的考古资料，指出今青海地区在新石器时代就已形成区域性的交通路线，这类路线展现了古人类从中原溯渭水进入甘肃然后进入青海河湟地区并继续西迁的过程。张骞凿空西域之后，这些原始道路随着青海与外部联系的加强而不断扩展与固化，最终形成了高原丝绸之路的重要支线——青海道。刘立云从青藏高原的西藏、青海等地区曾为古代丝绸之路重要交通枢纽及区域文明中心的历史事实出发，在追溯丝绸之路青海道的发展演变的基础上，指出经由“青藏道”“康藏道”之间的“特殊性和互联性”，南北丝绸之路、长江与黄河经济带连为一体，为当前中国“一带一路”背景下的西部省际跨域经济发展给予现实启示[④]。

丝绸之路的文化功能有力促进了以藏文化为代表的青藏高原文明以及古代藏族与周边民族互融和文化技术的交流。何大勇所撰《隋唐宋时期青藏高原的丝绸之路》[⑤]，强调了青藏高原丝绸之路的文化功能，尤其是汉文化与吐蕃等民族文化，与尼泊尔、印度、波斯等南亚、西南亚各国文化相互交流的功能。除前述较为宏观性的观点之外，李斯以“文翁化蜀”这一使得蜀地确立华夏文化正统身份的标志性事件为主题，强调该事件为汉武帝时期出于外交战略与文化交流的需要而开拓“西夷西”道路奠定了重要的文教基础，值得边疆史和民族史研究者特别关注。作者还剖析史籍所见“九译”“重译”“译官”“译长”等记载，实际上是在汉代“大一统”意识逐步成熟的前提下，华夏文化传播所产生的一种文化自信现象[⑥]。

（二）清代、民国时期西藏地方涉外关系研究

2018 年、2019 年，学者们主要关注中国西藏与南亚邻国关系、西方传教士入藏、英国侵藏等问题。有学者以清朝中晚期西藏地方政府对尼泊尔的一次跨境救援行动为切入点，重点论证和评析清廷在第二次藏尼战争后在西藏颁行的新货币政策，对 18 世纪

---

① 霍巍：《“高原丝绸之路”的形成、发展及其历史意义》，《社会科学家》2017 年第 11 期。

② 万名：《明朝人以澜沧江为〈禹贡〉“黑水”考：整体丝绸之路的视野》，《中国边疆史地研究》2018 年第 1 期。

③ 丁柏峰：《丝绸之路青海道的初辟：先秦时期青海交通状况考述》，《青海师范大学学报（哲学社会科学版）》2018 年第 2 期。

④ 刘立云：《从“玉石之路”到“茶马古道”：论丝绸之路青海道的演变及其意义》，《西藏研究》2018 年第 1 期。

⑤ 何大勇：《隋唐宋时期青藏高原的丝绸之路》，《贵州民族研究》2018 年第 5 期。

⑥ 李斯：《“文翁化蜀”与早期西南丝绸之路开拓》，《西南民族大学学报（人文社会科学版）》2018 年第 12 期。

末至19世纪上半叶的藏尼关系所造成的影响和这一时期西藏的白银货币体系等问题①。有学者对大吉岭的历史归属做了考证，认为大吉岭最初为锡金领土，之后被不丹、尼泊尔、英属印度和印度统治。大吉岭被英国东印度公司租借后，逐步发展成为英国人在锡金建立的独立行政机构，最终被印度并入西孟加拉邦②。

西方传教士入藏方面，有学者针对19世纪中叶天主教西藏传教权的转移及纷争进行了阐述，认为西藏传教权归法国巴黎外方传教会掌管。这是自18世纪初意大利嘉布遣修会接管西藏传教权之后的又一重要转折，标志着天主教在藏区的传教活动进入了一个由法国巴黎外方传教会主导的时期③。历史上，西藏与周边保持了悠久商贸往来，但对之有记录的多反映在近代史料中。以往涉及的周边经济贸易方面，传统的羊毛贸易受到关注较多，但2019年有学者关注到了在藏族经济中扮演重要元素的食盐贸易。学者依据来自英国印度事务部的贸易档案资料，对20世纪上半叶处在英属印度控制下的拉达克与我国西藏之间的食盐交易情况进行了细致的探析，揭示出这一贸易过程呈现的主要特点以及影响贸易开展的主要因素，表明在该贸易背后两地人民间深层次的经贸与文化生活联系④。实际上，盐业如何影响西藏与周边，以及与内地川滇之间的关系都值得进一步深入研究。

英国侵藏方面，吕昭义研究了1883年英属印度特使忒涅出访札什伦布的报告，认为班禅朝觐期间，清廷对治藏方略进行了调整，作者对比了中方文档并结合对忒涅的考证，发现乾隆皇帝对治藏方略有两次大的决定，吕昭义此文主要依据 Samuel Turner 的“An Account of an Embassy to the Court of the Teshoo Lama in Tibet”以及清代硃批奏折对之做了考究，具有较高学术水准⑤。有学者探讨印茶入藏问题，认为清廷为了维护国家主权和商业利益，与英方代表巧妙地博弈与周旋，延缓了印茶入藏的步伐和保持了西藏地区的稳定，挽回了部分商业利益⑥。陈鹏辉也针对这个专题，对“印茶入藏”进行了研究，认为张荫棠抵制“印茶入藏”是其藏事改革的重要组成部分，亦是中国反对“印茶侵藏”斗争的重要一环⑦。亚东是英国进入西藏的重要孔道，也具有较为重要的研究价值，有学者从情报领域出发，认为清末的亚东成了北京、伦敦、拉萨、加尔各答等各路信息交织混集的情报中心，该地的英国人相互勾结，混淆视听，有意模糊中国对藏主权，共同使得所谓的“西藏问题”复杂⑧。随着档案的逐渐开放，对这一领域的研

---

① 韩腾：《从西藏地方对尼泊尔的救灾账目看清中晚期的藏尼关系和货币政策》，《中国藏学》2019年第1期。

② 达瓦次仁：《大吉岭历史归属问题研究——兼论锡金与中国西藏的关系》，《西藏研究》2018年第3期。

③ 刘瑞云：《19世纪中叶天主教西藏传教权的转移及纷争》，《中国藏学》2018年第2期。

④ 朱卫：《20世纪上半叶拉达克口岸的藏盐贸易》，《青海民族研究》2019年第1期。

⑤ 吕昭义、官玨：《忒涅关于六世班禅朝觐的记述与乾隆治藏方略的调整和决策》，《中国边疆史地研究》2018年第1期。

⑥ 田茂旺：《论清末中央政府关于印茶入藏问题的对英交涉》，《青海社会科学》2019年第2期。

⑦ 陈鹏辉：《试论清末张荫棠藏事改革中的抵制“印茶入藏”》，《西北民族大学学报（哲学社会科学版）》2019年第1期。

⑧ 梁忠翠：《近代英籍亚东关税务司的情报活动与影响》，《青海民族研究》2019年第2期。

究还有待于进一步深化，但要找到新的学术生长点比较困难，近年来对西方涉藏媒体研究则是一个新的趋势①。张永攀研究了清末中英之间关于“藏哲边界”交涉。

（三）当代中国西藏涉外关系

两年来，我国学术界有关当代中国西藏涉外关系研究视野不断拓宽，涉及中国西藏与尼泊尔、印度关系，中印边界问题，西方涉藏等领域。中尼关系方面，有学者认为尼泊尔虽是小国，但其在20世纪对中国的影响不可小觑，特别是中尼之间的我国西藏因素的历史演变值得人们注意。20世纪后半期，尼泊尔又扮演了在西藏事务上的一个制衡角色②。

中印关系与西藏问题密切相关，有学者将视角放在这个领域，认为中央将涉藏外交事务纳入正常的中印国家关系轨道，取缔原“西藏外交局”，实现对西藏外交外事权的整合和掌控，不仅对推进治藏战略，而且对建立与印度在西藏地方的新关系，均产生了深远影响③。还有学者从考察中央西藏治理的历史出发，指出中国政府通过认真履行联合国框架下的相关国际公约义务，不仅宣传了西藏人权事业取得的重要成就，同时还驳斥了部分西方国家、非政府组织以及达赖集团对中国西藏“人权状况”的攻击，为争夺国际话语权和主动权做出了重要努力④。当然，西藏政策是中国的内政，也是边疆治理的重心所在。有学者从中央对西藏的文化政策出发，针对1951—1961年的纪录片进行研究，认为这些影片在拍摄难度、篇幅长度、文献价值以及学术意义等方面，均堪称同期中国纪录片的代表性作品⑤。这一文化叙事方式跳出了以往以政治话语为主的范围。还有学者从中央对西藏的宗教政策出发，从十世班禅转世看活佛转世的历史定制，强调指出了社会政治因素在活佛转世历史定制形成中的深刻影响，特别是中央政府批准在大活佛转世中的决定性作用⑥。徐百永认为西藏和平解放后，中央在坚持上述主张的同时，寄希望于西藏僧俗上层能够主动改变宗教深度介入政治事务和世俗事务的局面，民主改革开启了西藏宗教发展的新时代，政教分离、宗教信仰自由成为西藏宗教发展的基本方针⑦。

中印边界问题与西藏研究密切相关。近年，有学者对“桑多洛河谷事件”进行专门研究，揭示了中国和印度发生了自1962年边界战争以来时间最长、规模最大的一次

① 胡刚：《19世纪末20世纪初英国媒体中的中国西藏形象——以〈泰晤士报〉为中心的视角》，《西藏大学学报》2018年第2期。

② 梁忠翠：《近代中尼关系中我国西藏因素之历史、影响与思考》，《西北民族大学学报》2018年第1期。

③ 朱广亮：《西藏和平解放后中央人民政府统一涉藏外交外事权述论》，《安徽史学》2019年第6期。

④ 郭永虎：《1959年以来中国政府应对联合国涉藏活动的历史考察》，《当代中国史研究》2019年第2期。

⑤ 朱靖江：《雪域之光——西藏和平解放与民主改革纪录片研究（1951—1961）》，《中国藏学》2019年第1期。

⑥ 张云：《从十世班禅转世看活佛转世的历史定制》，《中国藏学》2019年第1期。

⑦ 徐百永：《中国共产党有关西藏宗教的认知演变与政策研究》，《中国边疆史地研究》2019年第2期。

军事对峙，具有较大创新价值①。有学者指出，印度独立后试图实现英国人所留下的与我国西藏地区之间的“边界”，但由于中华人民共和国的出现及西藏和平解放，印度认识到其必将面临新的形势。印度较早承认了中华人民共和国，随后调整了对我国西藏的政策，并在对华外交攻势的掩护下，通过单方面的军事占领，首次将实际控制边界推进至“麦克马洪线”②。中印边界与英帝国侵藏史密切相关。随新民在寇松研究中，通过其前进政策的思维来探讨中印边界问题的产生，为学界提供了一种新思路③。值得注意的是，这两年使用国际法来入手探讨中印边界问题是一种可贵的尝试④。

西方新闻报道的涉藏信息及其影响成为近年我国学者们关注的新领域，发表多篇论文。有学者利用福特的自传《在藏被俘记》来研究其在藏创建广播电台的新闻传播行为具有选择性与双重性，传播倾向具有政治性与反动性⑤。三位学者从《印度时报》《纽约时报》等媒体的涉藏新闻出发来观察印度、美国等媒体对我国西藏政策的歪曲，这对于了解国外涉藏舆情具有较好的实践价值，但如果将国际涉藏的各类新媒体囊括进来，则会更深入⑥。有学者对我国目前涉藏的对外舆论政策提出了反思，认为我们传统的“政府外交”对非国际法主体资格的组织、团体和个人失去了着力点，应该以涉藏“公共外交”为抓手，在与西方社会和公众面对面的对话交流中矫正其对西藏的误读，批驳和回击“藏独”组织的谬论⑦。有学者聚焦美国的各种媒体，结合美国的对藏政策，对美媒体中的西藏问题进行了深入阐述，认为美国媒体对中国西藏报道的政治基调与美国政府对华政策演变一脉相承⑧。

结　语

总体而言，西藏研究作为中国边疆学建设一环，其重要性无论在学术体系、学术话语和学科体系建设，还是从其实践价值而言，都非常重要。2018—2019 年是西藏研究学科方向丰硕的两年，一方面，资料、论文、论著不断涌现，新的观点和方法理论不断涌现，另一方面，其关联到的专题性研究，诸如“一带一路”历史研究、喜马拉雅山地区史地研究、中印边界研究，无不彰显其独特的价值。主要可以总结为以下方面。

---

① 姬文波：《1987 年中印边界危机回顾与反思》，《南亚研究》2018 年第 1 期。

② 宋亚光：《中印边界、西藏问题与印度对中国外交》，《中国边疆史地研究》2019 年第 2 期。

③ 随新民：《寇松总督时期英国（印）西藏“前进政策”及其遗产》，《南亚研究》2019 年第 4 期。

④ 王玫黎：《中印边界争端谈判机制探讨》，《国际法研究》2018 年第 4 期。

⑤ 郭锋、袁爱中：《“不光彩”的起点——西藏和平解放前英国人福特在藏广播通讯传播活动刍议》，《西藏研究》2018 年第 3 期。

⑥ 参见王孟娟：《〈印度时报〉涉藏新闻报道中的中国国家形象》，《西藏民族大学学报》2018 年第 1 期；古俊伟：《〈纽约时报〉涉藏报道新闻框架的演变（1979—2014）》，《西部学刊》2018 年第 9 期；廖云路：《涉藏报道的“三重跨文化传播”模式阐释——兼论一种理解民族新闻的框架》，《西藏大学学报》2015 年第 4 期。

⑦ 李学保、金飞雪：《“西藏问题”国际化及应对策略分析》，《中南民族大学学报》2018 年第 2 期。

⑧ 程早霞：《美国传统主流媒体与中国西藏》，中国社会科学出版社 2019 年版。

第一，从边疆地区的区域史角度来考量边疆的社会、经济等受到学术界的普遍关注。例如，《西藏禁地——一百二十年前一个英国探险家的西藏行记》是由亨利·萨维奇·兰道尔（A. Henry Savage Landor）在1898年所出版的西藏旅行记，对当时西藏地区的风土人情多有记述，并首次以照片和绘画的形式，将西藏展现在世人面前，2018年此书由金城出版社再版。伊丽莎白·K·肯德尔（Elizabeth Kimball Kendall）是威尔斯利学院（Wellesley College）的历史学教授，在辛亥革命前夕抵达中国，自云南取道四川、一路北上，穿越蒙古大漠，此书记述了她这次旅行的见闻及感受①。《林芝地名历史文化释义》也得到出版②，此著作与白玛朗杰主编的《西藏门隅地区的人文历史与现状》，对于加深中印边界地区的历史研究具有重要现实意义③。

第二，随着中国边疆学学科体系的不断完善，也有更多的研究成果从各种视野来对中国边疆进行探讨。例如，美国历史学家对于边疆环境因素和历史关系颇为重视，Stuart等就讨论边疆环境造就美国边疆的社区群体④。再如，陈鹏辉认为，清朝对边疆的治理重心有一个转折，其方向是从西北到西南，认为清末筹藏思路将西藏与西南边疆紧密相连，“兴黄教即所以安众蒙古”思想已经改变。此文从理论上来说不失为创新之作⑤。尹建东则认为在传统的边疆研究中，难以充分展现国家—地方—族群之间长期复杂互动的历史图景，所以要突破传统线性历史的思考方式，建立起更加丰富、更富有弹性的整体史观⑥。

第三，边疆旅游、传媒也随着“一带一路”的建设，受到学术界的关注。例如，《民国时期青藏旅游地理研究》运用历史旅游地理学研究方法对民国时期青藏地区的旅游地理进行相关的研究，分析历史时期旅游活动开展与旅游目的地自然环境、人文环境的关系⑦。

第四，边疆研究集刊形式多样灵活，越来越受到欢迎。主要有邢广程主编《中国边疆学》第9—12辑，其中辑录了有关西藏的研究的数篇稿件。还有何明主编《西南边疆民族研究》第22—25辑（云南大学出版社）、孙勇主编《华西边疆评论》（四川大学出版社）也发表了大量有关西藏研究的论文。

第五，西藏研究的学术史意义在于探讨学科建设的开创与传承流变。《中国边疆学年鉴》（中国社会科学出版社）对西藏的学科发展有着较为完整的综述，此外相关西藏研究的学术史梳理多见于各种期刊论文。代表性的有《中国藏学》每年年初刊登的藏学论文索引。此外还有王川等对“藏族抗战史”进行了回顾与前瞻，归纳了西藏专题研究领域动态。还有学者对夏尔巴人研究进行了评述⑧。杜永彬则认为通过梳理西方的

---

① ［美］伊丽莎白·K·肯德尔：《中国漫行记——清末西南及蒙古之行印象》，中信出版社2018年版。

② 普布多吉主编：《林芝地名历史文化释义》，人民出版社2018年版。

③ 白玛朗杰主编：《西藏门隅地区的人文历史与现状》，中国藏学出版社2018年版。

④ Stuart, G. N., *A History of American Education*. Rinehart Press, 1939. p. 14.

⑤ 陈鹏辉：《从重西北到重西南：清朝围绕治藏的筹边方略》，《中国藏学》2018年第3期。

⑥ 尹建东：《环境、族群与疆域空间：西南边疆史研究的区域史观和阐释路径》，《西南民族大学学报》2018年第9期。

⑦ 章杰宽：《民国时期青藏旅游地理研究》，科学出版社2018年版。

⑧ 武保林、聂金甜：《夏尔巴人研究综述》，《西藏研究》2017年第5期。

西藏研究，揭示了国外学术界的“西方人西藏观”研究取得的成果和特点以及中国学术界的“西方人西藏观”研究的特点和存在的差距①。

当然，我们也要看到目前西藏研究学科发展的局限性：基础研究普遍体现为以事件还原为要件的传统史学研究风格，从社会史、文化史与边疆政治理论来探讨西藏历史的发展和社会进步的研究和成果则少之又少，在此期待具有很高学术创新性、理论性的作品出现。在过去的西藏研究中，始终以“西藏地方与中央政府关系”“藏族与内地民族交往”及“西藏地方历史”为中心开展，将来以藏学研究为中心的主题可能会转向西藏文化研究领域，而以边疆学研究为中心的主题则应该以中央西藏治理为核心内容。

① 杜永彬:《西方人的西藏观研究述评》,《西藏民族大学学报（哲学社会科学版)》2018 年第 1 期。

新疆研究综述（2018—2019）

阿地力·艾尼*

2018—2019年，新疆综合治理工作取得了举世瞩目的成就，新疆在国家治理中的重要作用得以彰显。其间中央先后发布了《新疆的文化保护与发展》《新疆的反恐、去极端化与人权保障》《新疆的若干历史问题》《新疆的职业技能教育培训工作》等多部白皮书，向世人展现了新疆各项工作。其中《新疆的若干历史问题》白皮书的发布，对新疆历史研究的指导作用尤显重要，白皮书中关于新疆历史研究的基本结论是在翔实的史料和各民族史学工作者长期深入、扎实研究的基础上得出的，是不容抹杀和歪曲的铁的历史事实，是新疆历史研究，特别是新疆地方史、新疆民族发展史、新疆宗教演变史、新疆文化史等历史研究中必须遵守的根本结论。2018—2019年的新疆研究也是精彩纷呈，学者们多角度地对新疆历史和现状等方面进行了深入探讨，并力图对当下的新疆治理提供有益借鉴。本文对2018—2019年的新疆研究作简单梳理。

一　《新疆的若干历史问题》白皮书为新疆历史研究正本清源

2019年7月21日，国务院新闻办公室发布《新疆的若干历史问题》白皮书。白皮书从新疆是中国领土不可分割的一部分、新疆从来不是“东突厥斯坦”、新疆各民族是中华民族的组成部分、维吾尔族是经过长期迁徙融合形成的、新疆各民族文化是中华文化的组成部分、新疆历来是多种宗教并存的地区、伊斯兰教不是维吾尔族天生信仰且唯一信仰的宗教等七个方面阐述了新疆历史问题，梳理了新疆历史的由来，对新疆历史研究起到了正本清源的作用。白皮书一经发布，许建英、马品彦、徐贵相等在《人民日报》（2019年7月24日第17版）发文对白皮书进行解读，指出新疆与祖国内地一体化是历史发展的必然，新疆自古以来就是中国不可分割的一部分。在漫长的发展过程中，各民族人民患难与共，同舟共济，形成了维护国家统一，维护民族团结，反对外来侵略，反对分裂的光荣传统，结成了密不可分的命运共同体①。

二　新疆政治史及历代治理新疆研究

西域都护是汉王朝为保持对西域事务的强大影响力、保障丝绸之路畅通而设立的管

---

* 阿地力·艾尼：中国社会科学院中国边疆研究所副研究员。

① 许建英、马品彦、徐贵相等：《新疆与祖国内地一体化是历史发展的必然》，《人民日报》2019年7月24日第17版。

理西域少数民族事务的机构，张瑛《汉代西域都护设置的时间及其职责相关问题考辨》根据出土书简和传世文献，认为西域都护具有使者、“加官”性质，是汉代领护边疆少数民族的使职。西域都护通过“护道”实现“护国”，通过“护国”最终实现汉王朝打击、孤立进而迫使匈奴臣服的战略目标①。张曙晖等通过对《汉书·西域传》的梳理，认为西北边疆各民族的政权都得到汉王朝在政治上的认可，是汉王朝西域都护治理下的地方政权。从统一多民族中国形成与发展的角度来看，汉王朝对西北边疆各民族的治理是统一多民族中国对中国西北治理的历史证据②。西汉之际的大宛之战是中原王朝第一次自敦煌深入中亚进行的战争，张安福认为通过这次战役，中原王朝以屯垦戍边解决后勤问题的治理模式逐步形成，并认识到必须在西域建立相应的军政机构进行管理。通过大宛之战，西汉突破了张骞两次通西域“不得要领”的困局，也奠定了后世中原王朝治理西域的模式和大致范围③。田海峰《唐高宗时期的西域时局及经略检视》认为高宗朝时期唐廷在西域大事拓边渐趋衰退的原因一是对西域战略决策缺乏长远思维，二是未重视以龟兹为根据地的建设，三是轻视了对吐蕃攻占吐谷浑事件的处理，而其实质则为这一时期唐王朝尚不具备打破天山南北业已形成的均势④。蒙元时期，畏兀儿以西直到中亚阿姆河流域的草原地区是察合台的封地，党宝海《察合台史事四题——卒年、驻地、汉民与投下》认为察合台的驻地忽牙思在今新疆霍城县克干河以东、伊犁河以北，察合台汗国钱币上的“大斡耳朵”很可能是察合台新建的忽都鲁镇，并认为察合台身边不乏汉族官员，并论述了这些汉族官员的来源⑤。

张文木认为西部边疆地区治理本身就是一个涉及中国整体安全且具有高度实践性的大学问，并试图从秦汉以来两千多年的历史中，总结其中“百世不磨”带有规律性的经验与教训，借鉴当下。作者在文中认为以秦汉文明为底色的汉政权从三国两晋南北朝开始，经由北而南的唐、元、清与由南而北的宋、明和民国反复冲突和拉推，最终将中华民族融合为一个多元一体的民族共同体。造成这些颠覆性大变局的风暴起点都在中原北方蒙古高原而不是南方山地，除了气候的原因外，也不能不考虑有中原王朝边疆治理政策失误的原因。或许因发迹于北疆的缘故，胡、蒙、满诸族入主中原后下功夫最大、对中华民族贡献也最大的就是边疆治理，其间也是中国周边疆域最大、边疆稳定系数最好的时期。在这方面，他们留给我们的文治武功及丰富的治边经验，值得今人发掘⑥。新疆与西藏相互毗邻，历史上曾发生过较为密切的联系，张云《历史上新疆、西藏两地区域互动与中原王朝的西部边疆经营》从宏观角度梳理了两地相互交往的内容与形式，包括民族迁徙、经济交往、宗教文化交流、军事互动关系，并试图总结其中一些主

① 张瑛：《汉代西域都护设置的时间及其职责相关问题考辨》，《西北民族大学学报（哲学社会科学版）》2019 年第 3 期。

② 张曙晖、王兴宇：《西汉时期西北边疆的民族及其与王朝的关系——基于〈汉书〉的分析》，《云南大学学报（社会科学版）》2018 年第 1 期。

③ 张安福：《大宛之战对中原治理西域的影响》，《社会科学战线》2018 年第 8 期。

④ 田海峰：《唐高宗时期的西域时局及经略检视》，《青海师范大学学报（哲学社会科学版）》2018 年第 4 期。

⑤ 党宝海：《察合台史事四题——卒年、驻地、汉民与投下》，《西域研究》2019 年第 3 期。

⑥ 张文木：《中国古代西部边疆南北治理经验与教训》，《印度洋经济体研究》2018 年第 4 期。

要特点，认为中原王朝对两地的经营，以及河西走廊在其中发挥的特殊作用，展现出中华民族多元一体国家形成与发展过程中的一般规律①。

清朝继承汉、唐、元诸朝一统新疆的历史传统，再度统一新疆，将新疆置于中央政府的直接治理之下，影响极为深远。王希隆、杨代成《清朝统一新疆及其历史意义》认为清朝再度统一新疆不仅进一步奠定了我国的西北边疆，促进了新疆多民族聚居格局的发展与各民族之间的交往交流，推动了新疆社会政治、经济的进步，保障了丝绸之路的畅通无阻，还体现了中华民族长期整合发展的历史趋势，具有重要的历史意义②。清朝的成功在很大程度上体现在对边疆问题的解决上，贾建飞《回例与乾隆时期回疆的刑案审判》探讨了回疆地方法律回例在司法中的应用，以及清政府对回例适用范围的不断调整，并指出回疆动乱与统治阶层和其他群体间的文化隔阂，最终导致清政府的回疆统治理念由因俗而治转向了制度趋同③。锋晖《乾隆朝治理新疆制度的筹划与确立》利用满文档案考察了乾隆朝新疆所实施的分封制、直省制、军府制的沿革，并认为其制度沿革反映了乾隆帝以军事驻防弹压战略威胁，以制度调整拆分防御对象，打破其社会结构，分治于驻防体系，实现新疆长治久安的治疆理念④。孙文杰、宁燕对乾隆四十六年（1781）在和阗地区发生的“德风乌什哈达互讦案”进行了考察，认为该案促使清廷决定在新疆重新严格执行当初制定的《回疆善后事宜八条》，这对清代新疆的吏治整顿有着重要影响，作者通过对《乾隆朝满文寄信档》等新见史料的梳理，探讨“德风乌什哈达互讦案”的始末，并兼及对清代新疆吏治的讨论⑤。吏治是乾隆帝治理新疆的重要内容，“乌什事变”后新疆社会安定五十余年与乾隆帝的吏治政策关系密切，锋晖通过对乾隆年间“格绷额”案的考察，认为此案系乾隆朝新疆吏治中的典型案例，反映出乾隆帝强化新疆吏治的宗旨及理念⑥。清廷重臣阿桂一生曾四至新疆，在清军收复天山南北以及随后展开的治理与经营等方面均有较大的贡献。孙文杰认为传统的清代文献对此仅有片段记载，且多有牴牾，令人不知所从。作者通过对乾隆朝满文寄信档等新见史料的梳理，探讨了阿桂四次任职新疆时所作的历史贡献⑦。王希隆、夏晔勇《清代吐鲁番札萨克旗的几个问题》对延续130年的吐鲁番札萨克进行了考察，认为对该问题的研究有助于认识清朝统一新疆过程中的民族政策与清朝治理新疆的经验教训⑧。王希隆、杨代成《清顺康雍三朝对天山以南地方政权与地方势力政策述评——以叶尔羌、哈密、吐鲁番与清朝的互动关系为中心》认为清定鼎北京之后，依照前明旧例与叶尔羌地方政权通贡贸易，保持互动联系。清朝又成功地对准噶尔汗国统治下的哈密、吐鲁

① 张云：《历史上新疆、西藏两地区域互动与中原王朝的西部边疆经营》，《西域研究》2018年第4期。

② 王希隆、杨代成：《清朝统一新疆及其历史意义》，《中国边疆史地研究》2019年第1期。

③ 贾建飞：《回例与乾隆时期回疆的刑案审判》，《清史研究》2019年第3期。

④ 锋晖：《乾隆朝治理新疆制度的筹划与确立》，《西域研究》2019年第2期。

⑤ 孙文杰、宁燕：《从满文寄信档看“德风乌什哈达互讦案”对清代新疆吏治的影响》，《新疆大学学报（哲学·人文社会科学版）》2018年第5期。

⑥ 锋晖：《乾隆朝新疆“格绷额”案研究》，《西域研究》2018年第1期。

⑦ 孙文杰：《从满文寄信档看伊犁将军阿桂对新疆的管理与认识》，《云南民族大学学报（哲学社会科学学报）》2018年第2期。

⑧ 王希隆、夏晔勇：《清代吐鲁番札萨克旗的几个问题》，《西域研究》2019年第2期。

番土著首领实行了招抚优遇政策，并最终编设了直属理藩院管辖的哈密、吐鲁番两个札萨克旗。并认为顺康雍三朝对天山以南地方政权与势力之招抚政策的成功，对乾隆朝统一新疆及其后对新疆的治理有着重要的影响①。张莉《“办事大臣——小伯克”：在军府制与扎萨克制之间——乾隆二十六年吐鲁番地方民众管理体系的调整》认为乾隆二十六年（1761）吐鲁番地方民众管理体系的调整非常关键，奠定了此后管理体系的基础，到嘉庆九年（1804）吐鲁番西部地区才完成扎萨克旗制的变革，统辖于吐鲁番领队大臣之下②。章京是清代回疆各城办事大臣衙门内辅佐办事大臣处理政务官员的统称，张伯国对回疆章京的职任进行了考察，希望通过章京等中下层官员的职掌与选任层面的研究，深化对清朝构建多民族统一国家历程中因地制宜的治边实践的认识，同时为清代新疆军府衙门政务运转的研究提供一个新的观察视角③。鲁靖康对清代新疆厅制进行了考察，认为清代新疆厅制并非自甘肃“移植”，建省前实缺、要缺、满缺居多，自建省起全系实缺，仍是要缺居多，但不再限定族属，各族兼用。并认为新疆诸厅对于全面认识清代厅制具有重要的参考意义并反映出清代厅制的复杂性④。清代新疆满蒙诸旗营与绿营共同承担镇抚边疆以及维护社会稳定的职责，白京兰、田庆锋认为由于军府制的长期推行及新疆独特的政治人文环境，八旗绿营在军事职能、经济职能之外，始终还具有和行使一定的政治、法律职能，尤其是绿营的基层组织，在清代新疆司法实践中行使较为广泛的民政司法职能。清末新疆建省后新政诸端渐次展开，近代军政警政以及近代司法体制逐步确立，八旗绿营淡出司法场域，新疆司法制度进入一个新的发展阶段⑤。

马子木《经略西北》一书以乾隆二十四年（1759）至三十五年（1770）间清与巴达克山关系为中心，讨论了清朝在西帕米尔权力与情报网络建立、展开的过程及其运作情况，考察了清朝对边外潜在危机的因应策略，全书对试图理解清朝中亚外交及新疆行政体制的运作以及清朝“天下秩序”在中亚的建构提供了帮助⑥。

嘉庆十一年（1806）乌鲁木齐都统和瑛奉旨审理那灵阿贪腐案，通过这一案件的处置，进一步巩固了清廷在新疆的统治。孙文杰《乌鲁木齐都统和瑛与那灵阿贪腐案》通过梳理中国第一历史档案馆馆藏档案，对和瑛处置那灵阿贪腐案作了较为全面的研究。并认为揭示那灵阿贪腐案的细节，有助于加深对清廷经营西域历史的研究⑦。道光年间林则徐发遣伊犁并赴南疆查勘地亩，方华玲认为林则徐的南疆勘地折射出晚清王朝

① 王希隆、杨代成：《清顺康雍三朝对天山以南地方政权与地方势力政策述评——以叶尔羌、哈密、吐鲁番与清朝的互动关系为中心》，《西域研究》2018年第1期。

② 张莉：《“办事大臣——小伯克”：在军府制与扎萨克制之间——乾隆二十六年吐鲁番地方民众管理体系的调整》，《西域研究》2018年第4期。

③ 张伯国：《清代回疆办事大臣衙门章京职任考察》，《清史研究》2018年第2期。

④ 鲁靖康：《清代厅制再探——以新疆为例的考察》，《西域研究》2019年第2期。

⑤ 白京兰、田庆锋：《清代新疆八旗绿营司法职能略论》，《新疆大学学报（哲学·人文社会科学版）》2018年第6期。

⑥ 马子木：《经略西北》，上海古籍出版社2019年版。

⑦ 孙文杰：《乌鲁木齐都统和瑛与那灵阿贪腐案》，《中国典籍与文化》2019年第1期。

对待“废员”的戍管制度以及利用“废员”治理边疆的利益考量[①]。聂红萍梳理了清朝对白山黑山派的认知过程及政策变化，认为乾隆朝已经知道“喀什噶尔白山之人”“阿克塔哈里克”等称谓，并防范他们与白山派和卓后裔的联系。嘉庆朝则进一步认识到南疆民众中存在“黑帽”“白帽”两大群体。道光以后和卓后裔进犯南疆，清朝利用黑山派打击白山派，关于两派的记载也就大量出现于道光朝的文献之中[②]。

许建英《从两份档案看奥斯曼土耳其对阿古柏的军事支持》一文翻译并介绍了两份英国及土耳其档案，并以这两份档案为中心，结合有关资料，研究了奥斯曼土耳其对阿古柏伪政权的军事援助情况，尤其是军事官员的活动和作用。并认为所附两份档案均是有关军官亲身经历的记述，对研究阿古柏伪政权及其统治颇有价值[③]。构建行之有效的治理体系是历代中央政府治理新疆的终极目标，清朝对新疆再统合的过程也是重新在新疆构建治理体系的过程。高月认为在此过程中清朝在整体上力求同质化，但在具体细节上差别对待新疆与内地。这表明清朝比较重视新疆在民族构成、政治传统等方面的特殊性，采取多样化的治理方式，务求实效。并认为加强政府直接治理、建立高效的治理体系是治理新疆的核心要义[④]。同样在关于新疆建省研究方面，易锐在《疆土理念转型与藩部体制变革：晚清新疆建省的观念因素》一文中认为，同光边疆危机高涨之际，清廷逐渐调整了过去以新疆为藩部之区的疆土定位，此种疆土认识的转换深刻地影响到清廷的新疆决策，是1884年新疆建省得以实现的重要观念因素。尽管这一时期清廷疆土理念的转变有其限度，但却开启了清朝疆土观念的近代转型之路，最终在相当程度上形塑了日后中国的版图形态[⑤]。清乾隆年间在新疆局部设乡约以协助官方治理基层社会，清末新疆设省后建制划一，将伯克裁改为乡约以期沟通官民。曾耀凤认为清末吐鲁番厅乡约在司法活动中的多重角色表明新疆建省后努力在制度文教方面与中央王朝趋同，但限于自身社会文化环境与中原的差异性及清廷衰微之势，新疆制度革新之路实属艰难。并认为新疆基层社会治理不能倚赖乡约而需大力推行文教以改善软环境，且边疆稳定须仰赖中央的强盛[⑥]。

杨增新是新疆近代史上主政时间最长的地方大吏，其17年主政使得“孤悬西域”“内外交困”的新疆免遭外部势力入侵。故而对杨增新及其治理新疆的研究成为学术界的热点。杨圣敏认为杨增新在思想上和政治上虽然是一位保守派人物，但是具有浓厚的民本思想和保民政策。尽管这种思想和政策仍属于封建主义的范畴，但他运用这种政策，在17年中始终保持新疆领土完整和社会基本安定，作为一个封建统治者，他不仅

---

① 方华玲：《“废员”林则徐与道光朝南疆勘地》，《陕西理工大学学报》（社会科学版）2018年第2期。

② 聂红萍：《清朝对白山黑山派的认知》，《西域研究》2018年第2期。

③ 许建英：《从两份档案看奥斯曼土耳其对阿古柏的军事支持》，《中国边疆史地研究》2019年第1期。

④ 高月：《从藩部到行省——清政府对新疆的再统合（1875—1911）》，《文化纵横》2018年第3期。

⑤ 易锐：《疆土理念转型与藩部体制变革：晚清新疆建省的观念因素》，《西域研究》2018年第4期。

⑥ 曾耀凤：《乡约多重角色折射的清末新疆治理图景》，《云南民族大学学报（哲学社会科学版）》2019年第5期。

胜过同时代的其他北洋军阀，也胜过了民国时期统治新疆的他的前任和后继者①。曹鹏、谭婧霞《论杨增新之治疆理念》认为杨增新主政新疆期间形成了以“大一统”的政治观、“谋自养”的经济观、“兵贵精”的军事观和“并行不悖”的教育观为核心的治疆理念，并保持了新疆的稳定②。何永明对杨增新时期的新疆政治研究所进行了考察，认为杨增新建立政治研究所的目的是为了培养新疆吏才，提高新疆官吏的政治、外交才能，是杨增新主政新疆时期一所培养新疆地方治理人才的机构③。高源对杨增新在新疆推动农业发展的社会背景和举措进行了分析，认为这些措施取得了较好的成效的原因在于，一是其施政保证了新疆社会安定和维护了西北边疆安全，二是杨增新发展农业的政策和防止政策异化的措施较为得当，既注重了惠民又防范了土地兼并④。

新疆第二届省议会自 1918 年 9 月成立，至 1921 年 9 月终止，前后历时三年，运行比较完整，是新疆历届省议会中的一个代表。冉生祺认为在新疆第二届省议会议员选举阶段，皖系军阀控制的中央政府与杨增新控制的新疆政府之间的矛盾显现，双方在选区问题和选举规定问题上争论不休，致使该次选举历经坎坷。新疆第二届省议会在促进民主、反映民意、加强民族团结方面起到了重要作用⑤。高月将 20 世纪 30 年代新疆与内地间的交通建设问题从民国政府对新疆治理的角度进行了考察，认为此时期苏、英加强对新疆的势力渗透，中国政府囿于地方割据和交通梗阻，对新疆统合乏力，新疆游离态势明显。时论将交通建设作为统合新疆、消除边疆危机的重要方式，倡议修筑联通内地与新疆的公路，这种倡议在一定程度上转化为实践，说明政府层面亦将交通建设作为统合新疆的重要方式⑥。抗日战争期间，国内外各方势力为争夺“新疆问题”的解释权和政治主导权，从各自的意识形态与立场出发，对“新疆问题”进行了截然不同的阐述。龙其鑫认为新民主主义作为中国共产党将马克思主义与中国革命实际相结合的理论成果，其基本理念及其关于“新疆问题”的科学阐释，在向新疆传播的过程中逐渐得到新疆政局各方的普遍认同，有力推进了新疆的和平解放，为结束新疆政治社会动荡奠定了基础，也为重塑新疆地区作为“革命枢纽”的地缘特性创造了条件，补充与丰富了马克思主义中国化的理论和实践内容⑦。付娟、王洪运认为抗战时期盛世才实行亲苏亲共政策，为中共参与治理新疆提供了契机。以毛泽民等为代表的中共党员在新疆的探索实践，不仅对抗战建新有重要意义，还有益于新中国成立后的新疆治理，为中共日后将战略重心从农村转向城市提供了宝贵经验，也是新中国成立前中共第一次大规模介入多

---

① 杨圣敏：《杨增新治理新疆的思想与措施》，《中国边疆史地研究》2018 年第 4 期。

② 曹鹏、谭婧霞：《论杨增新之治疆理念》，《石河子大学学报（哲学社会科学版）》2019 年第 5 期。

③ 何永明：《杨增新时期新疆政治研究所钩沉》，《新疆大学学报（哲学·社会科学版）》2019 年第 4 期。

④ 高源：《杨增新推动新疆农业发展的社会背景和举措——以〈补过斋文牍〉为中心》，《西域研究》2019 年第 1 期。

⑤ 冉笙棋：《民初新疆第二届省议会研究》，《西域研究》2018 年第 3 期。

⑥ 高月：《试论 20 世纪 30 年代内地与新疆间的交通勘探与建设——以绥新公路为中心》，《中国边疆史地研究》2018 年第 1 期。

⑦ 龙其鑫：《从“地理枢纽”到“革命枢纽”——新民主主义在新疆的传播及其历史意义》，《现代哲学》2019 年第 2 期。

民族边疆地区治理的早期实践，开中共探索边疆民族地区治理之先河，具有超乎新疆辐射全国边疆多民族地区的意义①。

新疆解放初期，中共中央新疆分局宣传部主持对全疆农村开展了社会调查，龙其鑫《边疆变革的前奏——新疆解放初期农村社会调查及其历史意义》指出这次调查运用阶级分析，重释了新疆民族问题，揭示了新疆农村的地方性问题，并认为此次调查初步确证了南疆地区战略区位的重要性，开启了新疆治理的社会向度，是新疆社会变革和发展的历史前奏②。

三　新疆社会经济文化史研究

司马迁和班固的史书记述了西域诸国与汉的交往，对西域诸国的环境、风俗、物产作了详细记载，为研究丝绸之路的可靠资料。李小成《从汉代史书的“西域传”看古丝绸之路诸国之物产》依据汉代史书记载，并根据近些年新疆考古发掘的新发现，考查了古丝绸之路上西域诸国物产及农业状况，认为对汉代西域诸国的农业的考查，有助于提高对汉代西域的农业与作物的研究③。赵徽弘《中华文明共同体视野里西域观之变迁研究》认为历代西域撰述以表现西域山川形胜和民俗文化为最多，作者对西域观的历史考察聚焦于中华文明大视野，把西域放到中华儒学大框架中进行探究，并希望借此确立西域在中华文明共同体中的位置，由此洞悉丝绸之路文化传播的深远影响④。

姚大力《沟通欧亚的“瓶颈”：新疆在中西文化交流史上的地位》一文试图对以下几个问题作出简要而比较全面的综合叙述：大陆构造过程如何塑造出新疆作为东西交流“瓶颈”的地形地貌特征；人类在新疆的生存环境及其生计方式；新疆与其外部世界的政治关系；中古新疆的突厥化与维吾尔认同在近代的重建；对新疆历史文化研究的学术史回顾；保留在新疆出土历史文献中的各种古代语言。并认为在新疆发生的每一个曲折生动的故事，都不是地方性的，而是有关人类在旧大陆的广阔历史时空中相遇相识、互相融汇的宏伟叙事⑤。周泓在《古代汉地之部分西域文化考溯》中研究考溯了龙、狮子崇拜与狮子舞、葡萄酿造、契丹、蒙满角力与汉地相扑、中国摔跤、西域佛教信仰与民俗东衍等文化现象，认为自古代经中世纪至近代，西域文化不断渐入中土，与南北方汉文化交融生成，逐渐成为现今汉文化的重要组成部分⑥。

新疆古代维吾尔学者玉素甫·哈斯·哈吉甫的长诗《福乐智慧》内容丰富，该长诗对于分析和研究我国辽宋时期西域地区地方政权的社会结构、经济基础和意识形态有

① 付娟、王洪运：《抗战时期中共参与新疆治理探析》，《重庆师范大学学报》2019年第6期。

② 龙其鑫：《边疆变革的前奏——新疆解放初期农村社会调查及其历史意义》，《北方民族大学学报（哲学社会科学版）》2019年第6期。

③ 李小成：《从汉代史书的“西域传”看古丝绸之路诸国之物产》，《唐都学刊》2019年第4期。

④ 赵徽弘：《中华文明共同体视野里西域观之变迁研究》，博士学位论文，新疆大学，2019年。

⑤ 姚大力：《沟通欧亚的“瓶颈”：新疆在中西文化交流史上的地位》，《西北民族研究》2018年第3期。

⑥ 周泓：《古代汉地之部分西域文化考溯》，《湖北民族学院学报（哲学社会科学版）》2018年第6期。

着重要的价值。马虎山的博士论文《〈福乐智慧〉伦理观研究》从中央政权伦理、社会伦理、家庭伦理和人与自然伦理等四方面对《福乐智慧》中的伦理观进行了分析和研究，指出《福乐智慧》的编写受到了中原文化的很大影响①。秦晨、胡成功《11世纪维吾尔文化与中原文化的交流——基于〈福乐智慧〉的分析》从历史、文本分析、思想内涵三个方面解读了《福乐智慧》中体现出的汉维两族在11世纪的文化交流，指出《福乐智慧》包含着多元文化的整合，长诗中体现的作者思想虽然总体上处在阿拉伯—伊斯兰文化氛围影响中，但作者表达的治国理论与章法则是借助了中原汉文化的精髓，认为在吸收整合了各民族文化后的维吾尔族文化同祖国文化具有一致亲缘性，当其回融到中原文化时，更加丰富了“多元一体”的中华文化脉络②。

新疆南部的叶尔羌与西藏西部的拉达克，历来就是丝绸之路上的重镇，阿依吐松·苏旦、潘志平《丝路叶尔羌——拉达克段商路及贸易的历史考述》对清至民国时期叶尔羌——拉达克段这条商路进行了考察，认为其是古丝路通往南亚的重要支路，清末成为中英间的国际贸易通道，抗战时期作为盟国援华军用物资运输要道，成为古道上最辉煌的一幕③。在清朝平定西域的过程中，乾隆三次颁文告祭天山高峰博克达山，其后更将博克达山纳入官方祭祀体系，每岁进行祭祀。王平、何源远认为博克达山的神圣性有着多重来源，官方祭祀背后，是清朝在进行多元性质统治的同时，从价值观及仪式方面建立一体化秩序的努力④。阿利亚·艾尼瓦尔依据诸多档案和文献史料梳理和统计了清末新疆蝗虫灾害的概况，初步分析了清末天山南北各地蝗灾发生的时空分布规律，讨论了光绪、宣统年间受灾损失程度以及政府救济的相关措施，认为在抵御和防范蝗灾的过程中，新疆各族人民形成了多元化的救灾知识。这种中原与西域的知识交流，以及中原文化与西域地方文化的有机结合，形成了各民族共同生产、共同开发建设的多元文化，促进了各民族间的文化交融⑤。光绪年间吐鲁番植棉规模不断扩大，导致官方对粮棉种植结构进行了调整。赵文涛认为晚清吐鲁番粮棉种植结构的变动，一方面显示了高昂利润下民众对于种植棉花等经济作物的极大热情，另一方面也表现了官府为维护社会安定强制种植粮食作物的要求。并认为重本与逐利成为晚清吐鲁番官府和民众之间两种截然不同的选择，这两种选择背后的市场与行政力量的博弈，成为影响晚清吐鲁番粮棉种植结构的关键⑥。

20世纪40年代前期，在国民政府“开发西北”和“到西北去”的舆论造势中出现了一些或政府组织或民间自发的科学考察团，成湘丽认为20世纪40年代中后期的新疆游记中关于新疆的介绍主要呈现出两个面向：一是美化新疆自然风光和人文地理，以期稳定民心和宣传新疆，凝聚国土意识和国家立场；二是直面新疆混乱时局和诸多问

---

① 马虎山：《〈福乐智慧〉伦理观研究》，博士学位论文，新疆大学，2019年。

② 秦晨、胡成功：《11世纪维吾尔文化与中原文化的交流——基于〈福乐智慧〉的分析》，《山西财经大学学报》2019年第2期。

③ 阿依吐松·苏旦、潘志平：《丝路叶尔羌——拉达克段商路及贸易的历史考述》，《史学集刊》2019年第3期。

④ 王平、何源远：《清代新疆博克达山官方祭祀与王朝秩序》，《民族研究》2018年第3期。

⑤ 阿利亚·艾尼瓦尔：《清末新疆的蝗灾与政府应对》，《民族研究》2018年第4期。

⑥ 赵文涛：《重本与逐利：晚清吐鲁番粮棉种植结构的变动》，《西域研究》2019年第2期。

题，努力破解“谜一样的新疆”，以期引发国人的关注重视。无论怎样的书写，无疑都在进一步巩固国人对于新疆作为国家领土固有一部分的坚定信念①。民国时期，维吾尔族商人开展了各种形式的贸易活动，杨磊、孟楠对与内地贸易的维吾尔族商人群体进行了考察，认为民国时期与内地贸易的维吾尔族商人，对边疆的稳定、社会的发展、人民生活的丰富多彩等方面作出了重要贡献②。贾秀慧《国民政府治新时期新疆教育发展方略述论》认为国民政府在教育领域着力树立、培养新疆广大民众的国家观与中华民族意识，这是国家观在新疆教育理念中首次被明确提出，是近代新疆教育发展史上的一个重大变化，对于增强新疆民众的国家认同感和向心力，对于稳定边疆、实现国家长治久安具有深远的意义③。

四 新疆民族与宗教史研究

新疆岩画是新疆各族人民物质与精神活动的反映，记录了新疆远古时代鲜有史载的人类生活原貌，是今天我们研究新疆文化艺术的桥梁。买热木古丽·加帕尔《从新疆岩画看古代各民族的文化融合》对新疆岩画的族属问题进行了探讨，认为新疆岩画是古代新疆各民族文化交融的活化石④。

付马《丝绸之路上的西州回鹘王朝》一书通过对西州回鹘历史的复原，对9—13世纪丝绸之路中亚东部地区进行了历史的考察，认为丝绸之路东部天山段在此期间不但没有衰落，反而在回鹘的治下得到进一步发展。并认为西州回鹘史所反映出的一个最明显的特征就是中亚东部地区的城市文明在9—13世纪间产生了爆发式的增长，这正是丝绸之路经济繁荣的写照⑤。

清乾隆时期西迁至新疆的达斡尔人经历过多次变迁，燕浏翔认为新疆达斡尔人族群变迁的过程不仅反映了人数较少的族群在不同历史背景下对外力介入的回应与自我调适的历程，更揭示了在清代国家权力所塑造的组织与被其塑造的族群间的复杂关系，为我们进一步理解“旗人”与“族人”的关系提供了一个窗口⑥。巴哈提·依加汉在对几份清代地图及纪行中有关哈萨克记载的基础上，就清朝与哈萨克交往、哈萨克名称最早的汉文译写形式的出现、哈萨克与准噶尔势力此消彼长的形势等问题进行了考察⑦。郭文忠《土尔扈特东归中哈萨克形象再研究——以阿布赉汗为中心》考察了哈萨克首领阿布赉在土尔扈特东归中所起的作用，认为阿布赉以清朝忠诚藩属身份出现，并对清朝

---

① 成湘丽：《20世纪40年代国人游记中的新疆形象》，《石河子大学学报（哲学社会科学版）》2018年第1期。

② 杨磊、孟楠：《民国时期与内地贸易的维吾尔族商人研究》，《西南民族大学学报（人文社会科学版）》2018年第2期。

③ 贾秀慧：《国民政府治新时期新疆教育发展方略述论》，《西域研究》2019年第1期。

④ 买热木古丽·加帕尔：《从新疆岩画看古代各民族的文化融合》，《克拉玛依学刊》2019年第4期。

⑤ 付马：《丝绸之路上的西州回鹘王朝》，社会科学文献出版社2019年版。

⑥ 燕浏翔：《“消失的索伦”：清中叶西迁达斡尔人的族群变迁》，《满族研究》2018年第1期。

⑦ （哈）巴哈提·依加汉：《从地图和纪行史料看清朝对哈萨克的早期认识》，《民族研究》2018年第2期。

治理新疆和中亚地区产生了重要影响。同时探讨了土尔扈特东归取道哈萨克草原的真实原因，阿布赉遣使通信及其“密报”所起的关键作用，清廷接报后得以更加妥善安置土尔扈特部众等问题[①]。潘海莉、王希隆对清代蒙古社会下层阶级中的特殊阶层沙毕纳尔进行了考察，认为他们在藏传佛教寺院发展过程中发挥着重要作用，此群体在不同历史时期经历了不同的发展历程，社会职能随着身份的变化不断发生改变，特克斯沙毕纳尔屯垦戍边为中国新疆的经济发展和边防稳定作出了自己的贡献[②]。刘锦增对清末新疆回族人口分布特征进行研究，认为存在地理分布不均匀、男性为主、以关内回族移民为主、以政府主导性的回族垦荒移民为主等特征，认为这些特征对今天新疆回族的分布格局、经济生活等，也产生了很大的影响[③]。

郭益海《唐代管理西域宗教事务述略——以西域佛、道两教为例》认为唐朝通过采取整顿西域原有寺观、在西域建置官方寺观、设置宗教事务管理部门及不断完善宗教管理体系等措施，并且借籍账制度和试经制度加强了对西域宗教人员的有效管制。并认为与前朝相比唐代对西域宗教的管理更加显现出系统化、法制化等特点[④]。区佩仪《高昌回鹘的弥勒信仰研究》以横跨近五百年的回鹘王国为立足点，研究了弥勒信仰进入西域的源流脉络及此信仰在传入西域后的内涵演变和传承发展，尝试为高昌回鹘的弥勒信仰重塑一个较为清晰的轮廓面貌[⑤]。彭无情《景教在新疆的传播与嬗变特征探析》探讨了历史上景教在新疆的传播状况，并归纳了其嬗变特征、景教在新疆的传入时间、传播和发展状况及流变特征等问题[⑥]。王静对从元代至近代天主教在新疆的传播历史进行了考察，认为近代以后圣母圣心会、圣言会等天主教分支在新疆进一步拓展传教工作，在迪化、宁远、绥定、绥来、呼图壁等地建立天主教教堂并开展医疗、教育、救助等社会服务事工，对近代新疆社会产生了一定的影响[⑦]。

五　新疆历史地理研究

颜世明《历史上塔里木盆地中的“南河”和“北河”——基于东晋道安〈西域志〉佚文的历史考察》认为《西域志》中的“阿耨达大水”是塔里木盆地中“南河”和“北河”之概称，亦为塔里木河水系的异名。其中的“北河枝水”“北河”“南河”，

---

① 郭文忠：《土尔扈特东归中哈萨克形象再研究——以阿布赉汗为中心》，《清史研究》2018年第2期。

② 潘海莉、王希隆：《历史变迁视角下的特克斯沙毕纳尔》，《新疆大学学报（哲学·人文社会科学版）》2018年第2期。

③ 刘锦增：《清末新疆回族的人口分布与地域经济差异——以新疆各地的乡土志为中心》，《中国边疆史地研究》2018年第4期。

④ 郭益海：《唐代管理西域宗教事务述略——以西域佛、道两教为例》，载周伟洲主编《西北民族论丛》（第十九辑），社会科学文献出版社2019年版。

⑤ 区佩仪：《高昌回鹘的弥勒信仰研究》，博士学位论文，中央民族大学，2019年。

⑥ 彭无情：《景教在新疆的传播与嬗变特征探析》，《世界宗教文化》2019年第2期。

⑦ 王静：《新疆天主教史研究》，《中国天主教》2019年第6期。

分别指今叶尔羌河、喀拉喀什河、玉龙喀什河①。姚大力《塔克拉玛干之名的起源与语义》对塔克拉玛干诸多释义进行了考察，认为塔克拉玛干应即维吾尔语“吐火罗人之地”的意思②。

成一农认为宋代至清代中期之前的全国总图中很少详细地表现“西域”地区，清代中期之后，全国总图中逐渐包括了对“西域”的描述，与此同时地图中对“西域”的描绘也由“历史”转向了“现实”，并认为这种转变除了清朝长期以来对西域的经略之外，更为重要的是受到近代“疆域观”演变的影响③。席会东对宋元明地图中的西域观进行了考察，认为宋元明时期，中原王朝和西域民族政权都有西域图籍传世，分别表现了不同西域观念，从而使西域也在不同朝代、不同类型、不同知识体系的地图中呈现出历史与现实、故土与异域相互交错的地理景观④。徐建平《清中期以来阿尔泰山地区分界研究》认为从晚清至中华人民共和国建立初期，阿尔泰山地区的边界划分经历了从习惯线到争议线再到法定线的变迁过程。中蒙国界线的最终走向即法定线并非沿用传统的游牧民族的习惯分界线，而是与民国以来中蒙之间的历次军事冲突以及由此而签订的军事分界协定密切相关。作为中蒙双方对峙的军事分界线成为决定政治分界走向的决定性因素⑤。

1906 年马达汉受俄军总参谋部之命，进入中国新疆境内进行军事情况收集活动，并完成了他的军事考察报告。侯甬坚、韩宾伟在《20 世纪初期芬兰人马达汉入疆考察细节及其分析》一文研究了其在新疆境内的许多细节。认为百年后马达汉的考察报告虽然在军事情报时效性方面已大为降低，但仍可作为颇具参考价值的历史地理资料加以使用⑥。

六　新疆文献史料研究

冯漩《新见旅顺博物馆藏新疆出土汉文文献中的汉史写本考释》考察了新发现的旅顺博物馆藏三件新疆出土“汉史”残片，并认为新发现旅博藏“汉史”残片反映了晋唐时期“汉史”在西域的流传状况，学术价值不容小觑⑦。北馆文书是指吐鲁番出土的一批唐高宗仪凤年间西州地区酬值案卷，这些文书残片最终都流散到了日本。朱玉麒对第二次大谷探险获得此批文书百年以来，这些文书曲折的流传过程以及目前的收藏情况进行了考察。并认为以王树枏、金祖同等人为代表的题跋所显示的早期研究成果在北

---

① 颜世明：《历史上塔里木盆地中的“南河”和“北河”——基于东晋道安〈西域志〉佚文的历史考察》，《青海民族大学学报》2019 年第 3 期。

② 姚大力：《塔克拉玛干之名的起源与语义》，《文汇报》2019 年 10 月 11 日，第 W06 版。

③ 成一农：《从古地图看中国古代的“西域”与“西域观”》，《首都师范大学学报(社会科学版)》2018 年第 2 期。

④ 席会东：《宋元明地图中的西域观》，《学术月刊》2018 年第 11 期。

⑤ 徐建平：《清中期以来阿尔泰山地区分界研究》，《复旦学报(社会科学版)》2018 年第 3 期。

⑥ 侯甬坚、韩宾伟：《20 世纪初期芬兰人马达汉入疆考察细节及其分析》，《历史地理研究》2019 年第 1 期。

⑦ 冯漩：《新见旅顺博物馆藏新疆出土汉文文献中的汉史写本考释》，《西域研究》2018 年第 1 期。

馆文书的当代研究中起到了重要的借鉴作用①。

赵卫宾对清代文献《哈密至准噶尔路程》的作者及成书问题进行了探讨，认为此书的作者是康熙年间出使准噶尔的清朝使臣，《哈密至准噶尔路程》不同于一般的行程日记，是该使臣记录的沿途军事情报。并认为《哈密至准噶尔路程》成书对清康熙末年拟定平准作战计划和绘制《皇舆全览图》西域部分以及其后《西隆纪略》的编写，都起到了重要作用②。乾隆时期抄本《新疆回部志》卷末附有《异域传闻录》一卷，后者为乾隆四十三年驻防喀什噶尔的官员五诚额所著，它与《新疆回部志》本是独立的两部著作，因附录在《新疆回部志》之后，两者长期被视作一书。乌华峰认为《异域传闻录》以地域为单位，记载了清代喀什噶尔周边部分国家及部落的情形。并认为该书内容均得自传闻，部分叙述存在失实之处，但由于成书年代较早，不少内容为同期其他著作所缺。同时此书也反映出西北边疆的驻防官员们在乾隆盛世探寻域外的积极态度，因而具有一定的价值和时代意义③。《新疆纪略》为清代满人官员珠克登所著，记述了清代中期新疆政治、经济、军事、地理、民族等内容，姚三刚、郝彦彬等认为其成书时间应该为咸丰二年或者更晚，而非道光二十六年。并认为该方志是一部实地考察与档案材料兼具的方志文献，涉及内容广泛、详他书所未详等，有较高的史料价值④。《刘锦棠疏稿》是清代新疆巡抚衙门档案中转行刘锦棠奏折及朱批和清廷上谕之文移稿簿册，涉及新疆善后、建省诸事宜。任龙、高健认为对《刘锦棠疏稿》的研究有益于厘清刘锦棠筚路蓝缕的创省历程，亦可管窥晚清奏折转行制度之一斑⑤。《新疆图志》是新疆近代第一部系统完备的方志，其全面系统地记述了新疆的自然、政治、经济、军事、文化等方面的历史与现状，是清末新疆社会的全景透视。黄晓东、宋晓蓉认为该书作为官修通志，从思想到知识都体现着强烈的国家意识；具体表现为对国家领土的确认、对领土主权的维护及对中华民族的认同⑥。

朱寿朋所编《光绪朝东华录》卷帙浩繁，书中所录关于新疆资料皆为当时南北疆地方上层官员事关新疆社会生活各方面之奏折与皇帝的谕旨，内容广泛，史料丰富，是了解和研究该时期新疆历史不可或缺的资料，具有独特的文献与史料价值。马雪兵硕士论文《〈光绪朝东华录〉新疆史料整理与研究》对该书所载新疆史料的内容与特点、史料的价值等内容进行了论述，并对该书中的新疆史料作了初步的勘误⑦。《新疆乡土志稿》作为研究新疆地方历史的重要文献，受到学界的关注，王安芝《〈新疆乡土志稿〉版本源流考》对现存新疆的乡土志各版本情况分影印出版和点校整理两类进行了梳理，并对诸版本的因袭情况作了研究和说明，指出有必要对现存新疆所有乡土志进行新一轮的校订工作⑧。伊卜拉伊木·马木提《近代维吾尔语契约文书语言研究——以 20 件近

① 朱玉麒：《“北馆文书”的流传及早期研究史》，《西域研究》2018 年第 2 期。
② 赵卫宾：《〈哈密至准噶尔路程〉作者及成书问题献疑》，《文献》2019 年第 2 期。
③ 吴华峰：《〈异域传闻录〉考》，《古籍整理研究学刊》2018 年第 2 期。
④ 姚三刚、郝彦彬：《〈新疆纪略〉相关问题探讨》，《塔里木大学学报》2018 年第 1 期。
⑤ 任龙、高健：《〈刘锦棠疏稿〉考略》，《图书馆杂志》2018 年第 4 期。
⑥ 黄晓东、宋晓蓉：《论〈新疆图志〉中的国家意识》，《西域研究》2018 年第 3 期。
⑦ 马雪兵：《〈光绪朝东华录〉新疆史料整理与研究》，硕士学位论文，新疆大学，2019 年。
⑧ 王安芝：《〈新疆乡土志稿〉版本源流考》，《新疆地方志》2019 年第 3 期。

代维吾尔语买卖契约文书为例》以《维吾尔族契约文书译注》所收20件近代维吾尔语买卖契约文书为研究对象，对其进行了转写、汉文翻译和注释①。

李方编著的《新疆历史古籍提要》一书对1911年以前形成的（包括正式出版或未出版）、具有典型代表意义的新疆重要历史古籍和相关资料进行了全面的普查、搜集、整理和编制，并就所录文献的主要内容、历史价值、版本源流和收藏地点进行了著录与汇总，具备一定的参考价值②。

石河子大学文学艺术学院教授郭院林担任主编，石河子大学文学艺术学院教授朱秋德主编的《清代新疆政务丛书》共5册，260万字，收录文献40余种，按照总说与分叙的体例编排，分为新疆总说（第一、二册）、北疆（第三册）、南疆（第四册）、有关新疆问题外交档案（第五册）。该丛书不同于以往西北文献丛书纯以影印保存文献，而是集中主题，精选汇辑，并进行点校整理，便于读者检阅、研究③。

七　新疆考古研究

20世纪后半叶，新疆各文博机构对吐鲁番阿斯塔那、哈拉和卓墓地进行了多次发掘，关于两处墓地的墓葬编号也是多种多样，学界研究只是引用当前所见公开编号，也有以讹传讹之处。李亚栋《1949年以后阿斯塔那、哈拉和卓墓葬发掘编号辑考》根据考古发掘报告及简报、相关研究论著和吐鲁番市第一次全国可移动文物普查工作中见到的吐鲁番博物馆库存相关编号，梳理了阿斯塔那、哈拉和卓墓葬在1949年以后的发掘情况及其墓葬编号，认为整理两地墓葬发掘编号系统是吐鲁番考古学史构建中极为关键的一步④。李亚栋、仵婷《1949年以后新疆吐鲁番鄯善县考古发掘及其编号整理》结合相关已经发表的简报（报告）和学者们的研究成果，对1949年以后吐鲁番鄯善县行政区划内文物遗址点的调查发掘及其出土文物编号进行了整理，并对鄯善县的文物调查与考古发掘工作特点作了总结⑤。

王永强、袁晓、阮秋荣《新疆尼勒克县吉仁台沟口遗址2015—2018年考古收获及初步认识》一文为对该遗址三次发掘后的初步学术总结，认为吉仁台沟口遗址是目前新疆伊犁河谷发现的年代最早、规模最大的以青铜时代遗迹为主体的聚落遗址，对于研究新疆史前时期的年代分期、文化谱系、聚落形态、社会状况以及中西文化交流等，都具有重大学术价值⑥。2018年7—10月，中国人民大学历史学院考古文博系与新疆文物考古研究所合作，对新疆奇台县唐朝墩古城遗址进行了考古调查、勘探和发掘。任冠、

---

① 伊卜拉伊木·马木提：《近代维吾尔语契约文书语言研究——以20件近代维吾尔语买卖契约文书为例》，硕士学位论文，中央民族大学，2019年。

② 李方：《新疆历史古籍提要》，中国书籍出版社2019年版。

③ 朱秋德主编《清代新疆政务丛书》（全5册），凤凰出版社2019年版。

④ 李亚栋：《1949年以后阿斯塔那、哈拉和卓墓葬发掘编号辑考》，《唐史论丛》第二十八辑，三秦出版社2019年版。

⑤ 李亚栋、仵婷：《1949年以后新疆吐鲁番鄯善县考古发掘及其编号整理》，《西南民族大学学报》（人文社会科学版），2019年第8期。

⑥ 王永强、袁晓、阮秋荣：《新疆尼勒克县吉仁台沟口遗址2015—2018年考古收获及初步认识》，《西域研究》2019年第1期。

戎天佑《新疆奇台县唐朝墩古城遗址考古收获与初步认识》考察了该城址的总体布局、始建年代、沿用情况和文化内涵，认为该遗址对于研究唐代天山北麓军政体系的建置沿革，唐代至元代当地的经济形态、社会状况以及丝绸之路沿线东西文化交流等问题具有重要的价值①。吉尔赞喀勒墓地位于新疆维吾尔自治区塔什库尔干塔吉克自治县提孜那甫乡曲曼村东北吉尔赞喀勒台地，距今2400—2600年。王明辉、张旭、巫新华《新疆塔什库尔干吉尔赞喀勒墓地人骨初步研究》认为该墓地的人群构成并不是由单一人种所组成，颅面部形态兼有古代欧罗巴人种和蒙古人种类型特征，并认为和该墓地外来人群的迁移有着直接的关系②。

八 新疆当代问题研究

党的十八大以来，以习近平同志为核心的党中央运筹帷幄、高瞻远瞩，把新疆工作提到了前所未有的高度，在对新疆工作进行战略审视的基础上，作出了一系列关于新疆形势的重大判断和重大战略部署，制定了支持新疆工作的一系列特殊优惠政策，形成了习近平新时代治疆思想。朱宪臣认为其逻辑起点是“以人民为中心”，其基本内容包括“新疆工作是全党全国的大事”；社会稳定和长治久安是新疆工作的总目标；要“以推进新疆治理体系和治理能力现代化为引领”；要“以经济发展和民生改善为基础”；要“依法治疆、团结稳疆、长期建疆”；等等。并认为习近平新时代治疆思想具有深厚的哲学基础，突出表现在以实事求是、一切从实际出发为主题的唯物主义思想路线；以社会稳定和长治久安为总目标，抓主要矛盾和矛盾主要方面的矛盾分析法；以改善民生为重点、以人民为中心的唯物史观；以改革开放40年来治疆实践为基础的认识论。并认为习近平新时代治疆思想是习近平新时代中国特色社会主义思想的重要组成部分，将继续指导新疆治理的实践并发挥其哲学指南作用③。

国家大规模“对口援疆”的政策实践已有20年，形成和完善了干部援疆、人才援疆、项目援疆、产业援疆、教育援疆、医疗援疆、财力援疆、文化援疆等丰富的实践形式。马宇飞认为“对口援疆”20年的实践所折射的政策启示包括由“输血”到“造血”，全方位的“对口援疆”，由“两个大局”到“一带一路”，改革、发展和稳定相结合的“对口援疆”，由“民生优先”到“民生与维稳”并重，以人为本的“对口援疆”等诸多方面④。李建新、杨珏、姜楠《结构差异视角下的新疆人口转变》基于2010年第六次人口普查资料以及最新统计年鉴等其他数据，从结构差异视角对新疆人口转变及特点进行了描述分析。认为新疆人口转变的差异性在一定程度上折射出了新疆发展过程中多种问题并存和叠加的基础，并提出在充分认识到新疆人口内部结构差异性

① 任冠、戎天佑：《新疆奇台县唐朝墩古城遗址考古收获与初步认识》，《西域研究》2019年第1期。

② 王明辉、张旭、巫新华：《新疆塔什库尔干吉尔赞喀勒墓地人骨初步研究》，《北方文物》2019年第4期。

③ 朱宪臣：《习近平新时代治疆思想的哲学基础》，《中国井冈山干部学院学报》2018年第4期。

④ 马宇飞：《“对口援疆”20年：实践与启示》，《实事求是》2018年第1期。

的前提下，我们才能在新疆发展过程中更好地促进民族团结，推动社会稳定和长治久安，更好地实现我国“一带一路”发展构想①。

为了更好地实现新疆的长治久安和促进民族团结，2016 年 10 月开始新疆维吾尔自治区决定开展“民族团结一家亲”活动。彭远春、袁淑雅基于和田地区叶孜瓦格村的调查，对“民族团结一家亲”活动进行了解读与分析。认为“民族团结一家亲”活动具有从帮扶到互助、富有人情味、涉及领域多、有利于少数民族的社会融合等新特点。并认为“民族团结一家亲”活动现阶段已经取得了较大成效，为更好地发挥“民族团结一家亲”活动的积极作用，活动需进一步深化，活动参与双方应充分确立自身的主体性，以更加积极的姿态参与到活动中，共建美好新疆②。

近年来“东突”分子在境外社交媒体推特（Twitter）上活动频繁，这成为其大肆宣传“疆独”主张、挑动民族矛盾、宣扬极端思想的新阵地。王奇、梅建明认为面对境外媒体涉疆舆情呈现出的新特点，深入研究“东突”分子推特（Twitter）账号的分布规律、话语体系、发文特征，对于掌握其宣传动向，有针对性地进行反制具有重要意义③。随着国际恐怖主义的复兴，“东突”势力的活动趋向综合化、国际化、周边化，逐渐形成了一条国内、周边、国际三个层次明暗结合、内外联动、互为支持的发展脉络，靳晓哲认为针对“东突”势力活动的新变化，应准确认识“东突”势力的双重本质，有效应对“东突”势力的共识动员和行动动员，着力开展针对“东突”势力的反叙事框构，大力压缩“东突”势力的国际生存空间④。

百年来民族分裂主义对新疆造成了极大的危害，沈晓晨的专著讨论了国家认同与分裂主义产生和发展之间的关系。作者选取新疆反分裂斗争的历史和当代实践为研究案例，总结了新疆反分裂斗争和国家认同建设方面的经验和教训⑤。周竞红认为，梳理和认识民族分裂主义在新疆的生成存续及形成过程，有助于全面深入认识当前新疆社会治理所面临的具体问题，并以更为稳妥、理性和积极的方式，团结一切期待国家强盛、人民富裕的各民族成员，共同抵御民族分裂主义思想和行动对新疆经济社会发展的牵绊与阻碍⑥。“新疆问题”的实质是分裂主义问题，许建英认为美国介入“新疆问题”具有很深的历史情结，这是其遏制中国和经营欧亚大陆的现实需要。30 多年来，美国对“新疆问题”的介入越来越深，干涉越来越明显，不仅干涉中国的治疆政策，支持境外“东突”势力，抢夺“新疆问题”话语权，而且将“新疆问题”视为其经营欧亚大陆的抓手，企图遏制中国⑦。王国飞《新疆南疆农村“去极端化”治理成效及优化建议》

---

① 李建新、杨珏、姜楠：《结构差异视角下的新疆人口转变》，《西北人口》2019 年第 3 期。

② 彭远春、袁淑雅：《“民族团结一家亲”活动的特质及其推进》，《民族论坛》2018 年第 2 期。

③ 王奇、梅建明：《Twitter 平台“东突”分子行为规律与对策研究》，《情报杂志》2018 年第 3 期。

④ 靳晓哲：《“东突”势力活动的新特点、内在逻辑及其应对》，《统一战线学研究》2019 年第 4 期。

⑤ 沈晓晨：《分裂主义与国家认同研究——以新疆分裂主义为例》，社会科学文献出版社 2018 年版。

⑥ 周竞红：《百年回溯：民族分裂主义在新疆生成存续的国际因素管窥》，《兰州学刊》2018 年第 2 期。

⑦ 许建英：《美国介入“新疆问题”的考察与分析》，《统一战线学研究》2018 年第 5 期。

认为经过几年艰苦、细致的工作，南疆农村“极端化”外在表象得到全面肃清，“极端化”罪恶本质在南疆农村得到有力揭批，“极端化”传播渠道在南疆农村得到有效控制，南疆农村“极端化”治理能力得到明显加强。并提出要进一步增强南疆农村“去极端化”工作的积极性、主动性、紧迫性，提升南疆农村受宗教极端思想感染人员职业技能教育培训的实效、推动南疆农村教育发展、解决南疆农村贫困问题、创新南疆基层宗教管理、充实南疆基层干部队伍、创新南疆基层治理①。“一带一路”是中国对外发展的重要战略，作为“一带一路”建设核心区的新疆与周边国家的经济、文化、商贸交流日益增多。高敏在《“一带一路”视域下新疆民族文化交流与安全》中试图解决原本多民族多宗教并存、维稳任务艰巨的新疆如何面对外来复杂多样的思潮挑战的问题，并认为在加强对外文化交流的同时，维护意识形态领域安全显得尤为重要②。随着国家治理体系和治理能力现代化战略的实施和推进，新疆文化现代化成为新疆文化发展的方向性选择。吕永红、段会平认为实现新疆社会稳定和长治久安的根本是大力推进文化现代化，文化现代化是破解新疆各民族传统思维特别是宗教思维的理性选择。以文化现代化引领新疆文化发展，就是要用科学文化、理性文化、大众文化引领新疆人民树立一种理性思维、科学思维、世俗思维，为新疆文化发展提供方向性选择③。高敏《新疆文化与中华文化交融共生的“前世”和“今生”》从历史的角度梳理了新疆文化与中华文化交融共生的“前世”经历，探究在“一带一路”历史机遇和中华民族共同体意识的双重激励下，新疆文化与中华文化交融共生的“今生”之路④。

新疆历史问题在新疆是重要的政治原则问题，新疆党委常委、宣传部长田文撰文认为，坚持用正确的历史知识和思想观念正本清源、统一认识、凝聚人心，关系坚持和发展中国特色社会主义，关系中华民族凝聚力向心力，关系祖国统一和国家长治久安。必须深入开展新疆历史宣传教育，引导各族干部群众切实增强对中华民族和中华文化这个“根”和“魂”的认同，积极培育新疆社会稳定和长治久安的精神根脉⑤。“屯垦戍边”是党和国家边疆治理的重大战略举措。兵团从“屯垦戍边”到“维稳戍边”核心使命的转型是国内外形势变化的时代选择。闫卫华、苏巧变探讨了“屯垦戍边”与“维稳戍边”的共同主旨、阶段性战略目标追求、二者内在逻辑关系等问题，并认为兵团核心使命的转型具有鲜明的路径依赖与制度变迁现象，进而提出全面把握中央对兵团的定位要求，树立政治自觉和历史自觉原则，强化“兵”的意识，提高责任主体维稳戍边

---

① 王国飞：《新疆南疆农村“去极端化”治理成效及优化建议》，《新疆社科论坛》2019 年第 3 期。

② 高敏：《“一带一路”视域下新疆民族文化交流与安全》，《贵州社会主义学院学报》2019 年第 1 期。

③ 吕永红、段会平：《文化现代化与新疆文化发展》，《新疆大学学报（哲学·人文社会科学版）》2019 年第 2 期。

④ 高敏：《新疆文化与中华文化交融共生的“前世”和“今生”》，《河北省社会主义学院学报》2019 年第 2 期。

⑤ 田文：《把历史宣传教育作为新疆意识形态工作的重中之重》，《新疆日报》（汉）2018 年 11 月 7 日第 3 版。

能力，拓展维稳戍边功能等方面的建议和对策①。

综上所述，2018—2019 年新疆历史研究仍以政治史和社会经济文化史研究为主，在时间方面偏重于清代新疆历史的研究，作者的组成也呈现多样化的趋势。特别是涌现出一大批关于新疆历史研究的博、硕士论文，说明新疆历史研究队伍正在扩大。在具体的研究内容方面，并不局限于区域史，以中华一体/中华文化视野下的研究作品开始占据主流地位，这也是新疆历史研究的一个正确方向。另一个显著特点是研究者更加注重对档案文献的深入发掘，对多语种语言文字材料的运用，对满文档案和少数民族语言文字史料的使用在清史研究中表现更加明显，这也使新疆历史研究进一步走向深化。在对新疆当代问题的研究方面，更注重理论与现实的结合，诸多研究都是在扎实的调查研究的基础上完成的，学者们更多的研究注重对新疆现实存在问题的剖析和提出建议，使新疆当代问题研究更加深入。在今后的研究中，新疆研究要结合“一带一路”视角，要更具有现实关怀，使得中华一体/中华文化视角下的新疆研究具有更宽广的领域。

① 闫卫华、苏巧变：《从“屯垦戍边”到“维稳戍边”——历史制度主义视野下兵团核心使命的转型》，《石河子大学学报（哲学社会科学版）》2018 年第 1 期。

第三篇

学术活动

第三届幽州学学术研讨会
新时代中国边疆学学术讨论会
跨学科视野下的边疆民族研究暨中国边疆民族史学科建设研讨会
《陈桥驿全集》出版座谈会暨中国国家历史地理学术研讨会
第六届中国边疆学论坛
第一届全国海疆青年学者学术论坛
第二届中国与中亚人文交流与合作国际论坛
第四届新疆治理学术研讨会
“一带一路”中韩海洋合作国际学术研讨会
“新形势、新思考：边界问题与治边稳藏”学术研讨会
中国边疆研究理论与方法研讨会
第六届中国边疆研究青年学者论坛
第一届“高句丽渤海研究青年学者工作坊”
“一带一路”海洋合作的人文基础中日学术研讨会
边疆治理与边疆发展、边境安全学术研讨会
多学科视域下的边疆历史学术研讨会
第二届新时代中国边疆学学术讨论会
传播的魅力——西藏民主改革 60 周年宣传报道研讨会
“历史、现实与未来：新时期中印边界问题”研讨会
“中国历史上的边疆、民族与国家治理”国际学术研讨会
嘉峪关与明代丝绸之路高层论坛
第七届中国边疆研究青年学者论坛
第五届新疆治理研究学术研讨会
第七届中国西部边疆安全与发展研讨会
第七届中国边疆学论坛
“中国边疆研究 70 年”发布会
《西藏自治区档案馆馆藏蒙满文档案精选》丛书发行仪式暨首届西藏档案学术研讨会
高原丝绸之路历史文化国际学术研讨会
第二届“高句丽渤海研究青年学者工作坊”

首届国际边界合作研讨会
中国社科论坛（2019）："一带一路"与东北亚区域开发、合作国际论坛
第七届南海区域合作论坛暨纪念李准巡视西沙群岛110周年研讨会
亚信非政府论坛第三次会议"全方位互联互通"圆桌会议
新时代边疆考古的现状与展望学术研讨会

【第三届幽州学学术研讨会】

2018年1月20日，以“出土文献、传世文本与理论思考”为主题的第三届幽州学学术研讨会在中央民族大学举行，来自中国社会科学院、北京石刻艺术博物馆、日本明治大学、东京大学等国内外高校、科研院所的30余位学者共聚一堂，以“幽州学”为中心，聚焦于幽州地区的边郡家族、佛教寺庙、墓志搜集与整理、胡人族属与身世、边地节度使等议题进行了讨论。

日本明治大学气贺泽保规教授《“幽州学”的概念与独特性》对“幽州学”概念的提出到内涵的精确予以阐释。指出幽州地域自唐朝安史之乱（755—763）爆发之始，对唐朝影响甚著，也是两京（长安、洛阳）与东北亚诸种往来、物资交换之重要通道。“幽州学”并非单纯的地方史研究，幽州不仅在隋唐时期有凸显之地位，更可上溯魏晋、下迄辽金而纵横中古，并对中国王朝史之整体动向施加影响，其丰富的内涵和区域性的意义已超越地方史的视域，值得关注并予以深究。

中央民族大学李鸿宾教授《研究范式的转换与理论思考》认为，首先，“幽州学”研究的思路应当是区位性而非全局性的。唐以前中国国家建设的重心在西北关中，唐及以后逐步转移到东部至幽燕；伴随这一转型的幽州既是北方游牧群体对中原王朝的冲击中首当其冲的地区，也是唐朝灭亡以后重新建构王朝国家的“起点”。在东西南北各方的交织与互动中，幽州的特性也就从战术的区位转成了战略的区域：游移、动态的属性应是理解以此为核心的“幽州学”的考察特点。其次，“幽州学”的研究可以带动某种“范式”的转换，以因应国内外学界观察的新思考。目前学界对此有三种相对成型的观察方式：一是以中原王朝为核心秉持的视角，幽州处于帝国的边缘；二是西方世界较流行的欧亚大陆南北互动的观察方法，幽州正处于欧亚大陆东部草原与农耕的交接地带；三是东北区域的观察视角，幽州是其南向拓展的必经之地。这三种视角中，中原和草原一方均形成了以自身为中心的考察探索范式，东北区域受限于各种条件，其自身的观察视角还不甚明晰。这三种范式之外，“幽州学”如何确立新的考察范式，值得深思。我们应该在继承古今中外学术研究的基础上构建“幽州学”的新范式，这是学术拓展的内在诉求。在范式确立之中，要特别注意概念中学理的实质性和持续性等问题。最后，随着新范式的确立，这一学说兼容的内涵会增多，外延亦会拓展，研究方法和手段随之扩充。历史学的研究是“幽州学”确立的根基；考古学能补充文献记载不足；历史地理学应当加强；人类学、民族学等方面的研究要介入。

北京石刻艺术博物馆吴梦麟研究员指出房山石经素有“东方敦煌”之称，1956年至1958年，中国佛教协会曾对房山石经进行发掘拓印，开启了石经山上的9个洞窟，对云居寺地穴庋藏10 082件石刻进行捶拓。现全国计有7套完整的房山石经拓片，每套3万余张，其中藏于国家博物馆者已有编目，便于阅览。当时的拓印工作由中国佛教协会与北京图书馆合作完成，拓片的分类按照佛经经卷次序编排。房山石经的发现与拓印本身是在考古勘探、捶拓方法的指引下完成的，拓片目录的编排应采用考古学方式，以洞窟编号为序。

南开大学夏炎教授认为，幽州地区的发展史是一部辽以前中国东北地区的发展史，这里充满各种各样的政治军事斗争与民族之间的冲突、交融。从时间上讲，幽州地区的家族史研究应当从汉代开始，下至辽代。幽州地区大致可分为核心区与边郡两个部分。核心区是今天的北京地区大部，即历史上的涿郡或范阳郡；边郡则是幽州北部地区代郡、上谷、渔阳、右北平、辽西、辽东六郡。两者在帝国中所处的位置以及政府对两者的施政方针存在较大差异，影响并形塑了当地的人群发展与民族变迁。夏炎试图寻找重要边郡家族的兴衰轨迹，观察他们与国家、社会的互动关系，以此作为解释中古中国家族兴衰的入口。

北京市文物局侯海洋梳理了北京延洪寺发展变迁的过程。指出今已荡然无存的延洪寺存在于唐贞元年间至元末，大致位于今北京市西城区闹市口南街园宏胡同一带。初由德宗贞元年间节度使刘济所建，名“天成院”，本为延续洪州禅宗马祖道一系统之庙宇。辽金时期，延洪寺被誉为当时南京城中的“甲刹”，地位显赫。此一时期的延洪寺在刻经方面多有建树，所刻经典主要有《大智度论》和《瑜伽师地论》。蒙元时期，延洪寺又得到迦什叶儿（今克什米尔地区）僧侣那摩国师的修缮。

近年来，幽州地区的墓志引起了研究者的重视。已公布的唐代幽州墓志计110方，约8万字；尚未公布的墓志实物则收藏于各博物馆、文物研究所约30方。蒋爱花《唐代幽州墓志的整理与研究》认为通过对已刊墓志的整理并与传世文献相互对照，可以查缺补漏，更正谬误。从墓志文本、事实记忆与民风描绘的角度解读，可以发现幽州地区墓志存在着不同程度的僭越行为。譬如有一方埋葬于安禄山统治时期的墓志，铭文中对安禄山的歌功颂德无以复加，与官方正统文献的描述相反。这从一个层面揭示出安史叛军经营之地的民众与叛军思想乃至感情之关联的密切程度，这些多为官方史书所漠视。

与此同时，与会学者从“幽州学”的组织架构、资金支持、学科定位、研究方向、资料出版等方面提出了切实可行的建议。陕西师范大学胡耀飞副研究员认为，唐代幽州和长安关联密切，提议“幽州学”与“长安学”交流与互融。首都师范大学王铭副教授则对“幽州学”的时间与地域概念进行界定。日本明治大学气贺泽保规教授倡议更多关注安史之乱的另外一位首领史思明、幽州地区佛教史、安史之乱以后幽州节度使、幽州历史地理等尚未被充分关注的议题。李鸿宾教授建议，不仅要吸纳日本学者，还要考虑邀请欧美、俄罗斯、韩国等的学者参与，形成一种兼容并包、开放合作的局面。

（撰稿：蒋爱花，中央民族大学历史文化学院副教授；郑豪，中央民族大学历史文化学院研究生。原刊《中国边疆史地研究》2018年第2期）

【新时代中国边疆学学术讨论会】

为推动新时代中国边疆学学科话语体系的构建，2018年4月21—22日《中国边疆史地研究》编辑部和《烟台大学学报》编辑部在烟台大学联合主办了“新时代中国边疆学学术讨论会”，时任中国社会科学院中国边疆研究所党委书记李国强研究员，烟台大学党委常委、副校长郝曙光教授出席开幕式并致辞。来自中国社会科学院、国家民委、中国藏学研究中心、中国人民大学、复旦大学、吉林大学、东北师范大学、云南大学等全国高校和科研院所的中国边疆研究领域的知名专家学者参加了会议。

与会专家学者紧紧围绕“中国边疆学学科话语体系建构”这一主题，分别以“何为边疆：论中国性所涵盖的内亚诸元素”“关于中国边疆学学科建设的几点看法”“中国边疆研究的内涵和特征”“新时代中国边疆史研究的客观要求”“中国边疆的内涵及其特征”“对中国边疆研究概念的认识与界定”“关于中国边疆学学科话语体系构建的思考”“互动与融通：新时代中国边疆史研究的客观要求”“边疆研究中的人本主义历史建构”“民国边疆研究的嬗变、学科构建与启示”“现代国家‘边境’的界定”等为题进行了广泛而又深入的讨论与交流。

此次会议围绕“中国边疆学学科话语体系建构”这一主题展开，有利于进一步丰富与深化中国边疆学的理论与方法，进一步拓展中国边疆学研究的视野与领域，推动中国边疆学学科的全面发展。

（供稿：《中国边疆史地研究》编辑部）

【跨学科视野下的边疆民族研究暨中国边疆民族史学科建设研讨会】

第二届“理论、视角与实践：跨学科视野下的边疆民族研究暨中国边疆民族史学科建设”研讨会于2018年6月22日在云南民族大学召开。来自北京、黑龙江、云南等地高校和科研机构的60余位学者参加了此次研讨会，围绕边疆民族研究、边疆民族与涉外研究、边疆民族历史书写研究等主题，进行了深入的交流与讨论。此届论坛由云南民族大学人文学院、陕西师范大学中国西部边疆研究院、华东师范大学历史系主办，《中国边疆史地研究》编辑部、《西北民族论丛》编辑部协办。经过数十年的发展与积累，边疆民族研究日益引起社会及学术界的广泛关注，如何认识边疆民族研究的历史、现实、未来及其学科建设内涵，具有重要的理论与现实意义。有鉴于此，此次会议的主题定为“近代边政与边政学”，拟打破学科藩篱，积极借鉴民族学、人类学、历史学、政治学、边疆学等多学科的研究视角，开拓中国边疆民族史研究的新取向。在研讨会上，参会学者认为，应加强边疆民族史的研究与学科建设，要重视跨学科研究方法的综合运用，打破学科之间的壁垒，重视宏观与整体视野，注重历史时期民族之间的流动与变化，增强对历史与现实互动关系的认识。其中，中国民族史学会副会长杨文炯通过对“东方学”与“边政学”话语博弈的解读，认为中国民族史学只有坚持学术的文化自信，开放学科边界和借鉴其他人文社会科学的理论方法，以中国学术的文化自觉为动力，才能推动中国民族史研究的发展，建构具有中国特色、风格、气派的中国民族史学话语体系。云南民族大学人文学院教授尹建东从西南疆域“中心—边缘”关系理论的形成与构建出发，阐述了“中心—边缘”关系在不同历史时期呈现出动态的发展特征，探讨了“中心—边缘”关系理论对丰富边疆学、边疆民族史研究的知识体系和理论视野的影响。据介绍，云南民族大学中国边疆民族史研究团队不断拓深研究领域，取得了较好成绩。云南民族大学党委副书记李辉表示，云南民族大学将严格按照国家“双一流”战略部署的要求，进一步优化学科发展结构，注重优秀人才的培养与引进，努力提升中国西南少数民族史学科的综合水平①。

【《陈桥驿全集》出版座谈会暨中国国家历史地理学术研讨会】

2018年7月12日，《中国国家历史地理》之《陈桥驿全集》出版座谈会暨中国国家历史地理学术研讨会在人民出版社举行。《中国国家历史地理》书系由人民出版社资深编审张秀平先生策划、编辑出版，动议于2003年，2005年正式立

① https://www.kunming.cn/news/c/2018-06-27/10543431.shtml.

项，2013 年得到国家出版基金资助，2013 年出版了《史念海全集》7 卷，2015 年出版了《谭其骧全集》2 卷，此次出版的《陈桥驿全集》共 14 卷 2000 多万字。与会专家学者指出，以人民的名义、国家的高度出版史先生、谭先生和陈先生的著作，极大提升了历史地理学的学科地位和社会地位，也标志着总结和梳理中国历史地理学学术史的正式起步和崇高起点。

与会专家学者在追忆陈桥驿先生等前辈的治学精神时，指出我们应该学习他们的科学精神和追求真理的学术品格。陈先生留给世人最深刻的印象是他的读书人本色。与会学者指出，在陈先生的生命里，学术与生活是浑然一体、不能须臾分离的。学问已经融入他的整个生活，除了吃饭休息，他的一切时间和注意力都围绕学问这个中心活动来分配。看书写作自不必说，接待访客和出席各种会议仪式，话题也都是学术上的事情。“一箪食，一瓢饮”，以学术为生，以问学为乐，学而不厌，乐以忘忧。他虽历经磨难，但不改书生本性，正直不阿，臧否人物、针砭时弊，实事求是，毫不姑息。例如，他对所谓学术不端或学术腐败现象深恶痛绝，曾进行口诛笔伐、直言批判。同时，他还继承了祖父的宁静淡泊，一生宠辱不惊，虽历经坎坷无数，但没有气馁和消沉，也不怨天尤人，更不坠问学之志。后来获得各种荣誉，亦云淡风轻、不为所羁。

陈先生自幼深受中国传统文化熏陶，在上教会中学时开始笃信《圣经》（他自称是有神论者，但并非基督徒）。他坚守古代士人传统，又兼具现代观念，古今会通、中西融贯，对家乡绍兴始终怀有深厚的感情，对父老、师长、友朋等帮助过自己的人始终感念，对后学、晚辈宽容、通达。例如，2007 年他得知家乡绍兴欲为他修建“陈桥驿史料陈列馆”时，立即婉辞，后经过权衡各方权益，尤其考虑到绍兴市要打造一座“文化特别名市”的需要，遂“明知逾格”仍同意建设此馆。他积极配合馆建需要，移交著作、论文、手稿、书法、信函、聘书、教学卡片、国外图书等 1000 多件，不仅做了规范系统的分类，而且在每份资料上做了详尽注释。

与会专家学者在介绍《陈桥驿全集》的整理出版过程时，一致称赞该书责编张秀平先生的奉献精神。张先生于 1977 年进入人民出版社工作，策划编辑出版了许多有影响力的学术论著。她于 2003 年即开始提议出版“中国国家历史地理”书系，之后积极奔走各方、锲而不舍地鼓与呼，终于在 2013 年使该书系得到国家出版基金的认可与资助，得到时任国家新闻出版总署署长柳斌杰先生等领导的重视与支持。她积极参与全集的整理，审校书稿，通读《谭其骧全集》《史念海全集》《陈桥驿全集》合计 3000 多万字。

与会专家学者还不约而同地思考一个问题：下一步我们应该怎么办？有学者指出，结合中国历史地理学发展的现状，中国历史边疆地理的研究相对比较薄弱。历史地理学应是历史学研究者内化的知识储备，可惜我们的一些学者在这方面还比较弱。与会专家学者还指出，我们应坚持将学术研究与实际需求相结合，为城市规划、文化建设和生态保护等建言献策，以尽书生报国之志。

（撰稿：胡喜云，人民出版社《新华文摘》杂志社副编审。原刊《中国边疆史地研究》2018 年第 4 期。《年鉴》编辑部对该文进行了删节）

【第六届中国边疆学论坛】

由中国社会科学院中国边疆研究所、长春师范大学联合主办，长春师范大学历史文化学院、长白山历史文化与族群变迁吉林省重点实验室与《中国边疆史地研究》编辑部协办的第六届中国边疆学论坛，于2018年7月21—22日在长春召开。该届边疆学论坛的主题为“开放与创新：新时代视野下的中国边疆研究”，来自全国41个高等院校和科研院所的125位专家学者围绕大会主题展开了深入研讨。该届中国边疆学论坛设有“新疆核心区建设与周边安全环境”“中国边疆学视野下的西南边疆前沿问题研究”“新时代海洋强国战略研究”“高句丽与渤海史研究”“边疆与民族关系研究”等分论坛。边疆学研究的理论构建与创新既是当代边疆学研究的时代命题，也是中国边疆学走向成熟的学术标志。理论构建与创新一方面需要对研究对象进行充分的逻辑分析，进而提出规律性的认识；另一方面需要不断的交流与碰撞，在批判与反思中凝练学术观点。作为国内边疆学研究的顶级学术交流平台，该届论坛共有12篇论文对边疆学理论进行了探讨，涉及边疆学的研究内容与视角、中国边疆的内涵与特征、古代民族政权的国家观、“后人看中国”的国家观等方面。如何利用“一带一路”倡议带动边疆地区的全面发展，是中国边疆学研究的重要课题。该届论坛共有13篇文章从不同角度对“一带一路”倡议的历史考证与现实机遇进行了分析。如何在人类命运共同体这一战略构想的指引下，进行中国边疆学的研究，是一个重要的时代命题。该届论坛诸多学者的报告是围绕史料展开的，大体上可以分为两类，一类是对史料进行辨析与考证，提出新的研究见解；一类是通过对史料的梳理与分析，厘清相关历史细节。

“学科交叉”与“方法创新”是该届边疆学论坛研究成果的重要特征，对于中国边疆学学科体系的建立将产生重要的影响。从学科交叉的角度看，该届边疆学论坛的研究融合历史学、经济学、地理学、民族学、人类学、统计学、考古学等相关学科的理论与视角，研究创新度和研究应用性都得到了进一步提高。经过六届的积累与沉淀，中国边疆学论坛已经成为中国边疆学研究者们的重要交流平台，在促进中国边疆学学科理论构建、边疆史地研究、边疆稳定与发展等方面，将发挥更大的作用。

（撰稿：刘海洋，长春师范大学历史文化学院副教授。原刊《中国边疆史地研究》2018年第4期。《年鉴》编辑部对该文进行了删节）

【第一届全国海疆青年学者学术论坛】

2018年7月28—29日，由中国社会科学院中国海疆智库主办的第一届全国海疆青年学者学术论坛在北京召开。来自全国17所高校和科研院所的30多名学者参加会议。

中国社会科学院中国边疆研究所党委书记李国强研究员为论坛作主旨发言。李国强研究员就“十八大以来我国海洋维权取得的重大成就”作了深入阐述，他把这些成就归纳为三个方面：其一，以习近平新时代中国特色社会主义思想为引领，以海洋强国为指向，稳步构建海洋维权的总体战略，形成海洋维权的总体思路，积极推进海洋维权体制机制不断完善，持续夯实我国开发海洋、建设海洋、管控海洋的能力基础，维护海洋权益的决心和意志更加坚定。其二，以构建人类命运共同体为终极目标，以“双轨思路”为导向，以建设“21世纪海上丝绸之路”为牵引，坚持走和平发展之路，通过外交谈判营造于我有利的维权氛围，通过务实合作实现海洋权益最大化，推动我国海洋维权在开放包容中开创新局面，在和平合作中打造新气象，在互利共赢中开启新境界。其三，以常态化巡航为突破口，以岛礁建设为立足点，以应对国际司法仲裁为着力点，多措并举，综合施策，主动作为，稳中求进。在实践中搭建起外交维权、军事维权、法理维权、舆论维权的全新体系。

与会青年学者围绕“我国海疆维权历史证据研究”“我国海洋强国发展战略”“我国周边国家海洋政策及动态”三个议题展开交流和讨论。三场互动交流气氛十分热烈。“《更路簿》研究”“国际史料研究”“环南海公共外交研究”“南海国际话语权问题”“美国南海政策”等议题成为会议讨论热点。

众多中国海疆研究的青年学者参加了此次论坛，论坛讨论氛围浓厚、思想活跃、成果丰富，对深化海疆问题研究有十分积极的作用。

（撰稿：李欣，中国社会科学院中国边疆研究所助理研究员）

【第二届中国与中亚人文交流与合作国际论坛】

在“一带一路”倡议提出5周年之际，2018年9月7—10日，第二届中国与中亚人文交流与合作国际论坛在古丝绸之路重镇甘肃省敦煌市成功举办。该论坛由中国社会科学院中国边疆研究所、西北师范大学、敦煌研究院、吉尔吉斯国立民族大学、哈萨克斯坦塔拉斯师范大学联合主办，西北师范大学中亚研究院、敦煌学院，《中国边疆史地研究》编辑部，敦煌研究院丝绸之路与敦煌研究中心，吉尔吉斯国立民族大学吉中“一带一路”研究中心承办。来自中国、吉尔吉斯斯坦、哈萨克斯坦、俄罗斯、希腊等“一带一路”沿线国家50多所高校和科研单位的120余名专家学者参加了此次论坛。论坛共收到论文80余篇，其中有十多位专家作了大会主题发言。与会专家围绕丝绸之路历史文化、当代中国与中亚人文交流、东干语言文化等主题进行分组研讨，提出了许多具有启发性的见解和观点，取得了诸多共识。现根据提交的会议论文及发言，对会议研讨情况做如下综述。

此次论坛有以下突出特点。

第一，历史与现实相结合。既有对历史问题的深入研究，也有对现实问题的热切关注。参会学者不仅仅是从知识上讲述“丝绸之路”的史实和发展轨迹，而且是在深刻反思历史的前提下观照现实与未来。

第二，研究视角多元化。从所提交论文和发言看，覆盖了历史学、地理学、考古学、人类学、宗教学、民族学、语言学、艺术学、经济学、政治学、管理学、心理学等多个学科。通过多学科视角聚焦特定议题的探究，相互启发，拓展了“一带一路”研究的学术视野，大大丰富了中国与中亚人文交流的内涵。

第三，研究方法多元化。每一门学科都有自己的理论框架和研究方法以及知识谱系，在各位专家学者发言中，文献研究、实证研究、比较研究、现代计算机智能统计研究以及跨学科综合研究方法都有所体现。

第四，资料多元化。此次论坛收到的论文资料丰富，有中外考古资料、出土文献资料、实地考察所得资料、口述资料及档案笔记等。资料的多元化为此次会议取得重要的学术成果奠定了坚实的基础。

第五，论坛报告水平高。此次论坛邀请到了国内外有关中国与中亚人文交流方面的多位著名学者发表学术见解，他们的发言高屋建瓴，视野宏大，启迪深刻，给参会代表留下了深刻印象。

通过研讨，与会专家与学者在以下问题上深化了共识。

第一，丝绸之路源于人类各种文明之

间的相互吸引。古丝绸之路不仅是商贸之路，更是沟通东西方文明的桥梁。加强不同文明交流互鉴，促进各国、各族人民的“民心相通”，是建设“一带一路”最重要的文化基础。“一带一路”不仅是借用古代丝绸之路的历史符号，而且是继承和发扬古代丝绸之路精神，不断注入新的时代内涵。

第二，中国与中亚交往源远流长，中亚是古代中国对外交流的核心区域之一。自张骞“凿空”西域以来，中国与中亚国家通过古丝绸之路这一桥梁交流交融、互为借鉴，这种深厚的历史渊源推动了数千年来中国与中亚各国官方往来和民间交往，共同促进了丝绸之路的繁荣和发展。

第三，在当前国际大变局背景下，加强人文合作对“一带一路”建设意义重大。“一带一路”倡议提出五年来，得到相关国家的高度认同和积极支持，在战略对接和经济领域取得重要进展。同时，对出现的一些问题要冷静思考，认真总结，不断完善政策。特别是要强化和扎实推进人文领域的合作，不断增强与丝绸之路沿线国家民众的相互认知和理解。

第四，构建政府、社团、民间多层次人文交流合作的新机制。当务之急是要转变政府集中管理的模式，提高民间组织开展和参与文化交流的主动性和积极性，构建政府主导、官民并举、多方参与、合作形式多样的人文交流机制。

第五，要推动“一带一路”走稳走实。如果说过去五年主要是完成“谋篇布局”的话，那么，未来的任务将主要在于落实。换言之，如果说前五年更多的是共商的话，那么，今后更多的将是共建。衡量合作质量的标准有很多，其中一个很重要的指标就是惠及当地民生。只有给丝绸之路沿线民众带来切实利益，才能使“一带一路”合作共赢的理念深入人心，引起共鸣，反过来支撑和推动“一带一路”倡议持续而又健康的发展。

（撰稿：马玉凤，西北师范大学历史文化学院讲师、博士研究生。原刊《中国边疆史地研究》2018 年第 4 期。《年鉴》编辑部对该文进行了删节）

【第四届新疆治理学术研讨会】

2018 年 9 月 22—24 日，“第四届新疆治理学术研讨会——聚焦产业援疆”在北京社科博源宾馆召开。来自中国社会科学院、北京大学、中央民族大学、新疆大学、西北大学、陕西师范大学、新疆财经大学、塔里木大学、深圳大学等研究机构与大学的 30 位专家学者莅临会议。此次研讨会也是对许建英研究员主持的中国社会科学院中国边疆所创新课题“产业援疆与新疆治理”的深化和总结。

会议设置“产业援疆及其与新疆治理的关系”“产业援疆模式与实施路径探讨”和“新时代的新疆治理”三个议题。围绕着第一个议题，马大正研究员、马戎教授、许建英研究员、王鹏辉教授、强国令教授、陈跃副教授和阿地力·艾尼副研究员，梳理了产业援疆取得的成就，总结了经验和存在的问题，探讨了产业援疆和新疆治理之间的关系。围绕着第二个议题，贾建飞副教授、李俊清教授、王平教授、廖肇羽教授和周卫平副研究员探讨了产业援疆既有模式，阐述了产业援疆实施的路径，介绍了新疆“访惠聚”工作的新情况。围绕着第三个议题，许建英研究员、任群罗教授、闫国疆教授、许涛研究员和曹伟博士等，阐述了产业援疆对新时代新疆治理的多重意义，特别是在扶贫、就业、支持新疆对外开放、“丝绸之路经济带”核心区建设以及实现新疆稳定与长治久安上意义重大。

会议还结合新疆形势，达成三项共识。与会专家一致认为：一是新疆稳定局势总体实现了良性转化，新疆在反恐维稳上追求的良性拐点呈现，新疆局势总体向好，令人深感欣慰。二是实现新疆治理软着陆的挑战依然严峻，需要完善教培中心管理和去极端化的法制化、制度化建设，加强去极端化的国际交流。三是产业援疆应该成为新疆治理的重要平台，应该以产业援疆为抓手，丰富产业援疆的内涵，促进内地省市与新疆开展广泛的经济、文化与民族交流，加强新疆各民族的国家观、历史观、文化观教育，推动内地与新疆一体化全方位深化，实现新疆社会稳定与长治久安。

“新疆治理研究学术研讨会”系列学术会议，是由新疆智库、中国社会科学院中国边疆研究所主办，新疆研究室承办，旨在研究新疆治理的历史经验与教训，分析当前新疆治理面临的问题，探索新疆稳定与长治久安的理论，推进新疆治理体系和治理能力的现代化。

（撰稿：许建英，中国社会科学院中国边疆研究所研究员）

【“一带一路”中韩海洋合作国际学术研讨会】

2018 年 10 月 13 日，“一带一路”中韩海洋合作国际学术研讨会在京举行。会议由中国社会科学院中国边疆研究所、中国社会科学院中国海疆智库和东黄海研究智库联盟主办，中国社会科学院中国海疆智库承办。来自中国社会科学院中国边疆研究所、中国社会科学院亚太与全球战略研究院、自然资源部海洋发展战略研究所、中国海洋大学、山东省社会科学院、中国现代国际关系研究院、中山大学和韩国海洋文化遗产研究所、忠清南道历史文化研究院等研究机构 30 多位专家学者参加会议。

与会学者围绕中韩“一带一路”海洋合作的人文历史基础、“一带一路”建设中韩海洋合作路径、中韩共建“一带一路”的战略意义 3 个议题展开交流和讨论。与会学者认为，古代海上丝绸之路见证了中韩两国政治、经济、文化交流的历史，为两国社会发展，两国人民的相互认知、互联互通作出了贡献，但由于时代局限性，海上丝绸之路不可避免地存在着各种缺陷，但其蕴含着互利互惠、合作共赢的基本精神内涵在今天依然具有时代价值。在新的世纪里，中国提出了建设“一带一路”的倡议，既是对历史优良传统的继承，也是对丝路精神的发展，因此有着全新的时代内涵，因而也符合中韩两国人民的根本利益，必将为两国关系的深入发展提供新的契机，因此，分析研究“一带一路”建设对中韩两国的战略意义，准确把握“一带一路”建设中中韩海洋合作的战略定义，实现海洋发展政策和海洋发展规划的相关对接，寻求双方海洋合作最大的利益契合点，把双方海洋经济发展需求更紧密地联系在一起，结合在一起，在合作中实现互惠互利、共同繁荣是十分必要的。

（撰稿：侯毅，中国社会科学院中国边疆研究所副研究员）

【“新形势、新思考：边界问题与治边稳藏”学术研讨会】

2018 年 10 月 16 日，“新形势、新思考：边界问题与治边稳藏”学术研讨会在北京举行。此次研讨会由中国社会科学院中国边疆研究所主办。来自外交部、国家边海防委员会、中国社会科学院、中国藏学研究中心、军合办亚洲局、清华大学、复旦大学、武汉大学、四川大学、上海市社会科学院、国防科技大学、河北工业大学等部门、院校的专家近 30 人参加会议，围绕“中印边界问题走向及对策建议”“我国与相关邻国边界的历史与法理依据、划界实践与经验”“2018 年 4 月以来中印关系走向与对策”“西南边疆稳定与党政军警民合力强边固防及相关问题”“深化边界问题研究、服务中央决策”等议题，进行了较为充分、深入的研讨。

（撰稿：孙宏年，中国社会科学院中国边疆研究所研究员）

【中国边疆研究理论与方法研讨会】

2018 年 10 月 27 日，中国社会科学院中国边疆研究所马克思主义国家与边疆理论研究室举办了“2018 年中国边疆研究理论与方法”学术研讨会。来自中国社会科学院边疆研究所、复旦大学、中国人民大学、中央民族大学、吉林大学、四川大学、河南大学、中南民族大学、浙江师范大学等单位的 20 多位专家学者会聚北京，为建构面向新时代的中国边疆学学科畅所欲言，侧重理论依据与研究方法两个领域进行学术研讨。检讨、恳谈既往中国边疆学建构的得失，是此次会议的研讨主题；重新审视与发现中国历史，揭示历代边疆特质，是此次会议的研讨重点。

（撰稿：宋培军，中国社会科学院中国边疆研究所研究员）

【第六届中国边疆研究青年学者论坛】

2018 年 11 月 1 日，由中国社会科学院中国边疆研究所、延边大学联合主办的“第六届中国边疆研究青年学者论坛”在吉林省延吉市召开，此次会议主题为“新时代、新视野：中国边疆研究的继承与创新”。会议共设三个主题，即，中国边疆学学科建设与理论创新，历史时期边疆治理研究，东北边疆史地前沿问题研究。来自 32 所高校及研究机构的近 60 位青年学者进行了发言、评议及讨论。

开幕式由延边大学历史系主任郑京日主持，在开幕式致辞的嘉宾有延边大学党委副书记陈铁教授、中国社会科学院中国边疆研究所党委书记李国强研究员、延边大学朝鲜半岛研究院院长朴灿奎教授。陈铁副书记欢迎各位年青学者的到来，并简单地介绍了延边大学的情况以及延边大学对边疆研究的支持；李国强书记介绍了我国对边疆研究的重视，还介绍了此次论坛发表的 46 篇论文是从 100 余篇论文中筛选出的情况。朴灿奎院长介绍了延边大学朝鲜半岛研究院为举办此次论坛做出的努力。

论坛研讨分 4 组进行，议题包括边疆历史、现状具体问题研究，学术史整理，疆域理论，边疆研究方法的探讨等。每一组的每一个时段，都安排了青年学者进行评议，在相互讨论中提升认识。

会议总结由中国边疆研究所范恩实副研究员主持，各小组主持人向大会汇报了各小组的发言情况，延边大学民族研究院副院长李梅花教授对大会进行了总评议。最后，范恩实就边疆研究理论、方法等方面和与会年青学者进行了交流。

（撰稿：姜成山，延边大学人文社会科学学院讲师；范恩实，中国社会科学院边疆研究所副研究员）

【第一届“高句丽渤海研究青年学者工作坊”】

2018 年 11 月 18 日，由长春师范大学东北亚历史文化研究所、历史文化学院主办，中国社会科学院中国边疆研究所协办的第一届“高句丽渤海研究青年学者工作坊”在吉林省长春市举行。长春师范大学副校长苏春辉教授致开幕辞，对会议的召开表示祝贺，寄语青年学者深切的期望。长春师范大学东北亚历史文化研究所所长郑春颖教授主持开幕式。

来自中国社会科学院、社会科学文献出版社、黑龙江省社会科学院、吉林省社会科学院、吉林省文物考古研究所、吉林大学、南开大学、黑龙江大学、延边大学、渤海大学、白城师范学院、哈尔滨师范大学等10余家单位的30余位专家学者参会。会议采取一人报告、一人评议、集体讨论的深度研讨方式，共发表论文10篇，充分反映了国内相关研究领域青年学者对高句丽、渤海研究前沿问题的研究水平。

闭幕式由中国社会科学院中国边疆研究所东北与北部边疆研究室副主任范恩实副研究员主持。为体现“精耕细作、锻造佳品”的会议主旨，会议特邀吉林大学匡亚明特聘教授，中国民族史学会副会长、长春师范大学特聘博士生导师程妮娜教授，长春师范大学历史文化学院院长姜维公教授为会议做精彩点评和大会总结。

首届“高句丽渤海研究青年学者工作坊”的召开为推进高句丽、渤海研究领域的广泛交流和研究队伍的梯队建设作出了突出贡献，受到与会青年学者的一致欢迎，同时也得到业内专家和学者的好评和鼓励。

（撰稿：郑春颖，长春师范大学东北亚研究所所长；范恩实，中国社会科学院中国边疆研究所副研究员）

【“一带一路”海洋合作的人文基础中日学术研讨会】

2018年11月17日，“‘一带一路’海洋合作的人文基础中日学术研讨会”在北京召开。研讨会由中国社会科学院中国边疆研究所、中国社会科学院中国海疆智库和东黄海研究智库联盟主办，中国社会科学院中国海疆智库承办。来自中国社会科学院中国边疆研究所、中国社会科学院日本研究所、自然资源部海洋发展战略研究所、国家海洋信息中心、中国现代国际关系研究院、北京大学、上海社会科学院和日本防卫省防卫研究所、日本国际未来科学研究所、日中“一带一路”促进会等研究机构的30多名专家学者参加了会议。

中日两国与会学者围绕中日海洋合作的历史、现状与前景和“一带一路”建设中日海洋合作路径等议题，分别从中日两国开展海上合作的必要性和重要性、中日两国在海洋领域合作空间及“一带一路”倡议对中日两国关系的影响等角度展开交流讨论，取得了诸多成果，与会学者认为，中日两国共建“一带一路”的合作意愿呈现良好的上升趋势，预示着中日两国共建“一带一路”有望步入快速发展的轨道。在人类历史的长河中，中日两国形成了各具特色的灿烂文化，历经千余年的交流交往，两国人民充分汲取对方文化中的优秀因子，缔造出各具特色的绚烂文明。在古老的历史时期，中日两国社会交往密切，经济联系度高，人文交流程度深，事实上早已形成彼此交融的文化圈和经济圈。作为一衣带水的邻邦，东北亚地区海洋区域是中日两国海上贸易、文化交流、人员往来的重要通道，这条古老的国际通道上流传着许多中日两国人民友好互动的佳话。海洋始终是联系中日两国人民的桥梁和纽带。它厚实了中日两国物质文明和精神文明的历史根基，也书写出中日两国在互动中发展、在合作中进步的友好篇章。它不仅丰富了东北亚海洋文明史的内涵，同时也为中日两国在“一带一路”建设中实现合作包容、互利共赢的美好愿景奠定了基础、注入了活力。

（撰稿：侯毅，中国社会科学院中国边疆研究所副研究员、海疆研究室副主任）

【边疆治理与边疆发展、边境安全学术研讨会】

2019 年 3 月 30 日，云南大学公共管理学院（云南大学边疆治理研究中心）、云南大学民族政治研究院、云南大学《思想战线》文科学报编辑部共同举办的云南大学第四届“民族政治与边疆治理”高端论坛——“边疆治理与边疆发展、边境安全”学术研讨会在云南昆明召开。来自云南大学、中央民族大学、中国社会科学院、外交学院、复旦大学、华中师范大学、四川大学、兰州大学、广西师范大学、西北师范大学、中南民族大学、云南师范大学、人民出版社的专家学者近 30 人参加了此次研讨会。开幕式上，云南大学副校长李晨阳教授，云南大学民族政治研究院院长黄清吉教授分别致辞。云南大学公共管理学院院长（云南大学边疆治理研究中心主任）方盛举教授主持会议开幕式。开幕式上还举行了云南大学边疆治理研究中心揭牌仪式。云南大学副校长李晨阳教授、中国社会科学院马大正研究员为云南大学边疆治理研究中心揭牌。与会专家学者围绕“边疆治理与边疆发展、边境安全”这一主题，就边疆治理与边疆发展、边疆治理与边疆巩固、边疆治理与边境安全、边疆治理现代化及其测量标准、西方的边疆观念与边疆治理实践、海洋边疆及其治理、中国历史上的治边方略、中国边疆学的构建与推进等议题展开深入探讨。近年来，随着我国周边地缘政治环境的变化，“一带一路”倡议的快速推进，边疆在国家发展中的战略地位迅速凸显。党的十九大报告对于“加快边疆发展，确保边疆巩固、边境安全”的强调，更是体现了对边疆及边疆治理的高度重视。边疆发展和边境安全，不仅是边疆治理的核心议题，而且关系着国家治理和国家发展的大局。在这样的背景下，此次研讨会的举办具有重要的学术与现实意义。

（孙志香：《“边疆治理与边疆发展、边境安全”学术研讨会》，中国社会科学网 2019 年 3 月 30 日）

【多学科视域下的边疆历史学术研讨会】

2019 年 4 月 12—14 日，《中国边疆史地研究》编辑部与山东大学东北亚学院联合主办的“多学科视域下的边疆历史学术研讨会”在山东大学威海校区召开。来自中国社会科学院中国边疆研究所、复旦大学、吉林大学、中央民族大学、东北师范大学、长春师范大学、云南大学、黑龙江省文物考古研究所等高校和科研院所的专家学者参加了会议。

中国社会科学院中国边疆研究所《中国边疆史地研究》主编李大龙编审主持开幕式。山东大学威海校区党工委副书记、东北亚学院院长赵玉璞致辞。东北师范大学韩东育教授和山东大学金柄珉教授分别进行主旨演讲。

此次会议共分四个阶段，从宏观的理论探讨、微观的历史考据，以及近年最新的考古资料和大数据时代背景下的历史研究等多个层面，探讨了中国边疆历史研究的价值和意义。

中国社会科学院中国边疆研究所范恩实教授主持研讨会第一阶段会议，吉林大学文学院杨军教授进行评议。吉林大学文学院赵永春教授、中国社会科学院中国边疆研究所李大龙编审、中央民族大学历史文化学院李鸿宾教授、吉林大学文学院高福顺教授、山东大学东北亚学院苗威教授分别进行了发言。云南大学历史与档案学院罗群教授主持第二阶段会议，吉林大学文学院高福顺教授进行评议。山东大学东北亚学院牛林杰教授、复旦大学国际问题研究院邢丽菊教授、吉林大学文学院杨军教授、长春师范大学历史文化学院姜维公教授、中国社会科学院边疆研究所范恩实副研究员分别发言。长春师范大学历史文化学院姜维公教授主持第三阶段研讨，中央民族大学历史文化学院李鸿宾教授进行评议。东北师范大学历史文化学院傅佳欣教授、吉林大学考古学院彭善国教授、黑龙江文物考古研究所刘晓东研究员、长春师范大学历史文化学院郑春颖教授、云南大学历史与档案学院罗群教授分别发言。长春师范大学历史文化学院郑春颖教授主持第四阶段青年学者研讨环节，与会青年学者畅所欲言，纷纷表达了所思所想和收获，感谢大会以开放和包容的态度，为青年学者提供了开展学术交流的机会和平台。最后，山东大学东北亚学院苗威教授主持闭幕式。赵永春教授和韩东育教授分别作了学术总结。

（供稿：《中国边疆学年鉴》编辑部）

【第二届新时代中国边疆学学术讨论会】

2019 年 4 月 20—21 日，由《中国边疆史地研究》编辑部和陕西师范大学中国西部边疆研究院共同主办的“第二届新时代中国边疆学学术讨论会”在陕西师范大学雁塔校区举行。来自中国社会科学院中国边疆研究所、复旦大学、兰州大学、云南大学、山东大学、吉林大学、西北大学、四川师范大学、云南民族大学以及陕西师范大学的 20 余位学者参加。

开幕式由陕西师范大学中国西部边疆研究院副院长徐百永主持。中国西部边疆研究院院长王欣教授和《中国边疆史地研究》主编李大龙编审分别致辞。

研讨会上，与会的专家学者各自展示了自己的学术观点和研究成果。复旦大学的姚大力教授从历史的角度探讨了中华民族共同体的形成，认为从前是一家之争，而现在是国民认同，就是人民基于主权在民的原则对中国统一国家的政治认同。云南大学的罗群教授以云南为中心讨论了边疆观的历史书写和建构，梳理了由“中央属土”和“周缘边陲”构成的疆域空间观念。西北大学的陈跃副教授讨论了中国古代“大一统”内涵的发展。云南大学的潘先林教授探讨了木芹先生和方国瑜先生的“中华民族历史整体发展”理论。吉林大学的高福顺教授探讨了古代中国边疆研究的方法论问题：一是形上之道，着力中国边疆学内容与体系的系统构建；二是形下之器，着重探讨具有指导意义且有可操作性的中国边疆学的研究路径与方法。兰州大学杨红伟教授对边疆话语体系构建展开了思考，认为应建立新时代的边疆话语体系，多学科并举，促进边疆地区现代化和民族团结，增进国际理解，为人类命运共同体提供理论支撑。中国社会科学院中国边疆研究所李大龙编审探讨了中国疆域诠释由王朝国家到主权国家的视角转变，强调理论和方法创新的急迫性和重要性。四川师范大学汪洪亮教授回顾和分析了近代以来中国边疆学建构的历程，提出在保持各自思考的基础上寻求会通。云南民族大学的段金生教授从全球史和国家史的宏观视角考察了边疆史，指出对近代边疆史的研究，既不能割裂与古代边疆史的延续性，也不能拘泥于断代史的话语诠释。山东大学的苗威教授和与会者分享了自己对中国正史中高句丽的文本解构的研究成果。云南大学刘正寅教授阐述了元明文献中对别失八里的历史记载。陕西师范大学徐百永老师探讨了近代西藏形象的文本与书写；陕西师范大学谢光典老师讨论了烟草传入藏区的历史及藏传佛教对烟草的认知；陕西师范大学王启明老师在前人研究的基础上，利用满汉文档案探讨乾隆时期吐鲁番多元社会治理体系的构建过程。兰州大学研究生赵巾帅和丁阿洁两位同学分别展示了对长龄、那彦成与嘉道年间蒙藏纠纷和晚清甘肃循化厅茶叶贸易的研究成果。

此次会议是继2018年4月18—22日在烟台大学召开的“新时代中国边疆学学术讨论会”之后的第二届，目的是为了更好地推动新时代中国边疆学学科话语体系的构建。

（供稿：《中国边疆史地研究》编辑部）

【传播的魅力——西藏民主改革60周年宣传报道研讨会】

2019年6月19日，“传播的魅力——西藏民主改革60周年宣传报道研讨会”在西藏民族大学举行。会议由西藏自治区党委宣传部主办，西藏民族大学新闻与传播学院、《西藏民族大学学报》编辑部承办。共有来自西藏民主改革60周年宣传报道的媒体负责人、编辑记者代表，国内著名新闻传播专家学者、新闻传播学术期刊负责人等30余人参加此次研讨会。

西藏民族大学党委书记、副校长欧珠教授在开幕式致辞中说，本次研讨会将全面回顾西藏民主改革60年中央和自治区媒体宣传报道主要情况，与会领导、专家学者、新闻工作者们将围绕报道理念、方式和效果等内容，进行自由的学术交流与业务交流。在大家的共同努力下，本次研讨会一定能催生一批涉藏新闻传播研究学术成果。中国人民大学新闻学院党委书记、副院长、教授、博导周勇表示，作为对口支援高校，中国人民大学新闻学院会一如既往地为西藏民族大学新闻与传播学院的改革创新提供支持。他谈到，在全媒体时代，要加强涉藏新闻舆论工作，发挥眼力、脑力、脚力和笔力，提升西藏宣传报道的传播力、引导力、影响力和公信力。此外，来自中央人民广播电台、中央民族大学、西北民族大学、陕西师范大学新、西藏民族大学、《新闻大学》杂志等的专家学者分别就西藏民主改革60周年宣传报道中信源的多样性、集中报道与日常报道的平衡、文化报道的议题设置、报道的时代特色和民族特色等议题发表观点并提出相应建议。据西藏民族大学新闻与传播学院院长周德仓介绍，研讨会结束后，将编辑出版“西藏民主改革60年宣传报道文集”，收录各位专家学者、媒体人的笔谈，选录西藏民主改革60周年优秀新闻作品，记录这一重大传播历史，向西藏民主改革60周年献礼。会议当日，与会嘉宾们还参观了西藏民族大学校史馆、藏学文献中心和西藏历史文化博物馆，加深了对西藏民族大学历史以及藏族文化的了解。

（参见：《西藏民主改革六十周年宣传报道研讨会在西藏民大举行》，《西藏日报》2019年6月21日）

【“历史、现实与未来：新时期中印边界问题”研讨会】

2019年6月27日，中国社会科学院中国边疆研究所在京举办“历史、现实与未来：新时期中印边界问题”研讨会。来自外交部、中国社会科学院、军事科学院、中国国际问题研究院、中国藏学研究中心、中国改革开放论坛、清华大学、四川大学、西藏民族大学、国家发改委国际合作中心等部门、院校的30多名专家参加会议，围绕“中印、中国与南亚关系现状及发展趋势”“新形势下中印边界问题走向分析及对策”“中印边界历史、地理”等问题，进行深入的研讨。

（撰稿：孙宏年，中国社会科学院中国边疆研究所研究员）

【“中国历史上的边疆、民族与国家治理”国际学术研讨会】

2019年7月7日，“中国历史上的边疆、民族与国家治理”国际学术研讨会在青海西宁举行，会议由青海师范大学人文学院与南开大学历史学院“出土资料与汉唐史研究”学科团队共同举办。来自中国社会科学院、中国人民大学、复旦大学、南开大学、中山大学、兰州大学、西北师范大学、韩国首尔大学等10余所国内外高校、科研院所以及《历史研究》《中国边疆史地研究》《史学月刊》等学术期刊编辑部的20多位专家学者参加此次学术研讨会。

此次研讨会共收录论文近30篇，参会学者分为四组报告，集中探讨了“中原与少数民族互动关系，王朝国家的边疆经营与治理，历史时期的边疆观念，族群矛盾与边地秩序”等一系列议题。研讨内容上讫先秦下至民国，内容丰富，议题广泛，视角与方法各具特色，既有对简牍文献的考释，也有对历史时期边境民族社会的历史人类学分析，还有对诸如“长城学”以及中国边疆史研究的宏观理论建构，展现出当前中国边疆民族史研究的丰富面相和最新趋势。来自各地各单位的学者围绕历史时期中国的边疆、民族与国家治理这一主题，进行了精彩的主题发言。

与会专家围绕历代边疆开发、疆界与治理、边疆民族与民族政策等议题进行了研讨。中国边疆的形成与巩固经历了漫长的历史发展过程。与会专家认为，研究历史上的边疆、民族问题，探讨历代王朝治理边疆、民族问题的经验，可以为边疆治理和民族政策提供有益的借鉴。中国历史上的边疆和民族问题复杂，需要通过多学科和多角度的观察，构建基于中国立场的新的解释体系。南开大学历史学院教授杨振红认为，从历史叙述的维度进行国家认同研究，能够为认识中国古代国家认同问题提供一个新的思考路径，拓宽中国政治史、史学史、思想史研究的视野。西北师范大学历史文化学院教授何玉红表示，从历史中追寻国家认同的根源，能够培育公民对国家的认同感和归属感，是理解中国统一多民族国家认同的一个新的思考方向。

［参见《“中国历史上的边疆、民族与国家治理”国际学术研讨会在我校召开》，青海师范大学网站，2019年7月10日（https：//www.qhnu.edu.cn/info/1029/9291.htm）。《中国边疆学年鉴》编辑部做了删节、修改］

【嘉峪关与明代丝绸之路高层论坛】

由《中国边疆史地研究》编辑部、西北师范大学中亚研究院、甘肃省历史学会联合主办，西北师范大学历史文化学院、天津大学建筑学院、嘉峪关长城博物馆承办的“嘉峪关与明代丝绸之路高层论坛”，于2019年7月26—28日在嘉峪关市举行。来自全国各地的专家学者80余人莅临会议，围绕嘉峪关的兴起及其特殊地位、嘉峪关与明朝西北边防、嘉峪关与明代绿洲丝绸之路等热点问题，畅所欲言、各抒己见，取得了丰硕成果。现择其要者予以简述。

此次论坛老中青三代学者济济一堂，就相关议题展开充分的讨论，气氛热烈，是一次成功的学术会议。第一，主题集中，讨论深入。各位专家学者都能紧紧围绕“嘉峪关与明代丝绸之路”这一主题撰写论文，直抒己见，讨论充分，评论到位，效果良好。此次论坛弥补了丝绸之路研究中重视汉唐而轻视明代等诸多不足，将对相关研究的深入起到引导、启发和推动作用。第二，多学科交叉明显。此次论坛涉及历史学、建筑学、边疆学、区域学、民族学、天文学以及法律、经贸、文物、中外关系、文学、旅游开发、地理信息技术等多个学科，以嘉峪关为核心，多维度透视明代丝绸之路的历史与文化，为嘉峪关与明代丝绸之路和西北边疆治理的研究提供了全新视角。第三，研究方法多样。有新文献的发掘，有基本文献的重新解读，有比较研究的启示，有统计学的使用，有技术保护的介入，有文学的观照，有研究成果的梳理，还将舆图、现代信息技术、时空可视化手段引入研究之中。特别是能够利用无人机、数据库等新技术手段，对嘉峪关及明长城的全线进行扫描式拍摄，建立了明长城全线覆盖的图像与三维数据库，拓展了嘉峪关研究的领域，扩大了嘉峪关研究的视野。第四，历史研究与现实观照紧密结合。西北师范大学李并成建议，嘉峪关应该大打“最早玉门关”的品牌、建造万里长城微缩景观园、设立“暗夜公园”等，促进嘉峪关旅游资源的开发与利用。会议提倡利用嘉峪关的历史文化遗产，为当地旅游业及相关产业服务，发挥其实际价值，这将有助于准确把握国家“一带一路”倡议机遇，发挥区域文化的特长，融合长城文化、丝路文化，打造嘉峪关城市特色文化品牌。

（撰稿：马玉凤，西北师范大学历史文化学院讲师。原刊《中国边疆史地研究》2019 年第 4 期）

【第七届中国边疆研究青年学者论坛】

2019 年 8 月 16—18 日，由中国社会科学院中国边疆研究所和海南大学联合主办，海南大学政治与公共管理学院和海南省公共治理研究中心承办的第七届中国边疆研究青年学者论坛在海南省海口市召开。该届青年学者论坛的主题是“新起点、新使命：发展中的中国边疆研究”。来自全国 30 余个高校和科研院所的 60 余位专家学者围绕论坛主题展开深入研讨。根据对会上论文发表和讨论情况的整理分析，可以发现此次论坛具有较为突出的特点。在研究偏好上，边疆学领域青年学者对边疆历史研究、理论研究和现实研究各有关注，但存在一定差异。而在海疆研究领域，由于涉海问题的显学化程度较高，历史研究与理论研究、现实研究（包括国际问题研究），几乎各占半壁江山，这一情况与陆地边疆的相关研究差异较为明显。从论文提交整体情况看，历史研究更加重视对新史料的挖掘和运用，现实问题研究则将关注视角延伸到经济学、社会学、国际政治学及国际法领域，其中不乏使用经济模型、计量模型解决现实问题的尝试，体现了当代青年边疆研究者的多元学科背景和开放研究思路。中国边疆研究青年学者论坛是中国社会科学院中国边疆研究所于 2013 年为我国边疆研究领域的中青年学者创立的学术交流平台，至今已成功举办 7 届。经过多年的积累与沉淀，论坛在凝聚全国青年边疆学者、推进中国边疆学学科理论构建方面发挥了重要作用。

（撰稿：李欣，中国社会科学院中国边疆研究所助理研究员。原刊《中国边疆史地研究》2019 年第 1 期）

【第五届新疆治理研究学术研讨会】

2019 年 8 月 25—27 日，“第五届新疆治理研究学术研讨会——清代新疆治理再认识”在北京社科博源宾馆召开，来自中国社会科学院、中国人民大学、西北大学、陕西师范大学、新疆社会科学院、新疆大学、山西财经大学、深圳大学等研究机构与大学的 30 余位专家学者莅临此次会议。此次研讨会与许建英研究员主持的边疆所创新课题“清代新疆治理研究”相结合，深化了清代治疆研究。

会议共设置4个议题，即“治理·法律·反思”“驿站·吏治·权力”“八旗·满营·民族”“话语·财政·宗藩”。马大正研究员强调清代新疆治理对当代中国意义重大，需要深化研究；许建英研究员阐述了清代新疆治理再认识的若干思考；白京兰教授和贾建飞教授分别讨论了清代新疆区域法律文化和清代回疆刑案。刘文鹏教授阐述了清代驿站体系与远距离的大国治理，周卫平副研究员结合联魁讨论了晚清新疆吏治，宋培军研究员分析了清末建省后新疆巡抚、将军治理的权力消长。吐娜研究员讨论了清代新疆驻防满营中的蒙古八旗问题，王启明博士探讨了乾隆年间疆内八旗换防回疆问题，陈跃副教授讨论了巴里坤与乌鲁木齐满营移并古城问题，阿地力·艾尼副研究员则综述了清代新疆民族治理研究情况。恽文捷副教授探讨了近代中亚知识体系建构与晚清西北史地研究转型问题，吴轶群教授分析了晚清新疆财政支持与运作，陈柱博士论述了清朝与布鲁特额德格纳宗藩关系的建立。会议气氛热烈，就清代新疆治理的若干认识问题展开了讨论；会议一致认为清代治疆问题还需要深入研究，建议继续召开学术会议作深入交流。

“新疆治理研究学术研讨会”系列学术会议，是由新疆智库、中国社会科学院中国边疆研究所主办，新疆研究室承办，旨在研究新疆治理的历史经验与教训，分析当前新疆治理面临的问题，探索新疆稳定与长治久安的理论，推进新疆治理体系和治理能力的现代化。

（撰稿：许建英，中国社会科学院中国边疆研究所研究员）

【第七届中国西部边疆安全与发展研讨会】

为推动深入研究新时代中国西部边疆安全与发展面临的问题与挑战，促进边疆研究和边疆学学科建设，2019年8月24日，第七届中国西部边疆安全与发展研讨会在重庆市举行。此次研讨会由中国西部边疆安全与发展协同创新中心主办，四川大学中国西部边疆研究中心、西南大学历史文化学院/民族学院、西南大学民族理论与政策评估研究中心共同承办。来自国家民委、四川大学、云南大学、西藏大学、新疆大学、新疆师范大学、武警警官学院、中山大学、复旦大学、武汉大学、兰州大学等单位的70余名专家学者出席了此次会议。在开幕式上，西南大学历史文化学院/民族学院院长黄贤全致欢迎辞，对与会代表的到来表示热烈欢迎。随后，国家民委原副司长、中国人类学民族学研究会副秘书长吴金光和新疆师范大学副校长牛汝极分别致辞。开幕式由四川大学中国西部边疆研究中心秘书长王卓主持。开幕式结束后，大会分4个主题邀请专家做专题发言。在“精准扶贫与边疆发展”专题中，新疆师范大学王平教授等4位专家学者作交流发言；在“边疆治理与非传统安全”专题中，中山大学魏志江教授等5位专家学者作交流发言；在“边疆治理与民族文化”专题中，国家民委吴金光副秘书长等4位专家学者作交流发言；在“‘一带一路’与周边关系”专题中，四川大学樊高月教授等4位专家学者作了交流发言。25日上午，与会专家学者围绕预设的边疆扶贫与发展、边疆历史与文化、边疆安全与治理等三个分论坛进行了广泛深入的学术交流。

会议闭幕式由西南大学田阡教授主持，三个分论坛推荐的发言人西藏大学次仁央宗教授、四川大学朱晶进副研究员、四川大学谢贵平教授分别就各分论坛研讨情况向大会作了汇报。会议主办方四川大学王卓教授对此次研讨会进行了全面总结，与会专家学者围绕新时代边疆安全与发展主题，全面展现了自己最新的研究成果和深入思考，体现了各位学者对边疆安全与发展高度关注的情怀，呈现了跨学科研究边疆议题的协同创新属性，对深化边疆学学科建设，服务贫困地区精准脱贫，推动“一带一路”建设与周边国家关系等战略具有重要现实意义和学术意义。

（稿件来源：https：//www. caigou. com. cn/news/2019090211. shtml? ivk _ sa = 1023197a）

【第七届中国边疆学论坛】

新时代我国的边疆历史与现状研究在继承中创新，中国边疆学学科体系、学术体系、话语体系的构建提上日程。在这一背景下，中国社会科学院中国边疆研究所联合甘肃省社会科学院、新疆智库、中国西部开发促进会于2019年9月10—11日在兰州举办了“第七届中国边疆学论坛”。此次论坛主题为“传承与创新：中国边疆学的新视野、新进展”，来自全国40余家科研单位的90多位专家学者围绕主题进行研讨。

边疆理论研究一直是边疆研究的重要内容，为边疆学学科发展提供了基本的理论支撑。此次论坛收到相关文章15篇，议题涉及边疆学学科构建、多民族国家疆域的形成和发展、边疆治理体系与治理能力现代化、边疆研究的方法论和手段等诸多方面。东北边疆问题研究涉及东北边疆的历史与现状研究，同时还有部分学者探讨了与东北边疆有关的东北亚及北极地区区域合作问题。此次论坛收到相关文章14篇，研究内容与以往相比进一步拓展。此次论坛设西北与北部边疆分论坛，收到相关论文21篇，整体上以历史研究为主，重点集中在清代和民国时期的新疆治理问题。西南边疆问题研究收到相关文章13篇，内容涉及西藏及其与周边的边界问题、云南地区的历史与现状问题等。通过对大会论文与发言的梳理，可以归纳此次论坛的如下特点：第一，边疆史地研究是我国边疆研究的基础和核心。中国的边疆研究历经了千年积累、百年探索和40年实践，可以说边疆史地研究一直是我国边疆研究的传统和最重要内容。随着边疆问题不断多样化，边疆研究的外延亦不断扩展，但是中国边疆史研究仍然是我国边疆研究的基础和核心。此次论坛突出表现了史地研究的基础性特征，从文章量上看，史地类占比达70%；从研究内容上看，涉及领域宽、时间跨度长。需要指出的是边疆史地研究关注时间段相对集中在清代和民国时期，关注区域相对集中在新疆、西藏和云南地区。第二，边疆现实问题研究得到广泛关注。自20世纪80年代以来，中国边疆研究已经突破了史地研究的范围，形成历史研究与现实问题研究有机结合的特点。21世纪以来边疆地区的稳定与发展、海洋边疆、陆海统筹、周边外交等众多问题复杂多样，也促使着边疆研究与现实密不可分。从此次论坛收到的论文看，无论是边疆理论研究，还是各个区域的边疆问题研究都不同程度论及边疆现实问题，涉及边海安全管理体制改革、全球化时代中国边疆政治、边疆民族移民、民俗文化与产业发展、边界争端、抵边村寨虚空化、边疆稳定与经济发展、边疆地区民族关系；等等。与此同时，此次论坛所涉及的东北亚与北极地区区域合作问题可视为在“一带一路”与北极开发倡议提出的新形势下边疆现实研究的进一步拓展。第三，边疆研究方法、手段和视角进一步丰富多样。中国边疆学无论是作为一个边缘学科还是独立学科，一直以来都是在边疆史地研究的基础上不断拓展的，近年来随着不同学科背景研究者参与其中，边疆研究的内容、方法和手段也不断丰富多样。此次论坛收到的论文尽管整体上还是以传统研究方法为主，但也出现了诸多新的研究方法、视角和方法论的思考。诸如使用算机技术对文本进行数据智能化处理，北极疆域概念的提出，以及对目前边疆史地研究面临来自文化人类学与民族社会学挑战的思考，等等。

边疆的有效治理是国家治理能力的突出表现，也是国家有效治理的根本前提。强化边疆研究为国家的边疆治理体系与治理能力现代化提供智力支持，是边疆学人奋斗的目标。中国边疆学论坛作为我国边疆研究的高端论坛，自 2013 年起至今已经连续举办七届，形成了鲜明特色和学术品牌，并产生了重要的影响力和号召力，成为边疆学研究和边疆学人交流的重要学术平台，在边疆研究学术共同体形成、引领学科发展、促进学术交流与合作等诸多方面发挥了重要作用。

（撰稿：朱尖，中国社会科学院中国边疆研究所助理研究员。原刊《中国边疆史地研究》2019 年第 4 期）

【“中国边疆研究 70 年”发布会】

2019 年 9 月 18 日，为全面总结新中国成立 70 年来中国边疆研究的发展历程及学术成就，中国社会科学院中国历史研究院、科研局在京举办“中国边疆研究 70 年”发布会。发布会由中国历史研究院副院长李国强主持，来自全国的专家学者和新闻媒体记者约 80 人参会。

中国社会科学院学部委员、中国历史研究院中国边疆研究所所长邢广程发布了中国边疆研究 70 年总体情况。他从重大理论问题研究、档案文献整理、知古鉴今功能发挥、多学科融合、学术平台和学术队伍建设等几方面系统回顾总结了新中国成立 70 年来中国边疆研究的发展历程和学术成就，同时，对新时代中国边疆研究进行了展望。

邢广程所长表示，新中国成立后，我国边疆研究工作者以马克思主义唯物史观为指导，持续开拓创新，中国边疆研究走上科学发展的道路。在围绕重大理论问题展开讨论的基础上，20 世纪 80 年代以来出现了一批有影响的学术成果。70 年来我国边疆研究工作者以中国近代边界变迁、中国统一多民族国家形成和发展规律、历史上治边政策的经验教训为主线，不断拓宽学术视野、扩展研究领域，遍及中国历代边疆理论与政策、边疆政区与沿革地理、边疆治理与开发、边疆经济与文化、边疆民族与民族关系、边疆地区与周边关系、藩属与朝贡体系、边臣疆吏、边界变迁、当代中国边疆稳定发展等诸多方面。70 年来学者们在上述领域出版了 300 余部有影响的学术专著，发表了数千余篇高质量的学术论文，整理出版了多部边疆档案。同时，我国学术界弘扬经世致用优良传统，在继承中不断创新，边疆研究不断为当代边疆治理提供借鉴，围绕重大现实问题，为国家决策提供对策建议，发挥知古鉴今作用，资政功能不断凸显。

邢广程所长指出，目前中国边疆研究已成为学术界重视的“显学”之一，正在形成边疆研究的合力，共同推进中国边疆学学科建设。当前，国内外形势发生深刻复杂变化，我国边疆地区发展既有宝贵的机遇，也面临着安全、稳定、发展的诸多挑战，党和国家对我国边疆研究者提出更高要求。面对新形势、新要求，我国边疆研究工作者将牢记为人民做学问的初心，在习近平新时代中国特色社会主义思想指导下，立足中国、放眼世界，立时代之潮头，通古今之变化，发思想之先声，努力推出一批有思想穿透力的边疆研究成果，打造具有中国特色、中国风格、中国气派的边疆学学科体系、学术体系、话语体系。

（参见：《“中国边疆研究70年”发布会在京举办》，源自人民网－社会频道，2019年9月19日发布，http：//society.people.com.cn/n1/2019/0919/c1008－31362806.html.）

【《西藏自治区档案馆馆藏蒙满文档案精选》丛书发行仪式暨首届西藏档案学术研讨会】

2019年10月22日，《西藏自治区档案馆馆藏蒙满文档案精选》丛书发行仪式暨首届西藏档案学术研讨会在拉萨召开。国家档案局（中央档案馆）、西藏自治区政府、西藏自治区档案局、西藏自治区档案馆等单位领导、学者、专家出席。西藏自治区档案馆党委书记、馆长李天明表示，自2015年起，西藏自治区档案馆开始谋划部署整理出版《西藏自治区档案馆馆藏蒙满文档案精选》丛书这个大型项目，此项工作得到了国家档案局（中央档案馆）及西藏自治区党委、政府等部门的高度重视和大力支持，历经5年多时间整理出版该系列全套丛书共12卷。据《西藏自治区档案馆馆藏蒙满文档案精选》丛书主编道帏·才让加博士介绍，此精选丛书收录档案共计1394件，形成109万字的汉译文，主要包括元代皇帝谕旨，清代皇帝诏书、敕书、上谕，清代有关机构和官员咨文、奏折、呈文、清单、通告和书信，驻藏大臣文书，达赖喇嘛和西藏地方官员文书，满蒙古王公贵族和僧侣呈西藏地方首领书信等。

（佚名）

【高原丝绸之路历史文化国际学术研讨会】

由西藏大学文学院、四川大学中国藏学研究所联合举办的“高原丝绸之路历史文化国际学术研讨会”于2019年10月19—20日在四川成都召开。来自哈佛大学、弗吉尼亚大学、四川大学、西藏大学、北京大学、中国藏学研究中心等10多所高校和科研单位的100多位专家参会。据介绍，“高原丝绸之路”学术概念早在20世纪80年代就已提出。与陆上丝绸之路、海上丝绸之路一样，这条古路既是商贸流通之路，更是文明与文化交流之路，不仅推动了高原沿线地区的大繁荣大融合，还孕育了以和平合作、互利共赢为核心的丝路精神。就“高原丝绸之路历史文化”展开深入全面的研讨，具有十分重要的学术及时代意义。此次研讨会邀请了多位中外学者作专题发言，并组织安排了青年学术论坛，为进一步加强各方学术交流、达成“高原丝绸之路”的学术共识奠定了基础。

（参见廖云路《“高原丝绸之路历史文化国际学术研讨会”召开》，《西藏日报》2019年10月23日）

【第二届“高句丽渤海研究青年学者工作坊”】

2019年10月27日，由长春师范大学东北亚历史文化研究所、历史文化学院主办，中国社会科学院中国边疆研究所协办的第二届“高句丽渤海研究青年学者工作坊”在长春举行。长春师范大学副校长苏春辉出席并致开幕辞。长春师范大学东北亚历史文化研究所所长郑春颖教授主持开幕式。

来自中国社会科学院、黑龙江省社会科学院、吉林省社会科学院、黑龙江省博物馆、北京大学、浙江大学、吉林大学、上海外国语大学、黑龙江大学、延边大学、北华大学、通化师范学院等10余家单位的30余位青年学者参会，对高句丽渤海研究前沿问题进行了深入的分析和热烈的讨论。会议延续一人报告、一人评议、集体讨论的深度研讨方式，共发表论文8篇，基本代表了国内相关研究领域青年学者的前沿水平。

闭幕式由中国社会科学院中国边疆研究所东北边疆研究室主任范恩实研究员主持。为体现“精耕细作、锻造佳品”的会议主旨，特邀北京大学历史学系教授、北京师范大学历史学院“双一流”特聘教授王小甫和吉林大学特聘教授匡亚明、长春师范大学东北亚历史文化研究所名誉所长魏存成作大会点评和总结。

“高句丽渤海研究青年工作坊”的持续召开，对国内高句丽、渤海史学界青年学者的成长发挥了促进作用，获得学界同仁的广泛赞誉。

（撰稿：郑春颖，长春师范大学东北亚历史文化研究所所长；范恩实，中国社会科学院中国边疆研究所研究员）

【首届国际边界合作研讨会】

2019年10月29—30日，首届国际边界合作研讨会在北京举行。来自中国14个邻国及周边国家边界主管部门代表、专家学者约100人参加。外交部副部长罗照辉出席并作主旨发言。

研讨会由外交部边界与海洋事务司和北京师范大学“一带一路”学院联合主办，以“友好边界，合作纽带”为主题，旨在加强各国在边界政策理念及实践方面的沟通，交流陆地边界工作经验，提升边界管理能力，探讨边境地区合作发展模式。

研讨会上，各方围绕陆地边界政策和划界经验、边界联合检查实践与经验、边界管理与合作、“一带一路”建设四个议题进行了充分的讨论，同意进一步加强边界事务对话合作，合作开展专业人才培训、边界合作研究和测绘技术交流，支持各国毗邻边境的地方政府积极开展各领域交流合作，支持继续举办国际边界合作研讨会，就共同关心的涉边界事务进行交流研讨。

［参见：《首届国际边界合作研讨会在北京举行》，中国外交部网站，2019年10月30日（https：//www.fmprc.gov.cn/web/wjbxw_673019/t1711997.shtml）］

【中国社科论坛（2019）：“一带一路”与东北亚区域开发、合作国际论坛】

2019年11月6日，由中国社会科学院学部主席团主办，中国社会科学院中国边疆研究所、延边大学朝鲜韩国研究中心承办的“中国社科论坛（2019）：‘一带一路’与东北亚区域开发、合作国际论坛”在延吉召开，大会分为“‘一带一路’与东北亚区域合作”和“边疆地区跨国（经济、开发区、旅游）合作”两个分论坛，来自中国、韩国、日本和蒙古国的40余位专家学者参会。

开幕式上，中国社会科学院学部委员、中国边疆研究所所长邢广程，延边大学党委副书记、教授陈铁，韩国国土研究院院长、研究员康贤秀分别致辞。邢广程指出，中国社科论坛是中国社会科学院主办的中外社科人文交流高层平台，旨在增进世界对中国的了解，促进中外优秀文明成果的交流，为中国的和谐发展、世界的和谐发展贡献智慧和力量。本次论坛以“‘一带一路’与东北亚区域开发、合作”为主题，期望专家们广泛交流，从学术角度探讨“一带一路”倡议与东北亚的关系，为当前陷入僵局的东北亚区域合作精准把脉、对症开方。陈铁简要介绍了延边大学建校70年来的发展状况、取得的成绩和办学特色，多年来延边大学围绕着“江山岛界”研究，在发挥智库优势、推进人文交流等方面作出了重要贡献，本次国际论坛正是延边大学发挥优势、促进交流的重要体现。康贤秀指出，东北亚是一个重要区域，从地缘政治学、经济学、国际关系等众多方面都有重要的研究价值，韩国文在寅总统提出的“新经济构想”和“北方经济政策”都与东北亚合作与发展密切相关，跨国经济合作将对各国之间关系改善起到重要作用。在主旨发言阶段，来自中国、蒙古、韩国、日本的5位专家围绕会议主题作了精彩报告。邢广程在题为《中国边疆发展与周边国际区域合作》的报告中指出，中国陆疆和海疆是中国通向世界的前沿地区，是“一带一路”倡议统筹国内和国际两个大局的重要契合线和连接线，中国边疆地区与周边国家的合作是推动丝绸之路经济带建设的重要抓手，边疆地区需要在互联互通、边疆区域交通与口岸建设、东部发达区域的援边项目等方面下功夫。蒙古国科学院国际事务研究所首席研究员巴特尔在题为《中蒙全面战略伙伴关系与东北亚合作》的报告中介绍了蒙古国内对“一带一路”倡议相关投资的社会、经济影响评价，指出蒙古应该研究和推动“一带一路”相关活动，以支持自身的可持续发展目标。韩国国土研究院韩半岛东亚研究中心责任研究员李贤珠在题为《珲春一带边境地区开发合作战略》的报告中对珲春开发开放提出建议：加快推进俄罗斯滨海2号国际运输走廊建设；扩展多边合作机制的内容；推进逐步解除对朝鲜制裁前提下的阶段性合作项目；扩大国际教育及研修、学术交流等事业。最后也提出了中韩双方在珲春地区开展合作项目的建议。国际边疆研究学会（ABS）前会长、日本北海道大学斯拉夫研究中心前主任、教授岩下明裕在题为《东北亚边境旅游：以日本在中俄边境地区的探索为例》的报告中指出，在东北亚国际政治局势不明朗，跨国经济交流受到诸多限制的情况下，优先发展跨国旅游产业是很好的选择，各国边境地区都有很丰富的旅游资源，也一定能够取得良好的发展前景。吉林省社会科学院副院长、研究员丁晓燕在题为《大变局下的东北亚区域合作》的报告中指出，当前，东北亚区域合作面临着百年未有之大变局的新环境，同时，也面临新的发展机遇，应重点推进一些关键环节：强化“区域共生意识”；打造“一带一路”东北亚大通道；打通朝鲜这一东北亚“大陆桥”；加快中日韩FTA谈判进程。在分论坛环节，参会专家从较为宏观层面的“‘一带一路’与东北亚区域合作”和微观层面的“边疆地区跨国合作”两个方面展开讨论。前者主要涉及跨国合作的机遇与挑战、经济走廊建设、国内经济状况对外贸的影响、北极航运与跨国合作等议题；后者主要涉及跨国经济合作区建设、东北沿边地区旅游产业发展、中朝俄跨境旅游合作、朝鲜经济特区及开发区建设、韩国民间投资事业现状等议题。

近年来，中国边疆研究所着力开展东北沿边地区开发开放与东北亚区域合作研究，取得系列研究成果，并与朝、韩、俄、日、蒙等国学界建立了良好的学术交流、互动关系。未来将以此次重要学术会议为契机，进一步加强自身学科建设，巩固和发展国际学术合作，为推动东北老工业基地振兴，构建东北亚人类命运共同体贡献学术力量。

（撰稿：朱尖，中国社会科学院中国边疆研究所助理研究员；范恩实，中国社会科学院中国边疆研究所研究员）

【第七届南海区域合作论坛暨纪念李准巡视西沙群岛110周年研讨会】

2019年12月6—8日，由海南大学、中国社会科学院中国边疆研究所联合主办，海南大学法学院、海南省南海政策与法律研究中心等共同承办的第七届南海区域合作论坛暨纪念李准巡视西沙群岛110周年研讨会在海南大学召开。来自全国研究院所、高校的50余名专家学者参加会议。

论坛共设“张人骏、李准巡视西沙群岛、谈判收复东沙群岛110周年纪念”“百年未有之大变局与南海地区形势演变”“新时代南海的新定位、新使命、新战略、新举措”等三个议题。与会者分别从法学、历史学、国际政治学等多个视角，回顾和总结自李准巡视西沙群岛的百多年来中国政府为加强对南海诸岛及相关海域的主权行使和管辖，而采取的一系列包括军事巡航、官方命名、出版地图、行政设置、派兵驻守、科学考察、资源开发等在内的南海维权举措及其所取得的成就。会议还探讨了新时代南海承载着的新历史使命，并展望新时代南海的新定位、新使命、新战略、新举措。

（撰稿：李欣，中国社会科学院中国边疆研究所助理研究员）

【亚信非政府论坛第三次会议“全方位互联互通”圆桌会议】

2019年12月19日中国人民外交学会主办，中国社会科学院中国边疆研究所、重庆市人民政府承办的亚信非政府论坛第三次会议“全方位互联互通”圆桌会议在重庆召开，会议分为“欧亚地区互联互通：合作与挑战”和“欧亚地区互联互通：进程与展望”两个单元，来自中国、泰国、吉尔吉斯斯坦、俄罗斯、韩国、巴基斯坦、哈萨克斯坦、阿塞拜疆的20余位专家学者参会。中国社会科学院学部委员、中国边疆研究所所长邢广程致开幕词。在学术研讨阶段，来自中国、吉尔吉斯斯坦、俄罗斯、韩国、巴基斯坦、哈萨克斯坦、阿塞拜疆的21位专家学者围绕主题作了精彩学术报告。

邢广程在题为《打造全方位互联互通格局》的报告中指出，“一带一路”倡议提出以来，中国周边形成了以六大经济走廊为主线的互联互通格局。在六大经济走廊建设中，中巴经济走廊建设最快，为其他经济走廊建设打造了样板工程。近年来，“一带一路”逐步成为全球治理、区域融合的重要机制。我们看到，只要秉承“共同合作、互利共赢、开放包容、互学互鉴”理念，坚持开放合作、和谐包容原则的任何国家都可以加入“一带一路”建设。为构建周边命运共同体、区域命运共同体和人类命运共同体，我们有必要打造中国与周边国家互联互通新格局；有必要打造中国与欧亚国家互联互通新格局；有必要打造中国与世界各国全方位互联互通新格局。

吉尔吉斯斯坦前外长穆拉特别克·伊马纳利耶夫在《欧亚中的亚信》中认为，欧亚地区尤其是中亚地区是一个多元文明交汇之地。该地区存在多种区域机制，例如：欧亚经济联盟、美国的新丝绸之路、“一带一路”倡议等。这些机制如果都能相互融合对接，将有利于欧亚地区稳定与发展。“亚信”是亚洲合作机制中最大的一个，需要突破会议形式成长为一个维护地区和平稳定的国际组织。

中国社会科学院世界历史研究所研究员，中国苏联东欧史研究会副会长黄立茀在《民国时期中俄民间组织活动与民心相通：历史与启示》中认为，民国时期，大量俄罗斯人因为避难、经商、谋生，旅居中国哈尔滨和上海，促进了中俄民心相通。研究发现，哈尔滨和上海的俄侨，在社会身份、地位及知识结构上存在的差异影响两国民心相通的层次。因此，华侨参与民心相通构建活动，与对象国各群体沟通的方式、内容、目标应该有不同的定位。

俄罗斯科学院欧洲所研究员鲍里斯·古谢列托夫在《关于“一带一路”倡议和欧亚经济联盟对接：挑战与前景》中指出，在当今国际大变局中，中俄关系不断发展，为欧亚经济联盟与“一带一路”对接创造了良好的条件。但也存在一些问题，只有俄中加强彼此沟通，才会实现区域互联互通。

上海外国语大学副教授韦进深在《欧亚地区互联互通的国际制度设计与丝绸之路经济带建设》一文中认为，欧亚地区多个区域性国际倡议的自身缺点和彼此竞合关系制约欧亚地区互联互通。为推动欧亚互联互通，需要构建共建“一带一路”话语体系；设置互联互通的国际议程，推动欧亚地区互联互通；探索不同国际倡议与丝绸之路经济带共生共存机制。

阿塞拜疆巴库国际多元文化中心首席专家阿扎兹·古尔班诺夫在《亚信会议在建立国家间和文化间关系方面的地缘政治和区域意义》一文中指出，阿塞拜疆地处欧亚文明、交通的汇聚点，非常希望在打击“三股势力”，拓展能源、信息、生态等方面与中国展开合作。

上海社会科学院国际问题研究所副研究员、欧亚室副主任顾炜在《合作机制、互联互通与新型地区秩序的构建》中认为，欧亚地区存在多种互联互通的机制方案，不同机制发挥着凝聚、约束和塑造地区秩序的作用。合作机制通过扩员和与其他机制对接实现互联互通。在机制对接方面，应该注意不同机制之间和而不同、共生共融，寻求彼此利益共同点，注重软硬联通兼备，强调在机制对接的基础上共同推动新的合作议程。

韩国外国语大学国际研究学院院长、教授黄载皓在《“一带一路”与韩国外交》一文中表示，“一带一路”倡议是实现中国梦的方式也是构建新型国际关系的抓手。韩国新北政策和新南向政策与“一带一路”倡议可以实现对接。为此，建议韩国应与中国“一带一路”省份对接，最后，打造新型中韩关系。

中国社会科学院中国边疆研究所东北边疆研究室主任、研究员范恩实在《实现东北亚互联互通需要首先构建共同理念》中表示，东北亚地区因互信不足和域外大国干预，多年来没有实现互联互通。实现东北亚地区互联互通需要构建共同理念。

哈萨克斯坦中国研究中心副主任博拉特·乌森诺夫在《亚洲相互协作与信任措施会议中的全面互联互通》中指出，“亚信”需要改革成为一个地区组织，扮演更多地缘政治角色，解决安全与发展方面的问题。

中国社会科学院俄罗斯东欧中亚研究所中亚研究室副主任、副研究员杨进在《中国—中亚国家合作中的“中国威胁论”及其消除》中认为，消除“中国威胁论”，需要高层推动，多渠道正面宣介“一带一路”倡议，帮助当地脱贫，提升民生福祉，加强驻外中国企业管理，增进彼此人文交流。

中国西南政法大学教授吴喜在《“一带一路”背景下“边”“内”融合性发展》中认为，“边疆”正逐步转化为“一带一路”建设的重要极，构成了内外联通，东西中互动合作，内地与边疆形成一个全方位对外开放新格局。“一带一路”建设形成“境外—周边—边疆—内地四方双向互动模式”。

中国社会科学院中国边疆研究所副所长、研究员孙宏年在《现实与展望：互联互通与中印尼经济走廊建设》中指出，中印尼经济走廊从2015年提出后几乎没有推进。需要发挥“亚信”平台作用，增进双边和三边互信，消除误解，积极解决双方边界问题，为中印尼经济走廊建设扫清障碍。

巴基斯坦伊斯兰堡国际战略研究中心助理研究员阿菲拉·菲尔杜斯在《中巴经济走廊与区域互联互通：知识基础和技术驱动型经济的前景》中指出，中巴经济走廊在经济互联互通领域存在巨大潜力，中巴可以在技术和知识型经济领域加强合作。

中国社会科学院中国边疆研究所新疆研究室主任、研究员许建英在《发展中巴经济走廊旅游 深化文化交流和民众认知》中认为，发展中巴经济走廊旅游业是深化中巴文化交流和促进民众认知的重要途径，也是改善民生的重要路径。

四川外国语大学重庆国际战略研究院首席研究员朱士松在《深化互联互通需要更加开放的环境》中指出，互联互通需要一个开放的环境。内外联动开放形成互联互通。人与物相互开放通而畅。

中亚区域环境中心驻哈萨克斯坦国家办事处主任石娜尔·托伊利巴耶娃在《中亚区域环境中心（CAREC）是中亚环境合作的一个区域平台》中指出，中亚区域环境中心旨在帮助中亚国家应对国家和区域层面的环境挑战。

中国社会科学院中国边疆研究所东北边疆研究室副研究员初冬梅在《中俄北极可持续发展合作》中就中俄北极可持续发展合作的内涵、目标和路径进行详细阐述。

会议经过自由研讨后，由中国社会科学院中国边疆研究所副所长、研究员孙宏年总结发言。他表示，亚信非政府论坛第三次会议圆桌论坛进入尾声，可以用六个关键词来总结。第一组关键词是友谊和合作。这次交流和探讨，增进了我们与与会专家之间的友谊，通过我们的努力来增进亚洲各个国家的对话和互信，践行综合合作可持续发展观，深化互利合作，促进亚洲和平稳定发展。第二组关键词是交流和沟通。与会专家交流的议题多，范围广，在沟通中大家就欧亚地区互联互通的威胁和应对之策达成共识。第三组关键词是期待和展望。大家在交流过程中提出了很好的建议，而且对一些问题进行了沟通和对话。围绕着亚信合作机制怎么深化和拓展，如何实现欧亚一体化，进行了很好的交流。展望未来，希望在各方共同努力下实现欧亚地区全方位互联互通。

（撰稿：袁沙，中国社会科学院中国边疆研究所助理研究员）

【新时代边疆考古的现状与展望学术研讨会】

2019 年 12 月 26 日，“新时代边疆考古的现状与展望”学术研讨会在原中国社会科学院考古研究所八楼会议室召开，此次会议由中国社会科学院考古研究所主办，中国社会科学院考古研究所边疆考古研究室承办。来自国内外的各位代表聚焦边疆考古，紧紧围绕“近年来的边疆考古新收获与研究进展”“边疆考古研究的理论探索与实践”“国际视野下的边疆考古研究”三大主题展开研讨。“自中国考古走出去，10 余年来涉外项目已近 50 余项，在国际视野和国际交流的背景下，边疆考古愈加重要，承担着重要角色。”中国社会科学院考古研究所副所长、研究员朱岩石在致辞中强调，边疆地区条件艰苦，考古人需要付出更多艰辛，但是边疆地区具有区位优势，特别是对国家“一带一路”倡议具有积极意义。中国社会科学院考古研究所成立边疆考古研究室更是希望进一步加强对边疆、民族、宗教方面的研究，加强和完善该学科理论建设。朱所长对各位专家学者的到来表示诚挚的感谢，希望各位专家学者建言献策，为边疆考古的发展贡献力量并祝会议圆满成功。新疆伊吾河流域位于欧亚大陆腹地、天山山脉最东端，是欧亚大陆东西交通和古代文化交流的要冲，是我国古代牧业文化和草原文明形成和发展较早的重要区域。中国社会科学院考古所边疆考古研究室主任、研究员丛德新对各位专家学者的到来表示感谢，边疆考古具有国际化、跨区域交流的特点，吸引着越来越多的人关注，同时新材料、新技术、新手段的利用催生了更多新的研究课题。此次会议23位代表的发言非常精彩，会议的召开将进一步拓展和推动边疆考古工作和探究的空间范围和系统性，也会对边疆考古学科的建设起到引领作用，并进一步深化国际合作研究。

（参见：http：//orig. cssn. cn/kgx/tpxw/201912/t20191231_5068252. shtml）

第四篇

新书选介

一　中国边疆理论研究
二　东北边疆
三　北部边疆
四　西北边疆
五　西藏方向
六　西南边疆
七　海疆方向

一　中国边疆理论研究

【王者无外：中国王朝治边法律史】

杜文忠著，上海古籍出版社 2018 年 6 月版，709 千字。

该书入选《国家哲学社会科学成果文库》，分上、下篇。上篇为“中国古代政治文化及治边法制思想”部分，共四章，主要论及中国古代边疆政治的特质、作为“文化边疆”观的治边法律、中国古代边疆法制的特点、中国古代边疆治理模式及治边法制思想的变化等。下篇为“古代中央王朝对于边疆的法律治理”部分，共有 11 章，依次梳理了自上古帝系至近代历代中央对边疆的法律治理情况，涉及政治、经济、律典、法俗、地方司法等方面。该书内容丰富、资料翔实，是系统了解中国古代治边史的重要参考资料，可为边疆治理提供历史借鉴。

【游牧行国体制与王朝藩属互动研究】

李大龙、李元晖著，内蒙古大学出版社 2018 年 9 月版，251 千字。

该书在古代中国多民族国家的形成与发展视域下，从分析游牧行国和王朝藩属的体制内涵入手，对二者互动关系及其在多民族国家建构中的作用进行系统阐述。同时在“藩属”“行国”“凝聚核心”“政治体”“自然凝聚”“文化认同”等学术概念的理论构建基础上，着重讨论游牧族群与农耕族群的碰撞、交融、重组所导致的古代中国多民族国家的构建与发展历程。第一章游牧行国体制与王朝藩属，第二章游牧行国体制与王朝藩属的第一次碰撞和重组，第三章游牧行国体制与王朝藩属的对峙与重组，第四章游牧行国体制与藩属的第二次碰撞和重组，第五章游牧行国体制与王朝藩属的第二次对峙和重组，第六章行国体制的发展及对不同族群的整合，第七章行国体制与王朝藩属的再次对峙，第八章农牧结合王朝的出现及其对两大族群的整合。该书秉持构建中国边疆学的疆域理念与分析方法理念，充分探究多民族国家构建的历程，确立中国边疆学的古代中国疆域理论体系与研究范式，在当今学术领域构建了具有边疆学术特色的话语。

【清末新政与边疆新政（上、下）】

中国社会科学院近代史研究所政治史研究室、西北民族大学历史文化学院编，社会科学文献出版社 2018 年 5 月版，272 千字。

清末新政是继洋务运动和戊戌变法之后，晚清政府发动的第三次也是最后一次改革运动，其力度远远超过前两次改革，内容涉及政治、经济、军事、文化、教育与社会生活及边疆地区的改革。该书是 2014 年 7 月 17—18 日在兰州召开的第六届晚清史研究国际学术研讨会的论文辑集，内容涉及新政各项改革及清末边政思想、边防政策、新政在边疆，以及边疆新政与近代化等议题，对推动晚清史和清末新政史、清末边疆史等研究有重要学术价值。

【中国陆地边境县（市）旅游竞争力研究】

时雨晴著，社会科学文献出版社2018年10月版，289千字。

该著作构建了我国陆地边境县（市）旅游竞争力的研究模型，揭示了边境旅游竞争力要素的时间变化特征和空间分异规律，进而对边境县（市）进行类型划分，剖析不同类型边境旅游外显竞争力与内在竞争要素之间的关系，同时对入境旅游竞争力及典型边境县（市）旅游竞争力的发展机理进行分析，在此基础上提出边境旅游竞争力提升的有效途径，以期为我国陆地边境县（市）旅游的发展提供理论依据和案例借鉴。

【当代中国边疆研究（1949—2019）】

马大正著，中国社会科学出版社2019年12月版，780千字。

该书是在《当代中国边疆研究（1949—2014）》（中国社会科学出版社2016年6月版，672千字）基础上的增补新版，全书分四篇十二章。其中，综论是阐述中国边疆研究60余年演进历程，分论则是对中国边疆研究的重大问题进行评述，以期使读者从纵的、横的两方面对中国边疆60余年，并溯至千年和百年的研究有一个总体的了解。该著作对中国边疆研究有重要的推动作用。

【边疆地区人口迁移与流动研究：以新疆为例】

王朋岗著，人民出版社2019年9月版，170千字。

该书使用全国流动人口动态监测调查数据，采用二元logistic回归模型，全面分析影响边疆地区跨省流入人口长期居留意愿的因素，并与内地跨省流入人口长期居留意愿的影响因素比较，为边疆地区更好转变发展方式、做好民生改善工作、最终实现经济发展和社会稳定提供依据。流动人口的居留或迁移意愿在促进人口有序流动、合理分布和加强公共服务、社会管理等方面可作为相关部门进行决策的重要依据。研究边疆地区的这些经济社会特征，关注边疆地区跨省流动人口的长期居留与永久迁移意愿有着与其他省区不同的影响因素和机制，具有重要理论和现实意义。

【丝绸之路经济带建设与中国边疆稳定和发展研究】

邢广程主编，知识产权出版社2019年6月版，831千字。

该书是国家社科基金重大项目“丝绸之路经济带建设与中国边疆稳定和发展研究”结项成果。该书分5个部分，共24章，根据丝绸之路经济带内涵与特点，以及国家对“一带一路”的整体规划，将全书内容分为古代丝绸之路与边疆社会稳定和发展、构建丝绸之路经济带进程中俄罗斯在我国边疆稳定与发展中的作用、丝绸之路经济带建设与中国新疆稳定和发展、中国西部边疆开发开放的外部环境、丝绸之路经济带建设与中国西南边疆稳定与发展五大部分，该书将丝绸之路的历史与现实问题相互辉映展开研究，将丝绸之路经济带建设和边疆稳定、发展相结合进行研究，将国家治理置于全球治理体系的视域中考察，将边疆治理置于国际区域多边体系的视域中进行分析，全面系统阐述了丝绸之路经济带与我国边疆稳定和发展之间的关系，从学理上系统阐述了中国边疆在构建丝绸之路经济带进程中的地位、功能、作用及其相互关系。该书作为边疆问题的前沿研究成果，对新时期“一带一路”倡议实施、边疆稳定和发展，以及边疆治理能力现代化建设具有一定借鉴意义。

【学术与时势：民国的边疆研究】

段金生著，中华书局2019年12月版，210千字。

该书以宏观历史论述与微观个案分析相结合的方式，系统梳理了近代中国边疆研究的发展演变，探讨各时期边疆研究内容、方法的不同特点及其与内外形势的勾连关系。重点分析了近代边疆研究范式的重构、边疆研究与近代国家构建、近代边疆问题与国际因素、清末民初政学精英的边政认识、民国边疆研究的嬗变及学科构建、边疆研究在20世纪三四十年代中国的发展等问题。此外，从区域史的视角，探讨了西南、西北边疆研究的不同；对吴其昌的边疆研究进行了个案分析，阐释了时势对近代学者研究路径转变的影响。

民国边疆学术史研究，是构建我国边疆研究学术体系、学科体系和话语体系的重要内容，该书的出版有助于推动相关研究的深入。

【近代中国的周边外交】

石源华著，中华书局2019年9月版，486千字。

该书将近代中国周边外交放在远东国际关系变迁的大背景下进行考察，分析了近代中国周边外交在不同历史阶段的不同特点，探寻每个历史阶段中国与周边国家关系的基本构架和思路。鸦片战争前，中国以先进的技术、文化和超群的综合国力，成为文明传播的中心、桥梁和中转站，中国周边外交的基本特征是多层次的“朝贡体系”；1840年以后，列强东侵，中国成为弱肉强食的对象，中国周边外交的基本特征是“以夷制夷”，在众多列强侵华的隙缝中谋夺自身的生存和利益；两次世界大战时期，国际格局发生重大变化，中国周边外交的基本特征是中国反帝反封建的新民主主义革命与周边国家的反帝反殖独立运动互相援助、互相呼应，国际地位提高；第二次世界大战后，由于“冷战”和中国内战的制约和影响，中国周边外交的基本特征是外交服从于内政，南京政府的外交施策出现一系列重大失误。

【民族政策与中国边疆安全】

沈桂萍、郝雨凡著，社会科学文献出版社2019年5月版，272千字。

该书从国际和国内、历史和现实、理论和实践三个维度切入，描述了新疆建构国家一体化的政策实践及其与传统的民族认同、宗教认同的互动，特别是揭示了新中国成立70年来中国民族宗教政策实践在整合边疆地区民族宗教认同方面的效果，并在此基础上，提出新时代中国国家建设视域下民族政策创新路径：培育中华民族共同体意识，建构国家认同的文化纽带；建设民族区域自治制度，构建各民族共治的政治纽带；建设少数民族公民权益保障机制，构建国家认同的社会纽带。

【中国边疆省区国际传播能力建设研究报告】

万忆等著，浙江工商大学出版社2019年9月版，252千字。

该书是系统梳理边疆省区国际传播能力建设的综合性报告，为中宣部资助委托项目。书稿分上下两篇。上篇分述了边疆八个省区的外宣媒体的对外传播形势与概况，简略提出对外传播能力建设的问题与对策。下篇分别从内容建设、渠道拓展等五个方面对国际传播过程中存在的问题进行深入分析，并在此基础上提出了解决问题的对策和建议。

【边疆蓝皮书：中国边疆发展报告（2019）】

邢广程主编、吕文利执行主编，社会科学文献出版社2019年12月版，373千字。

该蓝皮书是首部中国边疆蓝皮书，分为总报告、区域篇和专题篇三部分。总报告分中国边疆发展与周边国际区域合作、新中国成立70年来的边疆治理理论与实践问题、改革开放尤其是“一带一路”倡议提出以来边疆地区的发展三个主题。区域篇分为十一个部分，分别对2018年的黑龙江、吉林、辽宁、内蒙古、甘肃、新疆、西藏、云南、广西陆地边疆9省区，以及新疆生产建设兵团和海南省的经济社会发展情况进行分析，并提出对策建议。专题篇详细解读了“一带一路”六大廊道与边疆地区发展的关系问题。

二　东北边疆

【东北农耕文化】

于凌著，社会科学文献出版社2018年9月版，266千字。

农耕文化是东北地域文化中重要的经济文化类型。从远古到近代，东北农耕文化由原始农耕文化发展到传统农耕文化，再形成繁荣的近代农耕文化，几经兴衰，构成中华农耕文化的重要支脉。该书在纵向梳理的基础上，从东北种植文化、养殖文化、器物文化、制度与传统的变迁、节气与农谚、生态文化、文化遗产等七个方面深入剖析东北农耕文化的内涵，从而全面展示了东北农耕文化的发展脉络、东北农耕文化与中原先进农耕文化间的碰撞与融合，以及东北地区农耕文化与游牧文化、渔猎文化间的兼容共生。东北农耕文化的长期发展，为社会变革提供了重要动力，具有生产粗放性、传承断续性、因时因地制宜性、多元共生性等特点，是东北各民族共同创造的颇具特色的地域文化。

【东北移民文化】

范立君著，社会科学文献出版社2018年9月版，271千字。

中国东北地区是一个典型的移民社会，移民带来的中原文化对东北移民文化的形成和发展作出巨大贡献。全书运用历史学、文化学、社会学等多学科的理论与方法，在厘清东北移民过程的基础上，从多角度、多层面对东北移民文化的形成、主要内容、主要特征及价值、时代精神及当代走向等进行了研究，力图全面展现移民对东北文化的影响，把握东北移民文化的发展脉络，进而从东北移民文化中汲取经验，为东北文化在社会主义新时代的发展繁荣提供借鉴。

【东北游牧文化】

栾凡著，社会科学文献出版社2018年9月版，297千字。

该书系统论述了东北游牧文化的形成与演进、东北游牧经济文化、东北游牧习俗文化、东北游牧遗产文化及东北游牧文化的基本特征。由于具有简朴、动态的特征，游牧文化所留下的物质遗存远远比不上农耕文化，甚至比不上渔猎文化。但游牧文化所承载的历史远比农耕文化更加轰轰烈烈，其原因在于游牧文化既是千百年来游牧民族生与死、血与汗的凝结，又是游牧民族对各种文化兼容并蓄而形成并获得丰富发展的源泉。

【渤海人社会生活研究】

郝庆云、周赫著，社会科学文献出版社2018年5月版，250千字。

该书共8章，图版表格130幅。以专题的形式作纵向表述，由浅入深地叙述渤海人社会生活事象的渊源、表象及与唐朝和中华文化的趋同性、车书一家的局面，揭示渤海人社会生活变迁的特征是渐进式、自上而下、全方位的根本性变迁。在关注渤海上层社会生活的基础上，挖掘中外文献考古资料，尽量揭示靺鞨等民众的生活情况，从而展示渤海国的国情民风。

【清代八旗驻防与东北社会变迁】

刁书仁著，科学出版社2018年11月版，300千字。

该书以清代东北驻防八旗为研究对象，探讨东北驻防八旗与东北社会之间的相互关系。全书分为六章，第一章清代东北八旗驻防体制，重点探讨清代东北行政管理体制的特点及其变化。第二章清代东北八旗驻防旗地，讨论其形成、发展、衰败过程。第三章八旗生计与旗地的补救措施，讨论清廷为保障旗人的生计，一方面厉行封禁，另一方面对旗地采取补救措施。第四章讨论旗人与民人对东北的开发对东北社会的影响。第五章八旗围场、牧场及其开放，探讨旗地所有制关系的变化，这种变化就历史发展的进程而言是进步的。第六章附论，收录近年发表的与该书主旨密切相关的几篇论文。

【清末东北危局与奉天开发】

喻大华著，辽宁师范大学出版社2018年1月版，200千字。

中国东北幅员辽阔、资源丰富、战略地位优越。甲午战争后，日俄两国肆意扩张，引发了持续十余年的东北危机。清政府先后运用了联俄拒日、联日拒俄、联美制日等策略，与日俄两国展开了持久周旋。同时，着手开发东北、移民实边、自开商埠、分设行省、调查资源、振兴工商等，拉开了东北现代化的大幕。其中奉天在东三省中发展迅速，在农工商业、城市建设、新式教育等方面取得了巨大进步。这段历史发人深省，可供借鉴。

【宋朝与高丽人员往来研究】

王霞著，中国社会科学出版社2018年11月版，287千字。

该书聚焦宋朝与高丽间的往来人员，分别对双方往来使节、商人、移民、留学生和求法僧进行微观研究，把握他们的群体特征，以此阐述宋丽关系在古代中国与朝鲜半岛关系史上的特殊地位。该书为把握多元政治格局下宋丽交往真实面貌，重新定位宋丽关系在古代中国与朝鲜半岛交往史上的地位，提供了一定参考和依据。

【近代东北官吏群体与边疆社会变迁】

王敬荣著，黑龙江人民出版社2018年6月版，262千字。

纵观古今，中国官吏群体掌握着国家政权，拥有众多的社会资源，对国家看社会产生很大的影响。特别在东北地区，官吏群体作为社会的强势阶层，对近代东北社会的政治、经济、文化、教育等产生了重大的影响。该书以新的视角诠释了近代东北边疆波澜壮阔的历史，具有较强的创新性。

【唐代营州与东北边疆经略】

宋卿著，吉林大学出版社2019年6月版，280千字。

营州是唐王朝设于东北边疆的重镇，作为唐代政治中心的边缘地带，营州的建置、官署机构都表现出与内地正州不同的特点。该书主要从建置与人口、官署机构与职官、职能实施与特点、地位与作用等方面对唐代营州与东北边疆经略展开深入研究，提出“城傍羁縻州”的概念以及营州境内少数民族人口占营州人口大多数的观点，认为营州管理体制经历了一元管理、二府共治、再恢复一元管理的变化过程。营州设有各类军镇建置，当地的屯田收入基本上能够解决营州境内大部分驻军的粮食问题。押蕃使的设置是唐王朝在东北边疆加强军事统治的需要和结果。营州都督府与营州州政府合署办公。营州对于辖下正州、城傍羁縻州、监管区羁縻府州具有不同程度的行政、经济、军事职能。营州在唐王朝统治东北边疆的体制运作中及唐王朝整体的边防体系中具有重要地位，既是唐王朝东北边疆防御的桥头堡，也是幽州的外围。二者合力，共同屏障东北边疆、维护唐王朝东北边疆的稳定及东北亚区域安全。

【通化万发拨子遗址发掘报告】

吉林省文物考古研究所、通化市文物管理办公室编，科学出版社 2019 年 9 月版，1220 千字。

万发拨子遗址是鸭绿江中上游地区新石器时代至明代晚期的大型聚落遗址。该书是吉林省文物考古研究所 1997—1999 年对通化万发拨子遗址的发掘报告。该遗址是目前我国东北边疆地区年代跨度最大、文化性质最复杂、文化堆积最厚、文物最丰富的一处文化遗产。万发拨子遗址文化堆积可分为 13 层，堆积最厚处达 3.12 米。依据地层关系及出土物，遗存大致可以分为六期，即新石器时代、商周、春秋战国、两汉、魏晋及明代，大致涵盖了吉林省东南部、辽宁省东部及朝鲜半岛西北部的古文化遗存。在万发拨子遗址中，墓葬较有特色，分为竖穴土坑墓、石棺墓、石棺石椁墓、大盖石墓、大盖石积石墓、无坛石圹积石墓、方坛积石墓等七种，还发现了以女性为主体、35 人的多人合葬墓，基本反映了由石棺墓至大盖石墓、至积石墓的演变序列，能看出前后的传承。积石墓、方坛积石墓是高句丽时期的一种特殊墓葬形制。万发拨子高句丽早期积石墓的发现，及其与该遗址高句丽时期墓葬的传承关系，对研究高句丽墓葬的起源具有极为重要的启示作用。更为重要的是，在遗址中与这两种墓葬同时期的生活居址亦有发现，二者相互印证可较全面地反映出高句丽早期及先高句丽时期的社会生活，并对高句丽起源的研究产生重大影响。

【集安高句丽墓壁画的音乐考古学研究】

王希丹著，人民音乐出版社 2019 年 5 月版，260 千字。

该书以集安高句丽壁画墓中的乐舞、乐器图像为研究对象，从中国古代音乐史视角出发，在对集安高句丽壁画墓中音乐考古资料进行全面整理、分类、辨析的基础上，将其纳入公元 4—7 世纪的东亚音乐历史视野进行探讨，并在相关乐舞、乐器研究中进行纵向历史的比较分析，从而获得对公元 4—7 世纪高句丽社会音乐生活的认识。

【地缘与族群 辽代以前蒙古草原与东北地区族群发展与互动研究】

范恩实著，内蒙古大学出版社 2019 年 3 月版，237 千字。

该书以辽代以前蒙古草原与东北地区诸族群间兴起、发展、嬗变过程中的紧密联系为主线，探索多元环境、地缘政治对族群发展史进程的重要影响，集中讨论了东胡、乌桓、鲜卑族源关系，西岔沟古墓群的族属，蒙古草原与东北地区古代族群分野，燕秦汉东北障塞烽燧线性质，西汉东北东部边疆统治的制度建构，慕容鲜卑发展背后的地缘政治因素，室韦起源，室韦与靺鞨的区别与联系，契丹发展史上的地缘政治因素，靺鞨发展及建国的内外因，渤海史上的族群问题及辽代的渤海族团，渤海“首领”等一系列问题。

【辽朝对中原王朝外交思想研究】

蒋金玲著，吉林大学出版社 2019 年 6 月版，191 千字。

10—12 世纪的中国，历史的主题是北方民族契丹族建立的辽朝与南方中原王朝间的冲突与融合，辽朝在与后梁、后唐、后晋、后汉、后周、北汉以及北宋等中原王朝的交锋中基本处于优势，这主要得益于其外交思想的指导。纵观有辽一代对中原王朝的外交思想，均对当时的外交实践产生了重要的指导作用，也取得了显著的成效。最直接的成效，就是引领了辽朝在与中原王朝两个世纪的争雄角逐中独领风骚。更为重要的是，这种外交思想及其支配下的外交实践，为“中国多元一体”理论的构建提供了思想层面和实践层面的双重指导。

【赵尔巽与清末奉天政局】

李皓著，中华书局2019年11月版，300千字。

日俄战争后，清政府的战争善后与奉天地方改革同时展开。赵尔巽推行的赈济难民、对日交涉、改革行政、整顿财政金融、发展经济、兴办新式教育等各项举措，兼具战争善后与新政改革的双重功用。以消除积弊、改革地方为主观诉求的各项举措，虽未能根除积弊，但顺应了社会发展趋势，有力地推动了奉天地方的近代转型，巩固了东北边疆，又为继起的东三省改制开创了一个良好局面并奠定了坚实基础，对清季奉天乃至整个东北影响深远。意在重建行政秩序、消除战争影响的善后内政，在一定范围内消除了战争影响，使几经兵燹的奉天地方迅速地从战争创伤中得以恢复，有效推动了战后地方发展。

三　北部边疆

【发现燕然山铭】

辛德勇著，中华书局2018年8月版，170千字。

该书围绕2017年中蒙联合考察队在蒙古国杭爱山一带发现的东汉班固所撰《燕然山铭》石刻，从学术研究角度出发，对这一石刻铭文的撰写及镌刻背景、拓本真赝、铭文核校、刻者其谁、燕然山战役等问题进行了探讨。

【鲜卑起源、发展的考古学研究】

吴松岩著，上海古籍出版社2018年6月版，327千字。

该书以鲜卑起源、发展为研究课题，以早期鲜卑墓葬为研究的基础材料。根据目前发现的墓葬分布情况以及自然地理环境的差异，将墓葬划分为四个区，逐一对各区的墓葬性质包括葬俗、主要随葬品、年代、文化因素等方面进行梳理与分析。在此基础上对各区域之间的关系进行讨论，以此了解不同区域之间的关系。最后结合历史文献学、体质人类学等相关研究成果，对鲜卑早期的历史发展、迁徙流变以及人群构成等方面作总结探讨。

【域外文献与蒙古史研究】

魏曙光著，科学出版社2018年11月版，252千字。

该书以《史集》《世界征服者史》《马可波罗行纪》等域外文献为研究对象，注重运用中外文献进行互证互补和审音勘同之法，进一步探讨了域外文献与蒙古史、元史研究中的诸多问题。

【马可·波罗与元代中国：文本与礼俗】

马晓林著，中西书局2018年9月版，437千字。

该书分为四个部分：导论篇全面梳理了马可·波罗研究的范畴、方法，及19世纪至今的研究史；研究篇研究马可·波罗所见元朝礼俗、物质文化等，聚焦中外交流，尝试解开《马可·波罗行纪》书中未解之疑；评介篇评介西方学术界与该书主题相关的几部最新著作；译文篇则译介了部分西方重要的论文。该书一方面证明了《马可·波罗行纪》在礼俗文化方面的史料价值，另一方面揭示了蒙元时代欧亚大陆多元文化交流的众多侧面。

【南望：辽前期政治史】

林鹄著，生活·读书·新知三联书店2018年9月版，290千字。

该书对辽代前期政治史、制度史的一系列重大问题给予新的阐释，突破了既有研究对辽代历史的整体认识，从而为“汉化”问题在中国史研究中提供了一些新的线索。该书揭示出，自辽初开始，太祖至圣宗六位君主，契丹政权从传统部族体制向中央集权官僚体制的转变是始终不变的方向，即便在对外趋于保守的穆、景、圣宗三朝，其政治制度的演变也完全承袭了辽初的方向，汉化程度不断走向深入。辽代前期的汉化程度，要远比学者们此前认识到的深入许多。

【16—18 世纪蒙古佛教史研究】

明·额尔敦巴特尔著，内蒙古人民出版社2018年9月版，220千字。

该书主要对清朝前期蒙古地区藏传佛教与萨满教抗衡的历史进程、蒙古人对藏传佛教所采取的态度以及清廷对蒙佛教政策的历史性变迁等，进行了系统的探讨。

【清代蒙古地方法规研究】

金山著，辽宁民族出版社2018年8月版，380千字。

该书旨在综合探析清代统治下蒙古的地方法律法规。全书分为十章，内容包括：清代蒙古地区制定地方法规原因、清代蒙古地区地方法规内容、民事法律内容、刑事法律内容、经济法的规范、生态保护法规、寺庙法规、司法审判制度、与北元制定法律的关系、与清朝制定法律的关系。

【晚清时期天主教会在内蒙古地区活动研究】

张彧著，中国社会科学出版社2019年7月版，280千字。

该书对晚清时期天主教会在内蒙古地区的传教活动进行了较为深入的研究。首先介绍了晚清时期内蒙古地区的政治、社会形势，简要回顾了法国遣使会在内蒙古的活动情况。然后按照时间顺序，对圣母圣心会在内蒙古展开的传教活动，该修会的传教策略，传教过程中的蒙、民、教冲突，1900年的反洋教运动，1900年后的赔教，该修会兴办的各项事业等进行了深入的研究。

【蒙古帝国视野下的元史与东西文化交流】

邱轶皓著，上海古籍出版社2019年5月版，457千字。

该书按主题分为上、下两部分。上编共六章，聚焦于讨论蒙古政治制度中的欧亚传统因素，及其在不同汗国中所发生的地方化进程。下编则试图在具体的历史场景下横向考察蒙古统治下亚洲东西部分之间的人员、物质、知识的接触与交流。

四　西北边疆

【十六国疆域与政区研究】

魏俊杰著，复旦大学出版社 2018 年 5 月版，504 千字。

该书主要研究十六国时期的疆域变迁和政区沿革。在疆域变迁研究方面，力求理清各国疆域动态变化的过程，尽可能复原十六国诸政权逐年的疆域范围；在政区沿革考证方面，着力考述各政权的政区建置和沿革、各级政区的治所、不同层级政区的统辖关系以及当时设立的各种特殊形式的政区或准政区。该书附有多幅示意图以及政区沿革表，直观地表现出十六国疆域与政区的特点与变迁趋势。

【俄藏西夏历日文献整理研究】

彭向前著，社会科学文献出版社 2018 年 3 月版，606 千字。

黑水城出土的 инв. № 8085 历书，现藏俄罗斯科学院东方文献研究所，至今为止尚未刊布。该部历书年代跨度，起于夏崇宗元德二年（1120）庚子，终于夏襄宗应天二年（1207）丁卯，历经西夏崇宗、仁宗、桓宗、襄宗四朝，共计 88 年。该书依据历注中的相关内容，结合大量带有明确的西夏文或非西夏文的干支纪年、属相纪年或年号纪年，对 инв. № 8085 历书中的年代、朔日、闰月、月大小、二十四节气等作了不同程度的复原。

【英藏黑水城出土社会文书研究】

许生根著，新华出版社 2018 年 4 月版，420 千字。

该书是一部系统研究英国藏黑水城社会文书的学术著作，通过挖掘、分析英国藏黑水城出土社会文书中的珍贵史料，从地理环境变迁、边疆开发和经略、丝绸之路上的商贸活动等方面，阐述了中古时期中国西北边疆的演变历史。

【回鹘文佛教文献研究】

杨富学著，上海古籍出版社 2018 年 4 月版，429 千字。

该书致力于敦煌、吐鲁番、哈密、酒泉诸地出土回鹘文佛教写本的研究，不仅将这些文献首次翻译为汉语，而且对其价值有精辟的阐释。此外，该书还以国内外学者刊布的回鹘文写本为基本资料，结合西域、敦煌的汉文写本、回鹘佛教艺术作品以及汉文史乘的有关记载，对 9—18 世纪间佛教在回鹘中的兴衰历史进行探讨，揭示了回鹘佛教在民间信仰、政治外交、科技变革与宗教交流等诸多面向的历史文化影响。

【丝绸之路上的西州回鹘王朝：9—13 世纪中亚东部历史研究】

付马著，社会科学文献出版社 2019 年 5 月版，277 千字。

公元 840 年回鹘汗国破灭，部众西迁至天山南北两麓，以吐鲁番盆地为中心建立了西州回鹘王朝。原属游牧文明的回鹘人吸收汉人及当地族群的文化，发展出独特的西州回鹘文明，深刻改变了中亚东部的族群和文化面貌。他们在 9—13 世纪控制着丝绸之路天山南北两道，是唐代至元代之间中原与西方交流的纽带。该书主体部分的六章内容分别阐述了“东部天山地区进入回鹘时代”“西州回鹘建国史的重构”“回鹘不是‘突厥’”“回鹘时代的北庭、西州与伊州”“回鹘时代的丝绸之路天山南道诸城”“回鹘时代的丝绸之路天山北道”等问题。

【经略西北：巴达克山与乾隆中叶的中亚外交】

马子木著，上海古籍出版社2019年11月版，178千字。

该书以乾隆二十四年（1759）至三十五年（1770）间清与巴达克山关系为中心，讨论清朝在西帕米尔权力与情报网络建立、展开的过程及其运作实践，检视清朝对边外潜在危机的因应策略，以对理解清朝中亚外交及新疆行政体制的运作、清朝“天下秩序”在中亚的建构提供一个具体的观察角度。该书基于对清与巴达克山关系的个案研究，由边裔反观内地，考察乾隆年间政治文化的构建与朝廷西进经略如何交互为用，“西域”又如何在与边疆鲜少交集的士人群体中成为流行的话题。

【历史社会地理视野下的移民社会研究：1821—1949以乌鲁木齐地区为中心】

刘超建著，中国社会科学出版社2019年1月版，289千字。

该书充分利用传统官方文献及私人著述等文献史料，对晚清至民国年间乌鲁木齐地区作了多次的田野调查，收集了丰富的民间资料、口述史料以及档案资料等，从乡村社会组织体系的构建与运转、水利纠纷和社会内部互动秩序、环境与社会秩序的互动三个方面，以历史社会地理的视角，对该地区国家与乡村社会关系进行了系统研究。

五　西藏方向

【西藏门隅地区的人文历史与现状】

白玛朗杰主编，中国藏学出版社2019年1月版，289千字。

该书共七章，对西藏门隅地区的历史、地理、气候、自然资源、经济、贸易、文化、宗教等进行了详细介绍，还对“西姆拉会议”召开等方面的内容进行了介绍。该书对了解门隅地区人文历史与现状有重要参考价值。

【工布苯日神山崇拜研究】

刘洁著，青海民族出版社2018年12月版，420千字。

该书以中国藏东南圣地志的代表性古藏文文献《工布苯日神山志》为基础，采用“文献+田野+考古”三重证据法，总结出象雄文明的东渐传播、西藏历史地理的圣地移植特点、新苯派的佛苯互融趋势、古藏文圣地志类文献的层累式架构等一系列学术观点，不但为中国古代治边理论及实践的丰富性与多样性增添了有力佐证，亦有助于读者客观全面地了解以西藏为前沿的中国西南边疆在促进中国统一多民族国家的形成和发展过程中所发挥的重要历史作用。

【拉达克王国史（950—1842）】

［意］毕达克著，沈卫荣译，上海古籍出版社2018年11月版，199千字。

该书作者为意大利著名藏学家毕达克。作者利用了各种文献，对拉达克王国从肇始到垮台（公元950—1842年）近千年的历史，特别是政治史以及政治制度和宗教情况进行了综合研究，是关于拉达克这段时期历史的一部重要著作。

【中国西藏面向南亚开放大通道建设对策研究】

谭天明、狄方耀等著，西藏人民出版社2018年12月版，220千字。

该书分七章，分别探讨了“一带一路”建设对西藏的功能定位与“面向南亚开放重要通道”的提出、西藏建设“面向南亚开放的重要通道”的国内优势、西藏建设“面向南亚开放大通道”的周边国际优势、西藏建设“南亚大通道”的路径与载体、西藏建设“面向南亚开放大通道”的配套支持、西藏建设“南亚大通道”的援助力量、西藏在推进“南亚大通道”建设过程中的任务等问题，对中国西藏面向南亚开放大通道建设的对策作了系统研究。

【西藏融入“一带一路”的历史与现实研究】

刘凯主编，中山大学出版社2019年7月版，240千字。

该书共收入5篇研究报告，既追溯历史上西藏与“一带一路”的关系，又充分考量西藏的地缘条件与现实境况，从而发掘西藏融入“一带一路”的条件与优势、方向与路径等。各篇既相对独立，又互相联系，多方面、多层次地对西藏融入“一带一路”的历史与现实进行了深刻研究，并提出了扎实有效、稳妥可行的对策。

【走向光明：纪念西藏民主改革60周年】

张云编，五洲传播出版社2019年5月版，118千字。

该书是为纪念西藏民主改革60周年，在同名五集电视纪录片的基础上编写而成。全书除了前言与尾声外，包括“黑暗落后的旧西藏”“历史和人民的选择”“人民当家作主”“旧貌变新颜”“走进新时代”五个部分。该书全方位、立体式呈现了西藏民主改革60年来的光辉历程，以关键人物、关键事件还原关键史实，以代表性人物个体命运的变迁，深刻揭露了旧西藏政教合一封建农奴制的黑暗，真实再现了1959年西藏反动上层发动武装叛乱的历史真相，生动反映出60年来西藏发生的翻天覆地的变化，特别是党的十八大以来以习近平总书记为核心的党中央对西藏的关心和西藏经济社会发展取得的显著成就。

六　西南边疆

【云南民族史讲义（上、下）】

方国瑜著，林超民、秦树才整理，云南人民出版社 2018 年 2 月版，980 千字。

方国瑜先生是我国研究西南史地的著名历史学家，该稿系统讲述云南各历史时期的民族源流和发展。第一编重点讲“上古居民与部落”，分别讲述滇池区域的叟、南盘江下游西洋江上游的句町、洱海地区的昆明、澜沧江以西地区的哀牢。第二编讲述南诏建国，南诏与唐朝、吐蕃间的关系，南诏的经济政治；南诏灭亡后郑赵杨段高的更替，大理国时期对外经济关系。第三编讲述元明清时期中央政府在云南的统治。

【明清云南科举文献编年】

刘明坤著，科学出版社 2019 年 11 月版，420 千字。

明清云南实施科举制度对于云南社会和文化变迁起到了重要的作用。科举制度的实施，稳定了云南社会各阶级、各阶层及各民族，促进了云南边疆与内地的整合。该书整理这些重要的科举文献，并按照年代的顺序进行编年，能使人对科举政策、科举法规、科举观念一目了然。直观的年代顺序，更能反映出当时科举制度实施的具体情况。

【明清时期对云南民族认知的演进与边疆治理】

钱秉毅著，社会科学文献出版社 2019 年 11 月版，188 千字。

该书在国家治理视角下，通过对明清云南省志的全面解析，对明清云南民族认知演进和国家西南边疆治理进行深入研究，论述明清对云南民族的认知经历了由收集民族表征信息到关注民族历史记忆民族认同的发展过程，认知模式也由明代墨渍浸染式逐步转变为清代链条式。明清国家通过主观能动举措形成对云南诸多民族的认知，成为国家西南边疆治理的基础，民族认知与治理之间存在互动调适关系，并以对普洱府和对怒人、俅人（今独龙族）的认知为例，实证探讨了民族认知及治理对于统一多民族国家边疆民族建构的重大意义。

【从异域到旧疆：宋至清贵州西北部地区的制度、开发与认同】

温春来著，社会科学文献出版社 2019 年 10 月版，356 千字。

该书分上编“从‘异域’到‘羁縻’：宋至清初改土归流前的黔西北社会”和下编“从‘新疆’到‘旧疆’：改土归流后黔西北地方社会的变化”两部分，对宋至清黔西北地区彝族社会的制度变革、文化变迁及这一历史过程中认同的变迁进行了深入的探讨。该书写作充分发挥了文献分析与田野工作相结合的方法，是研究黔西北地区民族历史发展的系统、翔实之作。

【经略滇西：明代永昌地区军政设置的变迁】

罗勇著，社会科学文献出版社 2019 年 9 月版，330 千字。

该书以明代永昌军民府为中心探讨中

国滇西边疆军政设置的变更以及社会文化的变迁，以此透视边疆“内地化”的转变过程。该书是作者在博士论文基础上几经打磨而成，其间不断补充、修订、完善，囊括了几乎所有能见的相关历史资料，系统详细地对明代永昌地区的社会变迁进行了探讨。

【云南15种特有民族古代史料汇编（上、中、下）】

古永继编，云南大学出版社2019年12月版，3050千字。

该汇编为古永继教授搜集现存1911年前的各种正史、别史、方志、档案、碑刻、游记及调查材料中有关15种民族的汉文、汉译资料，从先秦到清末，把分散于不同文献中的相关史料集中组合，标点分段，分类汇编，与相关民族无直接联系者尽量不用。其中将较大民族按源流分布、政治、经济、文化、社会生活等大致分类，各类下又设细目。在每族史料起首，均对其民族特点作出简介，并在篇末单列“引录书目”，注明所引史料各书的时代、作者及其版本，以利读者了解史料的相关状况及进一步查询。

七　海疆方向

【南海蓝皮书 2017】

中国南海研究协同创新中心编，世界知识出版社 2018 年 10 月版，555 千字。

该书主要反映南京大学中国南海研究协同创新中心以及各个协作平台研究人员对涉南海重大问题所持的基本看法以及对过去一年里有关南海重大问题的发展态势所进行的深度分析和预测。内容分为六个部分：一是中国南海政策：依据策略与成效；二是南海战略评估：问题、形势与未来；三是域外大国和域内国家与地区的南海政策：立场、做法与动向；四是南海区域合作与资源开发：利益、诉求与选择；五是海洋权益：观念、法理与证据；六是中国与南海：战略、规划与举措。共计 23 篇文章。

【菲律宾“南海仲裁案”透视】

朱锋、余民才主编，世界知识出版社 2018 年 8 月版，420 千字。

该书收录中国国际法学会、中外学者对菲律宾发起的“南海仲裁案”的各类学术分析和评述文章 20 余篇，全面深入地阐明了中国对菲律宾发起的所谓的“南海仲裁案”的政治态度和法理批判。全书较为全面深入地证明了这样一个事实：“南海仲裁案仲裁庭”于 2015 年 10 月和 2016 年 7 月分别就管辖权问题和实体问题所作的两个裁决，不仅在认定事实和适用法律方面充满错误，而且在政策取向和运作程序方面也存在严重偏颇。中国政府坚持不接受、不承认裁决的立场，具有充分的事实和法律依据。该案不仅为我国运用法律工具与南海各声索国进行友好和平谈判与协商提供一个对话路径，也为我国外交战线积累海洋法实践经验提供了现实条件。

【观沧海——大航海时代诸文明的冲突与交流】

林梅村著，上海古籍出版社 2018 年 1 月版，316 千字。

该书从大航海时代入手，揭示这一重要时段中，中国与海外的航海贸易史，以及由此产生的对全球经济、文化的影响。全书大致分专题探讨了中国沿海地区民间商人下海通番、葡萄牙开辟和推进东方贸易航线、中国与伊斯兰国家间的远洋贸易情况，不同时期明代世界地图，如《大明混一图》《郑和航海图》《蒙古山水地图》以及《雪尔登中国地图》的创作过程及源流，明王朝、伊斯兰地区和欧洲在大航海时代相互间通过贸易往来而引发的文化交流等。

【普塔克澳门史与海洋史论集】

［德］普塔克（Roderich Ptak）著，赵殿红、蔡洁华等译，广东人民出版社 2018 年 11 月版，420 千字。

该书是海洋史专家德国慕尼黑大学汉学教授普塔克的学术论文的编译集，是从作者丰富的多语种论文如德文、英文中选编了与澳门史和中国海洋史相关的论文，反映的信息全面前沿，考辨翔实，是从全球史的角度研究澳门史和海洋史的重要著作。

【中国海洋空间简史】

杨国桢等著，海洋出版社 2019 年 3 月版，242 千字。

中国是一个海陆兼具的国家，海洋空间是中华民族生存发展的重要领域，中华民族在中国海洋空间领域上创造了举世瞩目的繁盛的海洋文明。该书跳出传统王朝体系史学书写的束缚，以海洋发展为本位，叙述中国海洋空间发展的历史，梳理海洋空间发展的脉络，展示中国海洋空间形成、发展、演变的进程，角度新颖。

【海上丝绸之路】

［德］罗德里希·普塔克著，史敏岳译，中国友谊出版公司 2019 年 10 月版，258 千字。

该书作者为德国慕尼黑大学汉学教授，书中分导论、海域、海洋的百衲毯（从远古到公元元年）、各区域的融合（公元 1—600 年）、在唐与阿拉伯帝国之间（约公元 600—950/1000 年）、在远东的漩涡中（约公元 950/1000—1350 年）、转型时期（约公元 1350—1500 年）、“尾声：1500 年之后的海洋世界”八章，以严谨的笔触描述了古代航路变迁、“海上丝绸之路”沿线各文明兴衰。

（供稿：李大龙　刘清涛　樊志强　朱尖　铁颜颜　刘　洁　范恩实　时雨晴）

第五篇

论文撷英

一　中国边疆理论研究
二　东北边疆研究
三　北部边疆研究
四　西北边疆（新疆）研究
五　西藏研究
六　西南边疆研究
七　海疆与海洋史研究

一　中国边疆理论研究

【谈我国历史上的“大一统”思想与国家治理】

卜宪群：《中国史研究》2018年第2期。

国家治理是国家的基本职能，只不过不同时代治理主体所代表的阶级利益不同而已。在漫长的历史过程中，我国经历了不同社会形态下的国家治理体系。其中，战国秦汉至明清长达两千多年、代表地主阶级整体利益的封建制国家治理体系尤为系统完备。作者就其中的“大一统”思想与国家治理的关系进行了论述。

作者认为，大一统是中国历史的一个基本特点。它既是历代王朝治理国家的重要工具，也是国家治理的重要内容。它的政治基础是中央集权。

围绕这一主题，作者主要谈了五个方面的内容。分别是“大一统”思想与中央集权郡县制国家的治理体系；“大一统”思想与“民为邦本”的政策；“大一统”思想与社会治理措施；“大一统”思想与德法相依政策；“大一统”思想与权力制衡原则。

【关于中国边疆学学科建设的几点看法】

崔明德：《中国边疆史地研究》2018年第3期。

文章认为中国边疆学不是某一学科的分支学科，而是一门综合性学科。从整体学科分类来看，放在法学门类最为恰当，因其与法学中的政治学、民族学、社会学、安全学等学科都有紧密联系。做好边疆学研究应从以下几个方面着手。

一是凝练研究方向，重点建设边疆历史、边疆民族、边疆经济、边疆政治、边疆文化、边疆安全等学科。二是凝聚学科队伍，建立一支高水平的研究队伍，为学科建设奠定坚实基础。三是建立更多的研究平台，发挥各个平台的优势，共同凸显边疆学的地位。四是搭建更多的学术交流平台，如建立学会，办好学刊，定期召开学术会议等。五是培养边疆学人才，可以在各学科中培养边疆学研究生，并做好边疆学教材编写。六是产出更多可以传世的标志性成果。

【民国边疆研究的嬗变、学科构建与启示】

段金生：《中国边疆史地研究》2018年第3期。

文章认为，民国时期不同阶段的边疆研究前后相承，但嬗变特点鲜明，既表现出一些共同的趋向，亦有较多的发展差异。伴随着边疆问题日趋严重和边疆研究的发展，“边疆学”、“边政学”这样以边疆为专门研究对象的学科或专业名称在20世纪30年代先后出现，并表现出不同的发展结果。边疆研究的发展及其学科构建，虽有学术发展主观的多维复杂因素参与其间，但必与时代或时势要求密切相关。新时代的中国“边疆学”虽是由传统的边疆史地研究发展而形成，但在今天的时代场景下，它更是重大现实关怀的需要，其基本路径应从政治学的视角进行重点考察；然不可否认的是，边疆史地研究仍是“边疆学”构建的基石。

【现代国家治理视角下的边疆：内涵、特征与地位】

方盛举、陈然：《云南师范大学学报（哲学社会科学版）》2019 年第 4 期。

从现代国家治理的视角来厘清边疆的内涵、特征和地位，既有利于拓展边疆研究的视野，又有利于推进边疆治理研究的发展。现代国家治理视野中的边疆是指我国领土范围内，国家权力管控效度不理想，治理难度较大，且存在较大管控风险和较多治理挑战的边缘性行政区域。其区情特征是：市场边缘、交通末梢、开放末端、人才洼地、社会发育度低、文化异质多元、地缘环境敏感复杂、自然生态脆弱易损等。现代国家治理中，边疆发挥着拱卫国家安全、保证国民经济持续发展、构筑生态屏障、滋养中华文化、发展周边公共外交等重要作用。新时代，边疆在“一带一路”建设、辐射周边国家、补齐现代化强国建设短板等方面具有特殊作用。

【深化中国边疆史研究的若干重要问题及价值】

方铁：《云南师范大学学报（哲学社会科学版）》2019 年第 1 期。

近年来中国边疆史的研究方兴未艾，展现出光明的发展前景。相关研究应观照现实需求，在探讨的广度与深度方面继续努力。文章选择了中国的历史疆域与边疆的形成、中国古代文明及其构建、东亚古代国家形成与古代国家关系等 3 个选题，总结学人对这些选题的基本认识，分析选题具有的价值，并提出拓展深化研究领域的建议。

【从“无边天下”到“有限疆界”——近代中国疆域形态衍变与边疆知识体系生成】

冯建勇：《北方民族大学学报（哲学社会科学版）》2018 年第 6 期。

近代中国经历了一个从王朝国家“天下主义”体系到民族国家世界体系的转型。伴随着民族国家的生成，历史上中国与周边国家之间条块状的边境地带开始逐渐缩小，最终通过界约和勘界的形式，变成了线性的近代国家边界，亦即中国疆域形态经历了由“无边天下”到“有限国家”的变迁。国家体系和边疆形态的巨变，触发了时人对边疆地位认知的变化以及由此带来的边疆知识体系的重大转变。这主要体现在两个方面：边疆地方——从作为无用之地的“石田”到“边备”“御侮”的边防前沿的变化；边疆民族——从“四夷”到“国民”的话语转换。

【“中国边疆”的内涵及其特征】

李大龙：《中国边疆史地研究》2018 年第 3 期。

“边疆”是一个含义有待明确但却广泛使用的词语。尽管民国时期由“边政学”引发了对“边疆”含义的讨论，但该问题依然是当今中国边疆研究的基本问题，尤其是“一带一路”倡议提出及其具体实施以来，不同学科学者纷纷撰文对“边疆”加以界定，导致分歧愈加明显。作者认为“中国边疆”的内涵及其特征主要体现在：政治属性是“边疆”得以形成的第一要件，或称之为决定性因素；“主权国家”理论较“民族国家”理论更适合阐述多民族中国尤其是“中国边疆”的形成与发展；“边疆”是动态的，会随着国家实力的强弱和国际环境的变化而改变；“陆疆”和“海疆”是构成今天“中国边疆”的两大基本要素；“边疆”具有地缘优势，既是军事防御的前沿，也是连接两个乃至多个国家的纽带；“边疆”不能脱离“疆域”而存在，将其泛化也不利于对“中国边疆”的研究。

【开启中国边疆学学科建设新征程】

李国强：《中国边疆史地研究》2018年第1期。

党的十九大报告提出“加快构建中国特色哲学社会科学”的要求，文章从中国边疆研究的学术传承、边疆理论研究的时代需求、边疆治理的现实挑战三个方面探讨了边疆研究的学术规律、中国边疆学学科逻辑，并对中国边疆学的定义及学科目标、学术结构进行了探讨。

【对“中国边疆研究”概念的认识与界定——兼谈“中国边疆学”学术体系之建构】

李鸿宾：《中国边疆史地研究》2018年第3期。

“中国边疆学”是对以中国古今边疆为核心的诸问题予以系统性研究形成的学术领域或范畴，扩而伸展亦可谓之学科体系。将其作为特定对象进行研究，从边疆维度认识和理解中国古今历史及呈现出居于世界东方之文明体的衍化与特点，具有其他维度不可替代又不可或缺的作用和价值。当下“中国边疆学”的展开固然有思酌的现世性变量，然而这一研究对象内存的学术价值更是其成为体系予以关注的逻辑延展。这构成了文章对“中国边疆学”概念、界定与学科体系思考的着眼点。

【全面开放视域下的中国边疆治理初探】

罗静：《观察与思考》2019年第10期。

中国边疆治理是国家治理的重要组成部分。进入新时代以后，中央政府实施全面的对外开放战略，广大内陆边疆地区由以往被动承接开放转变成对外开放的前沿阵地。为此我国的内陆和沿海边疆省区都根据国家全面对外开放的指导思想确定了本省区在国家战略中的定位，此举奠定了中国边疆地区未来发展的大方向。在国家全面开放的战略下，边疆的发展仍然面临一些挑战，未来中国边疆治理需要处理好边疆开放与边疆安全、边疆开放与内地开放、边疆开放与周边国家关系这三对重大关系，这不仅关乎中国边疆地区经济社会可持续发展，也是我国国家治理体系现代化的重要内容。

【“民惟邦本，本固邦宁”——论边疆研究中的人本主义历史建构】

罗群、林曦：《中国边疆史地研究》2018年第3期。

人民作为边疆区域中的主体，“民惟邦本，本固邦宁”。边疆的存在即人民的存在，人民是边疆存在的“终极理由”，而其中最核心的部分仍然是边疆各族人民对边疆、对国家的认识与认同。对“生于斯、长于斯”的边疆各族人民而言，守家即卫国的历史使命决定了他们是维护国家边疆长治久安的根本和栋梁。准确理解、判断边疆人民对于国家发展的意义，既是边疆研究必须面对的问题，也是对今天的边疆研究具有根本性影响的问题，能为边疆研究注入活力和动力，有利于边疆研究的进一步发展。

【边疆的个性与共性及边疆研究的理论创新】

罗中枢：《理论与改革》2019年第2期。

边疆是靠近边界而非边界的区域，是多维度的边缘场域，是国家安全、发展、治理不可或缺的组成部分，是政治、民族、社会、文化等多种势力相互作用的社会空间，包括陆疆、海疆、空疆、底土边疆、利益边疆、战略边疆等多种形态。“边疆”概念是从各种具体的边疆现象、边疆问题及其认知中抽象概括出来的一个普遍概念。国外边疆研究的一个突出特点是把个性与共性结合起来，致力于通过事实、经验、个案的考察，概括和提炼出具有普遍性的知识和原理。当今中国边疆研究的一个重要任务是正确把握个性与共性的辩证关系，在研究各种具体边疆的过程中深入理解一般边疆的本质、特征和演变规律，凝练出具有理论阐释力、说服力和预测力的边疆观及边疆学的基本范畴和原理，主动服务于中国边疆安全、发展和治理的社会实践。

【新世纪中国边疆学的构建路径与展望——兼论中国边疆理论的三个来源】

吕文利：《中国边疆史地研究》2019年第2期。

20年来，构建“中国边疆学”俨然已成为显学。据统计，自1992年第一篇标题中含有“边疆学”的文章发表以来，见诸中国知网的论文有105篇，此外还有众多有关边疆学的著作问世。最近几年来，因为学科体系、学术体系和话语体系发展的需要，有关中国边疆学构建以及边疆理论的评述文章多了起来，有学者力图指出边疆学学科构建的困境，还有学者专门对边疆研究的前沿问题进行述评，甚至还有综述性质的专著出版。

【中国边疆学构筑是当代中国学人的历史担当】

马大正：《云南师范大学学报（哲学社会科学版）》2019年第1期。

在几代学人不懈努力下，中国边疆学学科建设步入了快速发展轨道，一门以中国边疆为研究对象的独立知识体系正在建构、呼之欲出。在构建中国边疆学时，我们在借鉴西方国家相关理论时，一定不要忘记中国特色的实际，当前世界各国并不具有像中国边疆这种特质的研究对象的存在。在研究中要对中国边疆学构筑演进历程中值得重视的四个节点展开深入研究，把握边疆学学科定位，构建中国边疆学学科话语体系，要走出象牙塔，直面现实，走向社会。中国边疆学构筑，要坚持制度自信、理论自信、道路自信和文化自信，需要学人扎实的研究、持之以恒的决心、锲而不舍的信心，一步一个脚印。

【建构中国特色的中国边疆学话语体系】

苗威：《中国边疆史地研究》2018年第3期。

中国边疆学话语体系的构建，是中国边疆学成熟的标志以及显性的必要条件。历史上，边疆在中国文明的视域中得到了充分的关注，积累了系统而丰富的文献史料以及多角度的理论探讨。近30年，围绕边界、治理、安全以及利益等问题形成了系列话语，并凸显了传统与现实交织的困惑以及与周边邻国的话语体系交叉的困扰等特点。建构符合中国边疆历史，服务中国边疆现实的话语体系，是中国边疆学的重要工作。

【袁世凯手批清帝辞位诏书的发现及其对清末民初国体因革的认知意义】

宋培军：《文史哲》2019年第4期。

在日本静嘉堂文库《袁氏密函》中发现的袁世凯手批清帝逊位诏书原件，是研究清末民初国体、政体因革问题的珍贵资料。袁世凯在上面进行手批的底稿，既非张謇拟《内阁复电》，又非张謇家藏本《拟清帝逊位诏》，由此可补辞位诏书生成史的诸多缺环。与此同时，这一发现也使诏书中袁世凯、张謇各自思想的分辨成为可能。对“逊位”“共和立宪国体”

“完全领土”话语的发掘，有助于进一步揭示清末民初五族共和国体建构对民族边疆的统合意义。该文通过考证清帝辞位诏的文本生成过程及其间蕴含的五族共和、民主国体思想在民国初年的确立，指出由国体民族、政体民族构成的共和立宪国体是清朝遗留给民国的思想制度遗产，有助于边疆民族的国家统合，具有巨大的历史与现实意义。

【认知与实践：20 世纪 20—40 年代“边疆”理念及启示】

孙宏年：《云南师范大学学报（哲学社会科学版）》2019 年第 4 期。

20 世纪 20—40 年代，我国学术界、政界和舆论界等各界人士对边疆问题极为关注，积极参与“边疆”及相关问题的讨论，但是他们的“边疆”概念、内涵有一定的差别，对于中国“边疆”地域范围的认知也有显著差异。这种差异化的认知使“边政学”构建缺少共同的理论“起点”，又在百家争鸣的讨论中促使边疆研究逐步深化。这为今天“中国边疆学”学科建设提供了历史的借鉴。

【边疆研究及边疆学学科体系建设的哲思收敛初探】

孙勇：《云南师范大学学报（哲学社会科学版）》2019 年第 4 期。

回顾中国大陆学界 20 多年的边疆理论研究进程，对如何构筑中国边疆学的问题，邢玉林、马大正等先生早就提出了跨学科研究的倡议，给业内研究以启迪，而如何达到跨学科研究且能够跨通的目标，则需要学人有哲思并提出基于学理分析的构想。在建构边疆学的理论探讨中，把成形的构想作为一种猜想（假说）提出来，是符合人类知识体系建构规律的。作为中国边疆研究的学术猜想，应该符合马克思主义哲学对世界的认识论，承认物质运动的统一性，也应该符合科学哲学的一般原理，即认知新旧理论的范式转换是学术进步的门径。其中，经过哲思的范式创新，将研究对象进行无穷指向与有穷集合的筛选之后，通过关键词集群的分析，返还到边疆研究的问题域和原始域问题之中，寻找交叉研究即跨学科研究的跨通，以找到通往可以看到“场域”的门径，经过对场域运动的分析，最终有可能在多学科自洽于边疆研究之下完成“边疆统一场论”。

【互动与融通：新时代中国边疆史研究的客观要求】

田澍：《中国边疆史地研究》2018 年第 3 期。

作者对新时代中国边疆史研究的发展做了探讨，认为在理解边疆与“大一统”关系时要处理好边远与中心、特殊与一般、动荡与稳定、战争与和平的关系，只有将边疆史、通史与断代史融为一体，走互动与融通相结合的研究之路，才能进一步拓展中国边疆史研究的内涵，真正提高中国学者在中国边疆史研究中的话语权。

【关于中国边疆学学科话语理论体系建构的几点思考】

王欣：《中国边疆史地研究》2018 年第 3 期。

新时代中国边疆学理论和学科体系的构建应当从厘清与界定符合历史语境的基本概念入手，立足农耕与游牧两大文明体系的互动关系，把握前近代多民族国家疆域形态演变与形成的基本特征，从学理上阐明中国现有疆域的历史合理性与当代合法性，建构具有自身特色、风格与气派的话语与理论体系，并在此基础上与国际学术界展开平等对话。

【唐代册封与授受四夷官爵试探】

王义康：《清华大学学报（哲学社会科学版）》2018 年第 3 期。

唐代册封四夷君长与授受四夷首领官爵根据四夷政治归属可分为两类，一是对境内四夷；二是对境外邻蕃、邻国。前者既是将其纳入唐统治体制的重要途径，又是管理境内蕃部的方式之一。后者在现实中则是唐处理与邻蕃、邻国关系的方式，或者说是唐与邻蕃、邻国交往的政治途径，而授予邻蕃、邻国首领官爵，却是实现唐与邻蕃、邻国交聘能够顺利进行的一种方式。唐代册封与授受四夷官爵是以华夏为中心的观念与儒家主张在实践中的运用。唐既用建立内部政治秩序，又将这种国内政治关系推及于外，用以处理与周边国家之间的关系，建立对外关系体制。唐以册封为途径建立的华夷秩序，由于册封对象的类型不同，形成了以唐为中心性质不同的政治关系层圈。

【解构边疆观与重构边疆学】

吴楚克、马欣：《思想战线》2019 年第 2 期。

在中国边疆学理论研究风起云涌之后，学者们并没有从思潮澎湃的海洋寻找到登上陆地的通路。无论是官方的学科目录还是教育专业设置，都还没有给中国边疆学一个正式的名分，每个研究团队或者个人都是依附在历史学、民族学、政治学、管理学、国际关系学甚至文化传播学下开展边疆学理论研究。这种状况说明，中国边疆学理论研究本身出了问题，或者说研究的出发点需要重新认识。以中国边疆理论的“元”问题为核心，努力解构边疆观，是重构中国边疆学的逻辑起点。解构边疆观，就是从学理上批判目前流行的边疆概念和观点，指出这些流行观点对边疆学创新的阻碍，在此基础上探讨新的边疆学建构的出路，以期实现重构边疆学。

【周边、周边外交与中国边疆】

邢广程：《中国边疆史地研究》2018 年第 3 期。

中国边疆与周边国际环境关系极为密切。中国崛起不仅离不开迅猛发展和不断变化的世界，而且会深刻影响着世界的发展和变化；中国崛起不仅离不开周边国际环境，而且也会深刻影响着周边国际环境。需要指出的是，在中国崛起的进程中，与周边国际环境相关联，中国边疆——无论是陆疆还是海疆——都出现了一系列的新情况和新因素，需要我们高度关注。文章所讨论的是崛起进程中的中国边疆与周边国际环境之间的关系。

【现代国家“边境”的界定】

徐黎丽、那仁满都呼：《中国边疆史地研究》2018 年第 3 期。

作者从国家中心与边疆的关系出发，对比边疆、边境、边界概念及研究我国边境管理条例中有关边境规定后认为：边境就是相邻国家接壤的有常住民众生活其中的某级行政区域或纵深区域。接壤区域的行政管理范围以各个国家的实际规定为准，常住民众则指在各自具有法律效力的边境区域生活并取得常住资格的所有民众。对中国来说，边境就是中国与相邻国家接壤的有常住民众的地级市（盟）、县（旗）管辖区域。

【关于“边疆学”学科构建的几个基本问题】

杨明洪：《北方民族大学学报（哲学社会科学版）》2018 年第 6 期。

近年来“边疆学”研究取得了较大进展，但“边疆学”学科构建则处于困境冲突之中，包括在没有一般“边疆学”的条件下出现了构建“边疆政治学”的情况，也有将“边疆学”框定在中国范围内构建“中国边疆学”的情况。走出困境，需要以按照学科构建的一般规律构建一般意义上的“边疆学”为目标，将民族国家作为研究的逻辑起点，并在这一起点上将边界作为研究的核心问题；从边疆现象中揭示边疆规律是“边疆学”的基本任务。

【秦帝国“王者无外”边疆理想的构建、践行及其困境】

袁宝龙：《地域文化研究》2019 年第 3 期。

秦统一六国，创建起前所未有的大一统帝国。秦人以源自先秦时期的大一统理念为基础，努力构建“王者无外”的边疆思想，欲实现内外无别的理想化境界。因此，秦在统一之后依然持续对外用兵，努力推动边疆外扩，并于新拓展的疆土上设郡立县，把其纳入帝国的行政体制之内。不过，由于在此进程中，文化冲突日益凸显，秦帝国不得不就四境的具体情况，在边疆思想的实施层面进行针对性调整，边疆地区的边郡、属邦与道等多种行政体制并行，以及长城的修筑皆为这种调整的组成部分。而这种调整理念也与秦帝国的“王者无外”思想一同，对后世夷夏问题的处理和边疆思想的演进产生了深刻影响。

【中国边疆研究的内涵和特征刍议】

张云：《中国边疆史地研究》2018 年第 3 期。

文章旨在探讨中国边疆研究的自身特点，从历史角度、认识角度，理论层面、实践层面考察中国边疆研究的自身之异，以便明确中国边疆研究的原则、方法和目的。认为中国边疆研究应该学习借鉴国外包括西方和非西方国家的边疆研究理论、方法和优秀成果，但目的是为了深化中国边疆研究理论，提升自身话语能力，而不是削足适履，做出脱离中国边疆实际的判断或者采取套用式的解读。

【如何认识我国的边疆】

周平：《理论与改革》2018 年第 1 期。

我国的发展把边疆问题前所未有地凸显出来的事实，促成了我国社会科学的多个学科对边疆研究的介入。然而，各个学科对边疆的研究都有自己特定的视角，于是便带来了一个始料不及的后果，那就是不同的学者对我国边疆的看法并不一致，甚至在同一场合讨论我国边疆问题的学者各自所说的边疆都不同一，出现了严重的认知冲突。我国的边疆研究要实现对国家需要的有效回应并健康发展，首先就必须在我国边疆的认识问题上形成基本的共识。这就把“如何认识我国边疆”这样一个基础性的问题推到了边疆研究者的面前。总结世界各国的边疆研究，以及我国边疆形成和发展的历史，只有把边疆置于国家疆域的基础上，以发展的眼光来看待边疆，对我国边疆的各种形态和相互关系进行整体审视，并结合边疆治理来看待边疆，才能对我国边疆形成客观、准确、全面的认识。

二　东北边疆研究

【东北少数民族政权渤海国与唐朝战争探源】

柏松：《贵州民族研究》2018 年第 5 期。

登州之战是发生在渤海国和唐朝之间的一次重要战争。渤海国主动进攻唐朝登州的缘由颇耐人寻味。从表面分析，是由于唐朝和黑水靺鞨部之间的友好交往与大武艺所推行的扩张政策产生了矛盾，使得唐朝改变了外交手腕。可是从东亚地区政治局势层面分析，这场战争是渤海国和唐朝、日本、新罗、突厥、契丹等地区矛盾冲突的直接体现，也是渤海国转变外交政策、主动扩张，并凸显外交手腕的具体表现。这场战争也成为渤海国与唐朝关系发展过程中的一次重大转折。

【辽朝东北亚丝路及其贸易考实】

程嘉静、杨富学：《河南师范大学学报（哲学社会科学版）》2019 年第 5 期。

辽代的东北亚丝绸之路指的是从辽上京通往当时的高丽、新罗、日本、俄罗斯远东及东西伯利亚等地的道路。其中，辽朝通渤海国的路线主要有六条，即日本道、新罗道、营州道、朝贡道、契丹道和黑水靺鞨道；辽朝至日本的交通路线有三条，分别为北线、筑紫线和南海府线；辽上京通往生女真、五国部的道路则主要为“贡鹰道”；辽朝和今俄罗斯远东及东西伯利亚等地的交通路线则是辽代鹰路的重要组成部分。辽朝通过上述路线，与东北亚各国展开朝贡、榷场及互市贸易，获利丰厚。其中，辽朝和高丽之间的来往最为频繁，这些贸易活动促进了辽朝与东北亚诸地经济文化联系。

【唐熊津都督府统治制度研究】

范恩实：《社会科学战线》2019 年第 10 期。

唐灭百济后，拟于其地设五都督府实行羁縻统治，以刘仁愿为都护统兵镇守。但是由于百济遗民的反抗，局势很快失控，五都督府制度无从实施，被迫改设熊津都督府，统管军民、抚其余众，特别是应对百济遗民的抵抗，解救被困于府城的刘仁愿。因首任都督王文度刚刚上任就暴病而亡，为了代行其事而又符合制度规定，故增设带方州，以刘仁轨为刺史，与继任熊津都督刘仁愿形成新的统治格局。龙朔三年（663）白江口之战后，局势基本稳定，刘仁轨、扶余隆先后任都督，厘定府州，熊津都督府进入一个短暂的稳定期。

【辽朝在中国古史谱系中的历史定位】

高福顺：《中国边疆史地研究》2019 年第 2 期。

将辽朝置于中国古史谱系的长时段之中，在中国北疆民族区域视域下从统治模式的更新与改化、儒家思想与文化的崇尚与普及、东亚秩序的改造与重建之角度考察辽朝历史，可发现辽朝在中国古史谱系中绝对不是可有可无的朝代。辽朝统治予中国北疆社会以深刻影响，彻底改变了中国古史谱系发展的历史走向。

【“南海之昆布”：唐代东亚昆布的产地、传播及应用】

胡梧挺：《中国历史地理论丛》2019年第3期。

昆布是一种可食用的海藻，其药性及功效很早即被典籍所记录。由于历代医家所见昆布之基原植物有所差异，导致诸本草典籍关于昆布的形态和产地记载有所不同。通过与朝鲜半岛及日本相关典籍记载的昆布相比较，可以确定唐代昆布的基原植物应为海带（Laminaria Japonica Aresch）。通过对中、日、韩相关文献的梳理，可以推测唐代东亚昆布主要分布于渤海国南海府、龙原府、安边府，新罗良州东莱郡，日本陆奥国等沿海地域。唐代东亚昆布主要由新罗和渤海国流向唐朝，而日本的昆布却并未流向唐朝。昆布在唐代东亚各国的应用略有不同：在唐朝主要用作药材；在新罗和日本主要作为食品，也兼做药材；在渤海国则被视为珍贵食品，同时渤海人也已了解其药用价值。

【驳“间岛”中立地带论——对篠田治策《白头山定界碑》内容体系的辩析】

李花子：《社会科学战线》2019年第1期。

日本殖民学者篠田治策在《白头山定界碑》（1938）一书中，将国际法的无主地概念套用到了图们江以北本属于中国的领土，称“间岛”（今延边的部分地区）为无主的中立地带。为了构筑中立地带理论体系，他不遗余力地否认中朝两国以图们江为界，如借助土门（指黑石沟—松花江支流）、豆满（今图们江）二江说，指出康熙五十一年（1712）定界的法律行为的要素错误，因而定界不成立；采取模糊叙述、断章取义甚至歪曲史料的手法，否认从黑石沟到豆满江源设置了木栅；虽承认光绪十三年（1887）勘界时，中朝两国在红土、石乙二水合流点以下达成以豆满江为界的共识，但是借口上游存在争议，所以对前勘全部产生异议，认为勘界结果全然不成立。中立地带理论具有将间岛从中国割裂开来，任由日本侵略扩张的意图，同时给日本的扩张行为披上了合理、合法的外衣，具有很大的欺骗性，其影响至今无法抹去。

【近代以来海外中国东北边疆研究的主流脉络与基本矛盾——以“民族国家”语境下的相关研究为中心】

李路：《云南民族大学学报（哲学社会科学版）》2019年第5期。

近代以来海外中国东北边疆研究的主流话语脉络有三：其一为“民族国家”语境下的20世纪初期日本“满洲”研究，表现为非正义性与非理性；其二为由拉铁摩尔“农牧对立”观引发的“征服王朝”研究及其在战后日本学界的发展，其核心观念是将辽、金、元、清等王朝视为独立于中国史之外的游牧政权；其三为“内亚史”与“新清史”研究，其特征是以“内亚”视角观察中国东北边疆，认为边疆影响中国。此三类研究，其本质特征都是以近代西方“民族国家”话语解释中国古代东北边疆，甚至直接割裂了中国与东北边疆的关系。从根本上看，这些海外中国东北边疆研究面临着两个基本矛盾：“民族国家”话语的普适性危机与西方“边疆”观念在中国的不确性。

【康熙时期穆克登碑初立位置新证】

李少鹏：《中国边疆史地研究》2019年第4期。

清康熙五十一年（1712），康熙帝命打牲乌拉总管穆克登赴中朝交界的图们江、鸭绿江江源一带确定两江正源，并在分水岭处树立界碑，史称“穆克登碑”。

根据新发现的李匡德《冠阳集·答李君敬书》、首尔大学奎章阁藏《西北界图》和《八道地图》、成海应《北边杂议》等朝方资料，结合中国第一历史档案馆所藏满文奏折、清末相关人员的实地考察等中方资料，作者认为穆克登碑最初确实立于小白山分水岭上，穆克登指定的图们江源是红丹水。

【“山戎”之名：早期辽西族群的名同实异】

苗威：《中央民族大学学报（哲学社会科学版）》2019 年第 3 期。

“山戎”是我国东北地区的三大原始族群之一，主要活动于西辽河、大凌河一带。至周代，“山戎”之名所对应的族群不仅居地转至七老图山、延庆、张家口市以西以及迁西之间，而且族群也已经改变。故而以周朝为限，将山戎分为“古山戎”与“周山戎”，其分化与重组有土著族群本身的因素，也与当时的政治格局密切相关。

【推进东北亚区域合作的现实基础与路径选择】

沈铭辉、张中元：《东北亚论坛》2019 年第 1 期。

作为一个整体，东北亚地区至今仍未成为“一带一路”建设的重点合作区域。当前，朝鲜半岛局势出现缓和，东北亚区域合作有望迎来新机遇，但区域内各国仍需要进一步打造合作氛围和条件。推动中国东北地区与俄罗斯、朝鲜、韩国、日本、蒙古国共同参与东北亚区域合作，联通中国、朝鲜、韩国、日本、俄罗斯的交通线，并打通与“21 世纪海上丝绸之路”和建设中的北冰洋航线间的连接，实现东北亚互联互通和经贸投资的高水平发展。同时，东北亚区域合作也面临着投资环境、基础设施等方面的制约，中国作为东北亚区域合作的重要倡导者和参与者，需要进一步规划合作路径和打造合作重点，推动东北亚地区加速融入全球价值链，共建产业合作走廊。

【东北边疆民族地区乡村振兴重点破解问题及路径设计——以朝鲜族聚居区为例】

沈权平、沈万根：《北方民族大学学报（哲学社会科学版）》2019 年第 5 期。

乡村振兴战略的提出和实施将会使我国乡村发展出现一系列的新变化。东北边疆民族地区作为欠发达地区，其贫穷落后、空心化严重的乡村地区需要在乡村振兴战略实施的驱动下逐步打赢脱贫攻坚战，摆脱贫困生活状态，实现乡村经济社会蓬勃发展。东北边疆民族地区通过乡村振兴应破解乡村人口流失、民族传统文化淡化、乡村治理体系不健全、乡村生态保护及乡村经济萎靡等五个重点问题。为此，应从科学的顶层设计出发，以建设现代乡村为根基，培养现代农业人为驱动力，实现乡村脱贫致富目标，建设东北边疆民族地区美丽乡村。

【作为历史中心的东北欧亚：理解东北兴衰的一种视角】

宋念申：《开放时代》2019 年第 6 期。

该文采用长时段视角考察欧亚大陆东北部的历史，将这个边缘地带看作欧亚大陆人类活动的一个中心区域，并探讨其独立于周边国家的内在历史动力。该地区的丰富历史遗产不应被任何一个当代民族国家垄断，相反，我们应该在广阔的地理、政治、经济和社会脉络中，恢复该地区的地方能动性。在数千年的历史过程中，数个王朝及帝国兴起于此地，使其成为早期全球化的主要推动力量之一。更为重要的是，这一边疆地区在 19—20 世纪直接刺激了周边社会的民族和国家建设进程，成为域内国家走向“现代”的试验场。后冷战时代，日本、中国、朝鲜、韩国及俄罗斯都开始重新认识这个多边边疆的地缘重要性。只有深刻认知东北欧亚的内在历史发展轨迹和结构，才能理解该地区的社会生态结构，也才能认识到单纯以经济为指标、市场为导向的边疆建设，其问题何在。

【唐代东北边疆战略初探——以营州和幽州的分合关系为视角】

宋卿：《史学集刊》2018 年第 5 期。

在唐朝东北边疆战略中，营州与幽州互为援手，几度分合。武德元年至贞观七年，唐朝对东北边疆经略持防御态势，以幽州辖营州。贞观八年至万岁通天元年，唐朝对东北边疆经略转为进攻态势，战略重心前移，营州从幽州独立，成为经略东北边疆的前沿重镇，幽州退居辅助地位，成为支撑营州的后方基地。契丹叛唐后，以营州为中心的东北边疆防御体系基本瓦解，东北边疆防务改由幽州负责。后鉴于东北亚形势的变化，唐朝转以积极进取态势加强东北边疆军事防御与控制，继续发挥营州东北边疆桥头堡作用的同时，以幽州辖营州，全面统筹东北边疆事务，二者合力，共同屏障东北边疆，维护东北亚区域安全。

【高句丽“卒本”和“国内”的地理空间范围考证】

唐淼、王志刚：《社会科学战线》2018 年第 8 期。

“卒本”和“国内”是文献中与高句丽政权早、中期都城有关的地理空间概念。目前学界对二者的准确范围既无定论，也缺乏系统论证。“卒本”和“国内”地理空间范围的认定在高句丽都城及诸多重要问题的研究中具有极为重要的学术意义，有必要深入研究和探讨。文章结合文献记载和最新考古资料，主要从桓仁和集安高句丽遗址的类型特点和空间分布规律入手，对“卒本”“和“国内”的地理空间范围进行推定。并根据遗址的类型、分布规律和自然地理特点，将“国内”分为“王城区”“陵墓区”“畿辅区”三区。

【渤海国据有辽东史事考】

佟薇、韩宾娜：《中国历史地理论丛》2019 年第 1 期。

高宗总章元年（668）唐朝灭亡高句丽政权，于其地置安东都护府。此后随着唐王朝的式微，辽东地区周边政权皆有意争夺此地。其中渤海国势力较强，在唐安东都护府废置后，尤其是在唐末农民战争频发时期，唐廷无力控制辽东，于唐宣宗大中末年（859），渤海国占据此地。九世纪末契丹崛起，并于神册四年（919）修葺辽阳故城，显示渤海国在 10 世纪初丧失了对辽东的控制。借此，渤海国对辽东地区据有并控制了半个世纪之久。

【驳柳得恭的“南北国论”】

魏国忠、杨雨舒：《社会科学战线》2018 年第 9 期。

李氏朝鲜学者柳得恭在其所著的《渤海考》自序中首次提出了“南北国”论。“南北国”论尽管后来已经被其本人所放弃，却在半岛的学界中产生了重要影响，且至今依然为某些人所宗奉。文章从历史的客观实际出发，并在前贤研究成果的基础上，对“南北国”这一错误论调作进一步的评析和驳斥。

【乾隆朝松花江流域各“民族”权利关系——以渔权问题为中心】

吴忠良：《中国边疆史地研究》2018 年第 1 期。

康熙朝中期至乾隆朝初期，松花江流

域的人口和民族分布格局发生了很大变化，松花江流域的渔业经济成为各民族的重要收入来源，但由此产生了渔权争端。争端的产生与解决，不仅反映了各民族的权利关系，也折射出清朝对不同民族采取的不同政策。

【长白山考——兼论穆克登查边以前的朝鲜北界】

杨军、李东彤：《中国边疆史地研究》2018 年第 4 期。

朝鲜李朝文人所说长白山八名，不咸、徒太、太白、白山四名皆见于中国史籍，是历代对长白山的不同称谓，不是同时存在的异名。清代称“歌尔民商坚阿邻”，是将长白山一词译为满语。“盖马”一名出自李朝文人对史籍的比附，不是现实中应用的名称，且证据不足无法成立。白头山一名才是朝鲜人对此山的称呼。中国史籍称此山为长白山始于《辽史》，朝鲜李朝早期已采用中国辽金时期的名称，称此山为长白山。但是，朝鲜史籍中的长白山更多的是另有所指。以今白头山脉、赴战岭山脉、咸镜山脉为同一山系，称白头山东麓。这不仅是地理概念，也反映出朝鲜李朝早期的疆域观念。

【唐鸿胪井刻石铭文著录与研究的几个问题】

朱尖：《中国边疆史地研究》2019 年第 3 期。

文章首先对鸿胪井刻石铭文著录过程进行了系统的梳理，并对不同时期文献著录情况作了分析说明。其次对鸿胪井刻石铭文研究争议的核心问题进行综述分析。最后在著录和研究梳理分析的基础上展开思考，指出鸿胪井刻石铭文著录存在诸多问题，需要清晰把握，刻石铭文研究关注点太集中，忽略了对其他问题的关注，目前的研究依然存在很多疑点问题，进而提出新的解读思路。强调未来鸿胪井刻石铭文还需要学界重视，并开展更为深入的研究。

三　北部边疆研究

【新世纪北部边疆研究的回顾与展望】

阿拉腾奥其尔：《中国边疆史地研究》2019 年第 2 期。

文章回顾了新世纪中国学界对北部边疆的研究情况。20 世纪 90 年代以来，随着国内学术界构筑中国边疆学的呼声越来越高，我国边疆研究，特别是北部边疆研究取得了许多重大成果，主要表现在以下三个方面：一是国家社科基金特别项目“北疆项目”获准立项和实施；二是大量质量上乘的学术著作和学术论文出版和发表；三是一批学有所成的中青年学者加入北部边疆研究的队伍中，并且成为北部边疆研究的中坚力量。

【关于王延德《西州程记》记录的漠北部族】

白玉冬：《中国边疆史地研究》2019 年第 1 期。

王延德撰《西州程记》是关于早期高昌回鹘历史的重要史料，亦是研究 10 世纪中国北方民族史的基本材料。关于王延德所记录的漠北九族达靼部落的居地与名称的考释，反映了当时的九族达靼主要位于包括鄂尔浑河流域在内的杭爱山脉至土拉河一带，其部族名称与《辽史》记录的阻卜的部族名称，以及《史集》记录的克烈部及其分族的名称有着密切关系。当时的九族达靼直接向北宋王朝朝贡，且其社会已经产生了阶级分化。

【铁勒族名再考——兼谈高车与康里及相关部名】

包文胜：《元史及民族与边疆研究集刊》第三十六辑，上海古籍出版社 2019 年版。

经研究，汉文史籍所记狄历、丁零、敕勒、高车和铁勒等是同一族名的不同写法。高车即康里。康里，是突厥语 qaŋlï 的音译。qaŋlï 词义为大型货车、战车。高车，应是 qaŋlï 之称的意译。铁勒即高车，所以铁勒之称的含义，应该与车辆有关。该文分析认为，铁勒之称应来源于古突厥—蒙古语词汇 tegrek。tegrek 词根为动词 tegir，即圆圈、轮转之义。蒙古语 terge（车）一词应由 tegrek 演变而来。狄历、丁零、敕勒等名称应音译自 tegrek，铁勒可能是音译自 tegrek 的变异形式 terge 一词。

【17 世纪 20—30 年代喀尔喀蒙古与沙俄的关系——以林丹汗西迁为中心】

姑茹玛：《内蒙古社会科学》2019 年第 4 期。

16 世纪以来，沙俄推行东侵政策，开始向西伯利亚进军。喀尔喀蒙古与沙俄的往来是随着沙俄东扩而开始的，双方的关系在 17 世纪前 20 年非常活跃。喀尔喀蒙古与沙俄的关系与喀尔喀右翼扎萨克图汗部所属的和托辉特部联系在一起，“阿勒坦汗”最早与俄国建立起密切关系，至其子、孙仍长期延续。通过几次使者往来，俄国未能达到臣服喀尔喀蒙古、掠夺大量土地和财富的目的，于是 17 世纪 20 年代初单方面终止了往来，双方关系陷入停滞状态。17 世纪 20 年代末 30 年代初，以蒙古大汗林丹汗西迁为契机，喀尔喀方面主动遣使，向沙俄寻求援助，双方关系由此恢复并进入一个高峰期。

【“大元”国号新考——兼论元代蒙汉政治文化交流】

李春圆：《历史研究》2019 年第 6 期。

民族文字史料显示，“大元”国号是面向全体臣民的，因而具有普适性的政治符号。但是，不同文化圈对国号内涵的理解并不相同。《经世大典·帝号总序》以疆域广大解释“元”，可能反映了参与大典编纂的蒙古局必阇赤们的看法；“以仁释元”则是元代汉人儒士的主流王朝形象；蒙古文化圈受此影响，也更多地将与“仁”“民心”等对应的蒙文词汇应用于政治表达。元代国号的整体性面貌是多元文化接触、吸收的后果，不能用“蒙汉分立”式的简单二元性来概括。

【河套区域在唐朝前后期的战略地位及其转变】

李鸿宾：《山西大学学报（哲学社会科学版）》2019 年第 4 期。

文章就河套区位在唐朝前后时期的战略地位进行了专门性探索。以关中制衡关东、控制全国的战略布局之下的河套，因地处都城直北、突厥南下之要道而成为沟通南北的交汇，亦成为前期唐朝经营全国的战略性区域制衡点。唐后期又因突厥消亡而吐蕃从西部威胁长安，长安西北地位随之擢升，河套地位有所下降，但在以关中为核心的王朝框架内仍保持着某种地位。宋以后，随着王朝重心的东移，河套遂降为区域性防护地带甚至不保。河套区位之生发变化的主因，取决于唐朝国家经管的整体架构。

【元朝诸帝“飞放”围猎与昔宝赤、贵赤新论】

李治安：《历史研究》2018 年第 6 期。

忽必烈建立元朝后，诸帝沿袭蒙古前四汗旧俗，在大都郊外柳林春猎“飞放”，在上都附近的东、西凉亭及三不剌川秋狝。大规模的合围捕兽主要见于世祖、成宗和英宗朝。负责养鹰的昔宝赤鹰房定籍，始于窝阔台时期。兴和路和察罕脑儿是上都附近御位下昔宝赤的两个聚屯地。管领诸路打捕鹰房总管府、仁虞院和仁虞都总管府等则先后为朝廷统辖昔宝赤的机构。“失宝赤万户”和“昔宝赤右手万户”分别以辽阳行省、黄河中下游的鹰房户作为兵员基础。迄文宗朝，昔宝赤“爱马”（部）及其所属鹰人扩张至 14024 人，构成庞大的怯薛分支集团。贵赤以脚力便捷与快行为专长，其职司大抵是徒步携犬参与皇帝行猎。昔宝赤和贵赤等的协同执役，又与草原“鹰背狗”俗基本相符。两都附近的春猎秋狝，是元统治者恪守蒙古旧俗和接受汉文化多寡的“寒暑表”。

【清代蒙古草原“内地商民”间的性问题与蒙疆治理研究】

柳岳武：《社会科学》2018 年第 12 期。

康熙朝以降，随着清廷对蒙古草原统治的增强，山陕直鲁等处的商民人渐入草原，从事“雁行式”贸易或“移民式”耕种。而此际草原恶劣的“自然生态”，弱肉强食的“社会生态”，尤其是清廷禁止内地民人携眷前往并禁止与蒙古女性通婚的“政治生态”，进一步导致了草原上女性资源的严重稀缺，催生了商民人鸡奸行为的高发和凶案的发生。针对此等问题清廷除对“有罪者”问罪外，不曾积极采取何等措施消除前两种生态导致的不良影响，相反继续从“蒙汉相安”“保护蒙旗”的立场出发，继续对内地女性的进入以及蒙汉通婚进行限制，客观上扼杀了确保边疆安全的重要机体细胞“定居式家庭”的生长，直接导致了晚清尤其是清末外蒙等边疆危机的全面爆发与清廷应对的措手不及。

【近代呼和浩特回族驼运的历史考察】

马维新：《回族研究》2019 年第 2 期。

清末民初，随着国内外形势的演变，呼和浩特回族驼运逐渐兴起并逐步发展。辛亥革命以后，呼和浩特形成了历史上的北门、宽巷子、后沙滩、营坊道、东寺巷等驼户主要分布区，驼运进入了以“德厚堂”为主的八大驼户时期。驼夫、驼户构成的驼帮有其系统的组织结构和组织行会，其所经营的驼队行经今日之蒙古国、内蒙古、甘宁、新疆等地区。驼运加强了新疆、内蒙古、华北乃至内地之间的商贸往来，促进了东西部地区的商品流通，增强了边疆与内地的经济互补性。驼运之路不只是一条商贸运输之路，也是一条民族交往、交流、交融之路，更是一条民族互惠共生之路。开展回族驼运的研究，有助于拓展和深化西北回族史、社会经济史等诸多史学领域的研究，为助推“一带一路”建设提供“丝茶驼路”的历史可鉴之处。

【守在四夷：北魏北部边疆经略方针及其思想源泉】

彭丰文：《中国边疆史地研究》2019 年第 3 期。

北魏王朝肇迹于代北塞外，在其统治前期，军事讨伐政策在北部边疆经略中占有一席之地。不过主动进攻型的军事讨伐政策其实非常短暂，严格来说仅仅存在于道武帝拓跋珪统治时期，而防守、羁縻与怀柔方针则是长期的、稳定的，是北魏王朝经略北部边疆的基本方针。以“守在四夷”为核心的中原传统边疆经略思想，是北魏北部边疆经略方针赖以形成的重要思想源泉，也是北魏王朝讨论、决策边疆经略事务时最权威的理论依据。这体现了北魏统治者自觉认同中原文化、主动融入中华民族共同体的积极姿态，对维护北部边疆稳定、促进边疆与中原的政治、经济、文化联系以及推动中国统一多民族国家疆域的形成具有重要历史意义。

【有关《封燕然山铭》摩崖的三个问题】

齐木德道尔吉、高建国：《西北民族研究》2019 年第 1 期。

在蒙古国新发现的《封燕然山铭》摩崖是东汉窦宪北征匈奴后的纪念性遗存，与《后汉书》所记存在多处细微差异，个别异文可与蒙古国考古资料印证，凸显摩崖仍具有重要的文献研究价值。结合史籍记载和蒙古高原地理可知，传世文献中的燕然山确为今蒙古国的杭爱山，摩崖所在是中原与漠北之间的一处重要交通点。摩崖下方的“汉山”题刻不见于任何文献记载，再综合前述多处差异，推测班固后来对文本进行了润饰。

【边缘的底层：明代北边守墩军士的生涯与待遇】

邱仲麟：《中国边疆史地研究》2019 年第 3 期。

军队是一种特殊的社会，军士是主要的组成分子。位处最前线的墩军被赋予瞭望和传烽的任务。他们除承受大自然与敌人的威胁外，也必须面对长官的各项要求。文章结合制度史、生活史与社会史，关注这一群底层士兵的职业生涯与相关待遇，侧重制度运行的动态过程、连锁变化及其衍生的问题。全文分为四个部分：第一，讨论士兵的生活层面，包括生活用水、炊爨燃料和各项配备（含鸡猫狗），另又谈到家眷随住与养赡田。第二，分析墩台的兵力编制、轮值周期，以及墩军不得换班、军官私役和卖放免守等弊端。第三，探究墩军的薪水收入，除了月粮之外，因其任务特殊，又加给行粮。不过，薪水常被军官以各种名目克扣，实际所得有限。第四，涉及御寒的问题。明初以来，官方定期拨给墩军毛袄或胖袄、胖裤、鞋等保暖衣物，但基于各种原因，墩军有时并未享受到这一福利。若干狠心的军官，甚至将胖袄等依高下定价加以勒索，以致没钱的军士不敢领取。墩军防守着帝国的最边缘，而他们也是极为弱势的群体和边缘人。

【蒙元史研究与蒙元历史叙事的建构】

沈卫荣：《中国社会科学评价》2018年第3期。

近年来，与对“新清史”的热烈讨论相应，一种在全球史观影响下形成的新的蒙元历史叙事日益引起了人们的关注。这种蒙元历史叙事把蒙古对世界的征服看成近代世界新秩序之建立的开始，将蒙元王朝的历史从传统的中国古代王朝不断变换更迭这一历史框架中挪移出来，把它看成一个跨越欧亚、连接东西方世界的大帝国。蒙元帝国的崛起彻底改变了东西方世界的原有格局，它为世界史创造了一个“蒙古时代”。这个时代不再由以欧洲为中心的西方世界和以中国为中心的东方世界两个互相分离的世界组成，而是合成了以横跨欧亚的蒙古帝国为中心的一个整体。蒙古时代对世界格局的这种改变影响巨大，它一直延续到我们今天所生存的当代世界。历史研究不能完全被今人的立场和观点所左右，但中国的蒙元史学者也不能只研究蒙元王朝的历史而不关注蒙元历史叙事的建构，因为历史研究的目的不只是要揭露历史的真实，而且还要诠释历史的意义。

【边疆地区蒙古族的畜牧业合作化生产——以新巴尔虎右旗巴尔虎蒙古族为个案】

塔米尔：《中国边疆史地研究》2018年第4期。

合作化生产是边疆牧区蒙古族牧民畜牧业生产中采取的传统生产模式，并以20世纪50年代前后和20世纪80年代为节点呈三段式发展。20世纪50年代前，牧民季节性合作是畜牧业生产的传统生产模式之一。20世纪50年代以后，在国家政策支持与引导下出现了畜牧业合作生产方式，并分为互助合作生产、合作社合作生产和人民公社集体生产三个阶段。20世纪80年代初开始又兴起了牧民自愿联户组合的合作组织，进而响应国家号召成立了牧民专业合作社，从此边疆牧区迈入合作化生产新的发展道路。

【宇文泰“关中化”政策及其对华夏文化发展的影响】

王小甫：《民族研究》2018年第5期。

该文一一考证辨析陈寅恪所谓“关中本位政策”的内容和性质：府兵制初期并不是鲜卑部落兵制，其兵农分离改变了内迁北人的镇民府户身份，有利于北族编民化从而融入华夏社会；所谓“柱国”和“所将士卒亦改从其姓”一类措施，全是宇文泰在创业过程中超压同侪、势逼帝尊的掩耳盗铃手段；李虎家族确曾移镇武川，并同宇文泰家族一道卷入葛荣之乱；宇文泰改西迁有功汉将之山东郡望为关内郡望，本意是要以首望统领乡兵，而非“以断绝其乡土之思”。这些表明，宇文泰的“关中化”其实是汉化政策，是其北族南徙内迁过程的继续；其改用《周官》要在返本开新，冲击荡涤“魏晋以来门第之政治社会制度风气”，与中国古代社会发展历程相应，推动了华夏文化更新和社会演进。

【屠各刘氏先世建构再探】

温拓：《中央民族大学学报（哲学社会科学版）》2018 年第 5 期。

中国历史上，凡北方民族建立之王朝，面对最大的问题即是如何消解不同族群之间异质性的问题。通过对传世文献、出土文献中有关先世传说内容的比较，文章讨论了汉赵政权合法性建构的问题。自汉赵之后的诸多北方民族政权在选择建立“始祖”时，皆为“创造”不见于史的新祖先，这种含混、模糊的追认始祖，恰为团结更多人群提供了便利。这种合法化建构模式，可能也是汉赵覆亡给后世政权带来的启示。

【蒙古阿礼嘎礼字、新满文及近代蒙古文】

乌兰巴根：《满语研究》2018 年第 1 期。

蒙古文为满文提供了造字元素和造字经验，满文也为蒙古文提供了发展要素。1587 年，阿尤什为了翻译佛经，以蒙古文为基础，参以梵藏文字母及其符号，创编了一套梵藏词语转写音标阿礼嘎礼字。阿礼嘎礼音标造字手法灵活，辅助符号繁多。1632 年，达海参照阿礼嘎礼造字经验，不仅创造若干新的满文字母，还创造了一批汉语译字和一套拼写汉语借词方法。其中一些新字和符号来自阿礼嘎礼，尤其是 h 字的圆圈涉及梵藏文字。新满文的造字经验及辅助符号为托忒文和布里亚特新字所借鉴，同时其转写汉语的字母、音节字和拼音方法为蒙古文所因袭。因此，蒙满两种文字不仅具有源流关系，而且还有互相交流的一面，二者相互借鉴，互相提携，成为粟特系最为发达的两种文字。

【二世纪至十一世纪北族前国家时期的社会组织】

杨军：《历史研究》2018 年第 3 期。

文中所说的北族，指分布在汉族居住区以北的诸少数民族，东至东北与朝鲜半岛，西至羌区及蒙古草原西部。该文所涉及的北族，最早的是东汉的羌人，最晚的是辽代的女真人，大体而言，时间跨度自 2 世纪至 11 世纪。该文所说的前国家，指这些少数民族既不是某一政权的统治民族，也未成为其他政权所属编户齐民的时期。该文的研究主旨是，讨论北族在没有进入国家管理体制时，其所通行的社会组织的状况，尝试进行类型的归纳和规律的总结。

【中国边疆开发与周边政治经济学——以内蒙古呼伦贝尔沿边开发及其对蒙俄开放为例】

赵可金：《当代亚太》2019 年第 6 期。

边疆发展是一个国家经济发展的重要组成部分，兼具地缘政治和地缘经济意义。传统的边疆发展研究更多关注边疆经济发展本身的意义，更多从经济学的视角分析边疆的资源禀赋和经济潜力，缺少有关边疆政治发展对边疆经济发展影响的研究。事实上，边疆概念本身就是政治权力建构起来的，决定边疆发展的关键是政治建制，而边疆的开发也是经略周边的重要依托。文章在构建周边政治经济学分析框架的基础上，选择呼伦贝尔作为案例，检验中国的沿边开发战略及其效果，发现作为中国与蒙俄两国的边疆，呼伦贝尔在不同历史时期的发展形态从根本上受当时的国际关系和政治建制的左右。在“一带一路”倡议不断推进的背景下，呼伦贝尔未来的发展取决于政治建制的水平和形态，而该地区的开发及对蒙俄的开放也将拓展中国周边外交的实践。

四　西北边疆（新疆）研究

【清末新疆的蝗灾与政府应对】

阿利亚·艾尼瓦尔：《民族研究》2018 年第 4 期。

依据中国第一历史档案馆和新疆维吾尔自治区档案馆所藏相关档案，以及地方志等清代文献，文章全面梳理和统计了清末新疆蝗虫灾害的概况，并结合已有的研究成果，初步分析了清末天山南北各地蝗灾发生的时空分布规律，讨论了光绪、宣统年间受灾损失程度以及政府救济的相关措施，论述了清政府对新疆救灾的力度及其在边疆民族地区推进国家治理的独特方式。

【从地图和纪行史料看清朝对哈萨克的早期认识】

巴哈提·依加汉：《民族研究》2018 年第 2 期。

该文在对几份清代地图及纪行中有关哈萨克的记载进行讨论的基础上，就清朝对哈萨克的认识过程、某些史料之间的传承关系以及个别具体史事的发展等问题提出了自己的看法，认为：第一，现有的史料虽然有一些模糊的记载，但还无法使我们确认明末清初哈萨克与明、清政权交往的事实；第二，南怀仁《坤舆全图》中的“加撒基”是我们所知 Qazaq 一名最早的汉文译写形式；第三，图理琛《异域录》地图中的“哈萨克乃古大宛国”的说法来自康熙皇帝，尽管是一个错误的概念，但它的缘起及有关天马的故事反映了清朝对哈萨克重视的开始，它也在某种程度上为此后清朝有关“西域”历史的话语建构提供了思维路径；第四，《雍正十排图》中有关哈萨克的记载对《乾隆十三排图》相关内容具有重要影响，这一影响的范围和意义值得研究者进一步予以重视；第五，《哈密至准噶尔路程记》和《从军杂记》中的有关记载反映了 1727—1732 年哈萨克与准噶尔势力此消彼长的形势。

【瓦罕走廊的战略地位及唐前期与大食等在西域南道的角逐】

李宗俊：《中国边疆史地研究》2019 年第 1 期。

瓦罕走廊连接着西域通向中亚、南亚各国的道路，战略交通地位十分重要。在大食东扩的背景下，该地区成为各方争夺的焦点。波斯复国运动的总后台为唐朝，而吐火罗等国的向背，以及中亚诸小国来唐朝贡，背后是诸大国在该地区的博弈。但逻斯战役是唐朝与大食为争夺中间地带的宗主权和势力范围而长期竞争、对峙的结果；唐朝册封的目的就是在明确宣示中亚诸国与唐朝的宗藩关系，激励、支持它们与大食对抗。唐朝葱岭镇的设置意义极大，不仅控制了瓦罕走廊的进出口，而且切断了吐蕃经勃律道进入西域的通道。

【晚清保疆的军费运筹】

刘增合：《中国社会科学》2019 年第 3 期。

清光绪中叶，中国边疆频遭外患，面对财政困难，虽然朝臣疆吏在边疆取舍上认识不一，但是清政府最终确定了保疆大计。收复伊犁交涉引发沙俄对西北和东北边疆侵略威胁，清政府设立东北边防经费专项，从财政上增加对东北固疆行动的支持；西北不仅名义上创设新疆行省，阎敬铭等重臣还筹划了国库纾困与支持新疆固边的双重行动；法国侵台危机促成清政府新设台湾行省，台澎防务需款至多，福建极力维系闽台一体，财政上积极协济，部库虽困难重重，但依然是东南海疆固防的财政后盾。军费运筹受到国困现实的牵制，进而影响经略边陲的效果。靖边与纾困虽有矛盾，但却关联紧密，成为检验清政府靖边保疆能力的重要方面。

【正本清源，正确阐明新疆历史——新中国成立70年来新疆历史研究的回顾与展望】

苗普生：《西域研究》2019年第3期。

中华人民共和国成立70年来，新疆历史研究以1978年12月党的十一届三中全会为标志，大致分为前、后两个阶段。在前一阶段，新疆成立了从事历史研究的专门机构，建立了本地学者队伍，开展了民族社会历史调查和考古发掘工作，取得了一批初步研究成果。在后一阶段，广大史学工作者解放思想，求实创新，使新疆历史研究得到了全方位的发展。除政治史外，研究领域拓展到了民族史、经济史、宗教史、文化史、历史地理、历史人物等各个方面，为正本清源，资政育人，正确阐明新疆历史，加强民族团结，巩固国家统一，维护新疆的社会稳定和长治久安，作出了积极贡献。

【论北宋西北熟户的发展与国家认同——以党项小胡部族为例】

王道鹏：《中国边疆史地研究》2018年第1期。

宋代社会集中出现的熟户是10—13世纪民族大融合的反映。小胡族作为熟户代表，适应了宋王朝建立的部族分化等民族政策，其首领家族与宋王朝成功地构建了政治认同，并在代际中延续、巩固，在一定程度上培育出忠君爱国的观念。宋王朝为熟户发展提供了物质保障和发展空间，小胡族适应了以城寨为依托的社会生活，自然渐化，形成地域认同和国家认同想象。然而长期延续的夷卑夏尊、“非我族类，其心必异”等观念影响着宋王朝民族政策的制定和具体实施，从而在一定程度上阻碍熟户与宋王朝之间的认同，因此小胡族也曾出现部分首领叛离的情况。

【清代新疆博克达山官方祭祀与王朝秩序】

王平、何源远：《民族研究》2018年第3期。

在清朝平定西域的过程中，曾于乾隆二十年、二十二年、二十四年三次以皇帝的名义颁文告祭天山高峰博克达山，其后更将博克达山纳入官方祭祀体系，每岁进行祭祀。博克达山的神圣性有着多重来源，官方祭祀背后，是清朝在进行多元性质统治的同时，从价值观及仪式方面建立一体化秩序的努力。

【清朝统一新疆及其历史意义】

王希隆、杨代成：《中国边疆史地研究》2019年第1期。

清朝完成统一新疆的大业，是汉、唐、元诸朝以来我国多民族国家历史发展的必然结果。清朝统一新疆的大业虽然是在乾隆朝最终完成的，但康熙、雍正、乾隆三朝都为统一新疆作出了重要贡献。清朝再度统一新疆，不仅进一步奠定了我国的西北边疆，促进了新疆多民族聚居格局的发展与各民族之间的交往交流，推动了新疆社会政治、经济的进步，保障了丝绸之路的畅通无阻，还体现了中华民族长期整合发展的历史趋势，具有重要的历史意义。

【新疆吉尔赞喀勒墓群蕴含的琐罗亚斯德教文化元素探析】

巫新华：《西域研究》2018 年第 2 期。

吉尔赞喀勒墓群年代距今 2600—2400 年，地表的“地画”遗迹不仅是琐罗亚斯德教徒对“光”崇拜的直观表达，意蕴了至上善神阿胡拉·马兹达的无上尊崇，还蕴含“善恶二元对立”和“抑恶扬善、善必胜恶”的宗教思想。墓葬出土的装盛有不同数目卵石的火坛、人工加工过的小木棍、带孔的小木棍、天珠、二次殓骨、鹰骨、容器中的铁刀、箜篌等遗存与墓群地表的“地画”遗迹相互关联、呼应，共同构筑了琐罗亚斯德教早期阶段的文化语境。

【清朝对甘青土司的治理及其影响】

武沐、赵洁：《民族研究》2018 年第 2 期。

清代甘青地区虽未进行大规模“改土归流”，但清政府对于甘青土司仍然从政治、军事、经济、法律、“教化”等多方面进行了全面治理，如从体制上削弱土司，对甘青土司采取恩威并治的手段，强化法律约束，严控土司武装与禁止私藏武器，以及经济上的釜底抽薪。由于这些措施的实施，甘青土司发生了明显的变化：甘青土司对中央的依赖与认同进一步强化，土司地区存在的二元政治结构逐步瓦解；汉化与整合加速了甘青土司的衰败，以儒家文化为中心的“教化”开始向土司内部渗透。

【从两份档案看奥斯曼土耳其对阿古柏的军事支持】

许建英：《中国边疆史地研究》2019 年第 1 期。

文章翻译并介绍了两份英国及土耳其档案，并以这两份档案为中心，结合有关资料，研究了奥斯曼土耳其对阿古柏伪政权的军事援助情况，尤其是军事官员的活动和作用。所附两份档案均是有关军官亲身经历的记述，对研究阿古柏伪政权及其统治颇有价值。

【杨增新治理新疆的思想与措施】

杨圣敏：《中国边疆史地研究》2019 年第 4 期。

纵观清代中叶至 1949 年 200 多年的历史，尽管新疆长期面临俄、英等外敌环伺的局面，但如内部稳定，则外敌难以侵入并扰乱新疆社会。历史上新疆出现的乱局多肇始于新疆社会内部各种矛盾的激化，矛盾激化造成社会不稳，外敌遂趁虚而入并最终导致全局性动乱甚至领土丢失。民国时期，新疆的统治者曾多次更换，其中唯有杨增新治新的 17 年是社会较为安定的时期。对这一时期新疆地方政府的治疆措施进行分析，有利于借鉴历史经验。

【唐代西北战事下的族群与地区农牧业进程】

张开：《青海民族研究》2018 年第 4 期。

西北地区的农牧业在唐代历史中有着极其重要的地位，牧马业和边地军屯是具有代表性的农业生产形式，同时在很大程度上也是军事行动的产物。该文从农业活动的主体——人的角度出发，把战事对族群的影响、族群的农牧业选择联系在一起进行动态考察，界定出“缓冲族群”的特征及其与战事、农牧业发展之间的关系；进而以此为纽带，分析唐代西北战事与地区农牧业发展的关联；认为唐代西北战事在一定程度上加速了西北地区农牧业之间的纵深渗透，兼有农业文明和游牧文明的“缓冲族群”的出现，使农牧过渡地带的农牧生产在社会层面上具有更强的适应性。

【从河湟汉墓看“河西初开”时的多元族群融合】

张启珍、李冀源：《青海民族大学学报（社会科学版）》2018 年第 1 期。

青海河湟地区密集发现的 200 多座两汉墓葬及出土物资料具有鲜明的关中地区汉文化传统，又继承了河湟地区先秦土著文化的因素，还吸收了中亚、西亚等外来文化的影响。河湟汉墓的多元文化因素，深刻地反映了《汉书·西羌传》所记载汉武帝征四夷时，“河西初开”之际的族群文化景观，也反映了丝绸之路初创时的社会历史。

【使臣授职：明代西北丝绸之路上的羁縻政策】

张文德：《江苏师范大学学报（哲学社会科学版）》2018 年第 5 期。

明王朝与西域诸国的关系通过来往于丝绸之路的贸易使臣得以持续，明廷基于维护国家长远利益，鼓励使臣往返，对来往于西北丝绸之路上的使臣授予官职。明廷可以根据西域国王或使臣的请求，报皇帝批准后，授予西域来华使臣不同级别的武职。其晋升顺序按武职级别，由低到高进行。不同的武职具有相应的品级，授职使臣因其品级的高低而享受不同的等级及其给赐待遇。对授职使臣，明廷除了给予诰敕外，还赐予冠带、袭衣等物。这种使臣授职制度与朝贡给赐制度相结合，是明朝维护西北丝绸之路上中央王朝与边疆民族以及藩属国关系的羁縻手段，是明代外交制度的重要组成部分，也是明朝朝贡制度在政治上的反映。

【历史上新疆、西藏两地区域互动与中原王朝的西部边疆经营】

张云：《西域研究》2018 年第 4 期。

新疆与西藏相互毗邻，历史上曾发生过较为密切的联系。该文主要从宏观角度梳理两地相互交往的内容与形式，包括民族迁徙、经济交往、宗教文化交流、军事互动关系，并试图总结其中一些主要特点，特别是两地交流均与内地的交流存在内在联系，中原王朝对两地的经营，以及河西走廊在其中所发挥的特殊作用，展现出中华民族多元一体国家形成与发展过程中的一般规律。

【唐代开元盛世的边疆格局及其西北民族关系——以敦煌遗书 P. 2555 陷蕃组诗为中心】

钟书林：《文史哲》2018 年第 5 期。

敦煌遗书 P. 2555 是一卷重要文书，其中陷蕃组诗 72 首，反映出当时唐代开元盛世的边疆格局及其与西北各民族之间的复杂关系。P. 2555 陷蕃组诗集中体现的是唐代开元后期大唐与吐蕃、突骑施、大食、突厥等边疆关系，其创作时间可以推定为开元二十二年冬到开元二十四年秋，不是过去通常认为的敦煌沦陷时期或沦陷前夕。陷蕃组诗作者所称呼的“王都护姨夫”即安西都护王斛斯，唐开元后期镇守西域边关的重要统帅，而陷蕃组诗作者为大唐出使塞外戎乡的“富有宰相之望”的吏部尚书、皇室宗亲李暠，不是过去通常所提的毛押牙、马云奇。

【百年回溯：民族分裂主义在新疆生成存续的国际因素管窥】

周竞红：《兰州学刊》2018 年第 2 期。

百年来，民族分裂主义在新疆的生成和存续，无论在思想意识领域，还是在社会行动方面，都与全球性民族主义浪潮的兴衰节奏相一致。站在资本主义时代和中国特定的历史进程的视角来看，民族分裂主义在新疆的生成存续以国际社会复杂权争为时代背景和重要推动力，形成具有多重复杂选择特征的历史态势。梳理和认识这一过程，有助于全面深入认识当前新疆社会治理所面临的具体问题，并以更为稳妥、理性和积极的方式，团结一切期待国家强盛、人民富裕的各民族成员，共同抵御民族分裂主义思想和行动对新疆经济社会发展的牵绊与阻碍。

【军卫建置与明洪武朝的西北经略】

周松：《中国边疆史地研究》2019 年第 2 期。

明朝在洪武五年冯胜西征之后并没有立即实现对甘肃的完全控制，而是采取从青海到甘肃、先易后难、渐次推进的方式，直到洪武二十六年以后才最终确立在整个河西走廊的统治。洪武朝西北经略举措包含了军卫置废、军政中心转移的复杂变动，遵循了防御体制从重将镇边向塞王守边转换的总体思路。在明蒙争夺西北的博弈中，武靖卫、高昌卫、岐山卫、西平卫、岐宁卫、凉州土卫等一系列废置番卫成为特定时期和条件下明朝拓展疆土的前沿。洪武朝后期，随着河西走廊卫所的全面设立，明朝完全掌控了整个甘肃地区，这改变了自唐代吐蕃控制陇右之后的民族分布状态，再度形成了陇右内地化的新格局。

【吐谷浑墓志通考】

周伟洲：《中国边疆史地研究》2019 年第 3 期。

20 世纪以来，全国各地出土关于吐谷浑人墓志约 20 方，学界相继撰文研究，多有创获。作者在对 20 方吐谷浑人墓志出土及学术研究史梳理的基础上，对 21 世纪以来新出土的唐代《慕容瓌墓志》《吐谷浑成月公主墓志》和《慕容曦轮墓志》作进一步的考释。最后，对出土的 20 方吐谷浑人墓志作一通释，并阐述其学术价值。

五　西藏研究

【康熙朝清廷对拉达克地图的绘制】

陈柱：《中国藏学》2019 年第 3 期。

康熙朝清廷在测绘全国舆图时，先后两次派人实地测绘西藏舆图。首次所绘地图未被采纳。第二次测绘所派人员为大喇嘛刍尔齐木藏布喇木扎木巴等两位喇嘛和理藩院主事胜住，所绘地图被纳入《皇舆全览图》。其间，三人根据传闻和寺庙旧闻绘制了拉达克地图，将其作为西藏阿里地区的一部分绘入西藏地图；详细标注了拉达克的山岭、河流、湖泊、城镇、寺庙、边界以及周边部族等地理信息；以喀喇昆仑山为拉达克北部边界，将阿克赛钦绘于拉达克境外。这不仅为清代中后期绘制全国舆图所沿袭，也为清代官修方志所吸收。这些舆图和方志标注和介绍了拉达克的地理信息，反映出拉达克是清朝西藏阿里地区的一部分，揭示出阿克赛钦在拉达克境外、拉达克在印度境外的认知。

【堆布藏文化形成的历史背景】

达瓦次仁：《西藏研究》2019 年第 3 期。

堆布曾经是象雄和吐蕃的重要疆土，吐蕃政权分裂后，先后被拉达克、亚孜、贡塘、洛门塘、久姆拉、廓尔喀等地方势力统治。由于其特殊的地理环境和政治环境，堆布一直以来是西藏宗教许多教派的避难所。当苯教、藏传佛教宁玛派等在西藏受到压制和排挤时，其教派僧人们选择到堆布地区避难，并在此继续他们的宗教事业。因此，一直以来西藏各教派在堆布地区互容共存，呈现出宗教思想多元性与和谐性的特征。

【西藏史前考古若干重大问题的思考】

霍巍：《中国藏学》2018 年第 2 期。

西藏考古涉及的若干重大问题不仅事关西藏文明的产生与发展，也涉及对西藏历史早期发展阶段的认识，尤其是西藏地方与中原关系的认定。西藏考古不是一个局部问题，与其周边国家、地区各区域文明之间有着密切联系，是“一带一路”文化格局中重要的组成部分，其重要的研究成果对于中华文明和世界文明都具有深远的影响。文章重点对西藏史前考古的若干重大问题进行讨论，对西藏考古与西藏文明起源相互关系中的一些重要节点展开论述。

【近 70 年西藏考古的回顾与展望（1951—2019)】

霍巍：《中国藏学》2019 年第 3 期。

西藏考古现已成为藏学研究的一个重要领域。考古学以其特殊的学科理论、方法和技术介入西藏古史研究，作出了重要的贡献，尤其是在西藏史前史研究方面，重新书写和构建了这段历史。西藏考古对历史时期的贡献在于，随着地下发掘出土考古资料的不断丰富，考古学科技水平的不断提高，为藏学研究提供了新的资料，开拓出新的研究领域。西藏考古还通过自身的实践，走出了新的路径，为总结和提炼符合中国实际的高原边疆考古学研究范式提供了借鉴。

【从新发现的藏文文献看藏传佛教在土尔扈特东归中的历史作用】

孔令伟：《中国藏学》2019 年第 1 期。

近年新疆伊犁特克斯县发现两篇完整的藏文文书，原收藏于当地藏传佛教寺院，经作者考证，为 1771 年自伏尔加河流域东归的土尔扈特人所携回。作为遗留性史料的这两件藏文文书，为史家探索 17—18 世纪土尔扈特、西藏地方以及清廷三者间的交往，开启了一扇大门。结合藏文档案、托忒文史籍与清朝官方文献，可知咱雅班第达圆寂后，其弟子所组成的卫拉特大库伦于 1676 年由额尔齐斯河中游远徙至今日俄国伏尔加河流域一带，并与土尔扈特人建立联系，自此成为土尔扈特联系西藏地方与清朝的重要桥梁。由现存藏文档案可以确知，17 世纪以来，土尔扈特人即便受到地理的隔绝与沙俄的阻挠，仍然通过卫拉特大库伦与西藏地方政府保持密切联系，更促成土尔扈特数度绕道北京前往西藏进行朝圣之旅。文章最后讨论 18 世纪后期随土尔扈特东归的卫拉特大库伦如何被纳入清朝的边疆秩序中，及其最终淡出历史舞台的过程。

【拉达克与清廷情报文书的传译过程】

孔令伟：《中国藏学》2019 年第 3 期。

康熙五十九年（1720）至乾隆二十四年（1759）间，清廷曾通过西藏地方政府与拉达克进行情报交流。来自拉达克的情报，首先以藏文书信的形式寄往西藏地方，经由以康济鼐与颇罗鼐等人为代表的西藏地方官员翻译为蒙古文，再由清廷驻藏官员译为满文并以奏折的形式寄往北京。通过重点考察藏、蒙古、满文相关历史档案，文章指出，拉达克与清廷间多语种情报文书的传递与翻译过程，深刻体现出清代中国作为多元一体国家的发展与性质。

【《新唐书·地理志》所记唐蕃道部分地名及南北道考】

李宗俊：《西藏研究》2019 年第 3 期。

《唐王待封墓志》印证石堡城在黄河以南，其遗址即为今甘南卓尼县羊巴古城；因吐谷浑人中有尉迟部，而将其驻牧的川谷称为尉迟川；碌曲县郎木寺镇贡巴、波海两个村子紧邻若尔盖沼泽，沼泽是由湖泊沼泽化形成的，湖水退化前靠近贡巴、波海两个村子的即为苦拔海；素罗汗山、王孝杰米栅在唐代洮州境内，今甘肃碌曲县西倾山附近；墨离海应为今天玛曲县境内之尕海，而墨离川应为今茫拉河等河川组成的河谷区，莫离即墨离，莫离驿即在墨离川，三者都在吐谷浑的中心地，大非川应即今青海大河坝草原，《新唐书·地理志》所记石堡城以上的地名与路段的确在唐鄯州境内，石堡城以下者均在唐洮州境，史书将二道混淆为一乃误记。

【沙州的节儿与乞利本】

林冠群：《中国藏学》2018 年第 3 期。

吐蕃占领唐朝河陇地区以后，废弃该地区原有唐朝官制，建立军事占领区官制，于沙州设置节儿，取代原有的唐官刺史，亦即以吐蕃官员统治唐人，另由唐人出任都督，以辅助节儿处理唐人事务。然而，此套制度于蕃占沙州第七年，发生氾国忠等攻杀沙州节儿等蕃官事件，迫使吐蕃不得不更弦易辙，对沙州官员作了某种程度的调整。因此，有学者针对上述吐蕃的调整，以为批示 S. 6829v 号及 P. 3613 号二件牒状者，为当时敦煌最高官员乞利本，名为“润”之吐蕃人，并指认 P. T. 1089 所载被任命为沙州节儿论的 ro ngos po g. yu gong，就是担任沙州乞利本的吐蕃人“润”；并以此延伸主张“沙州节儿论”“沙州乞利本”“节儿论及州内权限的万户长”以及“节儿论汉人万户长”，均为同一官员之不同官称；又以为沙州节儿有四个等级：节儿论、节儿观察使、中等节儿、小节儿，而节儿论、节儿观察使二者皆可以简称为节儿；亦认为敦煌汉文文书中的节儿监军正是吐蕃文文书中的节儿观察使、万户都护；等等。文章主旨希望透过辨正上述主张，对吐蕃占领敦煌以后所设立的职官以及统治机制，勾画更为清晰的轮廓。

【《工布苯日神山志》考论】

刘洁：《中国边疆史地研究》2019 年第 4 期。

文章对《工布苯日神山志》及其相关文献的历史背景、内容结构、层累式架构特点、作者及成书时间等方面进行了考释，认为该地理志为中国边疆学和西藏历史地理研究提供了崭新的研究视角和有益的史料补充。

陆离：《论唐蕃长庆会盟后吐蕃与回鹘、南诏的关系》，《中国边疆史地研究》2019 年第 3 期。

唐蕃长庆会盟后，吐蕃与唐朝和解，回鹘与南诏政权随之也与吐蕃会盟和好，通使往来。唐朝联合回鹘、南诏共同对抗吐蕃的战略格局也随之瓦解。敦煌汉藏文书和传世汉藏史籍对这一史实都有相应记载，可以相互印证。只是有的藏文史籍记载这一史实发生的具体时间有误，将其与其他历史事件混淆。吐蕃同回鹘、南诏的和解对吐蕃大力崇佛及唐蕃维州事件也产生了重要影响。

【准噶尔“扰藏”问题探析】

罗布：《西藏大学学报（社会科学版）》2019 年第 2 期。

1717 年准噶尔军队进藏并终结和硕特蒙古在藏统治，继而又烧杀抢掠，致使藏局动荡混乱。这一事件不仅在蒙藏关系史上占有重要地位，在清前期经略西部边疆的历史上也举足轻重。这一事件的发生，既与蒙藏联合政权内部关系的破裂和“真假达赖之争”有关，也与准噶尔策旺阿拉布坦扩张势力的野心有关。同时，还与西藏内部僧俗两界关系的微妙、部分格鲁派上层人士的动向有关。

【忒涅关于六世班禅朝觐的记述与乾隆治藏方略的调整和决策】

吕昭义、宫珏：《中国边疆史地研究》2018 年第 1 期。

1883 年英属印度特使忒涅出访札什伦布，在其报告中记述了班禅朝觐期间清廷治藏方略的调整。对比中方文档并考证忒涅记述，可以确证班禅朝觐期间，乾隆皇帝对治藏方略有两次大的决定。一为乾隆皇帝在承德接见班禅期间，征询其意见，决定八世达赖亲政，六世班禅辅政，召回掌办事务喇嘛。二为乾隆皇帝回京后修改了承德的初步调整决定，最终决策撤销六世班禅辅政，掌办事务喇嘛留任。这一最终决策是经过多方征询、多次修改做出的，对当时稳定西藏具有重要意义。忒涅报告只包含承德初步调整，完全没有涉及北京最终决策。北京的最终决策在班禅染疾前就已形成，并征询过班禅意见。英属印度开通对藏贸易的打算违背了清朝中央政府对外政策和治藏方略而必定落空，与六世班禅逝世无关。

【北洋政府时期鄂罗勒默扎布两次赴藏考】

裴儒弟：《中国藏学》2019 年第 4 期。

清末民国时期，鄂罗勒默扎布是新疆

北路旧土尔扈特旗一位身份显赫的亲王，曾两次成功进入今西藏地区。1918 年第二次康藏战争期间，北洋政府派遣鄂罗勒默扎布赴察木多调停，并协助办理西藏问题，其间他及时向北洋政府传递了边情。1919 年他又赴拉萨，直接与十三世达赖喇嘛商谈藏事，寻求驻藏办事长官陆兴祺入藏的可行性，并屡次向北洋政府条陈康藏划界意见。鄂罗勒默扎布赴察木多和拉萨活动均未取得满意成绩，但他为康藏界务和北洋政府改善与西藏地方的关系付出了不懈努力，应为世人所铭记。

【清末川藏地区建设电报通讯之研究】

秦和平：《中国边疆史地研究》2018 年第 2 期。

建设电报通讯是清政府有效统治川藏地区、应对侵略的重要措施，也是宣示及维护主权的行为。文章较全面地分析了清末川藏地区电报通讯的由来及延展状况，并结合邮政，从电报线路的选择说明邮电建设与清政府加强对藏区统治是同步的。西藏地区建设电报通讯，不仅涉及利权，更是中国政府行使主权的反映。通过对清末三个涉藏条约的分析，发现西藏地区架线通讯是清朝与英国“斗”出来的结果，是挽救对西藏地区的主权。清政府之所以不急于联线川藏而先建设拉萨至江孜电线，目的在于早日赎回英人架设的电线，取消英人已攫取的特权。川藏地区电报通讯说明，近现代通讯在边疆地区是因兵事而起，因兵事而延展。川藏地区电报只能采取官办官营而非官督商办或官商合办，这是清末发展边疆地区电讯业的一个重要特点。

【中印边界、西藏问题与印度对中国外交】

宋亚光：《中国边疆史地研究》2019 年第 2 期。

印度独立后试图实现英国人所留下的与我国西藏地区之间的“边界”，但由于中华人民共和国的出现及西藏和平解放，印度认识到其必将面临新的形势。印度较早承认了中华人民共和国，随后调整了对我国西藏的政策，并在对华外交攻势的掩护下，通过单方面的军事占领，首次将实际控制边界推进至“麦克马洪线”。

【新时代西藏治理开启新征程】

孙宏年：《中国边疆史地研究》2018 年第 2 期。

党的十九大报告作出“加快边疆发展，确保边疆巩固、边境安全”的部署，文章从“维护我国主权、安全、发展利益”出发，围绕新时代的边疆治理问题，以西藏稳定、发展为中心，对西藏治理战略、理论体系等问题进行探讨。

【民国时期政教合一制下的西藏社会研究】

徐百永：《中国边疆史地研究》2018 年第 4 期。

近代以来，以清末西藏新政作为起点，西藏政教合一制度开始面临着严峻的挑战。经过十三世达赖喇嘛的改革、龙夏改革尝试等，西藏仍未摆脱政教合一、佛法笼罩整个社会的局面。宗教依然主导着西藏社会发展的基本方向和政治发展的基本态势，整个社会宗教氛围依然浓厚，民众沉溺其中而不自知。与此同时，近代化因素随着西藏与外界交流的增加而悄无声息地渗透进来，主张对西藏社会制度进行变革的萌芽已经产生，并开始挑战以寺院僧侣集团为核心的保守势力对传统的固守。但由于西藏社会内部的发展惯性及惰性，最终充当打破西藏社会政教制度格局的关键因素并非来自西藏社会内部，而是来自中央政府。

【中国共产党有关西藏宗教的认知演变与政策研究】

徐百永：《中国边疆史地研究》2019年第2期。

中国共产党成立后，在其有关未来中国建设的设想中，西藏等边疆地区已经纳入其认知的范围。从最初仅仅对西藏等边疆地区进行一般意义上的政策宣示，到提出宗教信仰自由、政教分离主张，中国共产党对西藏宗教的认知也逐渐丰富和深入，相关政策也得到了初步实践。西藏和平解放后，中央在坚持上述主张的同时，寄希望于西藏僧俗上层能够主动改变宗教深度介入政治事务和世俗事务的局面。民主改革开启了西藏宗教发展的新时代，政教分离、宗教信仰自由成为西藏宗教发展的基本方针。

【金川土司的由来及兴起——兼释“金川”之名】

曾现江：《西藏研究》2019年第1期。

金川之役发生前的大小金川土司及其前身金川寺演化禅师的历史，长期被学界忽视。论文钩沉史料，尤其是早已亡佚的明清方志，讨论了三个问题。一是明初封置的金川寺演化禅师地处保县以东的杂谷脑河下游。金川之名源自隋及唐宋断续设置的金川县，本意与黄金无关，而是地处疆域极西，被认为属以金德王而主西方的少昊金天氏之地。二是受大小族姓相争的影响，金川寺演化禅师约在成化五年迁至董卜韩胡界上，从而将“金川”之名带到邛崃山脉以西的大渡河上游。三是明末清初，由僻居小金川北部百余里之地的金川寺演化禅师分化形成的大小金川土司迅速兴起，至乾隆初已占有大小金川流域五百里之地。

【十三世达赖喇嘛晋京期间的礼仪与奏事权之争新探——民族国家建构视角】

扎洛：《近代史研究》2019年第2期。

1908年十三世达赖喇嘛晋京期间曾就是否向光绪皇帝、慈禧太后下跪等礼仪问题，以及是否允许直接奏事或与驻藏大臣会衔上奏西藏政教事务即所谓奏事权问题与理藩部、外务部等中枢机构官员发生了激烈争论。前人已就基本史实及后续政治影响等有过探讨。该文立足于清末民族国家建构这一宏观背景，认为礼仪之争的本质是朝廷通过达赖喇嘛跪叩等肢体操演，对外宣示达赖喇嘛地方性首领的政治地位与西藏地方隶属清朝的政治主题；而朝廷否决达赖喇嘛的奏事之请，目的在于通过赋予驻藏大臣奏事垄断权以维护其政治影响力，贯彻政教分离的“西藏新政”原则。这些模仿西方民族国家的“政教分离”“政治体制一体”等原则的举措，虽然未能弥合分歧，却开启了边疆治理现代转型的序幕。

【汤姆斯父子入藏：美国插手中国西藏问题的开始】

张皓：《中国边疆史地研究》2018年第4期。

1949年夏秋，美国政府决定选派“无线电评论员”汤姆斯父子入藏“探险”。入藏之后，他们竭力鼓吹西藏是“独立国”，要求美国政府援助噶厦中的分裂分子。在拉萨期间，汤姆斯父子竭力蛊惑噶厦官员组建游击部队，以游击战术阻止人民解放军进军西藏，表示美国会予以援助。美国虽未公开声称西藏是“独立国”，但开始援助并考虑派官员以“旅行家”名义再次入藏。汤姆斯父子入藏，是美国在新中国成立前采取干涉西藏问题的重大举措，企图阻挠中国共产党顺利解决西藏问题。

【1896 年中英“藏哲边界”交涉与勘界研究】

张永攀：《中国边疆史地研究》2018 年第 4 期。

乾隆末年清代“藏哲边界”有了较为明确的划分后，清朝曾多次派员巡边勘察界址。1890 年《中英会议藏印条约》签订后，英国提出勘界，清朝派员参加。由于西藏地方反对等原因，联合勘界最终未能成行，但这并不影响中英对锡金段边界走向的认定原则。“洞朗”位于分水岭中方一侧，中国拥有该地的领土主权是不可置疑的，而 19 世纪末期英国在勘界计划中也承认这一原则。

【“圣识一切”与三世达赖的名号关系】

朱丽霞：《中国边疆史地研究》2019 年第 4 期。

学术界一般认为俺答汗赠予三世达赖喇嘛的名号是“圣识一切瓦齐尔达喇达赖喇嘛”，但事实上这个名号中是不包含“圣识一切”的。作者通过对明清时代的蒙古文、藏文、汉文史料的检索，认为其中并没有“圣识一切”一词。“圣识一切”是蒙藏两个民族对高僧较为通用的一个称呼，它并不限用于三世达赖或者达赖系统。“圣识一切”之所以衍入俺答汗赠予三世达赖的汉文名号中，与清代汉译本《蒙古源流》在三世达赖喇嘛名号的表述上隐含着两种解读方式有关。

【1949 年噶厦政府“驱逐国民政府驻藏官员事件”再研究】

邹敏：《中国边疆史地研究》2018 年第 2 期。

1949 年 7 月 8 日西藏地方当局突然向国民政府驻藏办事处宣布暂时断绝与国民政府的政治关系，要求所有国民政府驻藏机关和人员限期离藏。20 日，国民政府派驻西藏地方的官员全部被驱离。噶厦政府为何能在短短的 13 天内实现对国民政府驻藏官员的驱逐，其原因值得分析。作者认为除了噶厦政府暗中筹备，突然发动对国民政府驻藏官员的驱逐外，溃败中的国民政府“无力”营藏，印、英、美等国际力量对噶厦政府的支援与协助等，是噶厦政府得以在短时间内成功驱逐国民政府全部驻藏官员的主要原因。

六　西南边疆研究

【薛福成与滇缅界务问题交涉——以总理各国事务衙门条约档案为例】

陈维新：《中国边疆史地研究》2019年第3期。

《中英续议滇缅界务商务条约》是光绪时期清廷与英国针对云南与缅甸边界议定的非常重要的一个条约，也是研究滇缅边界变迁的不可或缺的原始材料。光绪时期薛福成的滇缅边界谈判，被认为是清廷对外交涉中少数属于成功的例子。作者利用台北“故宫”所藏条约，以及“中央研究院”所藏《总理各国事务衙门档——缅甸档》等相关原始条约档案，来说明薛福成对滇缅边界的谈判交涉所发挥的作用，并对条约舆图作了介绍。

【土司政治与王朝治边：清初的云南土司及其治理】

段金生：《民族研究》2019年第2期。

顺治朝统一云南过程中对云南土司之“招抚”与“征讨”，是王朝更替形态中新势力与原有政治势力之间博弈策略的表现。云南纳入清朝治下后，如何实现西南的久安长治，是统治者思考土司政治的重要目标。在康熙二十年（1681）之前，清朝之土司政策，未形成相对稳定的机制，对土司以“招抚”为主的政策，主要是为了尽快统一西南，稳定局势，而“征伐”则是对不服从统治的异己对象的自然手段。平定三藩之乱后，清朝统治层对云南土司政策或治理土司的宽严“尺度”存在不同见解，但共同目的都是维护王朝的统治秩序。这一历时性的论述，既有利于从不同维度较全面地深入认识清代云南土司政治的发展演变过程，也有益于了解雍正朝改土归流的历史背景。

【宋元时期今滇中与滇东地区的历史发展】

方铁：《贵州社会科学》2019年第4期。

宋元时期的今滇中与滇东地区，其演进过程具有前代未见的特点。在今滇中、滇东地区的发展史上，宋元时期占有重要地位。大理国时善阐（在今昆明）仍是陪都，并开通了由善阐至今广西的道路。蒙元经营云南地区，使地缘政治格局发生明显改变。蒙元建立隶属中央政府的云南行省，结束了四川兼管云南等地的传统，亦为云南单独建省的开端。云南行省的省治位今昆明，标志着云南地区的政治中心从今滇西移至今滇中一带，彻底改变了南诏以来今滇中、滇东地区被忽视的局面。宋元时期的上述变化，在今滇中、滇东乃至更大的地域范围内，产生了重要而深远的影响。

【远古至唐代的今滇中与滇东地区】

方铁：《社会科学战线》2019年第9期。

古代的今滇中与滇东地区，包括今昆明市、曲靖市、玉溪市与楚雄州东部。这一地区的特点，主要是战略地位重要，交通线作用明显，历代王朝与南诏重视，演进过程较为平缓，并对云南地区的发展产生重大的影响。先秦至唐代可分为四个阶段。远古至东汉时期，上述地区开发甚早，中原王朝较早设治并大量迁入移民。蜀汉至隋朝时期，经历了蜀汉的强化统治、两晋治策失误导致长期战乱、南朝遥相羁縻与爨氏大姓的割据。唐朝前期，唐朝的设治加密，积极发展交通线，社会经济亦趋繁荣。南诏崛起，与唐朝发生冲突。在南诏时期，南诏击败唐军的三次进讨，发展为强大的地方政权。南诏大量迁走上述地区的百姓，但仍以位今昆明的拓东城为陪都。

【丝绸之路与西南历史交通地理】

葛剑雄：《思想战线》2019 年第 2 期。

历史上的丝绸之路是西方人向东方扩张的结果，而非中国商品主动向外输出的产物。中国古代以“天下之中”“天朝无所不有”自居，形成宗藩制度和朝贡体系，缺乏对外贸易的概念和需求。商人社会地位低下，无法自由出境，绝大多数时间无法合法从事对外贸易。西南的交通路线却提供了主动外贸的通道，连接印度以至中亚，意义重大。对西南历史交通地理的研究，包括交通工具、设施、路线、制度、人流物流、起始地与腹地、连接地与影响地等，需要文献、考古、调查考察等多学科综合研究。

【论边地土司与中国疆界的形成】

刘祥学：《中国边疆史地研究》2018 年第 3 期。

分布于西南与华南边疆民族地区的土司，历来是中央王朝笼络、羁縻的对象。长期以来，边地土司出于自身利益，对中央王朝或叛或附，无不深刻影响着边疆的安宁与稳定。虽然土司本身具有较强的割据性，但在中国西南与华南边疆地区，一些边地土司出于强烈的华夏向心力，主动内附，积极捍御疆界，为西南与华南边地一带疆界的最终形成与固化，发挥了十分重要的历史作用。

【交通安全与边疆稳定：明代乌撒道的特殊作用与交通管控模式探析】

陆韧、夏自金：《中国边疆史地研究》2019 年第 4 期。

乌撒道是进入云南的关键区段，道路护卫和区域管控至关重要，明朝实行特殊的交通护卫和军政管控模式：由贵州都司统领 4 卫 1 守御千户所约 7 万官军负责乌撒道全线的交通护卫与军需递运，使置于川、滇、黔三省乌撒道沿线的卫所最终纳入贵州都司一级军事单元之内，形成交通线保障和管理的一体化。对乌撒道沿线川、滇、黔三省交界处的少数民族进行行政区划调整，实行三省分治管理，分解控制土司势力，维护交通线的社会安定。在乌撒道全线进行交通设施建设，确保驿、堡、站、递运铺舍等交通机构有效运转，保障边疆重要战事的后勤供应，有力地诠释了交通安全与边疆稳定的密切关系。

【明代贵州军事戍防体系考述】

罗权：《中国边疆史地研究》2019 年第 1 期。

明代的贵州完成了由羁縻而治或数省分治向独立设省的过渡，是其历史发展进程的关键节点。但是，这片疆土土地贫瘠，民户不多，经济落后，少数民族叛乱不断，军事压力极大，建立行省不过是为了保障入滇大道的畅通，故军事戍防成为统治贵州的重中之重。为了保障贵州的安全，明廷采取沿驿路建立卫所的策略，联合川、湖等省进行管控，划分区域设防，并通过城池、关隘、寨堡、哨卡、驿站构筑起戍防体系。

【清朝道咸年间云南汉回关系与政府危机应对研究】

罗群：《民族研究》2016年第6期。

清朝道咸年间（1821—1856），云南地区汉回冲突事件频发，而民间武装联盟的盛行，游勇盗匪的滋生，以及地方官员处理事件中的政策偏向，则推波助澜，使得冲突更为复杂尖锐。清政府屡派得力干员任督抚处理滇案。他们在处理汉回冲突事件时，希望借助边疆社会的各种组织资源，形成合力作用，增强应对危机的能力。从贺长龄的剿抚兼施到李星沅的“治回必先治匪，安回即以安民”，再到林则徐的“但分良匪，不问汉回”，政策设计上虽有宽严相济之称，亦起一时之效，但地方社会失序、地方政府与官员管理失位等深层次的边疆治理问题并未解决。

【秦汉西南“汉夷”格局——以《华阳国志》豪族士女记载和考古室崖墓分布为中心】

孙俊、武友德：《中国边疆史地研究》2018年第2期。

文章通过对《华阳国志》与考古发现墓葬分布的对比分析，初步得出汉末西南地区的“汉夷”格局大体上是：蜀郡、犍为郡、广汉郡、巴西郡、梓潼郡、汉中郡，并巴郡、巴东郡的长江沿线，汉嘉郡东北部至东汉时已有大量汉族分布；魏兴郡、上庸郡、新城郡虽无大姓、士女记载，然为秦汉汉族移民重要区域，当以汉族为主；宕渠郡、巴郡和巴东郡的长江以北，并朱提郡、平夷郡、平乐郡、建宁郡、晋宁郡、夜郎郡地区，有较少数量的大姓、士女，这些区域不仅有大量“夷”的分布且体现为汉族聚居地区“汉夷共处”的格局；《华阳国志》余下区域，多只有局部且数量不多的大姓、士女、室墓、崖墓的分布，当是以“夷”为主的区域。

【明朝人以澜沧江为《禹贡》“黑水”考——整体丝绸之路的视野】

万明：《中国边疆史地研究》2018年第1期。

明朝人破解了《禹贡》“黑水”之谜，彰显了澜沧江联通西北丝绸之路、西南丝绸之路和海上丝绸之路的历史事实。从现代地理学来看，发源于青海玉树地区的唯一一条入于南海的河流是澜沧江。明朝人李元阳不囿于经文注疏，撰《黑水辨》，提出澜沧江即“黑水”；徐霞客实地调查，考实了来源于青藏高原的澜沧江纵贯西北至西南，最终独流汇入南海，并将今保山腾冲高黎贡山确认为“昆仑南下正支”，从山川走势的整体认识上，突破了前人地理知识的认知范围，破解了《禹贡》“黑水”千年之谜。这一地理史上的贡献，至今没有得到相应阐释。

【学术与政治：“中华民族是一个”的讨论与西南边疆民族研究】

王传：《中国边疆史地研究》2018年第2期。

围绕顾颉刚“中华民族是一个”展开的论辩，与泰国改国名造成中国西南边疆的危机感紧密相关。傅斯年、顾颉刚鉴于当时背景，认为“中华民族是一个”，内部不应再析出什么“民族”及使用“民族”一词，也不要以各“民族”之名做研究，以免造成分离危机。费孝通和一些南方学者从民族学的学科立场出发，坚持“中华民族”应该包括西南边疆诸族，民族研究不会弱化各族对于“中华民族”的认同感，还有益于民族政策的制定，学术与政治可以有机合一。

【近代西南边疆发展史中的民族档案述论】

杨毅：《中国边疆史地研究》2019 年第 1 期。

近代西南边疆民族档案是民族国家建设与多民族文化结合的产物，在西南边疆发展进程中，发挥着延伸记忆、延续历史、催生新的文明的重要作用。文章运用档案学、民族学原理，在梳理分析西南边疆民族档案的起源与发展历史的基础上，对近代西南边疆民族档案的形成作了较深入的研究，对西南边疆民族档案在近代民族国家建设中发挥的作用展开了比较专门化的讨论。

【南方丝绸之路与苗疆走廊——兼论中国西南的“线性文化空间”问题】

杨志强、安芮：《社会科学战线》2018 年第 12 期。

在中国西南山地，受复杂地理条件的影响，自古以来，勾连内外、连接不同区域的交通线对国家、区域及民族社会带来了持久、广泛而深刻的影响。此前，有关西南地区古代交通的研究，大多局限在行政区划框架内，关注的是处在中外交接或边缘地带的“商道”研究，对元明清时期云贵高原中心区域的“官道”的作用及影响，以及政治、经济的“国家化”整合过程与“文化走廊”的关系、文化空间的整体性等重要问题未予以充分的关注。文章以南方丝绸之路和苗疆走廊为中心，初步梳理“商道”和“官道”的不同性质和影响，并首次提出“线性文化空间”概念，旨在强调以交通线为中心勾连的，跨越行政区划的经济、政治和文化的整体性关联。

【缅甸末代王孙与近代中缅边境的反英势力】

姚勇：《中国边疆史地研究》2019 年第 3 期。

近代中英滇缅分界后，缅甸末代王孙莽哒喇·疆括流亡寓居于滇西土司辖境，缅甸旧日王朝的影响在边境残息，各方反英力量与之结合，借力不同“机缘”进行边民动员，疆括在较长时期内成为边境反英势力的“象征”。这些现象展现了近代中缅边境特殊的政治生态。

【环境、族群与疆域空间：西南边疆史研究的区域史观和阐释路径】

尹建东：《西南民族大学学报》（人文社会科学版）2018 年第 9 期。

传统的西南边疆史研究主要是从族群关系与边疆开发治理两个维度展开的。截至目前，虽然研究成果斐然，但其中的局限性也有目共睹。前者囿于族际间族源、族群文化、族群历史的纠葛，难以充分展现国家—地方—族群之间长期复杂互动的历史图景；而后者则习惯于采用传统政治史“自上而下”单向度的“线性历史”的研究视角，对西南边疆统一性与多样性的发展逻辑往往关注不够。所以，要想全面揭示西南边疆历史的内在复杂性和丰富性，就必然要突破传统“线性历史”的思考方式，建立起更加丰富、更富有弹性的“整体史观”。因此，西南边疆史研究的区域史转向，就是要将历史现象置于具体的空间结构与时间序列的坐标轴上进行综合考察，而不是简单地用历史事件去填充区域空间。从这个意义上说，区域具有复合性、交叉性的时空结构，决定了西南边疆史以空间、历史、族群互动为主题的“复线历史”叙述的基调。

【南朝巴蜀僚人的华夏化】

张兢兢：《中国边疆史地研究》2018 年第 2 期。

僚人入蜀后势力扩张至巴蜀全境，出现诸多不受华夏政治支配的隙地，使东晋对巴蜀的统治极不稳定。刘宋建立后着手恢复华夏政权对巴蜀的有效控制，通过设置军府威慑僚人，而僚人的叛服无常表明华夏统治力仍十分有限。萧齐诉诸武力的军事高压政策造成了蜀地的动荡，僚人势力再度活跃，由此设置僚郡对僚人进行间接支配。萧梁对巴蜀高度重视，对僚人的军事征服异常激烈，通过大规模分州置郡，王朝行政权力向僚地的浸透较之宋齐时代大为明显，巴蜀僚人自东北向西南渐次纳入统治，加速了僚人的华夏化进程。

【明清时期黔西南的“土流并治”与赋役征收】

张楠林：《中国边疆史地研究》2019年第1期。

相比于明朝在西南地区的流官官府更多地因循原土司的统治方式，清朝则致力于将边疆地区传统的社会结构制度化，纳入国家的统一管理，将部分“营”改为“里”的同时，也使“营长”由宗支继承变为流官指派。这实则意味着赋役征收方式的转变，将本应“纳租于主”的公田造册升科，按“分”纳赋。而流官简单地以汉族中的租佃、主佃、乡保等观念来看待土司、土目与其所辖民众之间的关系，忽视了改土归流以后，当地民户在向流官州县纳赋应役的同时，土司、土目对其的需索、派累依然存在，其只有通过赎买村寨的方式才能买断土司的派累之权。或许，在国家与土司博弈的情况下，对于普通民户而言，“土流并治”的内涵更多的是双重负担的并存。

【从优升到久任：清代边疆缺之演变——以云贵二省文官历俸为中心的探讨】

张振国：《中国边疆史地研究》2019年第2期。

为加强边疆统治，清朝在边地设立边疆缺，实行与内地不同的人事管理政策。清初袭明朝旧制，设立边俸之制，优于腹俸升转。康熙朝中期，逐渐调整边俸范围，立在外题调和三年即升之例，从边俸向优升转换。乾隆朝中期，延长历俸时间，从三年展至八年，从优升过渡为久任。这一演进趋势，一方面标志着中国古代边疆人事管理政策日趋完善，王朝中央和边疆地方间逐渐形成新型的行政格局和权力关系；另一方面标志边疆统治理念和管理模式日渐成熟，边区治理由防备、控制向有效施政、长治久安转移。此为清朝边疆统治日益深入、成熟的表现，也是清朝边疆统治迥异于前代的特殊之处。

【秦代“五岭之戍”述考——兼与林岗等先生商榷】

赵炳林：《中国边疆史地研究》2018年第2期。

文章认为，秦朝征服岭南之后，设桂林、南海、象郡三郡，置镡城、九嶷、番禺、南野、余干等五个镇戍区，史称“五岭之戍”。“五岭”实为五条“入岭之途”，即汀梅循道、大庾岭道、骑田岭道、萌渚岭道、越城岭道，而非传统意义上的大庾、骑田、萌渚、都庞和越城等五座山岭。五个镇戍区各有自己的作战方向和防卫功能，它们之间是联动和协作的关系，共同维护着岭南的安全，对东南和西南地区也有一定的协防作用。“五岭之戍”是秦朝全国战略的重要组成部分。

七　海疆与海洋史研究

【巡检司与元帝国的海疆治理】

陈彩云：《浙江师范大学学报（社会科学版）》2018 年第 6 期。

元代继承宋代的巡检司制度，借由积极开放的海洋政策，亦为扫除南宋残余海上势力所需，于偏远的港湾、海岛、滩涂等海疆地区广泛设置巡检司。澎湖巡检司就是典型例证，成为元帝国海疆治理的重要机构。海疆巡检司的职责与内陆巡检司有所不同，涵盖缉捕海寇、打击海上走私、维护海疆社会稳定等。巡检司对于海疆治理虽有一定成效，不过在实际运作中，存在选人用人不当、所属弓兵战斗力低下、吏治腐败严重等问题。这不仅对海疆地区造成民生困扰，亦未能有效扑灭元末方国珍等海寇起事。其历史教训为明初君臣所借鉴，影响明代海疆巡检司的设置部署与制度设计。

【20 世纪 30—40 年代国民政府对南海地图的绘制与审定】

程玉祥：《中国边疆史地研究》2018 年第 4 期。

20 世纪 30 年代初，国民政府建立了以水陆地图审查委员会为核心的地图审查制度，并在此后随时局演变而不断调适。1935 年，面对南部海疆危机，水陆地图审查委员会及时出版《中国南海各岛屿图》，以地图的形式向世界宣告中国对南海诸岛拥有无可争辩的主权。抗战胜利后，内政部方域司参照《中国南海各岛屿图》，并根据实测数据绘制了官方最终定型的《南海诸岛位置图》，成为中国拥有南海主权与治权的法理依据。

【清末初勘西沙之中外文献考释】

郭渊：《南海学刊》2019 年第 1 期。

据中外文献的记载，因他国之人不断进行非法勘测西沙群岛，尤其是担心日本人强占东沙岛之事再度发生，两广总督于 1909 年 4 月派舰初勘西沙群岛。该过程虽历时短暂，但大致明晰了群岛的地理分布及开发价值，这为后来再勘及筹划岛务开办奠定了基础。查勘人员还对岛上渔民进行调查，并勘得西沙各主要岛屿之上有珊瑚小庙，这是中国拥有群岛主权的有力证据。查勘行为并不涉及与他国之争议，是中国政府维护主权的自觉行为，而通过外文文献记述的某些初勘场景更能深刻理解其中的含义。

【新时代我国维护海洋权益工作的政策基础与路径选择】

侯毅：《中国边疆史地研究》2018 年第 2 期。

有效捍卫领土主权，维护海洋合法权益关系到中华民族伟大复兴和“两个一百年”奋斗目标的实现。党的十九大为新时代我国海洋维权工作明确了目标方向，提出了指导原则。为保证有效维护国家海洋权益目标的实现和各项战略任务的落实，应坚定不移地贯彻党的十九大精神，以习近平维护海洋权益思想为指导，从能力建设、机制构建、理论创新等多个方面着手开展工作，稳中求进，不断取得新成绩。

【关于海洋强国战略的思考】

贾宇：《太平洋学报》2018 年第 1 期。

海洋对中华民族的生存发展至关重要。海洋问题是国家发展的战略问题，海洋战略决定着国家海洋事业的兴衰成败。1949 年以来，中国的海洋战略经历了从以“生存”为底线的海洋认知，到以“发展”为基调的海洋政策，再到以“强国”为战略目标的发展过程，形成了以“建设海洋强国”为核心内涵的海洋发展战略。中国正处在实施海洋强国战略的重要机遇期，既有良好环境和基础，也有风险和挑战，但机遇大于挑战。实施海洋强国战略，促进中国从海洋大国向海洋强国转变，是实现新时代中国特色社会主义发展战略安排的重要一环。

【美国与“旧金山对日和会”对南海诸岛问题的处置——对若干问题的释疑】

栗广：《中国边疆史地研究》2019 年第 3 期。

1951 年“旧金山对日和会”在拟定参加者的过程中，主导会议进程的美国与苏、英两国在中国问题上发生分歧，导致中国未获邀参会，但是美国却支持同样对南海诸岛提出主权要求的法国及其殖民地印度支那三国参加。在制定和约草案期间，由美国起草的和约草案有关南海诸岛问题的条款曾一度被删除，在法国积极活动下美国才再次在和约中添加了相关条款。美国在不同草案和文件中对日本应放弃的南沙区域范围出现反复，但在法国的积极推动下，和约确定日本放弃的南沙区域范围为“南沙群岛”，而非“南威岛”。在多方博弈之下，美国主导制定的和约只规定了日本放弃对南海诸岛的权利，却没有明确具体的接收方。“旧金山对日和会”与和约的模糊规定为其后南海争端的扩大化埋下了伏笔，也为日后美国介入南海争端提供了可能。

【清前中期黄海海防述论】

高志超、王云英：《中国边疆史地研究》2018 年第 3 期。

黄海海域的海防建设肇始于皇太极崇德年间。顺治至乾隆四朝在承袭清入关前旧制基础上，对该海域海防体系进行了调整和增建。陆防体系方面，将熊、盖旧线向外拓展，强化岫岩海防地位和海防力量，凤凰城边外增置汛地；洋防方面创设旅顺水师，明确巡洋会哨范围。虽雍乾时期在莽牛哨设汛和沿海增置水师问题上议而未行，给近代以后黄海海域海洋国土安全留下隐患，不过清前中期该海域因时就势的海防建设与调整，对鸦片战争前北洋海疆的稳定具有重大意义。

【南海争端国际认知的塑造与再确认】

李少丹：《南洋问题研究》2018 年第 4 期。

南海问题短期内很难得到彻底解决，现阶段主要是对其进行危机管控，进而累积各方政治互信，从而为最后彻底解决争端积累条件。实现有效地管控分歧以避免矛盾升级，首先是各方对管控危机达成共识，并使其不再成为国际热点议题，同时为通过双轨思路解决南海问题创造有利的舆论、双边和国际环境。为营造这一态势，需要梳理南海问题的客观特征，并归纳出各方由此而产生的主观认知。基于此，中国可以通过综合行政管辖与执法、外交努力和国际舆论引导等路径来形成中国版的南海争端国际认知，并努力成为各方认知的最大公约数。

【从东亚海域到东南海疆——明清之际台湾战略地位的演化】

李细珠：《台湾研究》2018年第6期。

从东亚海域与东南海疆的双重视角，较长时段地展示明清之际台湾战略地位演变的历史脉络，有一个双向演进与交互演化的历史过程。一是从世界史的角度看，台湾是东亚海域的海盗据点与国际商贸转运站。明清之际的东亚海域，首先是中国与日本之间各种政治经济势力角逐的舞台。新航路开辟以后，欧人势力东来，尤其荷兰人与西班牙人曾经盘踞台湾南、北作为海盗式商贸据点，使台湾作为东亚海域国际商贸转运站的地位得以强化。二是从中国史的角度看，台湾又是中国东南海疆的门户与屏藩。早在明朝中后期，已把台湾纳入中国东南海疆国防防区范围之内。随后，郑成功驱荷复台，使台湾成为南明王朝的海疆要地。康熙统一台湾，进一步强化了台湾作为中国东南海疆门户与屏藩的战略地位。只有在明清易代之际，尤其是在康熙统一台湾之后，才使台湾的战略地位实现了交互演化的复杂进程：完成从东亚海域的海盗据点与国际商贸转运站到中国东南海疆的门户与屏藩的根本转变。

【中国南海历史性权利之“国际习惯法”说新解】

刘晨虹：《太平洋学报》2019年第9期。

中国南海历史性权利之“国际习惯法”说的主要理论障碍为“一般海洋法规则例外”说，从历史性权利的产生、认定及适用上讲，后者无法成立。根据南海周边各国的惯常行为和法律确信，中国南海历史性权利还可进一步定性为受区域性国际习惯法的调整，此习惯法为中国南海历史性权利的维护提供专门的理论保障，由此弥补“国际习惯法”说的不足。

【从日本史料看近代日本势力对西沙群岛的渗透——以1921—1926年何瑞年案为中心】

刘永连、卢玉敏：《中国边疆史地研究》2018年第1期。

近代以来，日本曾以种种手段长期渗透南海地区，严重侵犯、损害了我国海洋权益，然而国人在许多环节上对其详情并不了解。较近解密的日本政府档案以1921—1926年何瑞年案尤为翔实，既透露了日本政府操纵其商人收买、勾结何瑞年等盗采我国海洋资源的诸多细节，亦浮现出其背后一些政治因素，同时还反映出当时我国海疆管理等方面存在的弊端。

【法国南沙群岛政策与“九小岛事件”再研究】

任雯婧：《中国边疆史地研究》2019年第3期。

20世纪30年代初，法国占领南沙群岛若干岛礁，向国际社会宣称拥有南沙群岛主权，这在当时引起南沙海域利益相关国家的积极反应，此即为“九小岛事件”。文章以法国外交部相关档案为考察对象，尝试依据法国方面的记录梳理“九小岛事件”的背景、经过以及法国各部门的态度和推进方式，最终分析法国制造该事件的动机。

【台湾当局南海政策的历史演变与现实困境】

谭卫元：《边界与海洋研究》2019年第4期。

台湾当局的南海政策是在沿袭民国时期南海政策的基础上展开的，并随着国际格局、南海情势的演变以及两岸关系的变化而不断演变。总体上看，由于南海问题的复杂性以及受到岛内外政治环境的约束，台湾当局的南海政策缺乏积极作为与清晰目标，始终处于被动因应的状态。台湾当局未来如何面对菲律宾南海仲裁案后的局势，是否会改变有关南海政策的主张，以及将给两岸带来什么样的影响，都存在着一定的变数。

【20世纪初国人对西沙群岛的主权认知及捍卫——以“西沙事件”为考察中心】

王静：《边界与海洋研究》2018年第1期。

20世纪初叶，中国学者以“西沙事件”为契机，对西沙群岛的战略作用和经济潜力进行了讨论，更由于琼崖各界的抗议、南北报刊的宣介，国人海疆意识有所增强。在社会各界推动下，广东地方政府和北京政府介入该事件，派员调查并与日方交涉，日本掠夺西沙资源的行为得到一定程度的遏制，此后南海疆域之事上升到政府认知层面。然而，由于近代中国海军力量的弱小、海洋意识的淡薄，这种认知及抗议行为不是自我演进的结果，而是外力施压下的一种本能反应。它首先发自具有切身利害关系的沿海民众，其斗争的关节点是对主权的维护。因为政府缺乏先进边疆理论的指导，以及国内很多关键问题亟待解决，关注进而开发西沙的势头没有保持下去。

【记忆与认同：作为非物质文化遗产的南海《更路簿》】

王利兵：《太平洋学报》2019年第3期。

南海《更路簿》是历史上海南渔民长期海洋实践的产物，属于渔民的集体记忆，具有文化整体性的特征。南海《更路簿》在经历了一系列遗产技术的改造以后，逐渐变成一种主张国家海洋历史性权利的社会记忆和认同政治的符号象征。伴随渔民群体自身的社会转型和经济形态变迁，《更路簿》所承载的海洋情怀、历史记忆和集体认同面临消失的危险。《更路簿》作为非物质文化遗产，其保护与传承的核心应在于遗产持有者群体的历史记忆与遗产认同。《更路簿》的保护传承工作应充分发挥渔民的主体性，为渔民重建一个包含多元表述的记忆社区，赋予渔民集体记忆更加鲜活的生命力，让渔民在真实的文化空间和海洋实践中自觉传承《更路簿》。

【《南海诸岛位置图》中“南海断续线”的内涵——基于时任方域司司长傅角今论述的考察】

王胜：《中国边疆史地研究》2018年第2期。

根据1947年时任国民政府内政部方域司司长傅角今的相关论述，中国在南海享有的权益包括：一是南海诸岛，即东沙群岛、西沙群岛、中沙群岛及南沙群岛归属中国；二是四大群岛拥有12海里的（平时）领海，划分方式是以其外周围所有岛屿之低潮点向外起算；三是南沙群岛东部与巴拉望岛间领海对半平分；四是除12海里领海外，四大群岛还有确切范围未定的缉私区、渔业区和海防区；五是缉私区和捕鱼区，中国只享有一种主权之外的行政权。由此，《南海诸岛位置图》中“南海断续线”的内涵是，集岛屿归属线、领海线和行政管辖线于一身的复合体：整体的“断续”线（“U”线）首先圈定了南海中属于中国的群岛，可称之“岛屿归属线”；每条居中绘出的线段界定了不同岛屿群部分面向的领海范围，属于领海线；由于领海之外的缉私区和捕鱼区，中国只享有一种行政权，因此由11段线条组成的整体“断续”线（“U”线）还可理解为一条“行政管辖线”。

【18 至 19 世纪初西人的南海测绘与黄岩岛地名演变】

王涛:《中国边疆史地研究》2018 年第 4 期。

18 世纪很长一段时间里,西人并未认识到黄岩岛的存在,西文地图中仅在距离吕宋海岸非常近的地方标出了三个浅滩,它们与黄岩岛毫无关系。直到 1771 年,达尔林普尔经过考证,才发现黄岩岛的存在,并赋予它 Scarborough Shoal 的地名,此后的地图上出现黄岩岛 Scarborough 与吕宋近海三浅滩并立的局面。18 世纪末 19 世纪初,西人对吕宋岛海岸以西展开测绘,发现这里并不存在三个浅滩,于是这些浅滩从地图上消失,而原本属于浅滩地名的 Marsingola 或 South Maroona 被移植到了黄岩岛。因此,菲律宾方面的证据并不能成立。

【20 世纪 30 年代初中国对法国强占南沙岛礁的回应及其证据意义】

王子昌、王看:《中国边疆史地研究》2019 年第 1 期。

1933 年 7 月 25 日,法国公开宣称所谓对若干南沙岛礁拥有主权。从现有解密的国民政府的档案来看,外交部并没有做出明确和积极的回应。孤立来看,或将得出这是一个对中国主张南沙岛礁主权不利的证据,但如果把当时中国外交部和内政部对法国强占南沙岛礁的反应联系起来,似乎就可以对外交部的反应做出合乎常理的解释:外交部在得到法国强占南沙岛礁的初步信息以后,多方查证,谨慎表明中国立场;在得到相对完整信息的基础上,内政部主导的水陆地图审查委员会通过《指示编制地图应注意事项》和出版官方地图宣布中国对南沙岛礁拥有主权。这二者构成了中国政府对法国强占南沙岛礁的完整反应。依据国际法院的判例,这也将构成中国维护南海南沙岛礁主权的关键证据。

【清代前期澎湖水师汛防制度探析】

吴昊:《中国边疆史地研究》2018 年第 1 期。

清代前期,澎湖的战略地位一直受到清朝的高度重视。为有效扼控台海,捍卫海疆,清朝仿元代设立巡检司,以水师一协两营驻扎澎湖,并构筑了由汛地、汛口、巡哨三位一体的汛防体系,以此作为澎湖海防的基石。受当时航海技术及军事装备的限制,汛防制度无疑是清朝"倚陆制海"的一条有效途径,但这也最终成为清代晚期海上门户洞开、有海无防局面形成的直接根源。

【江苏太仓元代《昆山州重建海宁禅寺碑》所载南海交通史事拾遗】

杨晓春:《南海学刊》2018 年第 4 期。

江苏太仓现存元延祐二年(1315)《昆山州重建海宁禅寺碑》,记载了延祐元年(1314)上都国师经由太仓附市舶往阇婆国觅藏的史事,是反映元代海外交通的有价值的史料,但学者关注不多。整理碑文并结合元代海外交通的一般状况及相关传世文献记载,可知时值元廷海禁之后的开禁;或许可以推测早在延祐元年太仓就有市舶分司的设置;上都国师很可能是一位藏僧,所居可能在上都乾元寺;而此时的爪哇佛教仍然流行。

【南海岛礁建设对维护我国南海主权与海洋权益的多重意义】

余敏友、张琪悦:《边界与海洋研究》2019 年第 2 期。

党的十九大报告明确宣布"南海岛礁建设积极推进"是党的十八大以来的五年取得的经济建设重大成就之一。实际上,南海岛礁建设也是我国改革开放 40

年以来南海权益维护取得的一项显著成就，更是我国创新南海维权模式的成功举措。岛礁建设引发国内外广泛关注与强烈反响。面对外界质疑，文章首先针对国际社会对我国岛礁建设的质疑论证岛礁建设的合法性、合理性、正当性、有效性，从而进一步论证岛礁建设对我国维护南海权益、促进陆海统筹与经济一体化、促进军民融合的积极作用，最后建议我国未来在岛礁建设的基础上做好功能与设施规划，服务国家整体发展战略，同时注重加强软实力，争取将南海岛礁建设成为促进我国同其他南海沿岸国合作的国际公共产品。

（供稿：李大龙　刘清涛　樊志强　朱　尖　铁颜颜　王义康　宋培军　范恩实　许建英　吕文利　孙宏年　张永攀　侯　毅　刘　洁）

第六篇

学术机构

中国社会科学院研究生院中国边疆历史系
四川师范大学华西边疆研究所

中国社会科学院研究生院中国边疆历史系

刘　洋*

根据中国社会科学院研究生院依所设系的原则，中国社会科学院研究生院中国边疆历史系（以下简称“边史系”）依托中国社会科学院中国边疆研究所（以下简称“边疆所”）而设，是专门培养中国边疆研究人才的教学机构。

一　边史系基本情况

边史系成立于2003年，招收“中国史”一级学科“专门史”和“中国边疆史地”专业研究生，2006年招收首批硕士研究生；2009年获“中国边疆史地”专业的博士学位授予权，开始招收博士研究生。而在边史系未设博士点的情况下，从1998年至2008年挂靠在中国社会科学院研究生院近代史系，先后招收、培养博士生5名。

博士生招生方向有周边国际环境与中国边疆、中国海疆历史与现状、中国边疆史、西南边疆史、新疆历史与中外关系史等。硕士生招生方向有北部边疆史、东北边疆史、中国海疆史、西南边界史、近代西藏史、西北边疆史、汉唐边疆史、中国边疆史与边疆理论、中国边疆与周边国际环境、中国边疆社会发展等。

在课程设置上，边史系构建以公共课、专业基础课、专业课、选修课、社会实践为主的课程体系。其中，以专业基础课和专业课为重点，以打造精品课程为核心，使学科特征与专业方向相统一，基础课程与专题课程相衔接，课堂教学与学术交流、实地调研相结合；同时鼓励研究生积极参加所、系组织的学术讲座、学术沙龙、国内国际学术会议、科研项目、边疆调研等活动，为学生培养创造良好的条件。

边史系开设的专业基础课有：中国边疆通史、中国边疆经略史、俄国史、当代中国海疆问题、西方边疆理论研究等。专业课有：中国边疆史、中国边疆史料选读、中国边疆学通论、中国边疆民族管理机构沿革史、中国边疆民族关系史、中国边疆史地研究的理论与方法、近代中国边界问题研究、中国海疆史通论、近代西藏史、新疆近现代史、新疆与周边国家关系、中俄关系史、中国与中亚的关系等。

二　研究生导师情况

边史系自成立以来，研究生导师数量逐年增加，从成立之初仅有硕士生导师5名，

---

* 刘洋，中国社会科学院中国边疆研究所七级职员，中国社会科学院研究生院中国边疆历史系博士研究生。

发展到现在有博士生导师5名，硕士生导师14名（详见表1）。现任系主任为中国社会科学院学部委员，中国边疆研究所所长、研究员邢广程。博导均为正高职称，80%有博士学位，平均年龄55岁；硕导79%具有正高职称，21%具有副高职称，93%有博士学位，平均年龄48岁。其中，中国社会科学院的邢广程（以中国边疆与周边国家关系、国际政治为主要方向）、李国强（以中国海疆历史与现状为主要方向）、孙宏年（以西南边疆史为主要方向）、李大龙（以中国疆域史、疆域理论为主要方向）、许建英（以新疆历史与现状为主要方向）、阿拉腾奥其尔（以北部边疆史为主要方向）等知名学者都兼任边史系导师。目前，边史系已形成以学科带头人为核心、学术骨干为重心、后备人才为基础的学科队伍体系。

近年来，所有任职导师均主持承担各类课题研究，在中国边疆史与当代边疆问题等诸多领域取得丰硕成果，为高层次人才培养奠定了学科基础。在读研究生均有机会参与课题研究，并通过课题研究开阔专业视野、强化专业训练、提高专业水平。

表1　　边史系历年研究生导师情况

年份	新增硕导	新增博导	硕导人数	博导人数
2003	4		5	
2004		1	5	1
2005	1		6	1
2007	2		8	1
2008		1	8	2
2010		1	8	3
2012	2	1	10	4
2013	2		11	3
2014	3	1	14	4
2015	2		13	3
2016	1	1	13	4
2018		1	12	5
2019	2		14	5
2020			14	5

三　研究生情况

1. 招生与毕业情况

边史系自成立以来，招收研究生的数量逐年递增，报考考生的数量和质量也不断增长和提高，年度招生人数从2007年2人增加至2019年8人；截至2019年年底，累计招收研究生64人，其中博士生32人，硕士生32人；截至2020年4月，累计毕业生43人，其中博士毕业人数20人，硕士毕业人数23人；现有在读研究生21人，其中博士生12人，硕士生9人（详见表2、表3）。

表 2　　边史系招生与毕业人数

年份	招生人数	博士招生人数	硕士招生人数	毕业生人数	博士毕业人数	硕士毕业人数
2006	1		1			
2007	2		2			
2008	2		2	1		1
2009	3	1	2			
2010	3	1	2	2		2
2011	4	2	2	2		2
2012	4	2	2	3	1	2
2013	5	3	2	3	1	2
2014	4	2	2	4	2	2
2015	6	4	2	3	1	2
2016	6	4	2	4	2	2
2017	7	5	2	5	3	2
2018	9	4	5	2	1	1
2019	8	4	4	4	2	2
2020				10	7	3
合计	64	32	32	43	20	23

表 3　　边史系招生与毕业人数对比

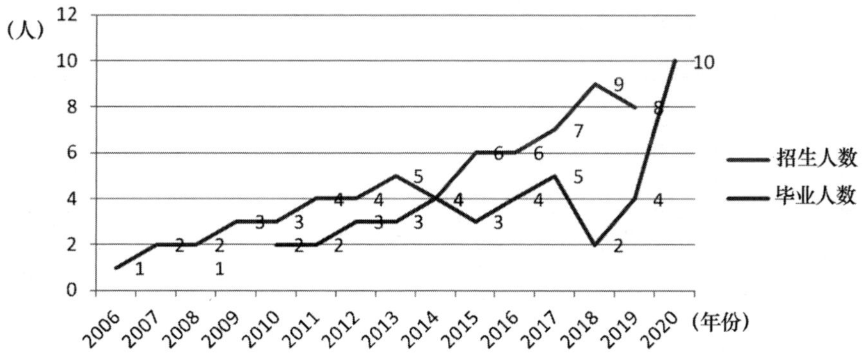

2. 获奖情况

2017 届毕业生邹艳艳的博士学位论文《合作与建构：全球海洋治理背景下的中美海洋合作研究》获“2017 年中国社会科学院研究生院优秀博士论文三等奖”；2018 届毕业生秦爱玲的博士学位论文《越南有关南海地图的实证性研究》获“2018 年中国社会科学院研究生院优秀博士论文二等奖”；2019 届毕业生杨荣命的博士学位论文《越南海洋战略与中越海洋合作》获“2019 年中国社会科学院研究生院优秀博士论文三等奖”。

每年度均有多名研究生荣获各类奖学金，如国家奖学金、社科大奖学金、中国南海研究协同创新奖学金等。

3. 就业情况

边史系研究生就业情况良好，有的充实到科研院所或高校，有的分配到政府部门，有的在中央机关工作，有的在地方（特别是边疆地区）就业。这些毕业生在各自岗位上充分发挥专业理论素养，不仅表现优异，而且取得了良好业绩。

无论是理论研究自身发展的要求，还是社会各界的需求，中国边疆研究学科的人才培养有良好的基础和广阔的发展前景。

附录

1. 边史系现任研究生导师名单（截至2020年4月，按评导师年份排序）

姓名	导师类别	职称	招生方向	工作单位
邢广程	博导	研究员	周边国际环境与中国边疆	边疆所
李国强	博导	研究员	中国海疆历史与现状	中国历史研究院
李大龙	博导、硕导	编审	中国边疆史	边疆所
许建英	博导、硕导	研究员	新疆历史与中外关系史、西北边疆史	边疆所
孙宏年	博导、硕导	研究员	西南边疆史、近代西藏史	边疆所
王义康	硕导	研究员	中国边疆史、西北边疆史	边疆所
张永攀	硕导	研究员	西南边界史	边疆所
阿拉腾奥其尔	硕导	研究员	北部边疆史	边疆所
吕文利	硕导	研究员	中国边疆史与边疆理论	边疆所
宋培军	硕导	编审	中国边疆史与边疆理论	边疆所
高月	硕导	研究员	近代东北边疆史	边疆所
范恩实	硕导	研究员	汉唐东北边疆史	边疆所
周卫平	硕导	研究员	新疆历史与现状研究	边疆所
侯毅	硕导	副研究员	中国海疆通史	边疆所
初冬梅	硕导	副研究员	中国边疆与周边国际环境	边疆所
罗静	硕导	副研究员	中国边疆社会发展	边疆所

2. 边史系学位评定委员会名单（2019年4月换届，按姓氏笔画排序）

主　席：邢广程

副主席：孙宏年

委　员：王义康、吕文利、许建英、李大龙、张永攀、宋培军、周卫平、阿拉腾奥其尔、范恩实、侯毅、高月

3. 边史系历届博士研究生名单

入学年份	序号	姓　名	导　师	毕业年份
2009	1	李　晶	厉　声	2012
2010	2	王　耀	厉　声	2013
2011	3	李昕韡	邢广程	2014
	4	史谢虹	邢广程	2014
2012	5	薛　飞	厉　声	2015
	6	孙　超	于逢春	2017
2013	7	汪　权	邢广程	2017
	8	吴圣楠	邢广程	2016
	9	金　楠	李　方	2016
2014	10	邹艳艳	李国强	2017
	11	吴　曼	于逢春	2019
2015	12	刘　洋	李国强	在读
	13	秦爱玲	李国强	2018
	14	刘　瑞	邢广程	在读
	15	李季红	邢广程	在读
2016	16	薛锁锁	邢广程	2020
	17	李　荟	邢广程	在读
	18	杨荣命	李国强	2019
	19	滑秀伟	李国强	2020
2017	20	王雪梅	邢广程	2020
	21	刘　宇	邢广程	2020
	22	秦抱元	李国强	2020
	23	孙志文	李国强	2020
	24	高　俐	李大龙	2020
2018	25	张　扬	许建英	在读
	26	师　帅	许建英	在读
	27	亓双玲	李国强	在读
	28	邓　新	邢广程	在读
2019	29	高立伟	邢广程	在读
	30	郭晓婷	邢广程	在读
	31	王建航	李大龙	在读
	32	王　凯	李大龙	在读

4. 边史系历届硕士研究生名单

入学年份	序号	姓　名	导　师	毕业年份
2006	1	刘立勇	李大龙	2008
2007	2	王琳琳	李　方	2010
	3	王晓鹏	李国强	2010
2008	4	张　琛	于逢春	2011
	5	刘德勇	毕奥南	2011
2009	6	陈　柱	许建英	2012
	7	马　丁	李大龙	2012
2010	8	孙现强	李国强	2013
	9	曾　里	孙宏年	2013
2011	10	郝富军	李　方	2014
	11	李小朋	毕奥南	2014
2012	12	闫　普	李大龙	2015
	13	张　扬	许建英	2015
2013	14	滑秀伟	李国强	2016
	15	苗鹏举	孙宏年	2016
2014	16	鞠成业	张永攀	2017
	17	王胜丹	王义康	2020
2015	18	史　话	李大龙	2017
	19	师　帅	许建英	2018
2016	20	巩福正	吕文利	2019
	21	梁　赟	奥其尔	2019
2017	22	王　浩	宋培军	2020
	23	初雪梅	冯建勇	2020
2018	24	关　茹	范恩实	在读
	25	宋昊璘	王义康	在读
	26	任富龙	孙宏年	在读
	27	项　琦	侯　毅	在读
	28	姜泓仰	高　月	在读
2019	29	李文奇	奥其尔	在读
	30	刘宇君	吕文利	在读
	31	廖云鹏	周卫平	在读
	32	郝思瑶	张永攀	在读

四川师范大学华西边疆研究所

孙 勇*

四川师范大学华西边疆研究所，成立于2018年12月16日，是为适应国家形势发展需要组建的专门研究机构。该所以习近平新时代中国特色社会主义思想为指导，继承与弘扬川帅大边疆研究学术传统，在边疆问题研究、建构边疆理论、组建科研团队、联合同业攻关、助推资政智库等方面开展工作，以组建边疆研究学术共同体为内在工作要求，与业内研究机构和研究人员共同推进中国边疆学学科体系、学术体系、话语体系建设。按照老中青梯队配置的方式，建设边疆研究学术团队；对接国家战略和地方经济社会发展需求，提倡学术务实和学术创新，探索跨学科研究方法；根据研究人员专长和研究方向，承担重要课题和推出更多科研成果。

四川师范大学华西边疆研究所拟建专职人数为9人，现有专职研究人员5人。孙勇，华西边疆研究所所长、首席专家，《华西边疆评论》主编，出版《西藏：非典型二元结构下的改革》（1991），主编《维护西藏地区社会稳定对策研究》（西藏人民出版社2016年版）、《国家战略下的大边疆战略研究》（四川大学出版社2017年版）以及中国民族五种丛书之一《西藏自治区概况》，先后完成“青藏铁路通车后的对策”、“中国共产党的西藏政策（1989—2005）”、国家社科基金重大课题“维护西藏地区社会稳定对策研究”、国家社科基金西南重大项目“西藏百年史研究”、国家社科基金重大委托项目子课题“西藏当代经济社会发展制度供给研究”等，2019年获准国家社科基金重点项目“新时代总体国家安全观下的边疆治理研究”。邓前程，博士（后）、三级教授、硕士生导师、四川省学术和技术带头人后备人选，出版专著《一统与制宜：明朝藏区施政研究》。杨永红，史学博士、华西边疆研究所副研究员，主持国家社科基金项目1项。王丽娜，助理研究员，主持国家社科基金青年项目“元明清时期中央政府派往西藏地方的金字使者研究”（民族学2019年19CMZ009），四川省社科规划项目青年基金项目1项。胡长海，助理研究员，参与国家级和省级项目多项。

校内兼职研究人员10人，其中，教授（研究员）4人，副教授（副研究员）4人，讲师（助理研究员）3人。王川，博士、二级教授、四川省学术和技术带头人、教育部新世纪人才入选者，兼任四川大学博士生导师，先后承担国家社科基金4项（含重点项目1项），其中包括“新发现国民政府驻藏办事处戴新三《拉萨日记》全本的整理与研究”（民族学2017年17AMZ010），国家社科基金重大招标项目子课题3项，教育部人文社会科学重点研究基地重大项目2项，担任18卷本《中华民国专题史》第13卷主编，出版《〈李安宅自传〉的整理与研究》（中国藏学出版社2018年版）。汪洪亮，博

* 孙勇，四川师范大学教授，华西边疆研究所所长、首席专家，《华西边疆评论》主编。

士后、研究员、博士生导师、四川省有突出贡献的优秀专家，四川省社会科学重点研究基地中国近现代西南区域政治与社会研究中心主任，主持国家社科基金项目、中国博士后科学基金特别资助项目等课题10多项，出版专著《民国时期的边政与边政学》（人民出版社2014年版）、《抗战建国与边疆学术：华西坝教会五大学的边疆研究》（中华书局2019年版）。黄天华，博士后、教授、博士生导师，主持国家社科基金后期资助项目“川康军人、第三势力与国共政争（1932—1949）”，出版专著《边疆政制建置与国家整合：以西康建省为考察中心（1906—1949）》（人民出版社2014年版）。凌兴珍，博士、编审，主持教育部人文社科基金项目“文化边疆建设与边疆教育转型——1935—1949年西部边疆师范教育研究”，国家社科基金项目“国民政府时期边疆教育委员会研究（1939—1946）”（民族学2019年19BMZ023），出版《清末新政与教育转型：以清季四川师范教育为中心的研究》《晚清民初教育史论稿》。李庆成，博士、副研究员，主持国家社科基金课题1项，在《中共党史研究》《当代中国史研究》等发表论文多篇。马磊，博士、副研究员，主持国家级、部级、厅级项目4项。甘娜，博士、副教授、硕士生导师，主持国家社科基金项目“乡村振兴战略视阈下川滇藏交界地带特色藏族村寨建设研究”（民族学2018年18BMZ073）。何文华，博士、副教授、硕士生导师，主持国家社科基金项目“近代英国建构的西藏形象的演变及其政治内涵研究”（民族学2018年18CMZ013）。朱晓舟，历史学博士、讲师、硕士生导师，主持国家社科基金项目“抗战视域下刘文辉的康藏治理研究（1931—1945）”（民族学2019年19CMZ013）。

校外客座教授（研究员）8人，包括吴楚克（中央民族大学教授）、杨明洪（云南大学教授）、孙宏年（中国社科院边疆所研究员）、雷格米（尼泊尔特里布文大学教授）、王鹏辉（四川大学教授）、狄方耀（西藏民族大学教授）、王春焕（西藏社科院研究员）、柴剑锋（四川社科院研究员）、陈朴（西藏社科院副研究员）。

2019年参加的学术会议主要有：4月西安第三届全国边疆学研讨会，汪洪亮大会报告《问题与主义之变奏：近代以来中国边疆学构筑的回顾与前瞻》。6月成都第十二届中国民族研究西南论坛，王川大会报告《民初尹昌衡发展康区交通的战略思想初探》。兰州第七届中国边疆学论坛，孙勇提交《网络边疆的主权问题》。11月金华第七届中国边疆安全论坛，孙勇大会报告《主次边疆带问题探讨》。

第七篇

2018—2019 年中国边疆研究大事记

2018 年

2018 年 1 月 20 日，第三届幽州学学术研讨会在北京举行，会议以“出土文献、传世文本与理论思考”为主题。

2018 年 2 月 4 日，中国藏学研究中心主办的藏学前沿问题学术研讨会在北京召开。

2018 年 2 月 12 日，《中国民族报》理论周刊主办的“中华民族共同体与边疆发展”学术座谈会在北京召开。

2018 年 3 月 17 日，中国藏学研究中心主办的《西藏通史》出版学术研讨会在北京召开。

2018 年 3 月 30 日，西南政法大学主办的“新时期涉藏对外传播”学术研讨会在重庆召开。

2018 年 4 月 3 日，国务院新闻办公室发表《中国保障宗教信仰自由的政策和实践》白皮书。

2018 年 4 月 21—22 日，“新时代中国边疆学学术讨论会”在烟台召开，会议由《中国边疆史地研究》编辑部和《烟台大学学报》编辑部在烟台大学联合主办。

2018 年 5 月 12 日，广西民族大学主办的第一届广西边疆研究与人才培养学术研讨会在南宁举行。

2018 年 5 月 15 日，上海市社会科学院主办的“中亚、南亚局势走向与中国边疆安全”专题研讨会在上海召开。

2018 年 5 月 18—20 日，第五次全国藏学工作协调会在北京召开。

2018 年 6 月 16—18 日，首届中国西藏拉萨—阿里象雄文化国际学术研讨会在拉萨召开。

2018 年 6 月 22 日，第二届“理论、视角与实践：跨学科视野下的边疆民族研究暨中国边疆民族史学科建设”研讨会在昆明召开，论坛由云南民族大学人文学院、陕西师范大学中国西部边疆研究院、华东师范大学历史系主办。

2018 年 6 月 26—28 日，2018（第八届）“中国边疆重镇”高峰论坛在广西凭祥召开，论坛由环球时报社、凤凰网共同主办。

2018 年 7 月 12 日，中国藏学研究中心主办的“新时代推进藏区治理现代化的经验、挑战与对策”学术研讨会在北京召开。

2018 年 7 月 12 日，《中国国家历史地理》之《陈桥驿全集》出版座谈会暨中国国家历史地理学术研讨会在北京举行。

2018 年 7 月 18 日，国务院新闻办公室发表《青藏高原生态文明建设状况》白皮书。

2018 年 7 月 21—22 日，第六届中国边疆学论坛在长春召开，论坛由中国社会科学院中国边疆研究所、长春师范大学联合主办。

2018 年 7 月 28—29 日，中国社会科学院中国海疆智库主办的第一届全国海疆青年学者学术论坛在北京召开。

2018 年 9 月 7—10 日，第二届中国与中亚人文交流与合作国际论坛在甘肃省敦煌市举办，该论坛由中国社会科学院中国边疆研究所、西北师范大学、敦煌研究院、吉尔吉斯国立民族大学、哈萨克斯坦塔拉斯师范大学联合主办。

2018 年 9 月 22—24 日，“第四届新疆治理学术研讨会——聚焦产业援疆”在北京召开，会议由中国社会科学院中国边疆研究所主办。

2018 年 10 月 13 日，“一带一路”中韩海洋合作国际学术研讨会在京举行，会议由中国社会科学院中国边疆研究所、中国社会科学院中国海疆智库和东黄海研究智库联盟主办。

2018 年 10 月 16 日，中国社会科学院中国边疆研究所主办的“新形势、新思考：边界问题与治边稳藏”学术研讨会在北京举行。

2018 年 10 月 24—25 日，中国社会科学院主办的“中国社会科学论坛（2018）：国际次区域合作与中国西南沿边开放”国际学术研讨会在昆明召开。

2018 年 10 月 27 日，中国社会科学院中国边疆研究所主办的“2018 年中国边疆研究理论与方法”学术研讨会在北京召开。

2018 年 11 月 1 日，“第六届中国边疆研究青年学者论坛”在吉林省延吉市召开，论坛由中国社会科学院中国边疆研究所、延边大学联合主办。

2018 年 11 月 10 日，广西民族大学主办“广西边疆研究高峰论坛”在南宁召开。

2018 年 11 月 15 日，国务院新闻办公室发表《新疆的文化保护与发展》白皮书。

2018 年 11 月 17 日，“一带一路海洋合作的人文基础中日学术研讨会”在北京召开，会议由中国社会科学院中国边疆研究所、中国社会科学院中国海疆智库和东黄海研究智库联盟主办。

2018 年 11 月 18 日，第一届“高句丽渤海研究青年学者工作坊”在长春举行，会议由长春师范大学东北亚历史文化研究所、历史文化学院主办。

2018 年 12 月 16 日，四川师范大学华西边疆研究所在成都成立。

2019 年

2019 年 3 月 18 日，国务院新闻办公室发表《新疆的反恐、去极端化斗争与人权保障》白皮书。

2019 年 3 月 26 日，中国藏学研究中心主办的“西藏民主改革 60 年系列丛书发布会暨学术研讨会”在北京举行。

2019 年 3 月 27 日，国务院新闻办公室发表《伟大的跨越：西藏民主改革 60 年》白皮书。

2019 年 3 月 30 日，云南大学第四届“民族政治与边疆治理”高端论坛——“边疆治理与边疆发展、边境安全”学术研讨会在昆明召开，会议由云南大学公共管理学院（云南大学边疆治理研究中心）、云南大学民族政治研究院、云南大学《思想战线》·文科学报编辑部共同举办。

2019 年 4 月 12—14 日，“多学科视域下的边疆历史学术研讨会”在山东省威海市举办，会议由《中国边疆史地研究》编辑部与山东大学东北亚学院联合主办。

2019 年 4 月 20—21 日，“第二届新时代中国边疆学学术讨论会”在西安举行，会议由《中国边疆史地研究》编辑部和陕西师范大学中国西部边疆研究院共同主办。

2019 年 6 月 19 日，中国国际问题研究院主办的“马克斯韦尔赠书仪式暨中印边界问题研讨会”在北京召开。

2019 年 6 月 19 日，“传播的魅力——西藏民主改革 60 周年宣传报道研讨会”在陕西省咸阳市举行，会议由西藏自治区党委宣传部主办。

2019 年 6 月 27 日，中国社会科学院中国边疆研究所主办的“历史、现实与未来：新时期中印边界问题”研讨会在北京举办。

2019 年 7 月 7 日，“中国历史上的边疆、民族与国家治理”国际学术研讨会在西宁召开，会议由青海师范大学人文学院与南开大学历史学院“出土资料与汉唐史研究”学科团队共同举办。

2019 年 7 月 21 日，国务院新闻办公室发表《新疆的若干历史问题》白皮书。

2019 年 7 月 24 日，国务院新闻办公室发表《新时代的中国国防》白皮书。

2019 年 7 月 26—28 日，“嘉峪关与明代丝绸之路高层论坛”在甘肃省嘉峪关市举行，会议由《中国边疆史地研究》编辑部、西北师范大学中亚研究院、甘肃省历史学会联合主办。

2019 年 8 月 16 日，国务院新闻办公室发表《新疆的职业技能教育培训工作》白皮书。

2019 年 8 月 16—18 日，第七届中国边疆研究青年学者论坛在海口召开，论坛由中国社会科学院中国边疆研究所和海南大学联合主办。

2019 年 8 月 20 日，中国藏学研究中心和中国西藏文化保护与发展协会共同主办的第三届藏学珠峰论坛在北京召开。

2019 年 8 月 24 日，第七届中国西部边疆安全与发展研讨会在重庆举行，会议由中国西部边疆安全与发展协同创新中心主办。

2019 年 8 月 25—27 日，中国社会科学院中国边疆研究所主办的“第五届新疆治理学术研讨会——清代新疆治理再认识”在北京召开。

2019 年 9 月 10—11 日，“第七届中国边疆学论坛”在兰州召开，论坛由中国社会科学院中国边疆研究所、甘肃省社会科学院、新疆智库、中国西部开发促进会联合主办。

2019 年 9 月 18 日，中国社会科学院中国历史研究院、科研局在京举办“中国边疆研究 70 年”发布会。

2019 年 10 月 19—20 日，“高原丝绸之路历史文化国际学术研讨会”在成都举办，会议由西藏大学文学院、四川大学中国藏学研究所联合举办。

2019 年 10 月 22 日，《西藏自治区档案馆馆藏蒙满文档案精选》丛书发行仪式暨首届西藏档案学术研讨会在拉萨召开。

2019 年 10 月 26 日，中国藏学研究中心主办的第四届中日藏学研讨会暨龙谷大学建校 380 周年纪念活动在北京举行。

2019 年 10 月 27 日，第二届“高句丽渤海研究青年学者工作坊”在长春举行，会议由长春师范大学东北亚历史文化研究所、历史文化学院主办。

2019 年 10 月 29—30 日，首届国际边界合作研讨会在北京举行，会议由外交部边界与海洋事务司和北京师范大学“一带一路”学院联合主办。

2019 年 11 月 2 日，中国藏学论坛暨纪念西藏民主改革 60 周年学术研讨会在北京举行。

2019 年 11 月 6 日，中国社会科学院主办的“中国社科论坛（2019）：‘一带一路’与东北亚区域开发、合作国际论坛”在吉林省延吉市召开。

2019 年 11 月 16—17 日，郑州大学越南研究所主办的“构建人类命运共同体与中越关系研究暨戴可来先生学术思想研讨会”在郑州召开。

2019 年 12 月 6—8 日，第七届南海区域合作论坛暨纪念李准巡视西沙群岛 110 周年研讨会在海口召开，会议由海南大学、中国社会科学院中国边疆研究所联合主办。

2019 年 12 月 19 日，亚信非政府论坛第三次会议“全方位互联互通”圆桌会议在重庆召开，会议由中国人民外交学会主办。

2019 年 12 月 26 日，中国社会科学院考古研究所主办的“新时代边疆考古的现状与展望”学术研讨会在北京召开。

（撰稿：孙宏年　刘清涛　许建英　陈　柱　塔米尔　范恩实　朱　尖　李　欣　侯　毅　张永攀　刘　洁）

附录

附录一　中国边疆研究论著目录

一　2018—2019 年中国边疆研究主要著作目录

二　2018—2019 年中国边疆研究主要论文目录

附录二　当代中国边疆治理重要文献

中国保障宗教信仰自由的政策和实践

新时代的中国国防

新疆的文化保护与发展

新疆的反恐、去极端化斗争与人权保障

新疆的若干历史问题

新疆的职业技能教育培训工作

青藏高原生态文明建设状况

伟大的跨越：西藏民主改革 60 年

附录一　中国边疆研究论著目录

一　2018—2019年中国边疆研究主要著作目录

（一）中国边疆理论研究

李大龙、李元晖：《游牧行国体制与王朝藩属互动研究》，内蒙古大学出版社2018年版。

施展：《枢纽：3000年的中国》，广西师范大学出版社2018年版。

王邵励：《美国边疆、地域与西部：弗雷德里克·杰克逊·特纳史学思想初论》，中国社会科学出版社2018年版。

徐黎丽：《中国边疆安全研究》，社会科学文献出版社2018年版。

姚大力：《追寻"我们"的根源：中国历史上的民族与国家意识》，生活·读书·新知三联书店2018年版。

中国社会科学院近代史研究所政治史研究室、西北民族大学历史文化学院编：《清末新政与边疆新政》（上、下册），社会科学文献出版社2018年版。

邹建达、许建英主编：《中国边疆学构筑文集：贺马大正先生八十华诞》，社会科学文献出版社2019年版。

邢广程主编：《边疆蓝皮书：中国边疆发展报告（2019）》，社会科学文献出版社2019年版。

（二）北部边疆研究

内蒙古自治区测绘地理信息局、内蒙古自治区测绘学会：《内蒙古历史沿革地图集》，中国地图出版社2018年版。

［日］林俊雄：《草原王权的诞生——斯基泰与匈奴，早期游牧国家的文明》，陈心慧译，八旗文化出版社2019年版。

彭丰文：《魏晋南北朝时期边政研究》，（台北）花木兰文化出版社2019年版。

邱轶皓：《蒙古帝国视野下的元史与东西文化交流》，上海古籍出版社2019年版。

［日］杉山正明：《蒙古帝国及其漫长遗绪——后蒙古时代与世界史的重新构图》，陈心慧译，八旗文化出版社2019年版。

［日］石见清裕：《唐代的北方问题与国际秩序》，胡鸿译，复旦大学出版社2019年版。

宋超、孙家洲：《秦直道与汉匈战争》，陕西师范大学出版社2018年版。

王萌：《北魏北部边疆与民族政策研究》，（台北）花木兰文化出版社2019年版。

［美］谢健：《帝国之裘：清朝的山珍、禁地以及自然边疆》，关康译，北京大学出版社2019年版。

张喜琴：《清代中俄陆路贸易研究——以晋商为中心》，中国财政经济出版社2019年版。

（三）东北边疆研究

刁书仁：《清代八旗驻防与东北社会变迁》，科学出版社2018年版。

刁书仁：《中朝边界与民族——以十四世纪中叶至十五世纪末为中心》，（香港）秀威资讯2019年版。

东北师范大学日本研究所主编：《近代中国东北与日本研究》（第1辑），社会科学文献出版社2018年版。

东北师范大学日本研究所主编：《近代中国东北与日本研究》（第2辑），社会科学文献出版社2019年版。

范恩实：《地缘与族群：辽代以前蒙古草原与东北地区族群发展与互动研究》，内蒙古大学出版社2019年版。

范立君：《东北移民文化》，社会科学文献出版社2018年版。

冯立君：《唐朝与东亚》，社会科学文献出版社2019年版。

郝庆云、周赫：《渤海人社会生活研究》，社会科学文献出版社2018年版。

吉林省文物考古研究所、通化市文物管理办公室编：《通化万发拨子遗址发掘报告》，科学出版社2019年版。

蒋金玲：《辽朝对中原王朝外交思想研究》，吉林大学出版社2019年版。

经希军、邵汉明主编：《通化历史文化研究》，人民出版社2018年版。

兰婷：《金代教育与科举研究》，人民出版社2019年版。

李皓：《赵尔巽与清末奉天政局》，中华书局2019年版。

李花子：《清代中朝边界史探研——结合实地踏查的研究》，中山大学出版社2019年版。

栾凡：《东北游牧文化》，社会科学文献出版社2018年版。

孟繁勇：《清代前期东北三将军研究》，辽海出版社2019年版。

实立学：《东北地名与地域文化》，吉林出版集团股份有限公司2019年版。

宋卿：《唐代营州与东北边疆经略》，吉林大学出版社2019年版。

孙希国：《〈宣和奉使高丽图经〉整理与研究》，黑龙江人民出版社2019年版。

佟大群：《东北渔猎文化》，社会科学文献出版社2018年版。

王敬荣：《近代东北官吏群体与边疆社会变迁》，黑龙江人民出版社2018年版。

王希丹：《集安高句丽墓壁画的音乐考古学研究》，人民音乐出版社2019年版。

王霞：《宋朝与高丽人员往来研究》，中国社会科学出版社 2018 年版。

易丙兰：《奉系与东北铁路》，社会科学文献出版社 2018 年版。

于凌：《东北农耕文化》，社会科学文献出版社 2018 年版。

喻大华：《清末东北危局与奉天开发》，辽宁师范大学出版社 2018 年版。

战继发主编：《国外黑龙江史料提要》，社会科学文献出版社 2018 年版。

张连兴：《张氏父子与东北城市现代化建设》，辽宁人民出版社 2019 年版。

阿拉腾奥其尔、褚宏霞：《当代黑龙江与新疆屯垦比较研究》，社会科学文献出版社 2018 年版。

东北财经大学东北亚经济研究院：《东北亚区域经济合作发展：东北振兴之路》，东北财经大学出版社 2019 年版。

李冬新、崔明旭主编：《深化合作 共创未来：中日韩与东北亚合作研究》，世界知识出版社 2019 年版。

刘德权：《新时期东北地区"富民强边"战略研究》，中国财政经济出版社 2018 年版。

曲道钢：《东北地区深度融入"一带一路"建设的重点问题及对策研究》，东北大学出版社 2019 年版。

沈万根：《中国朝鲜族聚居边疆地区农村贫困问题研究》，延边大学出版社 2018 年版。

郑媛媛：《东北亚区域经济合作研究》，吉林人民出版社 2019 年版。

（四）海疆与海洋史研究

高新生：《中国海防学》，辽宁人民出版社 2019 年版。

何新华：《晚清海防与海权思想论略》，中国社会科学出版社 2018 年版。

鞠海龙：《南海地区形势报告 2015—2016》，时事出版社 2018 年版。

苏莹莹：《马来西亚南海政策研究》，时事出版社 2019 年版。

孙悦民：《中国南海海岛行政价值观的历史演进与现实选择研究》，中国经济出版社 2019 年版。

谭立峰、张玉坤、尹泽凯：《明代海防防御体系与军事聚落》，中国建筑工业出版社 2019 年版。

展华云：《海防与塞防战略研究》，海洋出版社 2018 年版。

章其真：《海防与近代中国》，海洋出版社 2019 年版。

赵树国、赵红：《山东海防史》，山东人民出版社 2018 年版。

朱锋：《菲律宾"南海仲裁案"透视》，世界知识出版社 2018 年版。

（五）西南边疆研究

陈丙先：《广西外向型经济发展与东亚侨资/中国与东南亚关系研究丛书》，厦门大学出版社 2018 年版。

陈雪：《云南跨境婚姻移民》，社会科学文献出版社 2018 年版。

古永继：《云南 15 种特有民族古代史料汇编（上、中、下）》，云南大学出版社 2019 年版。

方国瑜：《云南民族史讲义》，云南人民出版社 2018 年版。
黄宇鸿、李志俭：《广西海上丝绸之路史（古近代）》，中国社会科学出版社 2019 年版。
柯丽菲：《广西新产业新业态培育与发展研究》，社会科学文献出版社 2019 年版。
黎珍：《社会资本与西南民族地区和谐发展》，中国社会科学出版社 2019 年版。
李昆声：《云南考古学通论》，云南大学出版社 2019 年版。
刘鸿燕：《近代云南沿边土司社会研究》，云南人民出版社 2018 年版。
陶琳：《云南边疆民族地区自发移民的社会网络与文化融合》，团结出版社 2018 年版。
武友德、王源昌等：《云南经济地理》，经济管理出版社 2018 年版。
许新民：《清代后期云南封疆大吏的省情认知与国家治理研究》，中国社会科学出版社 2018 年版。
杨鸿春：《云南边疆民族地区边防文化建设研究》，云南人民出版社 2018 年版。
云南省档案馆编：《民国时期西南边疆档案资料汇编·云南广西综合卷》，社会科学文献出版社 2018 年版。
赵永胜：《中国西南与中南半岛古代民族源流、分布及其演变研究》，中国社会科学出版社 2019 年版。

（六）西藏研究

阿旺·格丹嘉措、杨公卫、巴擦·巴桑旺堆整理：《协噶尔教法史》，民族出版社 2019 年版。
白玛朗杰主编：《西藏门隅地区的人文历史与现状》，中国藏学出版社 2018 年版。
白玛玉珍：《拉萨市古地名名录》，西藏人民出版社 2018 年版。
程早霞：《美国传统主流媒体与中国西藏》，中国社会科学出版社 2019 年版。
顾祖成：《明清治藏史要》，西藏人民出版社 2018 年版。
廖东凡：《喜马拉雅的囚徒》，中国藏学出版社 2018 年版。
刘洁：《工布苯日神山崇拜研究》，青海民族出版社 2018 年版。
潘久艳：《全国援藏背景下增强西藏自我发展》，经济科学出版社 2018 年版。
普布多吉主编：《林芝地名历史文化释义》，人民出版社 2018 年版。
翟向东：《前吐蕃青藏社会》，西藏人民出版社 2018 年版。
全国政协文化文史和学习委员会、西藏自治区政协文史和学习委员会编：《藏族百年实录（4 卷）》，社会科学文献出版社 2018 年版。
吴逢箴：《唐宋有关吐蕃边塞诗文研究》，西藏人民出版社 2018 年版。
杨克林、倪惠康、王小彬：《热振活佛》，西藏人民出版社 2018 年版。
［美］伊丽莎白·K·肯德尔：《中国漫行记——清末西南及蒙古之行印象》，高丹、陈如译，中信出版社 2018 年版。
张碧波、刁乃莉：《西藏—吐蕃文化考古学研究》，黑龙江人民出版社 2019 年版。
张建林：《西藏东部吐蕃佛教造像》，社会科学文献出版社 2018 年版。
章杰宽：《民国时期青藏旅游地理研究》，科学出版社 2018 年版。
赵国栋：《西藏茶文化》，西藏人民出版社 2018 年版。

赵永红主编：《章嘉·若必多吉研究论文选萃》，四川民族出版社 2019 年版。
郑堆总主编：《西藏民主改革 60 年系列丛书》，中国藏学出版社 2019 年版。
中共西藏自治区委员会党史研究室：《中国共产党西藏历史大事记》，西藏人民出版社 2018 年版。
周斌：《中国地方志集成·西藏府县志辑》，巴蜀书社 2019 年版。

（七）新疆研究

阿布都外力·克热木编著：《木卡姆与达斯坦的关系导论》，甘肃教育出版社 2018 年版。
毕波、［英］辛威廉：《中国人民大学博物馆藏和田出土粟特语文书》，中国社会科学出版社 2018 年版。
蔡家艺：《西北边疆民族史地论集》，中国社会科学出版社 2018 年版。
常书鸿：《新疆石窟艺术》，清华大学出版社 2018 年版。
杜宏春校注：《刘锦棠奏稿校证》，中华书局 2019 年版。
杜宏春编著：《陶模行述长编》，黄山书社 2019 年版。
付马：《丝绸之路上的西州回鹘王朝》，社会科学文献出版社 2019 年版。
郭院林主编：《清代新疆政务丛书》（5 册），凤凰出版社 2019 年版。
侯灿：《西域历史与考古研究》，中西书局 2019 年版。
李方编著：《新疆历史古籍提要》，中国书籍出版社 2019 年版。
李景峰：《巴基斯坦与中国新疆地区交往历程研究》，云南大学出版社 2018 年版。
刘丹：《新疆移民问题研究：一个汉族亲属群体的移民安居史》，上海三联书店 2018 年版。
刘进宝主编：《丝路无疆“丝绸之路文化论坛·新疆”论文集》，浙江大学出版社 2018 年版。
吕恩国：《新疆岩画调查与编年研究》，新疆人民出版社 2019 年版。
马子木：《经略西北——巴达克山与乾隆中期的中亚外交》，上海古籍出版社 2019 年版。
潘志平主编：《中国与中亚地区国家关系研究》，经济科学出版社 2018 年版。
邵会秋：《新疆史前时期文化格局的演进及其与周邻文化的关系》，科学出版社 2018 年版。
沈晓晨：《分裂主义与国家认同研究——以新疆分裂主义为例》，社会科学文献出版社 2018 年版。
水涛：《中国西北地区青铜时代考古论集》，商务印书馆 2019 年版。
宋亦萧：《青铜时代的东西文化交流：以新疆东部为中心的考察》，中国社会科学出版社 2019 年版。
孙萍、杨军、董海茵：《新疆人口的变化与发展》，吉林大学出版社 2019 年版。
孙文杰：《和瑛西域著述考论》，学苑出版社 2018 年版。
吐鲁番市文物局、新疆文物考古研究所、吐鲁番学研究院编著：《新疆洋海墓地》，文物出版社 2018 年版。
王瑟：《拂去尘沙：丝绸之路新疆段的历史印迹》，生活·读书·新知三联书店

2018 年版。

王小霞：《达里雅布依人社会文化研究》，中国社会科学出版社 2018 年版。

王英姿、赵党峰：《中亚政治思潮影响下的新疆意识形态安全研究》，中国社会出版社 2018 年版。

王振芬、荣新江主编：《丝绸之路与新疆出土文献》，中华书局 2019 年版。

乌云毕力格：《国学视野下的西域研究》，中国社会科学出版社 2019 年版。

张碧波、金朝阳：《新疆—西域文化考古学研究》，黑龙江人民出版社 2018 年版。

张弛：《明月出天山——新疆天山走廊的考古与历史》，商务印书馆 2018 年版。

张彦虎：《新疆建设发展与国家政策扶持研究》，人民出版社 2018 年版。

朱文：《兵团文化思想政治教育资源研究》，人民出版社 2019 年版。

朱玉麒：《瀚海零缣》，中华书局 2019 年版。

（供稿：王义康　宋培军　陈　柱　塔米尔　范恩实　朱　尖　李　欣　侯　毅　时雨晴　张永攀　刘　洁　阿地力·艾尼）

二　2018—2019 年中国边疆研究主要论文目录

（一）中国边疆理论研究

2018 年

李国强：《开启中国边疆学学科建设新征程》，《中国边疆史地研究》2018 年第 1 期。

杨明洪：《反“边疆建构论”：一个关于“边疆实在论”的理论解说》，《新疆师范大学学报（哲学社会科学版）》2018 年第 1 期。

周平：《如何认识我国的边疆》，《理论与改革》2018 年第 1 期。

郑汕：《关于建构中国边疆学的几点思考》，《地域文化研究》2018 年第 1 期。

李占荣、唐勇：《中国“统一的多民族国家”属性的宪法意义》，《民族研究》2018 年第 2 期。

方盛举：《新边疆观：政治学的视角》，《新疆师范大学学报（哲学社会科学版）》2018 年第 2 期。

钟焓：《北族王朝没有中国意识吗——以非汉文史料为中心的考察》，《中国社会科学评价》2018 年第 2 期。

朱碧波、李朝辉：《边疆建构论与边疆实在论：对立抑或共生？——兼与杨明洪教授商榷》，《新疆师范大学学报（哲学社会科学版）》2018 年第 2 期。

王欣：《关于中国边疆学学科话语理论体系建构的几点思考》，《中国边疆史地研究》2018 年第 3 期。

张云：《中国边疆研究的内涵和特征刍议》，《中国边疆史地研究》2018 年第 3 期。

吴楚克：《现代社会分工背景下的边疆经济与边疆社会治理》，《北华大学学报（社会科学版）》2018 年第 3 期。

吴楚克、卢俊达：《21 世纪以来国外中国边疆研究重要文本分析》，《云南师范大学学报（哲学社会科学版）》2018 年第 3 期。

邢广程：《周边、周边外交与中国边疆》，《中国边疆史地研究》2018 年第 3 期。

严庆、平维彬：《西方多民族国家建设的类型化研究——基于弗朗西斯·福山的“建构主义”视角》，《广西民族研究》2018 年第 3 期。

陈宇：《总体国家安全观视野下的边疆安全复合体：边疆安全的区域和整体视角》，《西北民族大学学报（哲学社会科学版）》2018 年第 3 期。

崔明德：《关于中国边疆学学科建设的几点看法》，《中国边疆史地研究》2018 年第 3 期。

李大龙：《“中国边疆”的内涵及其特征》，《中国边疆史地研究》2018 年第 3 期。

李鸿宾：《对“中国边疆研究”概念的认识与界定——兼谈“中国边疆学”学术体系之建构》，《中国边疆史地研究》2018 年第 3 期。

李鸿宾：《从全球史语境看唐史研究新范式出现的可能性》，《陕西师范大学学报（哲学社会科学版）》2018 年第 3 期。

刘祥学：《论边地土司与中国疆界的形成》，《中国边疆史地研究》2018 年第 3 期。

李克建：《清朝多民族“一体论”及其政策实践研究》，《西南民族大学学报（人文社会科学版）》2018 年第 12 期。

刘文鹏：《清末民初“国家构建”问题再阐释》，《河北师范大学学报（哲学社会科学版）》2018 年第 5 期。

白利友：《大数据时代的数字边疆及其治理思考》，《云南师范大学学报（哲学社会科学版）》2018 年第 5 期。

彭丰文：《从盛乐到平城：北魏王朝的国家建构与政治转型》，《西南民族大学学报（人文社会科学版）》2018 年第 7 期。

宋培军：《马克思“农业公社”思想放弃论之我见》，《史学理论研究》2018 年第 4 期。

孙勇、王春焕：《时空统一下国家边疆现象的发生及其认识——兼议“边疆建构论”与“边疆实在论”争鸣》，《理论与改革》2018 年第 5 期。

吴楚克、徐珊珊：《现时代理性认识的特点与中国边疆学建构》，《中央民族大学学报（哲学社会科学版）》2018 年第 4 期。

赵现海：《中国古代疆域模式的历史特征及其根源——与西欧、阿拉伯、俄罗斯疆域模式的比较分析》，《暨南学报（哲学社会科学版）》2018 年第 7 期。

2019 年

常安：《缔造社会主义的中华民族大家庭：新中国民族区域自治制度的奠基历程》，《学术月刊》2019 年第 9 期。

程妮娜：《从自称“中国”到纳入“正统”——中国正史中的〈金史〉》，《南国学术》2019 年第 4 期。

高福顺：《辽朝在中国古史谱系中的历史定位》，《中国边疆史地研究》2019 年第 2 期。

黄纯艳：《宋代的疆界形态与疆界意识》，《历史研究》2019 年第 5 期。

李大龙：《新时代边疆学研究的热点与前沿问题》，《云南师范大学学报（哲学社会科学版）》2019 年第 1 期。

李克建：《清朝前期的“中国”认同：从“中国”的内涵展开分析》，《西南民族大学学报（人文社会科学版）》2019 年第 12 期。

李赞、金炳镐：《新时代促进我国民族团结进步事业基本途径的探索》，《中国边疆史地研究》2019 年第 3 期。

林文勋：《开创新时代中国边疆学学科建设的新局面》，《历史研究》2019 年第 1 期。

罗中枢：《边疆的个性与共性及边疆研究的理论创新》，《理论与改革》2019 年第 2 期。

吕文利：《新世纪中国边疆学的构建路径与展望——兼论中国边疆理论的三个来源》，《中国边疆史地研究》2019 年第 2 期。

吕文利：《何谓“边疆”——论中国“边疆”概念的三重空间》，《中央民族大学学报（哲学社会科学版）》2019 年第 4 期。

牛汝辰：《“中国”“中华”“华夏”的由来及其文化内涵》，《测绘科学》2019 年第 6 期。

青觉、徐欣顺：《新时代边疆稳定发展的情感政治学研究——边疆地区铸牢中华民族共同体意识的情感路径分析》，《中国边疆史地研究》2019 年第 1 期。

宋培军：《袁世凯手批清帝辞位诏书的发现及其对清末民初国体因革的认知意义》，《文史哲》2019 年第 4 期。

孙宏年：《认知与实践：20 世纪 20—40 年代“边疆”理念及启示》，《云南师范大学学报（哲学社会科学版）》2019 年第 4 期。

孙宏年：《国际法东渐及其对近代中国疆界的影响刍议》，《思想战线》2019 年第 5 期。

孙勇、王春焕：《中国边疆研究中的“边疆性”问题探讨——以李安宅的边疆性概念解析为例》，《中央民族大学学报（哲学社会科学版）》2019 年第 2 期。

孙勇、王春焕：《边疆理论研究的共性与个性问题探讨》，《四川师范大学学报（社会科学版）》2019 年第 2 期。

田澍：《发出新时代中国历史工作者的强音——学习习总书记致中国历史研究院成立贺信精神的体会》，《中国边疆史地研究》2019 年第 1 期。

万振凡、杨杰：《建国初期少数民族医疗卫生建设的历史经验》，《贵州民族研究》2019 年第 1 期。

王义康：《因俗而治与一体化：唐代羁縻州与唐王朝的政令法令》，《中国历史地理论丛》2019 年第 4 期。

吴楚克、马欣：《解构边疆观与重构边疆学》，《思想战线》2019 年第 2 期。

吴楚克、索音布：《康有为边疆民族思想研究》，《北方民族大学学报（哲学社会科学版）》2019 年第 3 期。

姚大力：《中国边疆的基本特性》，《学术月刊》2019 年第 2 期。

周平：《边疆发展须要国家战略的推动》，《中国边疆史地研究》2019 年第 2 期。

朱金春：《边疆研究的本体论转向——“边疆实在论”与“边疆建构论”之争鸣再讨论》，《云南师范大学学报（哲学社会科学版）》2019 年第 5 期。

（供稿：王义康 宋培军）

（二）北部边疆研究

2018 年

达力扎布：《〈1640 年蒙古—卫拉特大法典〉文本辨析》，《中央民族大学学报（哲学社会科学版）》2018 年第 1 期。

安华、李治国：《清代呼和浩特社会福利分层研究》，《青海民族研究》2018 年第 1 期。

白·特木尔巴根：《〈元史〉列传所见成吉思汗事迹与〈蒙古秘史〉记载之异同》，《内蒙古师范大学学报（哲学社会科学版）》2018 年第 1 期。

艾冲：《鄂尔多斯高原汉代三泽地望初探》，《西夏研究》2018 年第 1 期。

宝音朝克图：《清代外藩蒙古台吉爵位封袭制再探讨》，《历史档案》2018 年第 1 期。

曹盟：《中蒙俄经济走廊的历史考察》，《西伯利亚研究》2018 年第 1 期。

陈峰：《简论宋朝的治军特点与边防困境》，《西北大学学报（哲学社会科学版）》2018 年第 1 期。

艾冲：《论东汉初期北部边疆卢芳割据政权的控制地域》，《中国边疆史地研究》2018 年第 3 期。

宝音朝克图：《清朝对漠北喀尔喀统治政策的失误及其影响——以兵役制度为中心》，《云南师范大学学报（哲学社会科学版）》2018 年第 3 期。

崔思朋：《游而牧之：游牧生产方式及其生态哲学智慧》，《青海民族研究》2018 年第 3 期。

陈亚平：《明代前期大同镇的军饷问题》，《中国边疆史地研究》2018 年第 4 期。

包呼和木其尔：《清朝蒙古例财产相关规定再考——以内蒙古喀喇沁地区财产继承纠纷案为例》，达力扎布主编《中国边疆民族研究》第 11 辑，中央民族大学出版社 2018 年版。

崔玲玲：《元代蒙古宫廷音乐探析》，《中央民族大学学报（哲学社会科学版）》2018 年第 6 期。

达力扎布：《察哈尔林丹汗病逝之“大草滩”考》，《民族研究》2018 年第 5 期。

达日玛：《蒙盐盐业史研究综述》，《内蒙古民族大学学报（社会科学版）》2018 年第 5 期。

代小：《浅析清政府镇压西北回民起义战争中重兵防守包头之原因》，《阴山学刊》2018 年第 1 期。

邓涛：《清前期边疆形势与北边长城建设》，《社会科学辑刊》2018 年第 6 期。

刁莉、王敏芬：《北路贸易中的旅蒙商与旅俄商（1727—1911）》，《中国社会经济史研究》2018 年第 4 期。

丁晓杰：《日伪时期〈蒙疆畜产政策要纲〉的制定与畜产政策的推进》，《古今农业》2018 年第 4 期。

董波：《蒙古族敖包信仰仪式中萨满教与佛教文化交融现状的根源探析》，《世界宗教研究》2018 年第 3 期。

段志强：《从“用夏变夷”到“进于文明”——重审思想史中的“汉化”概念》，《复旦学报（社会科学版）》2018 年第 2 期。

Florence Hodous：《马可·波罗与蒙古法：扩大文明的范围，缩小野蛮的范围》，高宇、赵柏悦译，马晓林校，乌云毕力格主编《西域历史语言研究集刊》第 10 辑，科学出版社 2018 年版。

樊志强：《“五族共和”在边疆的实践——基于绥远五族学院的考察》，乌云毕力格主编《西域历史语言研究集刊》第10辑，科学出版社2018年版。

范恩实：《论人地关系对慕容鲜卑早期兴起历程的影响》，《北方文物》2018年第4期。

冯文开、赵志强：《论高士奇蒙古行纪中的扈从诗》，《内蒙古大学学报（哲学社会科学版）》2018年第3期。

高娟：《绥远乡村建设中的政府动员与基层互动（1931—1937）》，《农业考古》2018年第3期。

格日勒图：《论北元政权》，《内蒙古民族大学学报（社会科学版）》2018年第5期。

关康：《关于〈帝国之裘〉研究的几个问题》，《吉林师范大学学报（人文社会科学版）》2018年第6期。

韩狄、韩天阳：《“兵将留守”与十七世纪清政府对索伦部的管理》，《吉林师范大学学报（人文社会科学版）》2018年第4期。

韩光辉、田海、王洪波：《蒙元时期四个都城的规划与建设——兼论都城城市行政管理制度》，《首都师范大学学报（社会科学版）》2018年第3期。

呼斯乐：《“草原丝绸之路”上蒙古人与突厥人首饰研究——以“戒指”和“耳环”为例》，《内蒙古社会科学（汉文版）》2018年第6期。

胡哲：《清廷对漠北土谢图汗部蒙古政策探析——以喀尔喀恪靖公主府属人地亩案为中心》，《西部蒙古论坛》2018年第1期。

黄彦震：《清代索伦部族群演变溯源》，《贵州民族研究》2018年第4期。

纪海龙：《明代边臣养廉地之初探》，《内蒙古大学学报（哲学社会科学版）》2018年第1期。

贾瑞、张喜琴：《清代中俄贸易信用体系探析——以晋商对俄贸易为例》，《学习与探索》2018年第11期。

姜相顺：《清前八旗蒙古牛录、五牛录、固山编设考释》，达力扎布主编《中国边疆民族研究》第11辑，中央民族大学出版社2018年版。

康建国：《金界壕对漠南草原城池的影响初探》，《赤峰学院学报》2018年第2期。

孔祥羽、宁国利：《中国北方民族虎崇拜溯源》，《吉林师范大学学报（人文社会科学版）》2018年第1期。

赖惠敏：《太谷曹家的商贸网络》，《内蒙古师范大学学报（哲学社会科学版）》2018年第4期。

勒·阿拉坦咱雅：《关于喀尔喀蒙古那鲁班禅呼图克图的僧俗徒众》，《满族研究》2018年第4期。

李昂：《商业重镇之兴衰——明清近代张家口商业研究评述》，《社会科学论坛》2018年第3期。

李春梅：《匈奴政权的发展阶段》，《内蒙古社会科学（汉文版）》2018年第6期。

李大龙：《国家建构视野下游牧与农耕族群互动的分期与特点》，《思想战线》2018年第1期。

李飞：《吉兰泰盐务与嘉庆朝清廷治理阿拉善蒙古的政策转向》，《西北民族研究》

2018 年第 4 期。

李庚伦：《中国历代陆地边疆政治安全治理研究》，《贵州民族研究》2018 年第 12 期。

李国华：《青海出土鲜卑动物形牌饰研究》，《北方文物》2018 年第 4 期。

李浩：《试析光绪时期旅蒙商的牧畜贸易——以归化大盛魁为例》，《宁夏师范学院学报》2018 年第 12 期。

李锦绣：《从漠北到河东：萨珊银币与草原丝绸之路》，《青海民族研究》2018 年第 1 期。

李梦琪：《民国初期中央蒙藏机构中翻译员设置及工作范畴探究》，《呼伦贝尔学院学报》2018 年第 6 期。

李鹏：《鲜卑“季春大会”之“作乐水”考辨》，《北方文物》2018 年第 3 期。

李勤璞：《封禁中的库伦：佐藤宪行喀尔喀都市专著评介》，《西部蒙古论坛》2018 年第 2 期。

李勤璞：《对忠诚的考验：额济纳土尔扈特人在民国的经历》，《中国边疆学》2018 年第 2 期。

李荣辉、李春雷：《包头地区史前文化与农业》，《农业考古》2018 年第 1 期。

李瑞哲：《粟特人在突厥汗国的活动及其影响》，《西北民族论丛》2018 年第 2 期。

李珍梅：《从皇帝巡幸西京看辽代社会的兴衰》，《山西大同大学学报（社会科学版）》2018 年第 6 期。

李圳：《试论十六国时期少数民族政权的习惯法演变》，《西北民族论丛》2018 年第 1 期。

梁潇文：《清代归化城土默特蒙古户口地探析——以档案为中心》，《中国经济史研究》2018 年第 3 期。

刘凤雪、赵昆生：《北魏祭祀制度研究》，《山西大同大学学报（社会科学版）》2018 年第 1 期。

刘继刚：《北魏孝文帝迁都环境因素考论》，《中州学刊》2018 年第 10 期。

刘举：《汉代匈奴族际通婚类型及其历史作用》，《黑龙江民族论丛》2018 年第 5 期。

刘俊、王海：《论匈奴呼衍氏地位的演进》，《北方文物》2018 年第 1 期。

刘俊、王海：《论九原与秦汉时期北方民族交融》，《宁夏师范学院学报》2018 年第 2 期。

刘蒙林、暴丹妮：《清代绥远城八旗官兵换防制度初探》，《满族研究》2018 年第 4 期。

刘森垚：《中古尉迟氏源流及其墓志再考》，《西北民族论丛》2018 年第 1 期。

刘晓光、安孟克：《阿拉善信仰伊斯兰教蒙古族的形成》，《回族研究》2018 年第 2 期。

刘星营：《隋唐时期内地与突厥的人口迁移》，《中州学刊》2018 年第 4 期。

刘勇：《杨家河与绥西抗战》，《内蒙古师范大学学报（哲学社会科学版）》2018 年第 1 期。

刘源：《17 世纪蒙古编年史的话语特点和影响探析》，《云南大学学报（社会科学版）》2018 年第 2 期。

刘忠和：《同光之际内蒙古西部地区水师研究》，《阴山学刊》2018 年第 4 期。

马德全：《清代蒙旗治理模式的几个问题考证——以喀喇沁左旗为例》，《内蒙古民族大学学报（社会科学版）》2018 年第 2 期。

马立群、孔德翊：《元代亦集乃路乡村社会的权力结构探析》，《宁夏大学学报（人文社会科学版）》2018 年第 5 期。

马晓林：《元代蒙古人的祭天仪式》，《民族研究》2018 年第 3 期。

孟松林：《阔亦田战役古战场再考》，《呼伦贝尔学院学报》2018 年第 6 期。

聂定：《从考古发现探寻拓跋鲜卑族源及名称由来》，《赤峰学院学报（汉文哲学社会科学版）》2018 年第 2 期。

聂晓灵：《孝庄文皇后的佛事活动与满蒙初期政治关系》，《黑龙江民族论丛》2018 年第 2 期。

聂晓灵：《察哈尔部归附后金与清朝的建立》，《内蒙古民族大学学报（社会科学版）》2018 年第 4 期。

牛敬忠：《清代归化城土默特地区的土地纠纷与地权问题》，《内蒙古大学学报（哲学社会科学版）》2018 年第 5 期。

潘玲：《两汉时期北方系统腰带具的演变》，《西域研究》2018 年第 2 期。

潘晓伟：《十月革命前俄国远东地区中国人的渔猎采集活动》，《西伯利亚研究》2018 年第 5 期。

庞绿林、谢青海：《清代乌兰察布盟（四部六旗）首次会盟考》，《内蒙古师范大学学报（哲学社会科学版）》2018 年第 1 期。

彭丰文：《守在四夷：北魏北部边疆经略方针及其思想源泉》，《中国边疆史地研究》2018 年第 3 期。

齐光：《1685 年第一次“雅克萨战役”前大清帝国致沙皇俄国的两封蒙古文书信》，《中国边疆民族研究》第 11 辑，中央民族大学出版社 2018 年版。

齐木德道尔吉：《17 世纪上半叶蒙古史研究中满蒙汉文档案的应用——以内蒙古大学清初蒙古史研究为例》，《西北民族论丛》2018 年第 1 期。

秦红发、孙险峰：《论北魏西郊祭天》，《中州学刊》2018 年第 2 期。

丘进：《长春真人西觐与蒙元时期“丝绸之路”》，《陕西师范大学学报（哲学社会科学版）》2018 年第 5 期。

邱仲麟：《边缘的底层：明代北边守墩军士的生涯与待遇》，《中国边疆史地研究》2018 年第 3 期。

屈罗木图：《清末汉族移民迁入乌兰察布地区及相关问题考析》，《内蒙古财经大学学报》2018 年第 6 期。

任冠：《辽中京城的形制与沿革研究》，《内蒙古社会科学（汉文版）》2018 年第 2 期。

萨礶荣贵、阿茹罕：《民国时期绥远土默特地区蒙汉摊派制度研究》，《内蒙古民族大学学报（社会科学版）》2018 年第 6 期。

萨仁图雅：《试析科尔沁农耕村落的形成及其原因——以科尔沁左翼后旗达希木勒嘎查为例》，《内蒙古民族大学学报（社会科学版）》2018 年第 5 期。

邵会秋：《中国北方、新疆和欧亚草原文化的交往——以动物纹装饰为视角》，《西域研究》2018 年第 2 期。

石陶、刘凤强：《明代北方军事防御体系建设探究——以右玉要塞杀虎口为例》，《山西大同大学学报（社会科学版）》2018 年第 3 期。

双宝：《清代锡勒图库伦札萨克喇嘛旗若干问题再探》，《西北民族论丛》2018 年第 2 期。

宋从越：《日本对东部内蒙古的殖民侵略——以伪满时期兴安省行政体制的演变为中心》，《内蒙古社会科学（汉文版）》2018 年第 2 期。

苏航：《“汉儿”歧视与“胡姓”赐与——论北朝的权利边界与族类边界》，《民族研究》2018 年第 1 期。

苏丽娜、王衡：《论蒙古族生态习惯法的内涵及特征》，《内蒙古财经大学学报》2018 年第 2 期。

孙闻博：《秦直道的历史学探索——以走向、修筑与沿线遗存为中心》，《中国史研究动态》2018 年第 3 期。

田晓雷、王万志：《辽朝对阻卜各部的治理述论》，《中国边疆史地研究》2018 年第 1 期。

万明：《寻找契丹：明代中俄的第一次直接接触》，《社会科学战线》2018 年第 4 期。

王福革、赵亚婷：《〈蒙古秘史〉礼制、约孙、札撒和必力克关系研究》，《黑龙江民族论丛》2018 年第 1 期。

王海兵：《东蒙古部落在安多地区的活动与明政府的应对》，《北方民族大学学报（哲学社会科学版）》2018 年第 2 期。

王海锋：《〈蒙古—卫拉特法典〉中的婚姻法律制度研究》，《西部蒙古论坛》2018 年第 2 期。

王洁：《“胡服”与“汉服”的变革：历史发展的交融与碰撞》，《内蒙古师范大学学报（哲学社会科学版）》2018 年第 5 期。

王来喜：《论罗布桑却丹的特色经济思想》，《内蒙古师范大学学报（哲学社会科学版）》2018 年第 6 期。

王立华：《近代民族地区的农牧业改良及其成效——以绥远省为例》，《农业考古》2018 年第 1 期。

王澎：《清代中俄交涉案件的法律适用研究——以蒙古越界案件为中心》，《青海民族研究》2018 年第 3 期。

王鹏福、朱宏斌：《从六镇之乱到北魏灭亡：〈齐民要术〉成书背景新探》，《古今农业》2018 年第 4 期。

王仁芳：《宁夏明长城地名命名研究》，《宁夏师范学院学报》2018 年第 3 期。

王绍东：《论阴山对匈奴族生存与发展的价值》，《内蒙古社会科学（汉文版）》2018 年第 1 期。

王绍东：《战国秦汉时期中原政权与北方民族对阴山地区的争夺》，《阴山学刊》2018 年第 4 期。

王绍东：《经济视角下匈奴族社会风俗审视》，《内蒙古大学学报（哲学社会科学版)》2018 年第 5 期。

王小甫:《宇文泰“关中化”政策及其对华夏文化发展的影响》,《民族研究》2018 年第 5 期。

王晓辉:《清代长城沿线蒙汉杂居地区的治理——以热河地区行政管理制度为中心》,《求是学刊》2018 年第 4 期。

王晓辉:《清末热河地区新政与边疆治理》,《黑龙江民族论丛》2018 年第 6 期。

王禹浪:《北室韦吐纥山地理位置考》,《黑龙江民族论丛》2018 年第 2 期。

王禹浪、翟少芳:《南室韦历史地理研究综述》,《黑龙江民族论丛》2018 年第 4 期。

魏斌:《从领民酋长到华夏长吏:库狄干石窟的兴造与部落记忆》,《历史研究》2018 年第 3 期。

温拓:《执壶鲜卑:段部源流三题》,《社会科学战线》2018 年第 4 期。

乌兰:《论〈金轮千辐〉作者及诸抄本》,《内蒙古民族大学学报(社会科学版)》2018 年第 1 期。

乌兰巴根:《蒙古阿礼嘎礼字、新满文及近代蒙古文》,《满语研究》2018 年第 1 期。

乌仁其其格:《归绥地区社会各阶层的流动及其影响》,《内蒙古财经大学学报》2018 年第 1 期。

乌云:《民国二十三年土默特特别旗“拆召事件”及其时代背景》,《满族研究》2018 年第 2 期。

吴超、霍红霞:《道光至光绪朝归化城土默特地区的粮价探究——以归化城土默特粮价细册为中心》,《社会科学论坛》2018 年第 1 期。

吴楚克、马欣:《盟旗制的历史作用和现代意义》,《中国边疆学》2018 年第 1 期。

吴曼玉、吴洪琳:《中古时期代北窦氏的祖先谱系建构与郡望伪冒》,《西北民族论丛》2018 年第 1 期。

吴团英:《从草原文化视角看中华文化的构成及其演进模式》,《内蒙古社会科学(汉文版)》2018 年第 6 期。

武仙竹、冯玲:《南西伯利亚发现的“驾牌”与明土木堡之变》,《中国边疆史地研究》2018 年第 4 期。

夏宇旭:《辽代西辽河流域农田开发与环境变迁》,《北方文物》2018 年第 1 期。

肖超宇:《民族融合与历史书写:〈元史〉蒙古列女形象“汉化”问题刍论》,《史学集刊》2018 年第 2 期。

肖晴:《明代的边疆卫所移民与地域文化记忆》,《中州学刊》2018 年第 8 期。

小军:《西汉与匈奴间最初和亲约缔结时间考述》,《中国边疆史地研究》2018 年第 1 期。

小军:《关于札萨克图郡王乌泰回归问题的中俄外交博弈》,《吉林师范大学学报(人文社会科学版)》2018 年第 6 期。

邢莉:《内蒙古区域农业文化圈的形成——兼谈清代部分蒙古族生计方式的重构》,《青海民族研究》2018 年第 1 期。

邢云:《从回鹘溃亡扰边看“唐界”与“蕃汉”》,《中国历史地理论丛》2018 年第

2 期。

徐冉：《雍正初并未移数万户汉人入阿拉善》，《中国历史地理论丛》2018 年第 2 期。

徐冉：《农牧交错带的山地环境与界线迁移——以清代宁夏、阿拉善贺兰山界争问题为例》，《中央民族大学学报（哲学社会科学版）》2018 年第 6 期。

徐婷婷：《室韦社会习俗》，《赤峰学院学报（汉文哲学社会科学版）》2018 年第 9 期。

燕浏翔：《“消失的索伦”：清中叶西迁达斡尔人的族群变迁》，《满族研究》2018 年第 1 期。

阎步克：《族群互动与“南北朝”现象：一个体制问题的政治学思考》，《思想战线》2018 年第 3 期。

杨建华、李宜峰：《东周时期北方腰带饰的起源与传播》，《西域研究》2018 年第 2 期。

杨瑾：《从世界史视角观察回鹘对丝绸之路地区的影响》，《石河子大学学报（哲学社会科学版）》2018 年第 1 期。

杨敬凯：《鲜卑及其部落名称研究综述》，《赤峰学院学报（汉文哲学社会科学版）》2018 年第 1 期。

杨军：《二世纪至十一世纪北族前国家时期的社会组织》，《历史研究》2018 年第 3 期。

姚金燕、谢咏梅：《阿拉善地区的民勤移民及其影响》，《内蒙古民族大学学报（社会科学版）》2018 年第 1 期。

叶舒宪：《草原玉石之路与红玛瑙珠的传播中国》，《内蒙古社会科学（汉文版）》2018 年第 4 期。

玉海：《清初阿鲁蒙古伊苏特部贵族祖源考述》，《清史研究》2018 年第 3 期。

喻永庆：《民国时期南京蒙藏学校办学考释》，《贵州民族研究》2018 年第 3 期。

袁刚：《柔然与西域相关的几个问题》，《内蒙古社会科学（汉文版）》2018 年第 3 期。

翟飞：《东汉时期南匈奴逢侯叛乱探析》，《西夏研究》2018 年第 1 期。

翟飞：《隋唐宋元时期黄河银川平原段河道位置探究》，《西夏研究》2018 年第 4 期。

翟禹：《元代阴山地区自然灾害考述》，《赤峰学院学报（汉文哲学社会科学版）》2018 年第 1 期。

张博：《历史时期蒙古族渔具技术发展及原因分析》，《古今农业》2018 年第 4 期。

张莉：《唐贞观时置突厥府州新考》，《中国历史地理论丛》2018 年第 3 期。

张力仁：《清代伊克昭盟南部“禁留地”新探》，《中国历史地理论丛》2018 年第 4 期。

张龙：《〈北虏风俗〉中蒙古族精神文化研究》，《西北民族大学学报（哲学社会科学版）》2018 年第 3 期。

张明：《宋代边防立法考述——以军法为中心》，《西北大学学报（哲学社会科学版）》2018 年第 1 期。

张晟峰：《元代蒙古军兵器杂议》，《宁夏大学学报（人文社会科学版）》2018 年第 5 期。

张帅：《拓跋氏前期庙制中的神灵崇拜与国家礼制——兼论孝文庙制的历史定位》，《山西大学学报（哲学社会科学版）》2018 年第 2 期。

张松：《〈17 ~20 世纪初西伯利亚及远东地理学研究和制图学的历史与俄中边界形成的关系〉述评》，《中国边疆学》2018 年第 2 期。

张天虹：《唐藩镇统治时期（763—907）幽州城人口数量试探》，《中国经济史研究》2018 年第 1 期。

张文平：《汉代五原塞考》，《草原文物》2018 年第 1 期。

张文平、甄自明：《内蒙古自治区境内唯一的一组北宋遗存——鄂尔多斯市准格尔旗北宋丰州城及其防御体系》，《草原文物》2018 年第 2 期。

张晓虹、庄宏忠：《天主教传播与鄂尔多斯南部地区农牧界线的移动——以圣母圣心会所绘传教地图为中心》，《苏州大学学报（哲学社会科学版）》2018 年第 2 期。

章鸿昊：《东魏北齐“六州都督”探研》，《内蒙古社会科学（汉文版）》2018 年第 1 期。

赵杰：《隋朝大业三年榆林至紫河长城位置考》，《内蒙古社会科学（汉文版）》2018 年第 3 期。

赵瑞彤：《清代实体经济与金融服务业的良性互动——基于晋商恰克图茶贸与票号的考察》，《山西大学学报（哲学社会科学版）》2018 年第 6 期。

赵涛：《权力操控下元朝蒙古文翻译活动研究》，《贵州民族研究》2018 年第 12 期。

赵翔：《北方游牧民族的膳食选择——以元代饮食记载食羊为例》，《西部蒙古论坛》2018 年第 2 期。

赵永春、王观：《10—13 世纪民族政权对峙时期的“中国”认同》，《陕西师范大学学报（哲学社会科学版）》2018 年第 1 期。

郑继强：《明蓟镇对兀良哈三卫抚赏关口探析》，《呼伦贝尔学院学报》2018 年第 1 期。

钟焓：《“后伯希和时代”西方内亚史学严谨性的丧失——〈重释内亚史〉补笔》，《西域研究》2018 年第 3 期。

周喜峰：《论清初索伦部的南迁》，《黑龙江民族论丛》2018 年第 5 期。

布仁吉日嘎拉、芳芳、福德：《工业化中的内蒙古牧区牧草地非牧占用分析》，《中央民族大学学报（哲学社会科学版）》2018 年第 5 期。

曹清波：《内蒙古自治区民族团结工作的经验研究》，《内蒙古财经大学学报》2018 年第 6 期。

戴微著、谭淑豪：《草原生态奖补政策效果评价——基于内蒙古典型牧区调研的制度分析》，《生态经济》2018 年第 3 期。

金薇薇：《“一带一路”背景下内蒙古参与中蒙俄经济走廊建设的现状及前景探析》2018 年第 21 期。

李春林、范丽君：《中蒙俄经济走廊不可或缺的支点》，《北方经济》2018 年第 10 期。

李军、钟志金：《蒙古族传统动物图案中的“天人合一”观解析》，《中央民族大学学报（哲学社会科学版）》2018 年第 3 期。

李小艳：《“中蒙俄经济走廊”视域下内蒙古对外开放战略格局研究》，《广播电视大学学报（哲学社会科学版）》2018 年第 3 期。

励汀郁、谭淑豪：《制度变迁背景下牧户的生计脆弱性——基于“脆弱性—恢复力”分析框架》，《中国农村观察》2018 年第 3 期。

苏清、孙春花：《中蒙俄经济带下内蒙古发展面临的机遇和风险》，《内蒙古财经大学学报》2018 年第 3 期。

孙娟：《城市化背景下的民族关系良性发展研究——以呼和浩特市为例》，《内蒙古财经大学学报》2018 年第 3 期。

王正、王立平：《简述内蒙古改革开放以来生态文明制度建设》，《内蒙古民族大学学报（社会科学版）》2018 年第 2 期。

于达尔汗：《基于博弈理论的草原生态补偿效率考察与制度省思——以内蒙古鄂温克旗为例》，《齐齐哈尔大学学报（哲学社会科学版）》2018 年第 6 期。

张磊：《“一带一路”背景下民族自治地方对外贸易的法治保障研究——以内蒙古自治区为例》，《贵州民族研究》2018 年第 10 期。

张盼、马军：《“一带一路”背景下跨境草原生态环境合作治理研究》，《内蒙古统计》2018 年第 3 期。

赵图雅、赵雅思：《蒙古族传统生态文化理念的教育传承》，《内蒙古师范大学学报（哲学社会科学版）》2018 年第 1 期。

2019 年

阿丽雅、齐光：《额尔古纳河及黑龙江上游历史地理考察纪实》，《呼伦贝尔学院学报》2019 年第 6 期。

阿鲁贵·萨如拉：《清代呼伦贝尔地方的台站以及站役负担考察》，《西部蒙古论坛》2019 年第 3 期。

阿鲁贵·萨如拉：《清代呼伦贝尔地方的蒙古游牧民的土地利用以及土地所有制特征》，《满族研究》2019 年第 3 期。

阿妮尔：《对游动性的反思——评〈游牧的终结？——内亚地区社会、国家与环境〉》，《内蒙古社会科学》2019 年第 2 期。

阿荣宝力道：《清末外蒙古新政及库伦办事大臣三多研究》，博士学位论文，内蒙古大学，2019 年。

安北江：《地缘政治与王朝秩序：8—13 世纪“天下中国观”与“国家认同”演绎》，《河北师范大学学报（哲学社会科学版）》2019 年第 4 期。

白慧贤：《晚清呼伦贝尔八旗俸饷制度变革研究》，达力扎布主编《中国边疆民族研究》第 11 辑，中央民族大学出版社 2018 年版。

白慧贤：《清代布特哈八旗官员休致俸禄考》，《满族研究》2019 年第 1 期。

白拉都格其：《略谈共产国际与内蒙古革命》，《内蒙古师范大学学报（哲学社会科学版）》2019 年第 5 期。

白玉冬：《关于王延德〈西州程记〉记录的漠北部族》，《中国边疆史地研究》

2019 年第 1 期。

白玉冬：《成吉思汗称号的释音释义》，《历史研究》2019 年第 6 期。

保宏彪：《中古交通视域下的鄂尔多斯高原》，《西夏研究》2019 年第 4 期。

边昊、吴凤霞：《论辽金对辽西走廊交通的经营》，《北方文物》2019 年第 4 期。

常璐：《内蒙古中南部地区新石器时代生计方式初探——以生产工具为视角》，《古今农业》2019 年第 6 期。

曹晓宇：《“清准和谈”中的喀尔喀蒙古问题研究》，《西部蒙古论坛》2019 年第 3 期。

曹永年：《拓跋鲜卑南迁匈奴故地考古学研究的文献反证——重读宿白先生〈东北、内蒙古地区的鲜卑遗迹〉》，《内蒙古师范大学学报（哲学社会科学版）》2019 年第 6 期。

陈廾科：《晚清湖北俄国茶商研究的三个问题》，《社会科学研究》2019 年第 3 期。

陈文华：《近 40 年中俄茶叶之路研究与展望》，《中国史研究动态》2019 年第 4 期。

陈肖寒：《清代理藩院对外藩蒙古的法律管辖——以直隶口外地区为例》，《河北师范大学学报（哲学社会科学版）》2019 年第 2 期。

崔建华：《西汉与匈奴交往中的伦理碰撞及融合——以忠孝观念为中心》，《西域研究》2019 年第 2 期。

崔燕：《余缺互补贸易模式下的北方草原古代经济文化传播研究》，《内蒙古民族大学学报（社会科学版）》2019 年第 3 期。

戴玥：《早期铁器时代欧亚草原东部青铜镞的发展与演变——以青铜镞武器机能的强化为中心》，《西域研究》2019 年第 2 期。

党斌：《新见墓志所涉鲜卑乙弗氏问题》，《石河子大学学报（哲学社会科学版）》2019 年第 2 期。

邓建鹏：《“化内”与“化外”：清代习惯法律效力的空间差异》，《法商研究》2019 年第 1 期。

邓庆平：《边军与明中叶北部边镇的社会秩序——以〈赵全谳牍〉为中心》，《首都师范大学学报（社会科学版）》2019 年第 1 期。

邓涛：《“边地”与“腹地”的复合体——军事防御视野下清前期长城以南沿边地带的战略地位》，《内蒙古社会科学（汉文版）》2019 年第 3 期。

邓涛：《明九边防御体系的崩溃与清初九边地区战略地位》，《历史档案》2019 年第 4 期。

邓涛：《延续与变革——清前期长城的军事和非军事功能》，《中央民族大学学报（哲学社会科学版）》2019 年第 6 期。

邓志文：《“茶叶之路”对蒙古地区经济文化发展的影响》，《中央民族大学学报（哲学社会科学版）》2019 年第 6 期。

丁晓杰：《日本关东军蒙疆畜产指导方针的制定及实施述论》，《内蒙古师范大学学报（哲学社会科学版）》2019 年第 5 期。

董学浩：《从唐与突厥的几场战事探索漠北通往西域的交通路线》，《西夏研究》2019 年第 4 期。

范庆锋：《1928—1929 年绥远鼠疫流行的经济影响》，《经济研究导报》2019 年第

30 期。

房建昌：《热河天主教与基督教新教史考略（1835—1949）——以法国神父与英国牧师的地图为中心》，《内蒙古师范大学学报（哲学社会科学版）》2019 年第 4 期。

冯雨晴：《唐太宗安边政策与治理模式述论——以处理与东突厥、薛延陀政权关系为例》，《内蒙古社会科学（汉文版）》2019 年第 1 期。

［美］傅礼初：《生态与社会视角之下的蒙古人》，才仁卓玛译，《西北民族论丛》2019 年第 1 期。

高福美：《从年班馆舍到蒙货中心：清代至民国北京外馆的职能变迁》，《内蒙古大学学报（哲学社会科学版）》2019 年第 1 期。

高锦花、杨婵：《明朝神府一带蒙汉关系探析》，《延安大学学报（社会科学版）》2019 年第 2 期。

格日乐其其格：《从档案史料看清代喀喇沁左翼旗的乞求地》，《中国边疆史地研究》2019 年第 4 期。

谷继坤：《试论苏联对外蒙古封建主的政策演变（1921—1932）——基于俄国解密档案的历史考察》，《历史教学问题》2019 年第 1 期。

关康：《道光二十二年成衮扎布头骨被盗案始末》，《满语研究》2019 年第 1 期。

关青云：《清代科布多参赞大臣设立探析》，《文化学刊》2019 年第 6 期。

郭晓丽：《文教的力量——以儒学在清代内蒙古的传播为对象》，《内蒙古师范大学学报（哲学社会科学版）》2019 年第 3 期。

哈斯朝鲁：《16 世纪末 17 世纪初土默特哈探把都儿在西藏的活动》，《中央民族大学学报（哲学社会科学版）》2019 年第 4 期。

韩帅：《略论郑洛在明代北部边防中的作用——以〈郑襄敏公赤牍〉为核心》，《山西师范大学学报（社会科学版）》2019 年第 3 期。

韩心济：《明代大同马市贸易简述》，《山西大同大学学报（社会科学版）》2019 年第 2 期。

韩旭：《“尚奢”与“易俗”——北魏鲜卑贵族消费之演变》，《内蒙古民族大学学报（社会科学版）》2019 年第 3 期。

侯毅：《图理琛〈异域录〉在西方世界的传播》，《历史档案》2019 年第 2 期。

胡雪艳、梁云：《扎赉诺尔墓群与蘑菇山墓群的比较研究》，《呼伦贝尔学院学报》2019 年第 2 期。

胡玉春：《匈奴手工业发展考论》，《内蒙古社会科学（汉文版）》2019 年第 3 期。

胡哲：《康熙朝恪靖公主汤沐邑的经营管理》，《历史档案》2019 年第 1 期。

黄寿成：《从慕容燕政权看所谓“五胡乱华”之说》，《社会科学辑刊》2019 年第 3 期。

惠男：《俄罗斯逃人与 18 世纪后期的清朝边疆》，《清史研究》2019 年第 3 期。

贾瑞、刘建生：《清代对外贸易政府管理体制探析——恰克图和广州对外贸易政府管理体制的比较研究》，《求是学刊》2019 年第 1 期。

贾瑞：《清代恰克图和广州对外贸易比较研究》，博士学位论文，山西大学，2019 年。

江俊伟：《西汉前期汉匈和亲之性质及汉匈关系》，《中州学刊》2019 年第 1 期。

姜永军：《宋小濂与呼伦贝尔》，《呼伦贝尔学院学报》2019年第3期。

金鑫：《康熙朝呼伦贝尔军屯筹议始末》，《历史档案》2019年第3期。

景凯旋：《刘敬和亲时间再议——与小军〈西汉与匈奴间最初和亲约缔结时间考述〉商榷》，《山西大同大学学报（社会科学版）》2019年第5期。

康健：《晚清西商假道恰克图贸易研究》，《中国经济史研究》2019年第4期。

康建国：《蒙古弘吉剌部与元朝西北军事》，《内蒙古社会科学（汉文版）》2019年第5期。

赖惠敏：《清代乌梁海的贡貂与商贸活动》，《吉林师范大学学报（人文社会科学版）》2019年第4期。

黎小龙、郭奇龙：《两汉北胡南汉说》，《中国边疆史地研究》2019年第4期。

李毕力格：《清代阿拉善蒙盐驼运人员构成反映的社会问题》，乌云毕力格主编《西域历史语言研究集刊》第11辑，社会科学文献出版社2019年版。

李春圆：《“大元”国号新考——兼论元代蒙汉政治文化交流》，《历史研究》2019年第6期。

李鸿宾：《河套区域在唐朝前后期的战略地位及其转变》，《山西大学学报（哲学社会科学版）》2019年第4期。

李焕青、张宇、李月新：《匈奴名号考》，《中央民族大学学报（哲学社会科学版）》2019年第3期。

李慧：《魏晋至隋唐时鲜卑文化对中原地区的影响研究》，《贵州民族研究》2019年第1期。

李慧茹：《敕勒川文化形成的地域基础和民族交融因素》，《北方民族大学学报（哲学社会科学版）》2019年第6期。

李鹏、石一鸣、周伟：《元代弘吉剌部火忽封地考——兼论“敦达霍拉城址”与“离宫”》，《内蒙古民族大学学报（社会科学版）》2019年第2期。

李勤璞：《民国时期阿拉善的旗政》，《西部蒙古论坛》2019年第3期。

李群：《阿拉善和硕特部的来源及其初步形成（1677—1685）》，乌云毕力格主编《西域历史语言研究集刊》第11辑，社会科学文献出版社2019年版。

李荣辉：《中古时期李陵后裔辨伪》，《内蒙古社会科学（汉文版）》2019年第5期。

李彦颉、张玲：《大同地区辽代墓葬壁画中天象图新探》，《山西大同大学学报（社会科学版）》2019年第1期。

李珍梅、柴雨露：《清代山西茶商与文人政要关系探究》，《山西大同大学学报（社会科学版）》2019年第6期。

栗林均、长山：《近代蒙古文辞书的形成历程——“清文鉴”至〈蒙汉字典〉》，《满语研究》2019年第1期。

连吉林：《内蒙古开鲁县辽墓发现的墨书题记与辽之龙化州》，《北方文物》2019年第2期。

梁赟：《清代科布多参赞大臣与北部边疆治理研究综述》，《西部蒙古论坛》2019年第1期。

林冠群：《隋唐君主可汗号比较研究》，《中央民族大学学报（哲学社会科学版）》

2019 年第 3 期。

刘兵：《匈奴五部的位置布局和方位朝向——兼论匈奴五部设置的目的及意义》，《北方民族大学学报（哲学社会科学版）》2019 年第 1 期。

刘成虎、裴丽婕、高宇：《日本战时伪蒙疆产鸦片供求调节政策探析》，《中国经济史研究》2019 年第 4 期。

刘春子：《旅蒙商在蒙古草原发展的利弊分析》，《西部蒙古论坛》2019 年第 4 期。

刘春子：《近代绥远驼运业探讨》，《赤峰学院学报（汉文哲学社会科学版）》2019 年第 8 期。

刘加明、苗威：《渤海国与唐朝马都山之战考——兼论对唐北部边疆的影响》，《云南师范大学学报（哲学社会科学版）》2019 年第 4 期。

刘建生、贾瑞：《近代中国对外贸易式微的制度诱因与治理审视——以清代恰克图晋商和广州十三行行商为参照》，《河南师范大学学报（哲学社会科学版）》2019 年第 3 期。

刘九万：《蒙元时期生态立法对内蒙古生态文明建设的启示》，《内蒙古师范大学学报（哲学社会科学版）》2019 年第 5 期。

刘丽、刘佳：《复线的历史：金元时期平阳文化叠加中的移民因素》，《山西师范大学学报（社会科学版）》2019 年第 4 期。

刘清涛：《元代镇海城位置再探讨》，《中国边疆学》2019 年第 1 期。

刘森垚：《中古郁久闾氏墓志再考》，《中央民族大学学报（哲学社会科学版）》2019 年第 3 期。

刘晓堂：《民国时期察哈尔地区的灾荒及其影响探析》，《阴山学刊》2019 年第 2 期。

刘迎胜：《元太宗收继元太祖后妃考——以乞里吉忽帖尼皇后与阔里桀担皇后为中心》，《民族研究》2019 年第 1 期。

刘智博、李秀莲：《金宋榷场贸易的历史分期与特征》，《山西大同大学学报（社会科学版）》2019 年第 3 期。

刘志月：《北元初年亦集乃分省若干问题的再探讨》，《西部蒙古论坛》2019 年第 1 期。

龙成松：《中古胡姓郡望的成立与民族融合》，《云南社会科学》2019 年第 3 期。

卢绪友：《洪武初年明军两逐顺帝之战史地考证》，《中国边疆史地研究》2019 年第 2 期。

卢绪友：《明蒙对峙下的塔滩地望与地缘》，《内蒙古社会科学（汉文版）》2019 年第 5 期。

马德全：《清代蒙旗社会管理模式研究》，《内蒙古民族大学学报（社会科学版）》2019 年第 3 期。

马建红：《中古士族的谱系建构与北朝隋唐胡汉认同——以韦氏墓志的追祖方式为中心》，《云南社会科学》2019 年第 3 期。

马金柱：《清代右卫八旗驻防建置沿革论考》，《满族研究》2019 年第 2 期。

马利清：《〈通湖山摩崖石刻〉与南、北匈奴关系考》，《中州学刊》2019 年第 9 期。

马戎：《中国文化与政治交往史中的“蛮夷”“入主中原”》，《学术月刊》2019 年第 2 期。

马维仁：《历史荣光与现实政治：明朝中后期蒙古南下固原的动因》，《宁夏师范学院学报》2019 年第 6 期。

马维新：《近代呼和浩特回族驼运的历史考察》，《回族研究》2019 年第 2 期。

马晓林：《蒙汉文化交会之下的元朝郊祀》，《中国史研究》2019 年第 4 期。

马业杰：《从乣军建制看金代民族政策的影响》，《哈尔滨学院学报》2019 年第 9 期。

满都拉、包美丽：《阿拉善驼运历史的档案记忆研究》，《西部蒙古论坛》2019 年第 3 期。

苗威：《“山戎”之名：早期辽西族群的名同实异》，《中央民族大学学报（哲学社会科学版）》2019 年第 3 期。

莫久愚：《〈内蒙古历史沿革地图集〉编绘的缘起、成绩与缺憾》，《内蒙古师范大学学报（哲学社会科学版）》2019 年第 5 期。

N・哈斯巴根：《宗族组织与蒙古八旗牛录——以国家图书馆藏清代满文印轴为例》，《民族研究》2019 年第 4 期。

南快莫德格：《跨三国而居的图瓦人身份及其认同研究》，《北方民族大学学报（哲学社会科学版）》2018 年第 4 期。

牛玲玲：《清王朝构建民族政治认同的遗产和困境——以蒙古的政治认同为例》，《满族研究》2019 年第 2 期。

牛玲玲、贺金瑞：《传统游牧社会治理体系研究——来自鄂托克的阐释》，《北方民族大学学报（哲学社会科学版）》2019 年第 2 期。

牛玲玲、贺金瑞：《北方游牧社会中鄂托克的社会组织本相和功能阐释》，《中央民族大学学报（哲学社会科学版）》2019 年第 6 期。

齐木德道尔吉：《清初茂明安部叛逃事件二则史料辨析》，《中央民族大学学报（哲学社会科学版）》2019 年第 1 期。

齐木德道尔吉、高建国：《有关〈封燕然山铭〉摩崖的三个问题》，《西北民族研究》2019 年第 1 期。

秦泊良：《民国初年中蒙民族国家观念差异研究——基于对 1911 年库伦独立事件的分析》，《西部蒙古论坛》2019 年第 4 期。

祁建民：《蒙疆政权研究的回顾与展望》，《内蒙古师范大学学报（哲学社会科学版）》2019 年第 1 期。

祁建民：《从日本“防共回廊”计划看中共大青山游击根据地的战略意义》，《中共党史研究》2019 年第 6 期。

祁建民：《另一种边陲：晋冀蒙交界地区的移民村落社会》，《内蒙古师范大学学报（哲学社会科学版）》2019 年第 6 期。

秦红发：《清代西北边疆交通与军事运输》，《中州学刊》2019 年第 5 期。

邱胜利：《豫北蒙古族源流及其文化认同》，《中州学刊》2019 年第 9 期。

仇怀凯、王风雷：《绥察热宁地区蒙古族师范教育（1912—1936 年）》，《内蒙古师范大学学报（教育科学版）》2019 年第 6 期。

萨出日拉图：《美国国会图书馆庋藏康熙年间的一幅内蒙古舆图研究》，《中国历史地理论丛》2019 年第 2 辑。

萨日娜：《基督教传教士眼中的蒙古——以〈柏朗嘉宾蒙古行纪鲁布鲁克东行纪〉为例》，《内蒙古民族大学学报（社会科学版）》2019 年第 1 期。

萨茹拉：《哲布尊丹巴呼图克图四世转世坐床考》，《西部蒙古论坛》2019 年第 3 期。

双宝、额尔敦乌日图：《清代外藩蒙古“喇嘛旗”锡呼图库伦宗教、商业及其地位谫论》，《西南边疆民族研究》2019 年第 27 辑。

斯仁：《儒学北渐影响下的近代内蒙古社会文化转型与伦理重构》，《内蒙古大学学报（哲学社会科学版）》2019 年第 6 期。

宋从越：《伪满时期东部内蒙古刑事法律制度特征》，《内蒙古师范大学学报（哲学社会科学版）》2019 年第 4 期。

宋丽弘、王云格：《蒙古族传统生态法对内蒙古草原法律保护的启示》，《内蒙古民族大学学报（社会科学版）》2019 年第 3 期。

宋时磊、刘再起：《晚清中俄茶叶贸易路线变迁考——以汉口为中心的考察》，《古今农业》2019 年第 2 期。

苏鲁格：《关于成吉思汗远祖氏族图腾的新认识》，《西部蒙古论坛》2019 年第 2 期。

苏日朦：《民国北京政府时期察哈尔的土地开垦与设治述略》，乌云毕力格主编《西域历史语言研究集刊》第 10 辑，科学出版社 2018 年版。

唐晓峰：《内蒙古翁牛特旗新发现古代基督徒墓顶石初探》，《世界宗教研究》2019 年第 6 期。

陶然：《秦汉时期匈奴人口数量计算方法研究》，《内蒙古民族大学学报（社会科学版）》2019 年第 4 期。

陶然：《南北匈奴分裂前匈奴人口数量研究》，《赤峰学院学报（汉文哲学社会科学版）》2019 年第 9 期。

田宓：《“水权”的生成——以归化城土默特大青山沟水为例》，《中国经济史研究》2019 年第 2 期。

田澍、马维仁：《明长城资源的多学科整合与长城学的构建》，《西北师范大学学报（社会科学版）》2019 年第 6 期。

王丹：《碑刻、族群、制度与地域：从墓志看元代北方基层社会结构之变迁》，《西北民族大学学报（哲学社会科学版）》2019 年第 6 期。

王大方：《内蒙古长城工程与建筑结构初探》，《内蒙古师范大学学报（哲学社会科学版）》2019 年第 5 期。

王福革、薛博欢：《元代马湩研究》，《内蒙古民族大学学报（社会科学版）》2019 年第 4 期。

王海、郝静：《论“秦开却胡”与相关问题——以辽西走廊为中心》，《渤海大学学报（哲学社会科学版）》2019 年第 4 期。

王绍东：《从汉匈战争看大规模战争对游牧民族的负面影响》，《内蒙古师范大学学报（哲学社会科学版）》2019 年第 2 期。

王朓朓：《清前期外藩蒙古赐恤制度的形成》，《西部蒙古论坛》2019年第3期。

王兴锋：《论东汉南匈奴单于庭驻地的四次迁徙》，《中国历史地理论丛》2019年第1期。

王兴锋：《东汉南匈奴南迁及其安置新论》，《内蒙古民族大学学报（社会科学版）》2019年第2期。

王泽民：《清代晋帮塞外蒙古地区贸易中的文化交流》，《阴山学刊》2019年第2期。

魏坚、周雪乔：《阴山以北的金元时期城址》，《内蒙古社会科学（汉文版）》2019年第1期。

魏明孔：《清代中俄贸易研究的一部力作》，《中国经济史研究》2019年第6期。

温拓：《屠各刘氏先世建构再探》，《中央民族大学学报（哲学社会科学版）》2019年第5期。

温旭：《元代汪古史事钩沉》，《内蒙古大学学报（哲学社会科学版）》2019年第1期。

魏永康：《嘉庆年间喜峰口驿路三件传牌》，《历史档案》2019年第1期。

魏志江、陶莎：《辽帝国的国家安全思想研究》，《国际安全研究》2019年第5期。

乌兰巴根：《桑斋多尔济遣使赴藏熬茶考述》，乌云毕力格主编《西域历史语言研究集刊》第11辑，社会科学文献出版社2019年版。

乌兰其木格：《衮必里克墨尔根济农与明作战及其影响》，《内蒙古师范大学学报（哲学社会科学版）》2019年第6期。

乌仁其其格：《浅析归化城土默特土地类档案的史料价值》，《中央民族大学学报（哲学社会科学版）》2019年第2期。

乌云：《民国时期中央政府对内蒙古地区黄教寺庙的法律调整》，《世界宗教研究》2019年第3期。

乌云、张鹏举、赵明：《清代呼和浩特土默特地区黄教寺庙建筑的历史变迁》，《内蒙古大学学报（哲学社会科学版）》2019年第6期。

吴方浪、赵凌飞：《匈奴南将军与汉、匈丝路北道争夺》，《内蒙古大学学报（哲学社会科学版）》2019年第4期。

吴洪琳：《北魏拓跋氏黄帝祖源认同的构建》，《西北民族论丛》2019年第1期。

吴倩：《帝国的“面子”：逃人与明代北部边疆》，《中国边疆史地研究》2019年第1期。

项浩男：《1912—1937年绥远地区军阀政治与鸦片经济》，《经济社会史评论》2019年第1期。

徐静：《20世纪80年代以来宁夏地区明代边墙研究综述》，《宁夏大学学报（人文社会科学版）》2019年第4期。

许富翔：《论嘉庆十五年热河军府制度的建立》，《清史研究》2019年第1期。

许富翔：《清前期热河地区的汉人移民》，《中州学刊》2019年第5期。

许珅：《屏障畿疆——清末边疆民族整合进程中的绥远》，《唐山学院学报》2019年第2期。

许永峰、高荣荣：《明代长城中三边的马市——以隆庆五年所设五处为例》，《山西大同大学学报（社会科学版）》2018 年第 5 期。

薛东升：《清康雍乾时期山西杀虎口商业贸易发展论析》，《呼伦贝尔学院学报》2019 年第 4 期。

杨建林：《内蒙古中南部明长城大边兴废考》，《河北地质大学学报》2019 年第 3 期。

杨懿：《从“匈奴”到“鲜卑”：永嘉之乱与拓跋氏的族别改易》，《社会科学战线》2019 年第 2 期。

于春洋、马瑞琪：《民族建构与民族国家认同的内在关联》，《内蒙古师范大学学报（哲学社会科学版）》2019 年第 6 期。

余倩：《唐代西受降城的商业贸易地位简论》，《西夏研究》2019 年第 3 期。

玉海：《清代翁牛特右翼旗献地及木兰围场始置时间新考》，《吉林师范大学学报（人文社会科学版）》2019 年第 3 期。

袁刚：《柔然历史若干问题研究》，博士学位论文，内蒙古大学，2019 年。

张博：《“水上牧场”的开发：蒙元时期蒙古高原渔业资源开发历史探析》，《古今农业》2019 年第 2 期。

张佳：《“深簷胡帽”：一种女真帽式盛衰变异背后的族群与文化变迁》，《故宫博物院院刊》2019 年第 2 期。

张庆捷：《可汗祠探源》，《历史研究》2019 年第 1 期。

张舒、张正明：《清代走口外的晋商》，《山西大学学报（哲学社会科学版）》2019 年第 2 期。

张帅：《额驸策凌与 1734—1740 年清准边界谈判》，《黑龙江社会科学》2019 年第 4 期。

张万军：《清代乾隆朝归化城土默特命案检验制度研究》，《齐齐哈尔大学学报（哲学社会科学版）》2019 年第 2 期。

张文平：《黑山寨古城小考》，《阴山学刊》2019 年第 3 期。

张文平：《西汉云中郡东部都尉治城及其塞防考》，《内蒙古师范大学学报（哲学社会科学版）》2019 年第 6 期。

张懿德：《清代察哈尔都统乌尔图纳逊生平及其政绩考略——以〈清实录〉相关记载为考察重点》，《内蒙古民族大学学报（社会科学版）》2019 年第 4 期。

张永江：《礼仪与政治：清朝礼部与理藩院对非汉族群的文化治理》，《清史研究》2019 年第 1 期。

张子新：《北洋政府时期的驻京呼图克图制度》，《民族研究》2019 年第 5 期。

赵发：《阿勒坦（俺答）开发丰州的策略逻辑》，《西部蒙古论坛》2019 年第 2 期。

赵文生：《辽代蒙古高原东部地区的农业开发及镇、防、维三州的设置》，《农业考古》2019 年第 4 期。

赵现海：《中国古代的“核心边疆”与“边疆形态”》，《石河子大学学报（哲学社会科学版）》2019 年第 2 期。

赵延花：《清代蒙古行记：地理空间的展现与地方性知识书写》，《苏州大学学报（哲学社会科学版）》2019 年第 1 期。

赵之恒：《内蒙古自然灾害史的相关史料与研究状况》，《内蒙古师范大学学报（哲学社会科学版)》2019 年第 1 期。

郑恩兵:《草原深处远逝的驼铃——世纪动脉之张库商道》,《社会科学论坛》2019 年第 2 期。

钟焓:《重写以“中央欧亚”为中心的“世界史”——对日本内亚史学界新近动向的剖析》,《文史哲》2019 年第 6 期。

奥成宁、卢金钟:《草原生态补偿政策下政府与牧民的博弈分析》,《内蒙古统计》2019 年第 4 期。

包满喜:《蒙古族文化对蒙古高原生态安全的导向作用》,《贵州民族研究》2019 年第 1 期。

曹芳:《内蒙古民族团结进步创建工作的实践与思考》,《内蒙古财经大学学报》2019 年第 3 期。

冯晓龙、刘明月、仇焕广:《草原生态补奖政策能抑制牧户超载过牧行为吗?——基于社会资本调节效应的分析》,《中国人口·资源与环境》2019 年第 7 期。

刘洁、刘伟:《加快内蒙古口岸经济发展的路径与对策》,《北方经济》2019 年第 5 期。

Narantsatsral Sororjav、胡志华:《“一带一路”背景下蒙古国跨境物流系统及其发展策略研究》,《商业经济》2019 年第 8 期。

舒心心:《蒙古族传统文化的生态智慧及其当代价值》,《中南民族大学学报》2019 年第 3 期。

孙兴辉、张海庆、白秀莲:《呼和浩特市土地利用变化对生态系统服务价值的影响》,《内蒙古财经大学学报》2019 年第 2 期。

汤晓丹、侯淑霞:《“一带一路”倡议下中蒙农畜产品跨境供应链构建研究》,《内蒙古财经大学学报》2019 年第 5 期。

佟景洋:《“中蒙俄经济走廊”视域下中蒙经贸的新局面》,《对外经贸实务》2019 年第 1 期。

王关区、吴晶英:《草原生态文明内涵与目标的探索》,《理论研究》2019 年第 2 期。

乌小花、郝囡:《践行守望相助理念与铸牢中华民族共同体意识——论内蒙古民族团结进步的理论与实践》,《民族研究》2019 年第 5 期。

王语懿:《中蒙俄经济走廊建设面临的生态环境问题和绿色开发合作》,《东北亚学刊》2019 年第 3 期。

魏曙光:《中蒙俄经济走廊建设中内蒙古与蒙、俄产能一体化分析——以钢铁、水泥为例》,《经济与管理研究》2019 年第 6 期。

张洋:《满都拉口岸在中蒙俄经济走廊中的经济功能定位》,《内蒙古财经大学学报》2019 年第 5 期。

赵狄:《“一带一路”背景下内蒙古自治区对外贸易法律问题及对策》,《内蒙古师范大学学报(哲学社会科学版)》2019 年第 5 期。

赵秀丽、乔亚辉:《内蒙古建设“中蒙俄经济走廊”存在的问题与建设路径》,《内蒙古财经大学学报》2019 年第 2 期。

(供稿:陈 柱 塔米尔)

（三）东北边疆研究

2018 年

柏松：《东北少数民族政权渤海国与唐朝战争探源》，《贵州民族研究》2018 年第 5 期。

拜根兴：《隋唐时代出使高句丽三使者墓志考释》，《陕西历史博物馆论丛》2018 年第 1 期。

邴正：《东北古代方国属国史总论》，《社会科学战线》2018 年第 9 期。

丁绍通、韩宾娜：《1930 年代东北地区人口的时空演变及其影响》，《地域文化研究》2018 年第 3 期。

董学增：《夫余研究管见》，《地域文化研究》2018 年第 4 期。

都兴智：《沈州与东丹国》，《社会科学战线》2018 年第 9 期。

范恩实：《再论燕秦汉东北障塞烽燧线不是长城——对李树林先生商榷文的回应》，《中国边疆史地研究》2018 年第 1 期。

范恩实：《论安东都护府建立后高句丽遗民的两次反叛》，《社会科学战线》2018 年第 9 期。

冯立君：《隋唐辽东之役的延续性问题》，《西北民族论丛》2018 年第 1 期。

勾海燕：《“渤海郡”与“渤海国”关系新考》，《北方文物》2018 年第 1 期。

管书合：《伍连德 1910—1911 年在东北防疫中任职“全权总医官”考》，《史学集刊》2018 年第 6 期。

李大龙、朱尖：《鸿胪井刻石铭文新解：唐与渤海、靺鞨关系史上的两次出使》，《民族研究》2018 年第 4 期。

李大龙：《神话还是史事——高句丽前史叙述献疑》，《地域文化研究》2018 年第 5 期。

李德山、李路：《夫余王城及汉文化影响论》，《吉林大学社会科学学报》2018 年第 3 期。

李花子：《宗藩关系的真实面貌：17—18 世纪朝鲜对清危机意识和防御措施》，《中国史研究动态》2018 年第 5 期。

李花子：《穆克登确定的鸭绿江二源与后世争议分水岭》，《近代史研究》2018 年第 5 期。

李路：《论慕容鲜卑对东北亚封贡体系变迁与发展的影响》，《黑龙江民族丛刊》2018 年第 1 期。

李树林：《燕秦汉辽东障塞线长城性质再讨论——与范恩实、肖景全诸先生商榷》，《中国边疆史地研究》2018 年第 1 期。

李爽：《长寿王时期高句丽与北魏的关系》，《社会科学战线》2018 年第 6 期。

李骁衡、苗威：《高句丽政权灭亡原因考》，《东疆学刊》2018 年第 4 期。

李秀莲：《从金代“曷苏昆山谋克之印”到明代哈三千户所》，《地域文化研究》2018 年第 4 期。

刘晨曦：《我亦有官——清末中东铁路沿线蒙地的放垦与设治》，《地域文化研究》

2018 年第 3 期。

刘信君、邓树平：《夫余与秽貊考辩》，《社会科学战线》2018 年第 9 期。

马大正：《关于边疆民族文化特色化发展的思考——〈东北文化丛书〉代序》，《地域文化研究》2018 年第 2 期。

马尉云：《中东铁路“附属地”内涵及特征》，《中国边疆史地研究》2018 年第 4 期。

苗威：《以“新城”为中心考察高句丽的西部拓展》，《社会科学战线》2018 年第 6 期。

邱广军、于维、张牧笛：《流人与清初宁古塔旗人社会变迁》，《黑龙江民族丛刊》2018 年第 3 期。

邵汉明：《东北地域文化研究发微——〈通化历史文化研究〉书后》，《地域文化研究》2018 年第 3 期。

宋卿：《唐代东北边疆战略初探——以营州和幽州的分合关系为视角》，《史学集刊》2018 年第 5 期。

孙明：《康熙时期新满洲驻防佐领编立新探》，《社会科学战线》2018 年第 2 期。

孙炜冉：《渤海遗民对辽代社会的经济贡献》，《云南民族大学学报（哲学社会科学版）》2018 年第 4 期。

孙炜冉：《辽代军队中的渤海军人》，《黑龙江社会科学》2018 年第 4 期。

唐淼、王志刚：《高句丽“卒本”和“国内”的地理空间范围考证》，《社会科学战线》2018 年第 8 期。

王绵厚：《〈长白山区系考古与民族论纲〉绪论》，《黑龙江社会科学》2018 年第 6 期。

王鹏：《近代东北海港检疫的开端与影响》，《社会科学战线》2018 年第 1 期。

王仁富、矫荣华、田钊源：《唐鸿胪井刻石流失 110 年祭》，《白城师范学院学报》2018 年第 11 期。

王娣：《清初萨布素驻防八旗对满语的作用与影响》，《黑龙江民族丛刊》2018 年第 4 期。

王禹浪、王俊铮、王天姿：《东北古代民族筑城源流及文化特征述论》，《东北地域文化》2018 年第 6 期。

魏存成：《高句丽政权始建之地及相关问题述略》，《通化师范学院学报》2018 年第 1 期。

吴智嘉：《清代黑龙江流域的边境防务及失地成因——兼谈清代晚期内忧外患中的黑龙江边境社会问题》，《黑龙江民族丛刊》2018 年第 3 期。

吴忠良：《乾隆朝松花江流域各“民族”权利关系——以渔权问题为中心》，《中国边疆史地研究》2018 年第 3 期。

萧凌波：《清末地图上的五常厅——德藏晚晴吉林舆图研究之二》，《社会科学战线》2018 年第 3 期。

谢贵安：《边城瑷珲的中俄碰撞与交往——〈清实录〉中黑河古城的历史书写》，《地域文化研究》2018 年第 3 期。

徐德源：《古代中原王朝治理东疆述评》，《地域文化研究》2018 年第 4 期。

杨军、李东彤：《长白山考——兼论穆克登查边以前的朝鲜北界》，《中国边疆史地研究》2018 年第 4 期。

杨军：《濊人与苍海郡考》，《地域文化研究》2018 年第 4 期。

张晓刚、邹圣婴：《战后日本学术界关于近代黑龙江流域问题研究初探》，《中国边疆史地研究》2018 年第 2 期。

赵智滨：《百济北伐高句丽与北齐文宣帝营州之行》，《地域文化研究》2018 年第 2 期。

周喜峰：《论清初索伦部的南迁》，《黑龙江民族丛刊》2018 年第 5 期。

祝立业：《高句丽族群形成与王国早期发展互动关系考察》，《地域文化研究》2018 年第 5 期。

安树伟、李瑞鹏：《高质量发展背景下东北振兴的战略选择》，《改革》2018 年第 7 期。

曹伊：《辽宁自贸区设立背景下大连消费金融平台的构建研究》，《太原城市职业技术学院学报》2018 年第 6 期。

陈晓东：《深化东北老工业基地体制机制改革的六大着力点》，《经济纵横》2018 年第 5 期。

陈晓东：《从美欧老工业基地创新发展看东北振兴的关键问题》，《中州学刊》2018 年第 10 期。

程铭、王勇：《中蒙俄经济走廊建设助推中国东北地区深化对俄合作》，《经济师》2018 年第 5 期。

刁秀华：《中国东北与俄罗斯远东超前发展区对接合作研究》，《财经问题研究》2018 年第 4 期。

丁宝根：《中国对俄远东地区农业投资动力、风险及策略》，《对外经贸实务》2018 年第 12 期。

董运来、杨晓良：《东北振兴还需再来一次“闯关东”——基于人才引进的视角》，《地方财政研究》2018 年第 2 期。

方世荣：《东北振兴中的营商环境治理——关于拓展行政公益诉讼范围的思考》，《社会科学辑刊》2018 年第 4 期。

高玉海：《加快推进黑龙江省参与“中蒙俄经济走廊”建设的建议》，《对外经贸》2018 年第 3 期。

郭付友、侯爱玲、佟连军、马振秀：《振兴以来东北限制开发区绿色发展水平时空分异与影响因素》，《经济地理》2018 年第 8 期。

姜庆国：《新时代东北老工业基地振兴再思考》，《求是学刊》2018 年第 4 期。

李国选、严双伍：《区域公共产品供给视阈下的东北亚海上安全合作困境》，《教学与研究》2018 年第 7 期。

李国选：《东北亚安全合作：以区域公共产品供给为视角》，《国外理论动态》2018 年第 8 期。

李今朝、闫长平、王冀：《地域文化元素在旅游公路规划设计中的应用研究——以长白山鸭绿江旅游公路为例》，《产业与科技论坛》2018 年第 9 期。

李铁：《发挥东北区域优势加快推进“冰上丝绸之路”建设》，《太平洋学报》

2018 年第 12 期。

李雪：《中俄跨境旅游合作区建设探讨》，《对外经贸》2018 年第 2 期。

李振福、刘硕松：《东北地区对接“冰上丝绸之路”研究》，《经济纵横》2018 年第 5 期。

李政、杨思莹：《东北地区潜在红利开发与系统性振兴策略》，《社会科学辑刊》2018 年第 1 期。

刘清才、齐欣：《“一带一路”框架下中国东北地区与俄罗斯远东地区发展战略对接与合作》，《东北亚论坛》2018 年第 2 期。

刘雅君：《新一轮东北振兴视角下东北经济转型与效率提升》，《浙江学刊》2018 年第 1 期。

刘旸、王小文：《大连自贸区金融创新的总体思路及动力机制研究》，《产业与科技论坛》2018 年第 5 期。

鲁小波、陈晓颖：《基于点—轴理论的中国东北区域旅游协同发展战略研究》，《东北亚经济研究》2018 年第 6 期。

马睿泽：《东北地区振兴发展中的人力资本优化问题研究》，《学习与探索》2018 年第 12 期。

马蔚然：《新时代背景下东北振兴面临的人才问题与对策》，《辽宁经济管理干部学院学报》2018 年第 3 期。

聂洪光、陈永庆：《新一轮振兴背景下东北地区低碳经济发展潜力》，《学术交流》2018 年第 1 期。

聂洪光、陈永庆：《新一轮东北振兴背景下吉林省产业结构调整与低碳转型发展》，《中国科技论坛》2018 年第 5 期。

朴光姬、郭霞、李芳：《政治互疑条件下的东北亚区域能源合作路径——兼论“一带一路”倡议与东北亚区域能源合作》，《当代亚太》2018 年第 2 期。

阮文婧：《沈阳自贸区打造国际化营商环境策略研究》，《现代管理科学》2018 年第 9 期。

宋冬林：《新时代东北老工业基地振兴的着力点》，《政治经济学评论》2018 年第 1 期。

王丽丽、明庆忠：《中国东北边境旅游发展及其地域空间模式研究》，《四川旅游学院学报》2018 年第 3 期。

王庆龙、史桂芬：《金融支持东北地区产业转型升级的若干问题研究》，《经济纵横》2018 年第 12 期。

王一：《新一轮东北振兴战略促进区域新型城镇化发展》，《学术交流》2018 年第 4 期。

文丰安：《新一轮东北振兴需大力推进共享式发展》，《改革》2018 年第 10 期。

徐林实：《中国（黑龙江）自由贸易试验区创建研究》，《黑龙江社会科学》2018 年第 2 期。

杨颖红、张梦、张松竹、王辰：《辽宁自贸区建设背景下国贸专业人才需求及培养对策研究》，《金融经济》2018 年第 16 期。

殷勇：《东北亚区域内多边跨境旅游合作现状与对策建议》，《西伯利亚研究》2018

年第4期。

于砚：《东北地区在“冰上丝绸之路”建设中的优势及定位》，《经济纵横》2018年第11期。

张宏铭：《辽宁自贸区沈阳片区产融结合路径探究》，《沈阳大学学报（社会科学版）》2018年第3期。

张继平、黄嘉星、郑建明：《基于利益视角下东北亚海洋环境区域合作治理问题研究》，《上海行政学院学报》2018年第5期。

张立英：《辽宁自贸区发展面临的问题及解决对策》，《沈阳师范大学学报（社会科学版）》2018年第2期。

张荣、郝大江：《共建“冰上丝绸之路”背景下东北地区战略定位及对策分析》，《产业经济评论》2018年第4期。

张溯、张成立：《深化中俄地方合作的几点思考——以绥芬河为例》，《商业经济》2018年第12期。

赵德海、贾晓琳：《东北地区与“一带一路”沿线国家发展贸易新格局研究》，《商业研究》2018年第8期。

赵儒煜、陈强、王媛玉：《从产业发展看东北经济复兴的历史必然性与路径选择》，《商业研究》2018年第5期。

郑辽吉、郭屹岩、李钢：《基于产业融合的体验空间营造——以鸭绿江风景名胜区为例》，《资源开发与市场》2018年第12期。

周宏春：《新时代东北振兴的绿色发展路径探讨》，《经济纵横》2018年第9期。

赵峥：《东北振兴与“创新人”：系统构建与对策建议》，《科技导报》2018年第12期。

邹德熠：《大力推进港区（自贸区）港城联动发展——以营口港和辽宁自贸区营口片区为例》，《中国港口》2018年第9期。

2019年

拜根兴：《入唐高句丽移民研究的现状及其问题》，《社会科学战线》2019年第8期。

程嘉静、杨富学：《辽朝东北亚丝路及其贸易考实》，《河南师范大学学报（哲学社会科学版）》2019年第5期。

范恩实：《新时期中国学界东北边疆史研究的回顾与展望（1998—2018）》，《中国边疆史地研究》2019年第2期。

范恩实：《唐熊津都督府统治制度研究》，《社会科学战线》2019年第10期。

傅林祥：《清代盛京等省的“城守”与“城”》，《史学集刊》2019年第4期。

高强：《中苏东段边界问题——以20世纪20年代为中心》，《史学集刊》2019年第4期。

耿铁华：《高句丽历史与文化研究百年综述》，《社会科学战线》2019年第8期。

金鑫：《康熙朝黑龙江博尔德城八旗驻防始末》，《中国边疆史地研究》2019年第1期。

李花子：《驳“间岛”中立地带论——对篠田治策〈白头山定界碑〉内容体系的辩

析》，《社会科学战线》2019 年第 1 期。

李花子：《明清时期朝鲜地理称谓之长白山与白头山》，《清史研究》2019 年第 4 期。

李花子：《宗藩关系下清与朝鲜的边界及边界意识》，《苏州大学学报（哲学社会科学版）》2019 年第 6 期。

李小雪：《“旗”“民”之间：康熙朝〈黑图档〉所见盛京上三旗包衣佐领所辖之匠役》，《黑龙江民族丛刊》2019 年第 3 期。

李正军、熊坤新：《抗战时期党在东北地区推动中华民族共同体构建的探索》，《黑龙江民族丛刊》2019 年第 2 期。

刘加明、苗威：《渤海国“北进”战略的确立》，《安徽史学》2019 年第 2 期。

刘晓东：《关于渤海国的称谓问题》，《北方文物》2019 年第 4 期。

邱靖嘉：《金代的长白山封祀——兼论金朝山川祭祀体系的二元特征》，《民族研究》2019 年第 3 期。

孙炜冉：《高句丽故国壤王施政策略发微》，《北方文物》2019 年第 2 期。

孙炜冉：《高句丽琉璃明王作〈黄鸟歌〉的历史隐喻》，《民族文学研究》2019 年第 4 期。

孙文政：《辽朝室韦国王府故城考》，《地域文化研究》2019 年第 6 期。

佟薇、韩宾娜：《渤海国据有辽东史事考》，《中国历史地理论丛》2019 年第 1 辑。

万明：《明代永宁寺碑新探——基于整体丝绸之路的思考》，《史学集刊》2019 年第 1 期。

王桂东：《前沿与枢纽：明代中朝交涉与两国边疆地带》，《社会科学辑刊》2019 年第 5 期。

王绵厚：《对〈汉书〉和〈三国志〉中“单单大岭”和“苍海郡”再考辨——“长白山区系考古与民族”要论之一》，《地域文化研究》2019 年第 3 期。

于凌：《试析西汉初年东北边民的防务管理》，《社会科学战线》2019 年第 6 期。

张晓晨、范立君：《清初噶珊制度对黑龙江下游族群的文治》，《黑龙江民族丛刊》2019 年第 2 期。

周赫：《论清儒对东北地理及民族的考据》，《黑龙江民族丛刊》2019 年第 2 期。

周颂伦：《满铁附属地治外法权的“撤废”与行政权的归并》，《社会科学战线》2019 年第 8 期。

朱尖：《唐鸿胪井刻石铭文著录与研究的几个问题》，《中国边疆史地研究》2019 年第 3 期。

毕崇志：《建设中俄跨境自由贸易区的创新视角与对策思考》，《黑龙江金融》2019 年第 10 期。

陈馥郁：《辽宁自贸区背景下地方高校国际化创新型外语专业人才培养思路》，《南方农机》2019 年第 1 期。

陈鑫强、沈颂东、吕红：《东北地区“三农”关系重构与“乡村振兴战略”路径选择》，《延边大学学报（社会科学版）》2019 年第 2 期。

褚宏远、赵越、宋一博：《“一带一路”背景下黑龙江省对俄自贸区建设研究》，《商业经济》2019 年第 2 期。

笪志刚：《东北亚国际区域合作的实践探索和发展趋势》，《商业经济》2019年第1期。

冯彦杰、王之禹：《我国老工业城市振兴问题研究——基于产业结构转型视角的分析》，《价格理论与实践》2019年第6期。

冯章献：《边境少数民族地区乡村旅游扶贫的问题与出路——来自吉林省延边州的经验》，《旅游导刊》2019年第1期。

高宇轩、刘亚政：《环日本海经济圈与中国东北振兴》，《学术交流》2019年第8期。

郭富红、张耀夫：《辽宁自贸区背景下地方本科高校人才培养研究》，《管理观察》2019年第2期。

和军：《东北经济的结构、体制关键障碍与突破路径》，《当代经济研究》2019年第8期。

胡烨春：《大连自贸片区跨境电商企业发展对策研究》，《对外经贸》2019年第2期。

华雷：《从思想思路层面破题推进黑龙江全面振兴全方位振兴》，《理论探讨》2019年第3期。

黄仁伟、傅勇：《东北亚地缘环境变化与"一带一路"推进的战略机遇》，《国际关系研究》2019年第1期。

姜威：《东北全面振兴的战略意义、路径选择与未来展望》，《北方论丛》2019年第1期。

焦方义、陆曼：《中国东北与俄罗斯远东地区协同发展的路径选择》，《学术交流》2019年第8期。

金凤君：《变革性创新是东北地区经济健康发展的必由之路》，《科技导报》2019年第12期。

金美花、吴可亮：《吉林省对俄经贸合作现状、问题与对策建议》，《西伯利亚研究》2019年第1期。

李光辉：《东北地区沿边开放与融入东北亚区域合作》，《西伯利亚研究》2019年第2期。

李连刚、张平宇、谭俊涛、关皓明：《区域经济弹性视角下辽宁老工业基地经济振兴过程分析》，《地理科学》2019年第1期。

李连刚、张平宇、关皓明、谭俊涛：《基于Shift - Share的辽宁老工业基地区域经济弹性特征分析》，《地理研究》2019年第7期。

李响、郭晓勋：《"一带一路"背景下黑龙江省中俄边境游发展探析》，《黑河学刊》2019年第4期。

李向平、宋帅官、赵玉红：《辽宁经济衰退的历史缘由与振兴路径》，《地方财政研究》2019年第1期。

李瑶、安树伟：《东北地区经济高质量发展研究》，《城市与环境研究》2019年第1期。

廖敬文、张可云：《区域经济复原力：国外研究及对中国老工业基地振兴的启示》，《经济学家》2019年第8期。

刘丹:《“一带一路”与东北亚走廊研究再思考》,《广西民族大学学报(哲学社会科学版)》2019年第3期。

刘爽:《建设开放合作高地 助推龙江振兴发展的战略思考》,《学习与探索》2019年第1期。

刘秀玲、谢富纪、王海花:《政策组合视角下的区域创新政策分析——以东北地区为例》,《软科学》2019年第4期。

刘宇舒、王振宇、程文、张振龙:《乡村振兴下东北农林地区村镇空间发展与治理策略》,《现代城市研究》2019年第7期。

卢英敏、刘佳丽:《东北老工业基地供给侧结构性矛盾与政府治理变革》,《商业研究》2019年第6期。

宁艳杰:《中国(黑龙江)自由贸易试验区营造对俄经贸合作发展环境的策略》,《黑河学院学报》2019年第11期。

欧阳慧、李爱民、李大伟:《把建设新特区作为东北振兴的新突破口》,《宏观经济管理》2019年第4期。

乔榛、姜帅:《国内新竞争环境下的东北振兴再认识》,《学习与探索》2019年第1期。

任晓菲、李顺龙:《东北亚区域环境合作模式探析》,《东岳论丛》2019年第7期。

沈铭辉、张中元:《推进东北亚区域合作的现实基础与路径选择》,《东北亚论坛》2019年第1期。

沈权平、沈万根:《东北边疆民族地区乡村振兴重点破解问题及路径设计——以朝鲜族聚居区为例》,《北方民族大学学报(哲学社会科学版)》2019年第5期。

沈颂东、陈鑫强、韩明友:《依托“两假企业”+“两栖就业”的东北乡村振兴新思路》,《北京联合大学学报(人文社会科学版)》2019年第2期。

宋冬林:《以新气象新担当新作为推进新时代东北振兴》,《学习与探索》2019年第3期。

宋知原:《“一带一路”背景下中俄旅游合作影响因素分析》,《河南教育学院学报(哲学社会科学版)》2019年第6期。

孙才志、刘天宝:《东北地区深度融入共建“一带一路”的多重背景、核心目标与行动策略》,《经济纵横》2019年第9期。

孙久文、苏玺鉴、闫昊生:《新时代东北振兴的产业政策研究》,《经济纵横》2019年第9期。

孙莹:《东北全面振兴背景下辽宁人才资源管理探析》,《党政干部学刊》2019年第11期。

田长生:《系统论视域下东北老工业基地供给侧改革进路》,《系统科学学报》2019年第2期。

王亚丰、黄珺仪:《鸭绿江流域产业优化与布局研究——以旅游产业开发与合作为例》,《辽东学院学报(社会科学版)》2019年第3期。

王勇:《辽宁自贸区大连片区融资租赁发展法律问题探究》,《大连大学学报》2019年第2期。

肖兴志、张伟广:《“授之以鱼”与“授之以渔”——首轮东北振兴政策的再思考》，《经济科学》2019 年第 3 期。

谢伟：《苏联工业模式兴衰对振兴东北老工业基地的启示》，《学术交流》2019 年第 6 期。

许永继、徐林实：《中俄东部老工业区复兴联动发展研究》，《哈尔滨商业大学学报（社会科学版）》2019 年第 3 期。

许永继：《“一带一路”倡议下中国东北与俄罗斯远东区域经贸合作探析》，《学术交流》2019 年第 8 期。

杨絮飞：《东北亚区域旅游产业合作发展战略研究》，《东北亚经济研究》2019 年第 1 期。

杨洋、董锁成等：《东北振兴与俄罗斯远东和贝加尔地区开发战略契合机制研究》，《资源科学》2019 年第 1 期。

姚瑶、王小琬：《中国（黑龙江）自由贸易试验区对外跨境电子商务制约因素研究》，《北京印刷学院学报》2019 年第 S1 期。

叶丹丹、王馨：《辽宁自贸区建设人才紧缺的原因及对策》，《鞍山师范学院学报》2019 年第 5 期。

于路、刘治国、李越轩：《东北振兴战略下沈阳建设国家中心城市策略研究》，《规划师》2019 年第 9 期。

张晨瑶、李靖宇、张阳：《开发渤海海峡跨海通道振兴东北的九大举措》，《区域经济评论》2019 年第 4 期。

张梅：《中国东北三省对俄经贸合作现状及前景》，《西伯利亚研究》2019 年第 1 期。

张敏、胡建东：《以立体化城市群建设带动东北全面振兴的对策》，《经济纵横》2019 年第 7 期。

张颖、逯宇铎：《自贸区建设对区域经济增长及创新能力影响研究——以辽宁自贸区为例》，《价格理论与实践》2019 年第 3 期。

赵宝星、沈万根：《东北边境少数民族地区乡村振兴实践路径》，《延边党校学报》2019 年第 5 期。

赵儒煜、肖茜文：《东北地区现代产业体系建设与全面振兴》，《经济纵横》2019 年第 9 期。

郑尚植、王怡颖：《东北老工业基地振兴的绩效评估——基于合成控制法的检验》，《地域研究与开发》2019 年第 2 期。

郑尚植、杨富泽、傅子轩：《东北振兴背景下“去杠杆”与“保增长”的门槛效应研究》，《工业技术经济》2019 年第 10 期。

（供稿：范恩实　朱　尖）

（四）海疆与海洋史研究

2018 年

陈博翼：《明代南直隶的海防格局和部署》，《学术研究》2018 年第 4 期。

陈彩云：《巡检司与元帝国的海疆治理》，《浙江师范大学学报（社会科学版）》2018 年第 6 期。

陈尚胜：《隆庆开海：明朝海外贸易政策的重大变革》，《人民论坛》2018 年第 20 期。

陈先松：《海军衙门经费析论》，《清史研究》2018 年第 2 期。

程玉祥：《20 世纪 30—40 年代国民政府对南海地图的绘制与审定》，《中国边疆史地研究》2018 年第 4 期。

崔丕：《美日两国政府应对本国国会审议返还冲绳协定的对策及其对钓鱼岛归属争端的影响》《首都师范大学学报（社会科学版）》2018 年第 4 期。

郭渊：《中文文献对南沙群岛自然人文景观的记述及解析——兼论“南海仲裁案”中的不确之说》（上、下），《海南热带海洋学院学报》2018 年第 4、6 期。

韩毅、潘洪岩：《明代海禁政策变迁中的博弈：从双边分歧到多边促成》，《山东师范大学学报（人文社会科学版）》2018 年第 4 期。

胡端：《明代海禁政策与普陀道场的兴废》，《历史研究》2018 年第 2 期。

黄顺力：《晚清海塞防之议与台湾海防地位的衍变》，《厦门大学学报（哲学社会科学版）》2018 年第 4 期。

黄友泉：《明代海防同知初探——兼论明代镇戍权力格局》，《历史档案》2018 年第 4 期。

李金明：《中国是西沙、南沙群岛的最先发现者与开发者——评黎蜗藤〈被扭曲的南海史：20 世纪前的南中国海〉》，《云南社会科学》2018 年第 4 期。

李理：《台湾当局再驻太平岛与战后美国南海政策的形成》，《中国社会科学院研究生院学报》2018 年第 4 期。

李细珠：《清代前期台湾选官协办制度初探》，《广东社会科学》2018 年第 2 期。

刘豪：《清道光朝定海北洋督巡渔汛政策研究》，《昆明学院学报》2018 年第 2 期。

刘利民：《民国北京政府海界划分问题考察——以海界委员会为中心》，《安徽史学》2018 年第 2 期。

刘璐璐；《晚明东南海洋政策频繁变更与海域秩序》，《厦门大学学报（哲学社会科学版）》2018 年第 4 期。

刘玉山：《英国政府对琉球、钓鱼岛问题的应对（1940—1972）——以英国外交部档案为中心》，《广东社会科学》2018 年第 6 期。

马光：《开海贸易、自然灾害与气候变迁——元代中国沿海的倭患及其原因新探》，《清华大学学报（哲学社会科学版）》2018 年第 5 期。

任雯婧：《20 世纪初法国西沙群岛政策的演变——基于法国外交部 20 世纪 30 年代西沙群岛档案的考察》，《海南大学学报（人文社会科学版）》2018 年第 6 期。

王崇敏、阎根齐、刘亮：《〈更路簿〉发现和研究 40 年》，《中国史研究动态》2018

年第 6 期。

王宏斌：《论两次鸦片战争期间海患与水师巡洋制度之恢复》，《近代史研究》2018 年第 2 期。

王静：《20 世纪初国人对西沙群岛的主权认知及捍卫——以“西沙事件”为考察中心》，《边界与海洋研究》2018 年第 1 期。

王潞：《论 16—18 世纪南澳岛的王朝经略与行政建置演变》，《广东社会科学》2018 年第 1 期。

王涛：《18 至 19 世纪初西人的南海测绘与黄岩岛地名演变》，《中国边疆史地研究》2018 年第 4 期。

王小蕾：《空间 · 象征 · 权力：清末以来的南海诸岛庙宇之争》，《海南大学学报（人文社会科学版）》2018 年第 4 期。

吴昊：《清代前期澎湖水师汛防制度探析》，《中国边疆史地研究》2018 年第 1 期。

徐建华：《袁世凯与清末北洋海防》，《军事历史研究》2018 年第 4 期。

徐晓望：《明代的东海渔业》，《福建论坛（人文社会科学版）》2018 年第 5 期。

张朔人、张若城：《南海维权的民间证据——〈更路簿〉内涵与面世抄本研究》，《云南师范大学学报（哲学社会科学版）》2018 年第 4 期。

赵德旺：《论民国时期“何瑞年出卖西沙群岛权益案”经纬——以日本亚洲资料中心（JACAR）史料为据》，《南海学刊》2018 年第 2 期。

赵鲁杰、丁涛、喻江：《秦汉王朝经略海洋考论》，《军事历史》2018 年第 4 期。

陈慈航：《美国在“南海行为准则”问题上的政策论析》，《国际政治研究》2018 年第 4 期。

邓妮雅：《“一带一路”倡议下南海资源共同开发的模式选择》，《中国海洋大学学报（社会科学版）》2018 年第 2 期。

何玉、蒋耘中：《20 世纪 70 年代欧洲保钓运动概述》，《清华大学学报（哲学社会科学版）》2018 年第 4 期。

侯毅：《日本“国有化”钓鱼岛政策的过程与影响》，《中国边疆学》2018 年第 1 期。

侯毅：《新时代我国维护海洋权益工作的政策基础与路径选择》，《中国边疆史地研究》2018 年第 2 期。

康霖：《中菲南海油气资源共同开发：挑战与努力方向》，《国际问题研究》2018 年第 5 期。

孔令杰：《新时代中国特色边界与海洋外交政策：基础、内涵与挑战》，《边界与海洋研究》2018 年第 1 期。

蓝瑶：《越南南海问题的对外宣传路径及其影响探析》，《太平洋学报》2018 年第 9 期。

李梅：《新古典现实主义视阈下的日本对华外交政策调整——以“购岛”决策为中心的考察》，《日本研究》2018 年第 4 期。

李忠林：《菲律宾杜特尔特政府的南海政策及前景》，《太平洋学报》2018 年第 6 期。

栗广：《美国对南海争端的立场演变及其未来走向》，《福建行政学院学报》2018

年第 4 期。

刘艳峰:《美国“南海航行自由”问题探析——基于规范扩散的视角》,《南洋问题研究》2018 年第 4 期。

刘玉山:《20 世纪 70、90 年代及 21 世纪以来中国民间保钓运动比较》,《大连海事大学学报(社会科学版)》2018 年第 2 期。

马英杰:《南沙群岛海域油气资源共同开发法律问题研究》,《中国海洋大学学报(社会科学版)》2018 年第 5 期。

齐皓:《东亚海洋争端与海洋秩序的演变》,《国际政治科学》2018 年第 3 期。

祁怀高:《近年来中国在南海的存在格局、面临挑战及因应之策》,《国际论坛》2018 年第 1 期。

邵建平:《南海争端走向与中国的政策选择》,《印度洋经济体研究》2018 年第 6 期。

苏莹莹:《均势理论与马来西亚对于南海议题的“不选边”策略分析》,《国际论坛》2018 年第 1 期。

王玉主:《关于进一步推进泛北部湾经济合作的几点思考》,《东南亚纵横》2018 年第 4 期。

吴士存、陈相秒:《论海洋秩序演变视角下的南海海洋治理》,《太平洋学报》2018 年第 4 期。

杨伯江:《钓鱼岛事件的影响》,《东亚评论》2018 年第 1 期。

杨力:《中国周边海洋问题:本质、构成与应对思路》,《边界与海洋研究》2018 年第 6 期。

朱锋:《特朗普政府的南海政策及中美海上安全挑战》,《当代美国评论》2018 年第 3 期。

2019 年

陈国威:《明代中外舆图中的雷州半岛及其海交史初探》,《南海学刊》2019 年第 1 期。

陈海懿:《二战后的琉球群岛处置及其“归还”——基于英国视角的考察》,《太平洋学报》2019 年第 7 期。

[日] 村田忠禧:《钓鱼岛问题的历史考察——以中华民国驻长崎领事的“感谢状”的分析为中心》,吴雨缪译,《日本文论》2019 年第 1 期。

郭渊:《清末初勘西沙之中外文献考释》,《南海学刊》2019 年第 1 期。

侯毅、项琦:《中国海疆史研究述评(1998—2018)》,《中国边疆史地研究》2019 年第 2 期。

黄俊凌:《战后国民政府的琉球政策与琉球划界分岛问题探析》,《边界与海洋研究》2019 年第 1 期。

姜天裁:《明代福建海疆防卫述略》(上、下),《福建史志》2019 年第 1、2 期。

李强华:《晚清海防战略的嬗变历程、制约因素及其启示》,《海南师范大学学报(社会科学版)》2019 年第 5 期。

李文化、陈虹、夏代云:《南海更路簿航速极度存疑更路辨析》,《南海学刊》2019

年第2期。

李新贵：《明万里海防图筹海系研究》，《文献》2019年第1期。

李尹：《20世纪80年代以来中国海洋史研究的回顾与思考》，《中国社会经济史研究》2019年第3期。

栗广：《美国与“旧金山对日和会”对南海诸岛问题的处置——对若干问题的释疑》，《中国边疆史地研究》2019年第3期。

廉德瑰：《关于甲午战争后钓鱼列岛归属问题的国际法分析》，《亚太安全与海洋研究》2019年第2期。

林炫羽：《从争贡之役到设立巡抚：明嘉靖年间浙江海防改革》，《西南大学学报（社会科学版）》2019年第3期。

刘春明：《〈台海使槎录〉所记“钓鱼台”与“薛坡兰”考析》，《边界与海洋研究》2019年第4期。

刘旭：《从1937年南海危机看国民政府的应对策略——兼论更路簿未被发现的原因》，《南海学刊》2019年第2期。

马光：《面子与里子：明洪武时期中日“倭寇外交”考论》，《文史哲》2019年第5期。

潘茹红：《“一带一路”视野下的海洋历史文献整理》，《闽南师范大学学报（哲学社会科学版）》2019年第2期。

任雯婧：《法国南沙群岛政策与“九小岛事件”再研究》，《中国边疆史地研究》2019年第3期。

沈文周：《古今南海测量点位之探究——以图为鉴科学定位》，《太平洋学报》2019年第2期。

史春林：《1900年以来马汉海权论在中国的译介述评》，《边界与海洋研究》2019年第3期。

孙靖国：《郑若曾系列地图中岛屿的表现方法》，《苏州大学学报（哲学社会科学版）》2019年第4期。

谭卫元：《台湾当局南海政策的历史演变与现实困境》，《边界与海洋研究》2019年第4期。

谭玉华：《明朝海防战船欧化变革的历史考察》，《中山大学学报（社会科学版）》2019年第5期。

汪小义：《关于清代内外洋划分的几点认识》，《中国历史地理论丛》2019年第3期。

王静：《清末两广总督派舰复勘西沙及法国认知之演变》，《南海学刊》2019年第1期。

王静：《广东地方高校与西沙群岛资源的调查——以1928年西沙调查活动为考察中心》，《中国边疆史地研究》2019年第3期。

王利兵：《记忆与认同：作为非物质文化遗产的南海〈更路簿〉》，《太平洋学报》2019年第3期。

王子昌、王看：《20世纪30年代初中国对法国强占南沙岛礁的回应及其证据意义》，《中国边疆史地研究》2019年第1期。

温小平：《更路簿研究的历史、现状及未来展望》，《南海学刊》2019 年第 2 期。

阎根齐：《论海南渔民的口传“更路经”》，《中华海洋法学评论》2019 年第 1 期。

郑俊华：《清代外洋岛屿地域秩序之成立——以浙江衢山岛为例》，《浙江海洋大学学报（人文科学版）》2019 年第 1 期。

白佳玉、隋佳欣：《人类命运共同体理念视域中的国际海洋法治演进与发展》，《广西大学学报（哲学社会科学版）》2019 年第 4 期。

包毅：《美国军舰擅闯我国南海岛礁邻近海域的国际法实证分析》，《太平洋学报》2019 年第 6 期。

陈盼盼：《“21 世纪海上丝绸之路”背景下中国—东盟渔业合作法律机制的构建》，《中华海洋法学评论》2019 年第 2 期。

陈祥：《日本的南太平洋外交战略演变与太平洋岛国峰会——从环境外交到海洋外交》，《太平洋学报》2019 年第 5 期。

陈秀武：《“海洋命运共同体”的相关理论问题探讨》，《亚太安全与海洋研究》2019 年第 4 期。

成汉平：《“印太战略”视域下美越围绕南海问题的战略互动：路径、目标与影响》，《亚太安全与海洋研究》2019 年第 2 期。

成汉平：《越南权力结构历史性变化与中越海上联合开发探索》，《东南亚研究》2019 年第 5 期。

翟崑、宋清润：《美泰海洋安全合作的演变及动因》，《太平洋学报》2019 年第 1 期。

戴宗翰：《“南海行为准则”磋商及关键性法律问题的思考》，《南海学刊》2019 年第 3 期。

傅崐成：《2016 南海仲裁案仲裁庭对中国南海历史性权利的错误认定》（上、下），《中华海洋法学评论》2019 年第 3、4 期。

高兰：《海洋命运共同体与中日海洋合作——基于海洋地缘政治学视角的观察与思考》，《人民论坛·学术前沿》2019 年第 20 期。

葛汉文：《美国特朗普政府的南海政策：路径、极限与对策思考》，《太平洋学报》2019 年第 5 期。

洪农：《南海共同开发：困境中求新机——〈南海共同开发六国学者共同研究报告〉述评》，《亚太安全与海洋研究》2019 年第 4 期。

胡波：《中国海上兴起与国际海洋安全秩序——有限多极格局下的新型大国协调》，《世界经济与政治》2019 年第 11 期。

胡杰：《英国干涉中国在南海维权：前瞻与预防》，《太平洋学报》2019 年第 3 期。

黄凤志、谢斌：《中国在南海问题上面临的“新加坡考验”——根源、限度及启示》，《太平洋学报》2019 年第 6 期。

黄高晓、洪靖雯：《从建设海洋强国到构建海洋命运共同体——习近平海洋建设战略思想体系发展的理论逻辑与行动指向》，《浙江海洋大学学报（人文科学版）》2019 年第 5 期。

蒋小翼、禤嘉慧：《越南建设海洋保护区的实践及其启示》，《亚太安全与海洋研究》2019 年第 3 期。

金永明：《新时代中国海洋强国战略治理体系论纲》，《中国海洋大学学报（社会科学版）》2019 年第 5 期。

李途：《东亚地区安全架构中的同盟政治与领土争端——以中日钓鱼岛争端和中菲南海争端为例》，《太平洋学报》2019 年第 5 期。

李忠林：《近期南海形势回顾与展望：成果、问题与对策》，《大连海事大学学报（社会科学版）》2019 年第 4 期。

梁源：《海上丝绸之路背景下中国与太平洋岛国合作的前景》，《南海学刊》2019 年第 4 期。

廖民生、刘洋：《新中国成立以来国家海洋战略的发展脉络与理论演变初探》，《太平洋学报》2019 年第 12 期。

骆永昆：《“全球海洋支点”战略背景下印尼在南海的利益探析——兼议中印尼合作的机遇与挑战》，《亚太安全与海洋研究》2019 年第 3 期。

马新民、刘洋：《〈南海仲裁案裁决之批判〉评述》，《亚太安全与海洋研究》2019 年第 1 期。

祁怀高：《当前中菲南海共同开发的制约瓶颈与应对思考》，《太平洋学报》2019 年第 3 期。

疏震娅：《关键日期视角下的钓鱼岛领土主权争端分析》，《日本学刊》2019 年第 2 期。

吴士存、陈相秒：《中美南海博弈：利益、冲突与动因——兼论破解南海“安全困局”之道》，《亚太安全与海洋研究》2019 年第 4 期。

邢广梅：《海洋强国战略框架下的我国海上安全》，《中国海洋大学学报（社会科学版）》2019 年第 3 期。

邢瑞利：《美国对南海“航行自由”问题的安全化建构及中国应对》，《太平洋学报》2019 年第 4 期。

张根海：《印度“大周边”战略及其对“一带一路”倡议的影响》，《当代世界与社会主义》2019 年第 6 期。

张景全：《“海洋命运共同体”视域下的海洋政治研究》，《人民论坛》2019 年第 S1 期。

张炜：《从中美“海上航行自由”之争看国际海洋法的发展需求》，《亚太安全与海洋研究》2019 年第 6 期。

赵业新：《论海上丝绸之路背景下中国与太平洋岛国深海采矿合作》，《太平洋学报》2019 年第 10 期。

（供稿：李　欣　侯毅）

（五）西南边疆研究

2018 年

何畏：《东汉末年益州牧的设立及其对西南边疆的历史影响》，《玉溪师范学院学报》2018 年第 9 期。

霍仁龙、姚勇：《基于地理信息系统的历史数据库建设——以近代西南边疆游记数据库为例》，《西南民族大学学报（人文社会科学版）》2018 年第 12 期。

李大龙：《唐代两大藩属体系碰撞中的西南边疆》，《青海民族研究》2018 年第 1 期。

李正亭：《清代云南盐业生产视角下的西南边疆内地化析论》，《中国盐文化》2018 年第 11 期。

马亚辉、滕兰花：《乾隆朝的“一视同仁”与西南边疆封建盛世的形成》，《广西民族师范学院学报》2018 年第 4 期。

马亚辉：《“守成”理念下嘉庆时期的西南边疆民族政策探析》，《广西民族研究》2018 年第 4 期。

马亚辉：《清雍乾时期西南边疆交通开发述议》，《广西社会科学》2018 年第 8 期。

王文俊：《西南边疆民族地区实体经济发展困境与对策——以广西南宁为样本》，《行政与法》2018 年第 7 期。

王燕：《历史叙述与族群认同——基于近现代西南边疆民族史研究的启示》，《贵州大学学报（社会科学版）》2018 年第 5 期。

肖高华：《全面抗战爆发后知识精英对西南边疆“改土归流”的新审视》，《江汉论坛》2018 年第 3 期。

董向芸：《嵌入型公共空间的构建与继替——西南边疆国营垦区的融合进程》，《云南行政学院学报》2018 年第 1 期。

何绍芬：《西南边疆民族地区大学生社会主义核心价值观认同研究》，《红河学院学报》2018 年第 3 期。

刘君智：《西南边疆地区陆军航空兵作战运用》，《国防科技》2018 年第 5 期。

刘田原：《我国西南边疆治理法治化的现状及完善路径探究》，《云南社会主义学院学报》2018 年第 1 期。

马大正、刘晖春：《加强项目顶层设计 深化中国边疆研究——以“西南边疆项目”为例》，《云南师范大学学报（哲学社会科学版）》2018 年第 1 期。

秦和平：《20 世纪 50 年代初共产党对西南边疆民族地区的治理》，《民族学刊》2018 年第 3 期。

秦永红：《“文化戍边”在孟中印缅经济走廊的路径探索》，《南亚研究季刊》2018 年第 4 期。

宋才发：《西南民族地区稳疆固边治理探讨》，《学术论坛》2018 年第 5 期。

王旦、唐红祥：《西南边疆民族地区县域经济发展水平评价及比较分析——以桂滇两省（区）为例》，《经济研究参考》2018 年第 7 期。

王俊程、胡红霞：《十八大以来中国农村减贫：成效、问题与策略——基于西南边疆民族贫困地区的实地考察》，《西北民族大学学报（哲学社会科学版）》2018 年第 6 期。

尹建东：《环境、族群与疆域空间：西南边疆史研究的区域史观和阐释路径》，《西南民族大学学报（人文社会科学版）》2018 年第 9 期。

张文东、刘爱娇：《东南亚恐怖形势对我国西南边疆安全的影响》，《四川警察学院学报》2018 年第 3 期。

张志巧：《精准扶贫视域下西南边疆民族地区思想和文化扶贫工作存在的问题与对策》，《沿海企业与科技》2018 年第 6 期。

周俊认：《西南边疆民族地区文化安全政策执行力分析及其改进》，《广西社会科学》2018 年第 1 期。

2019 年

边立：《“内边”视野下清前期经营云南边疆的理念与实践》，《玉溪师范学院学报》2019 年第 5 期。

方天建：《清末民国时期西南边疆本土有识人士之边界意识》，《西南边疆民族研究》2019 年第 1 期。

罗群、童巍雄：《“福边利民”：民国时期云南垦务行政与边疆治理研究》，《思想战线》2019 年第 6 期。

马亚辉、陈逸飞：《清后期西南边疆民族治理的历史审视（1851—1911）》，《文山学院学报》2019 年第 2 期。

牛伟伟：《冲突与互助：近代西南边疆民族地区壮族族群观念与国家观念》，《红河学院学报》2019 年第 2 期。

杨毅：《近代西南边疆发展史中的民族档案述论》，《中国边疆史地研究》2019 年第 1 期。

陈忠言：《产业扶贫典型模式的比较研究——基于云南深度贫困地区产业扶贫的实践》，《兰州学刊》2019 年第 5 期。

黄洪海、官秀成：《论西南边疆地区法治监督体系建设》，《广西政法管理干部学院学报》2019 年第 3 期。

黄志勇、蒙飘飘、申韬：《面向东盟金融开放门户：广西自贸区实现后发赶超跨越发展的关键点研究》，《南宁师范大学学报（哲学社会科学版）》2019 年第 6 期。

李海凤：《西南边疆地区民族文化活动的价值挖掘及法治化探析》，《保山学院学报》2019 年第 3 期。

李涛、陶明浩等：《精准扶贫中的人民获得感：基于广西民族地区的实证研究》，《管理学刊》2019 年第 1 期。

罗琳、冯娜：《云南对越南直接投资的现状及问题研究》，《红河学院学报》2019 年第 1 期。

区小兰：《乡村振兴背景下广西边境地区旅游产业扶贫研究》，《南宁职业技术学院学报》2019 年第 3 期。

宋才发：《西南边疆地区跨国婚姻问题的法治探讨》，《北方民族大学学报（哲学社会科学版）》2019 年第 5 期。

宋才发、王颖慧：《西南边疆地区社会治理法治化问题探讨》，《贵州民族研究》2019 年第 7 期。

宋燕金：《西南边疆民族地区主流文化认同教育特殊性分析》，《吉林省教育学院学报》2019 年第 4 期。

孙宏年：《新世纪中国西南边疆研究回顾与展望》，《中国边疆史地研究》2019 年第 2 期。

汪瑾、吴晨漪：《“一带一路”对广西开放型经济发展的影响研究》，《调研世界》2019 年第 11 期。

王美钰、吴忠军等：《广西少数民族特色村寨生态旅游扶贫与乡村振兴路径研究》，《广西广播电视大学学报》2019 年第 1 期。

王曙光：《易地扶贫搬迁与反贫困：广西模式研究》，《西部论坛》2019 年第 4 期。

徐绍华、蔡春玲：《西南边疆少数民族地区大学生社会主义核心价值观认同的特殊问题与对策思考》，《青海师范大学学报（哲学社会科学版）》2019 年第 4 期。

乐国友、唐慧：《“一带一路”背景下中国—中南半岛国际经济走廊陆路互联互通建设探讨》，《物流技术》2019 年第 6 期。

钟国云、陈欢：《西南边疆民族地区意识形态安全机制的构建——基于“一带一路”的视角》，《贵州民族研究》2019 年第 3 期。

（供稿：时雨晴）

（六）西藏研究

2018 年

阿旺嘉措：《从敦煌藏文写卷看苯教徒的宗教功能》，《中国藏学》2018 年第 2 期。

安海燕：《明成祖遣使召请宗喀巴史事再考》，《中国藏学》2018 年第 2 期。

白玛措：《民主改革与西藏历史巨变》，《西藏研究》2018 年第 3 期。

边巴琼达：《清代西藏地方仪仗浅析——以布达拉宫馆藏仪仗为例》，《西藏大学学报（社会科学版）》2018 年第 1 期。

陈践：《若干典型古藏文语词疏译拾遗》，《民族翻译》2018 年第 1 期。

陈坤龙、梅建军、潜伟：《丝绸之路与早期铜铁技术的交流》，《西域研究》2018 年第 2 期。

陈沛杉：《明朝对西藏地方政教首领的册封及其演变》，《西藏研究》2018 年第 4 期。

陈鹏辉：《试论清末张荫棠藏事改革中的财政改革》，《西藏民族大学学报（哲学社会科学版）》2018 年第 1 期。

陈鹏辉：《清末张荫棠藏事改革中的“政教分离”思想及其实践》，《西藏大学学报（社会科学版）》2018 年第 1 期。

陈鹏辉：《从重西北到重西南：清朝围绕治藏的筹边方略》，《中国藏学》2018 年第 3 期。

陈庆英：《论喜饶嘉措大师的爱国思想》，《中国藏学》2018 年第 4 期。

陈武强、杨洁：《明实录所见洪武时期明朝中央政府与藏族地方交往中的使臣派遣》，《西藏民族大学学报（哲学社会科学版）》2018 年第 1 期。

程颐工：《试论喜饶嘉措大师与黎丹先生交往的历史意义》，《中国藏学》2018 年第 4 期。

达瓦次仁：《大吉岭历史归属问题研究——兼论锡金与中国西藏的关系》，《西藏研究》2018 年第 3 期。

德倩旺姆：《琼氏部落东迁的历史原因新探》，《青海社会科学》2018 年第 2 期。

弟吴贤者、阿贵：《〈弟吴宗教源流〉（吐蕃史）译注（二）》，《西藏研究》2018 年第 4 期。

弟吴贤者、阿贵：《〈弟吴宗教源流〉（吐蕃史）译注（一）》，《西藏研究》2018 年第 3 期。

弟吴贤者、阿贵：《〈弟吴宗教源流〉（吐蕃史）译注（三）》，《西藏研究》2018 年第 6 期。

丁柏峰：《浅析唃厮啰政权基本国策对青唐城的影响》，《青海民族大学学报》2018 年第 1 期。

丁柏峰：《丝绸之路青海道的初辟：先秦时期青海交通状况考述》，《青海师范大学学报（哲学社会科学版）》2018 年第 2 期。

杜永彬：《西方人的西藏观研究述评》，《西藏民族大学学报（哲学社会科学版）》2018 年第 1 期。

高荣：《汉唐时期河西民族融合类型及其特点》，《河西学院学报》2018 年第 1 期。

古俊伟：《〈纽约时报〉涉藏报道新闻框架的演变（1979—2014）》，《西部学刊》2018 年第 9 期。

郭锋、袁爱中：《“不光彩”的起点——西藏和平解放前英国人福特在藏广播通讯传播活动刍议》，《西藏研究》2018 年第 3 期。

何大勇：《隋唐宋时期青藏高原的丝绸之路》，《贵州民族研究》2018 年第 5 期。

何一民：《强疆固边与西藏边境城镇体系建设》，《四川师范大学学报（社会科学版）》2018 年第 6 期。

和继全：《纳西东巴文藏语音读苯教文献〈吉祥经〉译释》，《西藏大学学报（社会科学版）》2018 年第 1 期。

胡刚：《19 世纪末 20 世纪初英国媒体中的中国西藏形象——以〈泰晤士报〉为中心的视角》，《西藏大学学报（社会科学版）》2018 年第 2 期。

胡岩涛：《唐朝、吐蕃、南诏西南战事与长安战略防御：以代宗、德宗朝为中心》，《西藏民族大学学报（哲学社会科学版）》2018 年第 2 期。

黄全毅：《以米珠索南班觉为中心探析 19 世纪初中央治藏政策》，《西藏民族大学学报（哲学社会科学版）》2018 年第 1 期。

黄辛建：《雍正时期藏区行政划界研究》，《中国藏学》2018 年第 3 期。

霍巍：《西藏史前考古若干重大问题的思考》，《中国藏学》2018 年第 2 期。

霍巍：《考察吐蕃时代社会文化“底色”的三个重要维度》，《思想战线》2018 年第 2 期。

姬文波：《1987 年中印边界危机回顾与反思》，《南亚研究》2018 年第 1 期。

吉正芬：《美国主要研究型图书馆西藏旧方志收藏概况》，《西藏研究》2018 年第 4 期。

康欣平：《从第穆案处理看清廷治藏策略之变化》，《西藏大学学报（社会科学版）》2018 年第 1 期。

拉巴次仁、石达顿珠、拉旺：《雅砻地区历史沿革及其相关问题探析》，《西藏大学学报（社会科学版）》2018 年第 4 期。

拉旺：《论“雍仲”符号的形式与内涵》，《云南民族大学学报（哲学社会科学版）》2018 年第 2 期。

李勤璞：《明代乌思藏别称“五藏”考——兼论满文 wargi dzang 的由来》，《中国藏学》2018 年第 3 期。

李双：《国民政府治藏文化宣传措施评析——以西藏电影为研究对象》，《西藏研究》2018 年第 1 期。

李双、泽仁翁姆：《十三世达赖与九世班禅晚年关系的改善及影响》，《西藏大学学报（社会科学版）》2018 年第 2 期。

李斯：《“文翁化蜀”与早期西南丝绸之路开拓》，《西南民族大学学报（人文社会科学版）》2018 年第 12 期。

李许桂：《论互联网时代的涉藏外宣工作》，《西部学刊》2018 年第 3 期。

李学保、金飞雪：《“西藏问题”国际化及应对策略分析》，《中南民族大学学报（人文社会科学版）》2018 年第 2 期。

李英、徐文媛：《和瑛与西藏体育》，《西藏民族大学学报（哲学社会科学版）》2018 年第 6 期。

梁忠翠：《近代中尼关系中我国西藏因素之历史、影响与思考》，《西北民族大学学报（哲学社会科学版）》2018 年第 1 期。

刘建丽：《北宋对西北吐蕃的文化措施》，《中原文化研究》2018 年第 6 期。

刘洁：《试论西藏历史地理的圣地移植特点及影响》，《西南民族大学学报（人文社会科学版）》2018 年第 8 期。

刘立云：《从“玉石之路”到“茶马古道”：论丝绸之路青海道的演变及其意义》，《西藏研究》2018 年第 1 期。

刘瑞云：《19 世纪中叶天主教西藏传教权的转移及纷争》，《中国藏学》2018 年第 2 期。

吕昭义、宫珏：《忒涅关于六世班禅朝觐的记述与乾隆治藏方略的调整和决策》，《中国边疆史地研究》2018 年第 1 期。

马永龙：《西藏世居穆斯林及其文化变迁研究》，《青海民族研究》2018 年第 1 期。

欧阳无畏：《达旺调查记》（1—6），韩敬山整理，《西藏民族大学学报（哲学社会科学版）》2018 年第 1、2、3、4、5、6 期。

裴儒弟：《川边镇守使陈遐龄治边研究》，《青海民族研究》2018 年第 4 期。

裴儒弟：《民国前期康区教育述论》，《黔南民族师范学院学报》2018 年第 6 期。

普布多吉、其美次仁：《藏文史籍〈亚桑宗派源流明鉴〉解析》，《西藏大学学报（社会科学版）》2018 年第 4 期。

齐德舜：《家国之间：唃斯啰家族与历代民族政策的关联性研究》，《西北民族论丛》2018 年第 1 期。

秦和平：《清末川藏地区建设电报通讯之研究》，《中国边疆史地研究》2018 年第 2 期。

仁青卓玛：《第五世达赖喇嘛授予三世察罕诺们汗之铁券文书考》，《西藏大学学报（社会科学版）》2018 年第 3 期。

萨尔吉：《象雄研究的回顾与前瞻》，《拉萨晚报》2018 年 6 月 30 日，第 6 版。

石硕、王鑫源：《吐蕃在康区的活动遗迹》，《湖北民族学院学报（哲学社会科学版）》2018年第6期。

石岩刚：《清朝前期藏文文书翻译实践、译员及译员培养》，《中国藏学》2018年第2期。

石越：《象雄至吐蕃经济史研究》，博士学位论文，中央民族大学，2018年。

史金波：《当代少数民族文字历史文献整理与研究刍议》，《青海民族研究》2018年第3期。

孙宏年：《新时代西藏治理开启新征程》，《中国边疆史地研究》2018年第2期。

孙玲、陈武强：《明永乐年间的遣藏使》，《西藏大学学报（社会科学版）》2018年第4期。

王丹：《光绪石印本〈西藏通览〉研究》，《西藏大学学报（社会科学版）》2018年第3期。

王川、马正辉：《论共和国时期西藏城市发展》，《西藏大学学报（社会科学版）》2018年第2期。

王惠敏：《金川天气对清军军需运输的制约及清廷的应对》，《西南边疆民族研究》2018年第1期。

王玫黎：《中印边界争端谈判机制探讨》，《国际法研究》2018年第4期。

王孟娟：《〈印度时报〉涉藏新闻报道中的中国国家形象》，《西藏民族大学学报（哲学社会科学版）》2018年第1期。

王强、谢金勇：《民国时期西藏盐茶局成立时间与官职考》，《西藏大学学报（社会科学版）》2018年第2期。

魏毅：《孰为汉地：〈世界广说〉对于汉地的地理认知》，《中国藏学》2018年第3期。

魏迎春：《晚唐五代敦煌突厥浑部落及其居民考：以敦煌写本S. 5448〈浑子盈邈真赞并序〉为中心》，《敦煌学辑刊》2018年第4期。

喜饶尼玛、冯翔：《“热振事件”与国民政府的因应》，《中国藏学》2018年第1期。

喜饶尼玛、荣加林：《民国驻藏官员蒋致余评述》，《云南民族大学学报（哲学社会科学版）》2018年第1期。

夏吾卡先：《西藏米林丹娘朗嘎吐蕃碑考古调查》，《文物》2018年第10期。

夏吾卡先、徐承炎：《列山墓地性质刍议：兼论吐蕃族葬制》，《西藏大学学报（社会科学版）》2018年第1期。

谢忠：《毛泽东统一战线思想在西藏民主改革中的实践》，《湖湘论坛》2018年第2期。

徐百永：《民国时期政教合一制下的西藏社会研究》，《中国边疆史地研究》2018年第4期。

徐君：《“新”与“旧”：清末川边新政之再探》，《西藏大学学报（社会科学版）》2018年第1期。

杨清凡：《21世纪以来西藏文物考古事业的发展及研究回顾》，《中国藏学》2018年第3期。

杨学东：《山县初男〈西藏通览〉对近代西藏方志编纂的影响》，《西藏研究》2018年第2期。

杨学东：《乾隆刻本〈西藏志〉校勘举隅》，《西藏民族大学学报（哲学社会科学版）》2018年第4期。

叶远飘：《再论吐蕃史前贵族阶层的葬俗及其信仰：以“天赤七王”传说为例》，《西南民族大学学报（人文社会科学版）》2018年第12期。

阴海燕：《朱元璋治藏茶禁政策考述》，《西藏研究》2018年第4期。

尹建东：《环境、族群与疆域空间：西南边疆史研究的区域史观和阐释路径》，《西南民族大学学报（人文社会学科版）》2018年第9期。

喻永庆：《南京国民政府初期蒙藏教育的推进考察——以中央政治学校附设蒙藏学校创办为中心》，《西藏大学学报（社会科学版）》2018年第2期。

喻永庆：《民国时期南京蒙藏学校办学考释》，《贵州民族研究》2018年第1期。

袁晓文：《凉州会谈与萨迦派在康区的发展》，《中央民族大学学报（哲学社会科学版）》2018年第4期。

扎洛、敖见译注：《法王图道南杰——〈哲孟雄王统史〉译注节选》（二、三），《中国藏学》2018年第2、3期。

张发贤：《康熙末年用兵西藏研究》，《中央民族大学学报（哲学社会科学版）》2018年第3期。

张皓：《汤姆斯父子入藏：美国插手中国西藏问题的开始》，《中国边疆史地研究》2018年第4期。

张皓：《晚清至民国时期英美涉藏档案之史学价值及编选》，《青海民族研究》2018年第4期。

张钦：《论辽与唃厮啰政权和亲路线的选择》，《青海民族大学学报（社会科学版）》2018年第4期。

张永攀：《1896年中英“藏哲边界”交涉与勘界研究》，《中国边疆史地研究》2018年第4期。

赵青山、刘满：《唐威戎军位置考》，《中国边疆史地研究》2018年第4期。

赵心愚：《光绪〈西藏图考〉的“括总”之篇——读〈西藏图考·西藏源流考〉》，《西南民族大学学报（人文社会科学版）》2018年第7期。

周炜：《喜饶嘉措大师爱国主义思想的基础及其表现》，《中国藏学》2018年第4期。

周新、胡岩：《顾维钧档案资料中的西藏问题》，《西藏民族大学学报（哲学社会科学版）》2018年第5期。

周智生、张云培：《共生与制衡：清末民初云南藏区寺院与乡村社会关系的历史演变》，《民族学刊》2018年第1期。

朱丽双：《敦煌藏文本〈尚书〉的研究现状及其文献来源问题》，《中国藏学》2018年第1期。

邹立波：《边疆地理名称与晚清川藏边务——以“川边”、“西康”概念为考察中心》，《中国历史地理论丛》2018年第1期。

邹敏：《民国时期拉萨城市生活初论》，《西藏大学学报（社会科学版）》2018年第

2 期。

2019 年

阿错：《古代藏文文献中的姜（vjang）及姜域（vjang yul）解读》，《西藏民族大学学报（哲学社会科学版）》2019 年第 5 期。

安海燕：《明代汉译藏传密教文献与北京的藏传佛教：兼论明代北京藏传佛教格局的形成》，《宗教学研究》2019 年第 1 期。

边巴琼达：《达木蒙古八旗综论》，《西藏大学学报（社会科学版）》2019 年第 3 期。

伯戴克：《元代西藏地区人口普查研究》，陈涛译，《青海师范大学民族师范学院学报》2019 年第 2 期。

才让：《12—14 世纪间萨迦派人物传记提要：藏文历史著作总目提要之一》，《中国藏学》2019 年第 2 期。

蔡丽平、代维：《危机与应对：凤全事件后清政府对康区的治理》，《四川民族学院学报》2019 年第 1 期。

陈践：《吐蕃虎皮告身》，《民族翻译》2019 年第 2 期。

陈鹏辉：《试论清末张荫棠藏事改革中的抵制"印茶入藏"》，《西北民族大学学报（哲学社会科学版）》2019 年第 1 期。

陈柱：《"驱准保藏"与清朝和拉达克的最初关系》，《中国藏学》2019 年第 1 期。

陈柱：《康熙朝清廷对拉达克地图的绘制》，《中国藏学》2019 年第 3 期。

达瓦次仁：《古代悉立国方位考辨》，《西藏大学学报（社会科学版）》2019 年第 1 期。

邓杰：《从噶尔氏家族专权分析吐蕃王权的独特性》，《四川民族学院学报》2019 年第 2 期。

邓前程：《七世达赖喇嘛奏辖"三塘"与清廷的措置》，《中国藏学》2019 年第 3 期。

弟吴贤者、阿贵：《〈弟吴宗教源流〉（吐蕃史）译注（四）》，《西藏研究》2019 年第 1 期。

弟吴贤者、阿贵：《〈弟吴宗教源流〉（吐蕃史）译注（五）》，《西藏研究》2019 年第 3 期。

弟吴贤者、阿贵：《〈弟吴宗教源流〉（吐蕃史）译注（六）》，《西藏研究》2019 年第 4 期。

弟吴贤者、阿贵：《〈弟吴宗教源流〉（吐蕃史）译注（七）》，《西藏研究》2019 年第 5 期。

丁柏峰：《简论 7—9 世纪唐与吐蕃对青海的争夺和开发》，《青海社会科学》2019 年第 2 期。

更藏卓玛、吉加本：《吐蕃时期康区"丹域"之名的由来及历史文化之谈》，《四川民族学院学报》2019 年第 2 期。

宫宏宇：《清代进藏西人著述中的藏族音乐》，《中央音乐学院学报》2019 年第 1 期。

古格·其美多吉：《论西藏地名演变规律及原因》，《西藏大学学报（社会科学版）》2019年第3期。

郭永虎：《1959年以来中国政府应对联合国涉藏活动的历史考察》，《当代中国史研究》2019年第2期。

韩腾：《从西藏地方对尼泊尔的救灾账目看清中晚期的藏尼关系和货币政策》，《中国藏学》2019年第1期。

黄惠烽：《〈旁唐目录〉的编纂方法及文献价值研究》，《四川图书馆学报》2019年第3期。

霍巍：《近70年西藏考古的回顾与展望（1951—2019）》，《中国藏学》2019年第3期。

康欣平、林松：《试析清末张荫棠藏事改革中的教育体制改革》，《西南石油大学学报》2019年第1期。

孔令伟：《拉达克与清廷情报文书的传译过程》，《中国藏学》2019年第3期。

雷信来：《历史上滇藏地区对中央王朝的认同何以可能之新探》，《云南民族大学学报（哲学社会科学版）》2019年第3期。

黎同柏：《中国近代史视野中的十三世达赖喇嘛出走印度事件》，《西藏民族大学学报（哲学社会科学版）》2019年第3期。

李并成：《蕃占时期对塔里木盆地东南部一带的经营：以米兰出土简牍为中心》，《石河子大学学报（哲学社会科学版）》2019年第1期。

李晨升：《从历史交通路线看唐代吐蕃与南诏的关系》，《西藏民族大学学报（哲学社会科学版）》2019年第1期。

李豪：《吐蕃论钦陵子禄赞入唐考》，《中国典籍与文化》2019年第4期。

李荟芹、雷弈：《〈夏格巴日记〉的史料价值》，《齐齐哈尔大学学报（哲学社会科学版）》2019年第2期。

李军：《清代西藏的丧葬习俗与驻藏大臣的政策干预——以〈西藏赋〉为中心》，《宗教学研究》2019年第2期。

李帅：《论印章在吐蕃社会的使用》，《中国藏学》2019年第2期。

李帅：《论西藏地方的明代复制官印》，《西藏大学学报（社会科学版）》2019年第3期。

李天才：《20世纪国外涉藏学术演化研究》，《西藏大学学报（社会科学版）》2019年第2期。

李志明、洲塔：《策墨林诺们罕事件补考——以策墨林诺们罕致道光帝呈文为中心》，《中国边疆史地研究》2019年第1期。

李宗俊：《瓦罕走廊的战略地位及唐前期与大食等在西域南道的角逐》，《中国边疆史地研究》2019年第1期。

梁忠翠：《近代英籍亚东关税务司的情报活动与影响》，《青海民族研究》2019年第2期。

廖云路：《法国藏学译著及其利用情况研究》，《西藏研究》2019年第5期。

林冠群：《吐蕃职官 spyan（悉编）研究：吐蕃地方职官委员制的形成与发展》，《敦煌学辑刊》2019年第2期。

林乾：《论雍正时期对西藏管理的制度化过程》，《民族研究》2019年第2期。

刘英华、吉太才让、范习加、甄艳：《7世纪入蕃汉医名实考》，《西藏研究》2019年第5期。

刘永文、黄俊、张雨晨、张乐民：《民初涉藏民间组织——藏事促进会考论》，《西藏大学学报（社会科学版）》2019年第1期。

卢本扎西：《喜饶嘉措与西藏和平解放研究》，《西藏民族大学学报（哲学社会科学版）》2019年第2期。

陆离：《论唐蕃长庆会盟后吐蕃与回鹘、南诏的关系》，《中国边疆史地研究》2019年第3期。

陆韧、余华：《清统一战争进程中的藏区用兵驻军与后勤保障体系建设》，《思想战线》2019年第5期。

马天祥：《清朝前期方志与史料中的藏北防线》，《西藏民族大学学报（哲学社会科学版）》2019年第5期。

马天祥：《阿哈雅克与清代新藏昆仑东线》，《新疆大学学报（哲学·人文社会科学版）》2019年第5期。

欧阳无畏：《达旺调查记（7—9）》，韩敬山整理，《西藏民族大学学报（哲学社会科学版）》2019年第1、2、3期。

潘守正：《唐代中期吐蕃侵占陇右及其后收复经过》，《天水师范学院学报》2019年第1期。

齐德舜：《陇逋族居地与迁徙研究》，《西藏研究》2019年第3期。

祁美琴、安子昂：《试论藏传佛教的王朝化与国家认同——以清朝敕建藏传佛寺为中心的考察》，《清史研究》2019年第1期。

沈文凡、刘健榕：《〈通典·边防典〉研究综述》，《关东学刊》2019年第3期。

石硕、邹立波：《我国藏族史研究七十年》，《中央民族大学学报（哲学社会科学版）》2019年第6期。

宋亚光：《中印边界、西藏问题与印度对中国外交》，《中国边疆史地研究》2019年第2期。

宋月红：《论〈西藏通史〉研究和编纂的历史观》，《中国藏学》2019年第3期。

随新民：《寇松总督时期英国（印）西藏“前进政策”及其遗产》，《南亚研究》2019年第4期。

索朗平措：《吐蕃大相论钦陵考述：兼论噶尔氏家族的衰亡》，《西藏研究》2019年第5期。

田茂旺：《论清末中央政府关于印茶入藏问题的对英交涉》，《青海社会科学》2019年第2期。

王川：《40年来近现代康藏汉文史料的整理与研究》，《四川师范大学学报（社会科学版）》2019年第1期。

王庆昱：《唐〈盖巨源墓志铭〉再考：以唐与南诏关系为重点》，《四川文物》2019年第4期。

喜饶尼玛、冯翔：《影响西藏“热振事件”走向的真正原因——兼谈国民政府对事件的处置》，《中国藏学》2019年第2期。

喜饶尼玛、李威颖：《沉着、有胆量之边务人才——国民政府驻藏官员刘朴忱评述》，《云南民族大学学报（哲学社会科学版）》2019 年第 6 期。

徐百永：《中国共产党有关西藏宗教的认知演变与政策研究》，《中国边疆史地研究》2019 年第 2 期。

徐承炎、夏吾卡先：《青海吐蕃墓的考古发现与研究》，《西藏研究》2019 年第 1 期。

徐法言：《清代文献中的“红教”释义——以乾隆朝汉文文献为中心》，《宗教学研究》2019 年第 2 期。

徐君：《视角转换与范式改变：对清末川滇边务大臣赵尔丰评价》，《西藏大学学报（社会科学版）》2019 年第 1 期。

严寅春：《和瑛〈西藏赋〉叙事策略研究》，《西藏民族大学学报（人文社会科学版）》2019 年第 1 期。

颜亮：《儒家文化在藏地的传播与融合：以藏族古代儒家教育为中心》，《西南民族大学学报（人文社会科学版）》2019 年第 8 期。

杨代成：《和硕特部入藏与准噶尔部入藏中的几个问题》，《青海民族研究》2019 年第 2 期。

杨学东：《清代西藏地方志的撰修、类型及特点》，《西藏民族大学学报（哲学社会科学版）》2019 年第 1 期。

杨学东：《〈西域全书〉对清代西藏方志编纂的影响》，《图书馆杂志》2019 年第 10 期。

叶拉太：《元以来安多藏区部落及其地方政权的形成与分布情况》，《西藏大学学报（社会科学版）》2019 年第 1 期。

叶拉太：《变迁与承续：喜马拉雅中部洛沃的区域宗教史研究——基于尼泊尔西北部洛沃（木斯塘）的实地考察》，《青海民族大学学报（社会科学版）》2019 年第 2 期。

扎洛：《十三世达赖喇嘛晋京期间的礼仪与奏事权之争新探——民族国家建构视角》，《近代史研究》2019 年第 2 期。

扎西、土登彭措：《试论八世纪上半叶吐蕃、突骑施联姻的历史缘由》，《青海社会科学》2018 年第 2 期。

扎西当知：《从敦煌古藏文史料看吐蕃王朝灭亡的根源》，《青海社会科学》2019 年第 4 期。

张安福、王玉平：《自然地理因素下的唐蕃边界变动》，《宁夏社会科学》2019 年第 5 期。

张慧霞：《略论吐蕃时期的议事制度》，《西藏民族大学学报（哲学社会科学版）》2019 年第 5 期。

张闶：《从满文〈喀木地方一统志〉看清廷对康区的地理认知》，《中国藏学》2019 年第 3 期。

张孝明：《明代西藏仁蚌巴家族与藏传佛教诸派关系》，《中国藏学》2019 年第 1 期。

张雅军、仝涛、李林辉、赤列次仁：《西藏故如甲木墓地人群牙齿磨耗和食物结构的关系》，《人类学学报》2019 年第 1 期。

张云：《从十世班禅转世看活佛转世的历史定制》，《中国藏学》2019 年第 1 期。

张子新：《北洋政府时期的驻京呼图克图制度》，《民族研究》2019 年第 5 期。

赵长治、赵心愚：《姚莹〈西藏外各国地形图说〉考论——兼谈姚莹与清道光时期西藏地方志的发展》，《中国藏学》2019 年第 2 期。

赵心愚：《清康雍时期川、滇、藏行政分界的两个问题》，《四川师范大学学报（社会科学版）》2019 年第 6 期。

钟雨齐、叶鹏：《归义军行政区划体系研究》，《西安文理学院学报（社会科学版）》2019 年第 3 期。

朱广亮：《西藏和平解放后中央人民政府统一涉藏外交外事权述论》，《安徽史学》2019 年第 6 期。

朱靖江：《雪域之光——西藏和平解放与民主改革纪录片研究（1951—1961）》，《中国藏学》2019 年第 1 期。

朱丽双：《历史与记忆：P. T. 1287 第 15 节新探》，《中国藏学》2019 年第 2 期。

朱丽双：《9 世纪于阗的法灭故事》，《中山大学学报（社会科学版）》2019 年第 5 期。

朱卫：《20 世纪上半叶拉达克口岸的藏盐贸易》，《青海民族研究》2019 年第 1 期。

邹立波：《格桑泽仁与抗战时期的汉藏贸易》，《中国藏学》2019 年第 2 期。

邹敏：《以教翼政：蒙藏委员会驻藏办事处的传昭布施》，《四川师范大学学报（社会科学版）》2019 年第 2 期。

（供稿：张永攀　刘　洁）

（七）新疆研究

2018 年

阿利亚·艾尼瓦尔：《清末新疆的蝗灾与政府应对》，《民族研究》2018 年第 4 期。

巴哈提·依加汉：《从地图和纪行史料看清朝对哈萨克的早期认识》，《民族研究》2018 年第 2 期。

白京兰、田庆锋：《清代新疆八旗绿营司法职能略论》，《新疆大学学报（哲学·人文社会科学版）》2018 年第 6 期。

成湘丽：《20 世纪 40 年代国人游记中的新疆形象》，《石河子大学学报（哲学社会科学版）》2018 年第 1 期。

成一农：《从古地图看中国古代的“西域”与“西域观”》，《首都师范大学学报（社会科学版）》2018 年第 2 期。

方华玲：《“废员”林则徐与道光朝南疆勘地》，《陕西理工大学学报（社会科学版）》2018 年第 2 期。

锋晖：《乾隆朝新疆“格绷额”案研究》，《西域研究》2018 年第 1 期。

冯漩：《新见旅顺博物馆藏新疆出土汉文文献中的汉史写本考释》，《西域研究》2018 年第 1 期。

高月：《试论 20 世纪 30 年代内地与新疆间的交通勘探与建设——以绥新公路为中

心》，《中国边疆史地研究》2018 年第 1 期。

高月：《从藩部到行省——清政府对新疆的再统合（1875—1911）》，《文化纵横》2018 年第 3 期。

郭文忠：《土尔扈特东归中哈萨克形象再研究——以阿布赉汗为中心》，《清史研究》2018 年第 2 期。

黄晓东、宋晓蓉：《论〈新疆图志〉中的国家意识》，《西域研究》2018 年第 3 期。

刘锦增：《清末新疆回族的人口分布与地域经济差异——以新疆各地的乡土志为中心》，《中国边疆史地研究》2018 年第 4 期。

马宇飞：《“对口援疆”20 年：实践与启示》，《实事求是》2018 年第 1 期。

聂红萍：《清朝对白山黑山派的认知》，《西域研究》2018 年第 2 期。

潘海莉、王希隆：《历史变迁视角下的特克斯沙毕纳尔》，《新疆大学学报（哲学·人文社会科学版）》2018 年第 2 期。

彭远春、袁淑雅：《“民族团结一家亲”活动的特质及其推进》，《民族论坛》2018 年第 2 期。

冉笙棋：《民初新疆第二届省议会研究》，《西域研究》2018 年第 3 期。

任龙、高健：《〈刘锦棠疏稿〉考略》，《图书馆杂志》2018 年第 4 期。

孙文杰：《从满文寄信档看伊犁将军阿桂对新疆的管理与认识》，《云南民族大学学报（哲学社会科学版）》2018 年第 2 期。

孙文杰、宁燕：《从满文寄信档看“德风乌什哈达互讦案”对清代新疆吏治的影响》，《新疆大学学报（哲学·人文社会科学版）》2018 年第 5 期。

田海峰：《唐高宗时期的西域时局及经略检视》，《青海师范大学学报（哲学社会科学版）》2018 年第 4 期。

田文：《把历史宣传教育作为新疆意识形态工作的重中之重》，《新疆日报（汉）》2018 年 11 月 7 日，第 003 版。

王平、何源远：《清代新疆博克达山官方祭祀与王朝秩序》，《民族研究》2018 年第 3 期。

王奇、梅建明：《Twitter 平台“东突”分子行为规律与对策研究》，《情报杂志》2018 年第 3 期。

王希隆、杨代成：《清顺康雍三朝对天山以南地方政权与地方势力政策述评——以叶尔羌、哈密、吐鲁番与清朝的互动关系为中心》，《西域研究》2018 年第 1 期。

吴华峰：《〈异域传闻录〉考》，《古籍整理研究学刊》2018 年第 2 期。

席会东：《宋元明地图中的西域观》，《学术月刊》2018 年第 11 期。

徐建平：《清中期以来阿尔泰山地区分界研究》，《复旦学报（社会科学版）》2018 年第 3 期。

许建英：《美国介入“新疆问题”的考察与分析》，《统一战线学研究》2018 年第 5 期。

闫卫华、苏巧变：《从“屯垦戍边”到“维稳戍边”——历史制度主义视野下兵团核心使命的转型》，《石河子大学学报（哲学社会科学版）》2018 年第 1 期。

杨磊、孟楠：《民国时期与内地贸易的维吾尔族商人研究》，《西南民族大学学报（人文社会科学版）》2018 年第 2 期。

杨圣敏：《杨增新治理新疆的思想与措施》，《中国边疆史地研究》2018 年第 4 期。

姚大力：《沟通欧亚的“瓶颈”：新疆在中西文化交流史上的地位》，《西北民族研究》2018 年第 3 期。

姚三刚、郝彦彬：《〈新疆纪略〉相关问题探讨》，《塔里木大学学报》2018 年第 1 期。

易锐：《疆土理念转型与藩部体制变革：晚清新疆建省的观念因素》，《西域研究》2018 年第 4 期。

张安福：《大宛之战对中原治理西域的影响》，《社会科学战线》2018 年第 8 期。

张伯国：《清代回疆办事大臣衙门章京职任考察》，《清史研究》2018 年第 2 期。

张莉：《“办事大臣——小伯克”：在军府制与扎萨克制之间——乾隆二十六年吐鲁番地方民众管理体系的调整》，《西域研究》2018 年第 4 期。

张曙晖、王兴宇：《西汉时期西北边疆的民族及其与王朝的关系——基于〈汉书〉的分析》，《云南大学学报（社会科学版）》2018 年第 1 期。

张文木：《中国古代西部边疆南北治理经验与教训》，《印度洋经济体研究》2018 年第 4 期。

张云：《历史上新疆、西藏两地区域互动与中原王朝的西部边疆经营》，《西域研究》2018 年第 4 期。

周泓：《古代汉地之部分西域文化考溯》，《湖北民族学院学报（哲学社会科学版）》2018 年第 6 期。

周竞红：《百年回溯：民族分裂主义在新疆生成存续的国际因素管窥》，《兰州学刊》2018 年第 2 期。

朱玉麒：《“北馆文书”的流传及早期研究史》，《西域研究》2018 年第 2 期。

朱宪臣：《习近平新时代治疆思想的哲学基础》，《中国井冈山干部学院学报》2018 年第 4 期。

2019 年

阿依吐松·苏旦、潘志平：《丝路叶尔羌——拉达克段商路及贸易的历史考述》，《史学集刊》2019 年第 3 期。

曹鹏、谭婧霞：《论杨增新之治疆理念》，《石河子大学学报（哲学社会科学版）》2019 年第 5 期。

党宝海：《察合台史事四题——卒年、驻地、汉民与投下》，《西域研究》2019 年第 3 期。

锋晖：《乾隆朝治理新疆制度的筹划与确立》，《西域研究》2019 年第 2 期。

付娟、王洪运：《抗战时期中共参与新疆治理探析》，《重庆师范大学学报》2019 年第 6 期。

高敏：《“一带一路”视域下新疆民族文化交流与安全》，《贵州社会主义学院学报》2019 年第 1 期。

高敏：《新疆文化与中华文化交融共生的“前世”和“今生”》，《河北省社会主义学院学报》2019 年第 2 期。

高源：《杨增新推动新疆农业发展的社会背景和举措——以〈补过斋文牍〉为中

心》，《西域研究》2019 年第 1 期。

郭益海：《唐代管理西域宗教事务述略——以西域佛、道两教为例》，《西北民族论丛》第 19 辑，社会科学文献出版社 2019 年版。

何永明：《杨增新时期新疆政治研究所钩沉》，《新疆大学学报（哲学·社会科学版）》2019 年第 4 期。

侯甬坚、韩宾伟：《20 世纪初期芬兰人马达汉入疆考察细节及其分析》，《历史地理研究》2019 年第 1 期。

贾建飞：《回例与乾隆时期回疆的刑案审判》，《清史研究》2019 年第 3 期。

贾秀慧：《国民政府治新时期新疆教育发展方略述论》，《西域研究》2019 年第 1 期。

靳晓哲：《“东突”势力活动的新特点、内在逻辑及其应对》，《统一战线学研究》2019 年第 4 期。

李小成：《从汉代史书的“西域传”看古丝绸之路诸国之物产》，《唐都学刊》2019 年第 4 期。

李建新、杨珏、姜楠：《结构差异视角下的新疆人口转变》，《西北人口》2019 年第 3 期。

李亚栋：《1949 年以后阿斯塔那、哈拉和卓墓葬发掘编号辑考》，《唐史论丛》第 28 辑，三秦出版社 2019 年版。

李亚栋、仵婷：《1949 年以后新疆吐鲁番都善县考古发掘及其编号整理》，《西南民族大学学报（人文社会科学版）》2019 年第 8 期。

龙其鑫：《从“地理枢纽”到“革命枢纽”——新民主主义在新疆的传播及其历史意义》，《现代哲学》2019 年第 2 期。

龙其鑫：《边疆变革的前奏——新疆解放初期农村社会调查及其历史意义》，《北方民族大学学报（哲学社会科学版）》2019 年第 6 期。

鲁靖康：《清代厅制再探——以新疆为例的考察》，《西域研究》2019 年第 2 期。

吕永红、段会平：《文化现代化与新疆文化发展》，《新疆大学学报（哲学·人文社会科学版）》2019 年第 2 期。

马虎山：《〈福乐智慧〉伦理观研究》，博士学位论文，新疆大学，2019 年。

买热木古丽·加帕尔：《从新疆岩画看古代各民族的文化融合》，《克拉玛依学刊》2019 年第 4 期。

区佩仪：《高昌回鹘的弥勒信仰研究》，博士学位论文，中央民族大学，2019 年。

彭无情：《景教在新疆的传播与嬗变特征探析》，《世界宗教文化》2019 年第 2 期。

秦晨、胡成功：《11 世纪维吾尔文化与中原文化的交流——基于〈福乐智慧〉的分析》，《山西财经大学学报》2019 年第 2 期。

孙文杰：《乌鲁本齐都统和瑛与那灵阿贪腐案》，《中国典籍与文化》2019 年第 1 期。

任冠、戎天佑：《新疆奇台县唐朝墩古城遗址考古收获与初步认识》，《西域研究》2019 年第 1 期。

王安芝：《〈新疆乡土志稿〉版本源流考》，《新疆地方志》2019 年第 3 期。

王国飞：《新疆南疆农村“去极端化”治理成效及优化建议》，《新疆社科论坛》

2019 年第 3 期。

王静：《新疆天主教史研究》，《中国天主教》2019 年第 6 期。

王明辉、张旭、巫新华：《新疆塔什库尔干吉尔赞喀勒墓地人骨初步研究》，《北方文物》2019 年第 4 期。

王希隆、杨代成：《清朝统一新疆及其历史意义》，《中国边疆史地研究》2019 年第 1 期。

王希隆、夏晔勇：《清代吐鲁番札萨克旗的几个问题》，《西域研究》2019 年第 2 期。

王永强、袁晓、阮秋荣：《新疆尼勒克县吉仁台沟口遗址 2015—2018 年考古收获及初步认识》，《西域研究》2019 年第 1 期。

许建英：《从两份档案看奥斯曼土耳其对阿古柏的军事支持》，《中国边疆史地研究》2019 年第 1 期。

许建英：《新疆与祖国内地一体化是历史发展的必然》，《人民日报》2019 年 7 月 24 日，第 17 版。

颜世明：《历史上塔里木盆地中的"南河"和"北河"——基于东晋道安〈西域志〉佚文的历史考察》，《青海民族大学学报》2019 年第 3 期。

姚大力：《塔克拉玛干之名的起源与语义》，《文汇报》2019 年 10 月 11 日，第 W06 版。

伊卜拉伊木·马木提：《近代维吾尔语契约文书语言研究——以 20 件近代维吾尔语买卖契约文书为例》，硕士学位论文，中央民族大学，2019 年。

曾耀凤：《乡约多重角色折射的清末新疆治理图景》，《云南民族大学学报（哲学社会科学版）》2019 年第 5 期。

张瑛：《汉代西域都护设置的时间及其职责相关问题考辨》，《西北民族大学学报（哲学社会科学版）》2019 年第 3 期。

赵徽弘：《中华文明共同体视野里西域观之变迁研究》，博士学位论文，新疆大学，2019 年。

赵卫宾：《〈哈密至准噶尔路程〉作者及成书问题献疑》，《文献》2019 年第 2 期。

赵文涛：《重本与逐利：晚清吐鲁番粮棉种植结构的变动》，《西域研究》2019 年第 2 期。

（供稿：阿地力·艾尼）

附录二　当代中国边疆治理重要文献

中国保障宗教信仰自由的政策和实践①

国务院新闻办公室4月3日发表《中国保障宗教信仰自由的政策和实践》白皮书。全文如下：

中国保障宗教信仰自由的政策和实践

中华人民共和国国务院新闻办公室

2018年4月

目录

前　言

中国是共产党领导的社会主义国家。中国始终坚持从本国国情和宗教实际出发，实行宗教信仰自由政策，保障公民宗教信仰自由权利，构建积极健康的宗教关系，维护宗教和睦与社会和谐。中共十八大以来，在以习近平同志为核心的党中央坚强领导下，中国全面推进依法治国，把宗教工作纳入国家治理体系，用法律调节涉及宗教的各种社会关系，宗教工作法治化水平不断提高。信教公民和不信教公民相互尊重、和睦相处，积

① 来源：国务院新闻办公室网站，2018年4月3日（http：//www. scio. gov. cn/zfbps/ndhf/37884/Document/1626520/1626520. htm）。

极投身改革开放和社会主义现代化建设，共同为实现中华民族伟大复兴的中国梦贡献力量。

一、保障宗教信仰自由的基本政策

中国实行宗教信仰自由政策，依法管理宗教事务，坚持独立自主自办原则，积极引导宗教与社会主义社会相适应，最大限度团结广大信教公民和不信教公民。

实行宗教信仰自由政策。尊重和保护宗教信仰自由是中国共产党和中国政府对待宗教的基本政策。每个公民既有信仰宗教的自由，也有不信仰宗教的自由；有信仰某一种宗教的自由，也有在同一宗教中信仰某个教派的自由；有过去不信教而现在信教的自由，也有过去信教而现在不信教的自由。信教公民同不信教公民一样，享有同等政治及经济社会文化等方面的权利，不会因信仰不同造成权利上的不平等。国家尊重公民宗教信仰自由，保护正常宗教活动；公民行使宗教信仰自由权利，不得妨碍其他公民的合法权利，不得强制他人信仰宗教，不得歧视不信教或者信仰其他宗教的公民，不得利用宗教妨害公民合法权益。行使宗教信仰自由权利必须尊重公序良俗，尊重文化传统和社会伦理道德。

依法管理宗教事务。国家对待各宗教一律平等，一视同仁，不以行政力量发展或禁止某个宗教，任何宗教都不能超越其他宗教在法律上享有特殊地位。国家依法对涉及国家利益和社会公共利益的宗教事务进行管理，但不干涉宗教内部事务。国家依法保护公民宗教信仰自由权利，保护正常宗教活动和宗教界合法权益，制止非法宗教活动，禁止利用宗教宣传极端思想和从事极端活动，抵御境外势力利用宗教进行渗透，打击利用宗教进行的违法犯罪活动。信教公民应当遵守宪法、法律、法规和规章。宗教在国家法律范围内开展活动，不得干预行政、司法、教育等国家职能的实施。不得恢复已经被废除的宗教封建特权，不得利用宗教从事危害社会稳定、民族团结和国家安全的活动。

坚持独立自主自办原则。宗教团体和宗教事务不受外国势力的支配，是中国宪法确定的原则。中国政府依照宪法和法律，支持各宗教坚持独立自主自办原则，各宗教团体、宗教教职人员和信教公民自主办理宗教事业。独立自主自办原则是中国人民在民族独立、社会进步的斗争中，基于天主教和基督教长期被殖民主义、帝国主义所控制和利用，被称作“洋教”的屈辱历史，由中国信教公民自主作出的历史性选择。这一原则，顺应了中国人民谋求民族独立、人民解放的历史潮流，顺应了实现中华民族伟大复兴的中国梦的时代要求，使中国宗教的面貌焕然一新，得到国际宗教友好人士的普遍理解、尊重和支持。坚持独立自主自办原则，不是要断绝中国宗教组织同境外宗教组织的正常联系。中国政府支持和鼓励各宗教在独立自主、平等友好、相互尊重的基础上，开展对外交流交往，建立、发展、巩固同海外宗教界的友好关系，增信释疑，展示良好形象。对境外组织和个人利用宗教从事各种违反中国宪法、法律、法规和政策的活动，控制中国宗教组织、干涉中国宗教事务，甚至企图颠覆中国政权和社会主义制度，中国政府坚决反对并将依法处置。

积极引导宗教与社会主义社会相适应。积极引导宗教与社会主义社会相适应，就是要引导信教公民热爱祖国、热爱人民，维护祖国统一，维护中华民族大团结，服从服务于国家最高利益和中华民族整体利益；就是要引导宗教界拥护中国共产党领导、拥护社会主义制度，坚持走中国特色社会主义道路，坚持宗教中国化方向，积极践行社会主义核心价值观，弘扬中华优秀传统文化，努力把宗教教义教规同中华优秀传统文化相融合，遵守国家法律法规，自觉接受国家依法管理。

二、宗教信仰自由权利的法律保障

中国特色社会主义法律体系不断完善，宗教信仰自由权利保障的法治化水平不断提高，政府对宗教事务的管理更加规范，对广大信教公民合法权益的保护更加全面有力。

宗教信仰自由权利受中国宪法保障。《中华人民共和国宪法》第三十六条规定："中华人民共和国公民有宗教信仰自由。"同时规定："国家保护正常的宗教活动。""任何国家机关、社会团体和个人不得强制公民信仰宗教或者不信仰宗教，不得歧视信仰宗教的公民和不信仰宗教的公民。""任何人不得利用宗教进行破坏社会秩序、损害公民身体健康、妨碍国家教育制度的活动。""宗教团体和宗教事务不受外国势力的支配。"这些规定为国家保障宗教信仰自由权利、依法管理宗教事务、构建积极健康的宗教关系提供了宪法依据。

宗教信仰自由权利保障体现于基本法律之中。《中华人民共和国刑法》《中华人民共和国国家安全法》《中华人民共和国反恐怖主义法》等法律均有保护公民宗教信仰自由的相关规定。《中华人民共和国全国人民代表大会和地方各级人民代表大会选举法》《中华人民共和国人民法院组织法》《中华人民共和国人民检察院组织法》《中华人民共和国城市居民委员会组织法》《中华人民共和国村民委员会组织法》《中华人民共和国刑事诉讼法》《中华人民共和国教育法》《中华人民共和国劳动法》《中华人民共和国就业促进法》《中华人民共和国工会法》等法律贯彻平等保护原则，规定公民在各级人民代表大会和基层群众性自治组织中的选举权和被选举权、法律适用上的平等权、受教育权、平等就业权和自主择业权、依法参加和组织工会的权利等不因宗教信仰而有区别，不因宗教信仰而受歧视。《中华人民共和国民族区域自治法》规定，民族自治地方的自治机关保障各民族公民有宗教信仰自由。《中华人民共和国未成年人保护法》规定，未成年人不分宗教信仰，依法平等享有生存权、发展权、受保护权、参与权、受教育权等权利。《中华人民共和国广告法》规定，广告不得含有宗教歧视的内容。《中华人民共和国刑法》规定，国家机关工作人员非法剥夺公民的宗教信仰自由，情节严重的，追究刑事责任。《中华人民共和国民法总则》规定，依法设立的宗教活动场所，具备法人条件的，可以申请法人登记，取得捐助法人资格。

宗教事务行政法规更加完善。2017 年修订公布的《宗教事务条例》，强化了对公民宗教信仰自由和宗教界合法权益的保障，依法规范政府管理宗教事务的行为，增加了维护国家安全和社会和谐的内容。条例规定了宗教团体、宗教活动场所和信教公民在设立宗教活动场所、举行宗教活动、开办宗教院校、申请法人资格、出版发行宗教书刊、接受宗教捐献、管理宗教财产、开展公益慈善和对外交流活动等方面的权利和义务。条例明确了遏制宗教商业化，增加了关于互联网宗教信息服务的内容，同时规定，各级地方人民政府应当为宗教团体、宗教院校和宗教活动场所提供公共服务；各级地方人民政府应当将宗教活动场所建设纳入土地利用总体规划和城乡规划；任何组织或者个人不得在信教公民与不信教公民之间制造矛盾与冲突；出版物、互联网不得发布歧视信教公民或不信教公民的言论。

外国人在中国境内的宗教活动依法受到保护。《中华人民共和国境内外国人宗教活动管理规定》强调，中国政府尊重在中国境内外国人的宗教信仰自由，保护外国人在宗教方面同中国宗教界的友好交往和文化学术交流活动。境内外国人可以在寺庙、宫观、清真寺、教堂等宗教活动场所参加宗教活动，经省、自治区、直辖市以上的宗教团体邀请可以在宗教活动场所讲经、讲道，可以在县级以上人民政府宗教事务部门认可的场所举行外国人参加的宗教活动，可以邀请中国宗教教职人员为其举行洗礼、婚礼、葬礼和道场法会等宗教仪式，可以携带符合规定的宗教印刷品、宗教音像制品和其他宗教用品入境。同时规定，外国人在中国境内进行宗教活动，应当遵守中国法律、法规。外国人和外国组织不得在中国境内成立宗教组织、设立宗教办事机构和宗教活动场所、开办宗教院校、擅自招收留学生，不准在中国公民中发展教徒、委任宗教教职人员或进行其他传教活动。《中华人民共和国境外非政府组织境内活动管理法》规定，境外非政府组织在中国境内不得非法从事或者资助宗教活动。

依法打击宗教极端势力和暴力恐怖活动。《中华人民共和国反恐怖主义法》规定，国家反对一切形式的以歪曲宗教教义或者其他方法煽动仇恨、煽动歧视、鼓吹暴力等极端主义，禁止任何基于地域、民族、宗教等理由的歧视性做法。《宗教事务条例》规定，不得宣扬、支持、资助宗教极端主义，不得利用宗教破坏民族团结、分裂国家和进行恐怖活动。国家采取措施遏制宗教极端主义传播、蔓延，同时特别注意防止把暴力恐怖活动、宗教极端主义与特定民族或特定宗教联系在一起。

三、宗教活动有序开展

中国主要有佛教、道教、伊斯兰教、天主教和基督教等宗教，信教公民近2亿，宗教教职人员38万余人。佛教和道教信徒众多，但普通信徒没有严格的入教程序，人数难以精确统计。佛教教职人员约22.2万人。道教教职人员4万余人。10个多数人信仰伊斯兰教的少数民族总人口2000多万人，伊斯兰教教职人员5.7万余人。天主教信徒约600万人，宗教教职人员约0.8万人。基督教信徒3800多万人，宗教教职人员约5.7万人。中国还存在多种民间信仰，与当地传统文化和风俗习惯结合在一起，参与民间信仰活动的群众较多。中国的宗教团体约5500个，其中全国性宗教团体7个，分别为中国佛教协会、中国道教协会、中国伊斯兰教协会、中国天主教爱国会、中国天主教主教团、中国基督教三自爱国运动委员会、中国基督教协会。

宗教活动场所条件明显改善。国家依法对信教公民开展集体宗教活动的场所进行登记，将其纳入法律保护范围，确保宗教活动规范有序进行。目前依法登记的宗教活动场所14.4万处。佛教寺院约3.35万座，其中汉传佛教2.8万余座，藏传佛教3800余座，南传佛教1700余座。道教宫观9000余座。伊斯兰教清真寺3.5万余处。天主教教区98个，教堂和活动堂点6000余处。基督教教堂和聚会点约6万处。宗教团体、宗教活动场所执行国家统一的税收制度，按照国家有关规定缴纳税收和享受税收优惠；水、电、气、暖、道路、通讯，以及广播电视、医疗卫生等公共服务延伸和覆盖到宗教活动场所。

宗教典籍文献依法出版。多语种、多版本的宗教经典以及记载、阐释、注解宗教教义、教规的印刷品、音像制品和电子读物的印制出版流通，满足了各族信教公民的多样化需求。整理出版《大藏经》《中华道藏》《老子集成》等大型宗教古籍文献。西藏寺庙的传统印经院得到保留和发展，现有布达拉宫印经院等传统印经院60家，年印经卷6.3万种。已翻译出版发行汉、维吾尔、哈萨克、柯尔克孜等多种文字版的《古兰经》等伊斯兰教经典，编辑发行《新编卧尔兹演讲集》系列等读物和杂志，总量达176万余册。中国已为100多个国家和地区累计印刷超过100个语种、1.6亿多册《圣经》，其中为中国教会印刷约8000万册，包括汉语和11种少数民族文字以及盲文版。许多宗教团体和活动场所开设了网站，中国伊斯兰教协会开通中文版和维吾尔文版网站。

宗教教育体系更加完善。截至2017年9月，经国家宗教事务局批准设立的宗教院校共91所，其中佛教41所，道教10所，伊斯兰教10所，天主教9所，基督教21所。全国性宗教院校6所，分别为中国佛学院、中国藏语系高级佛学院、中国道教学院、中国伊斯兰教经学院、中国天主教神哲学院、金陵协和神学院。宗教院校在校学生1万多人，历届毕业生累计4.7万余人。

宗教教职人员社会保障更加有力。2010年有关部门联合发布《关于妥善解决宗教教职人员社会保障问题的意见》，2011年又联合发布《关于进一步解决宗教教职人员社会保障问题的通知》，将宗教教职人员纳入社会保障体系。截至2013年年底，宗教教职人员医疗保险参保率达到96.5%，养老保险参保率达到89.6%，符合条件的全部纳入低保，基本实现了社保体系全覆盖。

信教公民的宗教活动有序进行。公民在宗教活动场所内以及按照宗教习惯在自己家里进行的一切正常的宗教活动，如礼拜、封斋、拜佛、祈祷、讲经、讲道、诵经、烧香、弥撒、受洗、受戒、终傅、追思、过宗教节日等，受法律保护，任何组织和个人不得加以干涉。藏传佛教寺庙学经、辩经、受戒、灌顶、修行等传统宗教活动和寺庙学经考核晋升学位活动正常进行，每逢重大宗教节日都循例举行各种宗教活动。穆斯林在饮食、衣饰、年节、婚姻、丧葬等方面的风俗习惯得到充分尊重。中国伊斯兰教协会每年组织穆斯林赴沙特参加朝觐活动，从2007年起，每年人数均在1万人以上。

扰乱宗教领域正常秩序的行为得到纠正。自2012年起，有关部门依据《关于处理涉及佛教寺庙、道教宫观管理有关问题的意见》，开展联合督查，集中治理宗教活动场所“被承包”“被上市”等乱象。2017年国家宗教事务局等12个部门制定下发了《关于进一步治理佛教道教商业化问题的若干意见》，禁止商业资本介入宗教活动场所，防止借教敛财等行为扰乱宗教活动正常秩序。有关部门加大对互联网宗教事务的管理，及时处理涉及宗教的违法信息，保护宗教界的合法权益。

四、宗教界的作用得到充分发挥

中国鼓励各宗教与时俱进，与社会主义社会相适应，为促进经济发展、社会和谐、文化繁荣、民族团结、祖国统一贡献力量。

努力对教义教规作出契合国情和时代要求的阐释。中国各宗教在发展过程中历来有与中国优秀传统文化相融合、与社会发展现实需求相适应的特点。中国宗教界坚持宗教中国化方向，践行社会主义核心价值观，弘扬中华民族优良传统，积极探索符合中国国情的宗教思想。在保持基本信仰、核心教义、礼仪制度的同时，佛教界和道教界开展讲经交流活动，伊斯兰教界开展“解经”工作，天主教界推进民主办教，基督教界开展神学思想建设，努力对宗教教义教规作出契合国情和时代要求的阐释。佛教界将爱国与爱教结合起来，更多关注现世问题，更加注重弘法利生、公益慈善、文化交流。道教界致力于尊道贵德、道法自然、清静恬淡、抱朴守真等教理教义的转化和发展，助力中华优秀传统文化的继承与弘扬。伊斯兰教界注重阐释教义中爱国、和平、团结、宽容、中道等思想，起到了立正信、明是非、反分裂、抵制宗教极端主义的积极作用。天主教界积极推动教会的本地化，在教会事务的管理及重大问题的决策上实行“民主办教”。基督教界吸取中国优秀文化的养分，促进基督徒与不同信仰者之间的互相尊重、和睦相处，推动基督教更好地融入当代中国社会。

积极从事公益慈善活动。从2012年起，宗教界依据《关于鼓励和规范宗教界从事公益慈善活动的意见》，每年开展“宗教慈善周”活动，捐款数额累计超过10亿元。为汶川地震等重大灾难事故举行各种赈灾祈福祈祷活动；集中力量帮助贵州省三都水族自治县脱贫；开展多种形式的捐资助学；资助专业医疗机构开展便民义诊，捐助困难群体的医疗救治；开展多种形式的敬老助残活动，创建养老机构，建立残疾人康复站，初步统计，宗教界共开办了养老机构400多家，床位数总计约2.9万张；倡导绿色环保理念，佛教界和道教界开展了“文明敬香”和“合理放生”活动，建设生态寺庙、生态宫观。

自觉抵制极端主义。面对宗教极端思想对人类文明共同底线的挑战，宗教界旗帜鲜明地同极端主义划清界限，坚决反对冒用宗教名义从事暴力恐怖和民族分裂活动，大力倡导正信正行。2013年1月，汉传、藏传与南传三大语系佛教的高僧大德和专家学者召开会议，呼吁所有佛教界人士积极行动起来，向广大信众宣讲正确的佛教生命观，反对违背佛教教义和戒律实施或煽动他人实施自焚的极端行为。2014年5月，中国伊斯兰教协会发出《坚守中道，远离极端》倡议书，全国伊斯兰教界知名人士共同发声，严厉谴责暴力恐怖活动。2016年7月，中华宗教文化交流协会会同中国伊斯兰教协会在乌鲁木齐举办了伊斯兰教中道思想国际研讨会，倡导中道思想，共同反对极端主义。2017年12月，中国全国性宗教团体联合发出倡议，号召宗教界增强鉴别能力，防范和抵制邪教侵害，维护社会和谐稳定。

五、宗教关系积极健康

中国妥善处理党和政府与宗教、社会与宗教、国内不同宗教、中国宗教与外国宗教、信教公民与不信教公民等多种关系，形成了积极健康的宗教关系。

党和政府与宗教界的关系和谐融洽。中国共产党坚持以“政治上团结合作、信仰上互相尊重”的原则处理同宗教界的关系，同宗教界的爱国统一战线不断巩固。目前，中国约有2万名宗教界人士担任了各级人民代表大会和政治协商会议的代表、委员，积极参政议政，实施民主监督。从1991年开始，党和国家领导人每年与全国性宗教团体负责人迎春座谈，听取他们的意见建议。全国各地普遍建立了党政领导干部与宗教界人士联谊交友机制，加深了解，增进友谊。

社会对宗教持包容态度。两千多年来，佛教、伊斯兰教、天主教、基督教等先后传入中国，很少出现以宗教为背景的冲突和对抗，国家与社会对各种宗教和多样的民间信仰持开放态度，宗教信仰自由和民间信仰多样性获得尊重。各宗教继承和发扬长期以来中国化、本土化的传统，主动适应社会，发扬爱国爱教、团结进步、服务社会、和谐包容的优良传统，自觉维护国家利益、社会公共利益和公序良俗，履行社会责任。2016年，全国宗教界在各地开展了纪念抗日战争暨世界反法西斯战争胜利71周年和平祈祷活动，呼吁维护民族团结、国家稳定和世界和平。

各宗教积极开展交流对话。历史上，各种宗教在中国交融共生、彼此借鉴，成为中国优秀传统文化的有机组成部分。在当代，不同宗教相互尊重、相互学习，开展对话交流，开创了“五教同光，共致和谐”的新境界。全国性和一些地方性宗教团体建立了联席会议机制，对涉及宗教关系的问题进行协商沟通，创造了具有中国特色的宗教对话模式，增进了相互之间的理解和友谊。

宗教领域国际交流广泛开展。在独立自主、平等友好、相互尊重的基础上，中国宗教界已经与超过80个国家的宗教组织建立了友好关系，积极参加涉及不同文明、信仰与宗教的国际性会议，广泛参与世界基督教教会联合会、世界佛教徒联谊会、伊斯兰世界联盟、世界宗教者和平会议等国际性组织的活动，参加联合国人权理事会会议，参与多个双边和多边人权对话。积极响应“一带一路”倡议，促进民心相通，文化交融。佛教界举办了4届世界佛教论坛，道教界举办了4届国际道教论坛，这两个论坛已成为海内外佛教、道教重要的国际交流平台。中国伊斯兰教协会分别于2012年、2014年赴土耳其、马来西亚举办伊斯兰文化展演活动。中美基督教会2013年在上海举办“第二届中美基督教领袖论坛”，2017年在美国举办“中国教会事工”交流会。2016年，中国伊斯兰教协会、中国基督教协会和中国天主教一会一团共同与德国新教联盟在德国联合举办“中德宗教对话——和平与共享”跨宗教对话。改革开放以来，各宗教团体选派出国留学人员超过千人。

信教和不信教公民和睦相处。不信教公民尊重信教公民的宗教信仰，不歧视和排斥信教公民；信教公民尊重不信教公民的信仰选择。在多数公民不信教的地方，少数信教公民的合法权利得到尊重和保护；在多数公民信教的地方，少数不信教公民的权利同样得到尊重和保护。

结束语

宗教是人类文明的有机组成部分。保障宗教信仰自由，妥善处理宗教关系，使之与时代相适应，遏制宗教极端主义，是世界各国面临的共同课题。中国结合宗教发展变化和宗教工作实际，汲取国内外正反两方面的经验，走出了一条依法保障宗教信仰自由、促进宗教关系和谐、发挥宗教界积极作用的成功道路。中国共产党第十九次全国代表大会报告明确指出，全面贯彻党的宗教工作基本方针，坚持宗教的中国化方向，积极引导宗教与社会主义社会相适应。中国将一如既往地尊重和保障公民的宗教信仰自由，努力建设富强民主文明和谐美丽的社会主义现代化强国。

新时代的中国国防*

国务院新闻办公室7月24日发表《新时代的中国国防》白皮书，全文如下：

新时代的中国国防

中华人民共和国国务院新闻办公室

（2019年7月）

目录

前　言

当今世界，人类日益成为利益交融、安危与共的命运共同体。当今中国，正处于全面建成小康社会、开启全面建设社会主义现代化国家新征程的关键阶段，中国特色社会主义进入了新时代。

为宣示新时代中国防御性国防政策，介绍中国建设巩固国防和强大军队的实践、目的、意义，增进国际社会对中国国防的理解，中国政府发表《新时代的中国国防》白皮书。

一、国际安全形势

当今世界正经历百年未有之大变局，世界多极化、经济全球化、社会信息化、文化多样化深入发展，和平、发展、合作、共赢的时代潮流不可逆转，但国际安全面临的不稳定性不确定性更加突出，世界并不太平。

国际战略格局深刻演变

---

* 来源：国务院新闻办公室网站，2019年7月24日（http：//www.scio.gov.cn/zfbps/ndhf/39911/Document/1660529/1660529.htm）。

国际力量加快分化组合，新兴市场国家和发展中国家力量持续上升，战略力量对比此消彼长、更趋均衡，促和平、求稳定、谋发展已成为国际社会的普遍诉求，和平力量的上升远远超过战争因素的增长。但是，霸权主义、强权政治、单边主义时有抬头，地区冲突和局部战争持续不断，国际安全体系和秩序受到冲击。

国际战略竞争呈上升之势。美国调整国家安全战略和国防战略，奉行单边主义政策，挑起和加剧大国竞争，大幅增加军费投入，加快提升核、太空、网络、导弹防御等领域能力，损害全球战略稳定。北约持续扩员，加强在中东欧地区军事部署，频繁举行军事演习。俄罗斯强化核、非核战略遏制能力，努力维护战略安全空间和自身利益。欧盟独立维护自身安全的倾向增强，加快推进安全和防务一体化建设。

全球和地区性安全问题持续增多。国际军控和裁军遭遇挫折，军备竞赛趋势显现。防止大规模杀伤性武器扩散形势错综复杂，国际防扩散机制受到实用主义和双重标准危害，面临新的挑战。极端主义、恐怖主义不断蔓延，网络安全、生物安全、海盗活动等非传统安全威胁日益凸显。伊朗核问题解决出现波折，叙利亚问题政治解决仍面临困难。各国安全的交融性、关联性、互动性不断增强，没有哪一个国家能够独立应对或独善其身。

亚太安全形势总体稳定

亚太各国命运共同体意识增强，通过对话协商处理分歧和争端成为主要政策取向，推动本地区成为全球格局中的稳定板块。上海合作组织构建不结盟、不对抗、不针对第三方的建设性伙伴关系，拓展防务安全领域合作，开创区域安全合作新模式。中国—东盟防长非正式会晤、东盟防长扩大会发挥积极作用，通过加强军事交流合作等途径促进相互信任。南海形势趋稳向好，域内国家妥善管控风险分歧。地区国家军队反恐协调机制等合作不断深化。均衡稳定、开放包容的亚洲特色安全架构不断发展。

世界经济和战略重心继续向亚太地区转移，亚太地区成为大国博弈的焦点，给地区安全带来不确定性。美国强化亚太军事同盟，加大军事部署和干预力度，给亚太安全增添复杂因素。美国在韩国部署“萨德”反导系统，严重破坏地区战略平衡，严重损害地区国家战略安全利益。日本调整军事安全政策，增加投入，谋求突破“战后体制”，军事外向性增强。澳大利亚持续巩固与美国的军事同盟，强化亚太地区军事参与力度，试图在安全事务中发挥更大作用。

地区热点和争议问题依然存在。朝鲜半岛局势有所缓和但仍存在不确定因素，南亚形势总体稳定但印巴冲突不时发生，阿富汗国内政治和解和重建艰难推进。部分国家之间的领土和海洋权益争端、民族宗教矛盾等问题仍然存在，地区安全热点问题时起时伏。

国家安全面临的风险挑战不容忽视

中国继续保持政治安定、民族团结、社会稳定的良好局面，综合国力、国际影响力、抵御风险能力明显增强，仍处于发展的重要战略机遇期，同时也面临多元复杂的安全威胁和挑战。

反分裂斗争形势更加严峻，民进党当局顽固坚持“台独”分裂立场，拒不承认体现一个中国原则的“九二共识”，加紧推行“去中国化”“渐进台独”，图谋推动“法理台独”，强化敌意对抗，挟洋自重，在分裂道路上越走越远。“台独”分裂势力及其活动始终是台海和平稳定的最大现实威胁，是祖国和平统一的最大障碍。境外“藏独”

"东突"等分裂势力活动频繁，对国家安全和社会稳定构成威胁。

国土安全依然面临威胁，陆地边界争议尚未彻底解决，岛屿领土问题和海洋划界争端依然存在，个别域外国家舰机对中国频繁实施抵近侦察，多次非法闯入中国领海及有关岛礁邻近海空域，危害中国国家安全。

中国海外利益面临国际和地区动荡、恐怖主义、海盗活动等现实威胁，驻外机构、海外企业及人员多次遭到袭击。太空、网络安全威胁日益显现，自然灾害、重大疫情等非传统安全问题的危害上升。

国际军事竞争日趋激烈

世界各主要国家纷纷调整安全战略、军事战略，调整军队组织形态，发展新型作战力量，抢占军事竞争战略制高点。美国进行军事技术和体制创新，谋求绝对军事优势。俄罗斯深入推进"新面貌"军事改革，英国、法国、德国、日本、印度等国都在调整优化军事力量体系。

在新一轮科技革命和产业变革推动下，人工智能、量子信息、大数据、云计算、物联网等前沿科技加速应用于军事领域，国际军事竞争格局正在发生历史性变化。以信息技术为核心的军事高新技术日新月异，武器装备远程精确化、智能化、隐身化、无人化趋势更加明显，战争形态加速向信息化战争演变，智能化战争初现端倪。

中国特色军事变革取得重大进展，但机械化建设任务尚未完成，信息化水平亟待提高，军事安全面临技术突袭和技术代差被拉大的风险，军队现代化水平与国家安全需求相比差距还很大，与世界先进军事水平相比差距还很大。

二、新时代中国防御性国防政策

中国的社会主义国家性质，走和平发展道路的战略抉择，独立自主的和平外交政策，"和为贵"的中华文化传统，决定了中国始终不渝奉行防御性国防政策。

坚决捍卫国家主权、安全、发展利益

这是新时代中国国防的根本目标。

慑止和抵抗侵略，保卫国家政治安全、人民安全和社会稳定，反对和遏制"台独"，打击"藏独""东突"等分裂势力，保卫国家主权、统一、领土完整和安全。维护国家海洋权益，维护国家在太空、电磁、网络空间等安全利益，维护国家海外利益，支撑国家可持续发展。

中国坚定维护国家主权和领土完整。南海诸岛、钓鱼岛及其附属岛屿是中国固有领土。中国在南海岛礁进行基础设施建设，部署必要的防御性力量，在东海钓鱼岛海域进行巡航，是依法行使国家主权。中国致力于同直接有关的当事国在尊重历史事实和国际法的基础上，通过谈判协商解决有关争议。中国坚持同地区国家一道维护和平稳定，坚定维护各国依据国际法所享有的航行和飞越自由，维护海上通道安全。

解决台湾问题，实现国家完全统一，是中华民族的根本利益，是实现中华民族伟大复兴的必然要求。中国坚持"和平统一、一国两制"方针，推动两岸关系和平发展，推进中国和平统一进程，坚决反对一切分裂中国的图谋和行径，坚决反对任何外国势力干涉。中国必须统一，也必然统一。中国有坚定决心和强大能力维护国家主权和领土完整，决不允许任何人、任何组织、任何政党、在任何时候、以任何形式、把任何一块中国领土从中国分裂出去。我们不承诺放弃使用武力，保留采取一切必要措施的选项，针对的是外部势力干涉和极少数“台独”分裂分子及其分裂活动，绝非针对台湾同胞。如果有人要把台湾从中国分裂出去，中国军队将不惜一切代价，坚决予以挫败，捍卫国家统一。

坚持永不称霸、永不扩张、永不谋求势力范围

这是新时代中国国防的鲜明特征。

国虽大，好战必亡。中华民族历来爱好和平。近代以来，中国人民饱受侵略和战乱之苦，深感和平之珍贵、发展之迫切，决不会把自己经受过的悲惨遭遇强加于人。新中国成立70年来，中国没有主动挑起过任何一场战争和冲突。改革开放以来，中国致力于促进世界和平，主动裁减军队员额400余万。中国由积贫积弱发展成为世界第二大经济体，靠的不是别人的施舍，更不是军事扩张和殖民掠夺，而是人民勤劳、维护和平。中国既通过维护世界和平为自身发展创造有利条件，又通过自身发展促进世界和平，真诚希望所有国家都选择和平发展道路，共同防范冲突和战争。

中国坚持在和平共处五项原则基础上发展同各国的友好合作，尊重各国人民自主选择发展道路的权利，主张通过平等对话和谈判协商解决国际争端，反对干涉别国内政，反对恃强凌弱，反对把自己的意志强加于人。中国坚持结伴不结盟，不参加任何军事集团，反对侵略扩张，反对动辄使用武力或以武力相威胁。中国的国防建设和发展，始终着眼于满足自身安全的正当需要，始终是世界和平力量的增长。历史已经并将继续证明，中国决不走追逐霸权、“国强必霸”的老路。无论将来发展到哪一步，中国都不会威胁谁，都不会谋求建立势力范围。

贯彻落实新时代军事战略方针

这是新时代中国国防的战略指导。

新时代军事战略方针，坚持防御、自卫、后发制人原则，实行积极防御，坚持“人不犯我、我不犯人，人若犯我、我必犯人”，强调遏制战争与打赢战争相统一，强调战略上防御与战役战斗上进攻相统一。

贯彻落实新时代军事战略方针，服从服务党和国家战略全局，落实总体国家安全观，强化忧患意识、危机意识、打仗意识，积极适应战略竞争新格局、国家安全新需求、现代战争新形态，有效履行新时代军队使命任务。根据国家面临的安全威胁，扎实做好军事斗争准备，全面提高新时代备战打仗能力，构建立足防御、多域统筹、均衡稳定的新时代军事战略布局。坚持全民国防，创新人民战争的战略战术和内容方法，充分发挥人民战争整体威力。

中国始终奉行在任何时候和任何情况下都不首先使用核武器、无条件不对无核武器国家和无核武器区使用或威胁使用核武器的核政策，主张最终全面禁止和彻底销毁核武器，不会与任何国家进行核军备竞赛，始终把自身核力量维持在国家安全需要的最低水平。中国坚持自卫防御核战略，目的是遏制他国对中国使用或威胁使用核武器，确保国家战略安全。

坚持走中国特色强军之路

这是新时代中国国防的发展路径。

建设同国际地位相称、同国家安全和发展利益相适应的巩固国防和强大军队，是中国社会主义现代化建设的战略任务，是坚持走和平发展道路的安全保障，是总结历史经验的必然选择。

新时代中国国防和军队建设，深入贯彻习近平强军思想，深入贯彻习近平军事战略思想，坚持政治建军、改革强军、科技兴军、依法治军，聚焦能打仗、打胜仗，推动机械化信息化融合发展，加快军事智能化发展，构建中国特色现代军事力量体系，完善和发展中国特色社会主义军事制度，不断提高履行新时代使命任务的能力。

新时代中国国防和军队建设的战略目标是，到2020年基本实现机械化，信息化建设取得重大进展，战略能力有大的提升。同国家现代化进程相一致，全面推进军事理论现代化、军队组织形态现代化、军事人员现代化、武器装备现代化，力争到2035年基本实现国防和军队现代化，到本世纪中叶把人民军队全面建成世界一流军队。

服务构建人类命运共同体

这是新时代中国国防的世界意义。

中国人民的梦想与世界人民的梦想息息相通。一个和平稳定繁荣的中国，是世界的机遇和福祉。一支强大的中国军队，是维护世界和平稳定、服务构建人类命运共同体的坚定力量。

中国军队坚持共同、综合、合作、可持续的安全观，秉持正确义利观，积极参与全球安全治理体系改革，深化双边和多边安全合作，促进不同安全机制间协调包容、互补合作，营造平等互信、公平正义、共建共享的安全格局。

中国军队坚持履行国际责任和义务，始终高举合作共赢的旗帜，在力所能及的范围内向国际社会提供更多公共安全产品，积极参加国际维和、海上护航、人道主义救援等行动，加强国际军控和防扩散合作，建设性参与热点问题的政治解决，共同维护国际通道安全，合力应对恐怖主义、网络安全、重大自然灾害等全球性挑战，积极为构建人类命运共同体贡献力量。

三、履行新时代军队使命任务

进入新时代，中国军队依据国家安全和发展战略要求，坚决履行党和人民赋予的使命任务，为巩固中国共产党领导和社会主义制度提供战略支撑，为捍卫国家主权、统一、领土完整提供战略支撑，为维护国家海外利益提供战略支撑，为促进世界和平与发展提供战略支撑。

维护国家领土主权和海洋权益

中国拥有2.2万多千米陆地边界、1.8万多千米大陆海岸线，是世界上邻国最多、陆地边界最长、海上安全环境十分复杂的国家之一，维护领土主权、海洋权益和国家统一的任务艰巨繁重。

中国军队严密防范各类蚕食、渗透、破坏和袭扰活动，维护边防安全稳定。中国同周边9个国家签订边防合作协议，同12个国家建立边防会谈会晤机制，构建起国防部、战区、边防部队三级对外交往机制，常态化开展友好互访、工作会谈和联合巡逻执勤、联合打击跨境犯罪演练等活动。同哈萨克斯坦、吉尔吉斯斯坦、俄罗斯、塔吉克斯坦开展边境裁军履约工作。加强中印方向稳边固防，采取有力措施为和平解决洞朗对峙事件创造有利条件。强化中阿边境管控，严防暴恐分子渗透。加强中缅方向安全管控，维护边境地区安宁和人民安全。2012年以来，中国边防部队同邻国军队共进行3300余次联合巡逻，举行8100余次边防会晤，在中越、中缅方向开展边境扫雷约58平方千米，封围雷场约25平方千米，排除地雷等爆炸物约17万枚。

组织东海、南海、黄海等重要海区和岛礁警戒防卫，掌握周边海上态势，组织海上联合维权执法，妥善处置海空情况，坚决应对海上安全威胁和侵权挑衅行为。2012年以来，组织舰艇警戒巡逻4600余次和维权执法7.2万余次，维护海洋和平安宁和良好秩序。

组织空防和对空侦察预警，监视国家领空及周边地区空中动态，组织空中警巡、战斗起飞，有效处置各种空中安全威胁和突发情况，维护空中秩序，维护空防安全。

着眼捍卫国家统一，加强以海上方向为重点的军事斗争准备，组织舰机“绕岛巡航”，对“台独”分裂势力发出严正警告。

保持常备不懈的战备状态

军队保持战备状态，是有效应对安全威胁、履行使命任务的重要保证。中央军委和战区联合作战指挥机构严格落实战备值班制度，常态组织战备检查、战备拉动，保持随时能战状态，不断提高联合作战指挥能力，稳妥高效指挥处置各类突发情况，有效遂行各种急难险重任务。2018年，中央军委组织全军战备突击检查和部队整建制拉动，行动范围覆盖21个省、自治区、直辖市和东海、南海部分海域。

解放军和武警部队强化战备观念，严格战备制度，加强战备值班执勤，扎实开展战备演练，建立正规战备秩序，保持良好战备状态，有效遂行战备（战斗）值班、巡逻执勤等任务。

开展实战化军事训练

军事训练是和平时期军队的基本实践活动。中国军队坚持把军事训练摆在重要位置，牢固树立战斗力这个唯一的根本的标准，完善军事训练法规和标准体系，建立健全训练监察体系，组织全军应急应战军事训练监察，落实练兵备战工作责任制，开展群众性练兵比武活动，不断提高实战化训练水平。

全军兴起大抓实战化军事训练的热潮。2012年以来，全军部队广泛开展各战略方向使命课题针对性训练和各军兵种演训，师旅规模以上联合实兵演习80余场。

各战区强化联合训练主体责任，扎实开展联合训练，结合各战略方向使命任务，组织“东部”“南部”“西部”“北部”“中部”系列联合实兵演习，努力提高联合作战能力。

陆军广泛开展军事训练大比武，实施“跨越”“火力”等实兵实装实弹演习。海军拓展远海训练，航母编队首次在西太平洋海域开展远海作战演练，在南海海域和青岛附近海空域举行海上阅兵，组织“机动”系列实兵对抗演习和成体系全要素演习。空军加强体系化实案化全疆域训练，组织南海战巡、东海警巡、前出西太，常态化开展“红剑”等系列体系对抗演习。火箭军组织对抗性检验性训练、整旅整团实案化训练，强化联合火力打击训练，常态化开展“天剑”系列演习。战略支援部队积极融入联合作战体系，扎实开展新型领域对抗演练和应急应战训练。联勤保障部队推进融入联合作战体系，组织“联勤使命—2018”等系列演习演练。武警部队按照覆盖全国、高效联动、全域响应、多能一体的要求，实施“卫士”等系列演习。

维护重大安全领域利益

核力量是维护国家主权和安全的战略基石。中国军队严格核武器及相关设施安全管理，保持适度戒备状态，提高战略威慑能力，确保国家战略安全，维护国际战略稳定。

太空是国际战略竞争制高点，太空安全是国家建设和社会发展的战略保障。着眼和平利用太空，中国积极参与国际太空合作，加快发展相应的技术和力量，统筹管理天基信息资源，跟踪掌握太空态势，保卫太空资产安全，提高安全进出、开放利用太空能力。

网络空间是国家安全和经济社会发展的关键领域。网络安全是全球性挑战，也是中国面临的严峻安全威胁。中国军队加快网络空间力量建设，大力发展网络安全防御手段，建设与中国国际地位相称、与网络强国相适应的网络空间防护力量，筑牢国家网络边防，及时发现和抵御网络入侵，保障信息网络安全，坚决捍卫国家网络主权、信息安全和社会稳定。

遂行反恐维稳

中国坚决反对一切形式的恐怖主义、极端主义。中国武装力量依法参加维护社会秩序行动，防范和打击暴力恐怖活动，维护国家政治安全和社会大局稳定，保障人民群众安居乐业。

武警部队执行重要目标守卫警戒、现场警卫、要道设卡和城市武装巡逻等任务，协同国家机关依法参加执法行动，打击违法犯罪团伙和恐怖主义活动，积极参与社会面防控，着力防范和处置各类危害国家政治安全、社会秩序的隐患，为“平安中国”建设作出重要贡献。2012 年以来，每年均动用大量兵力担负执勤安保、反恐处突、海上维权执法等任务，参加二十国集团领导人峰会、亚太经合组织领导人非正式会议、“一带一路”国际合作高峰论坛、金砖国家领导人会晤、上海合作组织青岛峰会等警卫安保任务近万起，参与处置劫持人质事件和严重暴力恐怖事件 671 起。2014 年以来，协助新疆维吾尔自治区政府打掉暴力恐怖团伙 1588 个，抓获暴力恐怖人员 12995 人。

解放军依法协助地方政府维护社会稳定，参加重大安保行动及处置其他各类突发事件，主要承担防范恐怖活动、核生化检测、医疗救援、运输保障、排除水域安全隐患、保卫重大活动举办地和周边地区空中安全等任务。

维护海外利益

海外利益是中国国家利益的重要组成部分。有效维护海外中国公民、组织和机构的安全和正当权益，是中国军队担负的任务。

中国军队积极推动国际安全和军事合作，完善海外利益保护机制。着眼弥补海外行动和保障能力差距，发展远洋力量，建设海外补给点，增强遂行多样化军事任务能力。实施海上护航，维护海上战略通道安全，遂行海外撤侨、海上维权等行动。

2017 年 8 月，中国人民解放军驻吉布提保障基地正式投入使用。自开营以来，已为 4 批次护航编队保障维修器材，为百余名护航官兵提供医疗保障服务，同外军开展联合医疗救援演练等活动，并向当地学校捐赠 600 余件教学器材。

2015 年 3 月，也门安全局势严重恶化，中国海军护航编队赴也门亚丁湾海域，首次直接靠泊交战区域港口，安全撤离 621 名中国公民和 279 名来自巴基斯坦、埃塞俄比亚、新加坡、意大利、波兰、德国、加拿大、英国、印度、日本等 15 个国家的公民。

参加抢险救灾

参加国家建设事业、保卫人民和平劳动，是宪法赋予中国武装力量的使命任务。依据《军队参加抢险救灾条例》，中国武装力量主要担负解救、转移或者疏散受困人员，保护重要目标安全，抢救、运送重要物资，参加道路（桥梁、隧道）抢修、海上搜救、核生化救援、疫情控制、医疗救护等专业抢险，排除或者控制其他危重险情、灾情，协助地方人民政府开展灾后重建工作等任务。

2012 年以来，解放军和武警部队共出动 95 万人次、组织民兵 141 万人次，动用车辆及工程机械 19 万台次、船艇 2.6 万艘次、飞机（直升机）820 架次参加抢险救灾。先后参加云南鲁甸地震救灾、长江中下游暴雨洪涝灾害抗洪抢险、雅鲁藏布江堰塞湖排险等救灾救援行动，协助地方政府解救、转移安置群众 500 余万人，巡诊救治病员 21 万余人次，抢运物资 36 万余吨，加固堤坝 3600 余千米。2017 年，驻澳门部队出动兵力 2631 人次，车辆 160 余台次，协助特别行政区政府开展强台风“天鸽”灾后救援。

四、改革中的中国国防和军队

人民军队发展史，就是一部改革创新史。进入新时代，适应世界新军事革命发展趋势和国家安全需求，中国全面推进国防和军队现代化建设，全面深化国防和军队改革，着力解决体制性障碍、结构性矛盾、政策性问题，迈出了强军兴军历史性步伐。

重塑领导指挥体制

领导指挥体制改革是适应现代军队专业化分工和信息时代能打仗、打胜仗的要求，提高军队作战效能和建设效益的重大举措。按照“军委管总、战区主战、军种主建”原则，强化军委集中统一领导和战略指挥、战略管理功能，打破长期实行的总部体制、大军区体制、大陆军体制，构建新的军队领导管理和作战指挥体制。

调整组建新的军委机关部门。优化军委机关职能配置和机构设置，由过去的总参谋部、总政治部、总后勤部、总装备部四总部调整为军委机关 15 个职能部门，作为军委集中领导的参谋机关、执行机关、服务机关。指挥、建设、管理、监督等路径更加清晰，决策、规划、执行、评估等职能配置更加合理。

完善军兵种领导管理体制。整合原四总部的陆军建设职能，成立陆军领导机构；整合各军种和军委机关的战略支援力量，成立战略支援部队；第二炮兵更名为火箭军；整合主要承担通用保障任务的战略战役力量，成立联勤保障部队，构建起“中央军委—军种—部队”的领导管理体系。

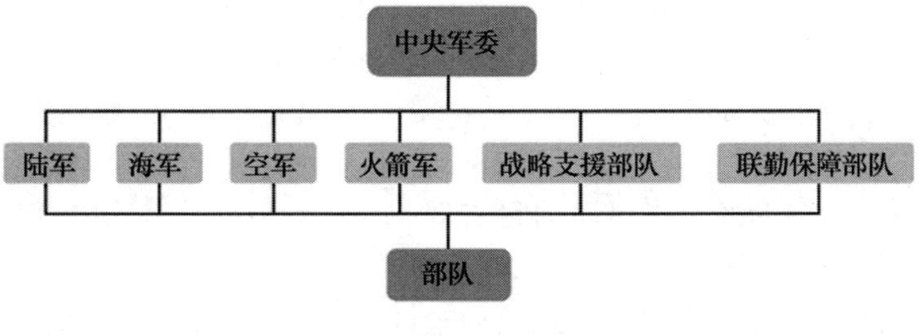

图 1　军队领导管理体系架构图

建立健全联合作战指挥体制。健全军委联合作战指挥机构，组建战区联合作战指挥机构，形成平战一体、常态运行、专司主营、精干高效的联合作战指挥体系。撤销沈阳、北京、兰州、济南、南京、广州、成都 7 个大军区，成立东部、南部、西部、北部、中部 5 个战区。通过改革，构建起“中央军委—战区—部队”的作战指挥体系。

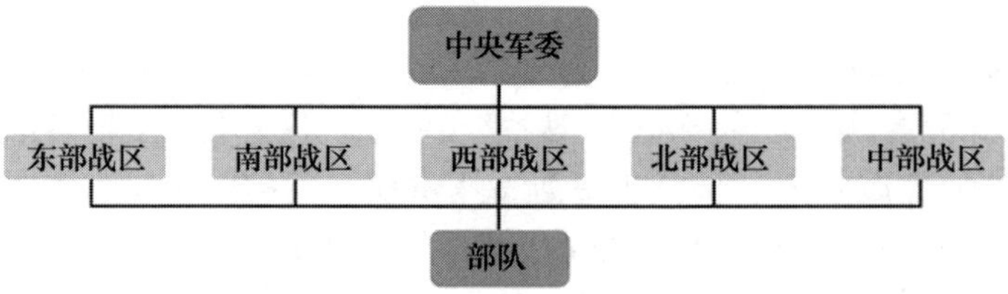

图2　军队作战指挥体系架构图

建立健全法治监督体系。组建新的军委纪律检查委员会（军委监察委员会），由中央军委直接领导，向军委机关部门和各战区派驻纪检组；组建新的军委政法委员会，按区域设置军事法院、军事检察院；组建军委审计署，改革审计监督体制，全部实行派驻审计，形成决策权、执行权、监督权既相互制约又相互协调的权力运行体系。

优化规模结构和力量编成

规模结构和力量编成改革是推进军队组织形态现代化、构建中国特色现代军事力量体系的关键一步。按照调整优化结构、发展新型力量、理顺重大比例关系、压减数量规模的要求，推动军队由数量规模型向质量效能型、人力密集型向科技密集型转变。

调整军队规模比例，重塑力量结构布局。裁减军队员额 30 万，现役总员额减至 200 万。扩大士官和文职人员编配范围，压减各级机关编制，减少各级机关内设机构、领导层级和人员，精简文艺体育新闻出版、服务保障和院校、医疗、仓库、科研院所等机构和人员，团级以上机关人员减少约四分之一，非战斗单位人员压减近一半。大幅压减陆军现役员额，保持空军现役员额稳定，适度增加海军、火箭军现役员额，优化各军兵种内部力量结构。优化后备力量结构。调整作战力量部署，形成与维护新时代国家安全需要相适应的战略布局。

调整作战部队编成，重构新型作战力量。陆军原 18 个集团军整合重组为 13 个集团军。在全军主要作战部队实行“军—旅—营”体制，充实兵种作战力量，减少指挥层级，降低合成重心。增加特种作战、立体攻防、两栖作战、远海防卫、战略投送等新型作战力量，推动部队编成向充实、合成、多能、灵活方向发展。

优化院校力量布局，重构军事科研体系。解放军和武警部队原有 77 所院校整合为 44 所，重塑国防大学、国防科技大学。成立军委军事科学研究指导委员会，调整组建新的军事科学院、军种研究院，形成以军事科学院为龙头、军兵种科研机构为骨干、院校和部队科研力量为辅助的军事科研力量布局。

推进军事政策制度改革

坚持战斗力标准，着眼调动军事人员积极性、主动性、创造性，整体设计和推进军事政策制度改革，建立健全中国特色社会主义军事政策制度体系。

深化军队党的建设制度改革，维护党中央权威和集中统一领导，确保党对军队绝对领导。制定《关于加强新时代军队党的建设的决定》等法规制度，推进完善军队党的政治建设、思想建设、组织建设、作风建设、纪律建设制度。

创新军事力量运用政策制度，有效保障全面履行新时代军队使命任务。制定《海上护航行动条例（试行）》等法规制度，推进完善军事战略指导制度、战备工作条例、联合作战法规等。

重塑军事力量建设政策制度，更好解放和发展战斗力。制定修订《国防交通法》《军事设施保护法》《文职人员条例》等法规制度，颁布实施新军事训练条例和军事训练大纲。推进建立军官职业化制度，优化军人待遇保障，健全军人荣誉体系，完善军事训练、装备发展、后勤建设、军事科研、国防动员等方面政策制度，加快推进军官法、兵役法等立法进程。

改革军事管理政策制度，提升军事系统运行效能，推动军队高质量发展。制定修订《内务条令（试行）》《纪律条令（试行）》《队列条令（试行）》《军事立法工作条例》等法规制度，推进战略管理、军费管理、军事司法等制度创新。

全面停止军队有偿服务。截至 2018 年 6 月，军队各级机关、部队及其所属事业单位从事的房地产租赁、农副业生产、招接待等 15 个行业的有偿服务活动基本停止，超过 10 万个有偿服务项目按期停止，累计停偿项目比例达到 94%，军队不从事经营活动的目标基本实现。

调整改革后的军兵种和武警部队

陆军对维护国家主权、安全、发展利益具有不可替代的作用。包括机动作战部队、边海防部队、警卫警备部队等，下辖 5 个战区陆军、新疆军区、西藏军区等。东部战区陆军下辖第 71、72、73 集团军，南部战区陆军下辖第 74、75 集团军，西部战区陆军下辖第 76、77 集团军，北部战区陆军下辖第 78、79、80 集团军，中部战区陆军下辖第 81、82、83 集团军。按照机动作战、立体攻防的战略要求，加快实现区域防卫型向全域作战型转变，提高精确作战、立体作战、全域作战、多能作战、持续作战能力，努力建设一支强大的现代化新型陆军。

海军在国家安全和发展全局中具有十分重要的地位。包括潜艇部队、水面舰艇部队、航空兵、陆战队、岸防部队等，下辖东部战区海军（东海舰队）、南部战区海军（南海舰队）、北部战区海军（北海舰队），海军陆战队等。战区海军下辖基地、潜艇支队、水面舰艇支队、航空兵旅等部队。按照近海防御、远海防卫的战略要求，加快推进近海防御型向远海防卫型转变，提高战略威慑与反击、海上机动作战、海上联合作战、综合防御作战和综合保障能力，努力建设一支强大的现代化海军。

空军在国家安全和军事战略全局中具有举足轻重的地位和作用。包括航空兵、空降兵、地面防空兵、雷达兵、电子对抗部队、信息通信部队等，下辖 5 个战区空军、1 个空降兵军等。战区空军下辖基地、航空兵旅（师）、地空导弹兵旅（师）、雷达兵旅等部队。按照空天一体、攻防兼备的战略要求，加快实现国土防空型向攻防兼备型转变，提高战略预警、空中打击、防空反导、信息对抗、空降作战、战略投送和综合保障能力，努力建设一支强大的现代化空军。

火箭军在维护国家主权、安全中具有至关重要的地位和作用。包括核导弹部队、常规导弹部队、保障部队等，下辖导弹基地等。按照核常兼备、全域慑战的战略要求，增强可信可靠的核威慑和核反击能力，加强中远程精确打击力量建设，增强战略制衡能力，努力建设一支强大的现代化火箭军。

战略支援部队是维护国家安全的新型作战力量，是新质作战能力的重要增长点。包括战场环境保障、信息通信保障、信息安全防护、新技术试验等保障力量。按照体系融合、军民融合的战略要求，推进关键领域跨越发展，推进新型作战力量加速发展、一体发展，努力建设一支强大的现代化战略支援部队。

联勤保障部队是实施联勤保障和战略战役支援保障的主体力量，是中国特色现代军事力量体系的重要组成部分。包括仓储、卫勤、运输投送、输油管线、工程建设管理、储备资产管理、采购等力量，下辖无锡、桂林、西宁、沈阳、郑州5个联勤保障中心，以及解放军总医院、解放军疾病预防控制中心等。按照联合作战、联合训练、联合保障的要求，加快融入联合作战体系，提高一体化联合保障能力，努力建设一支强大的现代化联勤保障部队。

武警部队在维护国家安全和社会稳定、保卫人民美好生活中肩负着重大职责，实行“中央军委—武警部队—部队”领导指挥体制，武警部队的根本职能属性没有发生变化，不列入解放军序列。公安边防部队、公安消防部队、公安警卫部队退出现役，国家海洋局领导管理的海警队伍转隶武警部队，武警黄金、森林、水电部队整体移交国家相关职能部门并改编为非现役专业队伍，撤收武警部队海关执勤兵力，彻底理顺武警部队领导管理和指挥使用关系。调整后，武警部队包括内卫部队、机动部队、海警部队等。按照多能一体、有效维稳的战略要求，加强执勤、处突、反恐、海上维权和行政执法、抢险救援等能力建设，努力建设一支强大的现代化武警部队。

推进国防和军队全面建设

始终把思想政治建设摆在军队各项建设首位。牢固确立习近平强军思想的指导地位，坚决维护习近平总书记党中央的核心、全党的核心地位，坚决维护党中央权威和集中统一领导，贯彻中央军委主席负责制，政治意识、大局意识、核心意识、看齐意识进一步增强。2014年12月印发《关于新形势下军队政治工作若干问题的决定》，推进政治整训，军队重整行装再出发。2018年8月召开中央军委党的建设会议，全面加强新时代军队党的领导和党的建设工作。着力培养有灵魂、有本事、有血性、有品德的新时代革命军人，锻造具有铁一般信仰、铁一般信念、铁一般纪律、铁一般担当的过硬部队。

推进国防科技和军事理论创新发展。加快实施科技兴军战略，巩固和加强优势领域，加大新兴领域创新力度，一些战略性、前沿性、颠覆性技术自主创新取得重要进展，成功研制天河二号超级计算机等一批高技术成果。聚焦战争和作战问题推进军事理论创新，推出战略、联合作战、信息化建设等一系列理论成果，为国防和军队建设提供理论支撑。

构建现代化武器装备体系。完善优化武器装备体系结构，统筹推进各军兵种武器装备发展，统筹主战装备、信息系统、保障装备发展，全面提升标准化、系列化、通用化水平。加大淘汰老旧装备力度，逐步形成以高新技术装备为骨干的武器装备体系。15式坦克、052D驱逐舰、歼—20战斗机、东风—26中远程弹道导弹等装备列装部队。

建设一切为了打仗的现代化后勤。建立以联勤部队为主干、军种为补充，统分结合、通专两线的保障体制，构建以战略战役力量为主干、队属力量为补充、社会保障为依托，联合、精干、高效的后勤力量体系，推动后勤力量融入战区联合训练、军兵种跨区训练和中外联演联训，推进前后方一体训练，初步形成快速响应、全维参战、精确保障能力。

强化战略管理。坚持需求牵引规划、规划主导资源配置，建立完善“需求—规划—预算—执行—评估”的战略管理链路。制定军队发展战略和重要领域、军兵种、武警部队发展战略，形成战略规划和计划体系。规范军队战略规划工作，颁布实施

《军队建设发展“十三五”规划纲要》，健全评估、督导、调控等制度机制。

坚持依法治军从严治军。构建完善中国特色军事法治体系，推动治军方式根本性转变。强化练兵备战监督监察，深入纠治和平积弊。广泛开展法治宣传教育，建立健全法律咨询服务保障机制，推进法治军营建设。全面从严加强部队管理，贯彻落实条令条例，恢复和完善军队司号制度，组织全军安全大检查，加强重大安全隐患排查整治，加大警备纠察工作力度，开展军车管理专项整顿，建立警备工作定期通报机制，维护军队良好形象。

深入推进党风廉政建设和反腐败斗争。严明政治纪律政治规矩，严肃查处郭伯雄、徐才厚、房峰辉、张阳等严重违纪违法案件。严格依纪依法惩治腐败，开展重大工程建设、装备物资采购等行业领域专项整治。建立基层风气监察联系点制度，查纠官兵身边“微腐败”和不正之风。深化政治巡视，完成对军委机关部门、大单位巡视和回访巡视全覆盖。着力推进审计全覆盖，加大重点领域、重大项目、重要资金审计力度，严格领导干部经济责任审计，积极推行经费绩效审计、全程跟踪审计、军地联合审计。2012年以来，共审计3.9万个（次）单位（部门）、1.3万名团以上领导干部。反腐败斗争取得压倒性胜利，风清气正的良好政治生态基本形成。

推进国防动员现代化建设。理顺国防动员组织领导体制，加强后备力量建设，精简全国基干民兵规模，深化民兵预备役部队规模结构、力量编成改革，推进预备役部队与现役部队一体建设和运用，加快实现由保障陆军为主向保障多军兵种转变。

结合深化党和国家机构改革，组建退役军人事务部，推进省、市、县、乡镇（街道）、村（社区）退役军人服务保障体系建设，出台一系列优待优抚措施。扎实做好拥军优属、拥政爱民工作，积极参与脱贫攻坚，军政军民团结不断巩固，尊重军人、优待军人的社会氛围正在形成。

五、合理适度的国防开支

中国坚持发展和安全兼顾、富国和强军统一，坚持国防建设与经济建设协调发展，坚持勤俭建军方针，依据国家经济发展水平和国防需求，合理确定国防费规模结构，依法管理和使用国防费。

改革开放以来，中国国防开支经历了从维持性投入到适度增长的发展历程，总体保持与国家经济和财政支出同步适度协调增长。国防费占国内生产总值（GDP）比重从1979年最高的5.43%下降到2017年的1.26%，近30年一直保持在2%以内。1979年国防费占国家财政支出比重为17.37%，2017年为5.14%，下降超过12个百分点，总体下降趋势明显。

2012年以来中国国防费

进入新时代，与国家现代化进程相一致，着眼建设与中国国际地位相称、与国家安全和发展利益相适应的巩固国防和强大军队，进一步缩小与世界先进军事水平的差距，解决军队打现代化战争能力不够的问题，中国国防费规模保持了稳步增长，支出结构持续优化。

中国国防费按用途划分，主要由人员生活费、训练维持费和装备费构成。人员生活费用于军官、文职干部、士兵和聘用的非现役人员，以及军队供养的离退休干部工资、津贴、伙食、被装、保险、福利、抚恤等。训练维持费用于部队训练、院校教育、工程

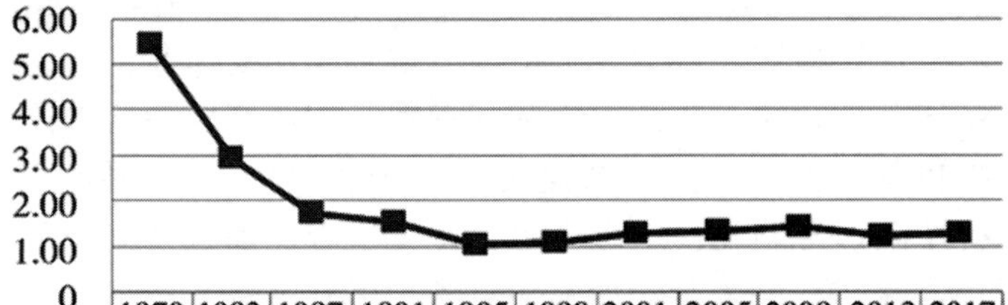

	1979	1983	1987	1991	1995	1998	2001	2005	2009	2013	2017
占GDP比重	5.43	2.94	1.72	1.50	1.04	1.10	1.30	1.32	1.42	1.24	1.26

图 3　1979 年至 2017 年中国国防费占同期 GDP 的比重（%）

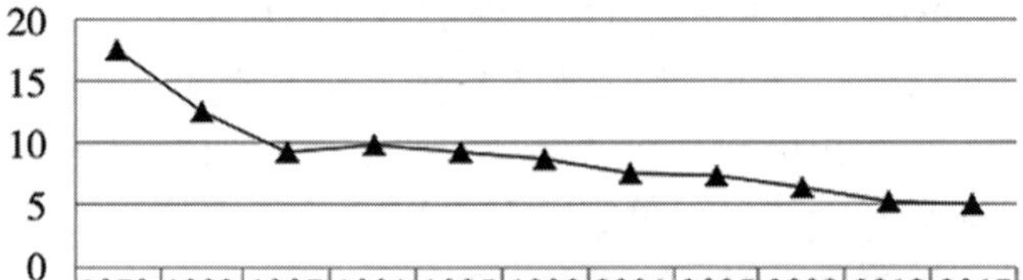

	1979	1983	1987	1991	1995	1998	2001	2005	2009	2013	2017
占财政支出比重	17.37	12.57	9.27	9.75	9.33	8.66	7.63	7.29	6.49	5.29	5.14

图 4　1979 年至 2017 年中国国防费占同期国家财政支出的比重（%）

设施建设维护以及其他日常消耗性支出。装备费用于武器装备的研究、试验、采购、维修、运输、储存等。国防费的保障范围包括现役部队、预备役部队、民兵等。

2012 年以来增长的国防费主要用于：（一）适应国家经济社会发展，提高和改善官兵生活福利待遇，落实军队人员工资收入定期增长机制，持续改善基层部队工作、训练和生活保障条件。（二）加大武器装备建设投入，淘汰更新部分落后装备，升级改造部分老旧装备，研发采购航空母舰、作战飞机、导弹、主战坦克等新式武器装备，稳步提高武器装备现代化水平。（三）深化国防和军队改革，保障军队领导指挥体制、部队规模结构和力量编成、军事政策制度等重大改革。（四）保障实战化训练，保障战略训练、战区联合训练、军兵种部队训练等，加强模拟化、网络化、对抗性训练条件建设。（五）保障多样化军事任务，保障国际维和、护航、人道主义救援、抢险救灾等行动。

2012 年至 2017 年，中国国防费从 6691. 92 亿元人民币增加到 10432. 37 亿元人民币。中国国内生产总值（GDP）按当年价格计算年平均增长 9. 04%，国家财政支出年平均增长 10. 43%，国防费年平均增长 9. 42%，国防费占国内生产总值平均比重为 1. 28%，占国家财政支出平均比重为 5. 26%。国防费占国内生产总值的比重稳定，与国家财政支出保持同步协调增长。

中国国防费实行严格的财政拨款和预算管理制度。国防费使用坚持需求牵引、规划主导，坚持量入为出、量力而行，加强集中统管，统筹存量增量，逐步推行国防费绩效管理，推进以效能为核心的军费管理改革。改进和加强预算管理，深化军队资金集中收付制度改革，加快经费标准化建设步伐，完善军队资产资金管理办法。

国防费的国际比较

在 2017 年国防费位居世界前列的国家中，中国国防费无论是占国内生产总值和国家财政支出的比重，还是国民人均和军人人均数额，都处于较低水平。

中国已成为世界第二大经济体。国防费规模居于世界第二位，是由中国的国防需求、经济体量、防御性国防政策所决定的。从开支总量看，2017 年中国国防费不到美国的四分之一。

从国防费占国内生产总值比重看，2012 年至 2017 年，中国国防费占国内生产总值平均比重约为 1.3%，美国约为 3.5%、俄罗斯约为 4.4%、印度约为 2.5%、英国约为 2.0%、法国约为 2.3%、日本约为 1.0%、德国约为 1.2%。中国国防费占国内生产总值的平均比重在国防费位居世界前列的国家中排在第六位，是联合国安理会常任理事国中最低的。

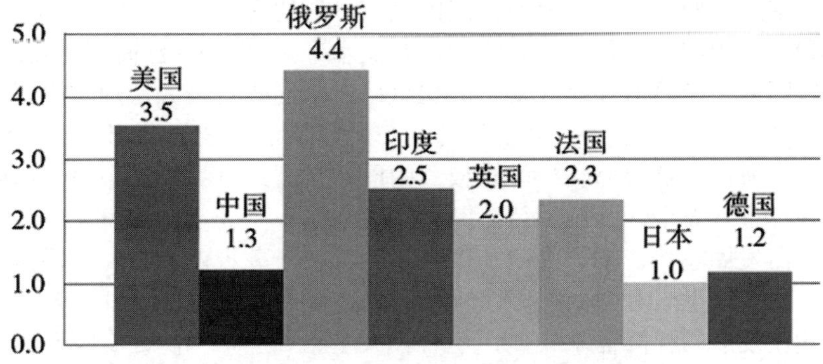

图 5　2012 年至 2017 年国防费占同期 GDP 平均比重国别比较（%）

从国防费占财政支出比重看，2012 年至 2017 年，中国国防费占财政支出平均比重约为 5.3%，美国约为 9.8%、俄罗斯约为 12.4%、印度约为 9.1%、英国约为 4.8%、法国约为 4.0%、日本约为 2.5%、德国约为 2.8%。中国国防费占财政支出的平均比重排在第四位。

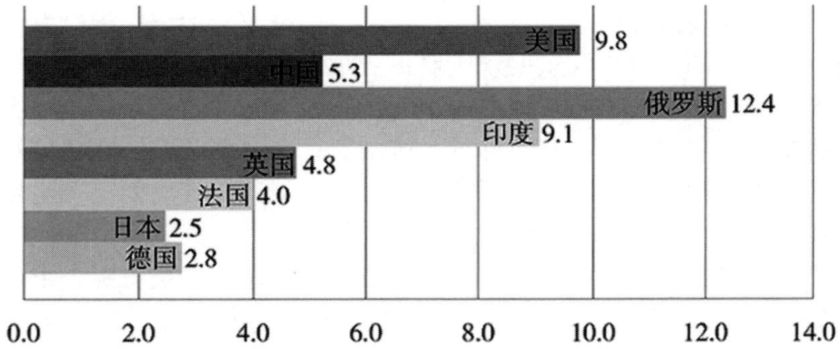

图 6　2012 年至 2017 年国防费占财政支出平均比重国别比较（%）

从人均国防费水平看，2017 年中国国民人均国防费为 750 元人民币，约相当于美国的 5%、俄罗斯的 25%、印度的 231%、英国的 13%、法国的 16%、日本的 29%、德国的 20%。中国军人人均国防费为 52.16 万元人民币，约相当于美国的 15%、俄罗斯的 119%、印度的 166%、英国的 27%、法国的 38%、日本的 35%、德国的 30%。中国国民人均国防费排在第七位，军人人均国防费排在第六位。

中国坚持执行国防费报告和公布制度。1978 年以来，中国政府每年向全国人大提交财政预算报告，并对外公布年度国防费预算总额。1995 年，中国政府发布《中国的军备控制与裁军》白皮书，向世界公布国防费情况。2007 年以来，中国参加联合国军费透明制度，每年向联合国提交上一财政年度国防费基本数据，按现役部队、预备役部队、民兵等类别，提交人员生活费、训练维持费、装备费三大类开支数额和国防费总额，并说明中国国防费的主要用途和占国内生产总值比重。

总体上看，中国国防费是公开透明的，开支水平是合理适度的，与世界主要国家相比，国防费占国内生产总值和财政支出的比重、人均国防费是偏低的。中国是世界上唯一尚未实现完全统一的大国，是世界上周边安全形势最复杂的国家之一，维护国家主权、领土完整、海洋权益等面临严峻挑战。中国日益走近世界舞台中央，国际社会对中国军队提供国际公共安全产品的期待不断增大。中国军队处于向信息化转型阶段，顺应世界新军事革命发展趋势、推进中国特色军事变革的任务艰巨繁重。中国国防开支与维护国家主权、安全、发展利益的保障需求相比，与履行大国国际责任义务的保障需求相比，与自身建设发展的保障需求相比，还有较大差距。中国国防开支将与国家经济发展水平相协调，继续保持适度稳定增长。

六、积极服务构建人类命运共同体

构建人类命运共同体，顺应和平发展的时代潮流，反映各国人民共同期待。中国军队忠实践行人类命运共同体理念，积极履行大国军队国际责任，全面推进新时代国际军事合作，努力为建设持久和平、普遍安全的美好世界作贡献。

坚定维护联合国宪章宗旨和原则

作为联合国创始成员国和安理会常任理事国，中国坚定维护联合国在国际事务中的核心作用，坚定维护以联合国宪章宗旨和原则为基础的国际法和国际关系基本准则，坚定维护多边主义，推动国际关系民主化，广泛参与全球安全治理，积极参与军控与裁军等领域事务，为重大问题解决和重要规则制定贡献中国方案。

中国建设性参与朝鲜半岛问题、伊朗核问题、叙利亚问题等地区热点问题政治解决，反对霸权主义、单边主义、双重标准，推动对话协商并全面认真执行联合国安理会决议。中国积极参与网络、外层空间等领域多边对话谈判，推动制定普遍接受、公正合理的国际规则。

中国一贯积极参与国际军控、裁军和防扩散努力，反对军备竞赛，维护全球战略平衡和稳定，签署或加入了《不扩散核武器条约》等数十个多边军控、裁军和防扩散条约。2015 年起，中国宣布设立为期 10 年、总额 10 亿美元的中国—联合国和平与发展基金，并于 2016 年正式投入运行。

推动构建平等互信、合作共赢的新型安全伙伴关系

中国积极发展对外建设性军事关系，形成全方位宽领域多层次军事外交新格局。中国迄今已同150多个国家开展军事交往，在驻外使馆（团）设有130个驻外武官机构，116个国家在中国设立武官处，同41个国家和国际组织建立防务磋商对话机制54项。2012年以来，中国军队高级军事代表团出访60多个国家，有100多个国家国防部长、军队总司令来访。

中俄两军关系持续保持高位运行，为两国新时代全面战略协作伙伴关系不断充实新内涵，对维护全球战略稳定具有重要意义。中俄两军各层级交流机制持续健康推进，在高层交往、军事训练、装备技术、反恐等领域深入合作，在国际多边场合实现良好互动和配合。2012年以来，中俄两军先后举行7轮战略磋商。2018年8月至9月，中国军队应俄方邀请，首次参加俄罗斯“东方”战略演习。

中国按照不冲突不对抗、相互尊重、合作共赢的原则，积极稳妥处理同美国的军事关系，努力使两军关系成为两国关系的稳定器，为推进以协调、合作、稳定为基调的中美关系作出贡献。2014年两国国防部签署建立重大军事行动相互通报信任措施机制和海空相遇安全行为准则两个谅解备忘录，2015年双方就新增“军事危机通报”“空中相遇”附件达成共识，2017年两国建立外交安全对话、联合参谋部对话机制，积极加强战略沟通、管控风险分歧。双方在防务部门、陆军、海军、空军等层面开展机制性交流，在人道主义救援减灾、反海盗、院校交流等领域开展务实合作。中国坚决反对美国售台武器、制裁中国中央军委装备发展部及该部负责人、擅闯中国领海及有关岛礁邻近海空域、实施大范围高强度抵近侦察等错误做法和挑衅行为。在中美关系中，两军关系保持了总体稳定。

中国着眼打造周边命运共同体，深化同周边国家军事伙伴关系。同周边国家军队高层保持密切交往，每年军种司令以上级别团组往来达40余批次，基本实现周边高层交往全覆盖，战略互信不断加强。同17个周边国家建立防务安全磋商和工作会晤机制，沟通渠道保持畅通。近年来，中国同周边国家常态组织反恐、维和、救援和军兵种技战术等系列联合演习和训练，广泛开展边防海防、院校智库、教育训练、医学医疗、装备技术等交流，务实合作不断深入，同东盟防务合作水平不断提升，同周边国家军事关系总体稳定。

中国积极发展同欧洲国家军事关系，各领域交流合作保持积极发展势头。着眼打造中欧和平、增长、改革、文明四大伙伴关系，中国同欧盟举行安全政策对话、反海盗联合演练、人员培训等。2016年，中国同英国举行联合撤侨室内推演，同德国举行卫勤实兵联合演习。2018年，中国同欧盟举行第三届中欧高级别安全政策研讨班。

中国加强同非洲、拉美和加勒比、南太平洋等地区发展中国家的军事交往，开展人员培训和中青年军官交流，帮助有关国家加强军队建设、提高防御能力。2018年，在北京举办中非防务安全论坛、中拉高级防务论坛、中加（勒比）南（太平洋）高级防务研讨班。

中国军队坚持互信互惠、合作共赢的原则，同世界各国军队开展务实交流合作。2012年以来，中国同30多个国家举行百余次联合演习与训练，演练内容从非传统安全领域发展到传统安全领域，演练地域从中国周边延伸至远海，参演力量从以陆军为主拓展至陆海空多军兵种。中国军队积极组织人才培养交流合作，2012年以来，向50多个国家派出军事留学生1700余名，20余所军队院校分别同40多个国家的院校建立和保持了校际交流关系，共接纳130多个国家的上万名军事人员到中国军队院校学习。

完善军事新闻发布机制，全面客观向国内外介绍说明中国国防和军队建设情况。2011 年 4 月，建立国防部月度例行记者会制度，定期发布国防和军队建设重要信息。2012 年以来，围绕深化国防和军队改革、裁减军队员额等重大事项，召开多场专题新闻发布会。组织近百家中外媒体多次赴部队、军事院校参观采访。2015 年 5 月，"国防部发布"官方微博微信正式开通，关注人数已达 600 余万。

推动构建地区安全合作架构

2001 年 6 月，中国同哈萨克斯坦、吉尔吉斯斯坦、俄罗斯、塔吉克斯坦、乌兹别克斯坦共同发起成立上海合作组织。上海合作组织已成为世界上幅员最广、人口最多的综合性新型区域合作组织，形成互信、互利、平等、协商、尊重多样文明、谋求共同发展的"上海精神"，推动构建上海合作组织命运共同体，推动建设新型国际关系，为地区和平与发展作出了新贡献。2017 年 6 月，上海合作组织首次扩员，印度和巴基斯坦成为上海合作组织成员国。2018 年 4 月，举行上海合作组织扩员后首次国防部长会议。上海合作组织成员国持续加强防务安全领域交流合作，举行"和平使命"系列演习，举办"和平号角"军乐节，深化睦邻友好和战略互信，加强军事文化交流，增进成员国团结友谊。

中国积极支持亚洲相互协作与信任措施会议机制建设，倡导树立共同、综合、合作、可持续的亚洲安全观，为构建亚洲地区安全合作架构发挥了重要作用。

中国本着开放包容、务实合作的原则，积极参加东盟防长扩大会、东盟地区论坛、香格里拉对话会、雅加达国际防务对话会、西太平洋海军论坛等多边对话和合作机制，常态化举行中国—东盟防长非正式会晤，建设性提出加强地区防务安全合作的倡议。2018 年 10 月，举行中国—东盟"海上联演—2018"演习，这是中国军队与东盟国家军队首次举行海上演习，彰显了中国同东盟国家致力于维护地区和平稳定的信心和决心。

中国秉持平等、开放、包容、互鉴的精神，搭建北京香山论坛交流平台。2014 年，香山论坛升级为"一轨半"国际安全和防务对话平台。2018 年 10 月，香山论坛更名为北京香山论坛，来自 67 个国家和 7 个国际组织的 500 余名代表参加论坛，共同探讨应对地区安全威胁和挑战的新思路新途径，为促进亚太地区安全对话和互信合作发挥了积极作用。

妥善处理领土问题和海洋划界争端

中国秉持亲诚惠容的周边外交理念，坚持与邻为善、以邻为伴，通过谈判协商和平解决领土问题和海洋划界争端。中国已经同 14 个陆上邻国中的 12 个国家解决了陆地边界问题，同周边 8 个国家签署睦邻友好合作条约。

中国把管控分歧、增进互信作为维护周边稳定的重要内容，倡议建立中国—东盟防长热线，同越南、韩国分别建立国防部直通电话，定期或不定期同陆地接壤国家军队开展电话传真联系、边境会谈会晤、联合巡逻等。2014 年以来，中国同越南先后举行 5 次边境高层会晤。中印两军落实两国领导人重要共识，开展高层访问沟通，推动建立边防热线电话和边境管控、边防交流机制。2016 年下半年以来，中国同菲律宾加强海上安全对话，双方重回通过友好协商处理南海问题的正确轨道。2018 年 5 月，中日两国防务部门签署海空联络机制备忘录并于 6 月启动运行该机制。

中国同东盟国家全面有效落实《南海各方行为宣言》，积极推进"南海行为准则"磋商，加强海上安全务实合作，推进地区安全机制建设，努力将南海打造成为和平之海、友谊之海、合作之海。

积极提供国际公共安全产品

中国积极支持联合国维和行动，是联合国维和行动的主要出资国之一，是安理会常任理事国中第一大出兵国。截至 2018 年 12 月，中国军队已累计参加 24 项联合国维和行动，派出维和军事人员 3.9 万余人次，13 名中国军人牺牲在维和一线。中国军队在维和任务区新建、修复道路 1.3 万余千米，排除地雷及各类未爆物 10342 枚；运送物资 135 万余吨，运输总里程 1300 万余千米；接诊病人 17 万余人次；完成武装护卫、长短途巡逻等任务 300 余次。

2015 年 9 月，中国加入新的联合国维和能力待命机制，建设 8000 人规模维和待命部队。2017 年 9 月，中国完成维和待命部队在联合国的一级待命注册工作。2018 年 10 月，13 支一级待命分队全部高标准通过联合国组织的考核评估，晋升至二级待命状态。2019 年 2 月，联合国将上述 13 支二级待命状态分队中的 5 支分队提升至三级待命状态。中国积极为各国培训维和人员，目前已经为数十个国家培训了 1500 余名维和人员。2018 年 12 月，2506 名中国官兵在联合国 7 个任务区及联合国维和行动部执行任务。

根据联合国安理会有关决议，中国政府于 2008 年 12 月起派遣海军舰艇编队赴亚丁湾、索马里海域实施常态化护航行动，与多国护航力量进行合作，共同维护国际海上通道安全。10 年来，中国海军常态部署 3 至 4 艘舰艇执行护航任务，共派出 31 批 100 余艘次舰艇、2.6 万余名官兵，为 6600 余艘中外船舶提供安全保护，解救、接护、救助遇险船舶 70 余艘。

中国军队积极参加国际灾难救援和人道主义援助，派遣专业救援力量赴受灾国救援减灾，提供救援物资和医疗救助，加强救援减灾国际交流。2012 年以来，组织或参加马航 MH370 失联航班搜救、菲律宾“海燕”台风救援、抗击西非埃博拉疫情、马尔代夫水荒救援、尼泊尔抗震救灾、老挝水灾溃坝救援等多项行动。中国海军“和平方舟”号医院船服役 10 年来，执行 7 次“和谐使命”任务，共访问 43 个国家，为到访国民众提供医疗服务，组织医学交流，惠及民众 23 万余人次。

中国积极开展国际和地区反恐合作。加强上海合作组织框架内的国际反恐合作，组织开展反恐联合演习，打击非法贩运武器、弹药和爆炸物品，合作查明和切断人员渗透渠道，推动国际反恐情报交流共享。主办以反恐为主题的“长城”国际论坛，积极参与亚太经合组织反恐工作组、全球反恐论坛等多边反恐机制。同有关国家举行双边反恐磋商。推动创建阿富汗、中国、巴基斯坦、塔吉克斯坦四国军队反恐合作协调机制，举行两届军队高级领导人会议，开展反恐交流合作，积极维护地区安全。

结束语

和平是各国人民的共同愿望，发展是人类社会的永恒主题。面对日益复杂的全球性安全挑战，面对人类发展在十字路口何去何从的抉择，中国坚信，称霸扩张终将失败，安全繁荣应该共享。中国将坚持走和平发展道路，同各国人民一道维护世界和平、促进共同发展。

新时代的中国国防，在习近平强军思想指引下，将沿着中国特色强军之路，向着全面建成世界一流军队的宏伟目标奋勇前进。中国军队有决心有信心有能力战胜一切威胁挑战，为实现中华民族伟大复兴的中国梦提供坚强战略支撑，为服务构建人类命运共同体作出新的更大贡献。

表1　　军委机关部门基本情况

军委机关部门	主要职责
军委办公厅	主要履行综合协调、决策咨询、军事法制、信息服务、督促检查等职能。
军委联合参谋部	主要履行作战筹划、指挥控制和作战指挥保障，研究拟制军事战略和军事需求，组织作战能力评估，组织指导联合训练、战备建设和日常战备工作等职能。
军委政治工作部	主要履行全军党的建设、组织工作、政治教育和军事人力资源管理等职能。
军委后勤保障部	主要履行全军后勤保障计划、政策研究、标准制定、检查监督等职能。
军委装备发展部	主要履行全军装备发展规划计划、研发试验鉴定、采购管理、信息系统建设等职能。
军委训练管理部	主要履行组织指导全军军事训练、训练监察、行政管理及院校教育管理等职能。
军委国防动员部	主要履行组织指导国防动员和后备力量建设，领导管理省军区等职能。
军委纪律检查委员会	主要履行全军党的纪检监察和巡视等职能。
军委政法委员会	主要履行组织指导全军政法、安全保卫工作等职能。
军委科学技术委员会	主要履行国防科技战略管理、组织指导前沿科技创新、推动科技军民融合发展等职能。
军委战略规划办公室	主要履行国防和军队建设发展战略规划职能，组织制定发展规划，统筹资源配置等。
军委改革和编制办公室	主要履行国防和军队改革筹划协调职能，指导推动重大改革实施，负责全军组织编制管理等。
军委国际军事合作办公室	主要履行对外军事交流与合作职能，归口管理和协调全军外事工作等。
军委审计署	主要履行审计监督职能，组织指导全军审计工作等。
军委机关事务管理总局	主要履行军委机关服务保障等职能。

表2　　2010年至2017年中国年度国防费构成　（经费单位：亿元人民币）

项目 年度	人员生活费		训练维持费		装备费		合计
	支出额	占比（%）	支出额	占比（%）	支出额	占比（%）	
2010	1859.31	34.9	1700.47	31.9	1773.59	33.2	5333.37
2011	2065.06	34.3	1899.43	31.5	2063.42	34.2	6027.91
2012	1955.72	29.2	2329.94	34.8	2406.26	36.0	6691.92
2013	2002.31	27.0	2699.71	36.4	2708.60	36.6	7410.62
2014	2372.34	28.6	2679.82	32.3	3237.38	39.1	8289.54
2015	2818.63	31.0	2615.38	28.8	3653.83	40.2	9087.84
2016	3060.01	31.3	2669.94	27.4	4035.89	41.3	9765.84
2017	3210.52	30.8	2933.50	28.1	4288.35	41.1	10432.37

注：数据来源于中国政府向联合国提交的国防费基本数据。

表 3　　2012 年以来中国国防费情况

年份	国内生产总值（GDP）（亿元人民币）	国防费总额（亿元人民币）	居民消费价格指数（CPI）（上一年度为 100）	国家财政支出增长率（%）	国防费增长率（%）	国防费占 GDP 比重（%）	国防费占国家财政支出比重（%）	国防费实际增长率（剔除物价因素）（%）
2012	540367. 4	6691. 92	102. 6	15. 29	11. 02	1. 24	5. 31	8. 42
2013	595244. 4	7410. 62	102. 6	11. 32	10. 74	1. 24	5. 29	8. 14
2014	643974. 0	8289. 54	102. 0	8. 25	11. 86	1. 29	5. 46	9. 86
2015	689052. 1	9087. 84	101. 4	15. 87	9. 63	1. 32	5. 17	8. 23
2016	743585. 5	9765. 84	102. 0	6. 75	7. 46	1. 31	5. 20	5. 46
2017	827121. 7	10432. 37	101. 6	8. 17	6. 83	1. 26	5. 14	5. 23

注：数据来源于中国政府公布的统计年鉴、政府文告，以及向联合国提交的国防费基本数据。

表 4　　中国参加的主要多边军控、裁军和防扩展条约

领域	名称	时间
核领域	《中亚无核武器区条约》议定书	2014 年 5 月签署，2015 年 4 月全国人大常委会批准。
	《中华人民共和国和国际原子能机构关于在中国实施保障的协定的附加议定书》	1998 年 12 月签署，2002 年 3 月生效。
	《全面禁止核试验条约》	1996 年 9 月签署。
	《非洲无核武器区条约》第一、第二议定书	1996 年 4 月签署，1997 年 10 月交存批准书。
	《核安全公约》	1994 年 9 月签署，1996 年 4 月交存批准书。
	《不扩散核武器条约》	1992 年 3 月加入。
	《禁止在海床洋底及其底土安置核武器和其他大规模杀伤性武器条约》	1991 年 2 月加入。
	《核材料实物保护公约》	1989 年 2 月加入。
	《中华人民共和国和国际原子能机构关于在中国实施保障的协定》	1988 年 9 月签署，1989 年 9 月生效。
	《南太平洋无核区条约》第二、第三附加议定书	1987 年 2 月签署，1988 年 10 月交存批准书。
	《拉丁美洲和加勒比禁止核武器条约》第二附加议定书	1973 年 8 月签署，1974 年 6 月交存批准书。
化学领域	《关于禁止发展、生产、储存和使用化学武器及销毁此种武器的公约》	1993 年 1 月签署，1997 年 4 月交存批准书。
生物领域	《禁止细菌（生物）及毒素武器的发展、生产及储存以及销毁这类武器的公约》	1984 年 11 月加入。
	《禁止在战争中使用窒息性、毒性或其他气体和细菌作战方法的议定书》	1952 年 7 月发表声明承认议定书。

续表

领域	名称	时间
常规领域	《禁止或限制使用某些可被认为具有过分伤害力或滥杀滥伤作用的常规武器公约》所附的《战争遗留爆炸物议定书》（第五号议定书）	2010年6月交存批准书。
	《联合国打击跨国有组织犯罪公约》所附的《关于打击非法制造和贩运枪支及其零部件和弹药的补充议定书》	2002年12月签署。
	《禁止或限制使用某些可被认为具有过分伤害力或滥杀滥伤作用的常规武器公约》所附的《关于激光致盲武器的议定书》（第四号议定书）	1998年11月交存批准书。
	《禁止或限制使用某些可被认为具有过分伤害力或滥杀滥伤作用的常规武器公约》所附的《禁止或限制使用地雷、诱杀装置和其他装置的修正议定书》（修订的第二号议定书）	1998年11月交存批准书。
	《禁止或限制使用某些可被认为具有过分伤害力或滥杀滥伤作用的常规武器公约》及其所附第一、第二、第三号议定书	1981年9月签署，1982年4月交存批准书，2003年6月批准公约第一条修正案，同年8月交存批准书。
其他	《禁止为军事或任何其他敌对目的使用改变环境的技术的公约》	2005年6月加入。
	《关于登记射入外层空间物体的公约》	1988年12月加入。
	《营救宇宙航行员、送回宇宙航行员和归还发射到外层空间的物体的协定》	1988年12月加入。
	《外空物体所造成损害之国际责任公约》	1988年12月加入。
	《关于各国探索和利用包括月球和其他天体在内外层空间活动的原则条约》	1983年12月加入。
	《南极条约》	1983年6月加入。

表5　　中国参加的主要多边反恐条例

名称	签订时间	生效时间	中国参加及声明情况
《阿富汗伊斯兰共和国、中华人民共和国、巴基斯坦伊斯兰共和国、塔吉克斯坦共和国四国军队反恐合作协调机制协定》	2017年8月	2017年8月	2017年8月签署，对中国生效。
《上海合作组织反恐怖主义公约》	2009年6月	2012年1月	2009年6月签署，2014年12月决定批准。

续表

名称	签订时间	生效时间	中国参加及声明情况
《上海合作组织成员国政府间合作打击非法贩运武器、弹药和爆炸物品的协定》	2008 年 8 月	2010 年 5 月	2012 年 5 月国务院决定核准，2012 年 7 月交存核准书，对中国生效。
《上海合作组织成员国组织和举行联合反恐演习的程序协定》	2008 年 8 月	2013 年 11 月	2013 年 6 月核准，2013 年 11 月对中国生效。
《关于合作查明和切断在上海合作组织成员国境内参与恐怖主义、分裂主义和极端主义活动人员渗透渠道的协定》	2006 年 6 月	2008 年 11 月	2012 年 5 月国务院决定核准，2012 年 7 月交存核准书，对中国生效。

表 6　2012 年以来解放军和武警部队对外开展的主要联演联训活动

序号	国家/组织	演习名称	时间地域
1	白俄罗斯	“联合盾牌－2017”联合反恐训练	2017 年 7 月在白俄罗斯明斯克举行。
2	德国	“联合救援－2016”卫勤联合演习	2016 年在中国重庆举行。
3	印度	“携手”系列反恐联合训练	2013 年 11 月在中国四川举行；2014 年 11 月在印度马哈拉斯特拉普邦举行；2015 年 10 月在中国云南举行；2016 年 11 月在印度马哈拉斯特拉普邦举行；2018 年 12 月在中国四川举行。
4	马来西亚	“和平友谊”系列联合军演	2014 年 12 月在马来西亚举行联合桌面推演；2015 年 9 月在马来西亚举行；2016 年 11 月在马来西亚举行。
5	巴基斯坦	“友谊”系列反恐联合训练	2015 年 12 月在中国宁夏举行；2016 年 10 月在巴基斯坦帕比国家反恐训练中心举行。
		“雄鹰”系列联合训练	2013 年至 2018 年分别在中国、巴基斯坦地域组织实施，共举行 6 次。
6	俄罗斯	“海上联合”系列演习	2012 年 4 月在中国青岛附近黄海海域举行；2013 年 7 月在彼得大帝湾海域举行；2014 年 5 月在中国长江口以东的东海北部海空域举行；2015 年 5 月在地中海东部海空域举行；2015 年 8 月在彼得大帝湾海域、克列尔卡角沿岸地区和日本海海空域举行；2016 年 9 月在中国湛江及其以东海空域举行；2017 年 7 月在俄罗斯波罗的斯克、圣彼得堡市，以及波罗的海东南部海域举行；2017 年 9 月在俄罗斯符拉迪沃斯托克市，以及彼得大帝湾至鄂霍次克海南部指定区域举行。
		“空天安全”中俄首长司令部联合反导计算机演习	2016 年 5 月在俄罗斯举行；2017 年 12 月在中国举行。
7	沙特阿拉伯	“探索－2016”特战反恐联合训练	2016 年 10 月在中国举行。

续表

序号	国家/组织	演习名称	时间地域
8	斯里兰卡	“丝路协作－2015”特战分队联合反恐训练	2015年6月在斯里兰卡科伦坡举行。
9	塔吉克斯坦	“协作－2016”联合反恐演习	2016年10月在塔吉克斯坦巴达赫尚克斯坦州什哈瓦尔训练场举行。
10	泰国	“鹰击”系列联合训练	2015年11月在泰国举行；2017年8月在泰国举行：2018年9月在泰国举行。
11	英国	联合撤侨室内推演	2016年在中国南京举行；2017年在英国伦敦举行。
12	美国	中美两军人道主义救援减灾联合实兵演练和研讨交流	2012年在中国北京、昆明、成都举行；2013年在美国夏威夷举行；2015年在中国广州、海口举行；2015年在美国西雅图举行；2016年在中国昆明举行；2017年在美国波特兰地区举行；2018年在中国南京举行。
13	越南	中越海军北部湾联合巡逻	2012年至2018年在北部湾共同渔区举行，共举行13次。
14	马来西亚、泰国	“和平友谊－2018”联合军演	2018年10月中国、马来西亚和泰国三国军队在马来西亚举行。
15	东盟	“海上联演－2018”	2018年10月在中国湛江及其以东海空域举行。
16	欧盟	“协作－2018. 10. EU”联合医疗救援演练	2018年10月在亚丁湾西部海域举行。
17	上海合作组织	“和平使命”系列联合反恐军事演习	2012年6月在塔吉克斯坦胡占德市举行；2014年8月在中国内蒙古朱日和训练基地举行；2016年9月在吉尔吉斯斯坦巴雷克奇市埃杰利维斯训练中心举行；2018年8月在俄罗斯车里雅宾斯克州切巴尔库尔市训练场举行。

表7　　解放军和武警部队参加的主要地区安全对话与合作平台（截至2018年12月）

名称	成立时间	概　况
中非防务安全论坛	2018年	中国国防部主办。2018年6月26日至7月10日，中非防务安全论坛在北京举行，论坛以“携手合作，守望相助”为主题，围绕中非防务安全合作、非洲安全形势等议题深入研讨。来自50个非洲国家和非盟的防务部门、军队代表参加，其中包括12位军队总参谋长和副总参谋长。该论坛是中非之间现有层级最高、规模最大的防务安全对话与合作机制。
阿中巴塔四国军队反恐合作协调机制	2016年	中国军队与阿富汗、巴基斯坦、塔吉克斯坦军队创建反恐合作协调机制（四国机制），旨在就反恐形势研判、线索核查、情报共享、反恐能力建设、反恐训练等方面开展协调并提供相互支持。中国主张“四国机制”不针对任何其他国家或国际组织，愿与各方深化合作，加强反恐能力建设，共同维护地区和平稳定。已举行两届军队高级领导人会议。
“长城”反恐国际论坛	2016年	首届论坛于2016年11月在中国北京举办，以城市反恐为主题，俄罗斯、法国、埃及、巴西等25个国家派员参加。第二届论坛于2018年5月在中国北京举办，以山地反恐为主题，法国、尼日利亚、智利、巴基斯坦等27个国家派员参加。

续表

名称	成立时间	概　况
中拉高级防务论坛	2012 年	中国国防部每两年举办 1 次。论坛以“增进了解、促进合作”为主题，旨在增进拉美国家军队对中国和中国军队的了解和信任，推动中拉军事交流与合作不断发展。拉丁美洲主要西班牙语和葡萄牙语国家防务部门和军队领导人参加。
东盟防长扩大会	2010 年	亚太地区级别最高、规模最大的防务安全对话与合作机制。2016 年以来，中国军队在该机制下先后参加了在印度举行的维和与扫雷行动联合演练、在文莱和新加坡举行的海上安全与反恐联合演练。2017 年至 2020 年，中国与泰国担任反恐专家组共同主席国。
北京香山论坛	2006 年	中国军事科学学会和中国国际战略学会联合举办。2014 年，香山论坛升级为“一轨半”国际安全和防务对话平台，每年举办 1 次，2018 年香山论坛更名为北京香山论坛。论坛秉持平等、开放、包容、互鉴的精神。2018 年 10 月，来自 67 个国家和 7 个国际组织的 500 余名代表参加第八届北京香山论坛，为国际和地区安全合作注入了强大正能量。
香格里拉对话会	2002 年	英国伦敦国际战略研究所主办、新加坡国防部协办，每年 6 月初在新加坡香格里拉饭店举行。2018 年，在第十七届香格里拉对话会上，中方代表围绕“亚太地区军事力量发展的战略影响”议题，重点宣介习近平主席关于构建人类命运共同体、新型国际关系等重要理念，积极推动相关国家共同维护地区安全与稳定。
上海合作组织	2001 年	在“上海五国”（中国、哈萨克斯坦、吉尔吉斯斯坦、俄罗斯、塔吉克斯坦）机制基础上成立，旨在加强成员国之间互信与睦邻友好，鼓励成员国在政治、经济、科技、文化、教育等领域有效合作，联合致力于维护和保障地区和平、安全与稳定，建立民主、公正、合理的国际政治经济新秩序，签署《上海合作组织成员国长期睦邻友好合作条约》等重要文件。2018 年 6 月 9 日至 10 日，习近平主席在青岛主持召开了扩员后上合组织成员国元首理事会首次会议，强调要继续在“上海精神”指引下，齐心协力构建上海合作组织命运共同体，推动建设新型国际关系。
亚太国防军司令会议	1998 年	美军太平洋总部发起，轮流在美国和亚太国家举办，每年举办 1 次。2014 年以来，中方每年均派员参会。2017 年 9 月，中方在会上重点阐释了习近平主席倡导的人类命运共同体理念和新安全观，倡导相关国家增进战略互信、合作应对各种全球性挑战。
东盟地区论坛	1994 年	论坛现有 27 个成员，是亚太地区官方多边安全对话与合作平台。2015 年以来，中方主办了维和专家会、国防官员对话会、国防院校长会、安全政策会议等重要会议和活动。

表 8　　中国军队参加的主要联合国维和行动（截至 2018 年 12 月）

起始时间	任务区	部队类别	完成任务情况
2014 年 1 月	马里（联合国马里多层面综合稳定特派团 MI - NUSMA）	警卫分队 170 人，工兵分队 155 人，医疗分队 70 人。	赴马里维和工兵分队修建道路 2900 米，平整场地 40 万平方米，架设板房 667 间；警卫分队完成武装巡逻及警戒护卫任务 2710 次；医疗分队接诊病人 8120 人次。
2012 年 1 月	南苏丹（联合国南苏丹特派团UNMISS）	步兵营 700 人，工兵分队 268 人，医疗分队 63 人。	赴南苏丹维和工兵分队修筑、维护道路 5365 千米，维修桥梁 7 座，搭建板房 72 间；医疗分队接诊病人 2.1 万人次；步兵营完成长短巡任务 63 次，武装护卫 216 次，难民营搜查 42 次，任务行程 102 万千米。
2007 年 11 月	苏丹（联合国/非盟达尔富尔特派团 UNAMID）	工兵分队 225 人，直升机分队 140 人。	赴苏丹达尔富尔维和工兵分队累计修建道路 89 千米，板房 400 余套，钻井 14 口；直升机分队累计出动直升机近 800 架次，飞行 1150 小时，运送各类人员 5500 人，物资 230 余吨。
2006 年 4 月	黎巴嫩（联合国驻黎巴嫩临时部队 UNI-FIL）	多功能工兵分队 180 人，建筑工兵分队 200 人，医疗分队 30 人。	赴黎巴嫩维和部队累计清排地雷和未爆炸物 10342 枚；完成大量营房、设备等维修任务；接诊、收治病人 7.89 万余人次。
2003 年 4 月	刚果（金）[联合国刚果（金）稳定特派团 MONUSCO]	工兵分队 175 人，医疗分队 43 人。	赴刚果（金）维和工兵分队修筑道路 4650 千米、桥梁 214 座；医疗分队接诊病人 3.5 万余人次。

注：除派遣成建制维和部（分）队外，目前中国军队共向以上 5 个维和任务区、联合国停战监督组织（UNTSO）、联合国西撒哈拉公民投票特派团（MINURSO）以及联合国总部派遣军事观察员、参谋军官和合同制军官 80 余人。

表 9　　2012 年以来中国军队主要国际灾难救援和人道主义援助行动

起始时间	国家	完成任务情况
2018 年 6 月	巴布亚新几内亚、瓦努阿图、斐济、汤加、委内瑞拉、格林纳达、多米尼克、安提瓜和巴布达、多米尼加、厄瓜多尔、智利	中国海军“和平方舟”号医院船在执行“和谐使命 - 2018”任务期间累计航行 3 万余海里，诊疗 50884 人次，收治住院 288 人，实施手术 288 例，为 2 万余人次进行辅助检查。
2018 年 7 月	老挝	老挝南部阿速坡省在建的桑片 - 桑南水电站发生溃坝事故，中国军队迅速调动正在参加“和平列车 - 2018”卫勤联演的医疗队前出，派出急救车、防疫车，携带急救器材和药品，分陆、空两路赶赴灾区，进行灾害救援和医疗防疫工作。
2017 年 8 月	斯里兰卡	中国海军远航访问编队在访问斯里兰卡期间，正值斯遭遇严重洪灾，编队转入救灾行动，派出医疗分队深入灾区，开展伤员救护、卫生防疫等医疗服务，并捐赠橡皮艇及其他救灾物资。

续表

起始时间	国家	完成任务情况
2016 年 6 月	越南	越南飞机失事，中国军队派遣舰艇及飞机协助搜救越方失事飞机和机组成员。
2015 年 8 月	缅甸	缅甸遭遇特大洪灾，中国军队派遣 2 架运输机分 3 批次投送帐篷、毛毯、发电机组等救灾物资。
2015 年 5 月	尼泊尔	尼泊尔发生强烈地震后，中国军队派出地震救援队、医疗防疫队、交通部队等 8 支专业力量 1088 人，医疗救治 5294 人，防疫洗消 94 万平方米，空运援助物资 690 吨，抢通道路 330 余千米。
2015 年 1 月	马来西亚	马来西亚遭受严重水灾，中国空军飞机运送帐篷、水泵、净水设备等救灾物资。
2014 年 12 月	马尔代夫	马尔代夫首都马累面临严重水荒，中国海军援潜救生船“长兴岛”号利用自带海水淡化装置为民众供水。空军伊尔－76 运输机紧急输送矿泉水 40 多吨。
2014 年 8 月	几内亚、利比里亚、塞拉利昂、几内亚比绍	西非埃博拉疫情爆发后，中国军队抽派 7 批共 524 名医护人员执行疫情防治任务，援建诊疗中心 1 所，收治疑似患者 938 例，为当地培养医护人员 3000 余人。
2014 年 3 月	马来西亚、澳大利亚	马航 MH370 航班失联后，中国海军出动水面舰艇 9 艘、舰载直升机 6 架、官兵 2185 名，先后赴马六甲海峡、安达曼海、澳大利亚西南及以西等海域紧急搜寻失联客机，舰艇总航程 9.8 万海里、总航时 7679 小时，水面搜索 74.4 万平方千米。中国空军派出伊尔－76 飞机 2 架、运－8C 飞机 1 架赴马来西亚、澳大利亚执行搜救行动，参加多国联合搜救行动，共组织搜救飞行 35 架次，飞行时间 267 小时，总航程 16.7 万千米。
2013 年 11 月	菲律宾	菲律宾遭受“海燕”强台风袭击，中国海军“和平方舟”号医院船执行医疗救助任务，诊疗伤病员 2208 人，医院船收治住院 113 人，成功实施手术 44 例，组织直升机转运人员 76 架次 757 人，小艇转运人员 104 艇次 718 人。

表 10　　中国军队参加“和平号角”军乐节情况

届次	时间	地点	出席乐团	活动内容
第一届	2014 年 8 月 20 日至 29 日	中国北京和内蒙古	中国、哈萨克斯坦、吉尔吉斯斯坦、俄罗斯、塔吉克斯坦共 9 个军乐团，660 人。	在中国国家体育馆举行军乐节开幕式暨军乐行进晚会，举行奥林匹克军乐游行和露天表演，在内蒙古朱日和训练基地举行“和平使命－2014”联合反恐军事演习结束仪式暨军乐节闭幕式。
第二届	2015 年 6 月 29 日至 30 日	俄罗斯圣彼得堡	俄罗斯、哈萨克斯坦、中国、塔吉克斯坦、吉尔吉斯斯坦共 12 个军乐团，300 余人。	在俄罗斯冬宫广场举行音乐会和巡游活动，在彼得保罗要塞举行露天音乐会。

续表

届次	时间	地点	出席乐团	活动内容
第三届	2016 年 6 月 7 日至 8 日	哈萨克斯坦阿斯塔纳	哈萨克斯坦、中国、吉尔吉斯斯坦、俄罗斯、塔吉克斯坦共 7 个军乐团，近 350 人。	在哈萨克斯坦军事博物馆音乐厅举行音乐会，在“生命之树”广场举行露天演出，在国家歌剧院前广场为各国国防部长表演军乐行进。
第四届	2017 年 8 月 26 日至 28 日	中国上海	中国、吉尔吉斯斯坦、巴基斯坦、俄罗斯、塔吉克斯坦共 6 个军乐团，426 人。	在源深体育馆举行开幕式暨军乐行进晚会，在世博园区举行露天巡游，在源深体育馆举行第二场正式演出。
第五届	2018 年 4 月 21 日至 25 日	中国北京	中国、吉尔吉斯斯坦、塔吉克斯坦、乌兹别克斯坦、印度、巴基斯坦、俄罗斯、白俄罗斯共 8 个军乐团，400 余人。	在居庸关长城举行开幕式暨军乐行进晚会，各国国防部长出席，在北京奥体公园举行军乐巡游表演，在居庸关长城举行第二场正式演出。

新疆的文化保护与发展*

国务院新闻办公室15日发表《新疆文化保护与发展》白皮书，全文如下：

新疆的文化保护与发展

中华人民共和国国务院新闻办公室

2018年11月

目录

---

* 来源：国务院新闻办公室网站，2018年11月15日（http://www.scio.gov.cn/zfbps/ndhf/37884/Document/1641510/1641510.htm）。

文学艺术创作和新闻出版持续繁荣
文化、体育和民族医药产业实力逐步增强
网络文化蓬勃发展
六、对外文化交流日趋活跃
以多种形式参与国际文化交流与合作
积极对外展示新疆各民族文化风采
结束语

前　言

中国是统一的多民族国家。在5000多年文明发展史中，中华各民族共同创造了悠久历史、灿烂文化。新疆自古以来就是多民族迁徙聚居生活的地方，也是多种文化交流交融的舞台。在历史长河中，新疆各民族文化扎根中华文明沃土，既推动了各民族文化发展，也丰富了中华文化内涵。

中华人民共和国成立后，中国政府高度重视新疆各民族优秀传统文化的挖掘、传承与保护，坚持创造性转化、创新性发展，鼓励各民族相互学习语言文字，促进各民族交往交流交融，尊重各民族宗教信仰自由，推动文化事业和文化产业发展，推进各民族文化现代化，加强对外文化交流，在不同文化交流互鉴中，增强文化自信。

一、新疆各民族文化是中华文化的组成部分

新疆历来是多民族聚居、多种文化并存地区。各民族文化长期交流交融，在中华文明沃土中枝繁叶茂，是中华文化的组成部分。

各民族文化是中华文化不可分割的一部分。自古以来，中华文化因环境多样性而呈现丰富多元形态。各民族文化在中华大地上交流交融，形成气象恢宏的中华文化。各民族文化都是中华民族共有精神财富，为中华文化的发展与进步做出了贡献。

早在先秦时期，新疆就与中原地区展开了密切交流，考古证实，新疆出土的彩陶就受到黄河中游地区仰韶文化的影响，在河南安阳的商代妇好墓中，陪葬了大量新疆和田玉制成的器物。西汉统一新疆地区后，汉语成为西域官府文书中的通用语之一。中原的农业生产技术、礼仪制度、汉文书籍、音乐舞蹈等在西域广泛传播。西域的乐器与音乐传入中原，对中原音乐产生重大影响。中华文化宝库中，就包括维吾尔族十二木卡姆艺术、哈萨克族阿依特斯艺术、柯尔克孜族史诗《玛纳斯》、蒙古族卫拉特史诗《江格尔》等各民族的优秀文化作品。

新疆地区历来多种文化并存。中国的历史演进，决定了各民族在分布上交错杂居、经济上相互依存、文化上兼收并蓄的基本特征。新疆独特的自然地理环境造就了绿洲农耕与草原游牧文化的相得益彰，不同生产生活方式的族群交流互补、迁徙汇聚，开创了多种文化并存的生动局面。

新疆地区陆续发现大约20种语言文字。时至今日，汉藏语系、阿尔泰语系、印欧语系诸语言仍在新疆存在。生活中各民族语言兼用是新疆文化的传统特征。新疆各民族在交往交流交融中，不同语言的互借互用成为普遍现象。新疆克孜尔千佛洞、柏孜克里克石窟、北庭故城等融合了汉、回鹘、吐蕃以及新疆古代居民的多种文化元素，是古代中国文化艺术的典范。

历史上新疆是中华文明向西开放的门户和中介。丝绸之路的畅通开启了东西方文化交流交融的新篇章。丝绸之路繁盛时期，中国的造纸术、桑蚕丝织等先进技术通过新疆西传，对世界文明产生了深远影响。佛教、摩尼教、景教沿着丝绸之路传播到新疆，和当时的原始宗教一起在当地流传。在漫长的历史演进中，新疆多种宗教并存的情况从未发生改变。新疆的文化景观始终是多种文化并存、多元文化交流。

各民族文化长期交流交融。中华文化是凝聚各民族的精神纽带。在长期的生产生活中，各民族文化交流交融始终贯穿于中华文化形成、发展的全过程。受中原文化影响，新疆地区的蚕桑技术与丝绸织造取得了相当成就；最初形成于漠北时期的回鹘文化，深受我国北方游牧文化、中原文化以及佛教、摩尼教等影响。在各个历史发展阶段，各民族互学互鉴，涌现出一批政治家、文学家、艺术家、史学家、农学家、翻译家等，助推新疆各民族文化在中华文化怀抱中进一步发展。中华人民共和国成立后，在中国共产党领导下，新疆各民族文化进入新的繁荣发展时期，《我们的祖国是花园》《我们新疆好地方》等经典歌曲传唱大江南北；《冰山上的来客》《库尔班大叔上北京》等优秀电影在全国家喻户晓，成为各民族共同创造、共同享有的精神财富。

新疆各民族成员共居、共学、共事、共乐，在语言、饮食、服饰、音乐、舞蹈、绘画、建筑等社会生活和文化艺术各方面相互影响、吸收融合，“你中有我，我中有你”始终是各民族文化的共同特点。

二、各民族语言文字广泛使用

语言文字是文化的重要载体和鲜明标志。新疆是多语言、多文字地区，学习使用国家通用语言文字，是繁荣发展新疆各民族文化的历史经验。中国政府大力推广和规范使用国家通用语言文字，依法保障各民族使用和发展本民族语言文字的自由，提倡和鼓励各民族相互学习语言文字，不断促进各民族语言相通、心灵相通。

依法推广国家通用语言文字。学习和使用国家通用语言文字，有利于促进各民族交往交流交融，推动各民族发展进步。1982 年，“国家推广全国通用的普通话”写入《中华人民共和国宪法》。2001 年 1 月 1 日《中华人民共和国国家通用语言文字法》正式施行，进一步明确了普通话和规范汉字作为国家通用语言文字的法定地位。2015 年修订的《中华人民共和国教育法》规定“国家通用语言文字为学校及其他教育机构的基本教育教学语言文字”“民族自治地方以少数民族学生为主的学校及其他教育机构，从实际出发，使用国家通用语言文字和本民族或者当地民族通用的语言文字实施双语教育”。2015 年修订的《新疆维吾尔自治区语言文字工作条例》规定“大力推广国家通用语言文字”。各民族成员为适应经济社会发展及交往日渐频繁的需要，积极主动学习和使用国家通用语言文字。

加强国家通用语言文字教育教学工作。响应国家号召，上世纪 50 年代开始，新疆在中小学对少数民族学生开设汉语文课程。1984 年，新疆提出在少数民族学校加强汉语教学工作，实现“民汉兼通”的目标。目前，新疆在学前和中小学全面普及国家通用语言文字教学、加授本民族语言文字的双语教育，确保到 2020 年少数民族学生基本掌握和使用国家通用语言文字。

以多种形式开展国家通用语言文字培训工作。2013 年启动“国家通用语言培训项目”，在少数民族人口集中的县（市）面向参加职业培训或创业培训的少数民族青年开展国家通用语言文字专项培训。2017 年启动实施国家通用语言文字普及攻坚工程。

科学保护各民族语言文字。《中华人民共和国宪法》和《中华人民共和国民族区域自治法》均明确规定，各民族都有使用和发展自己的语言文字的自由。目前，新疆各民族主要使用 10 种语言和文字，少数民族语言文字在司法、行政、教育、新闻出版、广播电视、互联网、社会公共事务等领域得到广泛使用。全国人民代表大会、中国人民政治协商会议召开的重要会议，提供维吾尔、哈萨克、蒙古等少数民族语言文字的文稿和同声传译。新疆本级和各自治州、自治县机关执行公务时，同时使用国家通用语言文字、实行区域自治的民族的语言文字。各民族成员有权使用本民族语言文字进行选举或诉讼。以少数民族学生为主的学校及其他教育机构，在课程设置和各类招生考试中均重视少数民族语言文字的学习和使用。每年一度的普通高等学校招生全国统一考试，新疆使用汉、维吾尔、哈萨克、柯尔克孜、蒙古 5 种文字试卷。

为保护中国丰富的语言资源，中国政府自 2015 年起组织实施中国语言资源保护工程，收集记录汉语方言、少数民族语言和口头语言文化的实态语料。该工程作为目前世界上规模最大的语言资源保护项目，已实现全国范围覆盖，其中在新疆开展包括 30 多个少数民族语言调查点、10 个汉语方言调查点、6 个濒危语言调查点和 2 个语言文化调查点的田野调查。截至目前，已完成新疆规划调查点超过 80% 的调查任务，并形成一批标志性成果。

多语言、多文种的新闻出版和广播电视是新疆的一大特色。新疆使用汉、维吾尔、哈萨克、柯尔克孜、蒙古、锡伯 6 种语言文字出版报纸、图书、音像制品和电子出版物。新疆电视台有汉、维吾尔、哈萨克、柯尔克孜 4 种语言电视节目，新疆人民广播电台有汉、维吾尔、哈萨克、柯尔克孜、蒙古 5 种语言广播节目，《新疆日报》用汉、维吾尔、哈萨克、蒙古 4 种文字出版。

为使各民族成员共享信息化时代的成果，中国政府制定了蒙古、藏、维吾尔、哈萨克、柯尔克孜等文字编码字符集、键盘、字模的国家标准，研究开发出多种少数民族文字排版系统、智能语音翻译系统，支持少数民族语言文字网站和新兴传播载体有序发展，不断提升少数民族语言文字信息化处理和社会应用能力。新疆设立民族语言文字工作委员会和各级民族语言文字研究机构，负责各民族语言文字的科学研究，推动各民族语言文字的规范化、标准化、信息化。

鼓励各民族互相学习语言文字。中国政府鼓励民族自治地方各民族互相学习语言文字，既要求少数民族学习国家通用语言文字，也鼓励少数民族地区的汉族居民学习少数民族语言文字，尤其重视基层公务员、新录用公职人员、公共服务行业从业人员的双语学习，并提供学习条件。新疆专门开办了汉族干部学习少数民族语言培训班。上世纪 50 年代以来，国家在新疆高校开设中国少数民族语言文学（维吾尔语言、哈萨克语言方向）专业，这些专业的学生毕业后大多从事行政、教育、少数民族语言文字研究工作。多年来，新疆各民族相互学习语言文字蔚然成风，掌握双语、多语的人员越来越多，推动了各民族交往交流交融。

三、宗教文化受到尊重和保护

新疆历来是多种宗教并存地区，宗教文化丰富多样，是中国传统文化的组成部分。中国政府保障公民宗教信仰自由权利，尊重和保护宗教文化。

多种宗教文化交融共存。新疆历来是多种宗教传播的重要地区，是宗教文化的汇聚之地。新疆最初流行原始宗教、萨满教。公元前 4 世纪起，随着祆教、佛教等相继传入，逐步形成多种宗教并存的格局。后来，道教、摩尼教、景教、伊斯兰教等先后传入，多种宗教并存的格局不断发展演变。一教或两教为主、多教并存是新疆宗教格局的历史特点。多种宗教文化长期交融共存，互相借鉴，并在适应中国社会发展过程中调整变化。目前，新疆有伊斯兰教、佛教、基督教、天主教、道教等。萨满教和祆教的元素遗留至今，并且以生活习俗的形式表现出来。佛教文化影响深远，在喀什、哈密、伊犁等地，仍可见到佛龛、莲花图案、莲花宝座等遗存。

宗教典籍文献依法出版发行。国家以多种语言文字翻译出版发行伊斯兰教、佛教、基督教等宗教典籍文献，满足各族信教公民的多样化需求。新疆已翻译出版发行汉、维吾尔、哈萨克、柯尔克孜等多种文字的《古兰经》《布哈里圣训实录精华》等宗教经典书籍，编辑发行汉、维吾尔两种文字的《卧尔兹演讲集》系列。开办汉、维吾尔两种语言文字的新疆穆斯林网站。整理出版《金光明经卷二》《弥勒会见记》等宗教古籍文献。在专营宗教书刊的销售点，可以购买《古兰经》《圣经》《金光明经》等各种宗教典籍。

宗教文化遗产得到有效保护。目前，新疆有喀什艾提尕尔清真寺、昭苏圣佑庙、克孜尔千佛洞等 109 处宗教文化古迹被列入全国重点文物保护单位和自治区级文物保护单位。其中，全国重点文物保护单位 46 处，自治区级文物保护单位 63 处。中央政府拨专款对列入国家和新疆文物保护单位的克孜尔千佛洞、柏孜克里克石窟、喀什艾提尕尔清真寺等进行修缮。新疆出资维修吐鲁番苏公塔、昭苏圣佑庙、乌鲁木齐红庙子道观等 28 处宗教建筑（场所）。涉及宗教的非物质文化遗产也得到了保护和传承。

坚持宗教中国化方向。同所在社会相适应是宗教生存发展的规律。在中华文化兼容并蓄、求同存异、和而不同思想影响下，佛教等外来宗教都经历了中国化、本土化过程。佛教传入新疆后，主动适应社会发展、融入主流文化，对新疆历史和文化产生了深远影响。伊斯兰教传入新疆后沿着中国化方向发展，经过长期与当地传统信仰和文化融合，逐渐成为中华文化的一部分，并表现出地域特征和民族特色。天主教的独立自主、自办教会，基督教的自传、自治、自养等，都为实现宗教中国化作出了积极努力。新疆坚持宗教中国化的历史传统，积极引导宗教与社会主义社会相适应，支持宗教界深入挖掘教义教规中有利于社会和谐、时代发展、健康文明的内容，对教义教规作出符合当代中国发展进步、符合中华优秀传统文化的阐释，引导各种宗教坚持中国化方向。

四、文化遗产保护和传承取得成就

新疆文化遗产丰富。中央政府和新疆地方政府不断加强法制建设，推进文化遗产保护工作。《中华人民共和国文物保护法》和《中华人民共和国非物质文化遗产法》等法律法规对保护新疆各民族丰富多彩的文化遗产提供了重要法治保障。

文物保护成果丰硕。目前，新疆有各级文物保护机构 189 个，文物保护网络基本建成。全面完成全国不可移动文物普查 3 次，可移动文物普查 1 次，文化遗产家底进一步摸清。截至 2017 年，新疆文物点 9542 处，其中世界文化遗产 6 处、全国重点文物保护单位 113 处、自治区级文物保护单位 558 处。文化文物系统现有博物馆 93 个（包括自治区博物馆和吐鲁番地区博物馆 2 个国家一级博物馆），馆藏文物 45 万件/套。

新疆历史文化名城名镇名村街区保护取得显著成效。确立国家级历史文化名城5座、历史文化名镇3个、历史文化名村4个、历史文化街区2个、中国传统村落17个、中国少数民族特色村寨22个。多年来，中国政府对高昌故城遗址、北庭故城遗址、惠远新老古城遗址等一大批文物古迹进行修缮保护，抢救性保护修复3000余件珍贵文物。

考古发掘成果中外瞩目。截至2017年，新疆民丰尼雅遗址、尉犁营盘墓地、若羌小河墓地、库车友谊路晋十六国砖室墓、巴里坤东黑沟遗址、吉木乃通天洞遗址等8项考古发掘项目先后被列入当年全国十大考古新发现，出土了“五星出东方利中国”锦护臂、“王侯合昏千秋万岁宜子孙”锦被等国宝级文物。

古籍保护力度加大。成立了新疆维吾尔自治区古籍整理出版规划领导小组及办公室、古籍保护中心、古籍修复中心，建立少数民族古籍特藏书库。2011年，新疆古籍保护中心启动第一次古籍普查工作，对重点、珍贵古籍的基本内容、破损情况和保存状况登记造册。之后又数次开展普查。截至2017年，完成古籍整理普查14980种。已收藏的古代典籍文献包括汉文字（汉文字、西夏文和契丹文等）、阿拉美文字（佉卢文、帕赫列维文、摩尼文和回鹘文等10多种）和婆罗米文字（梵文、焉耆—龟兹文、于阗文、吐蕃文等）三大系统，共19种语言、28种文字，内容涵盖政治、经济、社会、宗教、天文、数学、医学、艺术等领域。古籍整理数字化建设日益加强。

中国政府支持新疆以汉文和维吾尔文翻译、整理、出版了濒于失传的《福乐智慧》和《突厥语大词典》等古籍。组织古籍专家开展学术研究、提供咨询服务，邀请国内外古籍保护工作者、研究者和管理者交流研讨。2011年，国家文化部和新疆维吾尔自治区人民政府共同主办“西域遗珍——新疆历史文献暨古籍保护成果展”，其中孤本古籍超过半数，受到社会各界称赞。

非物质文化遗产得到有效保护。按照“保护为主、抢救第一、合理利用、传承发展”的原则，加强政策立法。2008年，新疆出台《新疆维吾尔自治区非物质文化遗产保护条例》；2010年，《新疆维吾尔自治区维吾尔木卡姆艺术保护条例》颁布实施。新疆出台一系列非物质文化遗产保护制度，为科学、系统地抢救保护非物质文化遗产提供了制度保障。

中国政府1951年、1954年两次抢救性录制维吾尔十二木卡姆。上世纪60年代开始，投入大量资金和人力，整理出版了包括柯尔克孜族史诗《玛纳斯》、蒙古族史诗《江格尔》等多种民间口头文学作品。编纂出版《中国民族民间舞蹈集成·新疆卷》《中国民间歌曲集成·新疆卷》《中国民间故事集成·新疆卷》等涵盖各民族音乐、舞蹈、戏曲等门类的十大艺术集成志书。“中华文脉——新疆非物质文化遗产保护记录工程”持续实施。截至2017年，新疆完成23位国家级代表性传承人抢救性记录工作，运用文字、图片、音像等多种记录手段，对非物质文化遗产项目实施了抢救性保护；创建了维吾尔族乐器、地毯和艾德莱斯绸织造3个非物质文化遗产项目国家级生产性保护示范基地；命名91个自治区级非物质文化遗产保护传承基地。

新疆维吾尔木卡姆艺术、柯尔克孜史诗《玛纳斯》、维吾尔族麦西热甫分别列入联合国教科文组织“人类非物质文化遗产代表作名录”和“急需保护的非物质文化遗产名录”。入选国家级、自治区级非物质文化遗产代表性名录的项目分别有83项、294项，国家级、自治区级非物质文化遗产代表性传承人分别有112位、403位。

民俗文化得到尊重与传承。新疆坚持尊重差异、包容多样、相互欣赏，充分尊重和保护各种民俗文化，实现多元文化和谐共处，各民族优秀传统文化得到有效保护和传承。在春节、清明节、端午节、中秋节以及肉孜节、古尔邦节等传统节日，各族人民都能享受法定假期。每逢节日，新疆各地民众用音乐、歌舞、传统体育竞技等文化活动来庆祝。汉族的“元宵灯会”、维吾尔族的“麦西热甫”、哈萨克族的“阿依特斯”、柯尔克孜族的“库姆孜弹唱会”、蒙古族的“那达慕大会”、回族的“花儿会”等民俗活动广泛开展，受到各族民众的欢迎。新疆提倡各民族相互尊重风俗习惯，倡导各民族在衣食住行、婚丧嫁娶、礼仪风俗等方面崇尚科学、文明、健康的风尚。

五、文化事业和文化产业不断发展

文化发展的核心是满足人的精神文化需求。中国政府支持新疆努力提高公共文化服务水平，促进文学艺术创作和新闻出版繁荣进步，增强文化产业实力，保障公民文化权利，丰富各族人民精神文化生活。《中华人民共和国公共文化服务保障法》《中华人民共和国公共图书馆法》《中华人民共和国电影产业促进法》等法律法规为保障新疆各族人民基本文化需求，提供公共文化服务，促进文化产业发展提供了重要法治保障。

公共文化服务水平日益提高。1955 年，新疆有 1 个公共图书馆、各类体育场地 425 个。在中央政府大力支持下，近年来，新疆实施“县级文化馆、图书馆修缮工程”“文化信息资源共享工程”“乡镇综合文化站工程”等一系列文化基础工程。截至 2017 年，新疆有公共图书馆 112 个、博物馆和纪念馆 173 个、美术馆 57 个、文化馆 119 个、文化站和文化室 12158 个，有各级各类广播电视台（站）302 个，广播和电视人口覆盖率分别达到 97.1% 和 97.4%，有体育场地 29600 个，形成了相对完整的各级公共文化服务体系。

新疆积极推进城乡公共文化服务均等化。文化馆、图书馆、博物馆、乡镇（街道）文化站等公共文化设施免费向社会开放。基本实现户户通广播电视。农村电影放映实现行政村全覆盖。财政安排资金支持为贫困乡村提供戏曲等多种形式的文艺演出。广泛开展全民阅读活动，农家书屋工程覆盖所有行政村。截至 2017 年，共举办 13 届自治区运动会、8 届少数民族传统体育运动会、5 届老年人运动会、6 届残疾人运动会。村级“农牧民体育健身工程”实现全覆盖。新颖多样的健身器材在边远乡村普及，丰富有趣的体育比赛和健身活动深受各族群众欢迎。

文学艺术创作和新闻出版持续繁荣。新疆文学艺术佳作纷呈，生动展现了中华文化魅力。小说《天山深处的“大兵”》、诗集《神山》、散文集《在新疆》、文学评论集《西部：偏远省份的文学写作》、油画作品《来自高原的祈福——5·19 国家记忆》、摄影作品《风雪人生》、话剧《大巴扎》、舞剧《阳光下的舞步》《戈壁青春》、歌舞剧《情暖天山》、音乐剧《冰山上的来客》、音乐杂技剧《你好，阿凡提》、歌曲《屯垦爹娘》、广播剧《马兰谣》和电影《大河》《鲜花》《真爱》《生死罗布泊》《塔克拉玛干的鼓声》等一批文学艺术作品获得精神文明建设“五个一工程”奖、鲁迅文学奖、中国电影华表奖等国家级奖项，杂技《生命之旅》《抖杠——担当》等获得国际杂技节金奖。2006 年，成立新疆广播影视译制中心，相继在 11 个地、州和伊宁市、莎车县、库车县、于田县建立电视译制部。目前，少数民族语言影视剧年译制量达 6200 集左右。中华人民共和国成立前，新疆仅有 2 种报纸。截至 2017 年，新疆共有报纸 126 种，期刊 223 种，每年出版图书、音像制品和电子出版物约 1 万种。

文化、体育和民族医药产业实力逐步增强。目前，新疆有文化企业1万余家，已形成门类较为齐全的文化产业发展体系，涵盖新闻出版发行、广播影视、演艺、文化娱乐、游戏、文化旅游、工艺美术、艺术品、动漫、文化会展、创意设计、数字文化服务等领域。截至2017年，有国家级文化产业示范基地6家，自治区级文化产业示范基地109家，获得国家认定的动漫企业11家，建成各类文化产业园区20家；有国家5A级景区12家，导游17000人。文化及旅游产业增加值逐年增长。

成立一批职业体育俱乐部，体育竞赛与表演市场日趋活跃。环塔克拉玛干汽车摩托车越野拉力赛、中国篮球职业联赛新疆区比赛保持较高市场化运作水平。以中国国际露营大会、国际沙漠越野挑战赛、环艾丁湖摩托车赛、环赛里木湖公路自行车赛等为代表的体育休闲市场日趋成熟。赛马、冰雪运动、航空体育产业发展潜力巨大。

新疆已形成中华医药（含民族药）、医疗机构制剂、食品（含保健食品）、医疗器械和药用包装材料等门类较为齐全的医药健康产业体系。其中维吾尔医药、哈萨克医药、蒙医药等少数民族传统医药历史悠久，是中华文化瑰宝，许多药材被纳入国家标准和国家相关标准化研究项目。新疆民族医药销售产值占制药行业销售总产值比重逐年提高；民族医药企业的产品在不断开拓国内市场的同时，还销往周边国家和地区，进入国际市场。

网络文化蓬勃发展。随着互联网在中国的不断发展，近年来，互联网越来越成为新疆各族人民学习、工作、生活的新空间，获取公共服务的新平台。截至2017年，新疆备案网站11520家，固定宽带用户达569.9万户，移动互联网用户达1855.8万户。微信公众平台“最后一公里”用户遍及全国所有省、自治区、直辖市和几十个国家、地区。先后实施争做中国好网民、艾德莱斯网络引领、网络融情等工程，开展“网络中国节”“我是一颗石榴籽”“艾德莱斯出天山”等系列网络文化活动30余项，示范带动新疆各地开展各类网络文化活动7000余项。2017年，新疆本地消费者网购零售额达569.1亿元，比上年增长29.8%。蓬勃发展的网络文化引领了向上向善的社会风尚。

六、对外文化交流日趋活跃

新疆是中华文明向西开放的重要门户，在东西方文明交流互鉴中发挥了重要作用。在中央政府支持下，新疆已形成全方位、多层次的对外文化交流格局。

以多种形式参与国际文化交流与合作。中国新疆国际民族舞蹈节、中国—亚欧博览会“中外文化展示周”和“出版博览会”等成为具有一定国际影响力的文化交流品牌。2009年以来，举办了7届“中国·新疆国际青少年艺术节”，邀请中亚四国及俄罗斯、蒙古、巴基斯坦、印度、马来西亚、泰国、韩国、阿塞拜疆等12个国家及国内共119个文艺团体的2330余名青少年来新疆演出交流。2012年至2017年，新疆连续举办7期“丝绸之路经济带相关国家媒体负责人研修班”，邀请了25个国家的100多家媒体负责人来新疆研修、交流、考察。

近年来，新疆积极推进“丝绸之路经济带”核心区建设，加强与沿线国家的人文科技交流。2016年，举办第五届中国—亚欧博览会科技合作论坛，30多个国家和国际组织的154名嘉宾受邀参加。建成12个国家级国际科技合作基地，与30多个国家和地区以及10个国际组织和研究机构开展了国际科技合作与交流，涉及农业、资源环境、农产品加工、天文、煤化工、生物医药、能源等领域。稳步实施“留学中国计划”，逐步扩大丝绸之路经济带沿线国家优秀留学生奖学金资助规模。新疆高校积极开展国际交流与合作，留学生教育规模逐年增加、质量不断提升。从 1985 年开始，截至 2017 年，新疆高校接收外国留学生达 5 万人次。新疆积极发挥包括维吾尔医药、哈萨克医药在内的中华医学特色优势，筹建中外联合中医机构，开展中医民族医药国际医疗服务体系建设项目，吸引了越来越多的周边国家患者前来就医。2015 年至 2017 年，乌鲁木齐市有 5 家医院开展国际医疗服务，累计接诊外籍患者 1.7 万人次。新疆举办一系列高水平体育赛事，吸引大批国际优秀运动员和体育爱好者积极参与。

积极对外展示新疆各民族文化风采。从上世纪末开始，“中国新疆古代丝绸之路文物展”“丝路奥秘——新疆文物大展”等新疆文物精品展览陆续在日本、美国、德国、韩国等国家举行。一批非物质文化遗产项目赴联合国总部、英国、日本、法国及新疆周边国家进行表演展示。近年来，“感知中国——中国西部文化行·新疆篇”“中国新疆文化交流团”“中国新疆文化周”分别在美国、加拿大、德国、法国、意大利、西班牙、澳大利亚、新西兰、俄罗斯、哈萨克斯坦、格鲁吉亚、埃及、土耳其、伊朗、沙特、巴基斯坦、阿富汗、马来西亚、文莱、老挝等国举办多种文化交流活动。新疆多次组团代表中国参加国际伊塞克湖运动会，加强了与上海合作组织成员国之间的体育交流与合作。

结束语

中华文化是中国各族人民共同创造、传承和发展的，是民族团结和国家统一的精神纽带。事实证明，新疆各民族文化是中华文化的组成部分，中华文化始终是新疆各民族的情感依托、心灵归宿和精神家园，也是新疆各民族文化发展的动力源泉。

中共中央总书记、国家主席、中央军委主席习近平指出：“中国共产党从成立之日起，既是中国先进文化的积极引领者和践行者，又是中华优秀传统文化的忠实传承者和弘扬者。当代中国共产党人和中国人民应该而且一定能够担负起新的文化使命，在实践创造中进行文化创造，在历史进步中实现文化进步！”今天，在以习近平同志为核心的党中央坚强领导下，中华民族已经走进新时代，踏上新征程，在文化交流交融的舞台上，新疆各族人民应该而且一定能够担负起自己新的文化使命，在文化创造中铸就新繁荣，在文化进步中取得新发展！

新疆的反恐、去极端化斗争与人权保障*

国务院新闻办公室18日发表《新疆的反恐、去极端化斗争与人权保障》白皮书，全文如下：

新疆的反恐、去极端化斗争与人权保障

中华人民共和国国务院新闻办公室

（2019年3月）

目录

前　言

恐怖主义是人类社会的公敌，是国际社会共同打击的对象。恐怖势力通过暴力、破坏、恐吓等手段，肆意践踏人权、戕害无辜生命、危害公共安全、制造社会恐慌，严重威胁世界和平与安宁。极端主义思想的渗透与蔓延极易催生暴力恐怖行为，对人们享有各项人权直接构成威胁。中国政府反对一切形式的恐怖主义、极端主义，对任何宣扬恐怖主义、极端主义，组织策划实施恐怖活动，侵犯公民人权的行为，依法严厉打击。

一段时间以来，中国新疆地区深受民族分裂势力、宗教极端势力、暴力恐怖势力（以下简称“三股势力”）的叠加影响，恐怖袭击事件频繁发生，对各族人民生命财产安全造成极大危害，严重践踏了人类尊严。面对恐怖主义、极端主义的现实威胁，新疆采取果断措施，依法开展反恐怖主义和去极端化斗争，有效遏制了恐怖活动多发频发势

---

* 来源：国务院新闻办公室网站，2019年3月18日（http：//www.scio.gov.cn/zfbps/ndhf/39911/Document/1649848/1649848.htm）。

头，最大限度保障了各族人民群众的生存权、发展权等基本权利。

中国是社会主义法治国家，尊重和保障人权是中国的宪法原则。中国新疆的反恐怖主义和去极端化斗争，是国际社会反恐怖斗争的重要组成部分，完全符合联合国打击恐怖主义、维护基本人权的宗旨和原则。

一、新疆是中国领土不可分割的一部分

新疆地处中国西北，位于亚欧大陆腹地，面积166万多平方公里，与蒙古国、俄罗斯、哈萨克斯坦、吉尔吉斯斯坦、塔吉克斯坦、阿富汗、巴基斯坦、印度8个国家接壤。新疆自古就是多民族聚居、多文化交汇、多宗教并存的地区，是东西方文明交流的重要通道，著名的“丝绸之路”在此将古代中国与世界联系起来。在悠久的历史进程中，各民族交往、交流、交融，共居、共学、共事、共乐，和睦相处、和衷共济、和谐发展。

新疆自古就是中国领土。包括新疆天山南北的广大地区古称西域，早在先秦时期就同中原地区保持着密切联系。随着秦、汉两个统一的封建王朝的建立，多民族大一统成为中国历史发展的主脉，新疆地区始终在中国统一多民族国家格局下发展。公元前60年，西汉在新疆地区设立西域都护府，标志着新疆地区正式纳入中国版图。公元123年，东汉改西域都护府为西域长史府，继续行使管理西域的职权。三国曹魏政权继承汉制，在西域设戊己校尉。西晋在西域设置西域长史和戊己校尉管理军政事务。隋代，结束了中原长期割据状态，扩大了郡县制在西域的范围。唐代，中央政权对西域的管理大为加强，先后设置安西大都护府和北庭大都护府统辖天山南北，于阗王国自称唐朝宗属，随唐朝国姓李。宋代，西域地方政权与宋朝保持着朝贡关系，高昌回鹘尊中朝（宋）为舅，自称西州外甥。喀喇汗王朝多次派使臣向宋朝朝贡。元代，设北庭都元帅府、宣慰司等管理军政事务，加强了对西域的管辖。明代，中央政权设立哈密卫作为管理西域事务的机构。清代，清政府平定准噶尔叛乱，中国西北边界得以确定。此后，对新疆地区实行了更加系统的治理政策。1762年设立伊犁将军，实行军政合一的军府体制；1884年在新疆地区建省。1949年中华人民共和国成立，新疆和平解放。1955年成立新疆维吾尔自治区。在中国共产党领导下，新疆经济社会面貌发生了翻天覆地的变化，进入历史上最好的繁荣发展时期。尽管新疆地区历史上曾出现过一些王朝、汗国，但它们都是中国疆域内的地方政权形式，都是中国的一部分，从来不是独立国家。新疆是中国领土不可分割的一部分不容置疑。

新疆地区历来是多民族聚居地区。从古至今，新疆地区一直生活着很多民族，各民族迁徙往来频繁。最早开发新疆的是春秋战国时期生活在天山南北的塞人、月氏人、乌孙人、羌人、龟兹人、焉耆人、于阗人、疏勒人、莎车人、楼兰人、车师人等。秦汉时期的匈奴人、汉人、羌人，魏晋南北朝时期的鲜卑、柔然、高车、嚈哒、吐谷浑，隋唐时期的突厥、吐蕃、回纥，宋辽金时期的契丹，元明清时期的蒙古、女真、党项、哈萨克、柯尔克孜、满、锡伯、达斡尔、回、乌孜别克、塔塔尔族等，每个历史时期都有不同民族的大量人口进出新疆地区，都是新疆的共同开拓者。至19世纪末，已有维吾尔、汉、哈萨克、蒙古、回、柯尔克孜、满、锡伯、塔吉克、达斡尔、乌孜别克、塔塔尔、俄罗斯共13个主要民族定居新疆，形成维吾尔族人口居多、多民族聚居分布的格局。新疆地区既是新疆各民族的家园，更是中华民族共同家园的组成部分。

维吾尔族是经过长期迁徙、民族融合形成的，不是突厥人后裔。维吾尔族先民的主体是隋唐时期活动在蒙古高原的回纥人，曾经有乌护、乌纥、袁纥、韦纥、回纥等多种译名。当时，为了反抗突厥的压迫和奴役，回纥联合铁勒诸部中的仆固、同罗等部组成了回纥部落联盟。744 年，统一了回纥各部的首领骨力裴罗受唐朝册封。788 年，回纥统治者上书唐朝，自请改为“回鹘”。840 年，回鹘汗国被攻破，回鹘人除一部分迁入内地同汉人融合外，其余分为三支：一支迁往吐鲁番盆地和今天的吉木萨尔地区，建立了高昌回鹘王国；一支迁往河西走廊，与当地诸族交往融合，形成裕固族；一支迁往帕米尔以西，分布在中亚至今喀什一带，与葛逻禄、样磨等部族一起建立了喀喇汗王朝，并相继融合了吐鲁番盆地的汉人、塔里木盆地的焉耆人、龟兹人、于阗人、疏勒人等，构成近代维吾尔族的主体。元代，维吾尔族先民在汉语中又称“畏兀儿”。元明时期，新疆地区各民族进一步融合，蒙古人尤其是察合台汗国的蒙古人基本和畏兀儿人融为一体，为畏兀儿补充了新鲜血液。1934 年，新疆省发布政府令，决定统一使用“维吾尔”作为汉文规范称谓，意为维护你我团结，首次准确表达了“Uyghur”名称的本意。

新疆地区各民族文化是中华文化不可分割的一部分。早在先秦时期，新疆地区就与中原地区展开了密切交流。考古证实，新疆地区出土的彩陶就受到中原地区仰韶文化的影响，在河南安阳的商代妇好墓中，陪葬了大量新疆和田玉制成的器物。西汉统一新疆地区后，汉语成为当地官府文书中的通用语之一，中原地区的农业生产技术、礼仪制度、书籍、音乐舞蹈等在新疆地区广泛传播。与此同时，琵琶、羌笛等乐器也由新疆地区或者通过新疆地区传入中原地区，对中原地区音乐产生重大影响。中华文化宝库中，就包括维吾尔族十二木卡姆艺术、哈萨克族阿依特斯艺术、柯尔克孜族史诗《玛纳斯》、蒙古族史诗《江格尔》等各民族的文化瑰宝。不可否认，新疆地区文化受到伊斯兰文化影响，但这既没有改变新疆地区文化属于中华文明的特质和走向，也没有改变新疆地区文化属于中华文化一部分的客观事实。增强中华文化认同是新疆各民族文化繁荣发展之魂，只有把中华文化作为情感依托、心灵归宿和精神家园，才能促进新疆各民族文化的繁荣发展。

新疆地区历来是多种宗教并存的地区。在原始社会，新疆地区的居民就产生了原始宗教观念，并逐步形成了萨满教。公元前 4 世纪以前，新疆地区流行的是原始宗教。从公元前 4 世纪起，盛行于东西方的一些宗教沿着丝绸之路陆续传入新疆地区。最先传入的是祆教。大约在公元前 1 世纪，佛教传入新疆地区，逐渐成为占主导地位的宗教，形成以佛教为主、多种宗教并存格局，并先后形成了于阗、疏勒、龟兹、高昌等著名佛教中心。公元 4 世纪至 10 世纪，佛教进入鼎盛时期。同期，祆教流行于新疆各地，吐鲁番地区尤为盛行。5 世纪前后，道教传入新疆，主要盛行于吐鲁番、哈密等地，至清代传播到新疆大部分地区并一度复兴。6 世纪，摩尼教和景教（基督教聂斯脱利派）相继传入新疆。10 世纪至 14 世纪，景教随着许多地方回鹘等民族改信而逐步兴盛。9 世纪末 10 世纪初，伊斯兰教传入新疆南部，新疆原有宗教格局再次发生变化。喀喇汗王朝在接受伊斯兰教后，于 10 世纪中叶向信仰佛教的于阗王国发动了 40 余年的宗教战争，11 世纪初攻灭于阗，将伊斯兰教强制推行到这一地区，形成了南疆以伊斯兰教为主、北疆以佛教为主，伊斯兰教与佛教并立的格局。14 世纪中叶，东察合台汗国统治者以战争等强制手段，将伊斯兰教逐渐推行到塔里木盆地北缘、吐鲁番盆地和哈密一带。至 16 世纪初，新疆地区形成了以伊斯兰教为主、多种宗教并存的格局。18 世纪开始，基督教、天主教、东正教相继传入新疆地区。以伊斯兰教为主、多种宗教并存的格局一直延续至今。由此可见，一教或两教为主、多教并存是新疆宗教格局的历史特点，交融共存是新疆宗教关系的主流。伊斯兰教既不是维吾尔族等民族天生信仰的宗教，也不是其唯一信仰的宗教。直到今天，仍有不少群众不信仰宗教或信仰其他宗教。

二、恐怖主义、极端主义在新疆的由来

分裂主义是新疆恐怖主义、极端主义产生的温床。长期以来，恐怖势力与极端势力大肆歪曲、编造、篡改新疆历史，夸大民族间的文化差异，煽动民族隔阂和仇恨，鼓吹宗教极端，为实施分裂活动大造声势。

19 世纪末 20 世纪初，境内外狂热的分裂分子与宗教极端分子，利用老殖民主义者炮制的一整套所谓的“泛突厥主义”“泛伊斯兰主义”理论，妄称维吾尔人是新疆唯一的“主人”，新疆各民族文化不是中华文化，伊斯兰教是新疆地区各民族唯一信仰的宗教等；鼓噪所有操突厥语和信奉伊斯兰教的民族联合起来，组成一个“政教合一”的国家，建立“东突厥斯坦”；否认中国各民族共同缔造伟大祖国的历史，叫嚣“要反对突厥民族以外的一切民族”，消灭“异教徒”。

20 世纪初至 40 年代末，“东突”势力为了达到分裂和控制新疆、建立所谓的“东突厥斯坦”国家的目的，大肆传播“泛突厥主义”“泛伊斯兰主义”，宣扬暴力恐怖主义，组织策划一系列分裂活动。1915 年，分裂分子麦斯武德回到伊犁，开办学校，公开向学生传播分裂思想。1933 年 11 月 12 日，以穆罕默德・伊敏等为首的“东突”分裂势力建立了所谓的“东突厥斯坦伊斯兰共和国”，遭到新疆各族人民的反对，不到三个月这场闹剧就草草收场。1944 年 11 月 12 日，以艾力汗・吐烈为首的“东突”分裂势力建立了所谓的“东突厥斯坦共和国”，仅一年多即土崩瓦解。此后，形形色色的分裂组织和分裂分子打着“东突”旗号进行颠覆分裂活动，妄图建立所谓的“东突厥斯坦”国家。

1949 年新中国成立后，在中国共产党的领导下，新疆各族人民共同团结奋斗、共同建设美好家园，实现了社会稳定、经济发展和人民生活改善。但“东突”势力并不甘心失败，在国际反华势力的支持下，不择手段地组织策划实施各种分裂破坏活动。20 世纪 50 年代初期，分裂分子在新疆制造了多起暴乱，他们的口号是“维吾尔人应该在星月旗下团结起来”“建立伊斯兰共和国”。60 年代，先后发生了“伊塔事件”、“东突厥斯坦人民革命党”叛乱、南疆阿洪诺夫集团武装暴乱。70 年代末 80 年代初，宗教极端主义进一步向新疆渗透。80 年代以后，宗教极端主义与恐怖主义沆瀣一气、兴风作浪，成为严重危害新疆稳定安全的浊流。

20 世纪 90 年代以来，特别是美国“9・11”事件后，受国际局势变化和恐怖主义、极端主义全球蔓延的影响，境内外“东突”势力加强勾连，扬言通过发动“圣战”建立“东突厥斯坦”国家。他们打着民族、宗教的幌子，利用群众朴素的民族宗教感情，煽动宗教狂热、大肆散布宗教极端思想，蛊惑煽动群众，实施暴力恐怖活动，使一些人走上违法犯罪的道路。他们大肆鼓吹“圣战殉教进天堂”等邪说，把一些人变成完全受其精神控制的极端分子和恐怖分子，甚至变成杀人不眨眼的魔鬼。

宗教极端主义打着伊斯兰教旗号，但完全违背宗教教义，并不是伊斯兰教。长期以来，他们把极端思想与宗教捆绑在一起，与广大信教群众捆绑在一起，与社会生活捆绑

在一起，煽动群众“除了真主以外不能服从任何人”，教唆信教群众抵制政府管理；鼓吹把一切不遵循极端做法的人都视为异教徒、宗教叛徒、民族败类，煽动辱骂、排斥、孤立不信教群众、党员干部和爱国宗教人士；否定和排斥一切世俗文化，宣扬不能看电视、听广播、读报刊，强迫葬礼不哭、婚礼不笑，禁止人们唱歌跳舞，强制妇女穿戴蒙面罩袍；泛化“清真”概念，不仅在食品上，而且在药品、化妆品、服装等物品上都打上清真标签；无视新疆各民族共同创造的多姿多彩、辉煌灿烂的传统文化，企图割裂中华文化与新疆各民族文化的联系。这一切，都是对现代文明的否定，都是对人类进步的破坏，都是对公民人权的粗暴侵犯。

三、暴力恐怖和宗教极端行为严重践踏人权

在分裂主义的影响下，新疆恐怖主义势力、极端主义势力大肆实施破坏活动，给新疆社会稳定带来极大危害，给各族人民造成极大伤痛。据不完全统计，自 1990 年至 2016 年底，“三股势力”在新疆等地共制造了数千起暴力恐怖案（事）件，造成大量无辜群众被害，数百名公安民警殉职，财产损失无法估算。

疯狂残害普通民众。1992 年 2 月 5 日，正当中国各族人民欢度春节时，恐怖组织在乌鲁木齐市 52 路、30 路公共汽车上实施了 2 起爆炸案件，炸毁公共汽车 2 辆，造成 3 人死亡、23 人受伤。1997 年 2 月 25 日，“东突”恐怖分子实施了乌鲁木齐市 2 路、10 路、44 路公共汽车爆炸案，炸毁 3 辆公共汽车，致使 9 人死亡、68 名乘客重伤。2011 年 7 月 30 日，2 名恐怖分子在喀什市美食街路口劫持一辆卡车，持刀杀害司机后，驾车冲向人群，并下车持刀砍杀路边群众，造成 8 人死亡、27 人受伤；次日，恐怖分子在该市人民西路香榭大街步行街疯狂砍杀路人，造成 6 人死亡、15 人受伤。2012 年 2 月 28 日，9 名恐怖分子在喀什地区叶城县幸福路步行街持砍刀袭击群众，造成 15 人死亡、20 人受伤。2014 年 3 月 1 日，8 名新疆籍恐怖分子在昆明市火车站广场和售票厅持砍刀疯狂砍杀群众，造成 31 人死亡、141 人受伤。2014 年 4 月 30 日，2 名恐怖分子混入乌鲁木齐市火车南站出站口人群中，1 人持匕首袭击群众，另 1 人引爆手提箱内爆炸装置，造成 3 人死亡、79 人受伤。2014 年 5 月 22 日，5 名恐怖分子驾驶 2 辆越野车冲破乌鲁木齐市沙依巴克区公园北街早市防护栏，冲撞碾压群众，引爆爆炸装置，造成 39 人死亡、94 人受伤。2015 年 9 月 18 日，一伙恐怖分子袭击阿克苏地区拜城县一处煤矿，造成 16 人死亡、18 人受伤。

残忍杀害宗教人士。1993 年 8 月 24 日，2 名恐怖分子将喀什地区叶城县大清真寺主持阿不力孜大毛拉刺成重伤。1996 年 3 月 22 日，2 名恐怖分子蒙面持枪闯入阿克苏地区新和县伊斯兰教协会副会长、清真寺副主持阿克木司地克·阿吉家中，将其枪杀。1996 年 5 月 12 日，在中国伊斯兰教协会副会长、新疆伊斯兰教协会会长、喀什市艾提尕尔清真寺哈提甫阿荣汗·阿吉前往清真寺主持宗教活动途中，被 4 名恐怖分子连刺 21 刀致重伤。1997 年 11 月 6 日，恐怖团伙受境外“东突”组织指挥，将中国伊斯兰教协会委员、新疆阿克苏伊斯兰教协会会长、拜城县清真寺主持尤努斯·斯迪克大毛拉枪杀于赴清真寺做礼拜的途中。1998 年 1 月 27 日，该恐怖团伙又将前往清真寺做礼拜的拜城县大清真寺主持阿不力孜·阿吉枪杀。2014 年 7 月 30 日，74 岁的新疆伊斯兰教协会副会长、喀什市艾提尕尔清真寺居玛·塔伊尔大毛拉在主持完晨礼后，被 3 名恐怖分子残忍杀害。

严重危害公共安全。1998 年 5 月 23 日，“东突解放组织”派遣境外受训恐怖分子入境，在乌鲁木齐商贸城、批发市场、旅社等多处人员密集场所投放 40 多枚化学自燃纵火装置，制造了 15 起纵火案。2008 年 3 月 7 日，恐怖分子携带经过伪装可致机毁人亡的破坏装置登上从乌鲁木齐飞往北京的 CZ6901 航班，企图制造空难事件。2012 年 6 月 29 日，在新疆和田飞往乌鲁木齐的 GS7554 航班上，6 名恐怖分子试图劫机，计划效仿美国“9·11”事件发动恐怖袭击。2013 年 10 月 28 日，3 名新疆籍恐怖分子携带 31 桶汽油、20 个打火机、5 把长短刀及铁棍等作案物品，驾驶吉普车闯入北京天安门东侧人行便道，疯狂冲撞游客及执勤民警，撞上金水桥护栏受阻后，点燃车内汽油，致使车辆燃烧，造成包括 1 名外籍游客在内的 2 人死亡、40 余人受伤。

公然袭击政府机构。1996 年 8 月 27 日，6 名恐怖分子乘车到喀什地区叶城县江格勒斯乡政府，割断电话线，杀死 1 名副乡长和 1 名值班警察；随后又将 3 名治安员和 1 名水管员绑架到 10 公里外的戈壁滩杀害。1999 年 10 月 24 日，一伙恐怖分子携枪支、砍刀、燃烧爆炸装置，袭击喀什地区泽普县赛力乡公安派出所，连续投掷燃烧瓶和爆炸装置、开枪射击，枪杀 1 名联防队员和 1 名被羁押审查的犯罪嫌疑人，击伤 1 名民警和 1 名联防队员，烧毁派出所 10 间房屋、1 辆吉普车、3 辆摩托车。2008 年 8 月 4 日，恐怖分子驾驶一辆偷窃来的自卸货车，在喀什市色满路从背后冲撞正在出操的公安边防支队武警队列，并投掷自制手雷，造成 16 人死亡、16 人受伤。2013 年 4 月 23 日，喀什地区巴楚县色力布亚镇一伙恐怖分子制作爆炸装置时，被入户走访的社区工作人员发现，3 名社区工作人员当场被杀，闻讯赶来的镇政府工作人员、民警遭恐怖分子伏击，共造成 15 人死亡、2 人重伤。2013 年 6 月 26 日，多名恐怖分子先后袭击吐鲁番地区鄯善县鲁克沁镇派出所、特巡警中队、镇政府和建筑工地，造成 24 人死亡、25 人受伤。2014 年 7 月 28 日，一伙恐怖分子持刀斧袭击喀什地区莎车县艾力西湖镇政府、派出所，其中部分恐怖分子窜至该县荒地镇，砍杀群众，打砸焚烧过往车辆，造成 37 人死亡、13 人受伤，31 辆车被打砸、焚烧。2014 年 9 月 21 日，巴音郭楞蒙古自治州轮台县阳霞镇派出所、农贸市场、铁热克巴扎乡派出所、县城一商铺等处遭到恐怖分子爆炸袭击，造成 10 人死亡、54 人受伤，79 辆汽车受损。2016 年 12 月 28 日，4 名恐怖分子驾车冲入和田地区墨玉县县委院内，引爆自制燃爆装置，砍杀工作人员，造成 2 人死亡、3 人受伤。

蓄意制造暴乱骚乱。1990 年 4 月 5 日，在“东突伊斯兰党”的组织策划下，一伙恐怖分子携带冲锋枪、手枪、炸药包、手榴弹等武器，纠集 200 余人攻击克孜勒苏柯尔克孜自治州阿克陶县巴仁乡政府，劫持人质 10 名，残杀武警 6 人，炸毁汽车 2 辆。1997 年 2 月 5 日至 8 日，“东突伊斯兰真主党”策划、制造了伊宁市“2·5”严重打砸抢骚乱事件，残杀群众 7 人，打伤群众、公安民警、武警 198 人，其中重伤 64 人，毁坏汽车 30 余辆，烧毁民房 2 间。2009 年 7 月 5 日，境内外“东突”势力里应外合，组织策划实施了震惊中外的乌鲁木齐市打砸抢烧严重暴力犯罪事件，数千名恐怖分子在市区多处同时行动，疯狂杀害群众，袭击政府机关、公安武警、居民住所、商店、公共交通设施等，共造成 197 人死亡、1700 多人受伤、331 个店铺和 1325 辆汽车被砸烧，众多市政公共设施损毁。

恐怖势力制造的暴力犯罪案件，一桩桩，一件件，充满血腥、令人发指。这些暴力恐怖和宗教极端行为，给新疆各族人民带来了深重灾难，充分暴露了其反人类、反文明、反社会的本质。

四、依法严厉打击恐怖主义和极端主义

坚持法治思维、运用法治方式是新疆打击恐怖主义和极端主义的重要原则。针对严峻复杂的反恐形势和各族群众对打击暴力恐怖犯罪、保障生命财产安全的迫切要求，新疆对一切侵犯公民人权、危害公共安全、破坏民族团结、分裂国家的暴力恐怖活动，依法进行严厉打击。

新疆的反恐怖主义工作、去极端化斗争始终在法治轨道上进行。《中华人民共和国宪法》《中华人民共和国刑法》《中华人民共和国刑事诉讼法》《中华人民共和国国家安全法》《中华人民共和国反恐怖主义法》《宗教事务条例》和最高人民法院、最高人民检察院、公安部、司法部联合发布的《关于办理恐怖活动和极端主义犯罪案件适用法律若干问题的意见》等相关法律法规，共同构成了国家反恐法律体系。新疆还结合本地区实际，依照《中华人民共和国立法法》《中华人民共和国民族区域自治法》等法律规定，加快地方性法规的立法进程，先后出台了《新疆维吾尔自治区宗教事务条例》《新疆维吾尔自治区实施〈中华人民共和国反恐怖主义法〉办法》《新疆维吾尔自治区去极端化条例》，为遏制、打击恐怖主义、极端主义提供了有力的法律武器。

依据上述法律法规，新疆按照“保护合法、制止非法、遏制极端、抵御渗透、打击犯罪”原则，既充分尊重和保障公民宗教信仰自由等权利，保护合法宗教活动，满足信教群众正常宗教需求，维护公民和组织的合法权益，又严厉打击各种形式的恐怖主义，禁止利用宗教传播极端思想、煽动民族仇恨、分裂国家等违法犯罪行为。自2014年以来，新疆打掉暴恐团伙1588个，抓获暴恐人员12995人，缴获爆炸装置2052枚，查处非法宗教活动4858起、涉及30645人，收缴非法宗教宣传品345229件。

新疆司法机关始终坚持以事实为依据、以法律为准绳，全面贯彻执行宽严相济刑事政策，对组织、策划、实施暴力恐怖和宗教极端违法犯罪活动的首要分子、骨干成员、罪行重大者，以及曾因实施暴力恐怖、宗教极端违法犯罪活动受到行政、刑事处罚或者免予刑事处罚又实施暴力恐怖、宗教极端犯罪活动的人员，依法从重处罚；对罪行较轻，危害不大，能认罪悔罪者，以及未成年人和受蒙蔽、胁迫参加者，依法从轻处罚；对自首、立功者依法从轻或减轻处罚，充分发挥刑罚的教育改造和预防犯罪作用。在依法惩治犯罪的同时，司法机关通过依法保障被告人的辩护权、使用本民族语言文字诉讼等权利，体现程序公正和对公民基本权利的保护。

新疆依法开展去极端化工作，治理非法宗教活动、非法宗教宣传品、非法宗教网络传播，有力遏制了宗教极端思想的滋生蔓延。宗教极端主义干预行政、司法、教育、婚姻、医疗等现象得到有效遏制，学生入学率、巩固率大幅上升，群众对宗教极端思想危害性的认识明显提高。在依法去极端化的同时，新疆也加大对合法宗教活动的保护力度，相继出台或修订了《新疆维吾尔自治区宗教事务条例》等有关宗教事务管理的地方性法规。这些地方性法规明确了宗教团体、宗教活动场所、宗教教职人员的权利和义务，明确了合法宗教活动与非法宗教活动的界限，为各族群众进行合法宗教活动提供了法治保障。特别是近年来，扎实推进“七进两有”（水、电、路、气、讯、广播电视、文化书屋进清真寺，主麻清真寺有净身设施、有水冲厕所）、“九配备”（配备医药服务、电子显示屏、电脑、电风扇或空调、消防设施、天然气、饮水设备、鞋套或鞋套

机、储物柜），极大地改善了宗教活动场所和宗教活动条件，保障了信教群众的正常宗教需求。

实践证明，依法开展反恐怖主义、去极端化斗争，弘扬了打击恐怖主义的正义性，满足了新疆各族人民对安全的殷切期待，维护了社会和谐稳定。

五、坚持把预防性反恐放在第一位

恐怖主义和极端主义宣扬不同宗教、文化、社会之间的不容忍，挑战人类公正与尊严，破坏和平与安全，对人权和可持续发展造成严重危害。打击恐怖主义和去极端化，既是世界性问题，也是世界性难题。多年来，许多国家或地区结合自身实际，积极探索打击和预防恐怖主义、极端主义的具体路径和办法。中国在借鉴吸收国际社会反恐经验的基础上，积极响应联合国大会关于《联合国全球反恐战略》（60/288）的决议，致力于“消除恐怖主义蔓延条件，预防和打击恐怖主义”。新疆立足本地区实际，深入开展反恐怖主义、去极端化斗争，坚持“一手抓打击、一手抓预防”，既依法严厉打击暴力恐怖犯罪，又重视开展源头治理，通过着力改善民生、加强法制宣传教育、依法设立职业技能教育培训中心（以下简称“教培中心”）进行帮扶教育等多种方式，最大限度保障公民的基本人权免遭恐怖主义和极端主义侵害。

着力保障和改善民生。做好保障和改善民生工作，事关群众福祉、社会和谐稳定。在新疆一些地区，过去受恐怖主义危害较大，宗教极端思想对群众生产生活渗透干扰严重，危及社会稳定、经济发展、民生安全。近年来，新疆贯彻以人民为中心的发展思想，着力保障和改善民生，大力推进就业、教育、医疗、社保等领域惠民工程。持续实施南疆3年（2018年至2020年）10万人转移就业计划，已实现深度贫困家庭劳动力转移就业7.5万人；通过发展劳动密集型产业带动就业、有组织转移就业、创业带动就业，2016年至2018年，新疆累计实现城镇新增就业140.08万人次，农村富余劳动力转移就业830.5万人次；大力普及九年义务教育，实行南疆城乡一体学前3年免费教育；落实全民免费健康体检，大病保险全覆盖，农村贫困人口15种大病集中救治和慢性病签约服务全覆盖；完善社会保障体系，城乡困难群众最低生活保障标准持续提高。人民生活不断改善，反恐维稳和去极端化工作的群众基础更加牢固。

普及法律知识、增强法治意识。新疆农村地区公民法治观念比较淡薄、法律知识贫乏，容易受到恐怖势力、极端势力的教唆和胁迫走上犯罪道路。新疆高度重视普法工作，出台了《新疆维吾尔自治区法制宣传教育条例》《关于加强自治区青少年法治教育实践基地建设工作的实施意见》《关于贯彻落实〈关于实行国家机关“谁执法谁普法”普法责任制的意见〉的实施意见》等法规文件。聚焦社会稳定和长治久安总目标，面向基层群众和青少年，以弘扬法治精神、培育法治信仰、推动法治实践为主要任务，以推进法治文化建设和法治创建为抓手，以传统媒体+互联网为传播平台，以建立完善基层法治文化公共设施体系为依托，广泛深入开展“基层法治建设年”“宪法法律宣传月”“全民国家安全教育日”“法治宣讲下基层”“国旗下讲法治”“巴扎普法”等多种形式的法治宣传活动，引导各族群众明辨合法与非法的界限，增强公民自觉抵御宗教极端思想渗透的能力。

积极开展帮扶教育。依法设立教培中心，教育挽救有轻微犯罪行为或违法行为人员，消除恐怖主义、极端主义的影响，避免其成为恐怖主义、极端主义的牺牲品，努力将恐怖活动消灭在未发之前、萌芽状态。目前进入教培中心的学员有三方面人员：一是被教唆、胁迫、引诱参与恐怖活动、极端主义活动，或者参与恐怖活动、极端主义活动情节轻微，尚不构成犯罪的人员。二是被教唆、胁迫、引诱参与恐怖活动、极端主义活动，或者参与恐怖活动、极端主义活动，有现实危险性，尚未造成实际危害后果，主观恶性不深，能够认罪悔过，依法可以免除刑罚，自愿接受培训的人员。三是因暴力恐怖、极端主义犯罪被定罪处刑，刑满释放前经评估仍有社会危险性，人民法院依法决定在刑满释放后进行安置教育的人员。对第一、第三种人员，根据《中华人民共和国反恐怖主义法》第二十九条、第三十条的规定，依法进行帮教和安置教育。对第二种人员，则本着宽严相济的刑事政策，打击少数、挽救多数，将认罪悔罪、自愿接受培训作为宽大处理的条件，在依法免除刑罚后对其进行帮教。

教培中心是依法设立的教育培训机构。通过与学员签订培养协议，明确约定培养目标、培养方式、结业标准、考核方式，在学员考核达标后颁发结业证书。教培中心设置了以学习国家通用语言文字、法律知识、职业技能和去极端化为主要内容的教学课程，配备了骨干教师、资深职业技师，统一制定教学方案、编印教学材料、建设讲课系统，分类施教、因人施教，实现授课学习的标准化和规范化。在学习培训过程中，实行由学习国家通用语言文字到学习法律知识，再到学习职业技能的正向进阶。

针对部分学员受宗教极端思想影响，受教育程度低，使用国家通用语言文字水平差，接受现代知识、交流交往能力弱等问题，教培中心充分保障宪法赋予公民的学习和使用国家通用语言文字的权利，为其提供学习条件。通过教育培训，学员们提升了使用国家通用语言文字的能力，拓宽了获取现代知识和信息的渠道，认识到学好国家通用语言文字，才能更好适应现代社会发展。

针对学员普遍缺乏法治意识的问题，教培中心将学习法律知识作为培养学员增强国家意识、公民意识、法治意识的关键环节。聘请法官、检察官、律师等讲授《中华人民共和国宪法》《中华人民共和国刑法》《中华人民共和国民法总则》《中华人民共和国婚姻法》《中华人民共和国教育法》《中华人民共和国反恐怖主义法》《中华人民共和国治安管理处罚法》和《新疆维吾尔自治区去极端化条例》等法律法规。许多学员以前受宗教极端思想影响，将恐怖主义、极端主义歪曲炮制的“教法、家法”当作行为准则，无视国家法律，甚至干扰破坏法律的实施。通过学习，学员们普遍认识到作为国家公民必须遵守国家宪法法律，按照宪法法律赋予的权利和义务行事。

针对部分学员缺乏职业技能、就业困难等问题，教培中心将学习职业技能作为提升学员就业能力的重要途径，根据当地需求和就业条件，设置服装鞋帽加工、食品加工、电子产品组装、排版印刷、美容美发、电子商务等培训课程，对其中有愿望有条件的学员进行多技能培训，确保学员结业后能够熟练掌握 1—2 门职业技能。教培中心注重将课程学习与实训操作相结合，提高了学员实际操作能力。通过培训，学员们初步掌握了就业技能，部分学员已结业并实现就业。

针对学员不同程度地受宗教极端思想影响的问题，教培中心将去极端化纳入教育培训全过程，通过分阶段学习法律法规、民族宗教政策和宗教知识，揭露恐怖主义、极端主义的危害，使学员深刻认识到宗教极端思想完全违背了宗教教义，是民族分裂主义和暴力恐怖主义的思想基础，从而认清了恐怖主义、极端主义的本质和危害，摆脱了恐怖主义和宗教极端思想的影响和控制。

教培中心实行寄宿制管理，配备辅导员、医生和后勤服务管理人员等，保障学员正常学习生活。学员可定期回家，有事请假。教培中心建有室内外体育文化活动场所，经常举办丰富多彩的文体娱乐活动。教培中心充分尊重和保护不同民族学员的风俗习惯，关心学员心理健康，提供心理咨询服务，帮助解决实际困难。教培中心根据国家法律规定，实行教育与宗教相分离，在校学员不得在校内组织、参加宗教活动。

由于有效采取了预防性反恐措施，近年来新疆社会环境发生了明显变化，正气上升，邪气下降，公民法律意识明显增强，追求现代科学技术知识和文明生活方式成为社会风尚，宗教极端思想传播受到自觉抵制，各民族交往交流交融更为紧密，人民群众的获得感、幸福感、安全感显著提升。

六、探索出反恐、去极端化的有益经验

新疆的反恐怖主义、去极端化斗争，在吸收借鉴国际社会经验的同时，坚持从中国和中国新疆的实际出发，把保障各族人民根本利益放在首位，从彻底解决各种深层次矛盾入手，积极探索依法打击防范恐怖主义和去极端化的有效路径，最大限度地保障各族人民免受恐怖主义和极端主义的侵害，形成了一套经验和有效办法。

——坚持依法打击恐怖主义与保障人权相结合。保安全才能保人权，不反恐就不能保人权。依法打击恐怖活动，保障各族人民生命财产安全，是对人权的最根本保护。曾经一段时间，新疆恐怖活动多发频发，严重破坏了安定祥和的秩序、团结进步的氛围，肆意践踏了新疆各族群众的生命权、健康权、发展权等基本人权。面对恐怖主义暴行，新疆果断采取依法严密防范和严厉打击措施，始终保持对恐怖势力的威慑态势，最大限度地保障广大人民群众的基本人权免受恐怖主义和极端主义的侵害。目前，新疆已连续2年多未发生暴力恐怖案件，包括危安案件、公共安全事件在内的刑事案件、治安案件大幅下降，极端主义渗透得到有效遏制，社会治安状况明显好转，人民生活安宁祥和。2018年，新疆旅游业呈现“井喷式”增长，共接待境内外游客超过1.5亿人次、同比增长40%，其中外国游客240.32万人次、同比增长10.78%，旅游总消费2522亿元、同比增长41.6%。与此同时，新疆还十分注意在反恐中保障人权，避免因反恐而出现侵犯人权的行为。为此，一方面，新疆不断加强反恐立法工作，保障反恐在法治轨道上进行，依法打击恐怖主义行为；另一方面，坚决防止因反恐而发生限制新疆各民族人民群众基本权利的现象，保障人民依法享有广泛权利和自由，保障正常社会生活。

——坚持反恐不与特定地域、民族、宗教挂钩。《中华人民共和国反恐怖主义法》规定：在反恐怖主义工作中，应当尊重公民的宗教信仰自由和民族风俗习惯，禁止任何基于地域、民族、宗教等理由的歧视性做法。新疆是多民族聚居和多宗教并存的地区。一方面，在反恐怖主义和去极端化斗争中，新疆禁止任何组织或个人利用宗教进行分裂国家、传播宗教极端思想、煽动民族仇恨、破坏民族团结、扰乱社会秩序、损害公民身心健康的活动；禁止利用宗教妨碍国家行政、司法、教育、文化等制度的实施；禁止利用宗教进行其他危害国家安全和利益、社会公共利益和公民合法权益的活动，防范和制止不法分子利用宗教和宗教活动制造混乱、违法犯罪。另一方面，新疆严格遵守国家宪法、法律和行政法规有关宗教信仰自由的政策和规定。在反恐怖主义和去极端化斗争中，新疆各族人民的宗教信仰自由得到了充分保障。信仰宗教和不信仰宗教完全由公民自主选择，任何组织和个人不得强制公民信仰宗教或不信仰宗教，不得歧视信仰宗教的

公民或不信仰宗教的公民。新疆坚持服务和管理并重的理念，不断加强宗教教职人员培养培训，不断拓宽获得宗教知识的途径，不断改善宗教活动场所的条件，信教群众的宗教感情、信仰需求得到了充分尊重。

——坚持宽严相济与预防教育挽救相结合。新疆始终坚持宽严相济刑事政策和教育挽救的措施方法，对少数十恶不赦、顽固不化的暴恐团伙头目、骨干分子，严惩不贷、依法处理，最大限度保障公民的基本人权免遭恐怖主义和极端主义侵害；对多数罪行较轻和受宗教极端思想影响的人员，以教育、挽救、保护为主，通过开展职业技能教育培训，帮助学员学习国家通用语言文字，学习法律，学习劳动技能，用拉的方式而不是推的方式，用挽救的方式而不是严惩的方式，用关爱的方式而不是嫌弃的方式进行帮教转化。通过学习教育，让他们提升明辨是非、抵御渗透和自我转化的能力，最大限度摆脱恐怖主义影响、摆脱极端思想束缚、摆脱陈规陋习禁锢，努力提升就业技能、开拓就业门路、激发生活信心，充分体现了政府人道主义立场。

——坚持维护稳定与改善民生相结合。人民幸福生活是最大的人权。做好保障和改善民生工作，事关群众福祉和社会和谐稳定。在新疆一些地区，由于过去一段时期受恐怖主义危害较大，受宗教极端主义渗透干扰严重，部分群众使用国家通用语言文字能力较弱、法治意识淡薄、职业技能不强，导致就业困难，容易受到恐怖势力和极端势力的教唆和胁迫走上犯罪道路。社会稳定和人民生活的持续改善，有力促进了人的全面发展，新疆各族群众精神面貌焕然一新，积极追求现代文明生活、自觉抵制宗教极端思想的社会氛围日渐浓厚，各民族之间更加团结和谐，反恐维稳和去极端化工作的社会基础更加牢固，各族群众对未来美好生活充满希望。

七、积极参与反恐国际交流与合作

近年来，恐怖主义、极端主义全球蔓延，给人类社会带来重大灾难。2001 年 9 月 11 日，美国发生震惊世界的恐怖袭击事件，2996 人死亡。2002 年 10 月 12 日，印度尼西亚巴厘岛汽车炸弹袭击事件，202 人死亡。2004 年 3 月 11 日，西班牙马德里列车连环爆炸案，190 人死亡、1500 余人受伤。2004 年 9 月 1 日，俄罗斯别斯兰人质事件，造成包括 186 名未成年人在内的 335 人死亡、958 人受伤。2005 年 7 月 7 日，英国伦敦连环爆炸案，52 人死亡、700 多人受伤。2008 年 11 月 26 日，印度孟买连环恐怖袭击案，195 人死亡、近 300 人受伤。2011 年 7 月 22 日，挪威奥斯陆爆炸枪击事件，77 人死亡。2013 年 9 月 21 日，肯尼亚内罗毕恐怖袭击事件，72 人死亡、168 人受伤。2015 年 11 月 13 日，法国巴黎系列恐怖袭击事件，132 人死亡、300 多人受伤。2016 年 3 月 22 日，比利时布鲁塞尔连环爆炸案，35 人死亡、300 多人受伤。2016 年 12 月 19 日，德国柏林恐怖袭击事件，12 人死亡、49 人受伤。2017 年 1 月 1 日，土耳其伊斯坦布尔恐怖袭击事件，39 人死亡、69 人受伤。2017 年 11 月 24 日，埃及北西奈省恐怖袭击事件，235 人死亡、109 人受伤。据不完全统计，2018 年全球发生 1127 起恐怖袭击事件，造成 13000 多人死亡。

恐怖主义、极端主义已成为当今世界一大公害，严重威胁世界和平与发展，严重危害世界人民生命财产安全。严厉打击恐怖主义，深入开展去极端化工作，是国际社会的共同责任，也是保障人权的必然选择。

中国反对任何形式的恐怖主义、极端主义，反对将恐怖主义、极端主义与特定国家、民族、宗教挂钩，反对在反恐问题上采取“双重标准”；倡导综合施策、标本兼治，既严厉打击恐怖主义活动，又致力于消除贫困，铲除滋生恐怖主义的土壤；主张在相互尊重、平等协商基础上，加强国际反恐务实合作。

作为国际社会负责任一员，中国政府积极支持联合国在国际反恐合作中发挥主导和协调作用，坚持遵循《联合国宪章》和其他国际法原则准则，支持联合国安理会通过的一系列反恐决议，大力推动《联合国全球反恐战略》全面实施。中国已加入《制止恐怖主义爆炸的国际公约》《制止向恐怖主义提供资助的国际公约》《制止核恐怖行为国际公约》《反对劫持人质国际公约》等绝大多数国际反恐公约。在上海合作组织框架下，中国与有关国家签署了《打击恐怖主义、分裂主义和极端主义上海公约》《上海合作组织成员国合作打击恐怖主义、分裂主义和极端主义构想》《上海合作组织反恐怖主义公约》《上海合作组织反极端主义公约》《上海合作组织成员国合作打击恐怖主义、分裂主义和极端主义 2019—2021 年合作纲要》《上海合作组织成员国和阿富汗伊斯兰共和国关于打击恐怖主义、毒品走私和有组织犯罪行动计划》等文件。通过联合反恐演习、联合边防行动、打击“三股势力”网络违法活动、大型国际活动安保、情报交流、司法合作等双边、多边反恐机制，中国与各有关国家开展了大量卓有成效的反恐交流与合作，在维护国际和地区安全稳定方面发挥了重要作用。

新疆是中国反恐怖主义的主战场。近年来，在中央政府的关心支持下，新疆地区与周边国家建立了边境地区和执法部门反恐领域对口合作机制，在情报信息交流、边境联合管控、涉恐人员查缉、反恐怖融资、打击网络恐怖主义、打击跨国犯罪、司法协助、跨国油气管道安保等方面，进行了务实交流与合作。同时，积极借鉴国际反恐和去极端化经验，结合本地区实际，有效开展了反恐怖主义斗争和去极端化工作，取得了阶段性成果，为国际反恐斗争作出了贡献。

结束语

毫无疑问，中国新疆反恐怖主义和去极端化斗争，是国际反恐斗争的重要组成部分，为国际反恐斗争作出了重要贡献。新疆依法预防和打击恐怖主义、极端主义，维护了社会稳定，促进了文明进步，满足了人民对安全稳定生产生活环境的殷切期盼，最大限度地保障了各族人民群众的基本权利。

当今世界，面对恐怖主义、极端主义的严峻挑战，任何国家都无法置身事外、独善其身。世界各国只有进一步增强人类命运共同体意识，摒弃“双重标准”，增进政治互信，凝聚战略共识，促进交流合作，才能更有效遏制和打击恐怖主义、极端主义，维护世界和平与安宁。

在以习近平同志为核心的中共中央坚强领导下，在全国人民的大力支持下，经过新疆各族人民的共同奋斗，新疆反恐怖主义和去极端化斗争取得了重要阶段性成果。但是，“三股势力”及其影响依然存在，“东突”势力依然在伺机制造事端，新疆反恐怖主义和去极端化斗争形势依然严峻复杂。新疆将紧紧围绕社会稳定和长治久安总目标，依法反恐、保障人权、发展经济、改善民生，努力建设团结和谐、繁荣富裕、文明进步、安居乐业的中国特色社会主义新疆。

新疆的若干历史问题*

国务院新闻办公室7月21日发表《新疆的若干历史问题》白皮书。全文如下：

新疆的若干历史问题

（2019年7月）

中华人民共和国国务院新闻办公室

目录

前　言

中国新疆维吾尔自治区地处中国西北，位于亚欧大陆腹地，与蒙古国、俄罗斯、哈萨克斯坦、吉尔吉斯斯坦、塔吉克斯坦、阿富汗、巴基斯坦、印度8个国家接壤，著名的“丝绸之路”在此将古代中国与世界联系起来，使其成为多种文明的荟萃之地。

中国是统一的多民族国家，新疆各民族是中华民族血脉相连的家庭成员。在漫长的历史发展进程中，新疆的命运始终与伟大祖国和中华民族的命运紧密相连。然而，一个时期以来，境内外敌对势力，特别是民族分裂势力、宗教极端势力、暴力恐怖势力（以下简称“三股势力”），为了达到分裂、肢解中国的目的，蓄意歪曲历史、混淆是非。他们抹杀新疆是中国固有领土，否定新疆自古以来就是多民族聚居、多文化交流、多宗教并存等客观事实，妄称新疆为“东突厥斯坦”，鼓噪新疆“独立”，企图把新疆各民族和中华民族大家庭、新疆各民族文化和多元一体的中华文化割裂开来。

---

* 来源：国务院新闻办公室网站，2019年7月21日（http：//www.scio.gov.cn/zfbps/ndhf/39911/Document/1659932/1659932.htm）。

历史不容篡改，事实不容否定。新疆是中国神圣领土不可分割的一部分，新疆从来都不是什么“东突厥斯坦”；维吾尔族是经过长期迁徙融合形成的，是中华民族的组成部分；新疆是多文化多宗教并存的地区，新疆各民族文化是在中华文化怀抱中孕育发展的；伊斯兰教不是维吾尔族天生信仰且唯一信仰的宗教，与中华文化相融合的伊斯兰教扎根中华沃土并健康发展。

一、新疆是中国领土不可分割的一部分

中国统一多民族国家的形成，是经济社会发展的历史必然。历史上，养育中华民族及其先民的东亚大陆，既有农耕区，也有游牧区等。各种生产生活方式族群的交流互补、迁徙汇聚、冲突融合，推动了中国统一多民族国家的形成和发展。

中国历史上最早的几个王朝夏、商、周先后在中原地区兴起，与其周围的大小氏族、部落、部落联盟逐渐融合形成的族群统称为诸夏或华夏。经春秋至战国，华夏族群不断同王朝周边的氏族、部落、部落联盟交流融合，逐渐形成了齐、楚、燕、韩、赵、魏、秦等7个地区，并分别联系着东夷、南蛮、西戎、北狄等周边诸族。公元前221年，秦始皇建立第一个统一的封建王朝。公元前202年，汉高祖刘邦再次建立统一的封建王朝。

从汉代至清代中晚期，包括新疆天山南北在内的广大地区统称为西域。自汉代开始，新疆地区正式成为中国版图的一部分。汉朝以后，历代中原王朝时强时弱，和西域的关系有疏有密，中央政权对新疆地区的管治时紧时松，但任何一个王朝都把西域视为故土，行使着对该地区的管辖权。在中国统一多民族国家的历史演进中，新疆各族人民同全国人民一道共同开拓了中国的辽阔疆土，共同缔造了多元一体的中华民族大家庭。中国多民族大一统格局，是包括新疆各族人民在内的全体中华儿女共同奋斗造就的。

西汉前期，中国北方游牧民族匈奴控制西域地区，并不断进犯中原地区。汉武帝即位后，采取一系列军事和政治措施反击匈奴。公元前138年、公元前119年，派遣张骞两次出使西域，联合月氏、乌孙等共同对付匈奴。公元前127年至公元前119年，3次出兵重创匈奴，并在内地通往西域的咽喉要道先后设立武威、张掖、酒泉、敦煌四郡。公元前101年，在轮台等地进行屯田，并设置地方官吏管理。公元前60年，控制东部天山北麓的匈奴日逐王降汉，西汉统一西域。同年，设西域都护府作为管理西域的军政机构。公元123年，东汉改西域都护府为西域长史府，继续行使管理西域的职权。

三国曹魏政权继承汉制，在西域设戊己校尉。西晋在西域设置西域长史和戊己校尉管理军政事务。三国两晋时期，北方匈奴、鲜卑、丁零、乌桓等民族部分内迁并最后与汉族融合。327年，前凉政权首次将郡县制推广到西域，设高昌郡（吐鲁番盆地）。从460年到640年，以吐鲁番盆地为中心，建立了以汉人为主体居民的高昌国，历阚、张、马、麴诸氏。隋代，结束了中原长期割据状态，扩大了郡县制在新疆地区的范围。突厥、吐谷浑、党项、嘉良夷、附国等周边民族先后归附隋朝。唐代，中央政权对西域的管理大为加强，先后设置安西大都护府和北庭大都护府，统辖天山南北。于阗王国自称唐朝宗属，随唐朝国姓李。宋代，西域地方政权与宋朝保持着朝贡关系。高昌回鹘尊中朝（宋）为舅，自称西州外甥。喀喇汗王朝多次派使臣向宋朝朝贡。元代，设北庭都元帅府、宣慰司等管理军政事务，加强了对西域的管辖。1251 年，西域实行行省制。明代，中央政权设立哈密卫作为管理西域事务的机构，并在嘉峪关和哈密之间先后建立安定、阿端、曲先、罕东、赤斤蒙古、沙州 6 个卫，以此支持管理西域事务。清代，清政府平定准噶尔叛乱，中国西北国界得以确定。此后，对新疆地区实行了更加系统的治理政策。1762 年设立伊犁将军，实行军政合一的军府体制。1884 年在新疆地区建省，并取“故土新归”之意，改称西域为“新疆”。1912 年新疆积极响应辛亥革命，成为中华民国的一个行省。

1949 年中华人民共和国成立，新疆和平解放。1955 年成立新疆维吾尔自治区。在中国共产党领导下，新疆各族人民同全国人民共同团结奋斗，新疆进入历史上最好的繁荣发展时期。

在长期的历史进程中，中国疆土既有割据时期又有统一时期，统一与割据交替循环，国家统一发展始终是主流方向。同中原地区不同时期曾经存在诸侯国或割据政权一样，新疆地区也多次出现地方政权割据情况，但不论这些政权割据时间有多长、局面有多严重，最终都走向重新统一。历史上，西域不同时期曾经存在的“国”，包括城郭诸国、行国、封国、王国、汗国、王朝、属国、朝贡国等形态，无论是汉代西域三十六国，还是宋代喀喇汗王朝、高昌回鹘王国等，元代察合台汗国，明代叶尔羌汗国，都是中国疆域内的地方政权形式，都不是独立的国家。即便是地方割据政权，也都有浓厚的中国一体意识，或认为自己是中原政权的分支，或臣属于中原政权。宋代著名历史文献《突厥语大词典》将当时中国分为上秦、中秦和下秦 3 部分，上秦为北宋，中秦是辽朝，下秦为喀什噶尔一带，三位一体为完整的秦。在《长春真人西游记》中汉人被称为桃花石，相应在《突厥语大词典》词条里，回鹘人被称为塔特・桃花石，也有的直译为中国回鹘人。在喀喇汗王朝钱币上，常有桃花石・布格拉汗、秦之王以及秦与东方之王等称呼，标示是中国的一部分。

二、新疆从来不是“东突厥斯坦”

突厥是 6 世纪中叶兴起于阿尔泰山地区的一个游牧部落，于 552 年消灭柔然汗国，建立突厥汗国。583 年，突厥汗国以阿尔泰山为界，分为东、西两大势力。630 年，唐朝发兵击败东突厥汗国。657 年，唐朝联合回纥灭西突厥汗国，中央政权完全统一西域。682 年，安置在北方的东突厥部众反叛唐朝，一度建立了后突厥汗国政权。744 年，唐朝与漠北回纥、葛逻禄等联手平定了后突厥汗国。回纥首领骨力裴罗因功被册封为怀仁可汗，在漠北建立回纥汗国。突厥作为我国古代的一个游牧民族，也随着汗国的消亡于 8 世纪中后期解体，并在西迁中亚西亚过程中与当地部族融合，形成多个新的民族，新的民族与古突厥民族有本质区别。从此，突厥在我国北方退出历史舞台。

中国历史上从来没有把新疆称为“东突厥斯坦”，更不存在所谓的“东突厥斯坦国”。18 世纪至 19 世纪上半叶，随着西方对阿尔泰语系突厥语族各种语言的划分，一些国家的学者和作家频繁使用“突厥斯坦”一词，指代天山以南到阿富汗北部，大体包括新疆南部到中亚的地域，并且习惯以帕米尔高原为界，将这一地理区域分为“西突厥斯坦”和“东突厥斯坦”。19 世纪末 20 世纪初，“泛突厥主义”“泛伊斯兰主义”思潮传入新疆以后，境内外分裂势力将这个地理名词政治化，将其内涵扩大化，鼓噪所有使用突厥语族语言和信奉伊斯兰教的民族联合起来，组成政教合一的“东突厥斯坦国”。所谓的“东突厥斯坦”论调，成为境内外民族分裂势力、国外反华势力企图分裂中国、肢解中国的政治工具和行动纲领。

三、新疆各民族是中华民族的组成部分

中华民族的形成与发展，是中原各族和文化同周边诸族和文化连续不断交往交流交融的历史过程。先秦时期的华夏族群，经过长期与周围族群的多元融合，特别是经过春秋战国500余年大动荡的交汇与融合，至秦汉之际，进一步与周围族群融合为一体，形成以中原人口居多的汉族，并从此成为中国历史进程的主体民族。魏晋南北朝时期，各民族尤其是北方少数民族向中原大迁徙，出现了大融合的局面。13世纪元朝建立，规模空前的政治统一局面推动了规模空前的民族迁徙，形成了元朝境内广泛的民族杂居局面。中华各民族在长期发展中，最终形成大杂居、小聚居的分布特点。多民族是中国的一大特色，各民族共同开发了祖国的锦绣河山、广袤疆域，共同创造了悠久的中国历史、灿烂的中华文化。

新疆地区自古就同中原地区保持着密切联系。早在商代，中原同西域就有玉石贸易。汉代张骞“凿空西域”打通丝绸之路，使者相望于道，商旅不绝于途。唐代“绢马互市”持续繁盛，“参天可汗大道”直通内地，沿途驿站星罗棋布，成为西域先民同中原密切联系的纽带。于阗乐、高昌乐、胡旋舞等西域乐舞深入宫廷，长安城流行西域风。出自今新疆库车的龟兹乐享誉中原，成为隋唐至宋代宫廷燕乐的重要组成部分。近代以来，在中华民族面临生死存亡的危急关头，新疆各族人民同全国人民一道，奋起反抗、共赴国难，共同谱写了可歌可泣的爱国主义篇章。新中国成立以来，新疆各民族关系进入平等、团结、互助、和谐的新时期。

新疆自古以来就是多民族聚居地区。最早开发新疆地区的是先秦至秦汉时期生活在天山南北的塞人、月氏人、乌孙人、羌人、龟兹人、焉耆人、于阗人、疏勒人、莎车人、楼兰人、车师人，以及匈奴人、汉人等。魏晋南北朝时期的鲜卑、柔然、高车、嚈哒、吐谷浑，隋唐时期的突厥、吐蕃、回纥，宋辽金时期的契丹，元明清时期的蒙古、女真、党项、哈萨克、柯尔克孜、满、锡伯、达斡尔、回、乌孜别克、塔塔尔族等，每个历史时期都有包括汉族在内的不同民族的大量人口进出新疆地区，带来了不同的生产技术、文化观念、风俗习惯，在交流融合中促进经济社会发展，他们是新疆地区的共同开拓者。至19世纪末，已有维吾尔、汉、哈萨克、蒙古、回、柯尔克孜、满、锡伯、塔吉克、达斡尔、乌孜别克、塔塔尔、俄罗斯等13个主要民族定居新疆，形成维吾尔族人口居多、多民族聚居分布的格局。各民族在新疆地区经过诞育、分化、交融，形成了血浓于水、休戚与共的关系。各民族都为开发、建设、保卫新疆作出了重要贡献，都是新疆的主人。目前，新疆共生活着56个民族，是中国民族成分最全的省级行政区之一。其中，超过100万人口的有维吾尔族、汉族、哈萨克族和回族4个民族，超过10万人口的有柯尔克孜族、蒙古族2个民族。新疆地区既是新疆各民族的家园，也是中华民族共同家园的组成部分。

新疆地区民族关系的演变，始终和中华各民族关系演变相联系。各民族有隔阂冲突更有交流融合，团结凝聚、共同奋进始终是主流。包括新疆各民族在内的中华各民族，分布上交错杂居，经济上相互依存，文化上兼收并蓄，情感上相互亲近，形成你中有我、我中有你、谁也离不开谁的多元一体格局，是一个大家庭里不同成员的关系。在中

华民族大家庭中，新疆各民族手足相亲、守望相助，休戚相关、荣辱与共，共同生产生活，抵御外来侵略，反对民族分裂，维护祖国统一。

四、维吾尔族是经过长期迁徙融合形成的

维吾尔族先民的主体是隋唐时期的回纥人，活动在蒙古高原，曾经有乌护、乌纥、袁纥、韦纥、回纥等多种汉译名称。回纥人为了反抗突厥的压迫和奴役，联合铁勒诸部中的仆固、同罗等部组成了回纥部落联盟。744 年，统一了回纥各部的首领骨力裴罗受唐朝册封。788 年，回纥统治者上书唐朝，自请改为“回鹘”。840 年，回鹘汗国被黠戛斯攻破，回鹘人除一部分迁入内地同汉人融合外，其余分为 3 支：一支迁往吐鲁番盆地和今天的吉木萨尔地区，建立了高昌回鹘王国；一支迁往河西走廊，与当地诸族交往融合，形成裕固族；一支迁往帕米尔以西，后分布在中亚至今喀什一带，与葛逻禄、样磨等部族一起建立了喀喇汗王朝。回鹘人相继融合了吐鲁番盆地的汉人、塔里木盆地的焉耆人、龟兹人、于阗人、疏勒人等，构成近代维吾尔族的主体。元代，维吾尔族先民在汉语中又称畏兀儿。元明时期，新疆各民族进一步融合，蒙古人尤其是察合台汗国的蒙古人基本和畏兀儿人融为一体，为畏兀儿补充了新鲜血液。1934 年，新疆省发布政府令，决定统一使用维吾尔作为汉文规范称谓，意为维护你我团结，首次精确表达了 Uygur 名称的本意。

历史上，维吾尔族先民受突厥人奴役，两者是被奴役和奴役的关系。维吾尔族先民回纥早期受突厥统治，在唐朝军队支持下，起兵反抗东突厥汗国，并先后攻灭西突厥汗国、后突厥汗国。西突厥汗国灭亡后，一些使用突厥语族语言的部落向西迁徙，其中一支长期辗转西迁小亚细亚，融入当地诸族。维吾尔人不是突厥人的后裔。

近代以来，一些“泛突厥主义”分子以西迁的部分使用突厥语族语言的部落融入当地诸族为借口，把使用突厥语族语言的各民族都说成是突厥人，这是别有用心的。语族和民族是两个不同的概念，有着本质的区别。中国使用突厥语族语言的有维吾尔、哈萨克、柯尔克孜、乌孜别克、塔塔尔、裕固、撒拉等民族，他们都具有各自历史和文化特质，绝不是所谓“突厥族”的组成部分。

五、新疆各民族文化是中华文化的组成部分

中华民族具有 5000 多年的文明发展史，各民族共同创造了悠久的中国历史、灿烂的中华文化。秦汉雄风、盛唐气象、康乾盛世，是各民族共同铸就的辉煌。多民族多文化是中国的一大特色，也是国家发展的重要动力。

自古以来，由于地理差异和区域发展不平衡，中华文化呈现丰富的多元状态，存在南北、东西差异。春秋战国时期，各具特色的区域文化已大体形成。秦汉以后，历经各代，在中国辽阔的疆土上，通过迁徙、聚合、战争、和亲、互市等，各民族文化不断进行交流交融，最终形成气象恢宏的中华文化。

早在 2000 多年前，新疆地区就是中华文明向西开放的门户，是东西方文明交流传播的重地，这里多元文化荟萃、多种文化并存。中原文化和西域文化长期交流交融，既推动了新疆各民族文化的发展，也促进了多元一体的中华文化发展。新疆各民族文化从一开始就打上了中华文化的印记。中华文化始终是新疆各民族的情感依托、心灵归宿和精神家园，也是新疆各民族文化发展的动力源泉。

中原与西域的经济文化交流始于先秦时期。到汉代，汉语已成为西域官府文书中的通用语之一，琵琶、羌笛等乐器由西域或通过西域传入中原，中原农业生产技术、礼仪制度、汉语书籍、音乐舞蹈等在西域广泛传播。高昌回鹘使用唐代历书，一直延续到10世纪下半期。唐代诗人岑参的诗句“花门将军善胡歌，叶河蕃王能汉语”，是当时新疆地区民汉语言并用、文化繁荣景象的写照。宋代，天山南麓的佛教艺术依然兴盛，至今仍留有大量遗迹。西辽时期，契丹人征服喀喇汗王朝，控制新疆地区和中亚，典章礼制多沿袭中原旧制。元代，大批畏兀儿等少数民族移居内地生活，学习使用汉语，有的参加科举考试并被录用为各级官员，涌现了一批政治家、文学家、艺术家、史学家、农学家、翻译家等，有力推动了新疆各民族文化的发展。明清时期，受伊斯兰文化的影响，新疆各民族文化在同域外文化既吸收又冲突的过程中徘徊发展。近现代以来，在辛亥革命、俄国十月革命、五四运动、新民主主义革命斗争影响下，新疆各民族文化向现代转型，各民族的国家认同和中华文化认同达到新的高度。新中国成立后，新疆各民族文化进入史无前例的大繁荣大发展时期。历史证明，新疆地区凡是多语并用、交流频繁的时期，也是各民族文化勃兴、社会进步的时期。学习使用国家通用语言文字，是繁荣发展新疆各民族文化的重要历史经验。

新疆各民族文化始终扎根中华文明沃土，是中华文化不可分割的一部分。早在伊斯兰文化传入新疆之前，包括维吾尔族文化在内的新疆各民族文化已在中华文明沃土中枝繁叶茂。源自7世纪的阿拉伯文明体系的伊斯兰文化，直到9世纪末10世纪初，随着伊斯兰教传入西域才对新疆各民族文化发生影响。宗教对文化的影响，既有自愿接受的途径，也有通过文化冲突甚至宗教战争的强制方式。在新疆，伊斯兰教很大程度上是通过后一种方式进入，这导致佛教流行时期创造的新疆各民族文化艺术遭到严重破坏。伊斯兰文化传入新疆，新疆各民族文化既有抵制，更有选择性吸收和中国化改造，既没有改变属于中华文明的特质和走向，也没有改变属于中华文化一部分的客观事实。产生于9世纪至10世纪的英雄史诗《玛纳斯》，经过柯尔克孜歌手世代传唱与加工，成为享誉中外的文学巨著。15世纪前后，蒙古族卫拉特英雄史诗《江格尔》在新疆地区逐渐形成，与《玛纳斯》《格萨尔王传》一起被誉为中国少数民族3部最著名的史诗。维吾尔族文学佳作纷呈，代表作《福乐智慧》《真理的入门》《突厥语大词典》《十二木卡姆》等，都成为中华文化宝库中的珍品，新疆各民族对中华文化的形成和发展都作出了贡献。

中华文化认同是新疆各民族文化繁荣发展之基。历史上，凡是中央王朝对新疆进行有效治理、社会稳定的时期，新疆各民族文化和中原文化的交流交融就畅通，经济文化就繁荣兴旺；凡是新疆各民族文化秉承中华文化崇仁爱、重民本、守诚信、讲辩证、尚和合、求大同的思想，对多元文化吸收融合、兼收并蓄，多元一体的特征就越明显，新疆各民族文化就越进步。新疆各民族文化要繁荣发展，必须与时俱进，树立开放、包容理念，坚持与中华各民族文化交流融合，与世界多民族文化交流互鉴，建设各民族共有精神家园。

六、新疆历来是多种宗教并存的地区

中国自古以来就是多宗教的国家，除了组织性、制度性较强的几大宗教外，还存在大量的民间信仰。除了道教和民间信仰是中国土生土长的之外，其他都由国外传入。新疆地区历来也是多种宗教信仰并存，一教或两教为主、多教并存是新疆宗教格局的历史特点，交融共存是新疆宗教关系的主流。

新疆多种宗教并存格局形成和演变经历了漫长的历史过程。早在公元前4世纪以前，新疆流行的是原始宗教。大约公元前1世纪，佛教传入新疆地区，4世纪至10世纪，佛教进入鼎盛时期。同期，祆教流行于新疆各地。至16世纪末17世纪初，藏传佛教在北疆地区逐渐兴盛起来。道教于5世纪前后传入新疆，主要盛行于吐鲁番、哈密等地，至清代传播至新疆大部分地区并一度复兴。摩尼教和景教于6世纪相继传入新疆。10世纪至14世纪，景教随着回鹘等民族信仰而兴盛。

9世纪末10世纪初，喀喇汗王朝接受伊斯兰教，并于10世纪中叶向信仰佛教的于阗王国发动40余年宗教战争，11世纪初攻灭于阗，强制推行伊斯兰教，结束了佛教在这个地区千余年的历史。随着伊斯兰教的不断传播，祆教、摩尼教、景教等宗教日趋衰落。14世纪中叶，东察合台汗国统治者以战争等强制手段，将伊斯兰教逐渐推行到塔里木盆地北缘、吐鲁番盆地和哈密一带。至16世纪初，新疆形成了以伊斯兰教为主要宗教、多种宗教并存的格局并延续至今，原来当地居民信仰的祆教、摩尼教、景教等逐渐消失，佛教、道教仍然存在。17世纪初，卫拉特蒙古人接受了藏传佛教。约自18世纪始，基督教、天主教、东正教相继传入新疆。

新疆现有伊斯兰教、佛教、道教、基督教、天主教、东正教等宗教。清真寺、教堂、寺院、道观等宗教活动场所2.48万座，宗教教职人员2.93万人。其中，清真寺2.44万座，佛教寺院59座，道教宫观1座，基督教教堂（聚会点）227个，天主教教堂（聚会点）26个，东正教教堂（聚会点）3座。

同世界上大多数国家一样，中国坚持政教分离原则。任何宗教不得干预政治、干预政府事务，不得利用宗教干预行政、司法、教育、婚姻、计划生育等，不得利用宗教妨碍正常社会秩序、工作秩序、生活秩序，不得利用宗教反对中国共产党和社会主义制度、破坏民族团结和国家统一。

新疆全面贯彻国家宗教信仰自由的宪法原则，既尊重信仰宗教的自由、又尊重不信仰宗教的自由，决不允许在信教和不信教、信这种教和信那种教、信这一教派和信那一教派群众之间制造纷争。新疆始终坚持各宗教一律平等，对所有宗教一视同仁，不偏袒某个宗教，也不歧视某个宗教，任何宗教不得享有超越其他宗教的特殊地位。新疆始终坚持法律面前人人平等，信教群众和不信教群众享有同等权利、履行同等义务，无论什么人、哪个民族、信仰什么宗教，只要违法，就必须依法处理。

同所在社会相适应是宗教生存发展的趋势和规律。中国宗教发展的历史证明，只有坚持中国化方向，宗教才能更好地与中国社会相适应。新中国成立70年的历史也证明，宗教只有与社会主义社会相适应，才能健康发展。必须坚持独立自主自办原则，防止一切“去中国化”倾向。必须大力培养和提倡世俗化现代化的文明生活方式，摒弃愚昧落后的陈规陋习。必须弘扬宗教中国化的历史传统，用社会主义核心价值观引领、用中华文化浸润中国各种宗教，努力把宗教教义同中华文化相融合，积极引导包括伊斯兰教在内的各种宗教走中国化道路。

七、伊斯兰教不是维吾尔族天生信仰且唯一信仰的宗教

维吾尔族先民最初信仰原始宗教和萨满教，后来相继信仰过祆教、佛教、摩尼教、

景教、伊斯兰教等。唐宋时期，在高昌回鹘王国和于阗王国，上至王公贵族、下至底层民众普遍信仰佛教。元代，有大量回鹘人改信景教。直到今天，仍有一些维吾尔族群众信奉其他宗教，也有许多人不信仰宗教。

伊斯兰教传入新疆地区，与阿拉伯帝国兴起和伊斯兰教由西向东扩张有关。维吾尔族信仰伊斯兰教，不是当时民众主动改信和转型，而是宗教战争和统治阶级强制推行的结果。虽然这种强迫并不影响今天尊重维吾尔族群众信仰伊斯兰教的权利，但它是一个历史事实。伊斯兰教既不是维吾尔族天生信仰的宗教，也不是唯一信仰的宗教。

新疆的维吾尔、哈萨克等民族的先民在接受伊斯兰教过程中，既保留了这些民族原有的信仰和文化传统，又吸收了新疆地区其他民族和内地的文化，一些原有的宗教观念、仪式、风俗习惯经演化得以存续，并相互影响，逐渐形成了具有鲜明地域特征和民族特色的新疆伊斯兰教。例如，伊斯兰教原本反对崇拜安拉之外的任何人或物，但维吾尔等民族至今仍有麻扎崇拜，这是伊斯兰教本土化最典型的表现。在麻扎上立高杆、挂旗幡、悬羊皮等习俗，则是萨满教、佛教等多元宗教的遗存。又如，始建于乾隆年间的伊宁拜图拉清真寺、乌鲁木齐陕西大寺等，在修建时采用了内地传统梁柱式结构。这都是伊斯兰教中国化的具体表现。

值得注意的是，20 世纪 70 年代末 80 年代初以来，特别是冷战结束后，受国际宗教极端主义思潮影响，宗教极端主义在新疆滋生蔓延，导致暴恐案事件多发频发，给新疆社会稳定和人民生命财产安全造成极大危害。宗教极端主义披着宗教外衣、打着宗教旗号，宣扬“神权政治论”“宗教至上论”“异教徒论”“圣战论”等，煽动暴力恐怖，制造族群对立。宗教极端主义与伊斯兰教等宗教倡导的爱国、和平、团结、中道、宽容、善行等教义背道而驰，其本质是反人类、反社会、反文明、反宗教的。宗教极端主义是对宗教的背叛，绝不能把宗教极端思想同宗教问题扯在一起，绝不能用宗教问题来替宗教极端思想作说辞，绝不能借口涉及宗教问题而推脱清除宗教极端思想的责任。新疆借鉴国际经验，结合本地区实际，采取坚决措施，依法开展反恐和去极端化斗争，沉重打击了暴恐势力的嚣张气焰，有力遏制了宗教极端思想的滋生蔓延，满足了新疆各族人民对安全的殷切期待，保障了基本人权，维护了社会和谐稳定。新疆的反恐、去极端化斗争，是人类正义、文明对邪恶、野蛮的斗争，理应得到支持、尊重和理解。国际上有的国家、组织或个人，奉行反恐和人权“双重标准”，对此横加指责，胡说八道，完全违背了人类公理和基本良知，这是一切爱好正义和进步的人所绝不能答应的。

结束语

历史问题是重大原则问题。运用历史唯物主义、辩证唯物主义的立场、观点和方法，正确认识国家、历史、民族、文化、宗教等问题，科学回答新疆若干历史问题，关系中华民族的凝聚力、向心力，关系中国的统一和国家长治久安，关系地区安全、稳定和发展。

当前，新疆经济持续发展，社会和谐稳定，民生不断改善，文化空前繁荣，宗教和睦和顺，各族人民像石榴籽一样紧紧团结在一起，新疆处于历史上最好的繁荣发展时期。境外敌对势力与“三股势力”沆瀣一气，杜撰历史、歪曲事实，逆历史潮流而动，其结果必将被历史和人民所唾弃。

新疆属于新疆各族人民，属于整个中华民族。坚守中华文化立场，传承中华文化基因，构建各民族共有精神家园，是包括新疆各族人民在内的全中国人民的共同责任和追求。当前，在以习近平同志为核心的党中央坚强领导下，在全国人民的关心支持下，新疆各族人民正在为实现“两个一百年”奋斗目标和中华民族伟大复兴的中国梦而不懈努力，新疆的明天会更加美好，新疆的明天一定会更加美好！

附件

中国历代纪元简表

五帝	约前30世纪初—约前五帝21世纪	
夏	约前2070—前1600	
商	前1600—前1046	
周	前1046—前256	西周（前1046—前771）； 东周（前770—前256），公元前770年至公元前476年，为春秋时代；公元前475年至公元前221年，为战国时代，主要有秦、魏、韩、赵、楚、燕、齐等国。
秦	前221—前206	周赧王59年乙巳（前256），秦灭周。自次年（秦昭襄王52年丙午，前255）起至秦王政25年己卯（前222），史家以秦王纪年。秦王政26年庚辰（前221）完成统一，称始皇帝。
汉	前206—公元220	西汉（前206—公元25），包括王莽（公元9—23）和更始帝（23—25）； 东汉（25—220）。
三国	220—280	魏（220—265）； 蜀汉（221—263）； 吴（222—280）。
晋	265—420	西晋（265—317）； 东晋（317—420）。
南北朝	420—589	南朝：宋（420—479）、齐（479—502）、梁（502—557）、陈（557—589）； 北朝：北魏（386—534）、东魏（534—550）、北齐（550—577）、西魏（535—556）、北周（557—581）。
隋	581—618	隋建国于581年，589年灭陈，完成统一。
唐	618—907	
五代	907—960	五代时期，除后梁、后唐、后晋、后汉、后周外，还先后存在过一些封建制据政权，其中有：吴、前蜀、吴越、楚、闽、南汉、荆南（南平）、后蜀、南唐、北汉等国，历史上叫作“十国”。

续表

五帝	约前30世纪初—约前五帝21世纪	
宋	960—1279	北宋（960—1127）； 南宋（1127—1279）。
辽	907—1125	
西夏	1038—1227	
金	1115—1234	
元	1206—1368	蒙古孛儿只斤·铁木真于1206年建国。1271年忽必烈定国号为元，1279年灭南宋。
明	1368—1644	
清	1616—1911	清建国于1616年，初称后金，1636年始改国号为清，1644年入关。
中华民国	1912—1949	
中华人民共和国	1949年10月1日成立	

新疆的职业技能教育培训工作*

国务院新闻办公室8月16日发表《新疆的职业技能教育培训工作》白皮书。全文如下：

新疆的职业技能教育培训工作

（2019年8月）

中华人民共和国国务院新闻办公室

目录

前　言

恐怖主义、极端主义是人类社会的共同敌人，反恐、去极端化是国际社会的共同责任。消除恐怖主义、极端主义这一严重危害人民生命安全的社会毒瘤，维护人的尊严和价值，保障人民的生命权、健康权、发展权，使人民在安宁祥和的社会环境中幸福生活，是世界上任何一个负责任的政府执政的基本理念和根本任务。

多年来，国际社会为打击和预防恐怖主义、极端主义，保障人民生命安全和生活幸福，作出了不懈努力，付出了巨大牺牲。世界上许多国家和地区，从本国和本地区实际出发，积极探索打击和预防恐怖主义、极端主义的有效措施和办法，积累了宝贵经验。

新疆是中国反恐、去极端化斗争的主战场。一段时期，新疆深受恐怖主义、宗教极端主义之害，人民生命安全受到严重威胁。新疆坚持标本兼治，打击与预防相结合，通过依法设立职业技能教育培训中心（以下简称“教培中心”），开展职业技能教育培训工作（以下简称“教培工作”），着力消除恐怖主义、宗教极端主义滋生蔓延的土壤和

---

* 来源：国务院新闻办公室网站，2019年8月16日（http：//www.scio.gov.cn/zfbps/ndhf/39911/Document/1662044/1662044.htm）。

条件，有效遏制了恐怖活动多发频发势头，最大限度保障了各族人民的生命权、健康权、发展权等基本权利，取得了反恐、去极端化斗争重要阶段性胜利。

一、开展教育培训工作势在必行

恐怖主义、极端主义在新疆由来已久。20 世纪初至 40 年代末，民族分裂势力、宗教极端势力借助“泛突厥主义”“泛伊斯兰主义”思潮，试图在新疆建立“政教合一”的“东突厥斯坦”国。形形色色的“东突”势力为了达到分裂中国的目的，鼓吹宗教极端主义，实施了一系列暴力恐怖活动。在此后相当长的一段时间里，宗教极端主义对新疆的渗透从未停止，暴力恐怖活动时有发生。

20 世纪 90 年代以来，恐怖主义、极端主义在全球蔓延加剧，给人类社会造成重大灾难。美国、英国、法国、德国、西班牙、比利时、俄罗斯、土耳其、埃及、印度、印度尼西亚、新西兰、斯里兰卡等世界上许多国家和地区都发生了受极端主义影响的暴力恐怖袭击案（事）件，造成大量人员伤亡和重大财产损失，严重威胁世界和平，给人类社会发展投下阴影。

据不完全统计，自 1990 年至 2016 年年底，民族分裂势力、宗教极端势力、暴力恐怖势力在中国新疆地区策划实施了数千起爆炸、暗杀、投毒、纵火、袭击、骚乱、暴乱等系列暴力恐怖案（事）件，造成大量无辜群众被害，数百名公安民警殉职，财产损失无法估算。

恐怖主义、极端主义的产生有着复杂的国际国内背景，受政治、经济、文化等各方面因素影响，与特定国家、特定地区、特定民族、特定宗教、特定社会制度无关。反恐、去极端化既是世界性课题，也是世界性难题。多年来，一些国家和地区为了有效反恐、去极端化，根据自身实际，积极探索打击和预防恐怖主义、极端主义的具体路径和办法，但由于各自的历史文化传统、经济社会发展水平、公民受教育程度及就业能力状况等存在差异，采取的办法和举措也不尽相同。

新疆特别是位于南疆的喀什地区、和田地区、克孜勒苏柯尔克孜自治州、阿克苏地区等四地州，由于宗教极端主义渗透时间长，影响范围广，毒害程度深，暴力恐怖案（事）件在一段时间多发频发，且涉案人员众多，影响群体庞大，导致反恐、去极端化形势严峻。

宗教极端势力利用信教群众朴素的宗教感情，借助当地信教人口众多、对外交流不畅、农牧业就业承载有限、信息闭塞、现代科学知识匮乏等客观因素，散布宗教极端主义。宗教极端势力肆意歪曲宗教教义教规，将极端主义与宗教捆绑在一起，与广大信教群众捆绑在一起，与社会生活捆绑在一起，鼓动推翻世俗政权，妄图建立教法统治的国家。宗教极端势力否定一切世俗观念和现代文明成果，鼓吹所谓“圣战殉教进天堂”，残害所谓“异教徒”“叛教者”，致使当地正常宗教活动遭到严重破坏，中道正信的宗教人士受到排斥、迫害，甚至被杀害。因宗教极端主义影响，大量信教群众被套上了沉重的精神枷锁，正常生产生活受到严重干扰，社会经济发展受到严重制约。

为了强化对信教群众的精神控制，宗教极端势力持续煽动信教群众抵制学习国家通用语言文字，排斥现代科学知识；歪曲炮制所谓“教法、家法”，将其作为行为准则，对抗国家宪法法律；鼓吹“来世天定”，蛊惑信教群众拒绝学习掌握就业技能、改善经济条件、提升自我发展能力。大量群众不具备掌握国家通用语言文字能力，不具备基本法律知识。

在宗教极端主义的渗透和控制下，许多人参与或者被教唆、胁迫、引诱参与恐怖活动、极端主义活动，但尚属情节轻微，或未造成实际危害后果；一些人虽因恐怖活动犯罪、极端主义犯罪被定罪处刑，但并未完全脱离宗教极端主义束缚。由于上述人员受宗教极端主义毒害深，丧失了对正常生活和法律界限的理性辨识能力，如果不对他们采取积极干预措施，就不能解除宗教极端主义对他们的桎梏，就无法使他们融入正常的社会生活，就不可能使他们实现个人的更好发展。

面对严峻形势和复杂情况，新疆的反恐、去极端化坚持标本兼治方针，既依法严厉打击少数严重暴力恐怖犯罪，又最大限度地教育挽救感染宗教极端主义、有轻微违法犯罪的人员。依法设立教培中心，对学员进行系统的教育培训，是遏制暴力恐怖案（事）件多发频发、铲除宗教极端主义滋生蔓延土壤的迫切需要，也是有效提升学员文化知识水平、掌握劳动技能、促进就业和增加收入的迫切需要，更是实现新疆社会稳定和长治久安的迫切需要。

二、依法开展教育培训工作

新疆开展教培工作的做法既符合国家法治精神和要求，又体现了国际社会反恐、去极端化的原则和理念。

新疆根据《中华人民共和国国家安全法》《中华人民共和国刑法》《中华人民共和国刑事诉讼法》《中华人民共和国反恐怖主义法》和《宗教事务条例》等法律法规，依照法定程序，制定并修改完善了《新疆维吾尔自治区实施〈中华人民共和国反恐怖主义法〉办法》《新疆维吾尔自治区去极端化条例》两部地方性法规。

中国法律区分了违法行为和犯罪行为，并规定了不同的执法司法主体和处理程序。其中，视具体违法或犯罪情节不同，有的由包括公安机关在内的行政机关依法予以行政处罚；有的由公安机关侦查终结，移送检察机关审查后，由检察机关依法作出不起诉决定；有的在检察机关提起公诉后，由审判机关依法审理定罪处刑。

具体在恐怖主义、极端主义违法犯罪案件中，依照法律规定，视具体情节及当事人表现，除由检察机关提起公诉，由审判机关定罪处刑的外，有的案件是由公安机关等行政机关依法作出处理，有的案件是由检察机关依法作出不起诉决定。这些不同的处理方式和程序，恰恰体现了国家宽严相济的刑事政策和教育挽救的方针。为了贯彻标本兼治的原则，中国法律和地方性法规对参与恐怖活动、极端主义活动的人员，还规定了帮教、安置教育等措施。

新疆依据《中华人民共和国反恐怖主义法》《新疆维吾尔自治区实施〈中华人民共和国反恐怖主义法〉办法》《新疆维吾尔自治区去极端化条例》等法律法规，设立了教培中心，开展帮教等工作。目前进入教培中心的学员有三类：一是被教唆、胁迫、引诱参与恐怖活动、极端主义活动，或者参与恐怖活动、极端主义活动情节轻微，尚不构成犯罪的人员。二是被教唆、胁迫、引诱参与恐怖活动、极端主义活动，或者参与恐怖活动、极端主义活动，有现实危险性，尚未造成实际危害后果，主观恶性不深，能够认罪悔罪，依法不需要判处刑罚或者免除刑罚，自愿接受培训的人员。三是因恐怖活动犯罪、极端主义犯罪被定罪处刑，刑满释放前经评估仍有社会危险性，人民法院依法决定在刑满释放后进行安置教育的人员。对第一、第三类人员，根据《中华人民共和国反恐怖主义法》第二十九条、第三十条的规定，依法进行帮教或安置教育。对第二类人员，则本着宽严相济的刑事政策，打击少数、挽救多数，对认罪悔罪、自愿接受培训的人员，在依法作出不起诉决定后对其进行帮教。

新疆开展教培工作的具体法律程序是，由有关机关依照《中华人民共和国刑法》《中华人民共和国刑事诉讼法》《中华人民共和国反恐怖主义法》等相关法律法规规定，对相关行为性质和情节进行认定，对相关人员作出处理。其中，对第一类人员，由公安机关依法作出处理，由教培中心进行帮教；对第二类人员，由公安机关依法侦查，检察机关经审查作出不起诉决定后，由教培中心进行帮教；第三类人员在刑满释放前经评估具有社会危险性的，依据人民法院决定在刑满释放后进行安置教育。

对上述人员，通过"集中培训、寄宿学习、实践培养"等多种形式开展免费职业技能教育培训，并在学员考核达标后颁发结业证书。学员结业后，可以自主择业，也可以由有关部门协助安排就业。

新疆教培工作也符合国际社会有关公约、倡议中明确的基本原则。作为国际社会负责任的一员，中国积极支持联合国在国际反恐合作中发挥主导和协调作用，坚持遵循《联合国宪章》和其他国际法原则准则，支持联合国安理会通过的一系列反恐决议，大力推动《联合国全球反恐战略》（60/288）全面实施。目前，中国已加入《制止恐怖主义爆炸的国际公约》《制止向恐怖主义提供资助的国际公约》《制止核恐怖主义行为国际公约》《反对劫持人质国际公约》等国际反恐公约。此外，在上海合作组织框架下，中国与有关国家缔结了《打击恐怖主义、分裂主义和极端主义上海公约》《上海合作组织成员国合作打击恐怖主义、分裂主义和极端主义构想》《上海合作组织反恐怖主义公约》《上海合作组织反极端主义公约》《上海合作组织成员国合作打击恐怖主义、分裂主义和极端主义 2019—2021 年合作纲要》《上海合作组织成员国和阿富汗伊斯兰共和国关于打击恐怖主义、毒品走私和有组织犯罪行动计划》等文件。

联合国《防止暴力极端主义行动计划》（70/674）报告指出，贫困、失业、缺乏就业机会和教育程度低，以及暴力极端主义团体随意歪曲和利用宗教信仰、族裔差异和政治思想体系等方面是形成暴力极端主义的背景和成因。行动计划建议，防止暴力极端主义必须扩大应对措施，更早介入，消除促成暴力极端主义的因素，用预防措施配合打击暴力极端主义。行动计划提出，将国家发展政策与可持续发展目标保持一致，消除一切形式的贫困，确保优质教育，让全民享有终身学习机会；为暴力极端主义团体的人提供教育机会和经济机遇，鼓励其脱离暴力极端主义团体；向青年提供继续学习机会、职业培训资源、创业才能培养。新疆开展教培工作正是中国落实国际社会反恐、去极端化倡议及其理念的具体表现。

三、教育培训的内容

为有效遏制宗教极端主义蔓延扩散、暴力恐怖案（事）件多发频发势头，新疆依法开展教育培训工作，在一些区、县设立教培中心。

教培中心属于学校性质。针对新疆反恐、去极端化的实际需要，设置了以学习国家通用语言文字、法律知识、职业技能以及去极端化为主要内容的教学课程。

针对学员使用国家通用语言文字普遍水平低的问题，开展国家通用语言文字培训。教培中心开展国家通用语言文字培训有充分的宪法和法律依据。《中华人民共和国宪法》以及《中华人民共和国民族区域自治法》《中华人民共和国国家通用语言文字法》均保障各民族有使用和发展自己的语言文字的自由。同时，《中华人民共和国宪法》和《中华人民共和国国家通用语言文字法》也规定，国家推广全国通用的普通话，公民有学习和使用国家通用语言文字的权利，国家为公民学习和使用国家通用语言文字提供条件。教培中心充分保障宪法赋予公民的学习和使用国家通用语言文字的权利，为学员提供学习条件。安排有教师资格的国家通用语言专业教师，使用专门为学员编写的教材，按照普通学校授课方式，快速提升学员使用国家通用语言文字的能力。国家通用语言文字的培训，是在尊重少数民族使用本民族语言文字权利前提下进行的，目的在于增强掌握和使用国家通用语言文字的能力，使学员获得学习科学文化知识、职业技能、外出经商务工、与其他民族群众交流、适应现代生活的语言工具，而不是要剥夺或者限制使用、发展本民族语言文字的权利。

针对学员普遍缺乏法治意识，开设法律知识课程。教培中心将学习法律知识作为培养学员增强国家意识、公民意识、法治意识的关键环节。聘请法官、检察官、律师等讲授《中华人民共和国宪法》《中华人民共和国民族区域自治法》《中华人民共和国刑法》《中华人民共和国民法总则》《中华人民共和国婚姻法》《中华人民共和国妇女权益保障法》《中华人民共和国未成年人保护法》《中华人民共和国劳动法》《中华人民共和国劳动合同法》《中华人民共和国教育法》《中华人民共和国职业教育法》《中华人民共和国反恐怖主义法》《中华人民共和国治安管理处罚法》和《新疆维吾尔自治区去极端化条例》《新疆维吾尔自治区实施〈中华人民共和国反恐怖主义法〉办法》《新疆维吾尔自治区宗教事务条例》等法律法规。通过学习，使学员增强对公民权利义务的认识，建立平等享有权利、履行公民义务的观念，自觉遵守国家宪法法律，按照宪法法律赋予的权利和义务行事。

针对学员缺乏职业技能、就业困难的问题，开展职业技能培训。教培中心将学习职业技能作为提升学员就业能力的重要途径，根据当地需求和就业条件，设置服装鞋帽加工、食品加工、电子产品组装、排版印刷、美容美发、电子商务、汽车维修、建筑装饰、畜牧养殖、果树栽培、保健推拿、家政服务、手工艺品制作、插花、地毯编织、绘画、乐器演奏、舞蹈演艺等培训课程，对其中有愿望有条件的学员进行多技能培训，确保学员结业后能够较为熟练地掌握1—2门职业技能。教培中心注重将课程学习与实训操作相结合，提高学员实际操作能力。实训操作是实践教学，不是在工厂务工，不是在企业就业，更不是强制劳动。

针对学员不同程度地受宗教极端主义影响和控制的问题，教培中心将去极端化贯穿全过程。通过分阶段学习法律法规、民族宗教政策和宗教知识，揭露恐怖主义、宗教极端主义的危害，使学员全面准确了解国家宗教信仰自由政策，深刻认识到什么是合法宗教活动、什么是非法宗教活动、什么是宗教极端主义，真正明白宗教极端主义完全违背了宗教教义，努力使学员认清恐怖主义、宗教极端主义的罪恶本质和严重危害，摆脱其影响和控制。教育培训从不干预学员信仰自由，从未进行改变学员宗教信仰的教学活动。

四、学员的基本权利得到保障

尊重和保障人权，是中国宪法规定的基本原则，并在中国的各项法律制度和中国政府开展的各项工作中得到充分体现。新疆开展教培工作，是政府依法采取的一项社会治理措施，旨在保障人民生命安全，保障公民基本权利不受侵犯。在开展教培工作过程中，教培中心严格贯彻落实宪法和法律规定，保障参与培训学员的基本权利不受侵犯。

教培工作根本不是什么限制、剥夺人身自由的措施，而是依法采取的帮助学员摆脱恐怖主义、宗教极端主义束缚的重要措施，是实现人的思想解放、素质提升和更好发展之举。

中国法律明文禁止任何基于地域、民族、宗教等理由的歧视性做法，这一规定在新疆得到了切实执行。教培中心确定教育挽救对象的唯一标准是是否有过恐怖主义、宗教极端主义违法或犯罪行为，与其所在的地区、所属的民族和所信仰的宗教毫无关系。

学员在教培中心学习过程中的人身自由得到依法保障。教培中心充分保障学员的人格尊严不受侵犯，严禁以任何方式对学员进行人格侮辱和虐待。教培中心实行寄宿制管理，学员可定期回家，有事请假，学员有通信自由。

在教培中心，各民族的风俗习惯和使用本民族语言文字的权利都得到充分保障。教培中心各项规章制度、课程表、食谱等均使用国家通用语言文字和当地少数民族语言文字。教培中心充分尊重和保障不同民族学员的风俗习惯，免费提供种类繁多、营养丰富的清真饮食。

教培中心尊重学员的宗教信仰自由。《宗教事务条例》规定，禁止在宗教院校以外的学校及其他教育机构传教、举行宗教活动、成立宗教组织、设立宗教活动场所。教培中心在管理上实行教育与宗教相分离，学员不得在校内组织、参加宗教活动，但信教学员回家时可以自主决定是否参与合法宗教活动。

教培中心配备双语教师、辅导员、医生和后勤服务管理人员等，保障学员正常学习生活。教培中心生活设施齐全，室内冬天有暖气、夏天有空调或风扇，宿舍有电视，浴室免费对学员开放。设置医疗室，每天 24 小时免费向学员提供医疗服务，小病可在医务室就诊治疗，重症急症可快速送医院救治。

教培中心充分尊重学员各方面精神文化生活需求，有室内外体育文化活动场所，经常举办丰富多彩的文体娱乐活动。设置图书阅览室，方便学员读书学习。设置法律咨询室，帮助学员及时解决法律层面的困难和疑问。设置心理咨询室，提供心理咨询服务，关心学员心理健康。所有学员均享受养老、医疗等社会保险，免费参加全民健康体检。

为解除教培学员的后顾之忧，新疆各级政府对教培学员家庭平等落实社会保障、教育医疗、脱贫攻坚等各项优惠政策，帮助学员亲属解决生产、生活、就业、就学、就医等方面的实际困难，增强了学员参加学习培训的动力。

五、教育培训工作取得显著成效

新疆开展教培工作，最大限度挽救了有恐怖主义、极端主义违法或犯罪行为的人员，最大限度消除了滋生恐怖主义、宗教极端主义的土壤和条件，最大限度保障了公民的基本权利免受恐怖主义、宗教极端主义的侵害，取得了良好效果。参加教育培训的人数是动态的，有进有出。随着教培工作的有效展开和推进，大多数学员已达到培训要求顺利结业。

——学员的综合素质得到提升。学员法治意识得到提高，普遍认识到作为国家公民必须遵守国家宪法和法律。学员使用国家通用语言文字的能力得到提高。许多学员以前不具备使用国家通用语言文字的能力，结业时初步实现能听懂、能交流、能阅读、能书写。学员通过学习职业技能知识，大多数掌握了一定的实用技能，就业能力得到提高。已有多批次学员达到标准从教培中心结业，有的在工厂或其他企业就业，有的自主创业，还有一些为了不断提升自我，到中职、高职等院校继续深造学习。

——宗教极端主义有效祛除。通过学习，绝大多数学员都能够认清恐怖主义、宗教极端主义的本质和危害，摆脱了恐怖主义、宗教极端主义的精神控制。学员的国家意识、公民意识、法治意识明显增强，辨别是非能力明显提高。大多数学员能够认清宗教极端主义不是宗教，抵御宗教极端主义渗透的能力明显增强。

——社会风气明显好转。在学员的学习生活过程中，教培中心注重引导学员转变观念，提倡各民族相互尊重风俗习惯，在衣食住行、婚丧嫁娶、礼仪风俗等方面顺应现代社会发展要求，并大力传播现代文明理念，使学员摆脱陈规陋习束缚。在教培工作的积极影响下，新疆社会风气明显好转，正气上升，邪气下降，宗教极端主义的传播受到自觉抵制，追求现代科学技术知识、文明生活风尚的社会氛围日渐浓厚。

——社会大局持续稳定。开展教培工作以来，新疆已连续近3年未发生暴力恐怖案（事）件，宗教极端主义渗透得到有效遏制，社会治安状况明显好转，民族平等团结，宗教和睦和顺，人民生活安定祥和。据统计，2018年，新疆旅游业大幅增长，共接待境内外游客超过1.5亿人次，同比增长40%；其中境外游客262.6万人次，同比增长11.83%。2019年1月至6月，新疆接待境内外游客7589.35万人次，同比增长46%。

——各族人民普遍支持。通过教育培训，学员们认清了恐怖主义、宗教极端主义的本质和危害，感谢教育培训使他们“在走向恐怖犯罪的路上回了头”“解除了宗教极端主义的精神枷锁”。教培工作有力维护了新疆社会安定和谐，最大限度地保障了各族人民的基本人权，得到了各族人民的拥护。许多人切身感受到，新疆今天的大好局面来之不易，没有教培工作就没有今天的安稳日子。

——国际社会积极评价。新疆的教培工作引起了国际社会的普遍关注。2018年12月底以来，一些国家驻华使节、联合国官员、有关国家常驻日内瓦主要外交官，以及一些国家政党、社会组织、媒体记者和宗教团体等40多批（团、组）、近千人到新疆参观访问。百闻不如一见。通过实地参观访问，许多人认清了真相，理解了新疆开展教培工作的紧迫性、必要性、合法性、合理性。他们纷纷表示，受宗教极端主义影响，新疆的暴恐活动惨无人道、令人愤慨，教培工作挽救了那些受恐怖主义、宗教极端主义控制的学员，新疆的教培工作为国际社会反恐、去极端化斗争作出了重要贡献，积累了宝贵经验，很有借鉴价值。伊斯兰合作组织外长理事会第46次会议通过决议，赞赏中国为关怀本国穆斯林所作的努力。

一些实地采访过新疆教培中心的外国媒体记者，纷纷发表报道文章，客观介绍教培中心的真实情况，对新疆开展教培工作表示理解、肯定和支持。

2019年5月15日，沙特《利雅得报》记者在题为《新疆——中国“一带一路”的门户》的报道中说：“中国尊重少数民族以及他们的宗教信仰。”“为尊重和照顾少数民族的饮食、衣着、节日、婚嫁和葬礼等习俗，中国各级政府和有关部门制定了一系列政策和法规。”“在新疆，各民族都有保持或改变自己生活习俗的权利，这是中国的一贯政策。”

2019年5月15日，埃及《金字塔晚报》记者在题为《中国利用培训和再教育方式应对极端主义》的报道中说："世界各国根据实际情况，采取了多种预防性措施应对恐怖主义和极端思想，其中中国政府在新疆维吾尔自治区采取的应对极端思想的措施可以提供有益经验。""新疆设立教培中心是为培训那些受恐怖组织极端思想影响的年轻人，为他们提供机会重新融入社会并走上正轨，远离恐怖主义的魔爪。"土耳其 DHA 表示，教培中心为学员提供人性化管理和服务，中心没有虐待行为和限制人身自由，学员学习、生活都很愉快。访问期间的所见所感同美西方宣传的负面内容大相径庭，深感其双重标准之野蛮无理。

美国《国际聚焦》杂志 2019 年 5 月号刊发《中国新疆维吾尔自治区之旅》一文，指出，喀什职业技能教育培训中心秩序井然，许多年轻人以前是极端思想的受害者，如今在学习职业技能，有人在教他们更好的谋生手段。他们吃得好，生活条件也好。记者同其中几个人交流，他们受到良好对待，看上去很快乐。有人或许认为这些年轻人受到胁迫，但快乐是装不出来的。

2019 年 7 月 5 日，新加坡《海峡时报》刊登《新疆职业技能教育培训中心里的故事》一文，生动介绍了新疆教培中心的真实情况以及多位学员培训前后的转变。文章写道，毋庸置疑，从去极端化和国家治理的角度，新疆教培中心的做法是富有成效的。记者在与学员的接触中了解到，许多学员都有过被从智能手机下载的极端视频和宣传书籍激进化的经历。培训中心的气氛就像是一所寄宿学校。记者看到政府为贫困民众建造房屋，当地集市繁荣，民众可以获得各种医疗服务，尽享民族歌舞表演。中国政府不仅没有压制当地文化，而且还在独生子女政策等方面给予新疆维吾尔族和其他少数民族许多特殊政策。

六、探索出去极端化的有益经验

多年来，为应对恐怖主义、极端主义的威胁，消除恐怖主义、极端主义滋生蔓延的土壤和条件，维护人民生命安全和社会稳定，世界上一些国家坚持从本国实际出发，积极探索反恐、去极端化有效办法，并积累了有益经验。

有的国家设立"去极端化中心"，对受过极端主义感染的群体进行一段时间的教育转化，通过个体或集体体育活动、心理辅导，穿插对宗教现实和世俗主义的讨论等，使学员获得心理恢复，并通过技能和职业培训使学员重新融入社会。有的国家设立"教育转化中心"，把极端分子分为自首者、潜在者、犯罪者三类，依托家庭、社区，并配合精神干预治疗、经济帮扶等措施，进行去极端化改造。有的国家在监狱和社区两个层面对恐怖分子及高危群体进行教育转化，通过甄别、康复、再教育、回归社会、评估等办法，对涉恐罪犯进行去极端化改造。有的国家谴责极端分子对伊斯兰教义的错误解释，鼓励宗教包容，提出回归"温和伊斯兰"，并设立教化中心，通过集中管控和回归社会两个阶段对受极端主义影响的人员进行教育转化。有的国家通过启动"转化和脱离"项目，强制要求曾涉恐人员和返国恐怖嫌犯必须参加培训，并在全国设立隔离中心，用于拘押极端分子，以防止其在监狱感染其他在押人员。有的国家在社区采取相关措施，对受极端主义影响的人员进行早期干预，并采取社会动员的方式及早发现并制止年轻人加入极端组织的企图，防止发生恐怖主义和极端主义行为。

新疆通过设立教培中心，开展教培工作，对受恐怖主义、宗教极端主义影响的人进行教育挽救，与世界上一些国家和地区的做法是相通的，目的都是为了防微杜渐、治病救人，最大限度保障公民的基本人权免受恐怖主义、极端主义侵害。

新疆开展教培工作，取得了显著成效，为国际社会开展反恐、去极端化探索出了有益经验。

——坚持因地制宜去极端化。新疆开展教培工作，既积极借鉴国际社会反恐、去极端化经验，又坚持从区情和面临的具体反恐、去极端化形势出发，有针对性地开展工作，力求取得实际效果。新疆紧密结合反恐、去极端化斗争实际，充分借鉴国际社会反恐和去极端化经验，对受恐怖主义、宗教极端主义影响的人有针对性地开展国家通用语言文字、法律知识、职业技能教育培训，祛除极端化思想，取得了社会公认的实际效果，有力维护了新疆的社会稳定，也有效维护了宗教健康发展的环境。

——坚持打防结合、预防为主。坚持标本兼治方针，一手抓打击，对恐怖主义、极端主义保持高压态势；一手抓预防，以教育挽救为主。通过开展教培工作，对多数受恐怖主义、宗教极端主义影响但罪行较轻的人，进行教育挽救保护，用拉的方式而不是推的方式，用挽救的方式而不是严惩的方式，用关爱的方式而不是嫌弃的方式，进行帮教，使其摆脱宗教极端主义的束缚，能够知法守法，能够掌握国家通用语言文字，并具备一定的知识文化和劳动技能，成为对社会有用的人，实现人生价值。

——坚持弘扬法治精神。依法治国、建设社会主义法治国家，是建设中国特色社会主义的本质要求。新疆开展教培工作，消除恐怖主义、宗教极端主义滋生土壤和环境，始终高举法治旗帜，坚决维护宪法和法律权威，坚持运用法治思维和法治方式处理问题，使各项工作始终在法治轨道上进行。教培中心的去极端化工作，始终坚持以事实为根据，以法律为准绳，坚持不与特定地域、民族、宗教挂钩。

——坚持尊重和保障人权。开展教培工作，既保障了各族人民的基本人权免受侵害，又最大限度地挽救了受宗教极端主义影响的有违法犯罪行为人员。教培中心坚持以人为本，依法实行规范化、学校化管理，提供人性化服务，严禁以任何方式对学员进行人格侮辱和虐待，保障学员的人身自由。教培中心为学员提供优质的教学资源和多样化的技能培训，最大限度保障学员享有受教育权利。

——坚持政府担当有为。保障人民生命权、健康权、财产权，使人民各项基本权利免受侵犯，在安定祥和的社会环境中生活，是一个负责任的政府义不容辞的责任。新疆各级政府，本着对人民高度负责的态度，对受恐怖主义、宗教极端主义影响的人，进行教育挽救，做了大量耐心细致的工作，付出了难以想象的艰辛。教培工作的成功开展，伸张了社会正义，维护了人的尊严，树立了政府良好形象。

结束语

实践证明，新疆开展教培工作，有效消除了恐怖主义、宗教极端主义滋生蔓延的土壤和条件，切实保障了新疆各族人民的生命权、健康权和发展权，不仅使新疆实现了社会稳定，也有力维护了地区安全和稳定。这一做法完全符合国际社会反恐、去极端化的基本精神和基本原则，完全符合世界各国人民的根本利益和要求。

新疆开展教培工作，目的在于从源头上消灭恐怖主义、宗教极端主义，完全是尊重和保障人权之举。国际上一些别有用心的人，出于意识形态的偏见和不可告人的目的，以各种方式对新疆教培中心进行污名化，企图否定新疆为反恐、去极端化付出的巨大努力，这是新疆各族人民绝不能答应的。国际上有的国家、组织或个人在反恐、去极端化问题上搞“双重标准”，说到底是对恐怖主义、极端主义的袒护、纵容，严重违背了国际道义和人类良知，为一切善良和正义的人们所不齿。

面对恐怖主义、极端主义对人类的严重戕害，面对反恐、去极端化这一世界性难题，新疆各级政府以高度负责任的态度，积极借鉴国际经验和做法，通过开展教培等工作，取得了反恐、去极端化斗争的重要阶段性胜利，新疆的做法理应得到国际社会的理解和尊重。

新疆的反恐、去极端化斗争，仍有可以不断完善的地方，仍有许多工作要做。新疆将坚持从本地实际出发，继续遵循《联合国全球反恐战略》（60/288）和《防止暴力极端主义行动计划》（70/674）等文件精神，坚持打防结合、预防为主的原则，不断完善教培工作，为保障新疆各族人民的各项基本权利，实现新疆社会稳定和长治久安，作出不懈努力。

青藏高原生态文明建设状况*

国务院新闻办公室7月18日发表《青藏高原生态文明建设状况》白皮书。全文如下：

青藏高原生态文明建设状况

中华人民共和国国务院新闻办公室

2018年7月

目录

前　言

青藏高原位于中国西南部，包括西藏和青海两省区全部，以及四川、云南、甘肃和新疆等四省区部分地区，总面积约260万平方公里，大部分地区海拔超过4000米。青藏高原被誉为“世界屋脊”“地球第三极”“亚洲水塔”，是珍稀野生动物的天然栖息地和高原物种基因库，是中国乃至亚洲重要的生态安全屏障，是中国生态文明建设的重点地区之一。

中国共产党和中国政府高度重视生态文明建设。中国共产党第十八次全国代表大会以来，以习近平同志为核心的党中央，视建设生态文明为中华民族永续发展的根本大计，将生态文明建设与经济、政治、文化与社会建设一起纳入中国特色社会主义事业“五位一体”总体布局。中国大力树立和践行绿水青山就是金山银山的理念，像对待生命一样对待生态环境，坚持走文明发展之路，努力建设美丽中国。

青藏高原生态文明建设，对推动高原可持续发展、促进中国和全球生态环境保护有

* 来源：国务院新闻办公室网站，2018年7月18日（http：//www. scio. gov. cn/zfbps/32832/Document/1633895/1633895. htm）。

着十分重要的影响。中国共产党和中国政府坚持生态保护第一，将保护好青藏高原生态作为关系中华民族生存和发展的大事。目前，青藏高原生态文明制度逐步健全，生态保育成效明显，环境质量稳定良好，绿色产业稳步发展，科技支撑体系基本建立，生态文化逐渐形成，青藏高原生态文明建设示范作用正在显现。

一、生态文明制度逐步健全

随着国家生态文明建设的不断推进，青藏高原生态文明建设相关政策和法规日益完善，高原生态文明制度体系逐步健全。

生态文明建设法律法规逐步完善

近年来，国家制定或修改了《中华人民共和国环境保护法》《中华人民共和国大气污染防治法》《中华人民共和国水污染防治法》《中华人民共和国固体废物污染环境防治法》《中华人民共和国环境保护税法》《中华人民共和国环境影响评价法》《中华人民共和国野生动物保护法》《中华人民共和国水法》《中华人民共和国气象法》《中华人民共和国草原法》等。这些法律的制定和实施，为青藏高原生态环境保护与区域社会经济发展提供了重要的法律制度保障。

2015 年，《中共中央国务院关于加快推进生态文明建设的意见》和《生态文明体制改革总体方案》发布，提出生态文明建设和生态文明体制改革的总体要求、目标愿景、重点任务和制度体系，明确了路线图和时间表。目前，中国已建立起覆盖全国的主体功能区制度和资源环境管理制度，中央环保督察实现了 31 个省区市全覆盖，对省以下环保机构监测监察执法实行垂直管理，并全面实行河长制、湖长制及控制污染物排放许可制。开展按流域设置环境监管和行政执法机构试点，增强流域环境监管和行政执法合力，实现流域环境保护统一规划、统一标准、统一环评、统一监测、统一执法。确立生态文明建设目标评价考核、领导干部自然资源资产离任审计等监督机制，形成环保职责明确、追究严格的责任制度链条，落实“党政同责”“一岗双责”。推动建立生态保护红线制度，制定自然资源统一确权登记、自然生态空间用途管制办法和全民所有自然资源资产有偿使用制度改革的指导意见，推进“多规合一”、国家公园体制等试点。健全生态保护补偿机制，设置跨地区环保机构生态环境损害赔偿制度改革试点。

与此同时，西藏、青海、四川、甘肃、云南等省区结合高原实际，制定了与生态文明建设相关的地方性法规和实施办法。西藏自治区制定了《关于着力构筑国家重要生态安全屏障　加快推进生态文明建设的实施意见》《关于建设美丽西藏的意见》《西藏自治区环境保护考核办法》等。青海省制定了《青海省生态文明制度建设总体方案》《青海省生态文明建设促进条例》《青海省创建全国生态文明先行区行动方案》等。四川省制定了《四川省自然保护区管理条例》等。甘肃省制定了《甘肃祁连山国家级自然保护区管理条例》等。云南省制定了《迪庆州“两江”流域生态安全屏障保护与建设规划》《滇西北生物多样性保护行动计划》等。青藏高原诸省区生态文明制度体系基本形成。

自然保护地体系初步建立

自然保护地体系是保护生物多样性、维护自然资本和生态系统服务、保障国家乃至全球民众福祉的重要管理手段。目前，青藏高原自然保护地体系正在由以自然保护区为主体向以国家公园为主体转变。

1963 年，青藏高原第一个国家级自然保护区（现白水江国家级自然保护区）成立。1994 年《中华人民共和国自然保护区条例》颁布实施后，明确了自然保护区等级体系、管理机构和功能区，青藏高原的自然保护区建设进入快速稳定发展阶段。目前，青藏高原已经建成各级自然保护区 155 个（其中国家级 41 个、省级 64 个），面积达 82.24 万平方公里，约占高原总面积的 31.63%，占中国陆地自然保护区总面积的 57.56%，基本涵盖了高原独特和脆弱生态系统及珍稀物种资源。

随着生态文明体制改革的深入推进，中国政府提出建立以国家公园为主体的自然保护地体系。2016 年，国家正式批准《三江源国家公园体制试点方案》，这是中国第一个国家公园体制改革试点，核心是实现三江源重要自然生态资源国家所有、全民共享、世代传承。青海省制定了《三江源国家公园条例（试行）》，从公园本底调查、保护对象、产权制度、资产负债表、生物多样性保护、生态环境监测、文化遗产保护、生态补偿、防灾减灾、检验检疫等方面对公园管理做出明确规定。2018 年 1 月，国家发展改革委印发《三江源国家公园总体规划》，进一步明确了三江源国家公园建设的基本原则、总体布局、功能定位和管理目标等。三江源国家公园建设将为青藏高原及周边地区的绿色发展发挥引领和示范作用。

生态补偿制度得到确立

生态补偿制度是国家保护生态环境的重要举措。国家在青藏高原建立了重点生态功能区转移支付、森林生态效益补偿、草原生态保护补助奖励、湿地生态效益补偿等生态补偿机制。2008—2017 年，中央财政分别下达青海、西藏两省区重点生态功能区转移支付资金 162.89 亿元和 83.49 亿元，补助范围涉及两省区 77 个重点生态县域和所有国家级禁止开发区。

“十五”（2001—2005 年）以来，西藏自治区获得国家下达的森林、草原、湿地、重点生态功能区等各类生态补偿资金累计达 316 亿元。其中，“十二五”（2011—2015 年）期间，国家累计下达西藏草原生态保护补助奖励资金 108.8 亿元。2015 年以来，自治区探索建立野生动物肇事补偿机制，投入 8500 万元帮助牧民减轻因野生动物肇事带来的损失。

国家对青海省生态建设投入力度不断加大。2013 年起，中央财政累计安排资金 164 亿元，陆续实施了草原、森林和湿地等生态效益补偿类项目。为实现生态保护和脱贫有机结合，青海省推出生态公益管护员制度，每年安排补助资金 8.8 亿元。“十二五”以来，青海省有 62.23 万户农牧民住房得到改善，162.4 万人喝上洁净水，65 万无电人口用上可靠电，人民生活水平得到较大改善。云南省迪庆州自 2009 年起实施公益林生态效益补偿制度，至 2017 年国家累计补助资金达 11.03 亿元。2017 年，四川省甘孜州和阿坝州有效管护集体公益林分别为 128.23 万公顷和 69.60 万公顷，公益林森林生态效益年度补偿资金分别为 2.84 亿元和 1.54 亿元。

二、生态保育成效显著

20 世纪 60 年代以来，特别是 90 年代以来，中国政府在青藏高原部署了类型多样的生态保育工程，包括野生动植物保护及自然保护区建设、重点防护林体系建设、天然林资源保护、退耕还林还草、退牧还草、水土流失治理以及湿地保护与恢复等。西藏自治区实施了生态安全屏障保护与建设工程和“两江四河”（雅鲁藏布江、怒江、拉萨河、年楚河、雅砻河、狮泉河）流域造林绿化工程等。青海省实施了祁连山“山水林田湖草”生态保护修复工程、青海湖流域生态环境保护与综合治理工程、三江源生态保护和建设等重点生态工程。2011 年，《青藏高原区域生态建设与环境保护规划（2011—2030 年）》颁布实施。一系列生态建设工程的实施在生态保育方面取得了积极效果，生态系统退化的趋势得到控制，生物多样性持续恢复，一些重点生态工程区的生态功能全面好转。

生态退化得到有效控制

高寒草地是青藏高原最主要的生态系统类型，发挥着重要的生态安全屏障功能，也是高原畜牧业的基础。由于气候变化和超载过牧等原因，高寒草地不断退化，至 20 世纪 80 年代中期，西藏自治区和青海省的草地面积为 82 万平方公里。此后，随着退牧还草、草原生态保护补助奖励政策以及草原鼠虫害防治等一系列草地生态保护建设工程的陆续实施，青藏高原草地保育成效逐步显现。研究表明，1982—2009 年，青藏高原草地覆盖度和净初级生产力总体呈增加态势，草地覆盖度增加的区域约占草地总面积的 47%，净初级生产力明显增加的面积达 32% 以上。近十年来，草地生态系统稳定向好。

青藏高原森林主要分布在滇西北、藏东南、川西、甘南和青海东部地区。1950 年以来，森林资源在面积、蓄积、类型及空间分布格局等方面均发生了显著变化。2016 年第九次全国森林资源清查结果显示，西藏林地面积达 1798. 19 万公顷，森林面积 1490. 99 万公顷，森林覆盖率 12. 14%，活立木总蓄积 23. 05 亿立方米，与 2011 年第八次全国森林资源清查结果相比，林地与森林面积分别增加 14. 75 万和 19. 87 万公顷，森林覆盖率提高 0. 16 个百分点，森林蓄积量增加 2047 万立方米，实现了森林面积和蓄积“双增”。

青藏高原是中国湿地分布最广、面积最大的区域。1990 年，青藏高原湿地面积约为 13. 45 万平方公里。1990—2006 年，青藏高原湿地呈现出持续退化状态，以每年 0. 13% 的速率减少，总面积减少了约 3000 平方公里。2006 年以来，在湿地保护与自然因素综合作用下，湿地面积明显回升。至 2011 年，仅西藏自治区和青海省湿地面积已达 14. 67 万平方公里，湿地退化态势总体上得到遏制。至 2014 年，青海省湿地面积达 8. 14 万平方公里。近年来，随着保护力度的加大，湿地生态系统进一步好转。

生物多样性保护成效显著

青藏高原是全球生物多样性最丰富的地区之一，羌塘—三江源、岷山—横断山北段、喜马拉雅东南部和横断山南段等区域是我国生物多样性保护优先区域。高原特有种子植物 3760 余种，特有脊椎动物 280 余种，珍稀濒危高等植物 300 余种，珍稀濒危动物 120 余种。已建立的自然保护区，有效保护了青藏高原特有与珍稀濒危的动植物及其生存环境。

珍稀濒危物种种群的恢复与扩大是生物多样性保护成效的明显标志。研究表明，青藏高原黑颈鹤、藏羚羊、普氏原羚、野牦牛、马鹿、滇金丝猴等的个体数量正在稳步增加。雅鲁藏布江中游河谷黑颈鹤国家级自然保护区建立以来，到此越冬的黑颈鹤逐年增加，约占全球黑颈鹤数量的 80%，已成为全球最大的黑颈鹤越冬地。羌塘高原藏羚羊个体数量从 2000 年的 6 万多只恢复到 2016 年的 20 万只以上，野牦牛个体数量由保护前的 6000 多头恢复到 2016 年的 10000 多头。白马雪山国家级自然保护区滇金丝猴个体数量由保护区建立前的约2000只恢复到2014年的约2500只。此外，在一些地方还发现新的珍稀濒危物种。国际上认为早已灭绝的西藏马鹿，1995年在西藏自治区桑日县被重新发现，且个体数量不断扩大。高黎贡山国家级自然保护区发现极度濒危物种怒江金丝猴。尕海—则岔国家级自然保护区监测到黑头噪鸦等。

改善生物栖息地是生物多样性保护的基础，青藏高原植被改善在整体上提升了野生动物栖息地环境质量。1998—2009年，西藏珠穆朗玛峰国家级自然保护区核心区植被明显好转。2005年以来，三江源自然保护区荒漠化得到遏制，湿地面积增加，植被生态状况改善，野生动物栖息地破碎化趋势减缓且完整性逐步提高，生态环境明显好转。尕海—则岔国家级自然保护区内的尕海湖面积由2003年的480公顷增加到2013年的2354公顷，且近年来基本保持在2000公顷，水域面积增加促进了水禽类的繁衍生息。

重点生态工程初见成效

2009年，国家批准《西藏生态安全屏障保护与建设规划（2008—2030年）》，在西藏实施保护、建设和支撑保障三大类10项工程，截至2017年年底已累计投入96亿元。一期工程（2008—2014年）初步建成西藏生态工程的主体框架，部分重点工程已取得明显的生态环境效益，生态系统服务功能逐步提升，生态屏障功能稳定向好。

2005年，国家启动三江源自然保护区生态保护与建设工程，截至2017年年底已累计投入80亿元。2013年完成一期工程，草地退化趋势得到初步遏制，水体与湿地生态系统整体恢复，水源涵养和流域水供给能力提高。与2004年相比，长江、黄河、澜沧江三大江河年均向下游多输出58亿立方米的优质水，为区域经济社会发展提供了有力支撑。

三、环境质量持续稳定

国家及地方政府在流域综合治理、农村与城镇人居环境改善、工矿污染防控等方面实施了一系列的环境保护工程。青藏高原环境质量及人居环境持续向好。

水环境质量稳定良好

青藏高原是亚洲多条主要江河的源头区，也是中国水资源管理和水环境保护最严格的区域之一。国家不断加大对青藏高原水环境保护力度，主要措施包括：编制重要水域综合规划，划定江河湖泊水功能区，明确水域功能和水质保护目标，核定重要江河湖泊水功能区纳污能力和限排总量，实行最严格的水资源管理制度。建立省（区）、地（市）、县（区）三级行政区考核指标体系，推进水生态环境保护与修复，保障青藏高原水生态环境安全。

“十二五”期间，国家投入253.12亿元，用于青藏高原农村饮水、水土保持、牧区水利等工程建设，解决了457.1万农牧民的饮水安全问题，并建成1400多座寺庙通水工程，保障了高氟、高砷、苦咸、污染水及局部严重缺水地区的饮水安全。2014年，国家投入4.78亿元，支持纳木错、羊卓雍错、克鲁克湖和黄河源湖泊群等湖泊流域的环境治理和生态修复。近年来，实施小流域生态综合治理、坡耕地水土流失综合整治等工程，新增水土流失治理面积1730平方公里。实施三江源、青海湖、祁连山生态保护等工程，每年向下游输送600亿立方米的优质水。目前，青藏高原主要江河湖泊基本处于天然状态，水质状况保持良好。

土壤功能有效提升

青藏高原是全球受污染最少的地区之一，土壤环境总体处于自然本底状态。土壤类型和重金属元素含量受控于成土母岩性质和气候条件，人类活动的影响较小。高原湖泊沉积物中铜、镍、铅等重金属元素含量低于人类活动频繁区湖泊沉积物。从耕地土壤来看，西藏大部分耕地土壤重金属元素含量优于国家一级土壤标准。

随着生态建设与环境保护相关措施的逐步实施，青藏高原土壤生态功能得到有效提升。近50年，中国草地土壤碳储量呈波动式增加趋势，其中青藏高原草地土壤碳储量的贡献最大（63.1%），高原高寒草地3米深的土壤无机碳库约占全国土壤无机碳库的70%。从水源涵养能力看，青藏高原年均水源涵养量达3450亿立方米。三江源生态保护与建设一期工程完成后，林草生态系统年均水源涵养量比工程实施前增加了15.60%；围栏封育等措施也促进了土壤有机碳、土壤水分、土壤微生物环境等性状改善。

大气环境保持优良

青藏高原人类活动强度较低，空气质量受人类活动影响较小，污染物种类较少，浓度较低，各类污染物含量与北极地区相当。随着绿色能源推广、生态城镇建设和农村环境综合治理的不断推进，青藏高原空气质量进一步改善。2016年，全国颗粒物年均浓度达标的96个重点城市中，16个位于青藏高原。目前，青藏高原地区仍然是地球上最洁净的地区之一。

人居环境显著改善

2009年以来，国家累计投入62.94亿元，支持西藏自治区、青海省以及四川、云南、甘肃藏区城镇的生活污水垃圾处理设施及污水管网项目，提高了当地城镇生活污水、垃圾处理能力。“十二五”以来，国家累计投入54.52亿元，支持高原诸省区开展农村环境综合整治。其中，安排西藏自治区3.49亿元、四川省16.31亿元、云南省14.54亿元、甘肃省8.99亿元、青海省11.19亿元。

西藏自治区加强城乡社区绿化美化，解决垃圾分类处理、噪声污染处理、污水排放、秸秆焚烧等问题。2010年以来，西藏自治区安排资金118.18亿元，开展5261个村人居环境建设和环境综合整治工作，建立农村环境长效管护机制，改善了环境质量。2008年以来，青海省开展农村环境连片整治工作，累计投入专项资金17.4亿元，对3015个村庄和游牧民定居点实施了环境综合整治，受益人口220万人，占全省农村总人口的76%。2014年，青海省启动高原美丽乡村建设工作，截至2017年年底，已完成建设投资107.7亿元。目前，青海省城市生活污水处理率、生活垃圾无害化处理率分别达到78.02%和96.69%，城镇人居环境明显改善。四川省甘孜州实施“垃圾污水三年行动”，2017年落实地方政府专项债券资金2.75亿元用于新型城镇化建设。截至2017年年底，四川省阿坝州共投资5.85亿元用于建设污水、垃圾处理设施。云南省迪庆州禁止在辖区内销售、提供、使用不降解的塑料制品，水污染、土壤污染和大气污染治理取得明显成效。甘肃省甘南州已投入52.46亿元，实施703个生态文明小康村建设项目，改善了这些村基础设施、公共服务、社会保障和生态环境等生产生活条件。

四、绿色产业稳步发展

为保护脆弱生态环境，青藏高原各省区努力控制资源开发利用强度，在保持良好环境质量和生态文明建设较高公众满意度的同时，努力探索绿色发展途径。目前，青藏高原各省区以循环经济、可再生能源、特色产业为特点的绿色发展模式已初步建立，绿色发展水平不断提高。

绿色生产初具规模

青藏高原经济发展坚持走生态环境友好、资源节约集约的道路，努力形成绿色发展方式。

国家在青海省设立了柴达木循环经济试验区、西宁经济技术开发区 2 个国家级循环经济试点产业园。柴达木循环经济试验区形成了盐湖化工、油气化工、金属冶金、煤炭综合利用、新能源、新材料、特色生物等产业，园区资源集约利用水平不断提升；西宁经济技术开发区基本形成了有色金属、化工、高原生物制品、中药（含藏药）、藏毯绒纺等产业，园区发展的质量和效益不断提高，示范带动作用明显。通过大力推动国家循环经济发展先行区建设，绿色产业框架初步构建，产业链条不断延伸，基础设施逐步完善。

西藏自治区依托资源优势，加快产业结构优化升级，制定了《西藏自治区循环经济发展规划（2013—2020 年）》，大力发展清洁能源、旅游、文化、特色食品、天然饮用水以及交通运输、商贸物流、金融、信息服务等绿色低碳经济。2016 年，拉萨市被列为国家循环经济示范城市，目前正按照国家审定的《西藏自治区拉萨市循环经济示范城市创建实施方案》推进试点示范建设。

云南省迪庆州依托优势资源，实施食品、药品、饮品、观赏品 4 大工程和绿色产业园区建设，全州生物产业呈现蓬勃发展的态势。甘肃省甘南州按照区域生态功能区的定位，确立“生态立州”战略，明确了绿色产业发展方向。

特色农牧业优势凸显

青藏高原各省区着力发展特色农牧业，培育绿色、有机农畜产品品牌，建设生态农牧业试验区。特色农牧业已成为青藏高原绿色经济的重要组成部分。

2004 年以来，国家累计投入 30 余亿元，在西藏实施青稞、牦牛、藏药材等 10 多类 450 多个农牧业特色产业项目，培育龙头企业 100 多家，实现农牧民增收 11.82 亿元，使 175.4 万人受益。西藏自治区推动地理标志产品认证，培育特色品牌，加快特色农牧产业发展。目前已有帕里牦牛、岗巴羊、隆子黑青稞、察隅猕猴桃、波密天麻等 10 多个农牧地理标志保护产品获得国家有关部门认证。

青海省着力打造粮油种植、畜禽养殖、果品蔬菜和枸杞沙棘“四个百亿元”产业。种植业“粮经饲”三元结构加快优化，全国草地生态畜牧业实验区建设稳步推进，现代农业示范区和产业园加快建设。截至“十二五”末，全省家庭农牧场发展到 1879 家，各类合作社发展到 8876 家，培育农牧业龙头企业 451 家。特色作物种植比重达到 85%，农作物、畜禽和水产品良种覆盖率分别达到 96%、62% 和 95%。无公害、绿色和有机农畜产品年生产总量达 109 万吨，农产品质量追溯体系逐步建立。东部特色种养高效示范区、环湖农牧交错循环发展先行区、青南生态有机畜牧业保护发展区和沿黄冷水养殖适度开发带“三区一带”农牧业发展格局初步形成。

甘肃省甘南州实施藏区青稞基地及产业化工程和高原优质油菜、高原中药材（含藏药材）基地建设，加快发展特色种植业、经济林果业和林下产业。四川省甘孜州、阿坝州实施生态文明建设与发展生态农业有机结合，打造特色农牧业和特色林果业“两个百万亩”产业基地，以及花椒、森林蔬菜、木本药材等特色种植基地。云南省迪庆州高原特色农业种植面积达9.07万公顷，2017年产值达19亿元。

绿色能源产业快速发展

青藏高原拥有丰富的水能、太阳能、地热能等绿色能源。近年来，青藏高原各省区基本构建了以水电、太阳能等为主体的可再生能源产业体系，保障了区域经济发展与环境保护的协调推进。

青藏高原多条大江大河流经高山峡谷，蕴藏着丰富的水能资源。西藏水能资源技术可开发量为1.74亿千瓦，位居全国第一，近年来建成了多布、金河、直孔等中型水电站，至2017年年底，全区水电装机容量达到177万千瓦，占全区总装机容量的56.54%。青海水能资源技术可开发量为2400万千瓦，建成了龙羊峡、拉西瓦、李家峡等一批大型水电工程，至2016年年底，青海省水电装机容量达1192万千瓦。四川省甘孜州和阿坝州水能技术可开发量约5663万千瓦，已建成水电总装机容量达1708万千瓦。

青藏高原是世界上太阳能最丰富的地区之一，年太阳总辐射量高达5400—8000兆焦/平方米，比同纬度低海拔地区高50%—100%。青海省在柴达木盆地实施数个百万千瓦级光伏电站群建设工程，打造国际最大规模的光伏电站。至2016年年底，青海光伏发电装机容量达682万千瓦。2014年，西藏被国家列为不受光伏发电建设规模限制的地区，优先支持西藏开发光伏发电项目。到2017年年底，西藏光伏发电装机容量达79万千瓦。四川省甘孜州和阿坝州太阳能可开发量超过2000万千瓦，已建成投产35万千瓦光伏电站。

旅游业助力绿色发展

青藏高原独特的自然与人文景观，为旅游业发展提供了丰富资源。旅游发展带动了餐饮、住宿、交通、文化娱乐等产业的发展，促进了文化遗产保护、传统手艺传承和特色产品开发。旅游业已成为青藏高原实现绿色增长和农牧民增收致富的重要途径。

青藏高原各省区在生态保护第一的前提下，大力发展特色旅游业，推进全域旅游，加快旅游基础设施和配套设施建设，提升旅游业开放水平，促进旅游业与文化、体育、康养等产业深度融合。西藏自治区依托自然保护区、国家森林公园、国家湿地公园建设发展生态旅游，打造全域旅游精品路线。四川省开发大九寨、大草原等旅游经济圈，推动阿坝州、甘孜州国家全域旅游示范区建设。甘肃省大力培育山水生态游、草原湿地游等，甘南州开展全域旅游无垃圾示范区建设，努力实现旅游业发展与生态环境保护双赢。

2017年，西藏自治区共接待游客2561.4万人次，旅游收入达379.4亿元，占当年全区国内生产总值的28.95%；青海省接待游客3484.1万人次，旅游收入达381.53亿元，占当年全省国内生产总值的14.44%。2017年，云南省迪庆州接待游客2676万人次，旅游收入达298亿元。甘肃省高原区域接待旅游人数、旅游收入连续7年保持两位数增长，2017年接待游客1105.6万人次，旅游收入达51.35亿元。

五、科技支撑体系基本建立

新中国成立以来，青藏高原科学研究经历了从局部到整体、从单学科研究到综合研究、从国内合作到国际合作的发展过程，现已形成较高水平的科研力量，建成了较为完备的生态与环境监测体系。在青藏高原社会经济发展和生态文明建设中，科技发挥着越来越重要的支撑作用。

一流的科技队伍与科技成果

中国科技工作者从20世纪50年代开始对青藏高原局部地区开展短期、小范围的科学考察。20世纪70年代初至80年代末持续开展了大规模的综合科学考察，获得了数百万字的第一手科学考察资料，出版了包括43部专著的《青藏高原科学考察丛书》，成为第一套青藏高原百科全书。早在1978年全国科学大会上，中国科学院青藏高原综合科学考察队就获得国务院嘉奖。“青藏高原隆起及其对自然环境与人类活动影响的综合研究”于1987年获国家自然科学一等奖。20世纪90年代以来，结合青藏高原社会经济发展、生态环境建设的需求，开展了区域资源合理开发、生态环境恢复与治理、社会经济发展规划等研究工作，并对青藏高原的形成演化、影响等科学问题开展了相关学科的系统研究。第二次青藏高原综合科学考察研究将持续为高原生态文明建设提供全面科技支撑，聚焦水、生态、人类活动，着力解决青藏高原资源环境承载力、灾害风险、绿色发展途径等方面的问题。

60多年来，以中国科学院为主的科技队伍在青藏高原基础研究及应用研究方面取得许多开拓性科学成就。例如，刘东生院士在青藏高原隆起与东亚季风变化研究的基础上，建立了构造—气候科学学说；叶笃正院士提出青藏高原在夏季是热源的见解，开拓了大地形热力作用研究，创立了青藏高原气象学。这些创新成果推动了相关学科的发展，在区域社会经济发展、基础设施建设和生态环境建设中发挥了科技支撑作用。

目前，中国已拥有一支积累雄厚、学科配套、老中青相结合的从事青藏高原研究的科技队伍，包括40多位中国科学院院士和中国工程院院士、100多名“千人计划”和“万人计划”入选者、国家杰出青年基金获得者等领军人才。其中，刘东生、叶笃正和吴征镒分别荣获2003年、2005年和2007年国家最高科学技术奖，孙鸿烈荣获2009年“艾托里·马约拉纳-伊利斯科学和平奖”，姚檀栋荣获2017年“瑞典人类学和地理学会维加奖”，他们关于青藏高原的研究成就享誉国际。

日益健全的生态与环境监测体系

为监测青藏高原的生态环境变化，中国建立了较为完备的监测体系，包括中国生态系统研究网络、高寒区地表过程与环境监测研究网络，以及环保、国土、农业、林业、水利、气象等专业观测网络，形成了天地一体化的监测预警体系。中国生态系统研究网络在青藏高原及周边建有森林、草地、农田和荒漠等8个不同生态系统类型的观测台站，对高原生态系统变化开展长期的定位监测，揭示生态系统及环境要素的变化规律及其动因。高寒区地表过程与环境监测研究网络实现了对青藏高原地表环境变化过程的连续监测。“十二五”期间，气象部门在青藏高原增建了9部新一代天气雷达、18个高空气象观测站、123个国家级地面气象观测站、1361个区域气象观测站，发射了3颗风云系列气象卫星，完善了气象观测试验站网。西藏自治区和青海省目前分别建成国家地表水考核断面22个和19个、国控城市空气质量监测站点18个和11个。在一些重点区域，如三江源地区，相关部门构建了星—机—地生态综合立体监测与评估系统，建立了该区域时间序列最长、数据项最全的高质量数据库。生态环境监测网络的健全与数据质量的提高，促进了环境管理水平和效率大幅提升。

科技支撑绿色发展

在青藏高原经济社会和生态文明建设中，科技的支撑作用日益显现。

青藏铁路的建设和运营是科技创新引领绿色发展的标志性工程。青藏铁路格尔木—拉萨段（格拉段）全长1142公里，工程建设面临冻土消融、高寒缺氧、生态脆弱三大世界性工程难题。格拉段穿越连续多年冻土区546.4公里，基于大量观测数据和科技成果，科技人员设计采用了以桥代路、片石通风路基、通风管路基、碎石和片石护坡、热棒、保温板、综合防排水体系等措施，保障了铁路修建。青藏铁路穿越可可西里、三江源、色林错等多个国家级自然保护区，为保护藏羚羊等野生动物的生存环境，铁路全线建立了33处野生动物专用通道；为保护沿线生态环境，采取了沙害治理、植草绿化、草皮移植等一系列生态保护措施。青藏铁路建成运营后，多年冻土保持稳定，铁路两侧生态得到持续恢复，局部区域已接近甚至优于周边自然状态。青藏铁路建设成就在国际上获得高度评价。政府间气候变化专业委员会（IPCC）第四次和第五次《气候变化评估报告》认为，青藏铁路为其他国家和地区建设适应于气候变化的绿色铁路提供了成功案例。美国《科学》杂志2007年4月27日刊文指出，青藏铁路终将提升中国西部生态、社会、经济的可持续发展，它不仅是一个铁路工程，更是一个生态奇迹。“青藏铁路工程”获得2008年度国家科技进步奖特等奖。

在三江源区退化生态系统的治理过程中，科学技术发挥了强有力的支撑作用。三江源“黑土滩”草地恢复技术体系，使“黑土滩”治理取得突破，相关科技成果获国家科技进步奖二等奖。牧草品种的原种籽栽培技术，为典型退化草地治理和人工种草提供了优质草种。

藏医药是维护高原人民健康的宝贵财富，也是青藏高原发展特色经济的重大优势资源。为促进藏医药标准化、现代化和产业化发展，科技部门大力推动藏药材人工种植及野生抚育等关键技术研究与示范，积极开展藏医药基础及应用研究，不断完善藏医药标准和检验监测体系。在疾病防治、药物研发、养生保健等领域培育了一批创新型企业，打造了一系列藏药品牌产品。

六、生态文化逐渐形成

随着青藏高原生态文明建设的不断推进，人们的思想观念和生活方式发生了深刻变化，保护生态环境就是保护美好家园已经成为社会共识，生态文化自信日益增强。

生态文明理念日益深入人心

生态文明建设过程中，青藏高原诸省区通过加大环境保护宣传、建设文化基础设施、开展教育培训、提升民众参与度、表彰先进人员、创建生态节日等，使生态文明理念逐步普及。“靠山吃山、靠水吃水”的传统观念逐渐被“青山绿水是金山银山、冰天雪地也是金山银山”的新观念取代；尊重自然、顺应自然、保护自然的理念得到推崇。

“十二五”期间，西藏自治区开展重点公共文化设施建设项目，实施了综合文化体育设施工程、流动电影服务工程、农家书屋工程、村级广播信息资源共享工程、村卫生室医疗设备完善工程、太阳能公共照明工程等建设工程，建成文化广场1616个；实现了地（市）群艺馆，县（区）综合文化活动中心、新华书店，乡镇综合文化站和农家书屋全覆盖。同时，开展年度节能宣传周和低碳日宣传活动，增强生态环境保护意识。在文明城市、文明村镇等各类精神文明创建中，将生态环保作为评选表彰各类先进典型的重要依据。拉萨市通过实施“环境立市”战略，提升城市环境质量，并持续开展“家在社区、五美家庭”等群众性精神文明创建活动；持续开展净化环境、保护生态等志愿服务。在广大农牧区开展“美丽乡村文明养成”精神文明活动；组建村（居）志愿服务工作队，开展打扫村庄卫生、植树造林、水源及动植物保护等活动。

甘肃省甘南州开展生态文明先行示范区建设。通过实行严格的源头保护制度、损害赔偿制度、责任追究制度等，完善环境治理和生态修复机制，强化生态文明建设的引领导向作用。并将生态环保理念纳入全州干部在线学习教育内容，编写发行面向全州中小学生、党政干部、农牧民等不同层次的《甘南州生态文明教育读本》，开通环保网站，播放环保公益广告，推送手机环保短信，举办“生态立州”有奖征文，强化各级干部群众生态环保理念，提高人们对生态保护重要性的认识，营造爱护环境的良好风气。

青海省印发《关于开展“文明青海”建设活动的实施意见》，开展“清洁三江源，保护母亲河”“青海湖生态保护”等大型志愿服务活动，倡导移风易俗和生产生活新风尚。算好“绿色账”，走好“绿色路”，打好“绿色牌”的环保观念和“生态似水、发展如舟”的生态意识逐步深入人心。

绿色生活方式日益形成

随着生态文明建设的不断深入，高原农牧民“人畜混居”、燃薪烧粪等生活方式逐步发生变化，绿色建筑、绿色能源、洁净居住、绿色出行日益成为受欢迎的生活方式。

青藏高原诸省区积极推进新能源多元化利用，以太阳能为主的新能源已广泛应用于取暖、做饭、照明、灌溉、通讯等生产生活的各个方面。被动式太阳房是西藏太阳能利用较早的技术之一，20世纪80年代开始在阿里、那曲、拉萨等地市推广应用。太阳房能基本满足冬季采暖要求，改善了生活环境，提高了生活质量。房屋节能环保程度已成为农牧民建房时的重要决策因素。截至2017年年底，以水能、太阳能、沼气为主的清洁能源已达到西藏自治区电力总装机容量的87%，推广太阳灶40多万台，太阳能热水器45万平方米，被动式太阳房约42万平方米，降低了农牧民对传统燃料的依赖。

青海省实施省级农牧区被动式太阳能暖房建设工程，推广太阳灶、太阳能热水器、太阳能电池、户用风力发电机，推动“以电代煤”“以电代粪”等项目。截至2017年年底，青海省累计推广太阳灶10.22万台、太阳能热水器1.28万台、太阳能电池9200套；建设被动式太阳能暖房1.31万套，示范面积达130.5万平方米。电热炕、光伏供热等取暖方式逐步替代了燃烧牛粪和煤块的传统方式，减少了污染排放，改善了生活环境，提高了生活水平，同时降低了对草地的过度索取，促进了草地生态系统的恢复和改善。

青藏高原诸省区通过建设生态文明小康村，开展改厕、改圈、改房等活动，实施生活垃圾收集转运、生活污水收集处理、饮用水水源地保护、秸秆综合利用、噪声综合治理、人畜粪便污染综合治理等工程，减少了垃圾乱陈、私搭乱建、乱采乱挖、随意焚烧等不文明现象，住房、饮水、出行等居住环境和生活条件明显改善，基本实现了干净、整洁和便利。

2017 年，共享单车进入西藏拉萨，迅速成为老百姓出行的选择，形成了美丽的城市风景线；拉萨、西宁等高原城市新能源汽车数量稳步提升，珠穆朗玛峰、纳帕海等自然保护区核心区已实现新能源汽车运营服务。绿色交通、文明旅游成为新的出行方式。

生态文化自信持续增强

青藏高原美丽的风景，良好的生态本底，以及生态文明建设取得的成就，极大地提升了当地人民群众的生态文化自信。美丽乡村、文明校园、文明家庭等多种形式的生态文明建设活动，使高原人民的精神面貌焕然一新。人们参与生态文明建设的积极性、主动性不断增强，幸福感、获得感不断提升，对拥有青山绿水和冰天雪地倍感自豪。

至 2017 年，西藏自治区围绕建设美丽西藏，建成自治区级 10 个生态县、173 个生态乡镇、1924 个生态村；林芝市巴宜区被授予全国第一批生态文明建设示范县。青海省建成 1200 个高原美丽乡村，西宁市成为国家森林城市。四川省阿坝州创建省级生态县 1 个、国家级和省级生态乡镇 16 个和 50 个，省级生态村 30 个。云南省迪庆州建成了 45 个州级生态文明村。甘肃省甘南州分别创建国家级和省级生态乡镇 2 个和 14 个，国家级和省级生态村 14 个和 11 个。这些生态文明建设成就显著改善了人居环境和民生条件，增强了高原人民保护好最后一片净土的信心。

2017 年，青海可可西里在联合国教科文组织第 41 届世界遗产委员会会议上被成功列入《世界遗产名录》，成为中国面积最大、平均海拔最高的世界自然遗产地。世界自然保护联盟在评估报告中说，可可西里一望无垠，几乎没有受到现代人类活动的冲击，美景“令人赞叹不已”。可可西里申遗成功提高了生活在高原上的人们保护自然、关爱生命的意识，进一步激发了人们建设生态文明的自豪感、责任感。

结束语

经过长期不懈努力，青藏高原生态文明建设取得了显著成效，促进了高原生态安全屏障功能的稳定与区域可持续发展，提升了人民福祉。

同时，青藏高原生态文明建设仍然面临诸多挑战。突出表现在：受全球变化影响，冰川退缩、冻土消融、灾害风险加大的威胁依然存在；经济发展过程中，保护与发展的矛盾仍然突出。巩固和提升生态文明建设成果，任务依然艰巨。

在今后的青藏高原生态文明建设中，中国将不断改革生态环境监管体制，促进生态文明制度创新；科学调控人类活动，实施生态保护修复和环境保护重大工程，优化生态安全屏障体系，着力解决突出的生态与环境问题；完善低碳循环发展的经济体系和安全高效的能源体系，转变生产生活方式，推进绿色发展；健全高原生态文化建设平台体系与功能，弘扬生态文明理念。

青藏高原是大自然赐予中国人民和全人类的财富，保护好青藏高原的生态环境，是中国人民的责任。中共中央总书记习近平在中国共产党第十九次全国代表大会上指出：“我们要建设的现代化是人与自然和谐共生的现代化，既要创造更多物质财富和精神财富以满足人民日益增长的美好生活需要，也要提供更多优质生态产品以满足人民日益增长的优美生态环境需要。”新时代青藏高原生态文明建设，是“建设美丽中国”的重要内容。中国人民有信心建设更加美丽的青藏高原，努力实现人与自然的和谐共处。

伟大的跨越：西藏民主改革 60 年*

国务院新闻办公室 3 月 27 日发表《伟大的跨越：西藏民主改革 60 年》白皮书，全文如下：

伟大的跨越：西藏民主改革 60 年

中华人民共和国国务院新闻办公室

2019 年 3 月

目录

前　言

2019 年是西藏民主改革 60 周年。按中国传统文化习俗，六十年一甲子，是值得纪念的日子。

六十年前的民主改革，对西藏地方和西藏各族人民而言，是一次新生，意义非同寻常。

六十年换了人间。民主改革是西藏历史上最伟大最深刻的社会变革。西藏从此废除了黑暗的封建农奴制，建立起全新的社会制度，人民实现了翻身解放，成为国家和社会

---

* 来源：国务院新闻办公室网站，2019 年 3 月 27 日（http：//www. scio. gov. cn/zfbps/32832/Document/1650692/1650692. htm）。

的主人，各项权利得到充分保障。

六十年创造美好。民主改革为西藏开辟了光明的发展前景。在中央政府和全国人民的大力支持下，西藏各族人民勇于进取，顽强拼搏，建设美好家园，把贫穷落后的旧西藏建设成了经济繁荣发展、社会全面进步、生态环境良好、人民生活幸福的新西藏。

六十年团结奋进。经过民主改革，西藏各族人民与全国人民一道，同心同德、和衷共济，建立起平等、团结、互助、和谐的民族关系。在维护国家统一、反对分裂的斗争中，西藏各族人民紧密团结在党中央周围，经受住了各种困难和风险的考验，铸牢了中华民族共同体意识。

六十年伟大跨越。在中国共产党的坚强领导下，西藏社会实现了由封建农奴制度向社会主义制度的历史性飞跃，西藏发展实现了由贫穷落后向文明进步的伟大跨越。随着中国特色社会主义进入新时代，在以习近平同志为核心的党中央坚强领导下，西藏各族人民正与全国人民一道，为实现中华民族伟大复兴的中国梦阔步前进。

一、黑暗的封建农奴制度

历史上，西藏长期实行政教合一的封建农奴制。这一制度一直延续到 1959 年西藏民主改革前，上百万农奴处于被剥削被压迫的境地。

——三大领主剥夺了农奴的一切权利

旧西藏法律将人分为三等九级，明确规定人在法律上的不平等地位，农奴的人权被领主阶级所剥夺。地方政府完全被官家、贵族和寺庙上层僧侣（又称“三大领主”）所掌控，各级官员由上层僧侣和世俗贵族担任。有的大贵族官员的子弟一出生就获得四品官阶，十七八岁就可出任政府重要职务。中小贵族的子弟经俗官学校学习后，即可进入地方政府任职。僧官大部分由贵族出身的喇嘛担任。广大农奴处于社会最底层，毫无地位可言。

——三大领主共同掌握对农奴生杀予夺大权

三大领主以野蛮、残酷的刑法维护封建农奴制度，他们可以在自己的势力范围内设置司法机构和法庭，除官府所设监狱外，每一个较大寺庙和贵族都设有监狱或私牢，可以自备刑具，私设公堂，惩罚农奴，进行判决、鞭挞、拷问，给农奴戴上镣铐、枷锁。大量藏文档案清晰记载着，割舌、割鼻、戴石帽、剁手足、剜眼、抽筋、剥皮、投水，甚至投入蝎子洞等几十种酷刑。拉萨大昭寺北面的“朗孜厦”，曾经是旧西藏拉萨的司法机构，被称为“人间地狱”，常借实施酷刑和屠杀之机，为噶厦地方政府和寺庙中的上层人士提供“念心咒”用的祭品，如人头、人皮、人肉、人心、人肠等。

——三大领主集中占有以土地、牧场为主的生产资料

据 1959 年民主改革前统计，在西藏约 330 万克（西藏民主改革前计量单位，1 克约合 1 亩）土地中，官家占有 128.37 万克，寺院和上层僧侣占有 121.44 万克，贵族占有 79.2 万克，占有比例高达 99.7%。边远地区有极少数的自耕农，占有约 0.3% 的耕地，大部分牧场也被牧主所控制。当时广大农奴流传着这样的歌谣：“即使雪山变成酥油，也是被领主占有；就是河水变成牛奶，我们也喝不上一口。”

——三大领主对农奴的人身控制和奴役极其残暴

在领主土地占有制基础上建立起来的人身依附关系，受到政教合一的封建农奴制度

的强力保护。噶厦地方政府规定，农奴只能固定在所属领主的庄园内，不得擅自离开，绝对禁止逃亡。噶厦地方政府和达赖喇嘛还多次发布不准收留逃亡农奴的文告。三大领主依靠对土地的绝对占有，掌握着农奴的生死婚嫁。领主还把农奴当作私有财产，随意用于赌博、买卖、转让、赠送、抵债和交换。农奴如果逃亡，就会被处以断足、鞭笞等惩罚。三大领主不仅对广大农奴进行人身控制，还通过乌拉差役对其进行残酷奴役，以和平解放前摄政达扎的达隆绛庄园为例：庄园共有土地1445克，所属农奴全劳动力和半劳动力计81人，全年共支内差11826天，外差9440天，内外差共计21266天，每个劳动力平均要支应262.5天的乌拉差役，约占全部劳动量的72%。

——三大领主对农奴进行野蛮的苛捐杂税盘剥

在旧西藏，三大领主占有绝大部分生产资料，对广大农奴采取非人的压榨和剥削。仅噶厦地方政府征收的差税就达200多种。农奴为了活命，不得不频繁举债，欠债的农奴占农奴总数的90%以上。农奴所负的债务有新债、子孙债、连保债、集体摊派债等等，其中三分之一以上是祖祖辈辈欠下、永远还不清的子孙债。当时流传一首民谣："爷爷的爷爷欠下的债，爸爸的爸爸没有还清，到了儿子的儿子那辈，连利息的利息也还不完。"根据1959年至1960年民主改革的统计，西藏共废除高利贷1690万克粮（西藏民主改革前计量单位，1克约合14公斤），1400多万品藏银（西藏民主改革前计量单位，1品约合50两藏银）。如果与1958年西藏全年的粮食总产量1250万克相比，民主改革所废除的高利贷已经超过了一年粮食的总产量。

——三大领主利用宗教对社会进行严密的精神控制

三大领主宣扬"极乐世界"和"来世幸福"控制农奴的精神思想，使其安于被奴役的命运。1913年进藏的日本人多田等观在《入藏纪行》中写道："西藏人的想法完全是宗教性的，他们认为自己罪孽深重，认为达赖喇嘛为了挽救他们才课以重税。他们还认为今世如能减轻罪恶，来世就能幸福。"著名藏学家王森、王辅仁在《废除西藏喇嘛寺庙的封建特权和封建剥削》一文中揭露："从1958年到1959年春，仅在拉萨西郊一个佛堂里，为了念经放咒，就先后向一个管事头人索要过整人头27个，人头盖骨6个，人腿骨4根，整张人皮1张，人尸1具，人肠14捆，人肉8块，人血9瓶。"对于旧西藏的这种社会状态，1940年前来主持十四世达赖喇嘛坐床的国民政府蒙藏委员会委员长吴忠信有深入的观察，他在《奉使办理藏事报告书》中写道："各级各等之人员，对于本身所属阶级视为前生命定，行之若素，即极下贱者，亦甘之若饴。"三大领主垄断了精神文化生活，凡与其利益或观念相违背的思想文化，均被视为异端邪说。近代著名藏族学者根敦群培揭露僧人的腐败与堕落，提倡藏传佛教改革，为噶厦地方政府所不容，遭到囚禁和迫害。

二、不可阻挡的历史潮流

农奴制是封建社会最残酷的奴役形式，无论从经济的发展、政治的民主，还是从人权的保障角度来审视，农奴制都是野蛮落后的社会制度。时至20世纪50年代，封建农奴制度的存在完全背离人类历史发展潮流。这样一种制度是文明的耻辱，注定要被历史抛弃。

在人类社会发展史上，具有人身依附关系的奴隶制、农奴制在世界上大多数地方都存在过。近代以后，随着新思想和启蒙运动的出现，奴隶制、农奴制已被认为是落后过时的制度，废奴或废奴运动开始在一些国家出现，敲响了奴隶制、农奴制灭亡的丧钟。随着欧美资产阶级革命的兴起，法国、英国、俄国、美国等陆续废除奴隶制、农奴制。法国大革命后，法国于1794年宣布废除奴隶制。1807年、1833年，英国先后通过《废除奴隶贸易法案》和《废除奴隶制法案》。1861年，俄国以自上而下的和平改革废除了农奴制。1865年，美国联邦政府凭借南北战争的胜利，以宪法修正案的形式废除了奴隶制和强制劳役。

第二次世界大战后，刚刚从大战硝烟中走出的世界，正迎来一个新的发展时代，和平、发展、公平、正义、民主、自由成为人类社会的崇高追求。1948年，联合国通过的《世界人权宣言》明确指出："任何人不得使为奴隶或奴役；一切形式的奴隶制度和奴隶买卖，均应予以禁止。"1956年，联合国专门通过了《废止奴隶制、奴隶贩卖及类似奴隶制的制度与习俗补充公约》，要求各缔约国采取一切实际而必要的立法及其他措施，逐渐地和迅速地加以完全废除。

1949年10月1日，中华人民共和国成立，开启了中国历史的崭新时代。在中国共产党的领导下，新生的人民共和国建立起全新的社会主义制度，人民当家作主。1951年5月23日，中央人民政府与西藏地方政府签订《关于和平解放西藏办法的协议》（以下简称《十七条协议》），正式宣告西藏和平解放。新中国成立伊始，鉴于中国社会发展的不平衡性、特别是一些地方的特殊情况，1954年，时任全国人大常委会委员长的刘少奇在一届全国人大一次会议上说："现在还没有完成民主改革的少数民族地区，今后也可以用某种和缓的方式完成民主改革，然后逐步过渡到社会主义。"1953年新疆彻底废除了残余的封建农奴制（伯克制）。1956年开始，甘肃、四川、青海等省藏区也陆续进行民主改革。在云南，通过和平协商的办法于1956年废除了傈僳族、景颇族、佤族的家长奴隶制和永宁摩梭人的奴隶制，1958年又废除了宁蒗小凉山彝族奴隶制和迪庆藏族地区的封建农奴制。1956年初至1957年底，四川省凉山彝族聚居区开展民主改革，彻底废除了奴隶制度。废除农奴制已成为20世纪50年代新中国社会发展的大趋势。然而，此时的西藏依然延续着政教合一的封建农奴制，社会发展和文明进步受到严重阻碍。

——政教合一的封建农奴制使西藏生产长期处于停滞状态

直到20世纪50年代，西藏的农业仍停滞在粗放耕作甚至"刀耕火种"的原始生产方式，普遍使用木制农具，平均产量仅有种子的四五倍，与几百年前无多大区别。绝大部分吃、穿、用品都要靠个体或庄园的手工生产，毫无社会生机和活力。

——政教合一的封建农奴制生产关系已经与劳动主体形成尖锐矛盾和对立

农奴主通过剥削农奴攫取的社会财富，除供养僧俗官员和蓄养奴仆外，其余的全部用于骄奢淫逸的生活耗费。农奴辛勤劳作的成果被农奴主残酷剥夺，深陷饥寒交迫的悲苦境地，失去了生活能力，不得不反抗和逃亡。

——政教合一的封建农奴制严重阻碍了现代科技文化的传播发展

由三大领主把控的西藏地方政权，为了巩固自己的统治，宣扬神权迷信，反对科学，严重阻碍了现代科学技术的传播和运用。尽管统治集团也曾派贵族子弟到国外学习现代科学技术，但主要是为了满足统治者自身享用，并不是为了学习先进，倡导科学。

和平解放后，在中央政府的努力下，西藏结束了内部长期混乱和纷争，初步打破了西藏社会长期封闭停滞的局面，西藏经济社会发展出现新气象，发生新变化。按照

《十七条协议》，1951 年 10 月解放军入藏，1952 年成立西藏军区，担负起保卫国家边疆的任务。中央通过设立西藏工作委员会在拉萨及各地建立分支机构并开展工作。1959 年民主改革前，西藏同时存在着噶厦地方政府、班禅堪布会议厅和昌都地区人民解放委员会、西藏自治区筹备委员会等不同性质的政权组织。按照《十七条协议》规定：“对于西藏的现行政治制度，中央不予变更”；“有关西藏的各项改革事宜，中央不加强迫。西藏地方政府应自动进行改革，人民提出改革要求时，得采取与西藏领导人员协商的方法解决之”。中央人民政府坚持“慎重稳进”方针和极为宽容的政策，积极争取和团结爱国上层人士，耐心等待西藏地方上层统治集团自我改革。同时，针对西藏长期受到神权统治影响，中国共产党领导的各级组织和工作人员开展了耐心细致的群众工作，认真贯彻执行了“六年不改”的工作方针，赢得了爱国上层人士、广大人民群众的拥护和支持。

面对已经走到尽头的政教合一的封建农奴制，十四世达赖喇嘛和西藏上层反动集团不仅不思改革，还极力维护这一制度，他们担心改革不仅会使他们失去政教特权，还会失去巨大的经济利益。

三大领主正是通过政教合一的封建农奴制聚敛了大量财富。据统计，民主改革前，十四世达赖喇嘛家族在西藏占有 27 座庄园、30 个牧场，拥有农（牧）奴 6000 多人，每年在农奴身上榨取的青稞 33000 多克（1 克约合 14 公斤），酥油 2500 多克，藏银 200 多万两，牛羊 300 头，氆氇 175 卷。

三、彻底废除封建农奴制

依据《十七条协议》，和平解放初期，中国共产党的西藏工作以上层统战为主，以影响群众为辅，而不是急于直接发动群众进行改革。进藏人民解放军和工作人员通过免费医疗和消除传染疾病、兴修水利、架桥修路、抢险救灾、发放无息贷款、赠送良种农具、放映电影、以工代赈等方式，积极为群众办好事，开展了艰苦细致的工作。在修筑川（康）藏公路中，群众认识到修路不是给解放军支乌拉差役，也不是给老爷们当牛马，而是真正为自己和子孙后代造福。觉木（现林芝市巴宜区境内）、则拉（现米林县境内）等宗（县）的民工说：“解放军个个都像活菩萨，那些说解放军坏话的人，是披着羊皮的豺狼，是混在我们藏族中的魔鬼！”

1954 年 7 月，年楚河上游因冰川崩塌造成特大洪灾，江孜、白朗两宗淹死群众 91 人，冲毁村庄 170 个，受灾群众 1.6 万多人，淹没土地 6 万多克，死亡牲畜 8000 多头（只）。灾情发生后，中央立即拨款 80 万银元救灾，江孜分工委和驻当地解放军舍生忘死与洪水搏斗，抢救受灾群众。当地驻军和工作人员在供应十分困难的情况下，仍救济灾民口粮 73 万多公斤，贷放种子 56 万多公斤，无偿发放农具折合银元 1.5 万余元，帐篷布 2.8 万米，干部战士捐献衣物和现金合计折合银元 10 万多元。与此形成鲜明对照的是，黑河（现那曲市色尼区）发生重大雪灾时，西藏地方政府不但不救灾，反而催逼牧民交租，并且不准减免。当雄宗头人甚至阻止黑河分工委下发青稞和茶叶救济灾民。这些事例使群众加深了对共产党、解放军的认识，体会到只有废除封建农奴制才能过上新生活。

通过新旧对比，人民群众日益觉醒，有些农奴已不甘于受压迫和剥削，有的愤然挣脱农奴主的控制而逃离。据曾经是农奴主的家奴、后来担任高级干部的巴桑回忆，她十多岁就为农奴主做苦役，15 岁那年，实在不堪忍受农奴主的毒打，逃出了庄园。1956 年，朗宗和边坝宗 100 多位农民自发组织起来，开会拥护民主改革。1956 年 7 月 25 日，拉萨林周的 65 位农民给十四世达赖喇嘛呈递一封按有 65 个手印的联名信，信中说："我们都是种地的农民，比任何人都更焦急地盼望实行改革。"

通过新旧对比，西藏部分上层人士也开始拥护改革。自 1952 年，西藏工委陆续组织西藏地区的致敬团、国庆观礼团、参观团、佛教代表团等几十个团体到内地参观。各团成员亲眼见到祖国内地的迅速发展，一部分爱国上层人士在思想深处发生重大变化，逐步消除了对改革的顾虑。

据堆龙德庆区旁村村民回忆：1956 年，政府邀请西藏的庄园主到内地参观，由于受到了教育和鼓励，有一位名叫加察·格桑西热的庄园主回来后，决定把土地分给农奴，并给他们自由。1956 年，以大贵族出身的唐麦·贡觉白姆为团长的西藏妇女参观团第一次到内地参观，返藏后向拉萨郊区的农民宣传民主改革能给人民带来好处，宣传民主改革的政策，促使西藏爱国青年联谊会和爱国妇女联谊会中许多成员主动拥护民主改革。

1957 年 9 月，江孜发生头人本根却珠毒打农奴出身的旺钦平措事件，时任西藏地方政府噶伦的阿沛·阿旺晋美闻听此事非常气愤，明确说道："西藏人民肯定要走社会主义道路，而且肯定要实行民主改革，这不仅是西藏人民发展政治、经济、文化等事业和走向幸福道路所需要的，也是人类向前发展的必然规律，是任何逆流都阻挡不住的。"

大贵族宇拓的女儿桑林·次仁白珍，1952 年为进藏解放军教授藏语文，不畏反动上层分子的威胁和恫吓，"坚信西藏人民总有一天能够摆脱封建农奴制度的压迫剥削，在中国共产党的领导下建立一个人民群众自己的政权"。

随着人民群众觉悟的提高以及上层人士发生的积极变化，西藏上层反动集团为了不失去既得利益，永远保持政教合一的封建农奴制，一些人不惜以发动叛乱来阻挡社会进步。

1959 年 3 月，西藏地方政府中的上层反动分子，违背历史潮流和西藏广大人民的意愿，公然撕毁《十七条协议》，发动全面武装叛乱。在这种情况下，中央政府果断决定解散西藏地方政府和彻底平息叛乱，同时坚决放手发动群众，实行民主改革。

西藏民主改革是中国共产党领导的中国新民主主义革命的重要组成部分，是腐朽的社会形态被进步的社会形态替代的必然结果。民主改革在农村、牧区、寺庙、城镇等陆续展开。

在 80 万人口的农业区，通过充分发动群众，第一步实行"三反双减"，即反对叛乱、反对乌拉差役、反对人身依附和减租、减息；第二步分配土地，彻底摧毁封建农奴制度。世世代代受尽剥削和奴役的农奴获得了自由解放，分得了 280 多万亩土地和其他生产资料，当熊熊烈火烧掉契约和债据时，翻身农奴载歌载舞，庆祝翻身解放的光辉节日。1960 年初，20 万户西藏农户拿到了土地证，由于实行"谁种谁收""减租减息"和废除旧债等政策，劳动人民所得的经济利益折合粮食达十亿多斤，平均每人可得 1500 多斤。乃东县克松谿卡 68 岁的次仁卓嘎说："我们支了一辈子乌拉，过去从没敢想过自己有一块土地，整天担心的就是挨饿。人民政府现在给我们分了地，再也不怕挨饿了。"广大翻身农奴高兴地说："达赖的太阳照在贵族身上，毛主席的太阳照在我们穷人身上；现在，贵族的太阳下山了，我们的太阳升起来了。”

在28万人口的牧业区，废除了牧主的封建特权，主要实行“三反两利”，即反对叛乱、反对乌拉差役、反对人身依附，实行牧工、牧主两利。没收参加叛乱领主和牧主的牲畜，分给原牧放者及贫苦牧民，对未参加叛乱的实行“不斗、不分、不划阶级”的政策，牲畜仍归牧主所有。这些保护措施，把封建的主奴关系改变为雇佣关系，调动了牧工保护牲畜和发展牲畜的积极性，也调动了牧主发展牧业和经营牧业的积极性，基本上达到了人畜两安，克服了因叛乱分子大量宰杀牛羊造成的困难，牧业得到迅速恢复和发展。当雄草原上的牧民唱道：“过去，当雄草原是我们自己的。后来，被色拉寺霸占了，从此，活人好像进了地狱。如今，新政府颁发了新的法令，我们选举了自己的领导人，美丽的当雄草原，又回到了我们自己的手里。”

在寺庙，中国共产党始终采取稳慎和稳妥的办法，实行“三反三算”，开展反对叛乱、反对封建特权、反对封建剥削，算政治迫害账、算阶级压迫账、算经济剥削账运动，彻底废除寺庙的封建特权和封建剥削压迫制度，实行政治统一、政教分离，坚决打击披着宗教外衣的叛乱分子和反革命分子。坚持宗教信仰自由政策，尊重和保护公民宗教信仰自由的权利，保护爱国守法寺庙，建立寺庙民主管理制度。对未参加叛乱的寺庙所占有的生产资料，同样采取赎买政策。民主改革中，众多的僧尼自愿还俗返家。民主改革完成后，西藏保留了寺庙553座，留寺僧尼7000多人，基本满足了当时信教群众宗教生活需要。

在城镇实行“四反双减”，发动群众开展反叛乱、反封建制度、反封建剥削、反封建特权和减租、减息运动，对未参加叛乱的农奴主及其代理人所占有的土地和多余生产资料等进行赎买。实行保护工商业的政策，执行叛与未叛区别对待的政策，保护工商业者利益，组织贫困市民、游民，恢复商业和自由交换，保障了城乡供应，保证了社会秩序的迅速恢复和经济生活的正常进行。同时，认真做好统一战线工作，团结一切可以团结的力量，对反帝爱国、接受民主改革的农奴主及其代理人，分别安排适当的工作和生活。

四、实现了人民当家作主

民主改革彻底废除了政教合一的封建农奴制，使西藏社会制度发生了根本性变化，实现了历史飞跃。通过改革，百万农奴翻身解放，获得了人身自由，成了新社会的主人。改革的全面完成，为在西藏建立社会主义制度打下了坚实基础。

——百万农奴翻身解放获得人身自由

民主改革废除了封建土地所有制，农奴不再被当作农奴主的私有财产随意支配，农奴主对农奴的人身占有失去赖以存在的基础。

民主改革砸碎了侵犯农奴生存、婚嫁、流动、居住、劳动、人身自由、人格尊严、接受教育等权利的制度枷锁，百万农奴实现了真正的人身解放。美国著名作家安娜·路易斯·斯特朗在《百万农奴站起来》一书中记录了受访农奴对获得人身自由的描述：“我原来总想送儿子上学识字，学点手艺，如裁缝什么的，可在过去是不可能的。如今他已在内地上学了，将来回来，会成为有技术的工人，他再也不用像我那样，被繁重的负担压弯了腰。”

民主改革废除了寺庙的一切封建特权。僧尼获得了平等权利和自由掌握自己命运的权利，许多处于底层的僧尼冲破束缚，还俗返家。仅甘丹寺就有300多名要求回家或就地还俗的僧人，政府按照路途远近分别发给足够的路费和安家费。同时，将要求参加工作的13名青年僧人介绍到拉萨百货公司当售货员，选送了一些年幼的僧人去学校读书。对于愿意继续留在甘丹寺的312名僧人，做了保障日常生活的安排。民主改革还废除了寺庙向宗（县）、谿卡（庄园）、部落摊派僧额的制度，禁止寺庙强迫群众当僧人。

——建立人民政权行使当家作主权利

1959年3月28日，国务院宣布解散西藏地方政府，与此同时，昌都地区人民解放委员会、班禅堪布会议厅委员会也相继被撤销和结束工作。自此，西藏结束了几种政权并存的局面。在西藏自治区筹备委员会的领导下，西藏各级人民政权逐步建立。1959年7月中旬，西藏第一个乡级农会凯松农民协会和第一个县级农会乃东县农民协会先后成立。昔日的农奴当选为农会主席和农会委员，带领广大群众进行民主改革。到1960年底，西藏建立乡级政权1009个，区级政权283个，县级政权78个，专区（市）级政权8个，藏族和其他少数民族干部达到1万多人，4400多名翻身农奴成为基层干部。1961年下半年，西藏各地开始实行普选，获得翻身的广大农奴彻底改变了昔日“会说话的工具”的地位，第一次以主人翁的姿态登上西藏的政治舞台，成为新西藏的主人，开始享有宪法和有关法律所赋予的旧社会所没有的最广泛的民主权利，以高涨的政治热情投入到选举工作中，选举产生了基层各级权力机关和政府。在西藏历史上，首次实现了通过行使选举权和被选举权，民主选举产生各级地方政权。到1965年7月，普选工作基本完成，普选出的2600多名人民代表中，贫困农奴就有2200人。江孜县的选民把选民证称作“当家作主证”，把选举看成一件大喜事，积极主动地参加人民代表的选举工作。

1965年8月25日，全国人大常委会举行第十五次会议，批准国务院提出成立西藏自治区的议案。1965年9月1日至9日，西藏召开第一届人民代表大会第一次会议，成立了西藏自治区，选举产生了西藏自治区人民委员会。阿沛·阿旺晋美当选为自治区人民委员会主席，一大批翻身农奴担任了自治区各级政权机关的领导职务。西藏自治区及其自治机关的成立，实现了西藏社会制度从政教合一的封建农奴制度向人民民主的社会主义制度的历史性跨越，标志着西藏建立了人民民主政权，开始全面实行民族区域自治制度。1979年，西藏自治区第三届人民代表大会第二次会议选举产生了西藏自治区人民代表大会常务委员会。

根据《中华人民共和国宪法》《中华人民共和国民族区域自治法》等法律的规定，西藏各族人民充分享有选举权和被选举权。自1978年以来，西藏依法进行了11次乡级、10次县级和8次设区的市级以上的人大代表选举。西藏各族人民直接选举县（区）、乡（镇）人民代表大会的代表，这些代表又选举出自治区人民代表大会和全国人民代表大会代表，西藏各族人民通过各级人民代表大会行使管理国家事务和地区事务的权利。目前，西藏自治区有35963名各级人大代表，其中藏族和其他少数民族占92.18%。自治区人大及其常委会坚持党的领导、人民当家作主、依法治国有机统一，从法律上制度上保证和发展西藏各族人民当家作主，保证各族人民依法享有广泛权利和自由，扩大公民有序政治参与。支持和保障人大代表依法履职，保持同人大代表和人民群众的密切联系，对人民负责，受人民监督，维护西藏各族人民的根本利益，促进人的全面发展。据统计，自治区成立以来，自治区人大及其常委会共制定、批准地方性法规和作出具有法规性质的决议决定300余件，切实履行了民族区域自治地方的自治权，自治区各方面工作已经实现有法可依，推动法治西藏建设取得巨大成就。2009年1月19日，西藏自治区九届人大二次会议顺应人民群众的政治意愿，表决通过了《西藏自治区人民代表大会关于设立西藏百万农奴解放纪念日的决定》，决定将每年的3月28日设立为西藏百万农奴解放纪念日，以纪念西藏百万农奴翻身获得解放。

——充分保障各族人民参政议政的权利

为切实保障社会各界参政议政权利，1959年12月，政协西藏自治区委员会成立。根据《中国人民政治协商会议章程》，政协西藏自治区委员会依法履行政治协商、民主监督、参政议政职能，在西藏民主改革、社会主义建设、改革开放进程中发挥了重要作用。仅政协第十届西藏自治区委员会就围绕西藏制定实施“十三五”规划、加快重点项目建设、发展特色优势产业、发展非公有制经济等方面共提出提案2401件，立案2347件。在西藏各级人民政治协商会议中，各阶层广泛参与，充分发挥作用。如政协第十一届西藏自治区委员会518个委员中，宗教界（佛协）80人，排名第一；民族界64人，排名第二。

基层民主政治建设也不断发展和完善。民主改革后，西藏各级人民政权相继建立。1980年，西藏全区开展了乡级直接选举，1984年后扩大到县。1987年，西藏自治区作出《关于加强基层政权建设的决定》和《关于加强农牧区基层党组织建设的决定》。经过多年探索，西藏逐步发展形成了农牧区基层民主制度。农村建立了村民代表会议制度。城市社区全部建立了社区居民代表大会、社区居委会等社区组织，为社区居民自治提供了充分的组织保证。在企事业单位，职工代表大会制度广泛推行。截至2018年底，全区有基层工会组织5756个，工会会员497082人。

通过民主改革，西藏社会各界人士有了参与国家事务管理的权利。1959年7月，区、地两级行政机关含上层人士565人，其中贵族、官员和宗教界人士415人。在后来的西藏自治区人民政府中，曾有两位副主席吉普·平措次登和拉巴平措，都出生在吉普庄园，但在旧西藏，前者是农奴主，后者是农奴，而在人民政府里都当选为自治区副主席，成了共同参与人民政府决策的同事。民主改革使妇女获得了政治权利，广大妇女通过参加各级人民代表大会选举、担任各级领导干部、成立妇女组织等积极参政。担任全国妇联副主席的巴桑和中国文联副主席的才旦卓玛，是妇女界参政议政的典型代表。就连出生在拉萨一个大贵族家庭、曾担任西藏自治区政协副主席的唐麦·贡觉白姆都说：“在旧社会封建农奴制度下，连地方政府噶伦的夫人，在政治方面都没有过问的权利，那都是男人的事情。西藏和平解放以后，男女平等了，女人也有权利了，这方面变化很大。”

五、解放和发展了生产力

民主改革不仅废除了封建人身依附关系，实现了人民当家作主，而且变农奴主土地所有制为农民土地所有制，使农奴拥有了自己的生产资料，极大地解放和发展了生产力。伴随着国家改革开放进程，西藏社会生产力发展水平逐步与全国同步，西藏各族人民不断享有日益丰富的现代文明成果。

——极大地提高了生产力发展水平

民主改革使翻身农奴第一次拥有了自己的土地、农具、牲畜等生产资料，发展生产的激情、创造财富的活力前所未有地迸发出来，西藏农牧业生产得到长足发展。按可比价格计算，西藏的生产总值1960年比1959年增长45.8%，人均生产总值增长42.9%，均为历史最高。1959年冬至1960年春，农业区修水渠长达1500公里，修整水池300个，扩大了灌溉面积37万余亩。1960年又修水渠5000公里，水库、水塘1500个，灌溉面积进一步扩大。1959年冬至1960年上半年，西藏共积肥料110亿公斤。到1960年春，农区耕地面积扩大到273万亩，比1959年增加了30万亩。农业生产的大发展，使农牧民群众的生活显著改善。以乃东县（今乃东区）克松乡为例，民主改革初期，全乡119户中有90多户缺口粮，到1964年不仅全乡农户家家有足够口粮、种子和饲料，而且95%的人家有了余粮。到1961年底，西藏牲畜存栏总数超过了平叛前的最高水平，达到了1206万头（只）。

在分得生产资料的基础上，国家还为分得土地的农民配备了生产工具，无偿拨给农牧民366957件铁制农具。之后的几年内，政府向农牧民发放了几十万件铁制农具，并且在拉萨、昌都、日喀则、江孜、泽当和林芝等地新建了小型农具制造厂。

随着民主改革的完成，中央政府立足西藏实际提出了“稳定发展”的方针。1961年“农村26条”和“牧区30条”下达后，受到广大干部群众的衷心拥护。据统计，到1965年西藏粮食总产量达到29万吨，比民主改革前的1958年增长66.1%；牲畜存栏总数达到1701万头（只），比1958年增长54.1%。这一时期，西藏的交通、教育、文化、卫生等各项社会事业也取得重大进展。到1965年，西藏公路总里程达14721公里，是民主改革前的2.6倍，西藏90%以上的县有了公路，仅拉萨市区就新修了8条柏油路，95%以上的居民用上了电灯；西藏小学达1822所、在校生66781人，中学4所、在校生1359人，中等专业学校1所，高等学校1所；专业文艺团体和电影放映单位133个；医疗机构发展到193个、床位数增加到1631张、卫生人员增加到2947人，分别是民主改革前的3.1倍、3.4倍和3.7倍。1966年，林芝毛纺厂建成投产，是西藏历史上第一座现代化毛纺企业。1965年，中尼公路建成通车。1973年，滇藏公路通车。

——实现了经济结构根本性转变

经过60年的奋斗，西藏农牧业彻底走出了靠天吃饭、靠天养畜的困局，现代化程度不断提高。农林牧渔业增加值（含农林牧渔服务业）由1959年的1.28亿元增加到2018年的134.14亿元。粮食产量由1959年的18.29万吨增加到2018年的104.9万吨；粮食单产由1959年的1370公斤/公顷提高到2018年的5688公斤/公顷。农牧业特色产业从小到大、快速发展，具有西藏高原特色的农牧业品牌建设成效显著，建成了一大批优质粮油生产、无公害蔬菜种植、标准化奶牛规模养殖、特色藏猪藏鸡养殖、绒山羊养殖等特色产业基地。

现代工业从无到有，不断发展壮大。经过60年的发展，西藏已建立起一个包括能源、建材、机械、采矿、轻工、食品加工、民族手工业、藏医药等20多个门类的现代工业体系，并告别传统的生产模式，逐步达到现代化水平。工业增加值从1959年的0.15亿元增加到2018年的114.51亿元。

经济总量实现了巨大飞跃。2018年，西藏全区生产总值1477.63亿元，按可比价格计算，比1959年的1.74亿元增长了约191倍。经济结构持续优化，第一产业增加值在国内生产总值中的比重从1959年的73.6%下降到8.8%，第二、三产业比重分别上升到42.5%和48.7%。

第三产业蓬勃发展，全域旅游快速推进。2018 年接待游客 3368.73 万人次，实现旅游总收入 490.14 亿元，10 多万农牧民借助旅游业增收致富，世界旅游目的地建设成效初显。商贸物流、金融保险、电子商务、物流配送等新业态发展迅速，正成长为新的经济增长点。

——全面推进了基础设施建设

旧西藏没有一条正规的公路。和平解放后，西藏现代意义上的公路建设开始起步，国家在极度困难的条件下修建了青藏、川藏公路及通往各地区的较低等级的公路。民主改革后，迅速建设了新藏、滇藏、中尼等干线公路，青藏、川藏公路也陆续铺起柏油路面，并建成了拉萨至贡嘎机场的高等级公路。目前已基本形成了以公路、铁路、航空为主体的综合立体交通网络。截至 2018 年底，西藏公路通车里程达到 9.78 万公里，其中高等级公路 660 公里；全区所有县通公路；全区 697 个乡镇中 579 个实现通畅，696 个实现通达；全区 5467 个建制村中 2624 个实现通畅，5457 个实现通达。2006 年，青藏铁路格尔木至拉萨段建成通车，结束了西藏不通铁路的历史。2014 年建成了拉萨到日喀则铁路，拉萨到林芝铁路现已进入铺轨阶段。

航空站和机场建设不断推进。1956 年，西藏建成首个简易机场，现在已建成通航机场 5 个，开通国内国际航线 92 条，初步形成了以拉萨贡嘎机场为干线，以昌都邦达、林芝米林、阿里昆莎、日喀则机场为支线的航空网络。

和平解放前，西藏仅有一座 125 千瓦、仅供少数上层贵族且断续发电的小水电站。1960 年，纳金水电站建成发电，拉萨普通市民首次用上了电灯。此后，羊湖、沃卡、查龙、金河、直孔、狮泉河、雪卡、老虎嘴、藏木、多布、果多、觉巴等水电站，羊八井地热电站，大型并网光伏电站等相继建成。以水电为主，油、气和可再生能源互补的综合能源体系基本形成。实现青藏、川藏电力联网。城镇供暖取得重大突破，2014 年冬，拉萨市城区首次实现了天然气供暖，同时也满足了居民生活用气需求。截至 2018 年底，区内主电网延伸到 62 个县（区），供电人口 272 万人，其他地区通过小水电、光伏局域网、户用光伏系统等方式初步实现用电人口全覆盖。

六、推进了各项事业发展

民主改革实现了西藏由封建农奴制度向社会主义制度的伟大跨越。社会主义制度的建立，不仅解放和发展了生产力，促进了西藏经济发展不断迈上新台阶，而且极大地推动了西藏社会全面进步。

——人民生活水平大幅提高

60 年来，西藏各族人民的生活条件全面改善，幸福指数大幅提升。民主改革前，广大农奴食不果腹，衣不蔽体。民主改革后，人民群众生活水平不断提高。2018 年，城镇居民人均可支配收入 33797 元，农村居民人均可支配收入 11450 元。持续推进农牧民安居工程、民房危房改造、抗震加固、农村人居环境改善、扶贫搬迁、小康村建设、城镇棚户区改造和保障房建设，全区城乡群众普遍住上安全适用房屋。积极推进能源结构改善，拉萨、那曲、阿里、林芝等 4 地市所在地，9 个县城建成了集中供暖工程并陆续投入使用。越来越多的人过上了暖冬。全区乡乡通光缆、乡乡通宽带，行政村通宽带率达到 85%，行政村移动信号实现全覆盖。

现代化耐用消费品普及程度及档次大大提高，冰箱、彩电、洗衣机、电脑、移动电话、家用汽车等消费品逐渐进入普通百姓家庭。广播、电视、通信、互联网等现代信息传递方式与全国乃至世界同步发展，已经深入到人民群众的日常生活中。城镇建设不断推进，到2018年常住人口城镇化率达到31%，以拉萨为中心、以市（地）所在地为支点，以县城、边境城镇、特色文化旅游城镇为网络的城镇体系初步形成。

民主改革前，由于经济落后、新生儿成活率低、医疗条件差、僧尼人口比重大等因素，西藏人口增长长期处于停滞状态。经过60年的发展，西藏人口由1959年的122.8万人，增长到2018年的343.82万人，其中藏族人口占总人口的90%以上。西藏人均预期寿命从1959年前的35.5岁，提高到目前的68.2岁。在国家统计局和中央电视台等联合举办的“CCTV经济生活大调查”中，拉萨市连续5年被评为“中国幸福指数最高的城市”。

——文化事业呈繁荣局面

旧西藏，对于百万农奴而言，文化生活极度贫乏。60年来，中央政府和西藏自治区政府全力保护和弘扬西藏优秀传统文化，大力发展社会主义先进文化，使西藏文化事业实现了大发展、大繁荣，西藏各族人民享有更加丰富的文化生活。西藏先后建立起劳动人民文化宫、拉萨及各地区电影院，成立了西藏歌舞团、藏剧团、话剧团、各地市民族艺术团和75个县（区）艺术团、2400余支乡村业余文艺队等文艺演出团体，深入到农村、牧区，为偏远乡村送去社会主义新文化。文化产品日益丰富，打造了《洗衣歌》《逛新城》《太阳的女儿》《共同家园》《六弦情缘》《天路》等一批文艺精品。大型实景剧《文成公主》、民族歌舞《幸福在路上》《寻找香巴拉》等一批文化产业演艺项目取得社会、经济效益双丰收，成为西藏文化旅游的靓丽名片。截至2018年底，全区广播、电视人口综合覆盖率分别达到97.1%和98.2%。基本实现市（地）有图书馆、县有综合文化活动中心、乡有文化服务中心，每个行政村有文化室、农家书屋、电影放映室。全区文化产业年产值达46亿元，国家、区、市（地）、县四级文化产业示范基地（园区）达234家。

藏语言文字得到保护和发展。藏语文在政治生活中得到广泛应用。西藏各级人民代表大会通过的决议、法规，各级人民政府及所属部门发布的正式文件和公告都使用藏汉两种文字；在司法程序中，对藏族诉讼参与人使用藏语文审理案件，法律文书也使用藏文。藏语文使用已步入信息化，藏文字符计算机编码已通过国家标准和国际标准。国家在保护和发展藏语言文字的同时，按照《国家通用语言文字法》中关于“国家推广普通话，推行规范汉字”，“公民有学习和使用国家通用语言文字的权利”的规定，在包括西藏等民族地区在内的全国各地公民中推广国家通用语言文字。

民族优秀传统文化得到继承和发展。西藏先后制定了《西藏自治区文物保护条例》《拉萨市老城区保护条例》《西藏自治区实施〈中华人民共和国非物质文化遗产法〉办法》《西藏自治区布达拉宫文化遗产保护管理条例》《西藏自治区传统工艺振兴计划》等大量具有鲜明地方特色和民族特点的法规、规章和规范性文件，为保护优秀传统文化提供了法律依据。文化遗产保护成效显著。国家和自治区先后投入资金50多亿元，对全区55处全国重点文物保护单位和616处自治区级文物保护单位进行保护和建设。以拉萨老城区保护为例，拉萨市严格依法对有1300多年历史的八廓街古城进行保护改造，统筹考虑民族文化保护传承工作，充分吸收融合和展现藏民族优秀历史文化元素，听取社区群众、寺庙僧人、传统艺人的意见和建议，多次组织群众代表实地参观指导活动，切实保护了拉萨的老城区文化。布达拉宫历史建筑群被联合国教科文组织列入《世界遗产名录》，藏戏、格萨尔和藏医药浴法入选联合国教科文组织人类非物质文化遗产代表作名录，有国家级代表性项目89项、代表性传承人96名，自治区级代表性项目460项、代表性传承人350名。布达拉宫等4个单位列入全国古籍重点保护单位，291函古籍列入全国珍贵古籍。

随着西藏的日益开放，西藏文化也逐步走向世界。西藏文化周、中国西藏旅游文化国际博览会等成为向世界展示西藏优秀传统文化的平台。西藏还派出各种艺术团组，到世界100多个国家和地区进行演出、展览和学术交流活动。

——教育事业实现了大发展

在旧西藏，接受教育的绝大多数是贵族子弟，占总人口95%的农奴没有受教育的权利，青壮年文盲率高达95%以上。民主改革后，昌都小学、拉萨小学、拉萨中学、西藏公学等规模迅速扩大，各个地区、县陆续建起中学、小学，大部分乡、部分村建起了小学。1961年，西藏第一所师资学校拉萨师范学校正式开学，此后，西藏大学、西藏农牧学院、西藏藏医学院（现藏医药大学）、西藏高等职业技术学院也相继建立。目前，一套涵盖学前教育、基础教育、职业教育、高等教育、继续教育、特殊教育的比较完整的现代教育体系已经形成，各族人民受教育权得到充分保障。

民主改革后，国家宪法、民族区域自治法、国家通用语言文字法以及西藏地方的有关法规，对学习、使用和发展少数民族语言文字作出明确规定，建立起比较完备的双语教学体系。目前，西藏所有农牧区和部分城镇小学实行藏语和国家通用语言同步教学，主要课程用藏语授课。中学阶段也同时用藏语和国家通用语言授课。

截至2017年，西藏共建成幼儿园1239所，小学806所，各级中学132所，高等教育院校7所，各级各类学校毕业人数从1959年的1.8万人增加到53万多人。内地办学成效显著，现有21个省市办有西藏班（校），累计为西藏培养输送中专以上人才3.6万余人。1985年，国家开始对农牧民子女和城镇困难家庭子女实行“三包”（包吃、包住、包基本学习费用）政策并18次提高标准，“三包”保障范围不断扩大，保障水平不断提高。2012年起，西藏全面落实15年义务教育免费“三包”政策。2018年，西藏小学净入学率和初中、高中、高等教育毛入学率分别达到99.5%、99.5%、82.3%和39.2%，人均受教育年限达到9.55年。

——医疗卫生事业不断发展

经过60年的发展，西藏彻底摆脱了医疗卫生落后的局面，基本实现了与全国同步发展，各族人民健康权得到有效保障。医疗服务、妇幼保健、藏医藏药、疾病防控等服务体系不断健全，到20世纪70年代末期，原有的严重危害群众健康的全区性传染疾病基本得到控制，各类传染病、地方病发病率和死亡率大幅下降。改善医疗卫生基础设施工作稳步推进，自治区级、市（地）级医院和71个县级医院陆续得到改扩建，覆盖城乡的自治区、市（地）、县、乡四级医疗服务体系初步形成。以农牧区医疗制度为例，西藏一直对农牧民实行特殊的免费医疗政策，以免费医疗为基础，以政府投入为主导，家庭账户、大病统筹和医疗救助相结合的农牧区医疗制度全面建立。尤其是在党中央的特殊关怀下，实施医疗人才“组团式”援藏工作，集结全国知名三甲医院支援自治区人民医院和七市（地）人民医院，助推西藏医疗卫生事业实现加快发展。

藏医药得到有效传承和发展。各市（地）、县相继成立藏医院，并不断规范藏医诊疗标准。“十二五”（2011—2015 年）以来，国家中医药管理部门组织整理了中国 29 个少数民族医药文献资料 150 部，其中西藏承担了 20 部藏医药文献整理和 10 项适宜技术筛选工作。2018 年，“藏医药浴法”列入联合国教科文组织人类非物质文化遗产代表作名录。截至 2018 年底，西藏共有 50 所公立藏医医疗机构，床位数达到 2412 张。

目前，以拉萨为中心，辐射全区城乡的中医西医藏医相结合的医疗卫生服务体系基本建立，全区有各级各类医疗卫生机构 1547 个，床位 16787 张，医疗卫生专业技术人员总数达到 19035 人，分别比民主改革前增长 24 倍、35 倍和 23 倍。全区孕产妇死亡率由解放初期的 5000/10 万下降到 2017 年的 102/10 万，婴儿死亡率由 430‰下降到 10. 38‰。

——社会保障水平大幅提升

旧西藏，即使在首府拉萨，都有大批无家可归的乞讨者。和平解放后，西藏工委曾通过发放救济粮对生活贫困者进行救济。民主改革后，西藏逐步建立起社会保险制度。目前，全区以养老、医疗、失业、工伤和生育五大保险为主体的覆盖城乡全体居民的社会保障体系全面建立，各项社会保险参保数达 370. 7 万人次。2017 年，全区享受基本养老保险待遇的共计 375331 人，享受基本医疗保险待遇的共计 532326 人次，领取工伤保险待遇的共计 842 人，享受生育保险待遇的共计 14342 人次，领取失业保险待遇的共计 30577 人。各项社会保险政策不断完善，全区企业职工养老保险、城镇职工医疗保险、城镇居民医疗保险等待遇水平全国领先。加大了对困难群众基本生活保障资金投入力度。2017 年，西藏 74 个县（区）年满 60 周岁的人都能领到基础养老金，领取基础养老金人数共计 283647 人。城镇职工和居民医疗保险年最高支付限额分别达到 30 万元、20 万元。自 2019 年 1 月 1 日起，西藏将城市低保标准提高到每人每年 9600 元，农村低保标准保持每人每年 4450 元，五保供养标准提高到每人每年 4940 元。

七、加强了生态文明建设

西藏地处地球第三极核心区。保护好西藏高原生态环境，对于保障全球生态平衡有着重要战略意义。多年来，中央政府和西藏自治区政府，始终把保护好高原生态环境视为头等大事，持续推进有关工作。

——不断加大生态环境保护力度

旧西藏，生产力发展水平极其低下，基本处于被动适应自然条件和对自然资源的单向索取状态。随着经济社会的发展，特别是在全球气候变暖的背景下，西藏生态环境保护工作的紧迫性凸显出来。对此，从中央政府到西藏自治区政府都给予了高度重视。早在 1975 年，西藏自治区就成立了环境保护领导小组。1983 年正式成立自治区城乡建设环境保护厅。此后，组织机构和管理体制、法规制度建设不断完善，西藏的生态文明建设和环境保护工作逐步走上了良性发展轨道。目前，西藏陆续出台《西藏自治区环境保护条例》《西藏自治区大气污染防治条例》等地方性法规，制定《西藏自治区实施〈中华人民共和国自然保护区条例〉办法》《西藏自治区实施〈中华人民共和国水法〉办法》《西藏自治区实施〈中华人民共和国水土保持法〉办法》《西藏自治区生态环境保护监督管理办法》《西藏自治区实施〈中华人民共和国草原法〉办法》，并相继出台了一批生态文明建设综合性指导意见，如《关于建设美丽西藏的意见》《关于着力构筑国家重要生态安全屏障　加快推进生态文明建设的实施意见》等，为开展自然保护区建设、湿地保护区建设、野生动植物保护、水资源管理保护、水土保持、防沙治沙、退耕（牧）还林还草和草原生态保护建设等工作提供了法规依据。2017年，自治区人民政府出台《关于大力开展植树造林推进国土绿化的决定》，对易造林地区按照“人均5棵树，消除无树户、消除无树村”的目标，大力推进全民植树。

——生态保护区面积不断扩大

自1988年建立第一个珠峰自然保护区以来，西藏已建立47个各类自然保护区（国家级11个），保护区总面积41.22万平方公里，占全区国土面积的34.35%；建立了22个生态功能保护区（国家级1个），纳入国家重点生态功能保护区转移支付县达36个；建立了4个国家级风景名胜区、9个国家森林公园、22处国家湿地公园以及3个国家级地质公园。国家持续加大投入，对生态保护成本和发展机会成本实施生态补偿。2001年以来累计兑现森林、草原、湿地、重点生态功能区等各类生态效益补偿资金316亿元。

——生物多样性持续恢复

西藏先后实施了生态安全屏障保护与建设工程和“两江四河”（雅鲁藏布江、怒江、拉萨河、年楚河、雅砻河、狮泉河）流域造林绿化工程，生态保育效果显著。目前，全区森林覆盖率达到12.14%，森林面积1602.42万公顷（包括有林地、灌木林地、其他林地），森林蓄积量22.83亿立方米；全区天然草原综合植被盖度达45.9%，天然草原面积8893.33万公顷，湿地652.9万公顷。西藏有141种国家和自治区重点保护野生动物、38种国家重点保护野生植物、196种西藏特有动物物种、855种西藏特有植物物种、22种西藏特有鸟类物种，重要生态系统得到了有效保护。全区藏羚羊由20世纪90年代6万余只恢复到目前的20万余只，藏野驴由5万多头恢复到8万多头，黑颈鹤由3000余只发展到8000余只，野牦牛由7000余头上升到10000头左右。

——人居环境显著改善

西藏持续实施了流域综合治理、农村与城镇人居环境改善、工矿污染防控等系列环境保护工程，组织实施江河湖库水系连通综合治理，积极开展那曲市水生态文明城市试点建设，有效保护了西藏的碧水蓝天。西藏全面落实河长制湖长制，在全国率先建设了江河源生态功能保护区，开展了对纳木措、羊卓雍措等重点湖泊流域的环境治理和生态修复。在国家支持下，西藏不断推进美丽宜居城镇建设，进一步加快城镇生活垃圾、污水基础设施建设。截至2018年底，全区共建成106座城镇生活垃圾填埋场、89座生活垃圾转运设施，生活垃圾处理能力达到2241.9吨/日，转运垃圾471.3吨/日；城镇污水处理厂16座，污水处理能力达到37.4万吨/日，配套污水管网长度达903.42公里，县城及以上城镇生活垃圾无害化集中处理率达91.38%，县城及以上城镇污水集中处理率达61.17%。开展农村环境综合整治工作，不断加强城乡社区绿化美化，着力解决垃圾分类处理、噪音污染处理、污水排水、秸秆焚烧等问题。2010年以来共安排资金60.35亿元，开展6223个村人居环境建设和环境综合整治工作，改善了环境质量。目前，西藏主要江河湖泊基本处于天然状态，重要江河湖泊水功能区水质达标率为95.7%。环境空气质量优良率达到97.5%，珠穆朗玛峰区域环境空气质量继续保持在优良状态，达到一级标准。

八、保障了宗教信仰自由

我国宪法规定，任何国家机关、社会团体和个人不得强制公民信仰宗教或者不信仰宗教，不得歧视信仰宗教的公民和不信仰宗教的公民。西藏存在藏传佛教、苯教、伊斯兰教和天主教等多种宗教，在藏传佛教内部还存在宁玛、噶举、萨迦、格鲁等不同教派。经过民主改革，西藏废除了政教合一制度，实行政教分离，恢复宗教的本来面目。各民族宗教信仰自由权利受到宪法和法律的保护。各种宗教、各个教派都平等地得到尊重和保护，实现了真正的宗教和睦。

——宗教活动正常进行

目前，西藏有宗教活动场所1787处，住寺僧尼4.6万余人，活佛358名；清真寺4座，世居穆斯林群众12000余人；天主教堂1座，信徒700余人。藏族和其他少数民族都按照自己的宗教传统进行宗教活动。藏传佛教寺庙学经、辩经、晋升学位、受戒、灌顶、诵经、修行等传统宗教活动正常进行，每逢重大宗教节日都循例举行各种活动。西藏自治区成功举办了班禅额尔德尼·确吉杰布坐床20周年庆典、时轮金刚灌顶法会等大型佛事活动。信教群众家中普遍设有经堂或佛龛，转经、朝佛、请寺庙僧尼做法事等宗教活动正常进行。完成对藏文大藏经的校勘出版，印制《甘珠尔》大藏经供给寺庙，满足僧尼和信教群众的学修需求。

——活佛转世有序传承

活佛转世制度作为藏传佛教特有的信仰和传承方式，得到国家和西藏自治区各级政府的尊重。2007年，国家颁布了《藏传佛教活佛转世管理办法》，进一步规范了活佛转世。1992年，国务院宗教事务局批准了第十七世噶玛巴活佛的继任。1995年，中国严格按照宗教仪轨和历史定制，经过金瓶掣签，报国务院批准，完成了十世班禅转世灵童寻访、认定以及第十一世班禅的册立和坐床。2000年，按照宗教仪轨和历史定制，完成了第七世热振活佛的坐床。2010年，报西藏自治区人民政府批准，经金瓶掣签认定，完成了六世德珠活佛的认定和坐床。截至2018年，已有91位新转世活佛按宗教仪轨和历史定制得到批准认定。

——宗教人士培养不断规范

不断完善藏传佛教僧人学经制度。西藏自治区制定出台《办好西藏佛学院分院的意见》《西藏佛学院学衔授予办法（试行）》，在北京和拉萨分别建有中国藏语系高级佛学院和西藏佛学院，作为藏传佛教高级宗教人才培养基地，系统招收培养藏传佛教教职人员。2011年11月，投资逾亿元新修建的西藏自治区佛学院正式落成并开院。2005年开始，每年在北京中国藏语系高级佛学院举行藏传佛教“拓然巴”高级学衔考试和授予仪式，在大昭寺和拉萨三大寺进行格西“拉让巴”学位考试。截至2018年，西藏自治区已有117名学经僧人获得了格西“拉让巴”学位，68名僧人获得了中国藏语系高级佛学院“拓然巴”高级学衔。

——寺庙和僧人权利得到保障

寺庙得到维修和保护。20世纪80年代以来，中央政府累计投入14亿多元对西藏文物和重点寺庙进行了大规模维修。同时，自治区财政每年安排一定资金，重点用于非文物保护单位的中小型寺庙维修保护。西藏寺庙的传统印经院得到保留和发展，现有布达拉宫印经院等传统印经院60家，年印经卷6.3万种。宗教活动场所条件明显改善。

全区在编僧尼全部纳入社保体系，实现医疗保险、养老保险、最低生活保障和人身意外伤害团体险全覆盖，每年免费为僧尼进行一次健康体检、建立健康档案，全区寺庙僧舍维修纳入保障性住房建设规划。

——宗教事务管理有法可依

国家和西藏自治区依照法律法规对宗教事务进行管理，依法保护宗教信仰自由、保证正常宗教活动有序进行、保障宗教团体的合法权益。改革开放以来，西藏自治区紧密结合西藏实际，先后制定《西藏自治区佛教寺庙民主管理章程（试行）》《西藏自治区实施〈宗教事务条例〉办法（试行）》《西藏自治区大型宗教活动管理办法》《西藏自治区藏传佛教活佛转世管理办法实施细则》等一系列政策措施和规范性文件，依法依规加强对宗教事务的管理。2017 年，国家修订公布了《宗教事务条例》。西藏自治区依法出台了关于进一步加强藏传佛教活佛教育培养管理、藏传佛教代表人士教育培养管理、宗教活动管理、规范宗教活动场所建设和修缮审批管理、西藏佛学院分院管理等多份规范性文件，使西藏自治区宗教工作顶层设计更加完善、制度体系更加健全。

九、促进了民族平等团结

中华民族多元一体。在漫长的历史长河中，西藏各族人民共同开发西藏高原，共同缔造西藏历史，是中华民族发展史的重要组成部分。新中国成立后，中国共产党和中国政府坚定不移地走符合国情的解决民族问题道路，确立并实施以民族平等、民族团结、民族区域自治和各民族共同繁荣为基本内容的民族政策。

60 年来，西藏全面贯彻党的民族政策，深化民族团结进步教育，铸牢中华民族共同体意识，加强各民族交往交流交融，建立起了平等、团结、互助、和谐的社会主义新型民族关系。在维护国家统一、反对分裂的斗争中，西藏各族人民紧密团结在党中央周围，经受住了各种困难和风险的考验。

60 年来，中央政府和全国各族人民把西藏的发展同国家的发展紧密结合起来，为西藏的发展倾注了大量心血。据统计，1959 年至 1965 年，在全国经济形势十分困难的情况下，中央给西藏地方财政补贴持续增加，累计 5.9 亿元。1963 年和 1964 年，国家拨款 140 万元，作为扶助贫苦农牧民发展生产的无偿投资，使 3000 多户牧民有了自己的牛羊。国家还拨专款建设了一些重大项目。据统计，1959 年至 1964 年，国家共发放 847 万元无息和低息农牧业贷款，其中包括种子、口粮 2000 多万公斤，放贷耕牛 18000 多头，羊 13000 多只，其他牲畜 3500 多头，农具 10 万多件，制造农牧业生产工具的钢材 95 吨。

在西藏社会主义建设、改革和发展的各个重要历史时期，中央政府广泛动员和组织全国各省区市支援西藏，实现了互帮互助、共同繁荣发展。20 世纪 60 年代，包括新疆的粮食、福建的茶叶、四川的优良畜种、上海的毛毯等来自全国各地的各种生产生活资料，有效满足了西藏各族人民对美好生活的需求。各民族之间手足情深，患难与共。1966 年河北邢台地震时，西藏 60 多位牧民组成一支送马队伍，走了整整 26 天，行程 5500 多公里，将 240 多匹马送到邢台。30 多年后，一个由 28 人组成的代表团，带着 60 台邢台牌拖拉机到拉萨回访，回馈当年西藏兄弟的送马之情。1985 年、1990 年、1997 年西藏那曲遭遇特大雪灾时，全国各族人民伸出援手，及时送来粮食、棉衣、棉被；2008 年四川汶川遭遇前所未有的大地震后，西藏各族人民捐款、捐物，把爱心送到灾区。此类相互支援的感人事迹不胜枚举。

改革开放后，中央政府对西藏的帮扶支持力度不断加大，先后于1980年、1984年、1994年、2001年、2010年、2015年召开六次西藏工作座谈会，不断完善支持西藏发展的一系列特殊优惠政策。第一次座谈会后，西藏实行了一系列休养生息、治穷致富的政策。第二次座谈会后，实行“两个为主”（家庭经营为主，市场调节为主）和“两个长期不变”（牧区实行“牲畜归户，私有私养，自主经营，长期不变”，农区实行“土地归户使用，自主经营，长期不变”）政策。第三次座谈会后，中央为支持西藏发展制定了一系列特殊优惠政策，涉及财政税收、投融资、金融、价格补贴、外贸、社会保障、农业和农村、企业改革等多个方面。2005年，西藏自治区实行“草场公有、承包到户、自主经营、长期不变”的第三个“长期不变”政策。

进入新世纪后，中央根据发展形势的变化和西藏发展的需要，进一步强化优惠政策支持力度。2006年国务院办公厅下发《关于加快西藏发展 维护西藏稳定若干优惠政策的通知》，共有40条优惠政策。2016年国务院办公厅出台《关于进一步支持西藏经济社会发展若干政策和重大项目的意见》，优惠政策更加全面。以中央对西藏的财政支持为例，据统计，1980年至2018年中央向西藏的财政补助累计12377.3亿元，占西藏地方财政总支出的91%。

各省区市、大中型企业的支援始于20世纪60年代。改革开放后，发达省（市）支援西藏的力度不断加大。1994年中央第三次西藏工作座谈会确定了“全国支援西藏”的方针和“分片负责、对口支援、定期轮换”的援藏模式，为西藏发展注入了强劲动力。截至目前，各支援省份累计组织1.8万多名干部和专业技术人员开展援藏工作。2015年以来，来自全国的教育、医疗人才“组团式”援藏，为西藏社会事业发展发挥了重要作用。对口支援单位累计实施援藏项目超万个、落实援藏资金超过400亿元，有力支持了西藏的经济社会发展。

随着改革开放的深化，西藏人民与全国人民之间的经济、文化联系更加紧密，空间分布上交错杂居，情感上日益亲近。越来越多的人才从全国各地来到西藏，带来了先进的理念、技术，受到西藏各族群众的认可和欢迎。西藏也有越来越多的人员到四川、青海、甘肃、北京、广东、上海等地经商、办企业。不同民族之间的自由流动、相互通婚成为常态。今天的西藏，不同民族组成的幸福家庭随处可见。拉萨八廓街附近有一个20多户人家聚居的大院，居住着汉、藏、回等不同的民族家庭，亲如一家。

十、西藏发展进入新时代

2012年中国共产党第十八次全国代表大会以来，以习近平同志为核心的党中央高度重视西藏工作，心系西藏各族人民，从全面建成小康社会、实现“两个一百年”奋斗目标和中华民族伟大复兴的中国梦的总要求出发，制定了西藏发展和稳定的大政方针。习近平总书记提出“治国必治边、治边先稳藏”的重要战略思想，作出“加强民族团结、建设美丽西藏”的重要指示，亲自主持召开中央第六次西藏工作座谈会，明确新形势下西藏工作的指导思想和目标任务，确定“十二五”“十三五”中央政府支持西藏的一大批重点建设项目，制定了惠及西藏各族人民的一系列特殊优惠政策。习近平总书记先后致信祝贺第二次青藏高原综合科学考察研究启动、西藏民族大学建校60周年，给隆子县玉麦乡群众回信，为那曲科学种树作出批示，主持研究川藏铁路建设规划，对西藏发展稳定工作作出一系列重要指示批示。以习近平同志为核心的党中央新时代治藏方略，承接着民主改革以来的西藏工作路线方针政策，紧密契合新时代发展需要，不断推进西藏长足发展和长治久安。

新时代西藏的发展坚持以人民为中心的发展思想，坚持创新、协调、绿色、开放、共享的发展理念，努力推动经济社会发展，保障和改善民生，促进各民族交往交流交融，加强生态环境保护与建设，使西藏发展呈现蓬勃生机和强大活力。

——新时代西藏坚持创新发展理念，着力增强经济活力

西藏自治区把创新作为引领发展的第一动力，把创新摆在发展全局的核心位置，大力推动创新驱动发展战略。努力推动制度创新。用供给侧结构性改革引领发展，深入推进国有企业、非公有制经济、要素市场、财税体制、金融体制、养老保险制度和医药卫生体制等重点领域改革，充分释放发展潜力。以科技创新驱动发展，加大政府引导力度，加快构建以企业为主体、市场为导向、政产学研相结合的科技创新体系，加强科技创新平台建设，推进科技成果转化应用，不断提高科技对经济发展的贡献率。截至2018年，全区已建成众创空间、科技企业孵化器、大学生创新创业基地、小微企业双创基地等“双创”（大众创业、万众创新）载体74家，吸纳创新创业团队和初创企业1338家。一批科技创新企业发展壮大，2018年全区高新技术企业突破50家，同比增长53%；科技型中小企业达75家，同比增长142%。培育了青稞、牦牛、藏医藏药等一系列支撑力强、效益显著的高原特色产业，使特色经济迅速崛起成为西藏经济中最具活力和潜力的亮点。拉萨、日喀则、那曲、林芝4个国家级农业科技园区和林芝国家可持续发展实验区辐射带动作用显著。12家国家级“星创天地”在农牧区科技成果转化和带动群众增收方面发挥积极作用。

——新时代西藏坚持协调发展理念，着力构筑可持续发展格局

针对当前经济社会发展的客观实际，西藏自治区正确处理好国家投资和社会投资的关系，重大项目和民生项目的关系，发挥优势和补齐短板的关系，城镇就业和就近就便、不离乡不离土、能干会干的关系，扶贫搬迁向城镇聚集和向生产资料富裕、基础设施相对完善地区聚集的关系，保护生态和富民利民的关系，城市发展和提高农牧区基本公共服务能力的关系，简政放权和地方承接的关系，以及企业增产提效和改善职工福利待遇、促进农牧民群众增收的关系等，妥善解决全区经济社会问题和发展不平衡不充分问题。编制乡村振兴战略规划，农村发展新动能持续培育。2018年农民专业合作社达到8364家，农产品加工业总产值42亿元。农村基础设施不断改善，农业防灾抗灾体系、农产品质量安全检验检测体系、动物防疫体系基本建立。村容整治、垃圾污水处理深入推进。行政村通光纤率达到98%。统筹区域协调发展，加快落后地区发展，鼓励各地充分发挥优势、突出本地特色，做大做强特色产业，努力壮大经济实力，形成竞相发展的生动局面，构筑起支撑经济发展的增长点和增长极。积极推进拉萨、日喀则“一带一路”重要节点、面向南亚开放中心城市和前沿城市建设。拉萨山南经济一体化、藏中3小时经济圈逐渐形成。藏东交通、能源建设取得新进展，藏西北生态环境保护不断加强，藏东南全时全域旅游发展强劲。常住人口城镇化率达到31%。

——新时代西藏坚持绿色发展理念，着力建设美丽西藏

西藏自治区牢固树立保护生态环境就是保护生产力、绿水青山就是金山银山的理念，坚持保护优先、建设并重，切实推进绿色发展。严格落实生态环保主体责任，严守

生态安全底线，严禁高污染、高排放、高能耗项目进入西藏，严格执行矿产资源勘查开发自治区政府“一支笔”审批和环境保护“一票否决”制。实施生态保护奖励补助机制，安排70万个生态保护岗位，使广大农牧民走上生态就业、生态致富的道路。实施重点生态工程。全面推进国土绿化行动，初步形成了一个类型齐全、分布合理的生态保护网络体系。大力发展绿色产业，积极推进清洁能源产业，发展绿色工业，2018年天然饮用水等绿色工业增加值53亿元，增长14.3%。绿色发展的红利让西藏2018年旅游收入增长近三成，接待游客人次增长31.5%。继续实施生态安全屏障保护与建设工程，稳步推进“两江四河”流域造林绿化工程。生态环境保护考核奖惩机制不断完善。各类自然保护区已达到西藏自治区总面积的1/3，活立木蓄积、人均森林面积、人均森林蓄积、人均天然林蓄积和乔木林单位面积蓄积5项指标位居全国第一，江河源头区、草原、湖泊、湿地、天然林、水生态、地质遗迹、生物多样性得到有效保护，确保了西藏天蓝地绿水清。据中科院和相关部门监测评估显示，当前西藏高原各类生态系统结构整体稳定，气、声、水、土壤、辐射及生态环境质量均保持在良好状态，大部分区域仍处于原生状态，西藏仍然是世界上生态环境最好的地区之一。

——新时代西藏坚持开放发展理念，着力实现互利共赢

西藏自治区紧紧围绕“一带一路”倡议，构建包容、开放、合作的政策体系，不断加快对外开放的步伐。西藏是面向南亚开放的重要通道。积极融入“一带一路”，参与孟中印缅经济走廊建设，推进环喜马拉雅经济合作带。加强与尼泊尔基础设施互联互通，积极建设铁路、公路通道的同时，西藏航空公司与尼泊尔雪人航空公司合资成立喜马拉雅航空公司，打造空中走廊。加快建设吉隆、普兰等口岸，稳步推进樟木口岸科学恢复开通。大力发展开放型经济。成功举办第十六届“中国西藏—尼泊尔经贸洽谈会”，扎实推进吉隆跨境经济合作区、拉萨综合保税区建设，各级园区产值突破250亿元。2018年全区进出口贸易额实现48亿元，边民互市贸易额增长1.8倍。加强招商引资，2018年实施招商引资项目1450个，累计到位资金630.8亿元，同比增长38.8%。广泛开展对外交流合作，有序推进“请进来、走出去”，持续推进旅游、文化、农牧业等领域对外交流合作。成功举办四届“中国西藏旅游文化国际博览会”，并打造成为具有国际影响力、全国辐射力、区域带动力的对外交往交流合作的西藏高端品牌。在拉萨成功举办两届“中国西藏发展论坛”，成功举办首届环喜马拉雅“一带一路”合作论坛和南亚标准化论坛，积极与世界各国专家学者交流先进发展理念，探索新时代西藏发展的路径模式。

——新时代西藏坚持共享发展理念，着力提升幸福指数

西藏自治区不断增强各族群众的发展参与感和获得感，真正实现发展成果由全民共享。民生保障水平不断提升，小康社会建设稳步推进。全力建好社会保障体系，基本实现了幼有所育、学有所教、劳有所得、病有所医、老有所养、住有所居、弱有所扶。2013年以来，新增城镇就业累计27.3万人以上。2018年城镇登记失业率2.83%，城乡居民人均可支配收入分别增长10.2%和10.8%。覆盖城乡的社会保障体系基本建成，全区市地一级均有孤儿院，区、市（地）、县（区）均建有养老院，率先实现有意愿的五保对象集中供养、孤儿集中收养。2013年以来，累计减贫约71万人。贫困发生率由2012年的35.2%下降到2018年的6%以下。新型城镇化建设稳步推进，日喀则、山南、林芝、昌都、那曲撤地设市。2013年以来，实施各类城镇保障性安居工程31.46万套。

加大对口援藏力度，2013 年至 2017 年累计实施援建项目 1736 个，援助资金达 143.46 亿元。国家统计局专项调查结果显示，群众对生活现状的满意度超过 97%，对全面建成小康社会的信心达 97.3%。

结束语

西藏 60 年的伟大跨越，充分说明民主改革顺应时代发展要求，符合西藏各族人民的根本愿望，契合西藏社会发展的实际需要，是历史的必然。正是有了民主改革，才有了西藏社会制度的历史性变迁，才有了西藏与时俱进的发展，才有了西藏各族人民幸福美好新生活，才有了西藏各族人民权利的充分保障。民主改革是真正造福西藏各族人民的伟大壮举。

经过民主改革，西藏各族人民早已成为国家的主人。坚持中国共产党的领导、坚持社会主义道路、坚持民族区域自治制度早已深入人心，不可撼动。多年来，以达赖集团为代表的西藏旧势力，出于自身政治利益的需要，出于对黑暗落后的封建农奴制的眷恋，极力否定民主改革，否定西藏发展取得的巨大成就。这不仅是对事实的罔顾，更是在开历史倒车，是对人类文明的反动。

当前，在习近平新时代中国特色社会主义思想指引下，西藏各族人民正与全国人民一道，为创造更加幸福美好的生活、实现中华民族伟大复兴而奋斗。新时代中国特色社会主义建设正扬帆远航，西藏的明天将更加光辉灿烂。